JN234310

箱田裕司
都築誉史
川畑秀明
萩原　滋

New Liberal Arts Selection

認知心理学

Cognitive
Psychology:
Brain,
Modeling and
Evidence

YUHIKAKU

有斐閣

FIGURE　口絵① ● ヒトの脳の機能特殊性を示す例（22 頁参照）

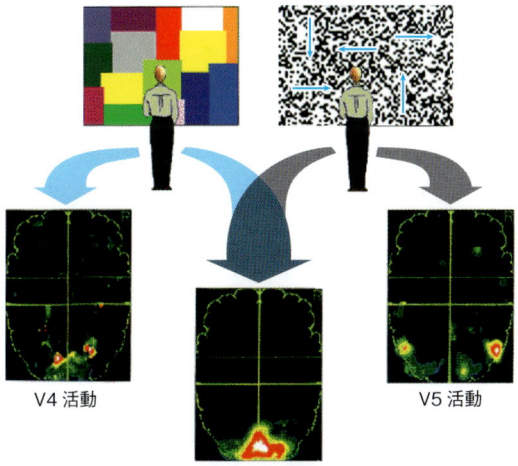

V4 活動

V1 と V2 活動

V5 活動

　色情報は V1・V2 と V4 で，運動情報は V1・V2 と V5 で処理されていることがわかる。つまり，色情報の処理が V4 で，運動情報の処理が V5 に特殊化しているということを示している。

口絵② ● V1 の損傷を図式的に表したもの（23 頁参照）

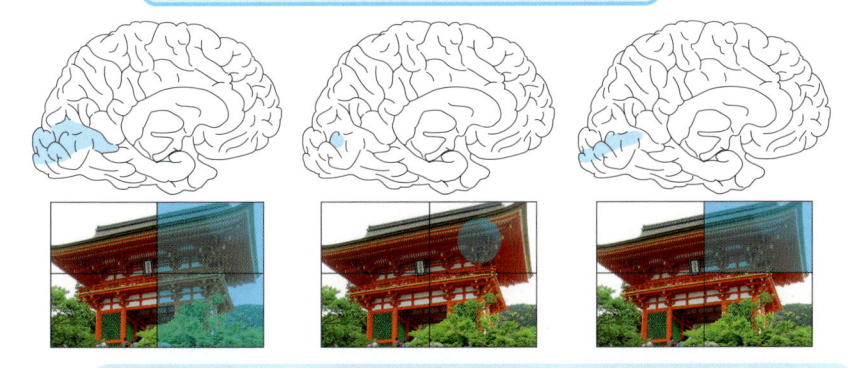

　V1 の大部分は半球の内側面に広がっている。左半球の V1 において，その損傷位置や大きさに対応して，視野の欠損の位置や大きさが異なることが示されている。

（出典）　口絵①②いずれも Zeki, 1999 よりゼキの許諾を得て掲載。

FIGURE 口絵③ ● 色立体と色相環（24頁参照）

A. マンセルの色立体

B. 色相環

色の色相，明度，飽和度という属性を尺度化して表現される色立体と，光の波長の長さに対応して表現される色相を円形配列したもの。

（資料提供）　A：日本色研事業株式会社，日本色研大型色立体。

はしがき

　今年は2010年である。40年ほど前,「2000年の心理学」という,心理学の近未来予測の論文がマーフィー（Murphy, 1969）によって *American Psychologist* に発表された。まだ当時は行動主義の影響が残り,そろそろ「認知心理学」の旗揚げが近い頃であった。当時まだ学部生であった本書の著者の1人は,この論文をワクワクしながら読んだものである。それから長い時間が過ぎ去った。今日,40年前の予測のどれがあたり,どれが外れただろうか。このことを見ることによって,その後急速に展開した認知心理学の影響をうかがい知ることができよう。まず,その代表的予測のいくつかについて取り上げてみる。

(1) **心理過程に対応する生理過程の解明**

　当時,新しい科学として誕生した「精神生理学」（psychophysiology）と題して,ペンフィールド（Penfield, W.）の記憶局在の発見（開頭手術の際に患者の脳に電気刺激を与えると鮮明な記憶がよみがえる現象）やヘッブ（Hebb, D.）の研究を紹介し,今後20～30年で心理過程に対応する生理過程が解明され,生理過程と心理過程の完全な同型性がわかるだろうと予言している。この予測はかなりあたっている。PETやfMRIといった,脳活動を画像として描き出すブレイン・イメージング技法の発達は,従来の実験心理学的手法に加えて,新たな強力な研究手段を与えることになり,認知課題を実行中の人間の脳のどこが活動しているかがわかるようになった。「完全な同型性」の解明とまではいかなくとも,少なくとも心理過程に対応する脳活動の解明の緒に就いたことはたしかである。

(2) **無意識世界の解明**

　フロイト（Freud, S.）とその後継者たちによって見出された「無意識」の研究は,「大きな可能性をもつ世界の総合,創造的な統合の有益な最初のステップを踏み出した」とし,これから無意識についての新たな発見がなされ,それは実験心理学に新たに豊かな収穫ももたらすであろうと予言した。この予言もまたあたっている。例えば,プライミング技法を用いた記憶研究はそれまで明らかにできなかった潜在記憶の性質を明らかにし,新たな記憶のタキソノミー

（分類）を可能にしたし，またエイジングや認知症による記憶障害の性質について新たな知見を提供してきた。

(3) 内面世界の制御

以前は制御できないと考えられてきた自律神経支配下にある機能を意識的に制御できるというヨーガの行者研究や，フィードバックによる脳波（α波）制御に関する当時の研究を取り上げ，主観的状態と脳波パターンとの同型性を理解することは，2000年の心理学に向けて重要な意味をもつことを強調した。

その後，血圧，心拍，汗腺の活動，筋肉の緊張状態などの身体機能を患者にモニターさせ，それを意識させることによって，本来は制御できない自律神経支配下の身体機能を意識的に制御しようという，バイオフィードバックという技術が確立され，基礎的研究のみならず，高血圧や気管支喘息の治療や運動選手の心身の管理など，応用的展開が進んでいる。

(4) 名状しがたい状態の研究

いわくいいがたい心的状態，例えば，新たなものの創造や概念化を行う際の心的状態と生理的測度（脳波など）との対応がつけられ，適切な名称が与えられることになるとしている。

その後の発展を見ると，注意の瞬き（attentional blink），状態依存記憶，スキーマ，スリップスなど認知心理学から新たな用語・概念が数多く提案されてきた。従来は見すごされてきた現象，うまく表現できなかった現象が着目され，その理論的な重要性が認識された結果である。

(5) 超心理学の研究の進展

マーフィーの予測で一番外れているのがこれである。心理学実験におけるコンピュータ使用が進むことによって，テレパシーなどの超心理学的研究の成果に対する排他的態度は徐々に消え，一般心理学の原理と調和していくと予測した。

国内外で「超心理学」に関わる学会の創設や学会誌の発刊がなされてはいるが，いまだに一般的な心理学との調和はなされていないし，超心理学を紹介した心理学の入門書や概論書はほとんど見かけない。そしていまのところ，認知心理学的研究の射程にはない。

以上のように，マーフィーの予測は外れているものもあるが，「内面世界の研究の進展」や「名状しがたい状態の研究」の進歩という点ではかなりあたっ

ているといえそうである。それは認知心理学が，行動主義では問題にするのを避けてきた内面世界を研究することに焦点をあてたこと，そして認知心理学者が問題解明のためにさまざまな研究技法を手にしたことによる。

　本書は，認知心理学のこの40年の中で蓄積され，確立されてきた知見を中心に，最近急速に発展しつつある領域も加えつつ，認知心理学の全領域を紹介する。従来の視覚認知，注意，記憶，カテゴリー化，言語，知識，問題解決，意思決定などの認知心理学の主要領域に加え，感性認知，日常認知，認知と感情，認知進化と脳，認知発達，社会的認知，文化と認知，そしてメディア情報と社会認識などの新領域も加えて，かなり包括的な認知心理学のテキストにしたつもりである。

　認知心理学の勃興から40年ほど経ったいま，新たなアプローチの登場を待つ革命前夜なのか，それともこのまま周辺の学問との交流を深めつつ，認知心理学は勢力を拡大していくのだろうか。

　認知心理学は当初たしかに「知的過程」の解明に励んできたし，現在もそのような研究が主流ではあるが，「情動」（感情）に関する認知心理学的研究も盛んになっているし，また，従来は手つかずであった，「感性」「無意識」も研究の射程に入ってきた。しかも最近は，進化心理学の研究者と，「領域固有性」あるいは「モジュール性」という概念の重視という点で，認知心理学者は問題を共有し合っていることに気づいた。今後，心の仕組みは「何のための」仕組みなのかということを，認知心理学者はますます強く考えるようになると思われる。

　かつて，ナイサー（Neisser, 1976）が，実験室内に閉じこもって行われてきた認知心理学の研究に批判（生態学的妥当性に関する批判）を浴びせた。たしかにこの頃を潮目に認知心理学の動向に変化が見られるようになった。認知心理学は実験室内で見つかった問題だけでなく，日常を生きる人間が直面する問題についても，否応なく応えざるをえなくなる。

　そして，今日，認知心理学は実験的研究法に加えて新たな研究技法を手にした。脳科学の進展は，ある認知機能が脳のどこでなされているかという情報を認知心理学者に提供するようになり，両者は急速に接近している。目撃証言の信憑性をめぐって，法学と心理学は交流が深まった。交通や，医療の場面におけるヒューマンエラーの問題を通じて，工学者や医療関係者と共同研究をす

るようになった。経済を認知心理学の立場から理解しようとする行動経済学という新たな考え方も生まれてきた。認知心理学はかつてのどの心理学よりも広い裾野をもち，社会と関わろうとしている。

　本書では，ここ30，40年間の認知心理学の歴史の過程で確立した知見を紹介するだけでなく，将来にわたって展開しようとしている新領域についても紹介している。第Ⅰ部「認知心理学の基礎」では，認知心理学の歴史とテーマ，視覚認知，感性認知，注意，ワーキングメモリ，長期記憶，日常認知，カテゴリー化など認知心理学の基礎を構成する領域を取り上げる，第Ⅱ部「高次の認知心理学」では，知識の表象と構造，言語理解，問題解決と推論，判断と意思決定，認知と感情など高次認知の働きについて取り上げる。最後の第Ⅲ部「認知心理学の展開」では，認知進化と脳，認知発達，社会的認知，文化と認知，メディア情報と社会認識など，今後急速に発展が見込まれるホットな話題を取り上げている。また，各章ではトピックスとして，関連する研究例について，それぞれを専門にする研究者が紹介している。

　読者が認知心理学の基礎から応用的展開までの新たな知識と視点を手にすることによって，人間をとらえなおす面白さを体験することができると確信している。

　2010年4月

　　　　　　　　　　　　　　　　　　　　　　　　　著者を代表して

　　　　　　　　　　　　　　　　　　　　　　　　　　箱田　裕司

執筆者紹介

箱田 裕司（はこだ ゆうじ）〔第1, 5, 6, 8, 13章, TOPICS 6-1（共著）, 8-1, 8-2（共著）〕

1972年，九州大学文学部卒業，1977年，九州大学大学院文学研究科博士課程単位取得退学，1988年，文学博士（九州大学）。
元・九州大学名誉教授
著作に，『嘘とだましの心理学——戦略的なだましからあたたかい嘘まで』（有斐閣，2006年，共編），『現代の認知心理学7 認知の個人差』（北大路書房，2011年，編著），『心理学研究法2 認知』（誠信書房，2012年，編著）『新・知性と感性の心理学——認知心理学最前線』（福村出版，2014年，共編），『本当のかしこさとは何か——感情知性（EI）を育む心理学』（誠信書房，2015年，共編）など。

都築 誉史（つづき たかし）〔第7, 9～12章, TOPICS 9-2, 12-2〕

1982年，名古屋大学教育学部卒業，1987年，名古屋大学大学院教育学研究科博士課程単位取得退学，1994年，博士（教育心理学，名古屋大学）。
現在，立教大学現代心理学部教授
著作に，『言語処理における記憶表象の活性化・抑制過程に関する研究』（風間書房，1997年），『認知科学パースペクティブ——心理学からの10の視点』（信山社出版，2002年，編著），『心理学実験マニュアル』（北樹出版，2005年，共編），『高次認知のコネクショニストモデル——ニューラルネットワークと記号的コネクショニズム』（共立出版，2005年，共編）など。

川畑 秀明（かわばた ひであき）〔第2～4, 14, 15章, 図1-7〕

1997年，鹿児島大学教育学部卒業，2001年，九州大学大学院人間環境学研究科博士課程修了，博士（人間環境学，九州大学）。
現在，慶應義塾大学文学部教授
著作に，『脳は美をどう感じるか——アートの脳科学』（筑摩書房，2012年），『情動と言語・芸術——認知・表現の脳内メカニズム』（朝倉書店，2018年，共編），『美感——感と知の統合』（勁草書房，2018年，共著）など。

萩原 滋（はぎわら しげる）〔第16～18章〕

1970年，慶應義塾大学経済学部卒業，1976年，慶應義塾大学大学院社会学研究科博士課程単位取得退学，1985年，文学博士（慶應義塾大学）。
現在，慶應義塾大学名誉教授
著作に，『変容するメディアとニュース報道——テレビニュースの社会心理学』（丸善，2001年，編著），『テレビと外国イメージ——メディア・ステレオタイピング研究』（勁草書房，2004年，共編），『テレビニュースの世界像——外国関連報道が構築するリアリティ』（勁草書房，2007年，編著），『テレビという記憶——テレビ視聴の社会史』（新曜社，2013年，編著）など。

◆TOPICS 執筆者（執筆順）

梅田　聡（うめだ　さとし）　慶應義塾大学文学部教授〔TOPICS 1-1〕
北岡　明佳（きたおか　あきよし）　立命館大学総合心理学部教授〔TOPICS 2-1〕
遠藤　光男（えんどう　みつお）　琉球大学名誉教授〔TOPICS 2-2〕
北村(鈴木)　美穂（きたむら〔すずき〕みほ）　早稲田大学高等研究所招聘研究員〔TOPICS 3-1〕
皆川　直凡（みながわ　なおひろ）　鳴門教育大学大学院学校教育研究科教授〔TOPICS 3-2〕
石松　一真（いしまつ　かずま）　滋慶医療科学大学院大学医療管理学研究科教授〔TOPICS 4-1（共著）〕
三浦　利章（みうら　としあき）　元 大阪大学大学院人間科学研究科教授〔TOPICS 4-1（共著）〕
坂田　陽子（さかた　ようこ）　愛知淑徳大学心理学部教授〔TOPICS 4-2〕
松本　亜紀（まつもと　あき）　北九州市立大学文学部准教授〔TOPICS 5-1〕
大上　八潮（おおうえ　やしお）　九州大学大学院人間環境学研究院学術協力研究員〔TOPICS 6-1（共著）〕
伊藤　絵美（いとう　えみ）　洗足ストレスコーピング・サポートオフィス所長〔TOPICS 7-1〕
安藤　満代（あんどう　みちよ）　第一薬科大学看護学部教授〔TOPICS 8-2（共著）〕
浅川　伸一（あさかわ　しんいち）　東京女子大学情報処理センター助手〔TOPICS 9-1〕
井関　龍太（いせき　りゅうた）　大正大学心理社会学部准教授〔TOPICS 10-1〕
時津　裕子（ときつ　ゆうこ）　徳山大学福祉情報学部教授〔TOPICS 11-1〕
岩男　卓実（いわお　たくみ）　元 明治学院大学心理学部准教授〔TOPICS 11-2〕
山岸　侯彦（やまぎし　きみひこ）　東京工業大学リベラルアーツ研究教育院准教授〔TOPICS 12-1〕
小松　佐穂子（こまつ　さほこ）　徳山大学福祉情報学部准教授〔TOPICS 13-1〕
大上　渉（おおうえ　わたる）　福岡大学人文学部教授〔TOPICS 13-2〕
長谷川　寿一（はせがわ　としかず）　東京大学名誉教授，独立行政法人大学改革支援・学位授与機構理事〔TOPICS 14-1〕
松本　直子（まつもと　なおこ）　岡山大学大学院社会文化科学研究科教授〔TOPICS 14-2〕
遠藤　利彦（えんどう　としひこ）　東京大学大学院教育学研究科教授〔TOPICS 15-1〕
赤木　和重（あかぎ　かずしげ）　神戸大学大学院人間発達環境学研究科准教授〔TOPICS 15-2〕
上瀬　由美子（かみせ　ゆみこ）　立正大学心理学部教授〔TOPICS 16-1〕
大石　千歳（おおいし　ちとせ）　東京女子体育大学体育学部・同短期大学児童教育学科教授〔TOPICS 16-2〕
唐澤　眞弓（からさわ　まゆみ）　東京女子大学現代教養学部教授〔TOPICS 17-1〕
川浦　康至（かわうら　やすゆき）　東京経済大学名誉教授〔TOPICS 18-1〕
釘原　直樹（くぎはら　なおき）　大阪大学名誉教授〔TOPICS 18-2〕

目次

はしがき　i

第Ⅰ部　認知心理学の基礎——感性・注意・記憶

第1章　認知心理学の歴史とテーマ　　3
認知心理学のこれまでとこれから

1 認知心理学の誕生　4
2 認知心理学の基本的前提概念　6
　情報処理システムとしての人間(6)　処理プロセスと輻輳的操作(6)
　処理の二方向性——「データ駆動型処理」対「概念駆動型処理」(8)
　「領域固有性」対「領域一般性」(9)
3 認知心理学のアプローチ　10
　実験認知心理学(10)　認知神経科学(12)　計算論的認知科学(13)

第2章　視覚認知　　17
見る仕組みと心の働き

1 視覚系の基本的構造　18
　環境から眼球へ(18)　目から脳へ(19)　脳から心へ(20)
2 視覚の基本属性とその認知　23
　位置を見る(23)　色を見る(24)　動きを見る(25)　奥行きを見る(28)
3 高次な視覚認知　30
　パターン認知(30)　物体認知(36)　顔認知(39)　表情認知(43)

第3章　感性認知　　45
ものに「感じる」心の働き

1 感性とは何か　46
　感性の定義(46)　脳損傷によって感性が変化した神経心理学的事例(47)
2 感性をどう測定するか　50

vii

　　　　主観評価法(50)　　一対比較法(51)　　セマンティック・ディファレンシャル法(51)

3　感性的評価　54
　　　　快感と覚醒(54)　　形のよさ(56)　　黄金比と美しさの評価(57)

4　好みに影響する認知的要因　58
　　　　単純接触効果(58)　　選好における視線のカスケード現象(59)

5　視線と感性　60
　　　　絵画の中に見られる視線(60)　　絵画を見るときの視線(62)

第4章　注　意　　65
情報を選択・調整する認知の働き

1　注意とは何か　66
　　　　注意のとらえ方(66)　　注意の機能(67)

2　選択的注意　69
　　　　カクテル・パーティ効果(69)　　選択的注意のフィルタ理論(69)　　初期選択説と後期選択説(71)　　トリーズマンの実験と注意の減衰モデル(72)　　初期・後期論争後の展開(73)

3　視覚的注意　73
　　　　注意のスポットライト・メタファー(76)　　明示的注意と潜在的注意(76)　　先行手がかり法(77)　　視覚探索(79)　　特徴統合理論(82)　　刺激属性に基づく注意(84)　　物体に基づく注意(84)

4　注意の反応抑制　86
　　　　変化の見落とし(86)　　負のプライミング(88)　　注意の瞬き(89)　　ストループ効果(90)

5　注意の神経基盤　90
　　　　脳損傷による注意機能の障害の例——半側空間無視(91)　　視覚的注意による視覚野の神経活動への影響(91)

第5章　ワーキングメモリ　　95
情報の格納と情報の操作

1　記憶の構造　96
　　　　フロイトの魔法の便箋(96)　　アトキンソンとシフリンのモデル(97)

2　マルチストア・モデルの論拠　98
　　　　生理学的論拠(98)　　自由再生法を用いた実験(100)　　忘却の原因——減衰か干渉か(100)

3 ワーキングメモリの機能と性質　103
　　　ワーキングメモリ・モデル(103)　　音声ループ(104)　　視・空間スケッチパッド(107)　　中枢制御部(109)
 4 符号化と検索の関係　112
　　　処理水準モデル(112)　　符号化特殊性(114)　　転移適切処理(116)

第6章　長期記憶　119
意識できる過去と意識できない過去

 1 長期記憶の構造　120
　　　宣言的記憶(120)　　エピソード記憶から意味記憶へ(120)　　潜在記憶(121)
 2 長期記憶の性質　122
　　　顕在記憶課題(122)　　潜在記憶課題(123)
 3 顕在記憶と潜在記憶を分ける証拠　124
　　　健忘症患者(124)　　記憶の加齢効果(125)
 4 記憶表象　127
　　　命題説(127)　　二重符号化理論(128)　　具象語，抽象語，絵の記憶(129)
 5 イメージ　130
　　　心的回転（メンタル・ローテーション）(130)　　心的比較(130)　　イメージ走査(131)　　イメージ課題の問題点(133)　　場所法(134)
 6 日常記憶としての展望的記憶　135
　　　展望的記憶の研究法(138)　　2種の展望的記憶(138)　　展望的記憶の特徴(138)

第7章　日常認知　141
思い出は変容するか

 1 日常認知研究と諸領域　142
 2 自伝的記憶　143
　　　生態学的妥当性と一般化可能性(143)　　自伝的記憶の分布と保持(144)　　自伝的記憶の体制化と検索(145)
 3 目撃者の記憶　146
　　　符号化・保持要因(146)　　検索要因(151)　　認知面接法(152)
 4 偽りの記憶　156
　　　偽りの記憶形成実験(156)　　イマジネーション膨張(156)　　記憶エラ

　　　　　　　　―の原因(158)　　回復された記憶をめぐる論争(158)
　　5　記憶の再構成と協同想起　　162

第8章　カテゴリー化　　165
世界を仕分ける仕組み
　　1　カテゴリー化の機能とプロセス　　166
　　2　カテゴリー化の理論　　168
　　　　古典的カテゴリー観(168)　　自然カテゴリーの性質――ロッシュのカテゴリー観(169)
　　3　新たな刺激のカテゴリー化　　172
　　　　プロトタイプ・モデル(173)　　事例モデル(176)
　　4　言語化とカテゴリー化の関係　　177
　　　　言語相対性仮説(178)　　ロッシュの説(179)
　　5　カテゴリー化の領域固有性　　181
　　　　心理学的研究(181)　　神経心理学的研究(183)

第Ⅱ部　高次の認知心理学――言語・思考・感情

第9章　知識の表象と構造　　191
認知のアーキテクチャを探る
　　1　宣言的知識の表象と構造　　193
　　　　意味ネットワーク・モデル(193)　　意味的関連性(194)　　素性比較モデル(194)　　活性化拡散モデル(196)　　意味的プライミング効果(197)
　　2　スキーマとスクリプト　　198
　　　　スキーマ(198)　　スクリプト(199)
　　3　手続き的知識の表現　　●プロダクション・システム　　201
　　4　統合的なモデル　　203
　　　　ACT(203)　　コネクショニスト・モデル(206)
　　5　認知における領域一般性と領域固有性　　215

第10章　言語理解　　217
言葉を処理する心の仕組み
　　1　単語認知と単語音読　　218
　　　　単語認知のモデル(218)　　単語音読のモデル(221)　　読みにおける眼

　　　　球運動(224)
2　心的辞書における意味的情報　225
　　　　意味的表象と意味的多義性(225)　　文脈における多義語の認知(226)
　　　　潜在意味分析(227)
3　文 理 解　228
　　　　統語と意味(228)　　生成文法と格文法(230)　　構文解析のモデル
　　　　(232)　　構文解析における制約(234)　　文理解のコネクショニスト・
　　　　モデル(236)
4　文章理解のモデル　　●構築－統合モデル　237
5　言 語 と 脳　241
　　　　事象関連電位(241)　　失語症と左半球の言語中枢(242)　　言語と脳イ
　　　　メージング(244)

第11章　問題解決と推論　　　　　　　　　　　　　　　　　　　　　247
知性のきらめきと思考の多様性

1　問 題 解 決　248
　　　　問題解決における表象と再構造化(248)　　問題解決における探索(253)
　　　　類推の使用(255)　　問題解決に関わるその他の問題(260)
2　演 繹 推 論　261
　　　　演繹推論(1)——定言三段論法(261)　　メンタルモデル(263)　　演繹推
　　　　論(2)——条件推論(264)　　ウェイソン選択課題(266)　　二重過程理
　　　　論(272)
3　帰 納 推 論　273
　　　　仮説検証(274)　　カテゴリーに基づく帰納(274)　　帰納に関わるその
　　　　他の問題(278)

第12章　判断と意思決定　　　　　　　　　　　　　　　　　　　　　281
選択のゆがみと判断の落とし穴

1　意思決定研究の理論的枠組み　282
　　　　意思決定研究における3つのアプローチ(282)　　規範的理論(283)
　　　　決定分析(283)　　期待効用理論の侵犯(284)　　プロスペクト理論
　　　　(286)　　限定合理性と満足化原理 (290)
2　ヒューリスティックスに関する実証的研究　290
　　　　ヒューリスティックスとバイアス(290)　　代表性ヒューリスティック
　　　　と基準比率の無視(291)　　代表性ヒューリスティックと連言錯誤(293)
　　　　利用可能性ヒューリスティック(294)　　係留と調整ヒューリスティッ

　　　　　ク(296)　　判断におけるさまざまなバイアス(296)　　高速・倹約ヒューリスティックと適応的合理性(297)
　3　複雑な意思決定　298
　　　　　多属性意思決定と文脈効果(298)　　意思決定研究の広がり(300)

第13章　認知と感情　307
喜怒哀楽はどのように認知されるのか
　1　感情の認知プロセス　308
　　　　　ジェイムス=ランゲ説(309)　　キャノン=バード説(309)　　ザイアンスの説(310)　　シャクターとシンガーの実験(311)　　ラザルスの説(314)
　2　感情認知の早いルートと遅いルート　315
　3　感情が認知に及ぼす影響　317
　　　　　ヤーキーズ=ドッドソンの法則(317)　　イースターブルックの説(318)　　クリスチャンソンの説(318)　　有効視野収縮説(320)
　4　感情と記憶　324
　　　　　感情と記憶に関するネットワーク・モデル(325)　　感情状態依存記憶(325)　　感情一致記憶(326)

第Ⅲ部　認知心理学の展開——進化・社会・文化

第14章　認知進化と脳　331
人の認知はどのように形成されてきたか
　1　脳の進化　332
　　　　　霊長類の系統(332)　　脳の大きさの進化(333)
　2　社会的知能の進化　336
　　　　　霊長類が大きな脳をもつ理由——マキャベリ的知能仮説(337)　　コミュニケーション能力の進化と脳機能(337)　　霊長類における自己意識(340)
　3　シンボル操作と表象の脳機能　341
　　　　　動物における道具使用(341)　　技術的知能の進化(342)　　サルの道具使用とその脳(342)　　ミラーニューロン(345)　　言語獲得の進化(348)
　4　認知進化の聖堂モデル　349

第15章 認知発達　355
子どもが感じる世界，知る世界
1. 認知発達のとらえ方　356
   認知発達とは(356)　発達における遺伝と環境(357)　ピアジェの認知発達論(358)　ヴィゴツキーの理論(362)　認知発達における領域固有性と領域一般性(363)
2. 視覚認知の発達　364
   乳児期における視覚認知の測定法(364)　乳児の視覚機能(366)　顔認知の発達(368)　注意機能の初期発達(371)　対象の永続性の認知(374)　物体の単一性の知覚(374)
3. 記憶と概念形成の発達　377
   記憶の発達(377)　カテゴリー化の発達(380)　因果性の発達(381)　数量認知能力の発達(383)

第16章 社会的認知　387
人が織りなす世界のとらえ方
1. 社会的認知とは何か　388
2. 印象形成　389
   アッシュの古典的実験(389)　アンダーソンの情報統合理論(390)　対人情報処理モデル(390)
3. 帰属過程　394
   原因の定位(395)　行為者の資質の推測(398)　原因帰属のバイアス(401)
4. ステレオタイプと集団認知　403
   ステレオタイプの形成過程(404)　ステレオタイプ維持のメカニズム(405)　ステレオタイプ変容のモデル(407)　ステレオタイプの抑制(408)　集団間関係とステレオタイプの内容(408)

第17章 文化と認知　413
比較文化研究と文化心理学の展開
1. 文化心理学の興隆　414
   文化とは何か(414)　比較文化心理学の動向(415)　比較文化心理学と文化心理学(416)　西洋文化と東洋文化のとらえ方(417)
2. 文化的自己観　●相互協調的自己観と相互独立的自己観　418
   自己規定の文化差の検証(419)　他者の行動の理解——対応バイアス(421)　達成課題での原因帰属——自己奉仕的バイアス(422)　コミ

　　　　ュニケーション様式（423）
3　思考様式の文化差　●包括的思考と分析的思考　424
　　　　注意のパターン（425）　　推論のスタイル（426）　　矛盾の許容度（428）
　　　　変化の予測（429）　　残された課題（430）
4　言語相対性仮説の検証　●比較文化心理学の展開　431
　　　　色の知覚（434）　　数量の把握（435）　　空間と時間の認識（435）

第18章　メディア情報と社会認識　439
メディア効果論の展開

1　メディア環境とマスコミ理論の変遷　440
　　　　メディア環境の変化（440）　　限定効果論の見直し（440）
2　議題設定理論　443
　　　　議題設定研究の展開（443）　　第2水準の議題設定（属性型議題設定）
　　（445）
3　フレーミング研究　445
　　　　争点フレーム（446）　　ニュース・フレーム（447）
4　培養理論　448
　　　　文化指標プロジェクト（448）　　培養効果（450）　　主流形成効果（450）
　　　　共鳴効果（451）　　培養理論の特質（452）
5　メディア・ステレオタイピング　453
　　　　ステレオタイプ化という視点（453）　　研究対象となる人物の属性（453）
　　　　ジェンダー（454）　　人種・民族的少数派（455）　　テレビCMの中の外
　　　　国イメージ（456）　　ドラマにおけるステレオタイプの利用（456）

　　練習問題のヒント　459
　　引用文献　465
　　事項索引　504
　　人名索引　517

◆　**TOPICS**
　　1-1　記憶障害に対する実験的アプローチと脳研究　14
　　2-1　錯　視　32
　　2-2　表情認知――怒り優位性効果　40
　　3-1　アレキシサイミア　48

3-2　俳句の印象　52
4-1　注意と有効視野　74
4-2　注意のエイジング　80
5-1　ストループ干渉と逆ストループ干渉　110
6-1　フラッシュバルブメモリ——福岡県西方沖地震の記憶　136
7-1　認知行動療法　154
8-1　人工物に見られるプロトタイプの変遷——自転車の例　174
8-2　生物画像の変化の認知　184
9-1　知識（意味記憶）の障害とモデル　208
9-2　相互結合ネットワークにおける計算　212
10-1　状況モデルは絵か命題か　238
11-1　熟達者のスキーマとパフォーマンス　258
11-2　論理的思考の支援と育成　276
12-1　選好の逆転　302
12-2　広告と消費者行動　304
13-1　情動性知能　312
13-2　凶器注目効果と情動　322
14-1　言語の進化　346
14-2　認知考古学　350
15-1　心の理論の起源と発達　372
15-2　教示行為の発達　375
16-1　血液型ステレオタイプの信仰　406
16-2　黒い羊効果　409
17-1　比較文化研究の新しい展開　432
18-1　インターネット社会における「関心」のゆくえ　441
18-2　マスコミのスケープゴーティング——重大事故の犯人捜し　449

◆ 図版提供元
第1章章扉：株式会社日立メディコ
図7-9：オカダケイコ
その他は，各図版の下に記した。

本書について

- ●本書の構成　本書は，第Ⅰ部～第Ⅲ部の18の章（CHAPTER）で構成されている。
- ●各章の構成　それぞれの章は，導入文と複数の節（SECTION）で構成され，各章末に文献案内と練習問題をおいた。
- ●INTRODUCTION　その章の事柄に関連する導入文を，各章の扉の下部においた。
- ● KEYWORD 　それぞれの章に登場する特に重要な用語（キーワード）を，各章第1節の前に一覧にして掲げた。本文中ではキーワードを，最もよく説明している個所で青字（ゴシック体）にして示し，事項索引ではその用語と青字（ゴシック体）で示された頁を，同様に青字（ゴシック体）にして示した。
- ● FIGURE 　本文内容の理解に役立つ図を，適宜挿入した。
- ● TABLE 　本文内容の理解に役立つ表を，適宜挿入した。
- ● TOPICS 　本文の内容と関係のある事例や研究例などを取り上げる30のトピックスを，関連する個所に挿入した。
- ● BOOK GUIDE 　それぞれの章の内容についてさらに読み進みたい人のために，各章末に文献案内を設けた。
- ● EXERCISE 　それぞれの章の内容についての理解度をたしかめられるように，各章末に練習問題を設けた。
- ●練習問題のヒント　練習問題を考える際の手がかりを得られるように，巻末に練習問題のヒントを設けた。
- ●引用文献　執筆に際し，直接引用したり参考にしたりした文献を，巻末に一覧にして掲げた。日本語文献と外国語文献とをあわせて，著作者の姓名順（アルファベット順）に，単独著作～共同著作の順に示した。外国語文献については，邦訳書がある場合は，原著の後ろに邦訳書を（　）に入れて掲げた。

　　本文中では，著作者姓と刊行年のみ（外国語文献で，邦訳書がある場合には原著刊行年）を，（　）に入れて記した。

　　　《例》（箱田・佐々木，1990）

　　　　　　　箱田裕司・佐々木めぐみ（1990）「集団用ストループ・逆ストループテスト——反応様式，順序，練習の効果」『教育心理学研究』**38**，389-394.

　　　　　（Neisser, 1967）

　　　　　　　Neisser, U.（1967）*Cognitive psychology*. Appleton-Century-Crofts.（大羽蓁訳，1981『認知心理学』誠信書房）

- ●事項索引　重要な用語が検索できるよう，巻末に事項索引を設けた。
- ●人名索引　歴史的人物や代表的研究者など登場人物を検索できるよう，巻末に人名索引を設けた。欧米人名については，原綴りを（　）に入れて示した。

第 I 部

認知心理学の基礎

感性・注意・記憶

第1章 認知心理学の歴史とテーマ

認知心理学のこれまでとこれから

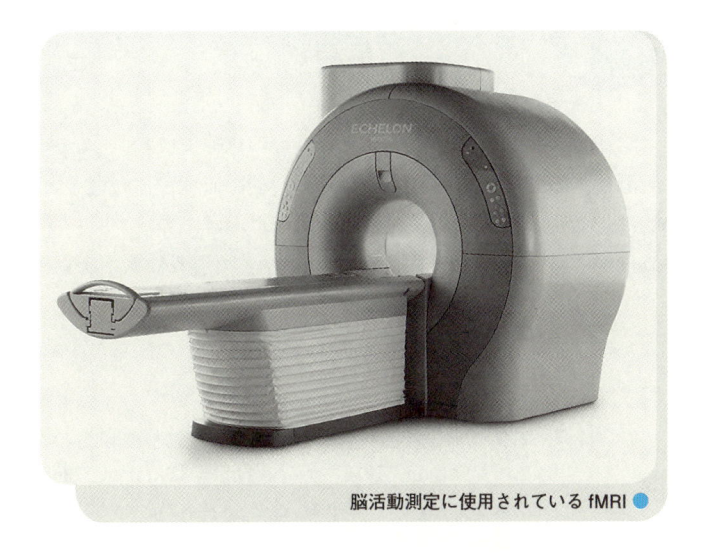

脳活動測定に使用されている fMRI

CHAPTER 1

- KEYWORD
- FIGURE
- TABLE
- TOPICS
- BOOK GUIDE
- EXERCISE

「認知心理学」という言葉が本や雑誌などの刊行物に使用されるようになって40年ほどの時間が流れた。この間に，心理学は確実に変化した。以前は使われていた心理学用語があまり使われなくなり，ほとんど使われることがなかった「符号化」「検索」「スキーマ」「トップダウン」「ボトムアップ」などの用語が頻繁に使われるようになった。そして，情報科学や医学，生理学，法学など周辺諸学問との交流も進んできた。1960～70年代に心理学において何かが大きく変わった。ここでは，認知心理学の誕生から今日に至るまでの道のりを概観しよう。

INTRODUCTION

> KEYWORD

認知革命　情報処理システム　輻輳的操作　部分報告法　感覚記憶
データ駆動型処理　概念駆動型処理　領域固有性　領域一般性　認知
神経科学　人工知能　計算論的モデリング

SECTION 1　認知心理学の誕生

　認知心理学という言葉は，次の2つの意味で使われる。人間が外界を認識し，記憶し，問題解決するといった認知過程を研究する心理学という意味と，認知的パラダイムを用いた人間の心の解明に向けてのアプローチという意味である。本章では後者の意味での，「認知心理学」の成り立ちについて述べる。

　ナイサー（Neisser, U.）によって1967年に著された『認知心理学』は，認知心理学の独立宣言というべきものであり，その序章の中で次のように述べられている。

> 「ワトソン（Watson, 1913）からスキナー（Skinner, 1963）に至るまで，急進的な行動主義者たちは，「人間の行動は，内的な変遷について述べることなく，観察可能な変数のみで説明されるべきである。仮説的なメカニズムに訴えることは，よくて思索的，最悪の場合には欺瞞的だといわれるだろう」と主張した。彼らにとって，刺激，反応，強化，剝奪（deprivation）の時間について述べることは正しくても，カテゴリーやイメージあるいは観念について述べることは正しいことではない……。」（Neisser, 1967）

　ナイサーはこれに続いて，1世代前であれば，行動主義に対する自己防衛のために1つの章を必要としたであろうが，今日，幸運なことに状況は一変したと書いている。

　心理学データベースPsycINFOを用いて，行動主義と認知心理学のキーワード（「強化」「オペラント条件づけ」，あるいは「認知的」「情報」）の出現数の変化を1950年代から1990年代まで10年ごとに調べてみた。

　1970年代を境にして状況は大きく変わった（図1-1）。行動主義的用語を使

| FIGURE 1-1 | 行動主義あるいは認知心理学のキーワードが出現した文献数

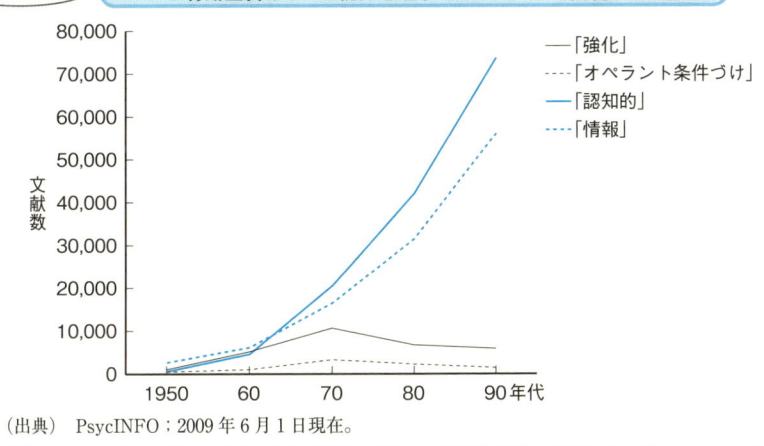

凡例:
― 「強化」
‥‥ 「オペラント条件づけ」
― 「認知的」
‥‥ 「情報」

(縦軸：文献数　横軸：1950, 60, 70, 80, 90年代)

(出典) PsycINFO；2009年6月1日現在。

った文献数が頭打ち，もしくは緩やかに低下していくのに対して，認知心理学的用語を使った文献数は急増していく。なぜこのようなことが起こったのであろうか。

　1960年代から1970年代にかけて，心理学の世界ではある種の革命が起こったとされる。それは認知革命とよばれる（Gardner, 1985）。

　従来，科学はそれまでの研究に新たな知見が加わり，またさらに新たな知見が加わるというように累積的に進展していくとされた。この従来の知見を真っ向から否定したのが科学哲学者クーン（Kuhn, 1970）である。彼によれば，科学の発展のプロセスは累積的に発展していく通常科学の時代と，これまでの考え方では説明できない変則（anomaly）が蓄積された結果，従来の考え方を根底から否定し，新たな立場からのアプローチが登場する革命科学の状態からなるとする。

　ラックマンら（Lachman et al., 1979）によれば，行動主義は人間の高度な知的働きについての説明という点でまったく遅れをとってしまったという。1908年に行動主義の立場で書かれた，「読み」（reading）についての本が，その後の60年にわたって基本的な改訂もされずに刊行され続けたという。

　この行き詰まりを根底から変えたのが認知心理学である。認知心理学は行動

主義が扱ってこなかった人間の心の中の，高度な知的働きを含む認知過程を研究対象とする。以下に，認知心理学が拠って立つ基本的な前提について述べる。

2 認知心理学の基本的前提概念

情報処理システムとしての人間

認知心理学は，コンピュータと同様に人も情報を処理する（シンボルを操作する）システム（情報処理システム）とする考え方をとる。コンピュータが入力された情報を符号化し，貯蔵し，比較し，検索するように，人間もまた情報を処理する。たしかに人間の心の働きは複雑であるが，最終的には，このような比較的少数の基本的な概念で説明できるとされる（Lachman et al., 1979）。

処理プロセスと輻輳的操作

人間の心の働きは多くの処理プロセスからなっている。それぞれの処理プロセスの存在はその存在を示す複数の操作（輻輳的操作；converging operation）によって証明することができる。このことの古典的例は，スパーリング（Sperling, 1960）の部分報告法による感覚記憶，あるいは感覚情報貯蔵（SIS）の存在の証明である。

例えば，9個の文字を瞬間的に提示し，その報告を求めると，実験参加者は4ないし5個程度の文字しか報告できない。この限界は理解の範囲（span of apprehension）としてすでに知られていたことである。これが記憶の限界を示すのか，それとも記憶以前の情報の取り入れの段階での限界を示すのかを明らかにするために，スパーリングは部分報告法（partial report）という方法を考案した（図1-2）。まず凝視点の提示に続いて，文字列を提示した直後に報告すべき文字の位置を示すバーマーカーを提示すると，指示する場所がどこであっても観察者は正確に文字を報告できること，バーマーカーを提示するタイミングをずらしていくと，しだいに正確さが低下していくことを明らかにした（図1-3）。このことは，提示直後であればほぼ完璧に情報を保持しているが，時間が経過すると失われていく感覚情報貯蔵が存在することを示すものとされた。

感覚情報貯蔵はその後の多くの処理モデルの中に「感覚記憶」として取り入れられることになる。さらに他の方法を用いても感覚記憶の存在を示す研究が

FIGURE　*1-2* ● スパーリングの部分報告法の実験手続き

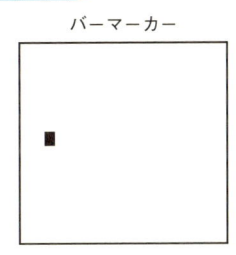

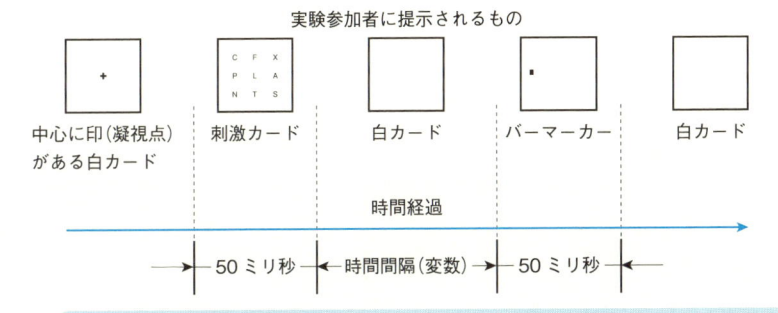

刺激カード

```
C  F  X
P  L  A
N  T  S
```

バーマーカー

■

実験参加者に提示されるもの

| 中心に印（凝視点）がある白カード | 刺激カード | 白カード | バーマーカー | 白カード |

時間経過 →

├─ 50ミリ秒 ─┤─ 時間間隔（変数）─┤─ 50ミリ秒 ─┤

バーマーカーによって，刺激カードのどの文字を報告すべきかが示される。

（出典）　Spering, 1960 より作成。

1-3 ● スパーリングの部分報告法の実験結果

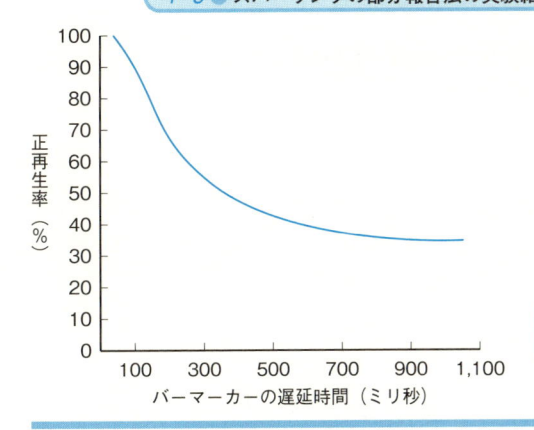

正再生率（％）

縦軸：0〜100
横軸：バーマーカーの遅延時間（ミリ秒）　100　300　500　700　900　1,100

刺激提示直後は情報は保存されている。

（出典）　Spering, 1960 より作成。

第1章　認知心理学の歴史とテーマ　7

なされてきた（例えば，Haber & Standing, 1969）し，また，視覚以外の感覚記憶の存在（例えば，聴覚についてはエコーイックメモリという）を示す実験的技法が提案された（Darwin et al., 1972）。これらは輻輳的操作と考えることができる。

> 処理の二方向性――「データ駆動型処理」対「概念駆動型処理」

情報処理には二方向性がある。データの入力から始まり，より高次の処理へと続く**データ駆動型処理**（ボトムアップ処理）と，知識をもとに推論する**概念駆動型処理**（トップダウン処理）である。これら二方向の処理は通常相互に作用しながら働く。

図1-4の絵を見ていただきたい。まず，私たちはこの画像に含まれている刺激を分析する。これは山か？ 下の小さな2つの図形はウサギの耳か？ すると富士山の前に立つウサギ。しかし，何かしっくりしない……。

刺激図形から始まるデータ駆動型処理と，知識をもとにした推論である概念駆動型処理は同時に起こっている。データが十分でないとき，知識を使った推論によって，いま目の前にあるものが何であるかを知ろうとする。この絵の場合，納得できる1つの解釈は「スキーのジャンプ台から見た下界」である。

FIGURE 1-4 ● 富士山の前に立つウサギの耳か？ それとも

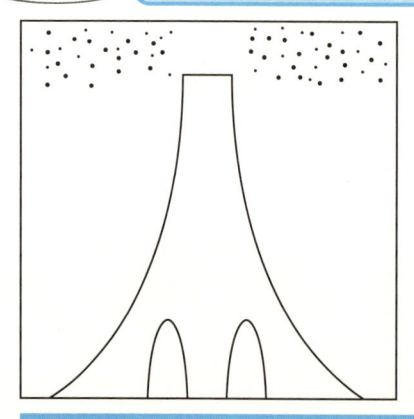

> この絵は何を描いた絵でしょうか。

（出典） Price, 1975より作成。

FIGURE 1-5 ● スイス・アーミーナイフ

（画像提供）ビクトリノックス・ジャパン。

「領域固有性」対「領域一般性」

最近の認知心理学では，ある認知の働きが何のための働きなのか，それは人間がこれまでの長い進化の歴史の中で環境に適応し，生き残るうえでどのような役割を果たしてきたのかを問われることが多くなった。このようなものの見方が進化心理学の視点である。

スイス・アーミーナイフ（図1-5）を手にして，「心はスイス・アーミーナイフのようなものである」とする講演を，英国の王立協会と英国学士院の合同の学会で1995年に行ったのは，コスミデス（Cosmides, L.）である（Mithen, 1996）。心は高度に特化した機能をもつモジュールから構成されているという。それぞれのモジュールは生得的で，独自の神経機構をもつ。その働きは速くて，自動的である（第8章181頁参照）。

このモジュール性という考え方を領域固有性（ある心理学的メカニズムがある領域に特異的に働くこと）という概念と比較すると，領域固有性が必ずしも生得性，神経機構を前提としないという点では異なるが，あるタイプの情報に対して特化した処理メカニズムを意味する点で両者は一致するものである。実際，多くの研究者は両概念をほとんど区別することなく用いる。

なぜ人間の心にはモジュール性が存在するのか。コスミデスとトゥービー

第1章　認知心理学の歴史とテーマ　9

(Cosmides & Tooby, 1994)によれば，心のモジュール性は狩猟採集民時代の人間に働いた進化の結果であり，そこには2つの独立した力が働いたとされる。偶然と自然淘汰である。偶然は進化においてある一定の役割を果たすが，しかし複雑な機能的デザインは偶然の産物とするだけでは説明できない。認知的メカニズムは自然選択の累積的な作用と関係している。祖先の環境の中で生き残り再生産に貢献したデザインだけが，心の仕組み（アーキテクチャ）の中に組み入れられていったと考えるのである。

以上のように，現代人の心の仕組みは途方もなく長い歴史の中で自然選択されてきたものであるので，急速に発達していく科学技術と現代社会の中で生きる人間が適応していくうえで，心の仕組みのすべてが適応的に機能するとは限らない。例えば，議論の最中に興奮して思わず相手を殴り倒したくなることがあるとしたら，それは狩猟採集民時代には「闘争か逃走か」（fight or flight）に役立ったが，現代の平和な社会では必ずしも適応的に働くとは限らない自律神経系（交感神経系）の機能である。

しかし，モジュール性，あるいは領域固有性・領域一般性という考え方は，今日の認知心理学において，その心の仕組みが何のためのものか，環境の適応においてどのような役割を果たしているのかを考える重要な視点を提供している。一方，こうした進化的説明に対して，批判的検討も行われている。これについては第11章を参照されたい。

SECTION 3　認知心理学のアプローチ

認知心理学は認知過程を研究する心理学であると第1節において述べた。しかし，その研究の方法はさまざまである。

実験認知心理学　認知心理学の基礎を作り，そして認知心理学の進展を導いてきたのが実験認知心理学である。第2節で述べたスパーリングの研究もその例であるし，次章以降で紹介する多くの研究がそうである。認知心理学者たちは，認知過程の性質と仕組みを明らかにする実験的方法を提案し，理論構築を行ってきた。

新たな心的メカニズム（あるいはあるプロセス）の存在を主張するためには，

TABLE 1-1 ● 脳研究のためのおもな技法

単一細胞活動記録 (single-unit recording)	3～10マイクロメーター（1マイクロメーターは1000分の1mm）の微小電極を脳内の1つの神経細胞に挿入し、その活動を測定する。
事象関連電位 (ERP; event-related potentials)	頭皮につけられた電極によって脳の電気的活動を増幅すると、リズムをもった波すなわち脳波が観察される。ERPとは、光や音など特定の刺激に対して生じる一過性の電位変化をいう。この方法によって、さまざまな認知過程の時間特性を明らかにできる。
ポジトロン断層法 (PET; positron emission tomography)	人体に投与された放射性物質から放出される陽電子を検出することによって、脳内で神経活動が高まった部位を特定する。この方法の空間解像力はかなりよいが、時間解像力は劣っている。
機能的核磁気共鳴画像法 (fMRI; functional magnetic resonance imaging)	神経活動が盛んな脳内部位では血流が増加する。これに伴う脳内の磁性的変化を検出することによって活動部位を調べる方法。PETに比べると時空間的解像力が優れている。
脳磁図 (MEG; magnetoencephalography)	脳の電気的活動によって生じる磁場を超伝導を用いた高感度の装置によって計測する方法。認知過程の時間特性についてミリ秒単位で情報が得られる。空間的解像力もかなりよい。
経頭蓋磁気刺激法 (TMS; transcranial magnetic stimulation)	人の頭皮に近づけたコイルに電流を流すことによって脳内の特定の場所に磁場を生じさせ情報処理を抑制し、それによって生じる認知課題遂行の変化を観察する。課題遂行中の脳活動を調べるその他の方法が認知課題と脳活動の対応を調べるだけなのに対して、TMSは脳の特定部位と認知課題の因果関係を調べることができる。

(出典) Eysenck, 2006を一部修正。

　その存在を裏づける複数の輻輳的操作を提案する義務があると、かつて主張したのが、ガーナーら（Garner et al., 1956）であった。
　輻輳的操作とは、ある実験結果を説明する対立する仮説や概念を選択したり、排除したりする2つ以上の実験的操作であると考えられる。それらの操作は完全には相関していないが、1つの概念に収斂するので、輻輳的操作とよばれる（Garner et al., 1956）。
　実験認知心理学の歴史は、輻輳的操作を生み出してきた歴史でもある。すでに述べたように、感覚記憶の存在を示すスパーリングの部分報告法に加えて、聴覚における感覚記憶の存在を示したダーウィンら（Darwin et al., 1972）の実

験，記憶は1つではなく短期記憶と長期記憶に分かれるという考えを支持する多くの実験（第5章参照）など，数多くの輻輳的操作の例を見出すことができる。このことを通じて認知心理学は社会心理学や，臨床心理学といったその他の領域にも影響を及ぼすモデルを構築してきた。

| 認知神経科学 |

認知神経科学は，人間の認知の働きを脳機能から説明しようとするものである。心理学と神経科学の重なり合う分野である（TOPICS 1-1参照）。心理学者と神経科学者がブレイン・イメージングの技法を用いて，認知的課題を行っているときの脳活動を研究することによって，1980年代から認知神経科学は急速に発展してきた。研究のためにいくつかの技法（表1-1）があるが，いずれも人間が知的活動を行っているときに脳のどこがいつ働くのかを明らかにしようとする。しかし，それぞれの技法には長所と短所がある。図1-6に，それぞれの技法の時空間的特性がまとめられている（Churchland & Sejnowski, 1988）。

図1-6からわかるように，単一細胞活動記録は時間的特性が優れ，きわめて瞬間的な変化からかなり長い時間的変化まで広範囲にカバーできる。ERP，PET，fMRI，MEGなどはブレイン・イメージング技法といわれるが，時間的特性において大きな違いがある。

FIGURE　1-6　ブレイン・イメージングの諸技法の時空間的特性

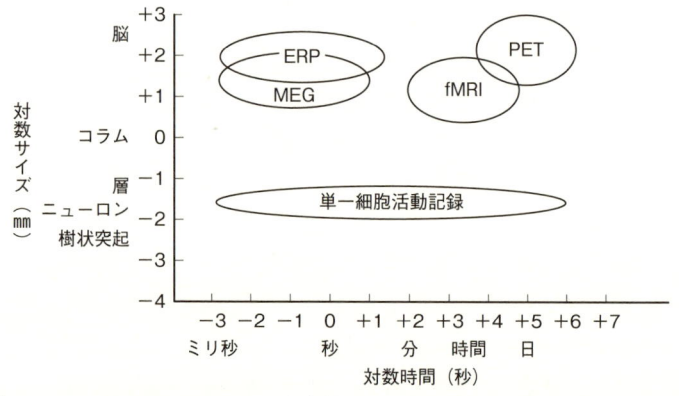

（出典）　Churchland & Sejnowski, 1988を改変。

FIGURE 1-7 ● 脳部位の位置と名称

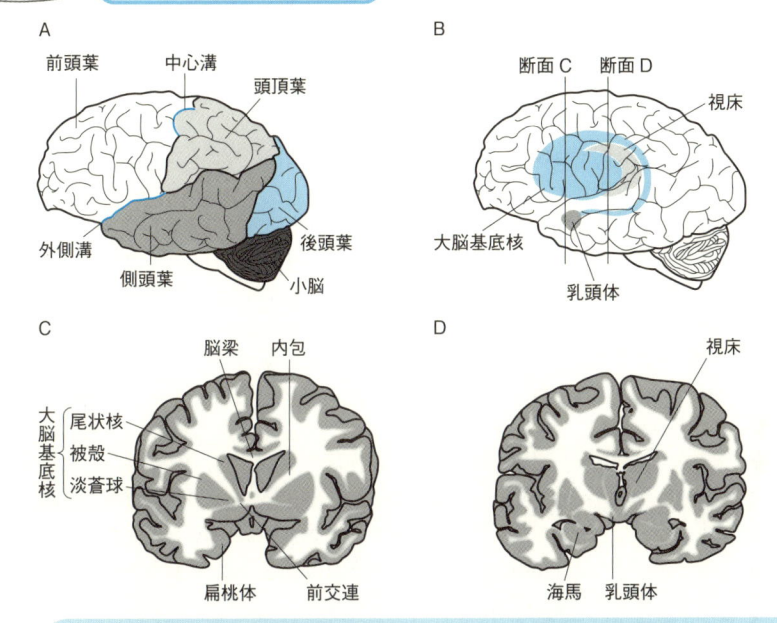

A
前頭葉, 中心溝, 頭頂葉, 外側溝, 側頭葉, 後頭葉, 小脳

B
断面C, 断面D, 視床, 大脳基底核, 乳頭体

C
脳梁, 内包, 大脳基底核（尾状核, 被殻, 淡蒼球）, 扁桃体, 前交連

D
視床, 海馬, 乳頭体

Bの断面Cで切ったものがC, 断面Dで切ったものがDである。

（出典）Purves et al., 2008を改変。

図1-7に，おもな脳部位の位置と名称を示した。

計算論的認知科学

人間と同じ知能をコンピュータ上で実現しようとする試みである人工知能と計算論的モデリング（コンピュータ・シミュレーション）に分けることができる。

人工知能はできる限り効率的に知的な課題を遂行するコンピュータ・システムを構築することを狙うものであり，その遂行を支える内的なプロセスが人間と同じである必要はない。コンピュータにチェスや将棋や碁をさせるプログラム，病気を診断するプログラム，故障を診断するシステムなど数多くのプログラムが開発されている。一般に，人工知能は特定の狭い領域の問題には有効であるが，その領域外ではあまり役に立たない。チェスも将棋も指し，会話もこ

TOPICS　1-1 記憶障害に対する実験的アプローチと脳研究

　われわれは日常生活の中で，絶えず過去の経験やそこから得られた知識をもとに，次にとる行動を決定している。その意味で，記憶の情報処理は，日常生活において必要不可欠であるといえる。それは同時に，記憶に障害があると，さまざまな面で普段の生活に支障をきたす可能性が高まることを意味する。

　脳損傷や精神神経疾患に伴う記憶障害から，人間の記憶メカニズムを探ろうという研究は，おもに「神経心理学」という学問分野で発展しており，これまでに，さまざまな種類の実験によって多くの事実が明らかにされてきた。記憶の障害を呈する疾患は，実際のところ多岐にわたるが，記憶機能の低下が障害の中心となる病態としては，健忘症と認知症が挙げられる。両者の違いは，健忘症では，基本的に記憶の障害のみが認められるのに対して，認知症では，記憶の障害が前面に現れやすいものの，注意，言語，思考といった，他の高次認知機能が全般的に低下することにある。

　健忘症はさらに，器質性健忘と心因性健忘に分けられる。前者は，脳に障害があり，それが原因で健忘症状が現れるのに対し，後者は，基本的には脳に障害がなく，心的ストレスなどを原因として発症する。器質性健忘で比較的多く観察されるのは，側頭葉内側部（海馬とその周辺部位）の損傷を伴う側頭葉性健忘，乳頭体や視床背内側核などの損傷を伴うコルサコフ症候群，前脳基底部の損傷を伴う前脳基底部健忘である。

　器質性健忘においては，損傷部位によって記憶障害の質や程度に違いがある一方，比較的共通して見られる特徴も存在する。それは，①短期記憶や手続き的記憶の障害は顕著でなく，知能や言語なども正常範囲内である，②発症後に起こった新しい事象についての記憶障害である「前向健忘」が認められる，③発症前に起こった出来事についての記憶障害である「逆向健忘」が認められる，④逆向健忘において，過去に遡るほど想起できる情報量が増える「時間的傾斜」が認められる，などである。これらの知見は，いずれも実験心理学的な手法を用いて発見されたものである。

　①の「短期記憶に顕著な障害がない」という特徴は，スコヴィル（Scoville, W. B.）とミルナー（Milner, B. A. L.）による，記憶障害を呈する症例 H. M. に対する一連の実験結果から明らかにされた。H. M. は，両側側頭葉内側部とその周辺部位の切除術を受けた後，知能，言語，知識，数唱，および手続き記憶がそれぞれ正常範囲内であったにもかかわらず，重度の前向健忘を示し，数

分間情報を保持することすらできなかった。このことは，H. M.の長期記憶が障害を受けている一方，短期記憶は比較的保たれているという乖離を示しており，「二重貯蔵モデル」を支持する証拠となった。これに限らず，「潜在記憶と顕在記憶」の分類など，認知心理学で取り上げられる記憶の概念や分類の妥当性を高めるうえで，記憶障害を対象とした研究データは大きな役割を果たしてきた。
　他方，心因性健忘は，器質性健忘と比べ，実験的なアプローチによってその症状や特徴をとらえるのが困難である。心因性健忘で特異的なのは，思い出せない情報が個人的な出来事，いわば自伝的記憶に限られており，個人と関連性が高くない出来事や一般的な知識の想起能力は保たれることである。器質性健忘で観察される「時間的傾斜」も，心因性健忘では認められない。また，新しいことを覚える能力には大きな問題がないケースが多く，忘れてしまった情報を再度覚え直すことも可能である場合が多い。実際，心因性健忘の回復の時期と程度には，大きな個人差があり，発症後まもなくトラウマとなった出来事を含め，ほとんどすべての記憶が取り戻される場合もあれば，何年経過しても個人に関する記憶が戻らない場合もある。なかには，病前の性格や癖，嗜好品に関する記憶まで失われ，日常生活においてしばしばパニックに追い込まれたり，人格の変化を生じさせたりすることもある。心因性健忘の背後にある神経メカニズムに関しては，十分な理解に至っていないのが現状である。
　近年は，fMRIなど，脳機能画像法の技術的発展に伴い，健常者を対象とした記憶の神経メカニズムを探る研究も盛んに行われている。例えば，H. M.が損傷を受けていた側頭葉内側部についても，情報の符号化や検索をはじめ，それらの活動における意識性など，さまざまな側面から実験心理学的な手法を用いた実験によって機能の解明が進められている。これらの画像研究では，記憶障害の研究から明らかにされた一連の成果をふまえて実験デザインが考案されている。また，健常者を対象にした画像研究から得られた知見が，記憶障害の症状の解明やリハビリテーションにも役立てられている。このように，健常者を対象とした実験的研究と記憶障害を対象とした症例研究は相対するものではなく，両者が融合して発展しているのが現状である。記憶障害については未解明な部分も多く，今後の研究のさらなる発展が期待される。

〔梅田　聡〕

なし，病気の診断までも行える人工知能はまだ存在しない。

計算論的モデリング（コンピュータ・シミュレーション）はある認知的働きを行っている人間の振る舞い（エラーを含めて）を忠実に再現できるプログラムを開発することによって人間の内的過程を明らかにしようとするものである。中でも PDP モデルは，脳において複数の処理ユニットが同時に並行して働く人間の脳に注目して作られたものである（第9章「コネクショニスト・モデル」参照）。

BOOK GUIDE　●文献案内

カートライト，J. H.／鈴木光太郎・河野和明訳（2005）『進化心理学入門』新曜社
- 人間の行動について進化論から説明を試みたもの。環境に適応するうえで，私たちの心がどのような役に立つものかをわかりやすく解説している。

ガードナー，H.／佐伯胖・海保博之監訳（1987）『認知革命——知の科学の誕生と展開』産業図書
- 認知科学がどのようにして誕生したかがくわしく紹介されている。認知科学の中における認知心理学の位置づけを知るうえで，大変参考になる。

都築誉史編（2002）『認知科学パースペクティブ——心理学からの10の視点』信山社出版
- 認知心理学の立場から認知科学の最近の動きを紹介したもの。特に，序章は認知科学の歴史と最近の動きがわかりやすく紹介されている。

ラックマン，R.・ラックマン，J. L.・バターフィールド，E. C.／箱田裕司・鈴木光太郎監訳（1988）『認知心理学と人間の情報処理 I，II，III』サイエンス社
- クーンのパラダイム転換という視点から，認知心理学の誕生と発展をとらえた良書。反応時間の研究にどのような歴史的意味があるのかなどを，くわしく紹介している。

Chapter 1 ●練習問題　EXERCISE

❶ 輻輳的操作とは何か，本書で取り上げた感覚記憶以外の例を挙げて，説明しなさい。
❷ 領域固有性には生得的なものばかりでなく，獲得的なものもあると考えられる。具体的な例を挙げて説明しなさい。
❸ トップダウン処理が物事を誤解する方向に働く例を挙げなさい。

HINT●p.459

●箱田裕司

第 2 章 視覚認知

見る仕組みと心の働き

アンリ・マティス『ダンス』(エルミタージュ美術館)

CHAPTER 2

- KEYWORD
- FIGURE
- TABLE
- TOPICS
- BOOK GUIDE
- EXERCISE

人間の視覚は効率的に外界の情報を取り入れる仕組みであるばかりでなく,知識を得るための偉大なる装置である。時間帯や天候によっても物の色は変わるし,頭を動かすと物の見える角度は変わってしまう。また,眼球それ自体も絶えず動き続けている。それにもかかわらず,視覚は,絶えず変化し続けている外界の中から安定した情報を取り出すことができる。錯視に見られるように,外界の情報と人間の認識が一致しないこともたびたびある。画家アンリ・マティスは「見るということはそれ自体ですでに創造的な作業であり,努力を要するものである」という。視覚は能動的な過程である。視覚は人間の認識の入口である以上に,認識と一体化した過程だといえよう。視覚の仕組みは複雑である。本章では,そうした視覚認知の基本構造と機能の側面について見ていこう。

INTRODUCTION

> **KEYWORD**
>
> 視覚系　眼球　網膜　錐体細胞　桿体細胞　盲点　視覚皮質　位置　空間　眼球運動　色　恒常性　静止網膜像　奥行き　両眼網膜視差　パターン認知　図―地の分化　主観的輪郭　トップダウン処理（概念駆動型処理）　錯視　ボトムアップ処理（データ駆動型処理）　鋳型照合モデル　特徴分析モデル　物体認知　視点非依存アプローチ　視点依存アプローチ　顔認知　相貌失認　怒り優位性効果　表情認知　カテゴリー説　次元説

SECTION 1　視覚系の基本的構造

環境から眼球へ

　外界の情報を視覚的にとらえる一連の仕組みを**視覚系**とよび，視覚情報は外界（環境）から眼球へ，眼球から脳へと伝えられ，脳のさまざまな領域で視覚情報が処理・統合されていく。

　視覚系の入口である**眼球**の解剖学的構造は，カメラの構造に似ている。カメラと同じように眼球も遮光性の箱のようになっており，焦点を合わせるためのレンズに相当する水晶体やフィルムに相当する**網膜**（retina）がある。カメラはレンズを前後に移動させて焦点調節を行うが，眼球では毛様体が水晶体を横から引っ張って，その厚みを変化させて焦点調節を行う。また，光量を調整するカメラの絞りは，眼球では虹彩がその役割を担っている（図2-1のA）。

　水晶体を通った光は，ガラス体を通過し，光感受性をもった網膜に，カメラと同じように上下逆さまになって投影される。網膜の光感受性は，**錐体細胞**と**桿体細胞**という2種類の光受容体細胞（視細胞）によって担われている（図2-1のB）。錐体細胞は明るいところで働き（明所視），色への感覚をもっている。約600万個ある錐体細胞は，網膜の中心部分に集中して分布している。ヒトの錐体細胞は，赤・緑・青の波長域に対応して光に応答する細胞に分かれており，それらの波長の光がそれぞれの細胞で応答する割合が計算されることで，ある特定の色として伝達されることになる。一方，桿体細胞は暗いところで働き（暗所視），明るさに対して高い感受性を受けもっているが，色への感受性はな

FIGURE 2-1 ● 眼球と網膜の構造

A. 眼球の構造

- 眼筋
- 結膜
- 毛様体
- ガラス体
- 黄点
- 角膜
- 盲点
- ひとみ
- 虹彩
- 水晶体
- 視神経
- 網膜
- 脈絡膜
- 強膜

B. 網膜の構造

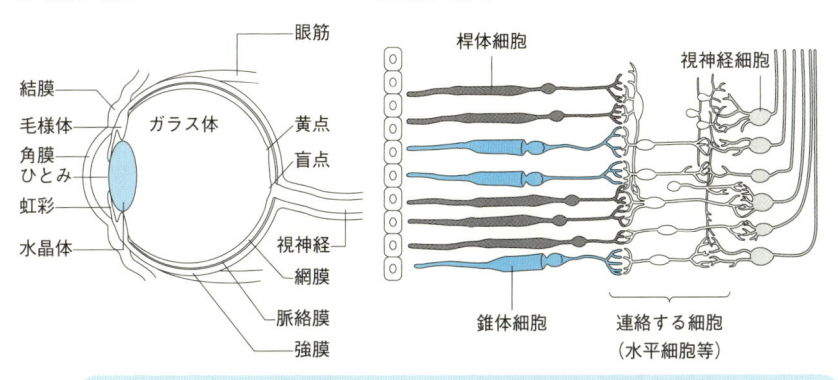

- 桿体細胞
- 視神経細胞
- 錐体細胞
- 連絡する細胞（水平細胞等）

> 網膜は 0.1〜0.3 mm ほどのごく薄い膜からなっているが，その中に 10 層もの構造が見られる．網膜には錐体細胞・桿体細胞以外にも水平細胞，双極細胞，アマクリン細胞，神経節細胞という細胞もある．

い．約1億2000万個ある桿体細胞は，網膜の中心部分から周辺部に広がるにつれて密に分布している．つまり，中心視は色に対する感受性が高いのに対して，周辺視は光の強さに対する感受性が高い．

　視覚対象を正確にとらえるためには，網膜上に対象の像が鮮明に結ばれる必要がある．中心窩とよばれる，錐体が密集している解像度の高い部分は網膜上のごく狭い範囲にすぎない．そのため，目を絶えず動かすことによって，視覚対象を視野の中心（中心窩）でとらえ，視覚対象を鮮明に知覚することが可能となる．中心窩から少し離れただけで，見えの鮮明さは極端に低下する．

目から脳へ

　外界の情報は，環境からの光として網膜に投影され，錐体細胞・桿体細胞によって光を分析し，電気信号（インパルス）に変換して網膜から伸びた視神経によって脳へと運ばれていく．網膜からは100万本もの視神経が脳へと延びている．視神経が束になる部分には光受容体である視細胞が入り込む隙間がない．図2-2のAを見てみよう．紙に目を近づけ，右目を閉じて左目で＋を凝視しながら，紙から顔を遠ざけていく．そうすると，20〜30 cm くらい紙から顔が離れたところで，

第2章 視覚認知

FIGURE 2-2 ● 盲点

A ●   ✚

B ━━━━ ━━━━━━━━━ ✚

A：盲点を探すデモンストレーション。左目の盲点を探す場合にはそのままで，右目の場合には図を逆さまにするとよい。B：盲点で充填が起きることがわかるデモンストレーション。

●が消えて見えなくなるだろう。一方，図2-2のBで同様に見てみると，Aの図で●が消失した距離くらいで，横線がつながって見えるのではないだろうか。このように，視神経が密集し，視細胞がない部分は盲点（blind spot；図2-1のA参照）とよばれ，盲点内にあるものは消失したり，盲点内の欠損した情報が周辺の視覚情報によって補完されたりする。

脳に到達する前に，脳の底部で，左視野の視神経は右半球の視覚野に，右視野は左半球の視覚野につながるように交差している（視交差）。さらに，大脳皮質の視覚野へと伝えられる前には外側膝状体という中継地点を経由する（図2-3）。このように多くの視覚情報は，網膜→視交差→外側膝状体→視覚皮質の順を経て運ばれるが，外側膝状体から上丘など，視覚皮質以外へ投射する経路も一部ある。

脳から心へ

網膜から視覚皮質へと送られた情報は，最終的には必要な情報だけが選択的に処理されていくことになる。後頭葉にある視覚皮質（visual cortex）へと到達した視覚情報は，まず第1次視覚野（V1）へと入力・処理される。V1では，視野上の場所と対応した網膜との相対的位置関係の再現がなされている。大脳新皮質は6層からなる層構造をもっており，V1には垂直方向に性質のよく似た細胞が並ぶ構造がある（コラム構造とよばれる）。また，V1では右目・左目のどちらの入力を強く受けるかによって細胞が縞状に分布していること（眼優位性コラム），異なっ

FIGURE 2-3 ● 外界の情報が目から脳まで伝達される経路

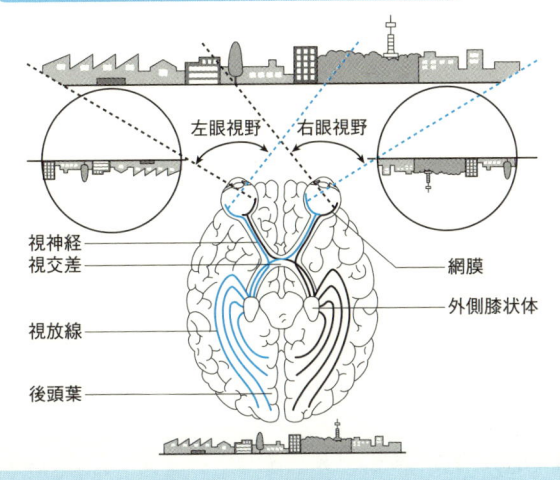

左眼視野　右眼視野

視神経
視交差
視放線
後頭葉
網膜
外側膝状体

網膜に到達した環境の光は，視細胞によって電気信号（インパルス）に変換され，視交差を経由して，右視野と左視野のそれぞれの情報に分けられ，外側膝状体を経由して後頭葉の視覚皮質に伝達される。

（出典）　http://www.skk-health.net/me/21/index.html の図を改変。

た傾きの線分に応答する細胞が柱状に分布していること（方位選択性コラム），色情報の処理に関与して波長選択性を示す細胞群があることがわかっている。

　視覚皮質は，サルの場合で30以上の領野に区別され，どのような性質の情報が処理されるかで，その処理経路が異なっている。例えば，色や形態情報の場合はV1からV2，V4を経て側頭葉へと伝達されていく。このような伝達経路は腹側経路とよばれる。一方，空間や運動情報はV1からV2，V5（MT野ともよばれる）へと伝達され，背側経路とよばれる（図2-4）。

　色や形，動きといった外界の特定の視覚属性によって脳内での処理過程が異なるということが，サルの神経細胞の活動を記録するユニット・レコーディングという手法によって細かく調べられてきており，皮質のある特定の部位がどのような視覚情報の処理に関わっているかを明らかにしてきている。異なる視覚属性が視覚脳内の異なる部位で処理されるという機能特殊性は，最近では，脳機能イメージングの手法の発達によって，人を対象にした脳活動の計測でも

FIGURE 2-4 ● 2つの視覚情報処理経路

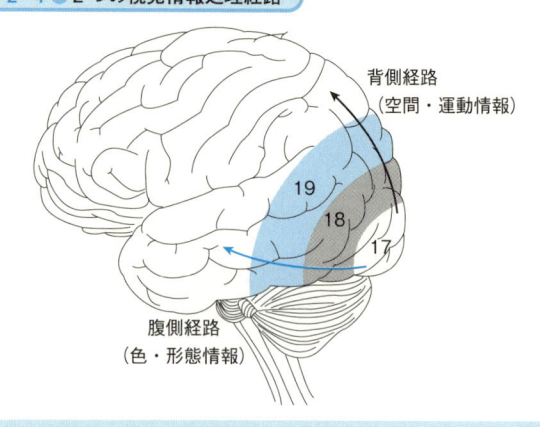

背側経路
(空間・運動情報)

19
18
17

腹側経路
(色・形態情報)

> 色・形態情報（物体情報）と空間・運動情報を伝達する神経系は，それぞれ腹側経路と背側経路とよばれる。前者は What 系，後者は Where 系ともよばれている。17～19 はブロードマンの脳地図の番号。

同様のことが明らかになってきている。巻頭にある口絵①は，モンドリアン図形とよばれる多数の色のパッチからなる刺激を観察しているときの脳活動と，ランダムドットがさまざまな方向に動く刺激を観察しているときの脳活動を示したもので，色に対してはV1とV2とV4が，動きに対してはV1とV2とV5が活動することを示したものである。つまり，色情報の処理がV4で，運動情報の処理がV5で特殊化していることを示している。もちろん，色情報がV4だけで，運動情報がV5だけで処理されているというのではない。

このようなヒトを対象にした研究で，脳機能マッピングは最近盛んになっている。その結果，視覚脳の機能特殊性だけではなく，脳は並列的かつ階層的な処理過程をもつ多くの領野から成り立っていることがわかっている。次章以降の高次な認知活動についても似たところが多い。さまざまな認知機能は，脳のさまざまな領野が機能特化し，それぞれの領野がネットワークを構成して成り立っている。そのようにして，脳から心が誕生するのである。

SECTION 2　視覚の基本属性とその認知

位置を見る

　視覚系の重要な役割の1つは,「どこ」に「何」があるのかをとらえることである。例えば,さまざまなスポーツではこの空間位置の把握能力が非常に重要になる。どのように位置や空間は認知されるのであろうか。

　網膜からV1への投射は,網膜上の位置関係を保持する形で成立している。しかし,V1にある網膜に対応した地図は,対象をより正確にとらえ,くわしい観察が可能な網膜の中心部に広い面積が割り当てられており,網膜の周辺部はそれに比べると狭い部分しか割り当てられていない。V1が損傷すると,視野欠損を起こすが,その欠損される大きさと位置は,損傷の大きさと位置によって厳密に決まってくる(口絵②)。例えば,損傷が右半球・左半球いずれかのV1全域に及ぶと,その反対側の視野部分が欠損する。

　すでに述べたように,網膜の中央部分に錐体細胞が集中しているので,対象をしっかりと見ようとすると,眼球を動かしながら,対象を網膜の中心窩にとらえなければならない。そのようにして視覚的に知覚された対象の方向を視方向とよび,視距離とともに事物の視空間の把握に不可欠な情報となる。ある対象の視方向と異なる位置に別の事物があると,その見えの位置を判断することができる。その判断を視方向判断とよぶ。ある視方向から別の位置にある事物を網膜の中心にとらえようとする場合,眼球を動かさなければならない。そのような眼球運動には,サッカード,滑動性眼球運動,バーゼンス(眼球の輻輳・開散運動)の3つがある。サッカードとは注視位置を変える際に起こる急速な眼球運動であり,滑動性眼球運動とは運動する視対象を追視するときに生じるなめらかな眼球運動である。奥行き方向に注視移動させる際には,左右の目を同時に内側・外側に動かす必要があり,そのことをバーゼンスとよんでいる。3次元空間内の注視では,多くの場合,サッカードとバーゼンスの両方が生じる。位置の認知には,このほかにも,前後関係の認知など,後に述べる奥行きの認知も重要となる。

色を見る

　生物はその種の生存に適した感覚能力を備えている。コウモリやイヌはヒトには聞こえない超音波（数万ヘルツの高い周波数）の音を聞くことができる。視覚でも同じように，ヒトの場合には360〜830 nm（ナノメートル）の可視光とよばれる範囲の光しか感知できないが，鳥や昆虫では，紫外線とよばれる波長が短い光を見ることができる。

　外界の色に関する情報は，環境からの光刺激として網膜の錐体細胞が受容し，視覚皮質で処理・分析された結果，色の感覚・知覚が生じる。色の属性には，可視光の波長の違いによって生じる色相，光の放射エネルギーの強さによって決まる明度，色光の鮮やかさの程度である飽和度の3つがある。この3つの属性を尺度化して数値を割り当て3次元的に表現したものをマンセルの色立体（口絵③のA）という。また，色相の次元において，すみれ色（青みの紫）から始まって，青→緑→黄→橙→赤，そしてすみれ色へと戻るような全体が環のようにして色を配列できるが，このようなものを色相環（口絵③のB）という。

　先に述べたように，網膜には赤，緑，青の3つの光スペクトルに応答する錐体細胞がある。これらの色が同じ割合で刺激されると白色を感じる。つまり，さまざまな色の知覚は，これらの3色の要素の刺激の比率に応じて生じる。これらの要素の1つないし，2つを欠くと色盲になり，感度が鈍い場合には色弱となる。このように，2つの色要素ではなく，3つの色要素によって色が表現されると考えたのはヤング（Young, T.）であった。当時はまったく受け入れられなかった説であったが，その後ヘルムホルツ（Helmholtz, H. L. F.）によって，色の知覚が3種類の機構によって生み出されることが再発見され，この考え方をヤング＝ヘルムホルツの3色説という。この説が提唱されて100年後，1950年代以降，錐体細胞に3種類の細胞が発見され，その正しさが確認されるようになった。

　テレビやプロジェクターなどの発光体の場合には赤・緑・青の3色が基本色となって，それらを混ぜることによってさまざまな色ができあがる。インクなどの色材の場合には，シアン（青と緑の光を混ぜたものと同じ），マゼンタ（赤と青の光を混ぜたものと同じ），黄色（赤と緑の光を混ぜたものと同じ）の3色が基本色となり，それらを混ぜ合わせることによってさまざまな物体色を表現することが可能になる。3基本色の光を混ぜ合わせると白になるが，色材の3基本色

の混ぜ合わせると黒になる。このような色の加算による表現を混色という。

　日常的にわれわれがよく気づく色に関する現象に，補色残効というものがある。同じ色をしばらく観察して白や灰色の画面を見ると，色があった視野の位置に別の色が広がって見えるというものである。赤をしばらく見た後には緑が，緑の後には赤が，青の後には黄色が，黄色の後には青が，それぞれ薄く見えてくる。太陽などの強い光を見たり，同じものを長く見ていると，見ていた対象が目に残ることがあり，それを残効とよぶ。色の残効の場合は，色相環で反対側にある色が残り，その反対側の色の関係を補色とよぶ。網膜の錐体細胞から入力を受ける水平細胞（図2-1のB）は，3種類の錐体細胞がそれぞれ光を受け取った後，水平細胞のレベルでそれらの反対色信号に色情報を変換していることが知られている。心理学者のヘリング（Hering, E.）は，ヤング＝ヘルムホルツの3色説に対し，赤と緑を加法混色して黄色が知覚されるというのは無理があると考え，反対色を感じるメカニズムがあると考えた。この説を反対色説とよび，遡るとゲーテも同じように，赤と緑，青と黄色が対になることを考えていたといわれている。

　私たちはある特定の物体に同じ色を感じているとしても，照明などの環境光によって物体色は影響を受け，網膜に入力されている光のスペクトル自体は実は異なったものになっていることがある。このように目に入る光の性質が大きく変化しても物体の色を正しく認識できることを，色の恒常性（constancy）とよんでいる。このメカニズムについての議論は尽きないが，V4が損傷したサルでは色の恒常性が損なわれることから，この皮質領域が背景に与えられた波長の総量を分析して色を補正して知覚させているという考えで説明されることが多い。

　また，網膜の錐体細胞が遺伝子異常や損傷などで障害されると色盲になるが，V4が損傷を受けても色盲になった症例が報告されている。後者の場合は，皮質性色覚障害（皮質性色盲）とよばれ，V4に至るまでの色情報の処理には問題はない。つまり，網膜での波長分析などには問題はないにもかかわらず，脳の損傷や障害によって色覚に異常が生じるということである。

動きを見る

　私たちが見る世界は動きに満ちている。外界の事物自体も動くが，私たち自身も動きを止めることはない。外界の視対象が動いても，私たち自身が動いても，いずれにして

も網膜像には動きを伴った変化が生じる。視野のどこか1点を凝視しているとしても、眼球は微妙に動き続けており、これを固視微動とよんでいる。もし眼球運動を止めてしまうと、私たちはどのような世界を見ることになるのであろうか。コンタクトレンズに特殊な装置を取り付けて眼球に装着し、眼球の動きを相殺すると網膜像は静止状態になる。このようにして得られる網膜像を**静止網膜像**（stabilized retinal image）とよび、四角形などの視覚刺激を観察すると観察開始後まもなくその一部が消失したり、再び出現したりするといわれている。視覚にとって眼球運動は必要不可欠である。

いくら外界や私たち自身が動いているといっても、必ずしも動きに気づくわけではない。対象の移動が遅すぎても速すぎても動きを感じることはできない。また、動きの見えは、対象の性質や動いている対象の周辺の環境によっても変化する。その1つの例は、ブラウン効果とよばれているものである。運動領域と対象の大きさをともに2倍にすると、見かけの速度は2分の1になり、狭い視野を動くものが広い視野を動くものより速く見えるようになる。また、周囲の環境が暗いときは明るいときに比べて、1点を凝視しているときは対象を追視しているときに比べて、動きは速く見える。

また、実際には動いていないものが動いて見えることもある。空間的に離れた2つの図形を一定の時間間隔をおいて提示すると、2つの図形をつなぐような連続した運動が知覚される。この現象を仮現運動とよぶ（図2-5）。テレビや映画で見る映像も実際はたくさんの静止画像の集まりである。対象物の位置が画像内で少しずつずれている静止画像を連続して多数見ることによって、仮現運動と同じように動きを感じることができる。空間的に離れた2つの図形の配置では、約30ミリ秒以下の時間間隔では短すぎて2光点の同時点滅が知覚され、約60ミリ秒くらいの時間間隔では実際運動の知覚と変わらない、一方から他方へのなめらかな運動が明らかに知覚される。さらに、間隔が約200ミリ秒以上のときには2光点の継続的な点滅が知覚され、運動は知覚されなくなってしまう。動く視覚刺激に反応する第5次視覚野（V5/MT野）の細胞に仮現運動刺激を見せると、提示条件が適当であれば本当に動いている刺激を見せたときと同様の応答を示すことも明らかになっている。

実際には動いていないものが動いて見える別の現象としてよく知られているものには運動残効がある。一定方向へ動き続ける対象をしばらく見た後、静止

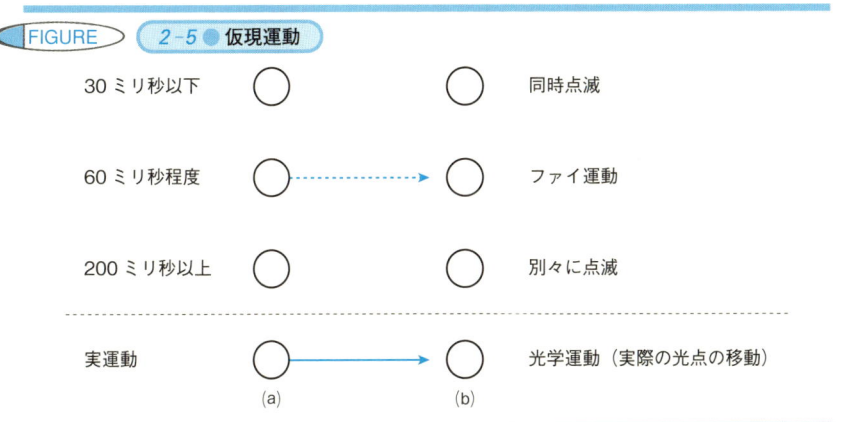

FIGURE 2-5 ● 仮現運動

30ミリ秒以下	○　　○	同時点滅
60ミリ秒程度	○ ----→ ○	ファイ運動
200ミリ秒以上	○　　○	別々に点滅
実運動	○ ──→ ○	光学運動（実際の光点の移動）
	(a)　　(b)	

2つ並んだ配列で，図形を時間間隔をあけて提示すると，その時間が短ければ（30ミリ秒以下）同時点滅したように見え，長ければ（200ミリ秒以上）動きは感じられず2つの位置で点滅しているように知覚される。

した対象を見ると，この静止対象が直前に見ていた運動対象と逆方向にゆっくりと動いて見える現象である。補色残効の場合には残効として反対色が知覚されるが，運動残効の場合には，反対方向の運動が知覚される。例えば，滝を見続けて，目をそらすと滝の流れと反対方向の動きが感じられる。

また，風に流される雲の動きによって夜空に浮かぶ月が動いて見えるように，対象間の物理的運動関係にかかわらず，対象間で「取り囲むもの」と「取り囲まれるもの」の関係が成立するとき，取り囲まれているものが動いて見える。このことを誘導運動とよび，列車の中で隣の列車が動き出すと自分が乗っている列車が逆方向に動いているように感じられること（視覚性自己誘導運動あるいはヴェクションとよぶ）は，視覚的運動が観察者の身体の位置や方向に影響を与えることを示している。

これらのような視覚的な運動情報の処理にはV5（あるいはMT野ともよばれる）が関与していることが知られている。この皮質部位が損傷してしまうと，皮質性運動盲になることがある。この障害では，物の動きを知覚することができなくなってしまい，コマ送りのように運動情報が断片化されて見えるという。また，運動残効が起きなくなるという症例も報告されている。

奥行きを見る

網膜に投影される映像は2次元の平面画像であるにもかかわらず，われわれは3次元の奥行きのある世界を認識している。奥行きも，色や動きと並んで重要な視覚属性である。奥行き情報には，単眼性のものと両眼性のものがある（図2-6）。単眼性の奥行き手がかりというのは，単眼だけでも奥行き感を生じさせるものであり，以下のようなものがある。

(1) 重なり（図2-6のA）：ある対象が別の対象の一部をおおっている場合に，おおっている面はおおわれている面よりも手前に，おおわれている面は背後に知覚される。

(2) （相対的）大きさ（図2-6のB）：大きいものは手前に，小さいものは奥に

FIGURE 2-6 さまざまな絵画的奥行き手がかり

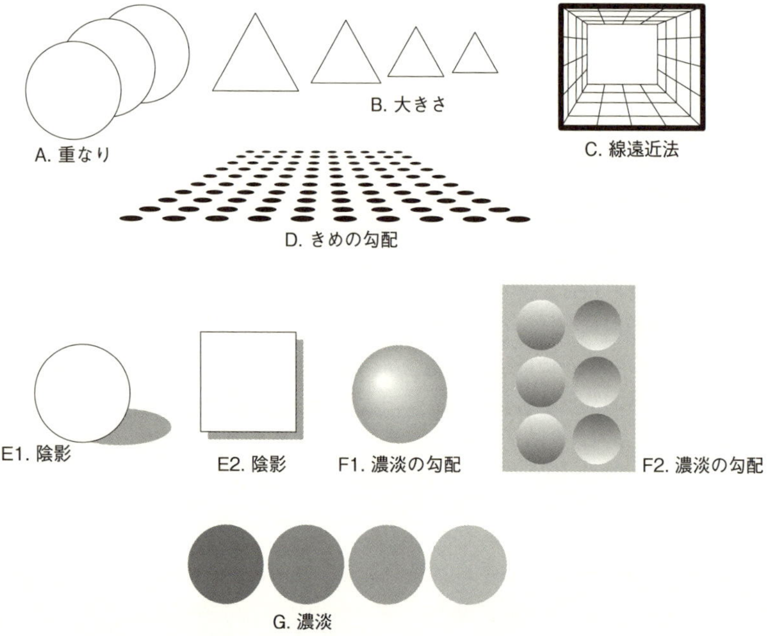

A. 重なり
B. 大きさ
C. 線遠近法
D. きめの勾配
E1. 陰影
E2. 陰影
F1. 濃淡の勾配
F2. 濃淡の勾配
G. 濃淡

重なりや相対的大きさ，陰影など，さまざまな絵画的奥行きを手がかりにして，われわれは奥行きを感じている。

あるように感じられる。大きさと重なりを複合すると，より奥行き感があるように見える。特にその大きさをよく知っている場合に強く感じられる。

(3) 線遠近法（図2-6のC）：遠ざかる平行線は1点に収束する。同じ幅をもった対象でも観察者から遠ざかるほど幅が狭くなる。

(4) きめの勾配（図2-6のD）：一様な模様（テクスチャともよばれる）が広がっているとき，観察者から遠いほどきめが細かく，近いほどきめは粗く見える。

(5) 大気遠近法：大気に霞や靄がかかっているときには，遠くにある対象は色や形がぼけたりかすんで見える。近くのものほど鮮明に見える。水墨画では大気遠近法によって遠近感が表現される。

(6) 運動視差：移動する観察者が静止した対象を見ると，注視点よりも遠いものは移動方向と同じ方向に，近いものは進行方向と逆方向に動いて網膜に投影され，その動きの大きさの違いをもとに奥行きが推定される。

そのほかに，陰影，濃淡の勾配，濃淡も奥行きの手がかりとなる。

両眼性の奥行き手がかりとしては，両眼網膜視差（binocular retinal disparity）によるものが知られている。私たちの両眼は左右に離れてついており，1つの対象を両眼で見ると，左右の目の網膜に投影された像は少しずれている。このずれを両眼網膜視差，あるいは両眼視差とよんでいる。両眼視差に基づく立体視をうまくデモンストレーションしたものはランダムドット・ステレオグラムであり，ベラ・ユレシュによるステレオグラムの発見以降（Julesz, 1971），両眼立体視の特徴は急速に明らかになった（図2-7）。さらに，両眼性の眼球運動であるバーゼンスも奥行き視の手がかりとなっている。注視点の観察距離に応じて両眼の回転角度が変わるので，外眼筋の司る眼球運動を観察者から注視対象までの絶対奥行き情報として利用している。眼球に関していえば，毛様体によって調節される水晶体の厚みも近距離においては奥行き手がかりの情報となっていることが知られている。

FIGURE 2-7 ● ランダムドット・ステレオグラム

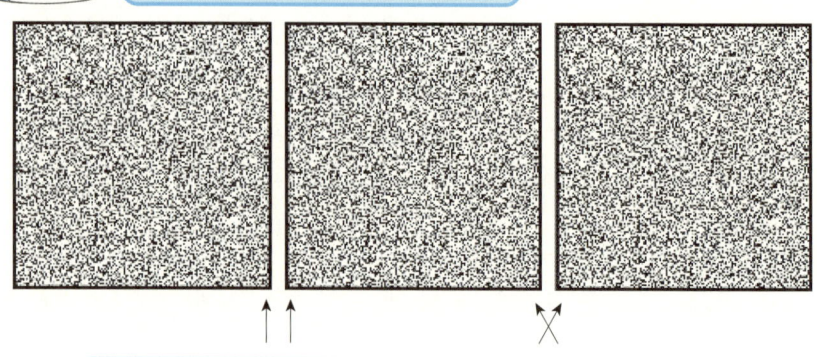

左2つのランダムドットの四角形は平行法（右目で右の図を，左目で左の図を見る）で，右2つのランダムドットの四角形は交差法（右目で左の図を，左目で右の図を見る）で，2つの四角形を重ねて見ると，丸い形が浮き上がってくる。左2つを交差法，右2つを並行法で観察すると丸い形がへこんで見える。

SECTION 3　高次な視覚認知

パターン認知

　認知心理学としての視覚研究の特徴としては，生体の認知の仕組みを「情報処理」として扱い，コンピュータとのアナロジー（比喩）として明らかにしてきたことである。特に，パターン認知（pattern recognition）の研究は，認知心理学としての視覚研究を前進させてきている。私たちを取り巻く環境には，自然物や人工物，顔や文字など，さまざまな形状・形態のものが含まれており，それらが何であるかを瞬時に識別している。最近では，テクノロジー技術も向上し，顔認識や文字認識が工学的にできるようになった。パターン認知のためには，対象を背景から分離し，1つのまとまりとして切り出す必要がある。まず重要になるのは，白と黒の2つの部分からなる紙面を見たとき，まとまりをもって際立って見える部分「図」（figure）と，その背後に切れ目なく広がっているように見える部

FIGURE 2-8 ● ルビンの壺

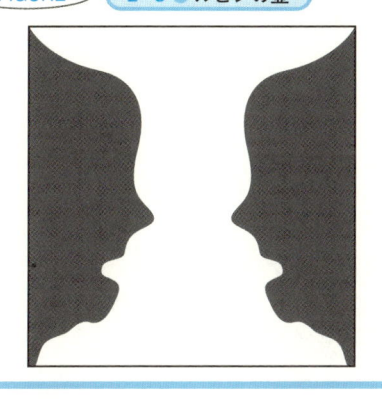

黒く塗りつぶされた2つの横顔か，白い真中の壺かどちらかが知覚される。

分「地」（ground）とを区別することであり，これを図-地の分化（分凝：figure-ground segregation）とよぶ。図は形をもつが地は形をもたない，境界線は図に属しているなどの特徴がある。また，図と地は同時には知覚することができない。図2-8においても，2つの向かい合う2つの顔であるという知覚と，壺であるという知覚は同時には起きない。さらに，輪郭や奥行きの情報処理とも密接に結びついている。

図2-9のAは，4分の1が欠けた円が4つ配置されたものであるが，4つの黒い円の上に白い正方形の輪郭が見える。そこに白い四角があることは物理的には間違いであることをわれわれは知っているが，そのように見えてしまうのである。このように，輪郭線に沿った輝度や色の変化が存在しないにもかかわらず，輪郭線が知覚される錯視のことを主観的輪郭（subjective contour）という（錯視についてはTOPICS 2-1を参照）。主観的輪郭によって別の錯視を生じさせることもできる（図2-9のB, C）。また，図2-10ははじめて見る人にはただの黒い点が広がっているだけのように見えるが，そこにイヌがいることを教えてあげると，それとわかるようになる。また，ひとたびイヌがいることがわかるとイヌがいないという初期の状態に戻ることはできない。

このように黒い点の中からイヌが発見できるとき，知識や先行経験が知覚に影響を及ぼしていることを示している。このような認知のあり方をトップダウン処理（top-down processing），あるいは概念駆動型処理（concept-driven pro-

第2章 視覚認知　31

TOPICS **2-1 錯　視**

錯視（visual illusion）とは，言葉の上では，視覚性の錯覚のことである。目の錯覚ともいう。しかし，錯覚（illusion）というと，思い違いや勘違いといった高次の認知現象や，蜃気楼やドップラー効果といった物理現象をも含むのであるが，錯視というと知覚レベルの錯覚に限定されることが多い。

さらに，錯視は，知覚レベルの錯覚の中でも，本質的に機能的でない（見ることに役に立つわけではない）現象を指す場合が多い。例えば，古くから錯視の中心的な研究対象であった幾何学的錯視（形の錯視）の大半は，何かの役に立っている様子がない。カフェウォール錯視（図1）は，平行に描かれた灰色の線が交互に傾いて見える錯視のことであるが，目的的な機能があるとは思えない。もちろん，「白いカラスはいない」という命題を証明することが容易でないのと同様，幾何学的錯視に特定の機能がないことを証明することは困難であるが。

しかし，一方で，特定の機能をもつ錯覚もある。例えば，図2の奥行き反転図形を考えてみると，中央のシルエットの絵は，人物がこちらを向いて右足を上げているようにも見えるし（左の絵），向こうを向いて左足を上げているようにも見える（右の絵）。錯覚とは実在の対象とは異なる知覚のことであり，実在するものは一定であることが前提であるから，このような実在と知覚が1対1対応しない図形の知覚は錯覚ということになる。しかし，知覚された1つひとつの像は機能的であり，「正しい」知覚像である。

機能性のある錯覚には，不可能図形（部分的には正しく知覚されるが，全体でみる

図1●カフェウォール錯視

図2●奥行き反転図形の例

とつじつまが合わない図形）や隠し絵（対象は正しく描かれているが，知覚しにくい図形）などもある。これらを総称して，だまし絵（trompe l'oeil）とよぶ。なお，狭い意味では，だまし絵は本物のように見える絵のことである。

これら（広義の）だまし絵については，実験心理学の錯視研究においては錯視のカテゴリーに入れないことが多いが，その理由は，だまし絵を錯視に含めると錯視の範囲が広くなりすぎるからである。とはいっても，知覚心理学や認知心理学の本の「錯視のカタログ図」に反転図形や不可能図形が載っていることがよくあるから，あまり厳密には区別されていない。

ところで，最近研究が盛んになってきた錯視に，静止画が動いて見える錯視がある。1986年にスピルマン（Spillmann, L.）らによって発表されたオオウチ錯視（図3，内側の領域が動いて見える）の研究報告が多い。筆者もいくつか新しい錯視を考案している。例えば，2003年に発表した「蛇の回転」という作品（図4，各円盤がひとりでに回転して見える）は錯視量が多く，大変人気がある。20人に1人くらいの割合でこの錯視が起きない人がいるのだが，「個人差だから錯視が見えなくても大丈夫です」と付け加えてケアをしなければならないほどである。

錯視を研究すると視覚のメカニズムがいろいろわかってくるので，錯視の人気が高まることは歓迎するべきことである。　　　　　　　　　〔北岡明佳〕

図3● オオウチ錯視　　図4●「蛇の回転」

FIGURE 2-9 ● 主観的輪郭

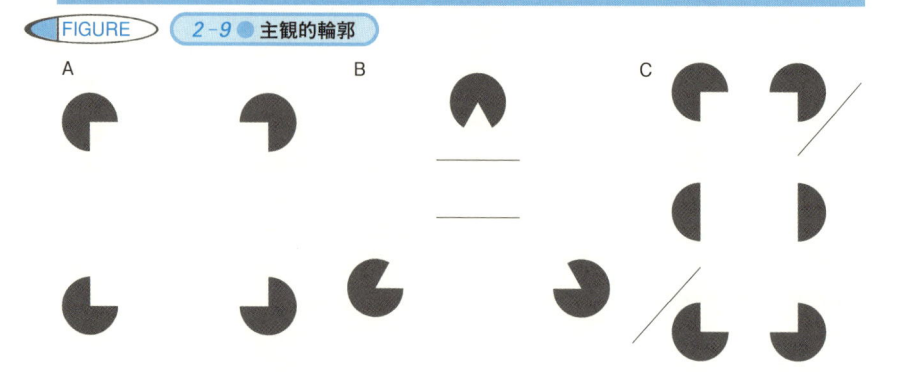

A：基本図形，B：主観的輪郭で起きるポンゾ錯視（上の線が長く見える），C：主観的輪郭で起きるポッケンドルフ錯視（ななめの線がずれているように見える）。

2-10 ● カモフラージュされたパターンの認知

図の中央右寄りにイヌ（ダルメシアン）がいることがわかる。

（出典）写真家 R. C. James による。

cessing）とよぶ。一方，主観的輪郭の見えには知識には依存せず，そこには輪郭線がないとわかっていても形や輪郭を知覚する。これは**ボトムアップ処理**（bottom-up processing），あるいは**データ駆動型処理**（data-driven processing）と

よばれている。

　このような視覚パターンの認知は，入力過程と照合・決定過程の2つに大きく分けられる。その代表的なモデルには，鋳型照合モデル（template matching model）と特徴分析モデル（feature analysis model）がある。鋳型照合モデルとは，頭の中にあらかじめいくつもの鋳型があり，それと入力情報とが照合されるという鋳型照合（template matching）の考えである。このモデルは，刺激パターンの大きさや傾きなどが鋳型とずれた場合にどうするかという問題点がある。さまざまな条件で，それぞれに対応する鋳型を考えると鋳型の数が膨大にならざるをえない。また，刺激パターンの方をあらかじめ正規化する前処理を想定しても，その正規化の複雑な処理を考えなければならない。たしかに，鋳型照合モデルはさまざまな難点をもつと当初から考えられてきたが，最近ではサルの下側頭葉の神経細胞がさまざまな形に特化して応答することから（例え

FIGURE　2-11 ● アルファベットを識別するパンデモニアム・モデル

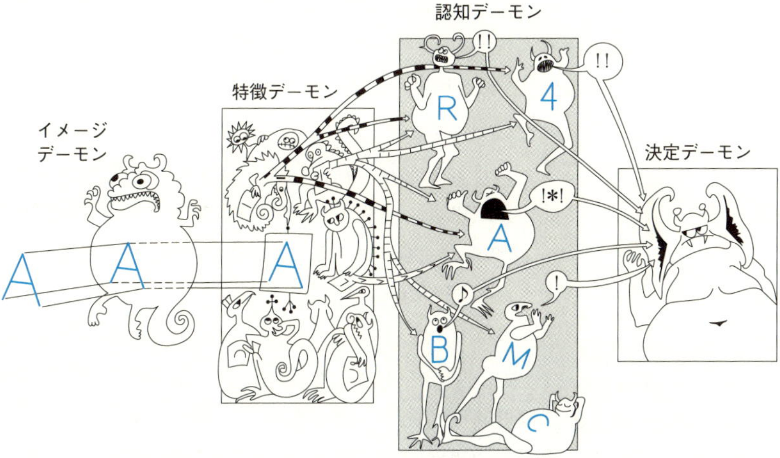

入力されるパターンに対して，いくつかの階層にいるデーモンが，特徴の分析や認知，決定など異なる仕事を受けもち，それが何であるかを識別していく。

（出典）　Lindsay & Norman, 1977b より作成。

第2章　視覚認知　35

FIGURE 2-12 ● 特徴分析モデルだけでは解読できない例

THE HAT

われわれは THE HAT と書かれていることに気づくが，実はそれぞれの2番目の文字は同じ形であり，単純な特徴分析モデルでは，AとHとを区別することはできない。

ば，Tanaka et al., 1991)，新しい鋳型照合モデルも期待される。

　一方，特徴分析モデルとは，あるパターンをいくつかの特徴（水平・垂直・斜めの線分，閉曲線，交点など）によって構成されたものとしてとらえ，要素から全体をボトムアップ式に認知しようとするものである。このような特徴分析的な認知モデルとしては，セルフリッジ（Selfridge, O. G.）のアルファベット文字を識別するためのパンデモニアム・モデルが有名である（図2-11）。神経生理学的にも，ヒューベルとウィーゼルがネコの視覚受容野の神経細胞（単純細胞，複雑細胞，超複雑細胞）の3種類が線分や傾き，角，境界などの刺激特性に選択的に反応することを発見しており（例えば，Hubel & Wiesel, 1959)，これらは特性検出器に相当する。また，視覚皮質の機能特殊性は，この特徴分析のプロセスであるといえないことはない。しかし，このようなボトムアップ処理だけでは，識別できないパターンもある（図2-12)。人間のパターン認知では文脈に依存したトップダウン処理も行っている。

物体認知

　私たちが見る世界は，アルファベットや幾何学図形のような2次元パターンだけでなく，実際の物体の知覚のほとんどは3次元である。視覚系はさまざまな奥行き手がかりを駆使して，網膜の2次元データから3次元の表象を再構成している。この視覚系の働きは物体認知（object recognition）においてきわめて重要なものであろう。

　マー（Marr, D.）は，どのような物体も，長さと太さが異なる何個かの円筒形による内部表現（視覚における内的表象）が可能であるとした。例えば，人間

FIGURE 2-13 ● ジオンの例

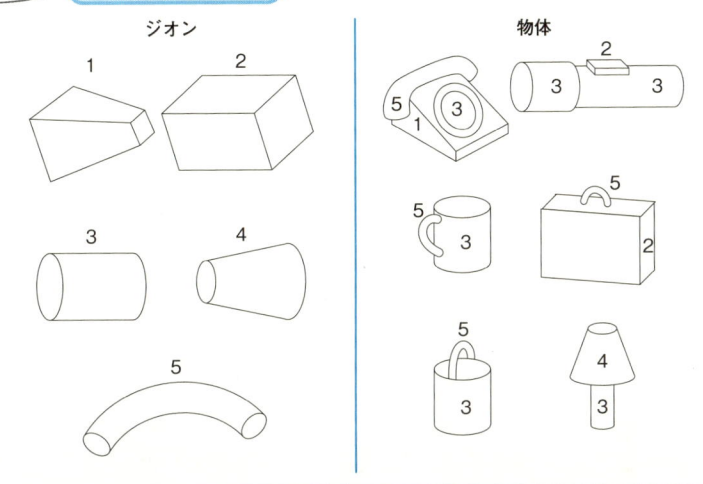

ジオン　　　　　　　　　　物体

右側の物体は，左側のジオンの集合として分析することができる。物体についている番号は，左側のジオン形態の番号に相当している。

（出典）Biedarman, 1987 を改変。

は，頭部，胴体，両腕，両足の合計 6 個の円筒形で表示が可能である。さらに，1 つの腕は，上腕，下腕，手の 3 つに，さらに手は，5 本の指と手のひら（あるいは甲部）の，長さと太さの異なる円筒形の特徴で表示が可能である。1 本の指がさらに関節によって分かれる 2 ないし 3 つの円筒形で表現できる。このように，さまざまな 3 次元物体は，「円柱」という基本的特徴要素に分解が可能であり，それらが階層構造を形成している。

同じくビーダーマン（Biederman, I.）は，弧や線分から構成されるジオン（geon）とよばれる 24 個の基本形状を考え，これによって物体の内部表現を考えようとした（図 2-13）。彼の理論は，「部品による認識」理論（RBC 理論）とよばれ，3 次元物体の認知には，マーが示唆した円柱以外にも，四角柱，三角柱，三角錐，フットボール型などの基本的特徴要素を想定している。単語が文字に，文字が線分に分解されるように，複雑な形態の 3 次元物体も同じように分解されて認識されると考えるのである。パターン認識の理論と同じように，

物体認知でも，ある程度の特徴さえ検出することができれば，ジオンの基本要素の集合として認識が可能となる。

しかし，2次元のパターン認知とは異なり，3次元物体の認知の場合には，その物体の同定は，観察者の移動や対象物の動きによって観察点が変化すれば，3次元の物体の2次元的像の形状が著しく変化するという制約のもとで行われる。コップを真上から見る場合と，真正面から見る場合とでは，その形状はまったく異なっている。しかし，私たちは，見る方向による形状の見かけの変化にとらわれることなく，それがコップである，という物体認知を行っている。

では，どのようにして，この視点の変化による問題を視覚系は解決しているのであろうか。この点については，2つの異なる考え方が提唱されている。1つは，視点非依存アプローチ（view independent approach）とよばれている。3次元物体は，まず観察者から見えるそのままの姿で入力される（「観察者中心座標系」での記述）。この段階では，視点が移動することで変化してしまうため，物体の内部表現は完全には3次元化しきれていない（2.5次元スケッチとよばれる）。その後，あらためて観察者の位置に依存しない内部表現に変換される（「物体中心座標系」での記述）。マーは，このように視点に依存しない物体の3次元表現を物体の脳内表現として想定した。また，ビーダーマンのRBC理論でも，物体は視点の移動に対して頑健性をもつジオンの特徴照合がなされるため，視点が移動しても同一のジオン記述が活性化される限り，物体認知の視点不変性は保持されると考えられている。

もう1つの考え方は，視点依存アプローチ（view dependent approach）とよばれるものである。多くの心理物理研究や神経生理学的研究では，物体認知成績が強い視点依存性を示すという結果が得られている。既知の物体のように典型的景観が保持されている物体認知は，視点が変わってもその同定は容易であるが，既知性の低い（典型的景観をもたない）物体の場合には，視点が変化するとその成績が低くなってしまう。つまり，ある視点からの物体の景観をそのまま記憶しているという，視点に依存した物体認知の仕方を視覚系がしている，という考え方がある。しかし，視点の移動に応じて，すべての景観を記憶するのは，膨大な記憶容量が必要となるため，いくつかの景観の記憶を補完するということを視覚系が行っている可能性が示唆されている。ただし，最近では，視点非依存，視点依存のアプローチを融合したモデルが必要であるという主張も

ある。また，3次元の物体認知のモデルは対象の特徴を分析し，いわばボトムアップ型の情報処理を想定するものが中心であったが，そこでは背景や文脈効果など，周辺情報との関係は顧慮されていない。物体認知でも，トップダウン型の認知モデルをより検討する必要がある。

顔認知

人の顔もパターンあるいは物体の一種であると考えられるが，顔認知（face recognition）が日常の事物の認知と根本的に異なった特異性をもっていることは，すでに最近までに多くの研究によって明らかにされてきた。顔を認知することは，単に目や鼻や口を認知してそれを寄せ集めて統合することではなく，顔全体として認知することである。そしてその認知を可能にしている脳の機能も，単純な物体の認知と根本的に異なっている。その特異性を裏づける研究は，顔の認知障害の症例と，脳における対応細胞，新生児におけるきわめて早い時期の母親の顔認知，などさまざまな領域から得られてきている。例えば，大脳皮質の腹側にある紡錘状回（fusiform gyrus）とよばれる場所には，顔を観察するときに強く活動を見せる領域があることがわかっている（Kanwisher et al., 1997）。

大脳が損傷された後に身近な人や有名人の顔が識別できなくなってしまう障害があり，相貌失認（prosopagnosia）とよばれている。1940年代にはじめて報告され（Bodamer, 1947），その特異性から非常に多くの症例研究が蓄積されてきた。この障害は，紡錘回や側頭葉などの損傷によることが知られている。この障害はすでにギリシャ時代から知られていて，ペロポネソス戦争で頭に負傷した兵士が，友人の顔を見てもわからなくなったということがツキディデスの歴史書に記述されているという（梅本，2001）。相貌失認の患者は鏡で自分の顔を見ても，自分の顔と認知できず，日常の物体を見るような態度で見る場合と，人間の顔であるということはわかっていたが，誰の顔であるかがわからない場合とがある。つまり，顔それ自体を認知する機能が障害を受けている場合と，ある個人を同定する手がかりとしての顔を認知する機能が障害される場合とがある。

では，知っているある個人を同定する顔認知の仕組みはどのようになっているのであろうか。例えば，ブルースとヤング（Bruce & Young, 1986）は，既知の顔と未知の顔とでは処理過程が異なることを仮定した（図2-14）。既知の顔の再認では，「構造の符号化」「顔認識ユニット」「個人情報ノード」「名前の生

> TOPICS　*2-2* 表情認知——怒り優位性効果

　近年の表情認知研究において，研究者の関心を集め，数多くの研究が行われているものに，怒り優位性効果（anger-superiority effect）がある。これは，怒りなど威嚇の表情が前注意過程において素早く認識されること，または，幸福顔のようなポジティブな顔に比較してより早く認識されることをいう。この効果は，観察者に危害が加わる可能性のある対象に素早く反応することを可能にすることから，適応的な特性として進化の過程で獲得してきたものと考えられている。

　怒り優位性効果は，ハンセンとハンセン（Hansen & Hansen, 1988）によって視覚探索課題を用いた研究で最初に報告された。視覚探索課題では，通常2種類の刺激を用意し，実験参加者に一方の刺激（ディストラクタ）が複数同時に提示される中に，もう一方の刺激（ターゲット）が存在するかどうか探索することを課す。もしターゲットの探索が前注意過程によって並列処理的に行われるなら，探索に要する時間は同時に提示されるディストラクタの数に影響されずに一定の早さになる。この現象をポップアウト（pop-out）という。一方，ターゲットの探索が刺激を1つずつ意識的に処理する集中的注意の過程を介して行われるなら，探索に要する時間はディストラクタの増加に伴って遅くなる（第4章参照）。ハンセンらの実験では，怒り顔と幸福顔を刺激として，幸福顔の中の怒り顔を探索する条件と怒り顔の中の幸福顔を探索する条件で，それぞれの探索に要する時間がディストラクタの数によって，どのように変化するかを調べた。その結果，怒り顔がターゲットの条件では，ディストラクタの増加に伴う反応時間の上昇率（以下，探索効率）は8ミリ秒/項目となり，ポップアウトの基準とされる10ミリ秒/項目以下の範囲内になった（Treisman & Souther, 1985）。一方，幸福顔がターゲットの場合は，探索効率は52ミリ秒/項目になった。このように，対となった刺激の一方をターゲット，他方をディストラクタとしたときにポップアウトが生起し，両者を入れ替えるとポップアウトが起こらない現象を探索非対称性（search asymmetry）という。この探索非対称性は，一方の刺激には前注意過程によって処理が可能な特徴が存在するが，他方にはそれがないことを示唆している。

　ハンセンらの研究は怒り優位性効果の先駆的研究として価値があるが，その後パーセルら（Purcell et al., 1996）によって，用いた刺激に問題があったことが指摘されている。すなわち，ハンセンらは，グレースケールの表情刺激写真を白と黒の二値化した刺激に変換して実験に用いたが，その際，怒り顔の方にのみ目につきやすい黒い領域が出現していた。したがって，得られた結果が表情の違いによる効果なのか刺激に混入してしまったアーチファクトによるの

図1 ● 表情の刺激

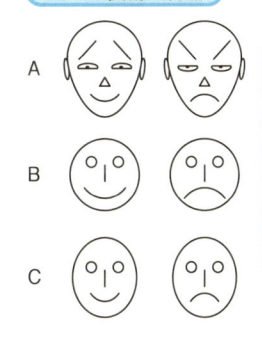

A
B
C

　ホルストマンによって，同一の実験手続きで視覚探索課題の再実験が行われた3種類の刺激。それぞれの刺激が用いられた最初の研究は，A：Öhman et al., 2001，実験3，B：White, 1995，C：Fox et al., 2000，実験5であった。実験の結果，怒り顔がターゲットのときの探索効率は，A：31.5ミリ秒/項目，B：12.5ミリ秒/項目，C：32.1ミリ秒/項目となった。

（出典）　Horstmann, 2007 より作成。

か不明確になっている。

　それ以降，多くの研究者によって，おもに刺激の統制がしやすい図顔を用いて怒り顔と幸福顔による探索非対称性の検討が行われてきているが，その結果は一貫していない。ホルストマン（Horstmann, 2007）は，これまでの一貫しない結果の原因を明確にするために，代表的な3つの研究で用いられた刺激（図1）に対し同一の手続きで視覚探索課題を行って，その結果を比較している。その結果，刺激によって怒り顔の探索効率に大きな違いがあり，図顔の微妙な違いが結果に大きく影響することが示されたが，怒り顔の探索においてポップアウトは生じなかったことと，怒り顔の探索効率が優位な形で探索非対称性が認められたことはすべての刺激で一貫していた。したがって，怒り優位性効果は刺激の違いに影響されずに生じる確固とした効果であるが，それは前注意過程ではなく集中的注意の過程において生起していることが示唆された。

　視覚探索課題の探索非対称性には，ターゲットの検出の早さだけではなく，ディストラクタを拒否する早さも影響することが知られている。そのため，怒り顔と幸福顔による探索非対称性においても，それぞれのターゲットとしての検出の早さを比較することやディストラクタとしての拒否の早さを比較することが行われてきている。これは，怒り顔，幸福顔をそれぞれ中性顔と対にして視覚探索課題を行い，怒り顔，幸福顔をターゲットとしたときの探索効率や中性顔をターゲットとしたときの探索効率を比較することなどによって検討されている。そして，視覚探索課題における怒り優位性効果には，怒り顔の検出が早いことと，ディストラクタとしての怒り顔の拒否（すなわち，怒り顔からの注意の解放）が遅いことの両方がともに関与していることが示されている（Fox et al., 2000 ; Horstmann et al., 2006）。　　　　　　〔遠藤光男〕

FIGURE 2-14 ● ブルースとヤングの顔認知モデル

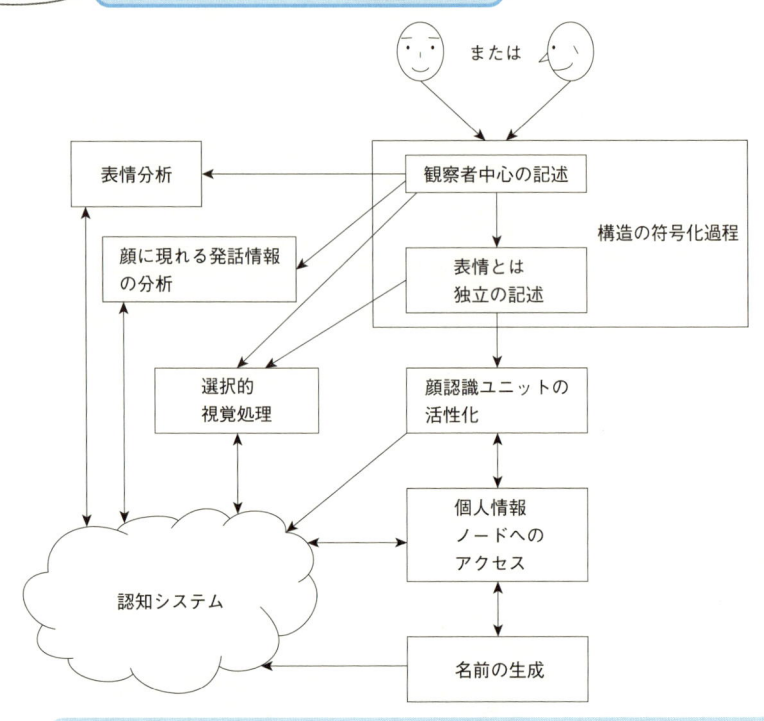

```
                        😊 または 😊
                          ↓    ↓
     ┌─────────┐    ┌─────────────────┐
     │ 表情分析 │◄───│ 観察者中心の記述 │
     └─────────┘    └─────────────────┘       構造の符号化過程
          ▲                  ↓
     ┌─────────────┐    ┌──────────────┐
     │顔に現れる発話│    │  表情とは     │
     │情報の分析    │    │ 独立の記述    │
     └─────────────┘    └──────────────┘
          ▲                  ↓
     ┌─────────┐    ┌──────────────┐
     │ 選択的  │    │ 顔認識ユニット │
     │視覚処理 │◄──►│  の活性化      │
     └─────────┘    └──────────────┘
          ▲                  ▲
          ▼                  ▼
                       ┌──────────┐
                       │ 個人情報  │
     ☁ 認知システム ◄─►│ ノードへの│
                       │ アクセス  │
                       └──────────┘
                             ▲
                             ▼
                       ┌──────────┐
                       │ 名前の生成│
                       └──────────┘
```

> 顔認知の仕組みは複雑であり，その形態的処理だけでなく，表情の分析や人物同定などとともに行われている。

（出典） Bruce & Young, 1986 を改変。

成」の過程を経るのに対し，未知の顔の場合には，「構造の符号化」「表情分析」「発話情報の分析」「選択的視覚処理」の過程を含むと仮定されている。この仮定の妥当性は，既知の顔の再認はできるが未知の顔の処理が困難である脳損傷患者の存在によって裏づけられるとしている。また，顔はわかるのに名前を思い出すことができないことはあっても，名前は思い出せるのにその人が誰であるかがわからないというエラーは出現しないという事実も，既知の顔の認知と未知の顔の認知が別の処理過程であることと関連する可能性がある。

| FIGURE | 2-15 エクマンによる6つの基本表情 |

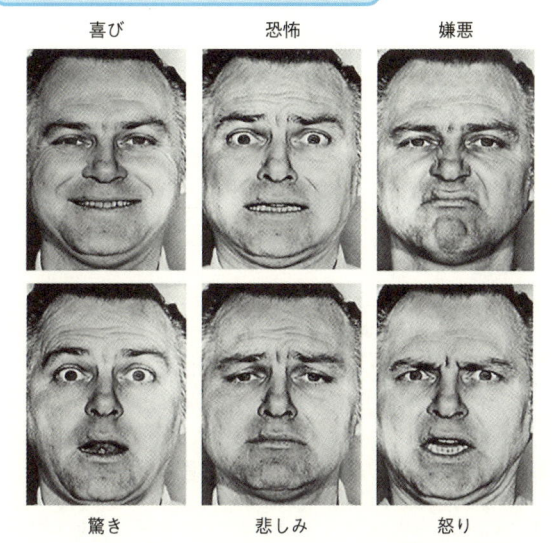

喜び　　　恐怖　　　嫌悪

驚き　　　悲しみ　　怒り

（出典）　Ekman & Friesen, 1975 より Paul Ekman Group の許諾を得て掲載。

表情認知

表情認知（facial expression recognition）もまた，顔それ自体の認知と同様に，固有の認知プロセスやメカニズムがあると想定されている（TOPICS 2-2 も参照）。表情認知の考え方には大きくカテゴリー説（category theory）と次元説（dimension theory）とがある。カテゴリー説の中で最も知られているのは，エクマンの6つの基本表情に基づく感情カテゴリーによる表情認知であろう（例えば，Ekman & Friesen, 1975 ; Ekman, 2003）。基本表情には，喜び，悲しみ，怒り，恐怖，嫌悪，驚きという6つがあり（図2-15），それらはヒトがもつ基本的な感情のカテゴリーに対応すること，またそれらは異文化間においても普遍であるとされる。それらの基本表情はそれぞれ他の表情とは区別され，はっきりと識別できるように経験されるとともに，その背後には進化的理由があることが主張されている。一方，次元説では，「快─不快」と覚醒度の2つの次元（軸）を前提として，他者の顔がそれらの2つの次元から構成される心理空間上にマッピングされ，後に感情名が付与されるとする考え方である（例えば，Russell & Bullock, 1986)。感情カテゴリーを前提とせず，**離散的ではなく連続的あるいは相対的な差異**が2つの軸によって構成された心理空間の上のベクトルとして，顔表情はおかれるということである。

BOOK GUIDE ● 文献案内

グレゴリー，R.L.／近藤倫明・中溝幸夫・三浦佳世訳（2001）『脳と視覚——グレゴリーの視覚心理学』ブレーン出版
- ●図や錯視も多く掲載されており，視覚認知について専門的に学ぼうとする人はまずはじめに読んでみることをお勧めする。内容的には光学から生理学，心理学，芸術に至るまで幅広く含んでおり，研究史についても参考になる。

日本視覚学会編（2000）『視覚情報処理ハンドブック』朝倉書店
- ●心理学，生理学，情報科学などのあらゆる視点から，視覚の分野に関わる広い領域が網羅されている。専門外の人にもわかりやすく書かれている。ただ，視覚の研究は非常に進展が速く，すでに発刊から10年ほどが経過しているため，内容についてはけっして最新とはいえない。しかし，基本的な内容がしっかりと書かれているため，視覚の研究をしたいと思うならば必携の書であろう。

コッホ，C.／土谷尚嗣・金井良太訳（2006）『意識の探求——神経科学からのアプローチ 上・下』岩波書店
- ●意識とは何か，自分自身はどのように意識されるのか，といった「意識」の問題は解決するのか。非常に困難でありながらも，心理学，認知科学，脳神経科学のさまざまな領域をつなぐ，21世紀の科学の最も重要な問題の1つだろう。意識を取り巻くさまざまな現象やメカニズムについてわかりやすく述べてあるとともに，研究のロマンを感じることのできる著書である。

Chapter 2 ● 練習問題　　　　　　　　　　　　　　　　EXERCISE

❶ ボトムアップ処理，トップダウン処理のそれぞれの例を具体的に考えてみよう。

❷ 図2-2のような図形を自分で作って，自分の左右の目の盲点の大きさを調べてみよう。

❸ 漫画には，動きや奥行きを表現するための手法がさまざまにとられている。1冊の漫画の中に，どんな視覚的表現が隠されているか探してみよう。

HINT ● p.459

● 川畑秀明

第 3 章 感性認知

ものに「感じる」心の働き

ジョルジュ・ド・ラ・トゥール『いかさま師（ダイヤのAをもった）』（ルーヴル美術館）

- KEYWORD
- FIGURE
- TABLE
- TOPICS
- BOOK GUIDE
- EXERCISE

CHAPTER 3

INTRODUCTION

　街にはカッコイイものカワイイものがあふれ，さまざまなデザインの商品が日々開発されている。また，フェルメールやダ・ヴィンチ，ピカソなど著名な画家の作品展があると美術館の前には長蛇の列ができ，有名な音楽会や演劇のチケットも発売即完売ということも多い。このような人間の行動や認知を明らかにする切り口として「感性」という言葉がある。専門的な研究を行う学会にも，感性工学会や感性福祉学会など「感性」を冠にしたものがある。感性とは，何となくはイメージできる言葉であるが，説明しようとすると難しい。たしかに，専門家の定義も曖昧だ。それだけに，まだ固定化されていない新しい研究分野だということもできる。本章では，感性にまつわる基本的な概念や測定の方法，近年の展開を中心に説明していこう。

> **KEYWORD**
>
> 感性　感性情報処理　視覚性感情欠乏症　アレキシサイミア　TAS-20　主観評価法　選択法　順位法　マグニチュード推定法　一対比較法　SD法　評価性　活動性　力量性　覚醒ポテンシャル　ゲシュタルト　プレグナンツ　よいパターン　実験美学　黄金比　単純接触効果　知覚的流暢性誤帰属説　ジェームズ＝ランゲ説　視線選好　視線のカスケード現象　認知的枠組み

SECTION 1　感性とは何か

感性の定義　　一般的に，感性とは，物事に対する感受性のことを意味する。もともと，日本語の感性という言葉は，明治時代の啓蒙家・西 周が sensitivity の訳語として「感情」と同義の「感性」という言葉をあてたのが始まりだとされる（坂本，1996）。現在の心理学で使われている「感性」という言葉は，sensitivity だけでなく，sense, sensibility, feeling, esthetics, emotion, intuition などの意味を同時にあわせもつ多義的なものである。

日本の感性心理学者である三浦佳世は，感性を創造や表現などの心的活動にも関わるものとして「ものやことに対し，無自覚的，直感的，情報統合的に下す印象評価判断能力」「多義的，不完全，複合的等の特徴をもつ情報に基づき，全体的・直感的に，印象評価，総合把握，ひらめき等の形をとって，状況にあった判断あるいは発見を行う能力」として定義している（三浦，2005, 2006）。

心理学の分野ではないが，哲学や芸術学の研究分野の1つに「美学」という学問がある。英語でいう esthetics の訳語であるが，そもそもは18世紀半ばのドイツの哲学者バウムガルテン（Baumgarten, A. G.）による episteme aisthetike（感性的認識）に由来する。ラテン語の aesthetica という言葉を用いて，バウムガルデンは「美学は感性的認識の学である」(Aesthetica est scientia cognitionis senstivae) と定義した。しかし，その aisthetike, aesthetica という言葉も，古代ギリシャ語のアイステーシス（aisthesis）に起源があるとされている（三浦，2007）。アイステーシスとは，元来，さまざまな種類の知覚や感受

性を表す言葉であり，まさしく，日本語でいう「感性」と対応する言葉であろう。

本章ではより簡単に，感性を，感じたものへの評価や価値づけに至るまでに必要な総合的な性質・能力として考えていこう。具体的に，感性とは「○○感」として使われる感覚的かつ評価的なものである。例えば，光沢感，透明感，奥行き感など，対象の物理的特徴が測定・記述可能なものから，質感（クオリア）のように対象の物理的特徴が一概に感性を定義できないものもある。

脳損傷によって感性が変化した神経心理学的事例

2004年にNature，BBCなどのマスコミで注目され，学術的報告がなされた，センセーショナルな症例がある（Lythgoe et al., 2005）。脳卒中で倒れたトミー・マクヒュー（http://www.tommymchugh.com/）という男性成人が，脳卒中で倒れて以降，それまで興味もなかった芸術への情熱が突発的に現れたというものである。脳損傷が彼をアーティストへと変えてしまい，それ以降の人生は創作活動そのものとなった。もちろん，創作意欲は急激に高まったものの，創作技術が劇的に変化したということではない。そういう意味では，芸術的才能の変化というよりも，むしろ「感性」の変化としてとらえることが可能であろう。

また，脳損傷によって，見ている対象が何であるかはわかっているのに，その対象から普通に生じてくる感性がもてなくなるという報告もある（Bauer, 1982）。例えば，きれいな花を見ても，病前に感じていたように美しさが感じられない，あるいは，音楽など他の感覚器官を通じた感性には問題はないが，視覚的感性が低下する，などがある。つまり，対象が何であるかがわかる過程（知的情報処理）とその対象から感性が起こる過程（感性情報処理）とが脳の中で分離している可能性を示すものである。このことは視覚性感情欠乏症（visual hypoemotionality）とよばれている。この症状の症例はごくわずかしか報告されていないが，側頭葉後下部の損傷によって感性情報処理が障害を受けたという症例の報告もある（河内ら，1995）。

さらに，てんかん治療のために側頭葉の部分的切除によって，絵画や音楽，文学などの芸術的な好みが変化したという報告もある（Sellal et al., 2003）。また，右脳側頭葉の切除によって，家族への感情変化（愛情がもてなくなる）が生じた例もある（Lipson et al., 2003）。

TOPICS 3-1 アレキシサイミア

　自己や他者の感情に気づき，理解し，表出していくことは，円滑な社会生活を送るうえで重要な役割を果たす。しかし，ここで紹介する人格特性をもつ者は，これらの機能がうまく働かない。
　アレキシサイミア（Alexithymia）とは，心身症患者の臨床観察から導き出された人格特性で，語源はギリシャ語の，a（欠如），lexis（言葉），thymos（情動）からなり，感情の言語化障害という意味をもつ。これまでの研究から，現在では単に感情の言語化に限定したものではなく，感情制御全般の障害と考えられており，①感情を認識し，情動覚醒に伴う身体感覚を区別することが困難，②他者に感情を伝えることが難しい，③想像力が貧困で，限られた想像過程をもつ，④刺激に規定された外面性志向の認知様式をもつ，といった4つの特徴が示されている（Taylor et al., 1997）。
　アレキシサイミア傾向者は一般人口に広く正規分布し，約10%存在するといわれている。アレキシサイミア傾向の評価には，投影法，構造化面接など，複数の手法が提案されているが，一般に，20項目3因子からなる自己記入質問紙，TAS-20（The 20-item Tronto-Alexithymia Scale；Bagby et al., 1994；日本語版は小牧ら，2003）で比較的簡便に測定することができる。アレキシサイミア傾向は，心因性疼痛やうつ病，摂食障害など，広範囲の精神・身体疾患の危険因子と考えられている（Taylor et al., 1997）。また，感情を適切に相手に伝えることができないため，他者との親密な関係を築きにくいなど対人コミュニケーションでの問題を抱えることも多い。
　さて，こうした感情制御の障害は，認知様式にさまざまなゆがみを引き起こす。アレキシサイミアの主要な特徴の1つである，感情の同定の困難さは，自身の感情についてだけでなく，他者の感情の認知にもあてはまる。顔写真などを用いた研究では，アレキシサイミア傾向の高い実験参加者は，アレキシサイミア傾向の低い参加者に比べ，表情判断の成績が悪いことが示されている（例えば，Parker et al., 1993）。感情価をもつ画像同士をマッチングさせる場合にも，アレキシサイミア傾向者の成績が低いことが報告されており（Lane et al., 1996），単に感情の言語的なラベルづけだけでなく，感情情報の符号化全般に障害があることが示されている。
　上述の実験心理学的なアプローチに加え，感情認識のゆがみについて，脳科学的な知見も報告されている。ベルトーズら（Berthoz et al., 2002）は感情価をもつ画像を提示した場合の脳活動をfMRIで計測し，不快―高覚醒の画像の場合には傍帯状回の活動が減衰することを報告した。また，鹿野ら（Kano et al., 2003）はさまざまな表情画像を提示した場合の脳血流をPETで計測し，

図 1 ● 怒り画像提示時のアレキシサイミア傾向者の局所血流量の変化

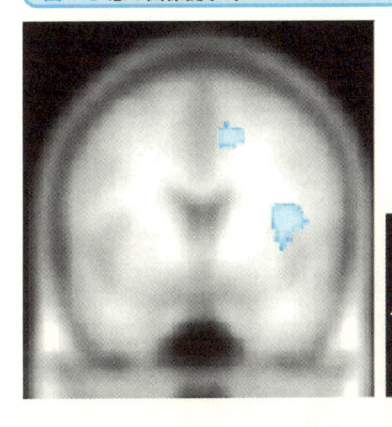

図は，脳の垂直断面図で，上から右前部帯状回，右島皮質の活動低下を意味する。Z 値が大きいほど血流量の低下が大きい。

（出典）　Kano et al., 2003 を一部改変。

　アレキシサイミア傾向の高い参加者は，いずれの表情においても，右半球の前頭前野や眼窩皮質をはじめとした複数の脳部位で血流量の減衰が認められた一方で，左半球の血流量は増加したことを報告している。特に，怒りの表情が提示された場合にその差は顕著で，アレキシサイミア傾向者では右半球の島皮質や前部帯状回といった感情のイメージや意識に関与する部位で，局所血流量が減少するという（図 1）。感情処理に重要な内側前頭皮質や右半球全体での脳活動の減衰は，感情処理の機能障害を意味し，上述の実験心理学的知見と一貫するものである。

　感情の同定の困難さだけでなく，アレキシサイミアの他の特徴についても検討が進められている。例えば，「想像力の欠如」に関して，萬谷ら（Mantani et al., 2005）は，さまざまな出来事のイメージ課題を実施し，アレキシサイミア傾向の高い参加者はイメージの鮮明さや喚起される感情強度が弱く，特に楽しい出来事を想像する場合に，後部帯状回の活動が低いことを報告している。

　ここまでアレキシサイミアの認知様式のゆがみに関する実験的な検討を紹介してきたが，それにとどまらず，アレキシサイミア形成に関わる発達の要因や，対人関係様式の検討，さらに他の精神疾患との関連など，さまざまなアプローチでアレキシサイミアに関する検討がなされている（Taylor & Bagby, 2004）。しかし，個々のアプローチでの研究報告はいまだ少なく，今後，さらに基礎的知見を増やすとともに，それらを統合した包括的な議論がなされることを期待したい。

〔北村（鈴木）美穂〕

ちなみに，抽象表現主義画家の巨匠であるウィレム・デ・クーニング（William de Kooning）は，晩年，認知症になるが，家族の介護による助けもあって絵を描き続けることができた（Espinel, 1996）。しかし，発症以降，いつ絵を描き終えたらいいのかわからなくなってしまったということや作風の変化についても指摘されている。
　このような症例において共通するのは，脳損傷によって知的情報処理やスキルに変化が起きるのではなく，感じ取るメカニズムである感性情報処理が変化したということができるであろう。このような感性情報処理に関する脳のメカニズムは，ほとんど明らかになっていない。また，アレキシサイミアとよばれる自分の感情をうまく理解できなかったり，言葉に表すことができない個人特性についても最近盛んに調べられている（TOPICS 3-1を参照）。

SECTION 2　感性をどう測定するか

　感性には視覚，聴覚，味覚，嗅覚，触覚などの感覚の入力のレベルから，感じたものへの評価や価値づけに至る過程までを含むため，その測定方法も多様である。ここでは，後者の評価や価値づけに関わる測定について説明する。評価対象となる刺激（色や物体，言葉など）を提示し，その印象や見え方について測定する方法には，以下に述べるようないくつかの種類がある。

主観評価法　最も簡単な方法は，評価対象に対して，言語的手段によって評価者の主観的評価を調べる方法（主観評価法）であろう。その例としては，インタビューや自由記述によって得た言語情報をプロトコル分析（言語情報から思考の順序を分析したり，最頻の単語を分析したりする方法）などの手法によるものがある。また，いくつかの評価対象の中から，評価（例えば，好ましさ）が最もあてはまると感じるものを選択させるというように，何らかの評価基準に基づいた選択法がある。評価対象の提示方法によって種々のバリエーションをもたせることができ，特に，対象を並べて提示する同時提示法や，1つずつ順番に提示する継時提示法に分けることができる。選択手段によっても，選択肢の1つのみを選ぶ選一法と，複数回答を求める多選法とに分けることができる。また，何らかの評価基準をもとに評

価対象に順位をつけさせる方法（順位法）では，対象ごとに回答された順位値の総和から対象の順位を求めることもある。さらに，特定の評価について，ある対象を基準にして（評価基準刺激，標準刺激）それを点数化し，それに対して，後続して提示する刺激対象の評価を点数化する方法（マグニチュード推定法）もある。

一対比較法

評価対象の刺激群の中から2つずつペアにして評定者に提示し，どちらがより評価（例えば，好ましさ）が高いかを比較判断させる方法は一対比較法とよばれている。一対比較法では，刺激群の中から2つのペアの総当たりで選択を行わせる。食品の味のよさや，デザインの好みや価値など，多数の評価対象に順位づけをするのは難しくても，2つの対象の中から1つを選ぶのは比較的容易となる。また，一対比較法で用いられる評価対象数は5～10個程度が普通である。多くなっても分析することができないわけではない。しかし，評価対象数をnとすると，対の数は$n(n-1)/2$となることから，評価対象数が10個の場合には45対，11個の場合には55対となり，実験に時間がかかるなどの評価者の負担は対象数が1つ増えるだけでも大きく変化する。このようにして得られたデータをもとに，評価対象刺激を数量化法に基づいて（シェッフェの方法やサーストンの方法が知られている）評価対象の順位づけや関連性を調べる。それによって，取り扱った刺激を1本の数直線上に評価対象を配列したり，多次元尺度構成を用いて評価対象刺激を分類したり，空間配置したりすることがある。

セマンティック・ディファレンシャル法

色や香り，画像など，種々の対象から受容される印象について容易に測定でき，多次元空間的に表現する手法として広く利用されているのは，オスグッドら（Osgood et al., 1957）によって考案されたセマンティック・ディファレンシャル法（意味微分法：以下，SD法）である。SD法では，例えば「温かい－冷たい」のような反対の意味をもつ形容詞対項目に対して，対象の印象を評定するものである（図3-1）。得られたデータは因子分析にかけられ，印象を構成する形容詞対の主要次元を抽出する。この手法を用いることで，少ない次元で印象の概要や構造をとらえることが可能となる。どのような形容詞対を用いるかは，調べたい概念（意味，刺激）によって異なる。形容詞対の数は10～30個ほどであることが多い。

TOPICS　3-2　俳句の印象

　　　菜の花や　月は東に　日は西に
　　　　　　　　　　　　　　与謝蕪村

　俳句は，季節の風物と人との交感を 17 音という制約のもとに表現しようとする極小サイズの定型詩であり，文章の一種でもある。文章の理解に関する心理学的研究では，主として伝達文や論説文を題材として，文章の論旨をどれだけ正確に理解するかという，知的・論理的理解の問題の検討が行われてきた。一方，詩歌や物語といった芸術的文章は，心理学の研究対象とされることが少なかったが，作者の心的過程の具現化にほかならず，また読者との心的交互作用という観点からも，心理学の題材として欠かせない。芸術的文章を研究対象とする場合には，知的・論理的理解の問題よりもむしろ，作者の心情や心象世界を想像したり追体験したりするといった，感性的・共感的理解の問題の検討が重要となる。芸術的文章の中でも，筆者は，とりわけ日本発信の文化である俳句に注目してきた。

　俳句には，古今の優れた作品に触れ，読みを深めるという楽しみ方と，みずから創作して情報を発信し，伝え合うという楽しみ方があるが，後者こそが俳句の醍醐味であるという考え方もある。実際，さまざまなメディアを通して俳句が発信されている。このような俳句の印象を形成する要因として，五七五の韻律，季語からの連想，「写生」による表層の風景描写と深層の心理描写との「意味の二重性」，複数の情景イメージの「取り合わせ」による句意の広がりなどが挙げられる。こうした諸要因は，人間の内面に関わるものであり，心理学的アプローチの対象となりうるものである。その先駆的研究として，皆川・賀集（1990）を挙げることができる。彼らは，語句関連度評定法（構成語句のすべての組み合わせの結びつきの程度を 7 段階で評定する方法）を用いて，「季語を中心として構成されている」という俳句の統語的特徴を明らかにした。

　しかしながら，人間の精神的所産であり，上記の特徴をもつ俳句についての理解を深めるためには，統語的側面に加え，情緒的側面の分析が求められる

(皆川，2005)。そのためには，読み手と題材との関わりの程度を考慮しなければならない。例えば，読み手が特定のジャンルの言語芸術作品に対して日頃からどれだけ関心を抱いているかによって，それらの作品に対する印象は異なると考えられる。皆川（2008）は，さまざまな対象の情緒的意味（内包的意味）を測定する方法であるセマンティック・ディファレンシャル法（SD法）を用い，俳句への興味・関心の程度が俳句の印象に及ぼす影響を調べた。俳句への興味・関心の程度についての指標のとり方にはさまざまな考え方があるが，皆川（2008）は，その指標として，個人が知っている俳句の数を考えた。つまり，多くの俳句を知っている人ほど俳句に対する興味・関心が高いと考えたのである。

皆川（2008）は，俳句の創作経験の少ない大学生100名を研究協力者とし，小・中学校の国語の教科書に採録されている俳句を刺激材料として，既知判断課題およびSD評定課題を実施した。既知判断課題の結果から，研究協力者は無作為に割り当てられた俳句の半数以上を知っていた27名を高興味群，無作為に割り当てられた俳句の大半を知らなかった27名を低興味群と分類した。SD評定課題の結果，印象，力動，技巧の3因子得点の平均値には，高興味群と低興味群の差は認められなかったのに対し，各因子得点の個人差や俳句差には群間差が認められた。高興味群では，3因子すべてにおいて，評定値の個人差も，俳句による評定値の差も大きいのに対し，低興味群では，印象因子での個人差のみが大きく，俳句による評定値の差は比較的小さかった。俳句に興味・関心の高い人が明確な評価基準をもち，俳句の内容を詳細に分析したうえで弁別した評価を行うのに対し，興味・関心の低い人は評価基準が定まらず，俳句を分析的にとらえることができないために，このような評定結果の差が生じたと考えられる。上記のことから，俳句への興味・関心の高まりとともに，言い換えれば俳句に対する習熟度が高くなるにつれて，俳句の鑑賞や評価の基準は，直感的な印象を中心とした浅い理解から，俳句の表現技法を勘案した分析的かつ総合的な深い理解へと変容すると推論しうる。

〔皆川直凡〕

FIGURE 3-1 SD法で用いられる形容詞対のサンプル

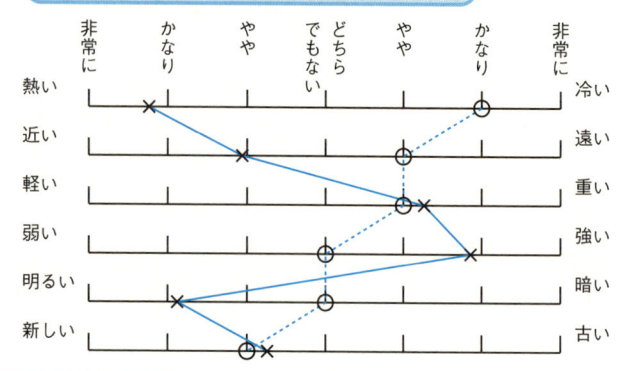

	非常に	かなり	やや	どちらでもない	やや	かなり	非常に	
熱い		×				○		冷い
近い		×		○				遠い
軽い					○×			重い
弱い				○		×		強い
明るい		×		○				暗い
新しい			○×					古い

回答例（○印を結んだ破線）と，調査対象者の平均値を示すプロフィールの例（×印を結んだ実線）。

　従来の研究では，刺激や文化の違いにかかわらず，**評価性**（evaluation）因子，**活動性**（activity）因子，**力量性**（potency）因子の3つが安定して抽出されることが多い。これらの因子は数多くの研究において主要な感性次元として扱われる（俳句の印象に関するSD法についてはTOPICS 3-2を参照）。この方法を用いることによって，概念や刺激，調査対象者の特徴（性別など）ごとの特徴をプロフィールとしてとらえることも容易である。

SECTION 3　感性的評価

快感と覚醒

　バーラインは，ヒトは単純すぎるものには快を感じず，複雑すぎるものには不快を感じ，その中間に快感を最大にする**覚醒ポテンシャル**（arousal potential）が存在するという理論を提案した（Berlyne, 1970；図3-2）。彼の理論に基づくと，ヒトは覚醒ポテンシャルが過小であるときにはより大きい覚醒ポテンシャルを有する刺激を求め，覚醒ポテンシャルが過大であるときには，覚醒ポテンシャルを低下さ

FIGURE 3-2 ● バーラインの覚醒ポテンシャル

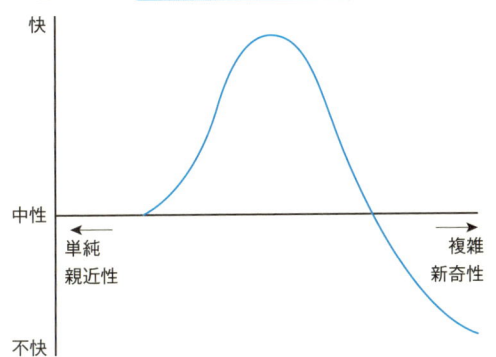

縦軸:快—中性—不快
横軸:単純・親近性 ← → 複雑・新奇性

あまり単純すぎたり親近性が高すぎても人は快を感じず,逆に複雑すぎたり新奇性が高くても不快感が増す。

(出典) 近江,1984;三浦,2007。

せるようにするという。快・不快感に関与する変数としては,先に述べた複雑性のほかに,新奇性,不明瞭性,曖昧性,驚愕性,不協和性,変化性などの刺激特性などが提起されている。つまり,それらの刺激特性が「ほどほど」のときに快は最大化されるということである。

動物行動学者のアイブス-アイベスフェルトは,「美的対象は複雑すぎず,単純すぎない程度の秩序をもつものでなければならない。つまり,情報の縮減過程が起こることを許すものでなければならず,スーパーサイン(効率よく知覚し,記憶の負担を減らすことのできるパターン)を発見するものでなければならない」と述べていることや (Eible-Eibesfeld, 1988),ある特定の年代の同性顔写真の合成によって作成される平均顔の魅力度が高くなるということも (Langlois & Roggman, 1990),バーラインの主張に合致しているといえよう。

また,ウォーカーは,最適な覚醒水準は感情の種類によっても異なることを指摘している (Walker, 1973)。「面白さ」を感じるものは「快さ」を感じるより複雑度が高いという。先に述べたSD法で一般的な因子として抽出される「評価性」因子では,「美しい―醜い」「よい―悪い」「快い―不快な」「面白い―面白くない(つまらない)」といった形容詞項目が同一因子上に含まれることが多い。それぞれの言葉の意味や概念について,私たちは似た意味を感じると同時に,それぞれの言葉に別の意味があることも理解している。それぞれの意味や概念に関する共通性や個別性に関する理解も感性認知の課題と考えられる。

形のよさ

20世紀の初頭，ドイツでは，ヴェルトハイマー（Wertheimer, M.）やコフカ（Koffka, K.），ケーラー（Köhler, W.）といった心理学者らが，形のゲシュタルト知覚に関する法則を示した。ゲシュタルト（gestalt）とは，刺激の部分的特徴や要素ではなく，全体的構造や「まとまり」を表す言葉である。

ゲシュタルトの法則には，例えば以下のようなものがある。

(1) 近接の要因：近接しているもの同士はひとまとまりになって認識されやすい。

(2) 類同の要因：いくつかの刺激があるときは同種のもの同士がひとまとまりになって認識されやすい。

(3) 閉合の要因：互いに閉じ合っているもの同士はひとまとまりになって認識されやすい。

(4) 連続の要因：いくつかの曲線になりうる刺激があると，なめらかな曲線として連続しているものは1つとして見られやすい。

などである。

これらの要因（法則）に従って，形態が全体として最も単純で最も規則的で安定した秩序ある形にまとまろうとする（これを知覚の体制化という）傾向をプレグナンツ（簡潔であることを意味する）の法則とよんでいる。プレグナンツをもつ図形は「よい形」をしているといわれる。ソルソはプレグナンツの心理学的意味を「私たちの心が環境の中に安定した規則的な図形を求めがちであり，そのような対象を見つけることができないと，落ち着かなく感じることがある」とまとめている（Solso, 1994）。

このように，ゲシュタルト心理学では簡潔で安定した形態をよいパターンとしてとらえている。しかし，この「よさ」を定量的に記述することは現象が示すほど容易ではない。ガーナーとクレメントは，図3-3のような3×3のマス目上に5つの点をおいてさまざまなパターンを作成し，それらのパターンを鏡像にしたときと回転させて傾けたときで生み出されるパターンの数を計算し，よさ判断の結果を比較した（Garner & Clement, 1963）。そのとき，回転変換で生み出されるパターンの数が少ないほど，どの視点から見ても安定した知覚を与えることになり，このようなパターンを，よいパターン（pattern goodness）という。例えば，図3-3のAは時計まわりに90°，180°，270°回転しても同

FIGURE 3-3 ● ガーナーとクレメントが用いたパターンの例

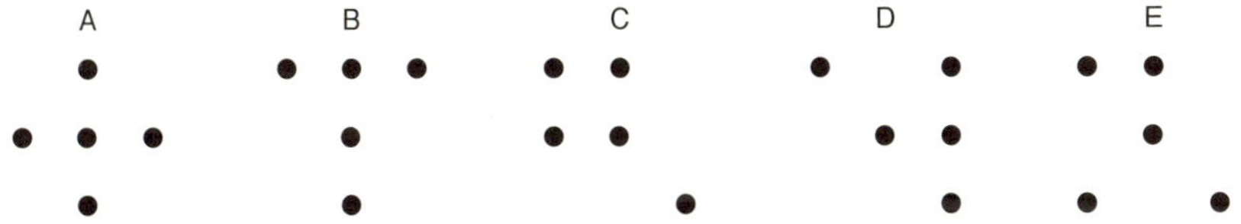

A　　　　B　　　　C　　　　D　　　　E

Aは90°ずつ回転させても同じであるが，B〜Eは回転させると異なるパターンとなる。DやEではさらに複雑さが高まる。

（出典）Garner & Clement, 1963.

じパターンであるが，図3-3のBはすべての回転で異なるパターンになる。ガーナーとクレメントは，このように回転変換によって安定したパターンが得られるかどうかを指標に，プレグナンツの概念を定量的にとらえようとした。

黄金比と美しさの評価　　精神物理学の創始者であるフェヒナー（Fechner, G. T.）は，哲学的美学の特に形而上学的側面を「上からの美学」とし，科学的かつ実験的に美の法則を求めるアプローチを「下からの美学」として，実験美学とよばれる研究分野を開拓した人物でもある（Fechner, 1876）。特に，視覚的美における黄金比の妥当性を検証しようとしたことでも知られている。黄金比とは，約1対1.618の比率のことであり，ピラミッドや，パルテノン神殿，ギリシャ彫刻，さらには葛飾北斎の富嶽三十六景などさまざまなところに黄金比は存在する（例えば柳，1965；図3-4）。

　フェヒナーは，黒い背景の上にさまざまな縦/横の比率をした白い四角形を提示し，それらの美しさの評定を行わせた。たしかに，黄金比は美しいと答えた割合は高いものであったが，それでも全体の3割程度であったという。

　最近の研究では，黄金比をもった古典彫刻の画像を加工し，美術批評の知識がない人たちに，元来備わっている黄金比を崩して操作した画像を含めて提示し，そのときの脳活動をfMRIで測定したものもある（Di Dio et al., 2007）。そのとき，黄金比を保った刺激の場合と崩した刺激の場合とでは，異なる脳部位が活動することが示されている。

　プレグナンツや黄金比，さらには対称性も含め，美しさを刺激レベルで定量的に調べることのできる指標としてはとても魅力的であろう。

第3章　感性認知　　57

FIGURE 3-4 ● パルテノン神殿の黄金比

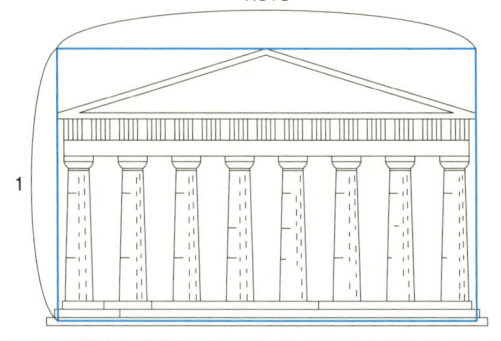

高さを1とすると，横の長さは1.618倍の黄金比になっている。

SECTION 4 好みに影響する認知的要因

　何を美しい，好ましいと判断するかについては，対象が何であれ万人に共通する一般因子と，個人によって異なる個別因子があるといわれている。プレグナンツや黄金比のように，刺激属性としての一般因子の検討も重要であると考えられるが，それがどのように現れるかという表出や行動，認知過程の検討も重要である。その中でも，ここでは単純接触効果と，視線のカスケード現象について紹介しよう。

単純接触効果　　テレビCMなど，特定の刺激に繰り返し何度も接触するだけで，刺激への親近性が高まり，好意が増加することが知られている。この効果を単純接触効果（mere exposure effect）という（Zajonc, 1968）。単純接触効果は刺激がサブリミナル提示の場合，つまり観察者が見ているけれども気づかないような条件でも起きる（Kunst-Wilson & Zajonc, 1980）。サブリミナル単純接触効果を最初に報告したクンストーウィルソンとザイアンスは，観察者が気づかない（閾下）レベルで，あ

る八角形を1ミリ秒というごくわずかな時間だけ提示した後,提示した八角形と提示していない八角形とを対にして,どちらが好きかを選ばせる実験を行った。そのとき,どちらを以前に見たと思うかを回答させると,正答率は50%程度のチャンスレベル（でたらめに答えても正答する確率）であったが,好意度については提示された刺激を選ぶ確率が提示されなかった方を選ぶよりも高い（とはいえ60%程度）という結果が得られたという。

単純接触効果のメカニズムに関しては諸説あるが,最も有力なものは,知覚的流暢性誤帰属説（misattribution of perceptual fluency）とよばれている。その説では,ある対象への反復接触によって,その対象を知覚するときにより流暢に処理がなされるようになり（処理流暢性；processing fluency）,誤って対象の印象や対象への好意として帰属されると説明している（Jacoby & Kelly, 1987；Willems & Van der Linden, 2006）。

選好における視線のカスケード現象

単純接触効果では,見る（体験する）頻度によって好意が高まることを述べたが,そもそも「好きだから見る」のか,あるいは「見るから好きになる」のかという問題がある。この問題は,人は悲しいから泣くのか,泣くから悲しいのかという問題において,生理的反応が感情に影響することを唱えたジェームズ＝ランゲ説（第13章参照）と同じ文脈で問題を考えることができる。下條らは視線と選好の関係を実験的に調べることで,「好きだから見る」のか「見るから好きになる」のかを明らかにした（Shimojo et al., 2003）。彼らは,2つの顔画像を並べて提示し,どちらがより魅力的であるかを判断させた。そのときの選好がボタン押しによって決定されるまでの観察者の眼球運動を測定することで,2つの顔に視線がどのように配分されるかを検討した。その結果,どちらか1つの顔を選ぶ1秒くらい前から,視線の向きが偏り始め,見ている平均確率が80%程度になった時点で,その顔を魅力的だと判断しているということが明らかになった（図3-5）。このことは視線のカスケード現象（gaze cascade effect）とよばれている。しかも,この現象は,より丸い顔を選択させるカテゴリー判断の課題や,魅力的でない方を選ばせる課題の場合では,この視線の偏向は起こらない。彼らの一連の実験結果は,見ることが好意を増す,という定位反応と結びついている。つまり「見るから好きになる」という証拠となっており,単純接触効果をも説明することができるものとなっている。

FIGURE 3-5 視線のカスケード現象

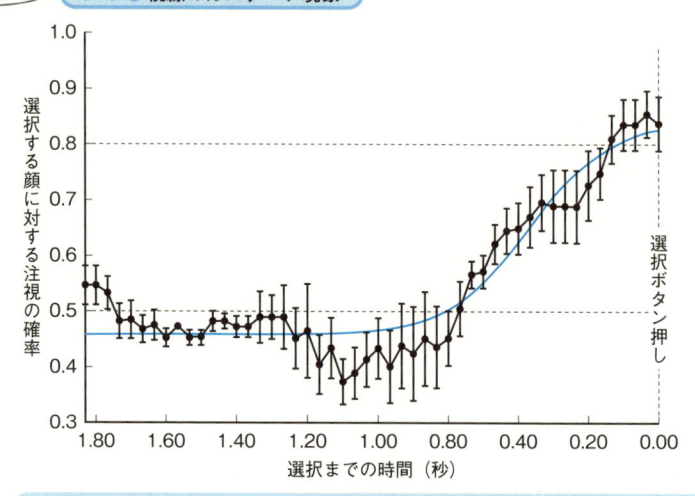

（縦軸）選択する顔に対する注視の確率
（横軸）選択までの時間（秒）
（右軸）選択ボタン押し

2つ並んだ顔画像のうち1つをより好ましいものとして判断するとき，好ましいと決める1秒ほど前から視線は徐々に偏り始める。

（出典）下條，2008。

SECTION 5　視線と感性

　視線のカスケード現象からも，「目は心の窓」という表現はあてはまる。感性としての視線は，絵画の中に見られる視線と，絵画を見る視線の中の両方に現れる。

絵画の中に見られる視線　本章冒頭の口絵は，古典主義の巨匠，ジョルジュ・ド・ラ・トゥールの有名な作品の1つである。いかさま師たち（絵左側の3名）は，右側に描かれている若い男性をグルになってひっかけようとしている。この絵に描かれている視線の描写は，これからのトランプゲームの進行で行われるいかさま行為への不敵な印象を強く作り上げ，そのときを切り取ったかのようである。

| FIGURE | 3-6 | 肖像画の中で中心に描かれる顔のパーツの数 |

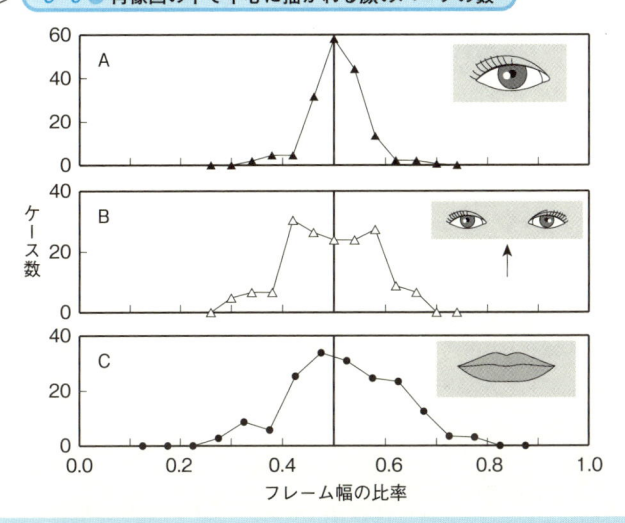

Aは左右の目のいずれかが，Bは左右の目の中央が，Cは口が，絵の横幅のどの位置に描かれているかを表したもの。

(出典) Tyler, 1998 を改変。

　絵画の中に描かれる視線については，目が描かれるキャンバス上の位置に関する知見も興味深い。タイラーは，数百もの著名な画家の肖像画の幾何学的な特徴を分析した結果，そこに描かれている目のうちの1つが画枠の横幅のほぼ中央線上に描かれていることを示した（Tyler, 1998）。つまり，多くの画家は，顔の真中を絵のちょうど中央に描こうとするのではなく，むしろ少しずらして絵の中央に目がくるように描いているようである（図3-6）。
　では，日本の浮世絵において目や視線はどのように描かれているのであろうか。浮世絵では，人物の目が引き目表現で描かれているために視線方向が曖昧で，印象が多義的となる（三浦，2007）。視線の代わりを担うのは頭部の向きである。頭部の向きは，視線と同様に絵の中の人物がどこを（何を）見ているのかや，人物同士の関係を示す効果になっている。二者間（人物Aと人物B）における視線の関係は，①Aが何か別のものを見ているBに視線を向けている

第3章 感性認知　61

場合，②AとBとが互いに見つめ合っている場合（相互注視 ; mutual gaze），③AとBの両者が同じものに視線を向けている場合（共同注意 ; joint attention），④AとBとが互いに別々の異なる対象に視線を向けている場合，の4つに分けることができる。これらの視線の向き方は，絵画の中に文脈を作り出し，構図としての効果を与える。実際，浮世絵の印象評定において，同じ絵であっても描かれている頭部の向きを変えるだけで，異なる印象が生じたという（Miura, 2005）。

また，視線は重要な社会的手がかりを提供するばかりでなく，性別を問わず魅力と関係することも知られている。例えば，fMRI を用いた研究では，観察する顔刺激の視線の向きによって魅力度が変化するが，その魅力度の変化に合わせて脳の被殻や線条体とよばれる脳の奥にある部分の活動が変化することがわかっている（Kampe et al., 2001）。

絵画を見るときの視線

認知心理学者ソルソ（Solso, R.）は，「心の中にはすでに現実世界に関する複雑な認知的仮説が作られていて，それが意識的にしろ無意識的にしろ，注視とその持続時間をコントロールしている」という（Solso, 1994）。つまり，ある対象を見ようとする中に，すでに何らかの認知的枠組みをもって観察しており，その認知的枠組みに基づいて注視行動や眼球運動の制御がなされるというものである。

ヤルブスは1960年代に行った研究で，すでに初期の眼球運動測定装置を用いて，視線と絵の知覚との対応について検討している（Yarbus, 1967）。例えば，顔写真を観察するときには，目や口，鼻，耳などのパーツを見るのに多くの時間が費やされていることがわかっている。また，ヤルブスはロシアの画家レーピンの絵を用いて，さまざまな質問をしてから，絵を見ているときの眼球運動（視線の様子）を測定した（図3-7）。そうすると，絵に描かれている経済状態と年齢を推定するように求められたとき（図3-7のBとC），彼らが訪問客の来る前に何をしていたかを推定するように求められたとき（図3-7のD），着ているものや物の位置を記憶するように求められたとき（図3-7のE，F）で，絵に向けられた視線が異なることが明らかになった。つまり，文脈や認知の枠組みによって絵の見方自体が変わるということを示している。あたりまえといえばそうなのだが，そのことを視線（眼球運動）を記録することによって示したという点は1960年代という時代からして斬新なものだったに違いない。

FIGURE 3-7 絵を見ているときの眼球運動

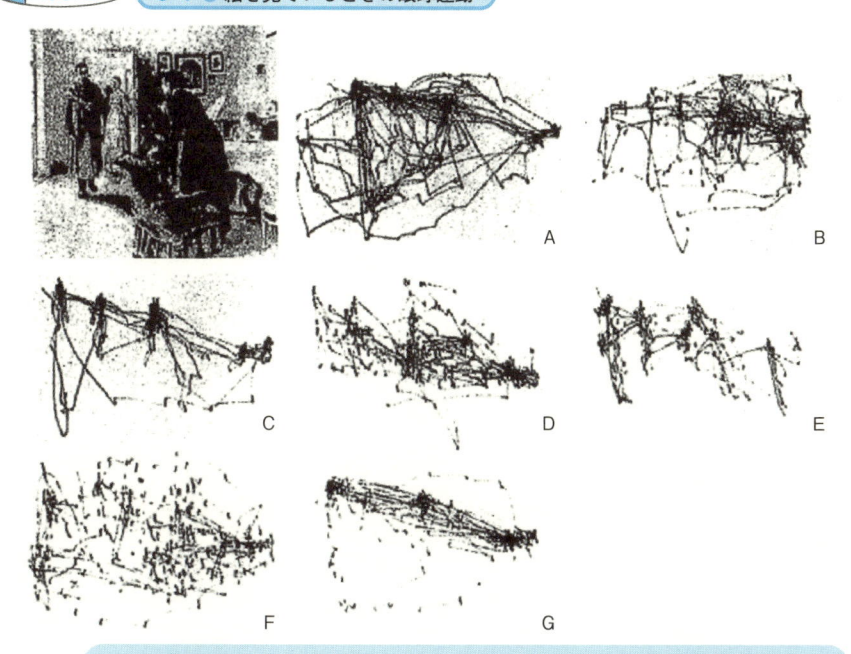

A：自由観察，B：経済状態の推定，C：年齢の推定，D：場面状況の推定，E：着ているものの記憶時，F：人々と物の位置の記憶時，G：訪問客がこの家族とどれだけ会っていなかったかを推定しているときの眼球運動。

（出典）Yarbus, 1967 より Springer Science and Business Media の許諾を得て掲載。

　本章は，感性認知の端緒を述べたにすぎない。感性とはとても曖昧なものであり，これまで認知心理学の教科書の中で取り上げられてきた例はとても少ない。しかし，認知心理学の中でも，今後 10 年間で急成長を遂げる分野として期待できよう。

BOOK GUIDE ● 文献案内

三浦佳世（2007）『知覚と感性の心理学』岩波書店
● 日本の感性心理学の草分け的存在である筆者が，感性にまつわる心理学を体系的にまとめたものである。特に，感性を知覚の枠組みとしてとらえ，感覚から感情までを含む「知覚」を意味するアイステーシスとしての感性のとらえ方はオリジナリティがあ

第 3 章　感性認知　63

る。本章でも多くを引用・参考にしている。

仲谷洋平・藤本浩一編（1993）『美と造形の心理学』北大路書房
　●芸術作品の鑑賞や造形活動に関係する心理学の諸側面について紹介してある。刊行から15年以上が経ち，やや情報が古くなった感があるが，身近な話題が多く含まれており，感性認知を勉強するうえでは必読の1冊である。

小泉英明編（2008）『脳科学と芸術——恋う・癒す・究める』工作舎
　●脳科学と芸術との関わりに関する最新の知見が32名の著者によってまとめられている。芸術の脳科学研究は，まだ始まったばかりであり，本章にはほとんど取り入れることはできなかった。参考にされたい。

Chapter 3 ● 練習問題　　　　　　　　　　　　　　　　　　　EXERCISE

❶ 光沢感や奥行き感など，「○○感」で表現できる感性語は多い。思いつくだけ挙げてみよう。

❷ ❶で答えた「○○感」を調べるにはどのような方法があるかを考えてみよう。

❸ 「よい」という言葉はきわめて感性的な言葉である。「よい」という言葉が使われる日常場面を考えてできるだけ多く記述し，その「よい」という言葉を別の形容詞や形容動詞におき換えてみよう。

HINT●p.459

● 川畑秀明

第4章 注　意

情報を選択・調整する認知の働き

手品はどうして見破れないのか？

CHAPTER 4

KEYWORD
FIGURE
TABLE
TOPICS
BOOK GUIDE
EXERCISE

　多くの人はテレビや舞台で手品を見たことがあるだろう。手品にはトリックが必ずある。トランプを使ったカード・マジックでも，ガラスの板をコインが通過する手品でも，箱に入った人体を2つに分断するようなものでも，そこには種がある。手品を見ているとき，そのトリックを明かそうと，必死になってマジシャンの行為に注意を向け，目をそらさないようにすることだろう。しかし，それでも見ている側はだまされる。それはどうしてなのだろうか。マジシャンは人の注意をコントロールするのがとてもうまい。視線を誘導し，けっしてトリックに気づかせない。人の注意を逆手にとっているのが手品なのだ。
　私たちは，注意を向けているはずのものに気づかないことや，注意がついそれてしまうことが多い。本章ではそのような注意の仕組みについて，特に視覚的注意に関して見ていくことにしよう。

INTRODUCTION

KEYWORD

注意　集中的注意　転導　持続的注意　ヴィジランス　焦点的注意　分割的注意　余裕容量　予期・期待　選択的注意　カクテル・パーティ効果　フィルター理論　両耳分離聴　記憶範囲分離実験　初期選択説　後期選択説　減衰モデル　前注意過程　視覚的注意　有効視野　スポットライト説　明示的定位システム　潜在的定位システム　明示的注意　潜在的注意　注意の定位　先行手がかり法　空間的注意　周辺手がかり　中心手がかり　視覚探索　復帰抑制　位置への復帰抑制　物体への復帰抑制　単一特徴探索　ポップアウト　結合探索　特徴統合理論　特徴に基づく注意　物体に基づく注意　変化の見落とし　負のプライミング　高速逐次視覚提示法（RSVP）　注意の瞬き　ストループ効果　半側空間無視　意識的な気づき　受容野

SECTION 1　注意とは何か

　私たちの感覚器官には膨大な情報が入力されており，情報が入力されない時間はない。しかし，私たちの脳はそれらをすべて処理し，意識化しているわけではない。知覚や記憶などは一度に処理できる容量に限界があるため，必要な情報を選択したり情報のある特定の側面に集中したりして，必要な情報の存在に気づくことが必要となる。このとき，必要に応じて情報を取捨選択するために重要な役割を担っているのが注意（attention）である。本章では，注意の働きについて，おもに選択的注意や視覚的注意の働きを中心に解説していく。

注意のとらえ方　　私たちは注意という言葉を日常的に用いている。辞書的な意味としては，注意は「気をつけること。気をくばること」「危険などにあわないように用心すること。警戒」「相手に向かって気をつけるように言うこと」「心の働きを高めるために，特定の対象に選択的・持続的に意識を集中させる状態」（『広辞苑〔第 6 版〕』岩波書店）となっている。類義語には，留意，配慮，用心，警戒，忠告などがある。このように，私たちがとらえている注意は多種多様である。一方，心理学では，注意とは行動調整に影響を及ぼす認知機能の 1 つとされ，情報処理の進行を制御するメカニズムとしてとらえられてきた。

注意研究の契機は，第2次世界大戦中のレーザー監視作業や海軍の当直船員の監視作業における注意の持続時間の問題や，騒音環境下での通信方法の改善，大戦後における航空管制作業での複数の音声メッセージの聴取の問題にあったといわれている（三浦，2003）。その後，1950年代の両耳分離聴を用いた選択的注意の研究や，1980年代の先行手がかり法や視覚探索を用いた視覚的注意の研究，脳損傷による注意の機能障害に関する研究，さらには近年の機能的脳画像診断や生理学による注意の神経基盤の研究などを通して，注意研究は認知心理学の中でも重要な位置を占めるようになってきている。

注意の機能

　注意の機能は，三浦（1996）によると，以下のように「集中的注意」「選択的注意」「分割的注意」「予期・期待」の4つに分類できる。

(1) 集中的注意

　ある作業や対象に注意を集中するという，最も一般的な機能が集中的注意（focused attention）である。集中的注意が阻害されることは転導（distraction）とよばれる。注意を長時間にわたって持続することは持続的注意（sustained attention）とよばれ，ヴィジランス（vigilance；監視）は注意研究の中でも最も古くから注目されてきものの1つである。集中的注意は，覚醒水準と密接に関係している。一般的・日常的な場面において，単純な作業に注意を持続できる時間は，作業条件や個人差によって違いがあるものの30分程度が限界であるとされる。例えば，マックワース（Mackworth, 1950）は，直径約25cmの白い盤面上を毎秒100分の1周で回る長さ15cmの黒い針を観察者に見続けさせ，観察者がその針が2倍の速さで進むのを発見したら反応キーで応答させるという実験を行ったところ，注意の持続時間（観察者の発見率）は実験開始後30分以降には著しく減少したと報告している。

　視覚研究において集中的注意というと，視野内の限られた範囲にある情報に注意を向けていく過程としてとらえられることが多い。この注意の向け方は，視野上の対象を1つひとつ確認するように注意を向けていくので，処理容量には限界がある。しばしばこうした注意には，スポットライト（Posner, 1980）やビーム光線（Wachtel, 1967）などのメタファ（比喩）が用いられる。集中的注意は，焦点的注意（focal attention）ともよばれ，視覚認知研究では持続的注意としての集中的注意としてよりも，いつ/どこに/何に注意を向けるかという

選択的注意として議論されることが多い。

(2) **選択的注意**

複数の情報の中から，必要とされる情報を選び出す注意は選択的注意とよばれる。必要な情報を選び出すのと同時に，不必要な情報は排除あるいは無視される。選択的注意における問題は，処理のどの段階に注意が関わっているのかという点に焦点があてられてきた。次節でくわしく解説する。

(3) **分割的注意**

音楽を聴きながら自動車を運転するなど，注意を複数の作業に配分して行動を並行させたり，切り替えたりする機能は分割的注意（divided attention）とよばれる。簡単な作業であればその遂行に問題はないが，きわめて短い時間でたくさんの情報を処理したり，同時にいくつものことをしたりするのはときに困難を伴う。典型的な例として，携帯電話をかけながらの自動車の運転を挙げることができる。会話に熱中してしまうと信号機の変化に気づく確率が低下し，運転者の赤信号に対する反応が遅くなることが知られており，この結果はハンズフリー（イヤホンとマイクで携帯を触ることなく通話ができる装置）を用いた場合でも同様の結果が得られている（Strayer & Johnston, 2001）。分割的注意の限界は，同時に行う行動の数に関わるというよりも，注意の容量の問題に関わっている。注意を心的エネルギーやリソース（資源）としてとらえると，配分することができる注意の容量は個人によって異なり，注意には分割しうる限界があると考えられる。注意の全容量のうち，作業に使われていない残りの容量を余裕容量（spare capacity）とよぶ。難しい作業であれば1つに集中しなければその作業を行うことができず，余裕容量は小さくなる。同じ課題を繰り返し実施し，課題に習熟してくると行為や認知の自動化や高速化が進むため，余裕容量が大きくなる。

(4) **予期・期待**

予期・期待（anticipation, expectancy）とは，注意を向けるべき対象の出現や変化をあらかじめ気をつけながら待ち構える機能である。例えば，ある空間的な位置に対する予期はその位置に提示された刺激の情報処理を促進するなど（Posner et al., 1980など），注意の促進や抑制に関わり，トップダウン的な処理を促す。この点については，第3節の先行手がかり法などにおいて説明する。

選択的注意

　多くの情報があふれているとき，それらの情報に対して選択的に注意を向けることを選択的注意（selective attention）とよぶ。注意がどのように情報処理に影響しているか，多くの実験結果に基づいたモデルや理論が生み出されてきた。特に，選択的注意は知覚や認知の処理過程において，どの時期に働くのかという議論（「早期選択説」対「後期選択説」）は長年にわたって議論された問題である。

カクテル・パーティ効果
　立食パーティのように広い会場の中で，大勢の人が思い思いにおしゃべりをしている雑踏の中に自分がいることを想像してみる。騒々しいながらも，周りの会話の中から自分の名前や自分が興味のある事柄が話題にあがったときには容易に聞き取ることができるし，自分が誰かとの会話に夢中になると周りの会話が気にならなくなってくる。これは，話を聞いている人が相手の話し声だけに注意を向け，他に聞こえている音とは区別して選択的に聞き出しているからである。しかし，パーティ会場の音を録音したものを聞いてみても特定の会話だけを聞きとることは難しい。このように，たくさんの雑音があっても自分の関心のある音に注意が向くことをカクテル・パーティ効果（cocktail party effect）とよぶ（Cherry, 1953）。この効果は，認知心理学において古くから知られているものであり，その後の注意研究の先駆けとなっていく。

選択的注意のフィルター理論
　選択的注意の研究は以下のように，チェリー（Cherry, E. C.）とブロードベント（Broadbent, D. E.）のそれぞれにおける研究をもとにした選択的注意のフィルター理論（filter theory）からスタートしたといえる。

(1) チェリーの実験
　注意は情報処理のどの段階で作用しているのであろうか。この問いは選択的注意の根本的な問題点として議論されてきた。チェリーの実験では，ステレオ・ヘッドホンで左右の耳に異なる音声刺激（言葉）を同時に聞かせる実験を行った（両耳分離聴；dichotic listening；図4-1）。このとき，実験参加者には一

FIGURE 4-1 ● チェリーが行った両耳分離聴による追唱法

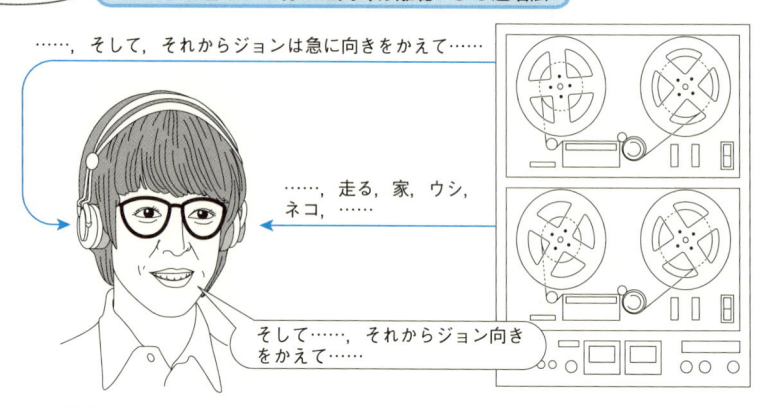

……，そして，それからジョンは急に向きをかえて……

……，走る，家，ウシ，ネコ，……

そして……，それからジョン向きをかえて……

右耳に聞こえる音声にのみ注意を向け，聞こえる言葉を復唱させる。左耳に聞こえる音声は無視する。

(出典)　Lindsay & Norman, 1977b を改変。

方の耳に与えられた情報だけに注意を向けさせ，聞こえる言葉を次々に復唱させた（追唱法）。すると，実験参加者は，特定の耳から聞こえる言葉だけを混乱することなく復唱することができ，もう一方の耳から聞こえる言葉が復唱課題を邪魔することはなかった（Cherry, 1953）。復唱課題の後で，注意を向けなかったもう一方の耳から聞こえてきた言葉を報告させると，ほとんど報告することができないことが示されている。この結果から，注意を向けなかった情報は，入力の早期の段階でフィルターにかけられて失われ，その後の意味処理にまで行き着くことがないことを示しているとされた。

(2)　ブロードベントの実験

ブロードベントもチェリーの実験とほぼ同時期に，両耳分離聴を用いた選択的注意に関する実験を行った。彼は，ヘッドホンで実験参加者の左右の耳にランダムに割り振られて提示された数字を音声入力し，実験参加者は聞こえてきた数字を単に順不同に再生するという実験を行った（記憶範囲分離実験；Broadbent, 1954）。チェリーの実験と異なるのは，どちらかの耳から入る情報にのみ注意を向けるのではないという点である。ブロードベントの実験では，両方の

耳から聞こえた数字を順不同で報告することが求められているにもかかわらず，一方の耳から聞こえた数字が聞こえた後に，もう一方の耳から聞こえた数字を報告するという傾向が示された。つまり，耳ごとに異なる注意が働いて情報処理がなされていたことが示されている。

初期選択説と後期選択説 　1950年代に行われたこれらの研究は，人間を情報処理システムと仮定する認知心理学のアイデアの先駆けとなった。ブロードベントは，自身の実験結果から，注意選択フィルターを切り替えることによって，処理される情報量が調節され，最終的に残った情報だけが高次の情報処理に至るという初期選択説（early-selection the-

FIGURE　4-2　初期選択説と後期選択説の選択的注意のモデル

A. ブロードベントのモデル
B. トリーズマンのモデル
C. 後期選択説のモデル

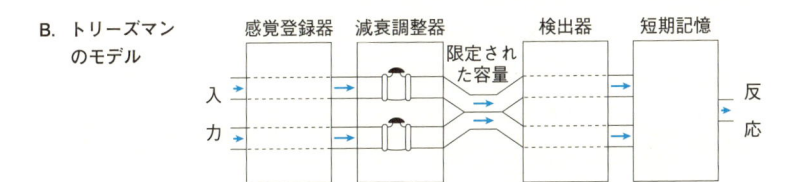

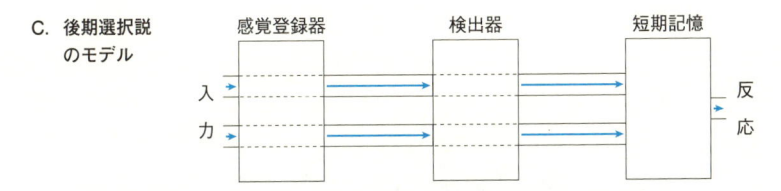

ブロードベントのモデルでは注意の選択フィルターが，トリーズマンのモデルでは減衰調整器（atenuator）が情報処理の初期段階に想定されているが，後期選択説では処理後に必要な情報が選択されるとしている。検出器において，意味処理がなされている。

第4章　注　意　71

ory）を提案し，選択的注意の理論的枠組みを築いた（図4-2のA）。その後，トリーズマンはブロードベントの説を改良し，注意選択の減衰モデルを提案した（Treisman, 1964；図4-2のB）。しかしその後，モレイ（Moray, 1959）は，チェリーが行った両耳分離聴課題を改良し，実験参加者の注意を向けない側（無視する側）の耳に名前を音声挿入して実験を行った。その結果，30％程度の実験参加者は注意を向けていない耳から聞こえてきたにもかかわらず，実験参加者は自分の名前が提示されたことに気づいたことを示した。この知見は，情報選択における刺激の意味や既有の知識の役割を強調するものとなり，すべての刺激情報は意味処理まで分析が行われた後，注意によって反応が選択されるとする後期選択説（late-selection theory）へと展開されていく（Deutsch & Deutsch, 1963）。この後期選択説では，注意によって最も重要な情報だけが選択的に取り出されるとされている（図4-2のC）。

トリーズマンの実験と注意の減衰モデル

トリーズマンは，ヘッドホンで両耳分離聴を行わせるときストーリーのある文章を刺激として実験を行った（Treisman, 1964）。実験参加者は，チェリーの復唱実験と同様に，指定された側の耳から聞こえてくる刺激を聞いてすぐに復唱するという追唱課題を行った。このとき，注意を向ける耳に提示されるストーリーをA，もう一方の耳に提示されるストーリーをBとしたとき，課題の途中でストーリーAは別のストーリーCに，ストーリーBはストーリーAの続きにすり替わった。すると，指定された耳に提示されたストーリーを復唱することが課題として求められていたにもかかわらず，ストーリーの入れ替えがなされても，多くの実験参加者はいつのまにか指定されていない耳に提示されたストーリーAの続きを復唱した。つまり，ストーリーの意味的な連続性に引きずられたという結果が得られた。このように，無視するように求められている耳から聞こえてくる情報は完全に遮断されるのではなく，意識しないまま意味処理がなされていることが示された。この結果から，トリーズマンはブロードベントの理論を改良した減衰モデル（attenuation model）を提案した。注意のフィルターを刺激の遮断機構としてではなく，注意による選択を受けない刺激を完全に消失させずに減衰させるものとしてとらえた（図4-2のB）。注意を向けていない耳に提示される実験参加者の名前に気づくというモレイの実験結果（Moray, 1959）も，自分自身の名前は他の言語刺激（例え

ば，物の名称や他者の名前）よりも閾値が低いので（Howarth & Ellis, 1961），名前という情報は減衰こそすれ消失したわけではないので気づくことができるとトリーズマンのモデルでも解釈ができる。

> 初期・後期論争後の展開

このように注意研究は，両耳分離聴を用いた実験による選択的注意の研究から聴覚実験を基礎として急速に発展していったが，その後，認知心理学が展開されるにつれて実験統制が比較的厳密にできる視覚実験が注意研究を牽引していくこととなる。それとともに，「いつ」注意は情報処理に関わるかという問題よりも，「何に」あるいは「どのように」注意が働くかについての検討がなされるようになってきた。選択的注意における早期選択と後期選択は現在でも議論の余地があるところだが，これらを二者択一的に論じるのではなく，注意は目的や処理容量に応じて変化する柔軟なものである（Johnston & Heinz, 1978）など，情報の特徴や注意の向け方に応じた処理を想定することも必要になろう。ナイサー（Neisser, U.）は，情報処理過程は刺激情報と貯蔵された知識の相互作用であり，情報選択は1つの場所で生じるのではないとして，入力情報の処理と知識（長期記憶）との統合によって構築されるプロセスであるという考え方を提示した（Neisser, 1976）。彼はフィルターの代わりに前注意過程（pre-attentive process）を仮定し，刺激はそこでおおまかに分析された後，既有の知識により特定の情報に注意が焦点化され，深く分析されるとした。前注意過程は，外界の情報を広範囲にわたって素早く自動的に処理するプロセスであるとされている。

SECTION 3 視覚的注意

視覚的注意（visual attention）は注意研究の中でも，精力的に扱われてきた研究分野である。スポットライトが舞台の登場人物の中から特定の俳優を浮かび上がらせるように，カメラのズームレンズが対象をより拡大して提示することができるように，注意の広がりは刺激や意識の向け方によって変わってくる。特に，最近，視覚探索や注意の捕捉，復帰抑制，変化の見落としなど，さまざまな課題を用いて注意の機能が検討されるようになった。

TOPICS　*4-1* 注意と有効視野

「1つのことに集中すると周りが見えなくなる」という表現があるように，私たちが周辺環境から情報を獲得できる範囲は，従事する課題やおかれた状況によって変化することが知られている。こういった表現は<u>有効視野</u>（useful field of view）の特性を端的に表している。

視野内のある注視点の周りで，情報処理が可能な範囲を有効視野という（Machworth, 1965, 1976；三浦，1996）。例えば自動車の運転や読書など，特定の視覚課題に従事しているときのある瞬間に眼球運動を伴わずに情報獲得の可能な視野範囲，すなわち周辺視野のうち，私たちの認知に寄与する部分を指す。したがって，視野計で測定される視野（周辺視野）の広さとは異なり，有効視野の広さは取り組む課題の特性や環境要因などによって変化する。有効視野の広さは，課題の難易度や妨害刺激の数，妨害刺激と目標刺激の類似度などさまざまな要因によって規定される（くわしくは，三浦，1996を参照）。そのほか，情動（大上ら，2001）やアルコール摂取（Miura et al., 2001）などの影響も受ける。

有効視野の広さは，一般的には視線を視野内の1点に固定した状態で，視野のさまざまな位置に目標刺激を短時間提示し，目標刺激を検出・同定・定位できる視野範囲の限界から，さらには自由な視線移動事態で，目標刺激検出時の注視点と目標刺激の距離から測定される。前者の場合，実験参加者には，画面中央に刺激が提示される中心視野課題と，周辺視野に刺激が提示される周辺視野課題とが課される。通常，周辺視野課題を単独で行う条件（単独課題）と中心視野課題と同時に行う条件（二重課題）とで反応時間や正答率が比較される。

後者の例として，三浦（Miura, 1986；三浦，1996）は，実際に自動車を運転中のドライバーの有効視野を計測し，交通環境の混雑度が増すにつれ，有効視野が狭くなるという結果を示した（図1）。

また，有効視野は加齢に伴って縮小することが知られている（Ball et al., 1988；Sekuler & Ball, 1986；石松・三浦，2003, 2008）。

セクラー（Sekuler, A. B.）らは，15歳から84歳までの176名を対象に，アルファベット1文字の同定を求める中心視野課題と光点（目標刺激）の定位を求める周辺視野課題を実験参加者に課し，加齢に伴う有効視野の縮小を報告した（Sekuler et al., 2000）。彼女らは，中心視での処理が求められる中心視野課題では，眼球の調整能力の低下と一致して40歳頃からパフォーマンスの低下が始まるのに対し，周辺視野課題では20歳代からすでにパフォーマンスの低下が始まるとする，興味深い結果を報告した。これらの結果は，有効視野の機能低下は比較的若い年齢から始まっていることを示唆している。

図1 周辺視パフォーマンスの走行条件別比較（A）と有効視野結果の模式図（B）

A. 周辺視パフォーマンスの走行条件別比較

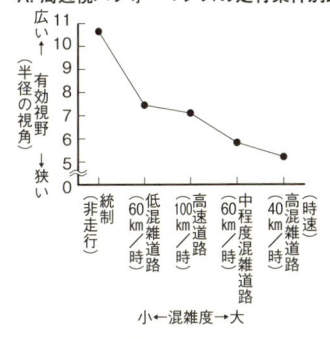

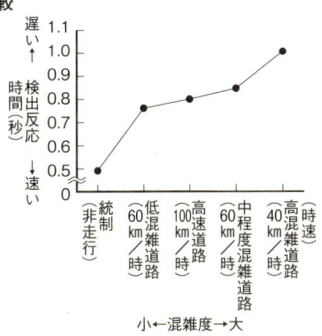

（縦軸：有効視野（半径の視角）広い←→狭い、11〜5）
（横軸：統制（非走行）、低混雑道路 60km/時、高速道路 100km/時、中程度混雑道路 60km/時、高混雑道路 40km/時）
小←混雑度→大

（縦軸：検出反応時間（秒）遅い←→速い、0.5〜1.1）
（横軸：統制（非走行）、低混雑道路 60km/時、高速道路 100km/時、中程度混雑道路 60km/時、高混雑道路 40km/時）
小←混雑度→大

B. 有効視野結果の模式図
混雑度（課題要件）の低い場合　　混雑度（課題要件）の高い場合

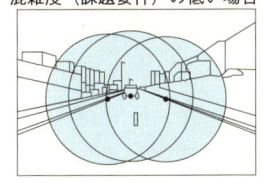

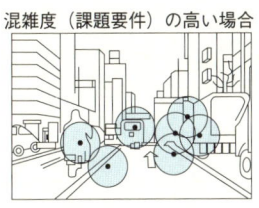

（出典）　A：Miura, 1986 を改変。B：三浦，1996 を改変。

　さらに，加齢に伴う有効視野の縮小は，高齢運転者の自動車事故率の高さを最もよく説明できることが知られている。ボールらは，高齢運転者 294 名について，過去 5 年間の交通事故歴と視力をはじめとした視機能や記憶などの認知機能，有効視野の広さなどを指標とした相関分析を行い，高齢運転者の交通事故歴と最も高い相関を示す指標は有効視野であることを報告した（Ball et al., 1993）。有効視野課題は，自動車運転に関わるさまざまな注意機能を単一の課題で測定できること，また，加齢に伴う有効視野の変化は視力などの変化に比べて自覚しにくいことなどから，自動車運転場面など，実際場面での問題点を予測，評価するうえでも有効な課題の 1 つとして利用されている（例えば，Pringle et al., 2001）。

　このように実際場面での私たちの行動に重要な役割を担っている有効視野は，訓練によって拡張可能であり，さらに実験室レベルでの訓練が日常の行動に汎化する可能性を示唆するような結果も報告されている（Green & Bavelier, 2003；Richards et al., 2006）。

〔石松一真・三浦利章〕

注意のスポットライト・メタファー

外界の中の限られた範囲に対して注意を向けることによって，私たちはその場所の刺激についてよく見ることができるようになり，くわしい知識を得ることができる。このような視野の限られた領域に注意を集中することは，ある場所の刺激の処理を促進するために可動式のスポットライトあるいはズームレンズを向けることにたとえられてきた（例えば，Posner, 1980）。注意のスポットライト説では，注意がある位置から別の位置に移動する際に，①注意を向ける過程，②解除する過程，③注意を移動する過程，の3つの下位プロセスが仮定される（Posner et al., 1980）。注意のスポットライトの範囲は一定で，視角にして1°程度の範囲とする報告もあるが（Eriksen & Eriksen, 1974），注意を向ける範囲を小さく絞ることもできれば比較的広い領域に広げることができるとするものもある（Eriksen & St. James, 1986）。また，このスポットライトの光線は複数の場所に向けて臨機応変に分割することができることもわかっている（Müller et al., 2003）。さらに，注意が配分された位置から周辺になるに従って，情報処理の効率が減衰していくとする説もある（例えば，Downing & Pinker, 1985）。

注意のスポットライトの重要なもう1つの特徴は，スポットライトの移動についてである。後述する先行手がかり法を用いて，先行手がかりが提示されてから目標刺激が提示されるまでの時間間隔を変数として操作することによって，注意のスポットライトが空間を移動する際の移動速度も明らかにされ，スポットライトが視角1°を移動するのに8ミリ秒かかるとした知見もある（Tsal, 1983）。また，注意の移動は段階的に発生し（Posner et al., 1980），注意をすでに向けた場所から注意を引き剥がす（disengagement）段階，それを別の場所に移動する（shift）段階，移動した先にある対象に対し注意を作用させる（engagement）段階に分けて考えられてもいる。

明示的注意と潜在的注意

ポズナーら（Posner & Cohen, 1984）は，注意を明示的定位システム（overt orienting system）と潜在的定位システム（covert orienting system）に区別した。明示的定位システムは，外的刺激によって駆動されるいわば受動的注意のようなものであり，予期していない刺激の突然の出現や変化に対して明示的注意（overt attention）を喚起する。このとき，視覚的注意においては注意対象と注視対象とが一致す

る。それに対して潜在的定位システムは，主として意図的にある位置に注意のスポットライトを向けるときに働く能動的注意であり，その注意は潜在的注意（covert attention）とよばれる。視覚的注意では注意対象と注視対象とが一致せず，姿勢や視線方向だけから注意対象を特定することはできない。通常，この2つのシステムが相互に作用することによって重要な刺激の処理が行われている。そして，いずれの場合でも，外の刺激に対して「注意」を向けることを注意の定位（attentional orienting）とよんでいる。

先行手がかり法　ポズナーらは，先行手がかり法（precuing method；あるいは損失利得分析法〔cost-benefit analysis〕）というパラダイムによって注意の定位の特徴を明らかにした（Posner et al., 1980）。この手法は空間的注意（spatial attention）を実験的に検討する代表的なパラダイムとなった。最も基本的な方法では，視野内に目標刺激（ターゲット）が提示されたら，できるだけ速く反応キーを押すという検出課題を観察者に与え，目標刺激が提示されてから観察者がキーを押すまでの反応時間を計測する。このとき，目標刺激が提示される直前に先行手がかりが目標刺激の位置を正しく示している条件（有効条件；valid condition）では，先行手がかりが提示されない条件（中立条件；neutral condition）や先行手がかりが目標刺激の位置を正しく示していない条件（無効条件；invalid condition）に比べて目標刺激の検出反応時間が短くなる（図4-3）。一方，無効条件では有効条件，中立条件よりも目標刺激の検出反応時間は長くなる。このとき，有効条件と中立条件との検出反応時間の差は，先行手がかりによって注意が目標刺激のある空間位置に向いたことにより反応の促進がなされたという意味で利得（benefit）とよばれる。それに対し，無効条件と中立条件の検出反応時間の差は，先行手がかりによって注意が捕捉され，目標刺激に対する検出反応の遅延が生じたという意味で損失（cost）とよばれる。

　ポズナーらの典型的な実験では，目標刺激は80％の確率で有効条件の位置に提示され，20％が無効条件の位置に提示されるというものもある。観察者は先行手がかりが示される位置に注意を向けて，目標刺激の検出に備えるという過程が働く。つまり，先行手がかりに注意のスポットライトが向き，スポットライト内に目標刺激が提示されると，目標刺激を検出するのが容易になるということである。

FIGURE 4-3 ● 先行手がかり法

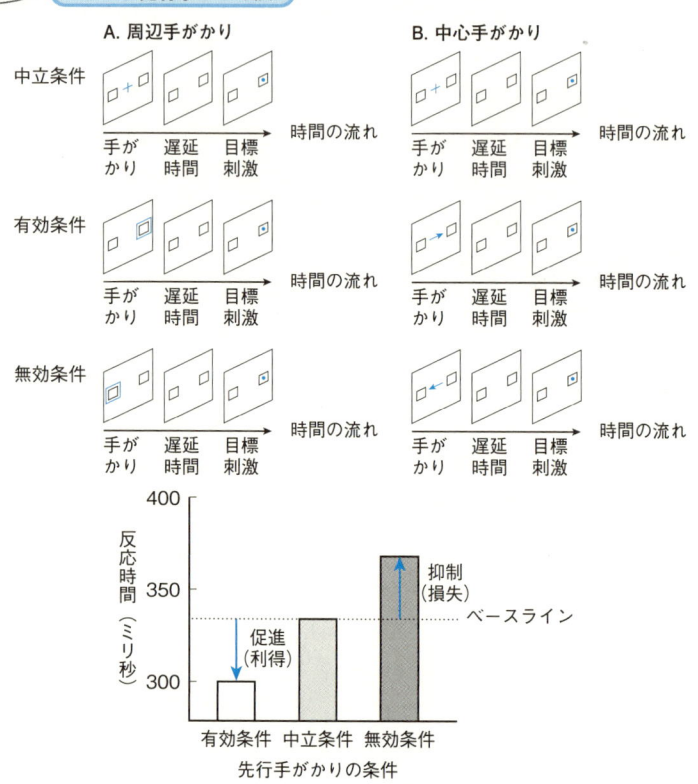

A. 周辺手がかり

中立条件 / 有効条件 / 無効条件
手がかり → 遅延時間 → 目標刺激（時間の流れ）

B. 中心手がかり

中立条件 / 有効条件 / 無効条件
手がかり → 遅延時間 → 目標刺激（時間の流れ）

反応時間（ミリ秒）

- 有効条件：約300（促進（利得））
- 中立条件：約335（ベースライン）
- 無効条件：約370（抑制（損失））

先行手がかりの条件

> 周辺手がかり（A）でも中心手がかり（B）でも，手がかりが目標刺激を示す場合（有効条件）では中立条件より目標刺激の位置の同定にかかる反応時間はより速くなり，手がかりが目標刺激と反対の位置を示す場合（無効条件）では中立条件より遅くなる。

(出典) グラフは Posner et al., 1978 を改変。

　このパラダイムで，目標刺激の提示位置が3つ以上ある場合，先行手がかりを2カ所同時に提示すると，2つの手がかりの位置が隣接している場合には両方の先行手がかりに注意を向けることができるが，2つの位置が離れている場合には両方に同時に注意を向けることができない（Posner et al., 1980）。つま

り，隣接する手がかりに対しては同じ注意のスポットライトの範囲でカバーできるが，異なる位置に2つの手がかりがある場合には同一のスポットライトを向けることができないことを表している。

　この実験方法で提示される先行手がかりには，2つの種類がある。1つは，ポズナーらの実験で示されるように，目標刺激が提示されると想定される位置に先行手がかりを提示するというものであり，周辺手がかり（peripheral cue）とよばれる（図4-3のA）。周辺手がかりは，反射的・自動的なものであり，外発的（exogenous）な注意の働きをもつ。もう1つは，試行のはじめに提示される凝視点の位置に目標刺激が提示される位置を矢印などで表すもので，中心手がかり（central cue）とよばれている（図4-3のB）。このときは先行手がかりに従って意図的に注意が喚起され，内発的（endogenous）な働きをもつ。

　中心手がかりとして，凝視点の位置に顔刺激を先行刺激として提示し，その顔の視線の方向とその後に提示される目標刺激の位置をもとに有効条件，無効条件，中立条件を設定しても，同様の効果が得られる（Friesen & Kingstone, 1998）。視線による観察者の注意変化は，手がかりと目標刺激の時間間隔が100ミリ秒という短い時間で生じる。このことは，視線による観察者の注意変化は中心手がかりであるにもかかわらず，視線方向に反射的・自動的に注意を向けさせる外発的な手がかりであることを示しているだろう。

視覚探索

　絵本『ウォーリーをさがせ！』（フレーベル館）では，白と赤色の縞模様の服をきたウォーリーや仲間たちをたくさん人物が入り乱れた絵の中から見つけ出すことが求められる。また，絵本『ミッケ！』シリーズ（小学館）では，いろいろな小物で作られたミニチュアやジオラマの写真の中から，隠れているものを探し出すことが求められる（「○○はどこかな？」といった課題がそれぞれの絵についている）。

　このように，たくさんの妨害刺激の中から目標刺激を探し出すことを視覚探索（visual search）とよぶ。視覚探索は，先行手がかり法と並んで視覚的注意の実験パラダイムとして多くの研究を生み出してきた。多くの同じ四角形（妨害刺激；ディストラクタ；distracter）の中から1つの円（目標刺激；ターゲット；target）を見つけ出すことは簡単だが，妨害刺激が白色の四角形と黒色の円の中から白色の円を目標刺激として見つけ出すのは難しい。前者のように，色ならば色だけ，形なら形だけ，方位なら方位だけといった1つの特徴を手がかり

TOPICS 4-2 注意のエイジング

「おじいちゃん，おばあちゃん」と聞くと，注意機能すべてが衰退しているイメージを抱くかもしれない。しかし実際は，加齢（エイジング）に伴って衰退する機能と，大学生と同じぐらいのレベルを保ったままの機能がある。

注意機能の1つに抑制機能というものがある。簡単にいうと，不必要な情報へ注意が向き，それに対して行動を起こそうとするとき，「それは必要ないから，行動を起こすな！」とストップをかける働きのことである。例えば，パソコンを使用しているときに，間違ったアイコンをクリックしてしまい，二度目にもさっきと同じ間違ったアイコンをクリックしてしまうといったエラーをしたならば，この現象はまさに抑制機能が働いていない証拠であろう。

この抑制機能における加齢の効果を紹介しよう。先の例で，最初に向けられたアイコンに再度注意が向かないようにストップをかける機能のことは，専門的には復帰抑制とよばれる。これは，注意が最初の場所や対象物に戻ることに対してストップをかけるという意味を示す。先行手がかり課題を使用した場合，若齢者では，手がかり刺激が提示された瞬間からターゲット刺激が提示された瞬間までの時間間隔（SOA）が300ミリ秒以上の場合は，復帰抑制が見られるということがわかっている（Posner & Cohen, 1984）。これは，モニター上の左右どちらかに提示される手がかり刺激へ注意が向けられているときに，SOAが長くなると，モニター中央に注意が戻ってしまい，その後ターゲットが手がかり刺激と同じ位置に提示されるとその位置に注意を向けるのに抑制がかかってしまい，反応が遅れると解釈されている。

この位置への復帰抑制の現象は，若齢者と高齢者で同等に見られる，すなわち高齢になってもその機能は衰えないという結果が得られている（Hartley & Kieley, 1995 ; Tsuchida, 2005）。例えば土田（Tsuchida, 2005）は，若齢者と高齢者を対象に，復帰抑制機能の加齢効果を検討している。課題は，モニター中央に注視点が出された後，注視点の左右のどちらかにランダムに赤い円が提示された。実験参加者は右か左かターゲットの提示位置と同位置のボタンを素早く押すよう言われた。ボタンが押されると，500ミリ秒，1500ミリ秒，2500ミリ秒の時間間隔をおいて次のターゲットが提示された。直前の刺激提示側と次の刺激提示側が同じときと違うときとを分けて分析した結果，若齢者でも高

齢者でも同じ側に刺激が現れたときの方が反対側のときよりも反応時間が遅くなり，復帰抑制の効果が見られた。

　復帰抑制には，上記のような位置に対して復帰を抑制するだけではなく，位置はどこにあろうとも同一の物体に対する復帰を抑制する場合も含まれる。この物体への復帰抑制の現象について，若齢者では復帰抑制が見られるとの報告がある（Takeda & Yagi, 2000；Tipper et al., 1994）一方で，位置に対する復帰抑制は見られるが，物体に対する復帰抑制は見られなかったとの報告（Tanaka & Shimojo, 1996；和田，1998）もあって，定まった結果は得られていない。また高齢者についても，位置への復帰抑制現象は確認されたが，物体へのそれは確認されなかった（McCrae & Abrams, 2001）との報告がある。

　このように，復帰抑制機能全般が加齢の影響を受け衰退するとはいえず，位置への復帰抑制は加齢の影響を受けにくい一方で，物体へのそれは加齢の影響を受けやすいことが示されている。すなわち，復帰抑制機能は単一メカニズムから成り立っているのではなく，一部の特定機能のみが加齢の影響を受けるという可能性が示唆される。

　この加齢の影響について，次のような脳神経の発達差から解釈できるかもしれない。位置の定位に関する情報（定位情報）と，物体の同定に関する情報（同定情報）は脳内の異なる視覚経路をたどる。すなわち，情報は第1次視覚野（17野）に到達したのち，定位情報は背側経路（dorsal pathway）を，同定情報は腹側経路（ventral pathway）を経て頭頂連合野で統合される（第2章図2-4参照）。それぞれの経路の発達は異なり，背側経路は乳児期初期にシステムが構築され，高齢期後期まで残存する。他方，腹側経路は乳児期後期にシステムが構築され，高齢期初期に衰退する，いわゆる「first-in/last-out」現象が見られる（Connelly & Hasher, 1993；Jackson, 1881/1932）。つまり，同定情報を伝達し処理する腹側経路が高齢期になると衰退し始めているため，物体への復帰抑制が見られなくなった。その一方で定位情報を伝達し処理する背側経路は高齢になっても残存するため，位置への復帰抑制は維持されている，と考えられるかもしれない。

〔坂田陽子〕

| FIGURE | 4-4 ● 視覚探索の例と結果の例 |

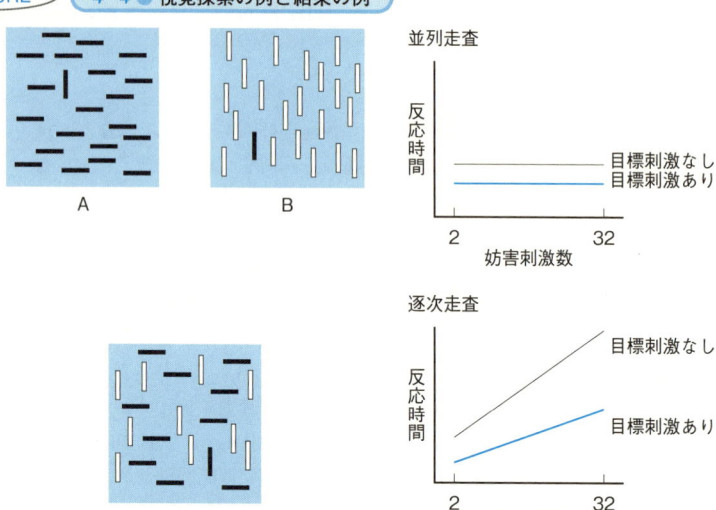

並列走査
反応時間
目標刺激なし
目標刺激あり
妨害刺激数 2 ～ 32

逐次走査
反応時間
目標刺激なし
目標刺激あり
妨害刺激数 2 ～ 32

A，B，Cから黒い縦棒を見つける。A，Bは単一特徴探索（並列走査），Cは結合探索（逐次走査）。目標刺激なし条件の反応時間は，「目標刺激がない」と判断する時間。

にした視覚探索は，**単一特徴探索**（feature search）とよばれ，妨害刺激の数が増えても目標刺激の検出反応時間は遅くならない。提示された妨害刺激や目標刺激を1つひとつ探さなくても，目標刺激が即座に目に飛び込んでくる。このことを**ポップアウト**（pop-out）とよぶ。一方，妨害刺激と目標刺激が2種類以上の特徴の組み合わせで定義されている場合は**結合探索**（conjunction search）とよばれ，妨害刺激数の増加に伴って目標刺激の検出は困難になり，反応時間が遅くなる（図4-4）。

| 特徴統合理論 |

単一特徴探索では個々の刺激を順々に探索する必要がなく，並列的な処理（並列走査）の特性を示す。一方，結合探索では目標刺激を妨害刺激の中から順々に走査する必要があり，逐次的な処理（逐次走査）の特性を示す。これらの違いを説明するものとして，トリーズマン（Treisman, 1986）は**特徴統合理論**（feature integration

FIGURE 4-5 ● トリーズマンの特徴統合理論

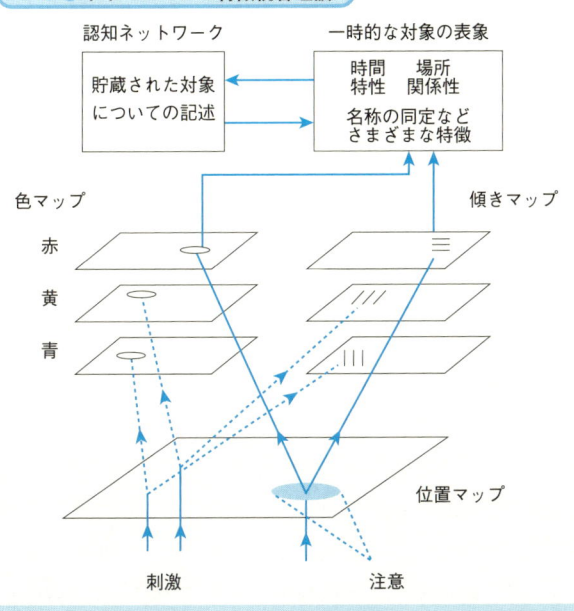

認知ネットワーク　　　一時的な対象の表象

貯蔵された対象についての記述　　時間　場所　特性　関係性　名称の同定などさまざまな特徴

色マップ　　　　　　　　傾きマップ

赤
黄
青

位置マップ

刺激　　　　注意

> まず，色と傾き（方位）といった異なる特徴が個別の処理モジュールとして空間的に抽出され，特徴マップ上に符号化され，次に選択的注意によって特徴が統合されることを示している。

（出典）　Treisman, 1986 を改変。

---

theory）を提唱した。その理論には大きく2つの段階がある（図4-5）。第1段階では，画像情報の基本的特徴（空間周波数や方位，形態，色，運動方向など）をそれぞれ空間的に抽出し，それらの特徴ごとにある「特徴マップ」上に符号化する。第2段階では，選択的注意によって特徴を統合する。個々別々の特徴マップは，位置の情報のみをもつ位置マップと空間的な対応関係を保ってつながっている。この際，注意が位置マップ上の特定の位置に注意のスポットライトを向け，その位置マップに連結した各特徴マップに対応した特徴が自動的に検索され，異なる特徴をよび出して結合され，ここでは結合過程は逐次的になる。これに従えば，注意とは特定の位置で抽出されたさまざまな特徴を統合する処

理といえ,個々の特徴を結びつける接着剤としての役割を果たす。結合探索における刺激数による反応時間の増加は,個々の刺激に注意を向けて結合を行う時間に相当すると解釈される (熊田・横澤, 1994)。

しかし最近では,結合探索において妨害刺激の数が増えたからといって急激に探索時間が増加するような線形関係が得られない実験結果も示されるようになり,結合させるべき特徴の組み合わせによっては探索範囲が限定されるため,探索時間が短くなる場合もあることが示されている (guided search model ; Wolfe et al., 1989)。

刺激属性に基づく注意

視覚探索課題における特徴探索や結合探索では,空間的な注意に加えて特定の刺激特徴に対する注意も含まれている。例えば,10個の赤色の四角形からなる妨害刺激の中から1つの緑色の四角形の目標刺激を探す課題では,緑色の四角形が空間上のどこにあるかに注意を向けることが必要となる (実際にはポップアウトする)。このとき,観察者は目標刺激が何かについてボトムアップ的に注意が向けられるが,課題においてはじめから目標刺激が緑色であるという指示を受けることによって,何に注意を向けるかをコントロールすることができる。このような注意は特定の刺激特徴に対して向けられるもので特徴に基づく注意 (feature based attention) とよばれる。特定の色,対象の傾きや動き,形態などの情報を手がかりとして駆動する注意である。また,これまでの研究で特徴に基づく注意が刺激検出や注意課題のパフォーマンスを高めることが明らかになっている (例えば, Rossi & Paradiso, 1995)。さらに,注意対象と同じ特徴をもつ他の対象は,異なる特徴をもつ他の対象と比べて検出されやすいという現象も報告されている (例えば, Most et al., 2001)。このことは神経科学的にも報告があり,1つの対象の特徴に注意が向くと,注意対象の特徴情報が活性化しているために同じ特徴をもつ他の対象の特徴の処理が促進されることになる (Müller et al., 2006)。

物体に基づく注意

視覚的注意の研究においては,空間や刺激特徴に基づく注意の選択特性ばかりでなく,対象に働く注意の特性についても報告がある。初期の注意研究では,視覚的注意は視野上のある空間領域に対して向けられるものという仮定があったが,1980年代中頃には,視覚的注意はある空間領域に存在する刺激とは独立してではなく,

特定の知覚的物体それ自体に対しても向けられているという実験的な証拠が提出されるようになってきた。このような注意は，**物体に基づく注意**（object based attention）として知られている。

　ダンカン（Duncan, 1984）が用いた課題では，空間的に重なった位置に1つの四角形と1本の線分が短時間提示され，観察者はそのうちの2つの属性の報告が求められた。その結果，2つの対象（四角形と線分）の2つの属性（それぞれの傾き）を答えるよりも，線分という1つの対象の傾きと線の種類という2つの属性を報告する方が正答率が高いことが示された。また，2つの対象を重ね合わせるのではなく，画面の中央の凝視点の左右に分けて提示して同じ課題を行っても，凝視点の左右のいずれかの位置に重ね合わせた課題との違いは認められず，物体に基づいた注意があることを示されている（Vecera & Farah, 1994）。

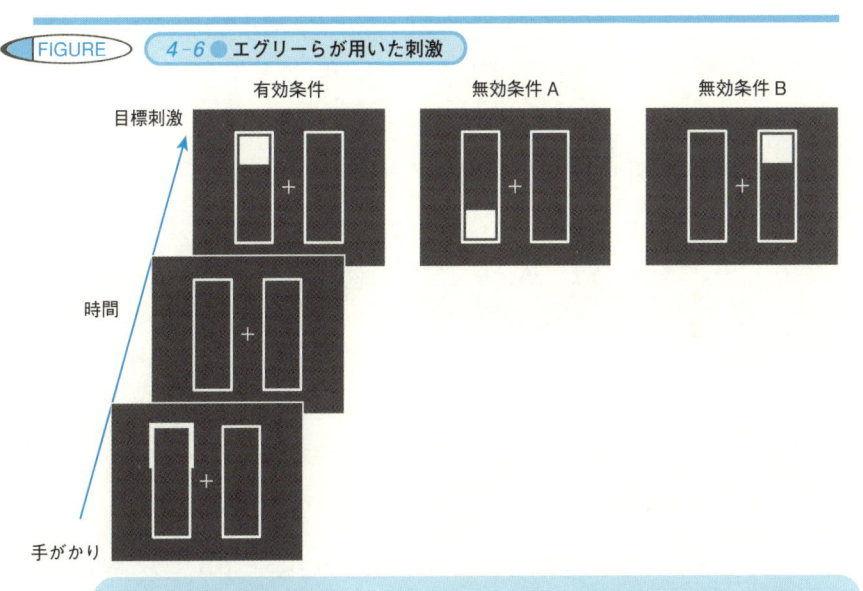

FIGURE 4-6 ● エグリーらが用いた刺激

有効条件は無効条件A，Bより目標刺激への検出反応時間が速いが，無効条件の2つを比較すると，同一物体へ注意が向くことによって無効条件Aへの反応時間が速まる。

（出典）　Egly et al., 1994 より作成。

物体に基づく注意は先行手がかり法によっても検討されている。エグリーら (Egly et al., 1994) は，凝視点の左右に長方形を配置し，2つのうち1つの長方形の上か下の短辺を囲んだコの字型の領域に先行手がかりを提示し，その後に2つの長方形のうち1つの上か下の領域に目標刺激を提示した。そのとき，先行手がかりと同じ位置に目標刺激が提示される有効条件は，先行手がかりが提示された同じ長方形で目標刺激が上下別の位置に提示される条件（同一対象無効条件）と，先行手がかりが提示されたのとは別の長方形の同じ上下位置に目標刺激が提示された条件（異対象無効条件）との間で観察者の反応時間が比較された（手がかり位置と目標刺激の空間的な距離は同じであった；図4-6）。その結果，有効条件とそれぞれの無効条件の間には違いが認められたが，加えて同一対象無効条件の方が異対象無効条件よりも反応時間が速いことが示された。このことは，先行手がかりによって注意が向けられた位置を含む対象上の目標刺激に注意を向ける方が異なる対象の目標刺激に注意を向けるよりも容易であることが示された。つまり，視覚的注意は空間上のマップに向けられるものだけでなく，視覚対象（物体）そのものに対するものの存在を示唆している。

SECTION 4 注意の反応抑制

注意という機能が存在しても，視覚対象を検出したり，同定したりすることはそれほど容易ではないことが最近の研究では多く示されてきている。また，対象に注意を向けているからこそ検出し損ねることもある。さらには，無視しているはずのものが，認知に影響するということも最近の研究では示されている。

変化の見落とし　最近では注意を向けているにもかかわらず，対象について気づかない現象が数多く報告されてきている。例えば，2枚の同じ写真や図のうち1枚のある部分だけを加工し，画像間にブランクを短い時間挟んで継時提示すると，画像の変化部分を検出することがきわめて難しくなる。この現象を，変化の見落とし（チェンジ・ブラインドネス；change blindness）とよばれている（Rensink et al., 1997）。変化の種類には，色や形の変化や位置の変化，対象の消失などがある。2枚の写真の間

FIGURE 4-7 変化の見落とし実験に用いられるフリッカー法による刺激提示の例

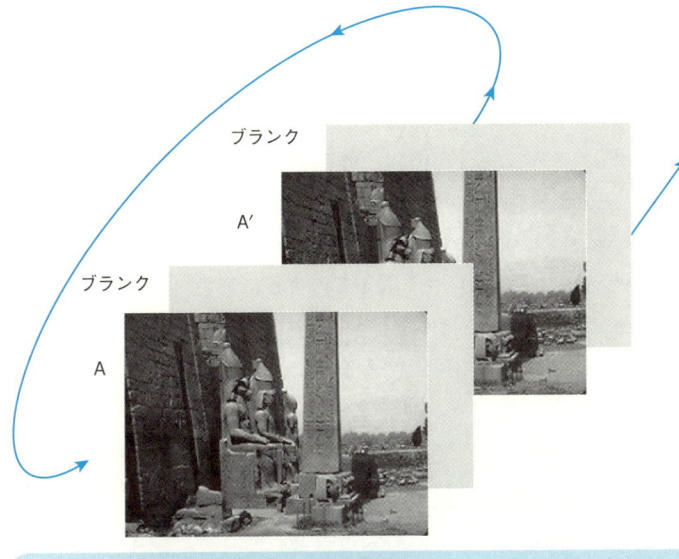

AとA′は一部分だけが変更された画像であり，それらを灰色の画面（ブランク）を挟んで繰り返し提示する。

（出典）　Rensink et al., 1997 より雑誌規定に則って掲載。

に大きな変化があったとしても，観察者は変化になかなか気づくことができないが，一度どこに変化が起きたかに気づいてしまうと，今度はそこが目立って無視できなくなってしまう。変化の見落としは，ブランクを挟んで2つの画像を継時提示する（フリッカー法；図4-7）以外にも，画像が変化するときに，画像に複数の小図形を瞬間提示する方法（スプラッシュ法）や眼球運動に合わせて画像を切り替える方法などがある。

　変化の見落としは日常的な場面でも起こることが知られている。例えば，大学の構内や公園などで，実験者が通りがかりの人に話しかけ，道を尋ねるなどの会話をしている場面を想定しよう。その2人の間を別の2人がドアを運びながら横切って通り過ぎる。この2人の間を通り過ぎる瞬間に最初に話しかけていた人とドアを運んでいた1人がすり替わってしまう。しかし，道を尋ねられ

た人は人が入れ替わったことに気づかずに話を続けてしまうのである（Simons & Levin, 1998）。

負のプライミング

私たちの感覚器には同時に複数の情報が入力されるが，それらに対して一様な処理をしているわけではなく，目的に応じた情報の取捨選択が行われ，必要な情報には積極的に注意を向けられるが，不要な情報は無視することによって効率的な情報選択がなされる。しかし，無視された情報はどのように処理されているのであろうか。

ティッパー（Tipper, 1985）は，図4-8のように赤色（図では黒色）・緑色（図では青色）で描かれた2つの物体を重ね合わせた刺激を継時的に観察者に提示した。観察者は課題において，先行刺激と後続刺激のそれぞれで提示された画

FIGURE 4-8 負のプライミングの刺激例

先行刺激

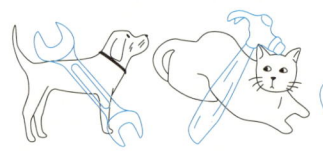

| 後続刺激と同一の刺激に注意を向ける条件 | 後続刺激と意味的に関連する刺激に注意を向ける条件 | 統制刺激 | 後続刺激と意味的に関連する刺激を無視する条件 | 後続刺激と同一の刺激を無視する条件 |

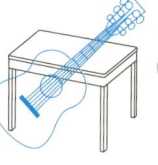

後続刺激

実験では赤色の物体は図では黒色で，緑色の物体は図では青色で描かれている。図の青色の物体を無視して，黒色の物体に注意を向けて，名前を判断しなければならない。

（出典）Tipper, 1985 より作成。

像のうち，赤色の対象にのみ注意を向け，緑色で描かれた物体は無視して名前を判断することが求められる。例えば一番右の条件では，観察者は先行刺激では赤色のトランペットに注意を向け，緑色のイヌは無視しなければならないが，後続刺激では赤色のイヌに注意を向け，緑色の足は無視しなければならない。その結果，先行刺激で無視した物体について後続刺激で名前の判断を行わせると，先行刺激で無視したことが後続刺激での名前判断に影響を与え，先行刺激では無視する対象と後続刺激では注意を向ける対象が異なる統制条件に比べて反応時間が遅くなることが示されている。このように，先行試行で無視した刺激について後続試行で反応させると反応が遅延するという効果を負のプライミング（negative priming）とよび，非注意（無視）刺激に対しても情報処理がなされ，抑制的処理を受けていることを示す現象である（Neill et al., 1995）。このような先行刺激によると，後続刺激への影響が，注意するものと無視するものへの反応をもとに検討されており，刺激間の意味関連性についても調べられている。

注意の瞬き

視覚的注意は，空間的な情報の選択的処理に関与しているだけでなく，同じ空間位置に継時的に提示される情報の処理にも関与している。その例としては，同じ空間位置にたくさんの視覚情報を高速で継時提示するとき（高速逐次視覚提示法；RSVP），刺激系列の中にある2つの目標刺激を検出しようとすると，1つ目の目標刺激は高い確率で検出が可能なのに2つ目の目標刺激の検出が悪くなるということが生じることが知られている（Raymond et al., 1992）。この現象は，注意の瞬き（attentional blink）とよばれている。注意の瞬きは，2つの目標刺激の提示時間間隔が短いときに生じる（500ミリ秒以下）。また，1つ目の目標刺激を無視して2つ目の目標刺激だけを検出しようとする場合，その時間的な提示位置にかかわらず常に高い検出率を示すことから，1つ目の目標刺激に注意を払った結果生じたものといえる。また，注意の瞬きは数字や文字，形態パターン，色情報の検出，方位弁別課題などでも生じるが，視覚に限定した現象ではなく，聴覚や触覚，複数のモダリティ間にわたる場合でも生じることが報告されてきている（河原，2003を参照）。この現象が生じる理由としては，1つ目の目標刺激の処理の負荷のために2つ目の目標刺激の処理が不十分になってしまって起きるものと考えられている。ただし，1つ目の目標刺激の処理の後，2つ目の

目標刺激の処理がなされないでいるのか（初期選択説），処理されたうえで抑制ないし干渉を受けているのか（後期選択説）については研究者によって意見が分かれるところである。

ストループ効果

注意を向けない情報が認知に影響することは負のプライミングでも述べたが，無視しようとしても無視するべき情報が自動的に処理されて注意に影響を与えることもある。赤，青，緑といった色図形を観察者に示し，その色名を答えさせてもまったく問題なく答えることができる。同様に，それらの黒で書かれたそれらの文字について読み上げさせても簡単に読むことができる。ところが，文字の色と文字が表す色名とが異なる場合（例えば，青色で書かれた「赤」という文字），その読みにかかる時間は色名を答える速度が遅くなり，間違いも多くなる（Stroop, 1935）。

このような2つの特徴をもつ刺激の一方のみへの反応を求めるとき，特徴間に葛藤が生じる課題を総称してストループ課題とよび，1つの特徴への反応がもう一方の特徴に干渉されて反応が妨害されることをストループ効果（Stroop effect），あるいはストループ干渉という（第5章 TOPICS 5-1参照）。この干渉効果は，1つの特徴にのみ注意を向け，別の特徴は無視しようとしても処理が自動化される場合に生じるものとされる。

色ストループ課題のバリエーションの1つには，情動語を用いるものがある。彩色された抑うつ的な単語や脅威語などの情動価の高い単語の色名を報告する際に，色名反応が遅延する現象は情動ストループ効果（emotional stroop effect）とよばれている（例えば，Gotlib & McCann, 1984）。情動ストループ効果は，人間の感情が認知処理に及ぼす影響の1つとして例示され，情動価の高い単語が提示された際に，その意味に自動的な処理や感情的な覚醒が反応を遅延させるといわれている（Logan & Goetsch, 1993 ; Koster et al., 2004）。

SECTION 5 注意の神経基盤

1980年代に視覚的注意に関する研究が盛んになると，注意に関与する神経基盤についても研究が始められた。注意の神経基盤としては，感覚情報の処理

に関連した神経細胞レベルのものから意識に関連した高次皮質の活動まで，最近数多く報告されてきている。

> 脳損傷による注意機能の障害の例——半側空間無視

注意の脳機能に関連した脳障害として取り上げられるものに，半側空間無視（hemispatial neglect）あるいは単に無視（neglect）とよばれるものがあり，損傷した脳部位と対側の空間を無視するものである。半側空間無視は，左半球よりも右半球の下頭頂葉の損傷によって生じることが多いため，視覚的注意の右半球優位が主張されてきている（Heilman & Van Den Abell, 1980；Vallar, 1993；Weintraub & Mesulam, 1987）。右下頭頂葉の損傷を伴った空間無視の患者は，右脳の視覚皮質に損傷を伴っていないのにもかかわらず，自分の左側にある物体に気づかず，左側の空間に何かを見つけにいこうとすることがない。顔の半分にだけ化粧をしたり，皿にのった食事の半分だけを食べ，もう半分に気づかないままであったりすることもある。

左半球損傷より右半球損傷による半側空間無視が多い理由についてはいまだわからないことが多い。ハイルマンらは，右半球は視野の両側空間へ注意を向けることができるのに対して，左半球は対側である右視野だけにしか注意を向けられないとした（Heilman et al., 1993）。左半球が損傷を受けても，右半球による右視野への注意のコントロールが利くが，右半球が損傷を受けると左視野への皮質的な注意のコントロールが利かなくなってしまうということである。このことは，健常者を対象とした研究で，どちらの視野も右下頭頂葉を活性化させるが，左下頭頂葉は右視野に注意が向けられたときにのみ活性化する（Corbetta et al., 1993）というPETによる結果とも一致する。

半側空間無視に現れる知覚的な現象は，意識的な気づき（awareness）を伴わない知覚的認知過程であり，患者は見ているものに注意を向けることができず，意識することができないだけで，無視された情報は実際にはある程度まで処理されている可能性が高い。

> 視覚的注意による視覚野の神経活動への影響

1980年代半ばになると，視覚野において注意がどのように神経活動に影響を与えるのかについて検討されるようになる。視覚野のさまざまな領域は，高次になるほど1つの神経細胞が受けもつ受容野（receptive field）は広くなり，ヒトの第1次視覚野（V1）では1～2°以下，第4次視覚野（V4）

が4〜6°，下側頭葉（IT野）では7°以上にもなる（Kastner & Ungerleider, 2001 ; Smith et al., 2001）。広い受容野をもつ神経細胞で，その受容野内に複数の物体があるとその情報のすべてが神経細胞に入力されるため混乱や干渉が生じてしまい，情報をうまく処理できなくなってしまうこともある。しかし，特定の対象に注意を向けることで受容野内の情報が効率的に神経細胞に入力されるようになる。

デジモンら（Desimone et al., 1990）は，サルのV4での単一細胞記録において受容野内に2つの線分を提示した。そのうち1つの線分は神経活動を引き起こす適刺激（good stimulus）であるのに対して，もう1つは神経活動をほとんど引き起こさない非適刺激（poor stimulus）であった。このとき，線分が1つずつ提示されるときに比べて，2つが同時に提示されると干渉が生じて，適刺激が提示されるときに比べて神経発火活動が低下し，適刺激の線分にのみ注意を向けさせると神経発火活動は適刺激のみを提示するのと同程度になり，非適刺激に注意を向けさせても活動は高まらないことが示された（Reynolds et al., 1999）。このような注意による視覚野の神経活動の変調については，サルにおけるV4以外にもIT野やV2でも起きることがわかっている。V1は受容野が非常に小さいため，ごくわずかな眼球運動が生じるだけでV1の受容野から入力される刺激情報は瞬時に変わってしまい，適刺激と非適刺激との両方を1つのV1の受容野内でとらえることは難しい。また，注意のV1の神経細胞の活動への影響についての報告も増えつつあり，視覚階層の非常に低次のV1でも注意の影響を受けていることも明らかになりつつある（Motter, 1993 ; Ito & Gilbert, 1999）。このような注意によって変調される視覚野の神経細胞活動が，注意刺激への活動の促進効果なのか，非注意刺激への抑制効果なのか，あるいはその両方が生じているのかについてはまだ結論は得られていない。

また，fMRIを用いたヒトを対象にした研究でも，複数の刺激が同時に提示されたときいずれにも注意を向けていないと干渉が起こりV4やV2などで脳活動が低下するが，注意を向けさせると注意による信号応答の増加が起こることが明らかになっている（Kastner et al., 1998）。また，サルにおいては注意がV1の神経細胞を変調させる証拠はそれほど多く示されていないのに対し，ヒトにおいては妨害刺激の中にある目標刺激に注意を向ける課題において，注意を向けていない場合よりもV1が活動を高めることが示されている（例えば，

Martinez et al., 1999)。さらに，動いている刺激に対する注意研究では，画面中央の注視点を挟んで提示される2つの運動縞刺激のうち，注視点の方向指示により左右の1つの運動縞に注意を向けさせて縞の動きの方向を弁別させ，その後に方向指示を変えて別の位置の縞の方向弁別をさせるという条件と，単に受動的に運動縞を観察するという条件とを比較し，空間的注意をシフトさせることにより，運動視の中枢であるMT野やV1の活動が高められることを報告している。

BOOK GUIDE ● 文献案内

本田仁視（2000）『意識／無意識のサイエンス——症例と実験による心の解剖』福村出版
- 幻視や記憶などの認知に関わる高次機能障害を通して，意識・無意識の現象の心理学的側面と脳機能に関する側面が述べられている。多くの現象が注意と関連したものであり，症例の理解を通して意識とはなにかを理解しようとするものでとてもわかりやすい。

ファーラー, M. J.／利島保監訳（2003）『視覚の認知神経科学』協同出版
- 視覚の初期過程から高次認知過程までを取り扱っており，内容としても比較的高度であるが，後半部分で視覚的注意や半側空間無視，視覚的意識性などがくわしく扱われている。認知心理学的アプローチよりも，症例の検討や脳イメージング，脳波などの知見を用いた説明が充実している。

Chapter 4 ● 練習問題　　EXERCISE

❶ あなたが友人との会話に夢中になっていたり，勉強をしていて集中していたりしても，あなたの背後から誰かがあなたの名前をささやくとそれに気がつくことができる。その理由について考えてみよう。

❷ 注意の初期選択説と後期選択説は本当に相いれないものであろうか。それらの違いが生じる実験上の留意点について考えてみよう。

❸ 空間に基づく注意，特徴に基づく注意，物体に基づく注意を日常場面での例を考えながら説明しよう。

HINT ● p.459

● 川畑秀明

第 5 章 ワーキングメモリ
情報の格納と情報の操作

普段は忘れていても，ある場所に来ると昔の出来事を思い出すことがある。これを記憶の文脈依存という

CHAPTER 5

INTRODUCTION

忘れたいのに忘れられないことがある。また，覚えておかなければならないのに覚えられないことがある。記憶とはなかなか意のままにならない。また記憶はふとしたことで思い出される。紅茶に浸したマドレーヌを口にしたときそれまで意識しなかった過去の出来事が生き生きとよみがえったというのは，小説家プルーストの『失われた時を求めて』にある話である。記憶は常に意識できるものばかりとは限らない。本章と次章ではこのように不可思議な性質をもった記憶について考える。まずここでは記憶の構造とその仕組み，その中で中心的な役割を果たすワーキングメモリについて考える。

- KEYWORD
- FIGURE
- TABLE
- TOPICS
- BOOK GUIDE
- EXERCISE

> **KEYWORD**
>
> 短期記憶　　長期記憶　　二重貯蔵モデル　　感覚記憶　　アイコニック・メモリ　　エコーイック・メモリ　　リハーサル　　記憶障害　　自由再生法　　系列位置曲線　　首位効果　　新近性効果　　忘却　　干渉　　減衰　　ワーキングメモリ　　音声ループ　　視・空間スケッチパッド　　中枢制御部　　語長効果　　混同誤答　　ストループ干渉　　逆ストループ干渉　　処理水準　　符号化特殊性原理　　転移適切処理

SECTION 1　記憶の構造

フロイトの魔法の便箋

　記憶がどのような仕組みであるのかということについては，古くから関心がもたれてきた。精神分析学の創始者フロイト（Freud, S.）も記憶の仕組みについて魔法の便箋（mystic writing pad）の比喩を用いて述べている。

　魔法の便箋とは，昔は子どもがこれを使ってよく遊んだおもちゃである（例えば，図5-1のようなものが市販されていた）。黒っぽいワックスの板の上に透明なセルロイドのシートがかけられている。そのシートにとがったものを押しつけて何かを書くと，ワックスの板にかすかなへこみができ，セルロイドのシートを通して書いたものが浮き出てくる。セルロイドのシートをもち上げれば書いたものはすぐに消すことができ，こうして何度も新しく書くことができる。しかし，シートをもち上げてワックスの板の上をよく見ると，ワックスには書いたものの痕跡が残っている。

　フロイトは2種類の記憶があると考えた。1つはよく見ればワックス上に認められる痕跡に対応するものであり，永久的な記憶である。もう1つはもち上げれば消えるシート上に現れるものであり，常に更新され続ける記憶である。フロイトの力点がワックスに痕跡として残る無意識的な記憶にあったにしても，この記憶の区別はそれ以降に登場した認知心理学における記憶の区別と一致するものである。

FIGURE 5-1 ● 魔法の便箋

シートをめくれば，何度も書ける魔法の便箋。

（出典）　http://homepage1.nifty.com/nekocame/60s70s/toy/toy10.htm より許諾を得て掲載。

5-2 ● マルチストア・モデル

外界 → 感覚記憶 → 短期記憶 ⇄ 長期記憶

記憶は感覚記憶，短期記憶，長期記憶の3つの貯蔵庫からなるとされた。

（出典）　Atkinson & Shiffrin, 1968 を改変。

アトキンソンとシフリンのモデル

記憶をいくつかに分けるという考えはほかにもあるが（例えば，Waugh & Norman, 1965），最も影響力があり，その後議論されることが多かったモデルは，アトキンソンとシフリン（Atkinson & Shiffrin, 1968）のマルチストア・モデルである。短期記憶（short term memory）と長期記憶（long term memory）とに分けることから，二重貯蔵モデル（duplex theory）ともいわれる。このモデルによれば，外界からの情報はまず感覚記憶に取り込まれ，次に短期記憶，さらに長期記憶へと転送される（図5-2）。感覚記憶は感覚器官からの情報を正確に短時間保存する大容量のバッファ・メモリであり，視覚情報はアイコニック・メモリに（Spering, 1960），聴覚情報はエコーイック・メモリに（Darwin et al., 1972）貯蔵される。アイコニック・メモリは約1秒で，エコーイック・メモリは約2秒で減衰してしまう。

第5章　ワーキングメモリ

彼らのモデルによれば，短期記憶では，情報を反復（リハーサル〔rehearsal〕とよばれる）しない限り，短時間しか情報を貯蔵できない。しかも保持される情報は7±2項目（チャンク）ほどである。リハーサルされた情報は短期記憶から長期記憶への転送される。長期記憶は大容量であり，いったんここに入った情報は失われることはないとされる。長期記憶の情報は必要に応じて短期記憶へと引き出される。

このモデルについては，次のような批判を招くことになる。
(1) 短期記憶の性格を受身的な単なる貯蔵庫と考えており，情報へ積極的に働きかけるフレキシブルな側面を軽視している。
(2) リハーサルすればするほど，情報が短期記憶から長期記憶に機械的に転送されるのではない。リハーサルの量ではなく，むしろリハーサルの質，すなわち符号化処理の水準によって記憶成績は左右される。

(1)の批判はバッデリー（Baddeley, A.）らのワーキングメモリ・モデルに代表されるものである。これについては第3節で述べる。また，(2)の批判は，クレイクとロックハート（Craik & Lockhart, 1972）に代表される処理水準アプローチ，あるいは処理の深さアプローチからの批判であり，情報をどのように符号化するかが後の記憶に影響することを指摘し，記憶研究を飛躍的に発展させることになる（第4節参照）。これらのことについて述べる前に，マルチストア・モデルの登場前後になされた記憶研究の主要な成果について述べる。

SECTION 2 マルチストア・モデルの論拠

生理学的証拠　　記憶を短期記憶と長期記憶に分けるべきだとする考えを支持する証拠は，まず脳損傷研究から得られる。おもにミルナー（Milner, B. A. L.）の研究グループによって研究された患者，N. A. と H. M. という2つの症例がそのことを示している。

N. A. はアメリカ空軍のパイロットであり，フェンシングをやっていたときに相手の剣の先がN. A. の右の鼻の穴に入り，斜め左上方向に刺さり，脳の左視床背内側領域を損傷するという事故にあった。その結果，新たな事実，とりわけ言語的情報が記憶できないという深刻な記憶障害（memory deficit）を示

FIGURE 5-3 ● 切除された H. M. の脳

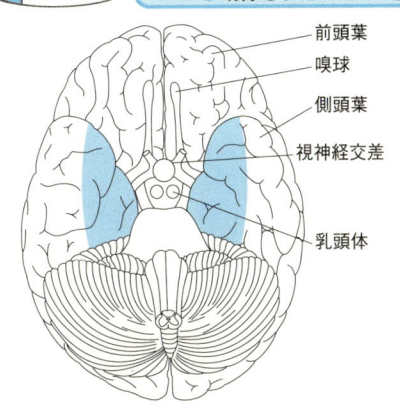

前頭葉
嗅球
側頭葉
視神経交差
乳頭体

脳を下から見た図。青い部分がてんかん治療のために切除された脳の部位を示す。

（出典）Pinel, 2003 より作成。

した（Teuber et al., 1968）。一方，H. M. はてんかん発作を抑えるために側頭葉中央部が切除された患者である（切除された脳の領域は図5-3を参照）。切除手術の結果，H. M. は新たな事実を記憶できないという症状を示すようになった（Scoville & Milner, 1957）。H. M. は N. A. とは異なり，言語的情報，非言語的情報とも同等に障害があった。

　記憶障害の患者の行動はどのようなものであろうか。心理学者ウイッケルグレン（Wickelgren, W.）が N. A. に面会し，会話した様子は次の通りである（Lindsay & Norman, 1977b の翻訳書から抜粋し改変）。

　私は，M. I. T. の心理学教室の小さなコーヒールームで N. A. と面会した。話はおおよそ次のように進んでいった。N. A. は私の名前を尋ね，次のように言った。
「ウイッケルグレン，それはドイツ系の名前？」
「いいえ」と私は答えた。
「じゃ，アイルランド系？」
「いいえ」と私が答えると，彼は再び尋ねた。
「では，スカンジナビア系？」
「そうなんです。スカンジナビア系の名前です」と私は答えた。
　おおよそ5分間彼と会話した後，私は自分の部屋に行き，そこでさらに5分間過ごした。私が戻ってみると，彼は生まれて初めて見るような顔つきで私を見て，再び私の名前を尋ねた。その後，彼はこう言った。

第5章　ワーキングメモリ

「ウイッケルグレン，それはドイツ系の名前？」
「いいえ」と私は答えた。
「じゃ，アイルランド系？」
「いいえ」と私が答えると，彼は再び尋ねた。
「では，スカンジナビア系？」
「そうなんです。スカンジナビア系の名前です」と私は答えた。
まったく，同じ会話が繰り返された。

このN. A. やH. M. の症例は，脳への損傷以前の出来事の記憶にはほとんど問題ないが，新たに経験した事柄を記憶できないこと，すなわち短期記憶から長期記憶に符号化され貯蔵される仕組みが損なわれていることを示すものである。

自由再生法を用いた実験

記憶を短期記憶と長期記憶に分けるべきだとする考えを強く支持する証拠は，自由再生法を用いた実験からも得られる。

実験参加者に語のリストを提示した後，提示順に関係なく自由に再生するように求め，その再生成績を提示順に従ってまとめると図5-4の黒い線のような結果が得られる。提示された位置（系列位置）の前部と後部の成績がよく，中部が悪いU字型の系列位置曲線が得られる。前部と後部の成績がよいことをそれぞれ首位効果，新近性効果という。

ところが，語のリスト提示後に暗算をしてもらい，その後にリストを再生してもらうと，新近性効果は消えてしまう（図5-4の青い線）。一方，語の提示速度，語の出現頻度，そしてリスト内の語の相互関係性などを操作すると，首位効果には影響を与えるが，新近性効果には影響しない（図5-5）。

これらの事実は，首位効果と，新近性効果が異なる記憶の仕組みを反映していること，すなわち前者は長期記憶からの，後者は短期記憶からの出力を反映していることを示すものであるとされた。

忘却の原因──減衰か干渉か

初期の短期記憶に関する研究では，従来，忘却の主要な原因とされてきた干渉（interference）ではなく，時間経過に伴う記憶強度の減衰（decay）が忘却の原因であるとした。情報が新しく十分な記憶強度をもっていれば正確に報告できるが，時間が経つと強度が弱まり容易に検索できず，正確に

FIGURE 5-4 暗算による新近性効果の消失

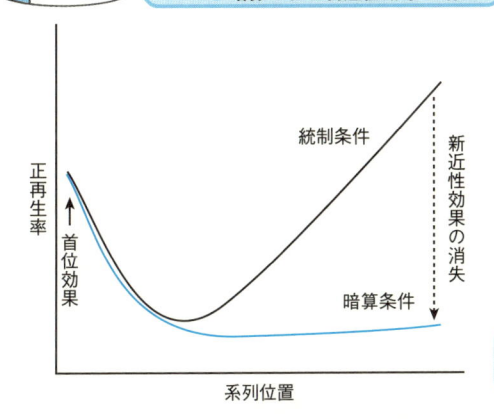

統制条件
新近性効果の消失
首位効果
暗算条件
正再生率
系列位置

暗算を行うと新近性部位が想起できなくなる。

FIGURE 5-5 首位効果に影響する変数

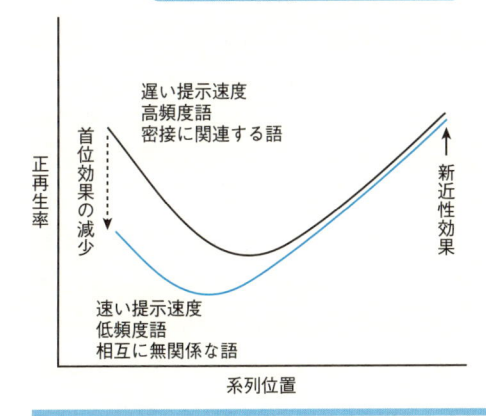

遅い提示速度
高頻度語
密接に関連する語
首位効果の減少
新近性効果
速い提示速度
低頻度語
相互に無関係な語
正再生率
系列位置

語の提示速度，出現頻度，リスト内の語の相互関連性を操作すると首位効果に影響する。

報告することができなくなるという。もしこの考えが正しいとすると，短期記憶は忘却の原因の点からも，長期記憶と異なるということになる。

　ピーターソンとピーターソン（Peterson & Peterson, 1959）は，巧妙な実験を行った。彼らは，まず実験参加者にPSQといった子音の3文字つづり（trigram）を提示した。その後，3桁の数字，例えば「142」を提示して，3つずつ小さい方に数えること（逆算）を求めた。実験参加者は「142，139，136……」というように数えなければならない。逆算の時間は3秒から18秒にわ

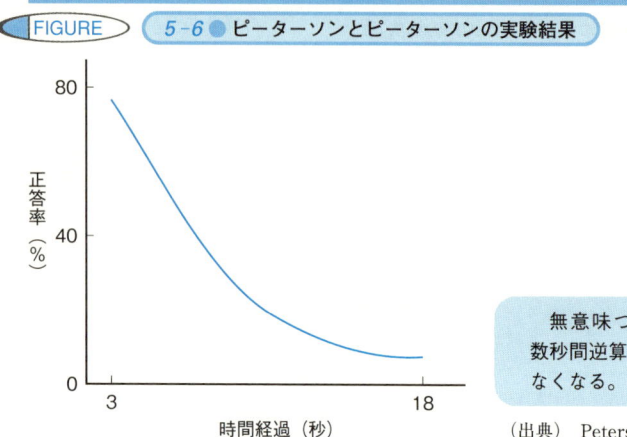

FIGURE 5-6 ● ピーターソンとピーターソンの実験結果

縦軸：正答率（％）、横軸：時間経過（秒）

無意味つづりの提示後，10数秒間逆算するだけで思い出せなくなる。

（出典） Peterson & Peterson, 1959.

たって変えられた。そして，先ほど提示した3文字つづりを答えさせた。結果を図5-6に示す。

　この結果は時間経過に伴い，急速な忘却が生じることを示している。しかし，この実験結果が減衰説を支持するものかというと，そうとはいえない問題点がある。彼らは実験では1人の実験参加者が6つの時間条件についてそれぞれ8試行，計48試行も実験を行っている。これほど試行を繰り返せば，以前の試行が後の試行に影響を及ぼすに違いない。つまり順向性干渉である。このことが見られるかどうか，ケッペルとアンダーウッド（Keppel & Underwood, 1962）が試行ごとの時間経過による記憶成績の推移を調べたところ，第1試行では時間経過による記憶成績の低下はほとんど認められないが，試行が進むとそのことが見られることが明らかになった（図5-7）。つまり，ピーターソンとピーターソンの実験結果は，多試行を行った結果生じた順向性干渉によるものであるという。これによって，短期記憶の忘却は時間経過に伴う記憶強度の減衰，長期記憶の忘却は干渉という別々の原因で起こるのではなく，短期記憶においても長期記憶と同様，干渉が忘却の原因であるということになった。

FIGURE 5-7 ケッペルとアンダーウッドの実験結果

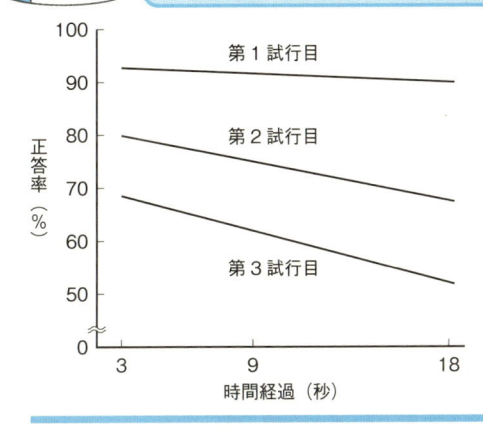

第1試行目
第2試行目
第3試行目

正答率（％）
時間経過（秒）

時間経過によって急速に生じたように見えた忘却の背景には，順向性干渉が存在していた。

（出典）Keppel & Underwood, 1962.

SECTION 3 ワーキングメモリの機能と性質

ワーキングメモリ・モデル　アトキンソンとシフリンは短期記憶の性格を受身的な単なる貯蔵庫と考えており，情報への積極的な働きかけというフレキシブルな側面を軽視している，との批判が寄せられた。バッデリーは短期記憶を，食器棚や本棚のような単なる入れ物ではなく，推論，学習，理解といった人間の認知活動において決定的な役割を果たす記憶であるとし，短期記憶という言葉の代わりに仕事をする記憶，すなわちワーキングメモリ（working memory）という言葉を用いた。さらに，ワーキングメモリは，性質の異なるサブシステムから構成されると考えた（図5-8）。音声ループ，視・空間スケッチパッド，中枢制御部の3つのサブシステムが想定されている（Baddeley, 1998）。

音声ループ（phonological loop）は2つの成分，すなわち音声情報を保持する音声貯蔵と，音声貯蔵にある情報を取り出して繰り返し音声化することで情報をリフレッシュするプロセスからなる。一方，視・空間スケッチパッド（visuo-spatial sketch pad）は，視覚系からの視・空間情報，あるいは言語情報から生

| FIGURE | 5-8 ワーキングメモリ・モデル |

視・空間スケッチパッド　　中枢制御部　　音声ループ

ワーキングメモリを構成する3つのサブシステム。

(出典) Baddeley, 1998.

成された視覚イメージ情報を貯蔵し，操作する働きをする。また，中枢制御部 (central excutive) は音声ループや視・空間スケッチパッドからの情報を統合し，不適切な情報を排除するといった情報の整理や調整を行う。

音声ループ

(1) 語長効果

音声ループは，短い間，音声を保存するという機能をもっている。しかし，保存できる量には限界がある。例えば，市町村名には長いものもあれば短いものもある。佐賀市（さがし），水戸市（みとし）などは短く一度聞いただけですぐに覚えられるが，会津若松市（あいづわかまつし），山陽小野田市（さんようおのだし）などの長い市は覚えにくい。この現象は語長効果として知られており，実験的に研究されている（Baddeley et al., 1975）。彼らは1音節（例えば，top, ba）から5音節（例えば，university, constitutional）までの単語の再生率と読みの速度の関係について調べている。その結果を図5-9に示す。また，読み速度（語/秒）と正再生率との関係に着目して整理した結果を図5-10に示す。これらの結果は，音節数の多い語は音声化に時間がかかるため再生語数が少なくなることを示している。

(2) 混同誤答

混同誤答に関する研究も音声ループの存在を支持している。もし音声ループにおいて情報が音声的に貯蔵されるなら，音声的に類似した文字や語は互いに混同されやすいと予想される。この混同は音響的混同とよばれる。コンラッド (Conrad, 1964) は，群内では音響的に類似しているが，群間では類似していない2種の文字列群（例えば，BCPTV と FMNSX）を準備した。それぞれの群から文字を取り出し，6文字の刺激を作成し視覚的に実験参加者に提示した後，

FIGURE 5-9 ● 正再生率，読み速度と音節数の関係

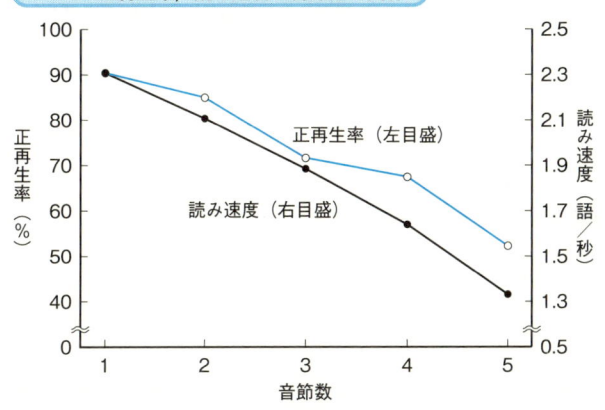

音節数の多い語は，1秒あたりに読める語数も少なく，正再生率も低い。

（出典） Baddeley et al., 1975.

5-10 ● 読みの速度と正再生率との関係

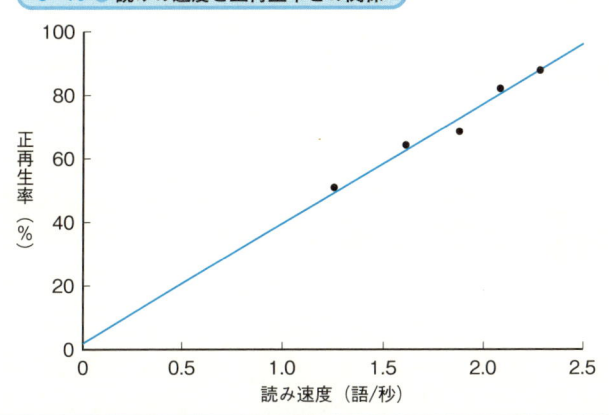

青い線は回帰直線。語の読みの速度とその正再生率とは直線的な関係にある。

（出典） Baddeley et al., 1975.

第5章 ワーキングメモリ

TABLE 5-1 音声的短期記憶に障害をもつ患者の記憶範囲				
	聴覚的記憶範囲		視覚的記憶範囲	
	数字	文字	数字	文字
	2.38 (1〜3.6) 25人	1.79 (1〜2.5) 16人	3.23 (2〜6) 22人	2.00 (1.05〜3) 19人

（　）内の数字はレンジを，下の行の人数は患者数を表す。視覚提示に比べ聴覚提示された情報の想起には障害が認められる。

(出典)　Vallar & Papagno, 2002.

正しい順番でそれを書くように求めた。もし音響的混同が起こるならば答えのエラーは，音響的に類似していない群から文字が誤って再生されるというより，音響的に類似した群内の文字が再生されるという形で起こるはずである。結果はその通りであった。エラーの75％は同じ群内の文字が誤って再生されたものであり，他の群から文字が誤って再生されたのはエラーの25％にすぎなかった。

(3)　神経心理学的証拠

　単語や数字といった言語刺激を聴覚的に提示し，それを繰り返すように求めても，それがうまくいかない人たちがいる。ルリアら（Luria et al., 1967）が報告した，左側頭葉に外傷を受けた2人の患者B. とK. である。その後，似たような患者が見つかっている。例えば，ワリントンとシャリスのK.F. などが有名である（Warrington & Shallice, 1969）。それらの患者には，障害のパターンに次のような共通性が認められる。

　①無関係な言語刺激（文字，語，数字）を聴覚的に提示した直後に系列的に再生させるとうまく再生できない，②視覚提示では成績は悪くない。

　表5-1は，ヴァラーとパパグノー（Vallar & Papagno, 2002）による25人のこのような患者についてまとめたものである。刺激が聴覚的に提示されるとそれが数字であれ，文字であれ，語であれ再生できる個数は，視覚提示された数字に比べ，低いことがわかる。これらの患者たちの記憶成績は音声ループの障害を示していると考えられる。

視・空間スケッチパッド

視・空間スケッチパッドは視・空間情報を貯蔵し，それを操作する機能をもつ。もしそうであれば，このパッドの働きを同じように必要とする2つの視・空間課題を同時に遂行することは困難なはずである。

(1) ブルックスとバッデリーらの実験

バッデリーら（Baddeley et al., 1975）は以前ブルックス（Brooks, 1967）が行った研究をもとに次のような実験を行った。実験参加者に4×4のマス目を提示し，出発点を指示した後，次のようなメッセージを聴覚的に与えてそれを再生するように求める。メッセージは2種類あって，1つはそのメッセージをマス目の中の位置として符号化できる空間的メッセージであり，もう1つはそれが不可能な無意味なメッセージである（図5-11）。すでにブルックスはこの課題において実験参加者は空間的メッセージを8個すべて再生できるが，無意味なメッセージは6個しか再生できないことを報告している。バッデリーらはこの課題を行うときに，回転追跡円盤課題を同時に行わせた。この課題は古典的な知覚運動学習課題であり，回転している円盤上のターゲットにペン先をでき

FIGURE 5-11 ブルックスの実験

		3	4
1	2	5	
		7	6
	8		

― 空間的メッセージ ―
スタートの四角に「1」を置く。
その右隣の四角に「2」を置く。
その上隣の四角に「3」を置く。
その右隣の四角に「4」を置く。
その下隣の四角に「5」を置く。
その下隣の四角に「6」を置く。
その左隣の四角に「7」を置く。
その下隣の四角に「8」を置く。

― 無意味メッセージ ―
スタートの四角に「1」を置く。
その quick 隣の四角に「2」を置く。
その good 隣の四角に「3」を置く。
その quick 隣の四角に「4」を置く。
その bad 隣の四角に「5」を置く。
その bad 隣の四角に「6」を置く。
その slow 隣の四角に「7」を置く。
その bad 隣の四角に「8」を置く。

マス目（左）の中に空間的に配置できる情報（中間の文章）と，そうでない情報（右側の文章）。空間的メッセージの方が，再生率が高い。

（出典）Brooks, 1967.

FIGURE 5-12 ● バッデリーらの実験結果

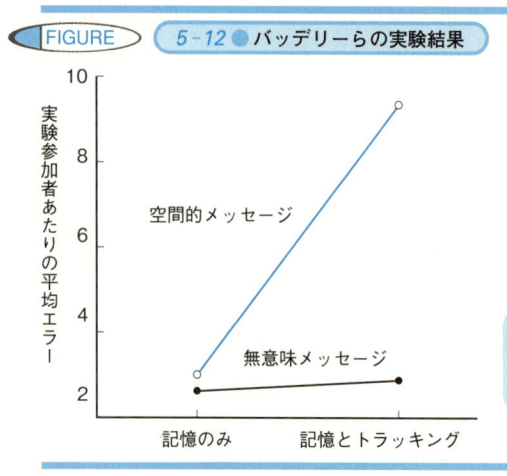

縦軸：実験参加者あたりの平均エラー
横軸：記憶のみ／記憶とトラッキング

空間的メッセージは，トラッキングをやりながら記憶するとエラーが多くなる。

（出典）Baddeley et al., 1975.

るだけ接触させ続ける課題である。この課題を同時に行った場合と行わなかった場合の，空間的メッセージと無意味メッセージの再生に認められるエラー数を図5-12に示す。同時に視・空間情報処理を必要とする回転追跡円盤課題を行うと，無意味メッセージの再生は影響を受けないが，空間的メッセージの再生は深刻なダメージを受けることがわかる。

(2) 神経心理学的証拠

半側空間無視という症状がある（第4章第5節参照）。脳に損傷を受けた患者が，損傷の反対側に提示された刺激に気づかないという現象である。患者N. L.は視覚的に提示された刺激には何ら障害を示さないが，視覚的イメージに限定して半側空間無視が起こるのである（Beschin et al., 1997）。患者がよく知っている光景を心に浮かべてもらう。例えば，イタリア半島やサルデーニャ島を含む光景をイメージしてもらう。そのイメージで，ある一定地点から矢印方向に見た光景について答える課題（図5-13）では，矢印から見て左側にあるものについてほとんど報告がない。図5-13の中の数字は報告された順番を示している。以前矢印の右側にあって正しく報告されたものでも，見方を変えてそれが矢印の左側に見えるようになれば，報告されないのである。

次に，前述したブルックスの課題を使って，最初にマス目を提示して，その後に空間的メッセージを提示した。その後，マス目をイメージして空間的メッ

| FIGURE | 5-13 ● N. L. のイメージ想起対象のイタリアの地図

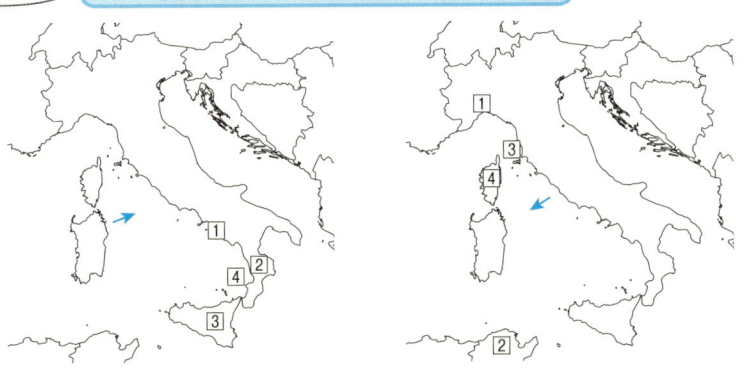

左はサルデーニャ島からイタリア半島をイメージした場合，右はイタリア半島からサルデーニャ島をイメージした場合に報告される情報を四角で示す。数字は報告された順番である。

(出典) Beschin et al., 1997 より作成。

セージ通りに道筋をたどるように求めたら，N. L. の成績は 2 個ほどしかできず，健常者の平均 5 個程度と比べると極端に悪かった。しかし，マス目を見ながらやってよいと言われると，健常者並みの成績を示した（Sala & Logie, 2002）。障害はイメージの使用が求められるときにのみ起こるのであり，障害は視覚系ではなく，視・空間スケッチパッドにあることを示唆している。

中枢制御部

中枢制御部は，きわめて重要なさまざまな働きをするところである。音声ループおよび視・空間スケッチパッドからの情報や長期記憶からの情報を統合し，適切な情報に注意を向け，不適切な情報を排除するといった機能をもつが，情報を貯蔵するという機能はない。貯蔵機能は，情報の種類に応じて，音声ループ，視・空間スケッチパッドが果たす。中枢制御部は貯蔵機能よりもそれらを監督する役目を果たす。

私たちは，目の前にあること，耳に聞こえることとは関係のないことを自由に考えることができる。これは刺激独立思考とよばれる。子どもによく見られる白昼夢（白日夢）もその一種である。いま，コンピュータの画面を見ながら

TOPICS　5-1　ストループ干渉と逆ストループ干渉

①あか　②■　③あか

　①のインクの色を声に出して言ってみよう。インクの色は「あお」であるが，インクの色とは不一致の「あか」という色名文字からの干渉を受けるため，②の色パッチのインクの色を答えるよりも時間がかかるだろう。この現象を最初に雑誌に発表した研究者がストループ（Stroop, 1935）であり，彼の名をとってこの現象はストループ干渉（Stroop interference）とよばれている。では次に，①の文字を声に出して読んでみよう。今度は「あか」という色名文字が，色名文字とは不一致の「あお」インクの色から干渉を受けるはずだが，実際に声に出して読んでみると③の黒インクで書かれた「あか」という色名文字を読む速さとほとんど変わらないだろう。ストループ干渉とは逆に，色名文字の読みが不一致の色情報から干渉を受ける現象は，逆ストループ干渉（reverse Stroop interference）とよばれている。しかし，逆ストループ干渉の強さはストループ干渉に比べると非常に小さく，ほとんど干渉が生起しないことが報告されている。

　1935年にストループが研究を発表して以来，ストループ干渉については膨大な数の研究がなされてきている。一方，逆ストループ干渉は通常ほとんど生起しないため，あまり注目されることはなかった。しかし，逆ストループ干渉は上記のように声に出して反応（口頭反応）すると生起しないが，文字が表す色を複数の色パッチの中から選択して反応するマッチング反応を用いると生起することが確認されている（例えばFlowers, 1975）。

　そこで，箱田・佐々木（1990）はマッチング反応を用いて，ストループ干渉と逆ストループ干渉の両方を集団で測定できる「新ストループ検査」を開発した。この検査は図1の4種類の課題から構成されている。課題1と課題2では一番左側の列の文字が表す色を右側の色パッチ群の中から選択する。課題3と課題4では一番左側の列のインクの色が表す文字を右側の文字群の中から選択する。課題1と課題3は一番左側の列の刺激が妨害情報を含まない統制課題であるが，課題2と課題4の刺激は文字の意味とは不一致のインクの色で書かれている。課題2が従来の逆ストループ干渉課題であり，課題4がストループ干渉課題である。実際にやってみるとわかるが，従来ほとんど生じないとされた逆ストループ干渉が起こり，課題2はかなり難しい。

図1● 新ストループ検査を構成する4種類の課題

課題1（逆ストループ統制課題）

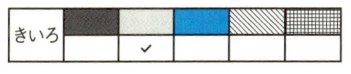

| きいろ | ■ | □ ✓ | ■ | ▨ | ▦ |

課題2（逆ストループ干渉課題）

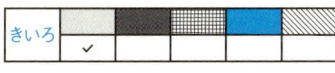

| きいろ | □ ✓ | ■ | ■ | ▨ | ▦ |

課題3（ストループ統制課題）

| ■ | きいろ | あ | ✓お | みどり | く | ろ | あか |

課題4（ストループ干渉課題）

| あか | みどり | く | ろ | あ | か | あ | ✓お | きいろ |

ここでは黒と青以外の色パッチはパターンで示されているが，実際には黄色など図中の色名語に対応する色パッチが使用されている。

（出典）　箱田・佐々木，1990。

　この検査を用いて逆ストループ干渉とストループ干渉を同時に測定すると，両干渉は異なる振る舞いをすることがわかっている。

　7歳から86歳までを対象に両干渉の発達変化を調べると，ストループ干渉は小学校低学年で最も高く，青年期にかけて減少し，再び老年期にかけて増加する。一方，逆ストループ干渉は小学校低学年ではほとんど生起せず，小学校中学年から青年期にかけて増加し，青年期の水準が老年期まで維持される（この研究の一部は箱田・松本，2006で発表されている）。

　また，注意欠陥・多動性障害（AD/HD；Attention Deficit/Hyperactivity Disorder）の中でも不注意優勢型（ADD；Attention-Deficit Disorder）を対象にストループ課題と逆ストループ課題を実施すると，ADD群では健常対照群よりも逆ストループ干渉が強く現れるが，ストループ干渉では両群間で有意な差は見られない（Song & Hakoda, 2011）。

　さらに，統合失調症患者に新ストループ検査を実施し，精神障害の病状との相関を調べた研究では，ストループ干渉との関係は見られなかったが，逆ストループ干渉は衝動の制御との間に密接な関係が認められた（佐々木ら，1993）。

　これらの結果は，逆ストループ干渉がストループ干渉とは異なる認知過程を反映することを示している。この2つの指標を用いることにより，人間の情報処理過程の個人差をより詳細に検討することができると期待される。

〔松本亜紀〕

画面とは関係のないこと，これから誰と夕食を一緒にしようとか，今度の日曜日には何をするかとか，自由に考えることができる。この働きは中枢制御部の機能である。一方，できるだけランダムに数を言う乱数発生課題を考えてみよう。数字や文字をできるだけ同じ頻度でしかもランダムに発生することにも中枢制御部の働きが必要である。もし，刺激独立思考と乱数発生を同時に行うことが求められるならば，ともに中枢制御部の働きをめぐって競合が起こるはずである。このことを調べたのがティースデイルらである（Teasdale et al., 1995）。実験参加者は，1秒に1個の割合でできるだけランダムに数字を言わなければならない。これをほぼ2分程度続けた後，実験者は「やめ！」と言った。この時点で実験参加者は何を考えていたのか，その思考内容を報告し，またどれほど意識して数字を発生させていたかを報告した。どれほどランダムに数字が発生されたかその程度を調べると，それは思考内容に左右されることがわかった。ほかのことを考えていた（すなわち刺激独立思考を行っていた）人は数字の発生について考えていた人や何も考えていなかった人よりも，発生された数字のランダム性は低かった。つまりほかのことに中枢制御部の働きが振り向けられ，ランダムに数字を発生することができなかった。

　ある特定の情報に注意を向け，無関係な情報を抑制する機能を中枢制御部がもつとすれば，その働きが求められる課題が，TOPICS 5-1 に取り上げられているストループ課題である。ストループ課題を行っている際の脳活動を調べたいくつかの研究がある。それらの多くがストループ課題遂行中に前頭葉の一部である前頭前野背外側部が盛んに活動していることを示している（Smith & Jonides, 1999）。一般に，小学校低学年の子どものストループ干渉は大きい。成長するに従ってストループ干渉は減少するが，ストループ課題遂行中の前頭前野背外側部の活動は年齢とともに（7歳から13歳まで）活発になることも明らかにされている（Schroeter et al., 2004）。

SECTION 4　符号化と検索の関係

処理水準モデル

　アトキンソンとシフリンのモデルを批判したのは，バッデリーだけではない。クレイクとロッ

クハート（Craik & Lockhart, 1972）もまた，入力情報が長期記憶に転送される前に機械的に保持される記憶貯蔵として短期記憶をとらえる考え方を批判した。知覚処理は感覚情報の分析から始まり，語や対象の同定に至るさまざまな分析水準の階層からなっているとするトリーズマン（Treisman, 1964）の考えに着想を得て，クレイクは刺激の分析水準に応じて記憶の成績は変化するのではないか，すなわち深い意味的な処理は高い記憶成績を生み出すが，感覚的属性についての判断のように浅い処理は低い記憶成績しか生み出さないのではないかと考えた。これが処理水準（levels of processing；LOP）あるいは，処理の深さ（depth of processing）モデルである。この理論は次のような実験によって支持されている（Craik & Tulving, 1975）。

この実験では，単語と，それに先行して処理の方向づけを行う質問文が提示された。

質問文	単語	答え
その語は大文字で書かれているか？	BOOK	はい
その語は BLUE と韻を踏むか？	safe	いいえ
その語は次の文章にうまくあてはまるか？		
その（　　）は本を読んでいた	STUDENT	はい
その語は大文字で書かれているか？	flower	いいえ
その語は weight と韻を踏むか？	crate	はい
その語は次の文章にうまくあてはまるか？		
私の（　　）は身長 180 cm です	TEXTBOOK	いいえ

実験参加者には，提示された単語の再認テストが後でなされることは知らされていない。つまり偶発的学習課題である。後にその単語をすでに見たものであるかどうかの判断，すなわち再認を求めると，その再認成績は，処理水準モデルの予想通りに，文章判断，音韻判断，活字判断の順でよかった（図5-14）。処理水準による再認成績の違いは頑健なものであり，後で再認テストを行うと事前に予告しても語の提示時間を変化させてもほとんど変わらない（Craik, 2002）。また，図5-14からわかるように，「はい」反応は「いいえ」反応より再認成績がよい。このことは質問文に合致した語はそうでない語より符号化がより豊かに，精緻になされることを示している。

FIGURE 5-14 ● クレイクとタルヴィングの実験結果

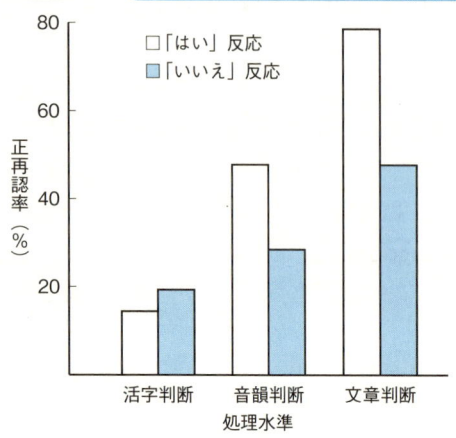

□「はい」反応
■「いいえ」反応

正再認率（％）

活字判断　音韻判断　文章判断
処理水準

3つの処理水準における再認テストの成績を示す。

（出典）　Craik & Tulving, 1975.

符号化特殊性　どのように符号化されるかは記憶にとって重要であるが，どのような文脈の中で符号化されるのか，さらに記憶を想起するときに利用できる手がかりが符号化の文脈と一致するかどうかもまた，記憶に大きな影響を与える。これを符号化特殊性原理（encoding specificity principle）という。この原理は，次のような実験から支持される。

トムソンとタルヴィング（Thomson & Tulving, 1970）の研究において実験参加者は，まず連想関係が弱いあるいは強い，手がかり語とターゲット語の対（例えば，train−BLACK あるいは white−BLACK），あるいは手がかり語なしにターゲット語（例えば，BLACK）を学習する。学習後，強い手がかり語あるいは弱い手がかり語を提示して，あるいは手がかり語なしに，ターゲット語の再生を求められた。実験の結果，学習時と再生時に同じ手がかり語が提示された場合（train−BLACK→train−？）は，異なる手がかり語が出される場合より，再生の成績はよかった。たとえ強い連想関係の手がかり語が再生時に出されても（train−BLACK→white−？），学習時の手がかり語と異なれば，再生の成績は悪かった（図 5-15）。

われわれは，手がかり語だけでなく，①学習時にいる部屋の状態（騒音，明

FIGURE 5-15 ● トムソンとタルヴィングの実験結果

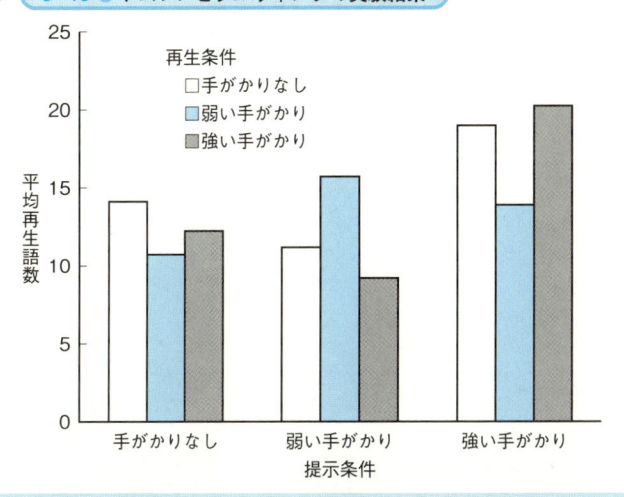

再生条件
- □ 手がかりなし
- 弱い手がかり
- 強い手がかり

（平均再生語数／提示条件：手がかりなし、弱い手がかり、強い手がかり）

刺激提示時と再生時の手がかりの一致性と記憶成績の関係を示す。

（出典）Thomson & Tulving, 1970.

るさなど），②体の状態（気分や感情状態）などさまざまな情報を文脈として利用する。①を外的文脈，②を内的文脈という。ゴドンとバッデリー（Godden & Baddeley, 1980）は，外的文脈の重要性を明らかにしている。

彼らは実験参加者に陸上もしくは約 6 m 水面下で単語のリストを学習してもらい，陸上もしくは水中でその自由再生を求める実験を行った。その結果，図 5-16 に示すように，学習と再生が同じ外的文脈でなされた場合（陸上学習－陸上再生，水中学習－水中再生）の方が，異なる外的文脈（陸上学習－水中再生，水中学習－陸上再生）でなされるよりもずっと再生の成績はよかった。

しかし，文脈一致による効果は，テストを再認で行うとまったく効果は見られなかった。このことは，再認テストでは再認選択肢という手がかりが利用できるので，学習時とテスト時の文脈一致性は重要ではないが，再生ではテスト時に手がかりが与えられないので，学習時にどのような文脈手がかりが与えられ，それがテスト時の手がかりと一致するかどうかが重要となることを示している。

第 5 章　ワーキングメモリ

FIGURE 5-16 ● ゴドンとバッデリーの実験結果

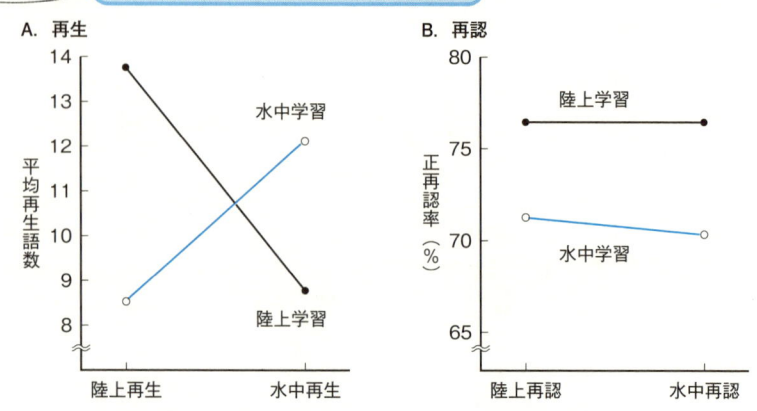

A. 再生／B. 再認

学習時の環境と記憶テスト時の環境が一致しているかどうかは再生には影響するが，再認には影響しない。

（出典）Godden & Baddeley, 1980.

転移適切処理　処理水準モデルがいうように，処理が深ければ深いほど記憶成績がよくなるわけではなく，どの水準の処理が有効であるかは検索時のテストに依存するという考え方がある。これを**転移適切処理**（transfer appropriate processing；TAP）という（Morris et al., 1977）。意味処理が一般に有効であるのは，再生や再認の通常の検索過程に意味処理が含まれているからであり，再認テストで通常の再認でなく韻についての再認を求めると，最初に音韻判断を行った場合の方が意味判断を行った場合よりも成績は逆によくなることがわかった（図5-17）。

しかし，この研究は処理水準モデルを否定するものではない。音韻水準処理と韻の再認テストの組み合わせは，常に意味水準処理と意味検索を必要とする通常の再認テストの組み合わせよりも成績は悪い。どのようなテスト（検索）がなされるかが影響するものの，最初にどのように符号化されるかもまたきわめて重要である。転移適切処理の考え方は処理水準モデルと対立するものではなく，補完し合うものである（Craik, 2002）。

FIGURE 5-17 処理水準とテストの転移適切性

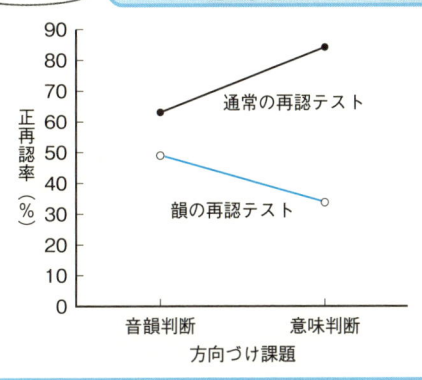

(グラフ：縦軸 正再認率（%）0〜90、横軸 方向づけ課題（音韻判断／意味判断）。通常の再認テスト：音韻判断で約63、意味判断で約85。韻の再認テスト：音韻判断で約49、意味判断で約34。)

方向づけ課題の種類と再認テストで調べられる情報の種類との関係を示す。

（出典） Morris et al., 1977.

BOOK GUIDE ● 文献案内

苧阪満里子（2002）『ワーキングメモリ——脳のメモ帳』新曜社
● ワーキングメモリについて，その成立から測定の方法，言語との関連，脳における神経基盤まで包括的に説明がなされている。

御領謙・菊地正・江草浩幸（1993）『最新認知心理学への招待——心の働きとしくみを探る』サイエンス社
● 認知心理学の主要領域について基礎的な知見はもれなく丁寧に概説されている。発刊は少々古いが，参考にすべき良書である。

高野陽太郎編（1995）『認知心理学2 記憶』東京大学出版会
● 記憶の諸領域についてそれぞれの第一線の研究者が概説したもの。これも発刊は少々古いが，記憶についてしっかりした知見が盛り込まれている。

箱田裕司編（1996）『認知心理学重要研究集2 記憶認知』誠信書房
● 記憶の諸領域（エピソード記憶，意味記憶，文章記憶，画像記憶，日常記憶）の発展に寄与した重要な研究を計50編ほど解説している。

Chapter 5 ● 練習問題　EXERCISE

❶「リハーサルすればするほど，情報が短期記憶から長期記憶に機械的に転送されるのではない」ことを表す日常的な例を挙げなさい。
❷ 記憶の忘却の原因が時間経過によるのか，干渉によるのかを決定するのはきわめて困難といわれている。それはどうしてなのか答えなさい。
❸ 符号化特殊性原理を支持する日常的な例を挙げなさい。

HINT●p.460

● 箱田裕司

第6章 長期記憶

意識できる過去と意識できない過去

ジェームズ・ヒルトン原作の映画『心の旅路』。二度記憶を失った男の劇的生涯を描く。同じ相手から二度プロポーズされる女性ポーラ
（写真協力：(財) 川喜多記念映画文化財団）

CHAPTER 6

- KEYWORD
- FIGURE
- TABLE
- TOPICS
- BOOK GUIDE
- EXERCISE

INTRODUCTION

記憶は常に意識されているわけではない。あることがきっかけで，過去にそのような出来事があったことに気づくということがある。

過去の記憶を失った男，チャールズ・レイニアがやっとたどり着いた昔の家の玄関ドアを開けたとき，昔の記憶が一挙によみがえったというシーンが，ジェームズ・ヒルトン原作の映画『心の旅路』にある。日常生活においても，これと似たような経験は誰にもあるであろう。本章では，記憶と意識との関係を含めて長期記憶の構造と性質について考える。

> **KEYWORD**
>
> 宣言的記憶　手続き的記憶　意味記憶　エピソード記憶　顕在記憶　潜在記憶　再認法　手がかり再生法　プライミング　健忘症　加齢効果　記憶表象　命題説　二重符号化理論　イメージ課題　心的回転　イメージ走査　場所法　展望的記憶　フラッシュバルブメモリ

SECTION 1　長期記憶の構造

宣言的記憶

前章で述べたように，情報はワーキングメモリから長期記憶へと送られる。長期記憶は，宣言的記憶と手続き的記憶に分けられる。宣言的記憶（declarative memory）とは何であるか（what）についての，手続き的記憶（procedural memory）はどのように（how）についての記憶である。さらに宣言的記憶は意味記憶とエピソード記憶に分けられる。

　例えば，自転車を例として取り上げてみよう。自転車には，シティサイクル，マウンテンバイクなどがあり，さらにシティサイクルは，軽快車（ママチャリ）とそれ以外のシティサイクルからなる。ママチャリは普通，両脚スタンドでありチェーンカバーでチェーン全体がおおわれているなどの特徴をもつといったことが思い浮かぶ。このような知識は自転車が何であるかについての記憶であり，意味記憶（semantic memory）といわれる。また，自転車に関連する出来事についても記憶しているであろう。小学生のとき，下り坂を自転車で走っていてカーブを曲がりきれずにガードレールにぶつかってけがをしたとか，最近，買ったばかりの自転車を盗まれたとかである。これはエピソード記憶（episodic memory）とよばれる。意味記憶もエピソード記憶もいずれも記憶にあるかどうか意識される記憶であり，顕在記憶（explicit memory）ともよばれる。

エピソード記憶から意味記憶へ

日常経験（エピソード）の記憶の積み重ねが意味記憶につながるという考えがある。このことを実証的に明らかにすることは困難であり，そのことを証明した研究もまれである。その数少ない研究の1つがリントンの研

| FIGURE | 6-1 ● 出来事の繰り返しとエピソード記憶と意味記憶の関係を表す概念図 |

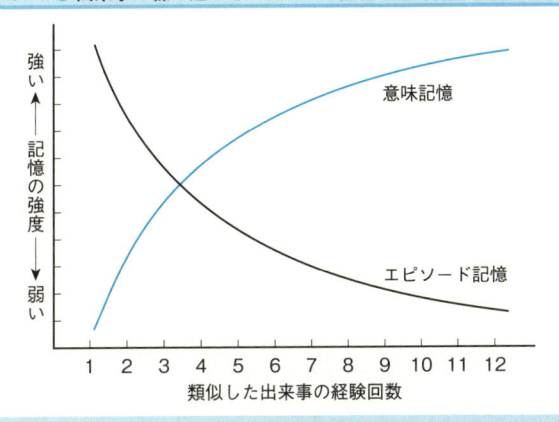

[図：縦軸「記憶の強度 強い↑↓弱い」、横軸「類似した出来事の経験回数」(1〜12)。意味記憶は増加曲線、エピソード記憶は減少曲線を示す。]

似たような出来事が繰り返し経験されるとその出来事の区別があやふやになるが，その出来事に関する一般的知識は増大していく。

（出典）Linton, 1982.

究（Linton, 1982）である。彼女は，自分自身に起こった出来事を6年間記録した。この間，蓄積された出来事の記録の中から，毎月ランダムに取り出した2つの出来事の時間的順序やそれぞれの出来事の日付を思い出す試みを行った。結局6年間に記録された項目は5500項目，テストされたのは毎月約150項目で計約1万1000項目であった。この研究の結果，類似した出来事を繰り返し体験すると，出来事の詳細は区別しにくくなり最後にはエピソード記憶は消滅してしまうことがわかった。一方，繰り返された体験は出来事や出来事の起こった文脈についての意味的（一般的）知識を増加させ，知識の中に取り込まれてしまう（図6-1）。

潜在記憶　　一方，記憶にあるかどうか意識されない，**潜在記憶**（implicit memory）とよばれる記憶もある。自転車の例でいえば，幼いときに自転車に乗って以来，これまで10年以上乗らなかった人に，「自転車に乗れますか」と聞いたとする。おそらくその人はすぐ答えられない。とにかく乗ってみないとわからないと言うであろう。このように，体で覚えた記憶，技の記憶を手続き的記憶という。手続き的記憶には

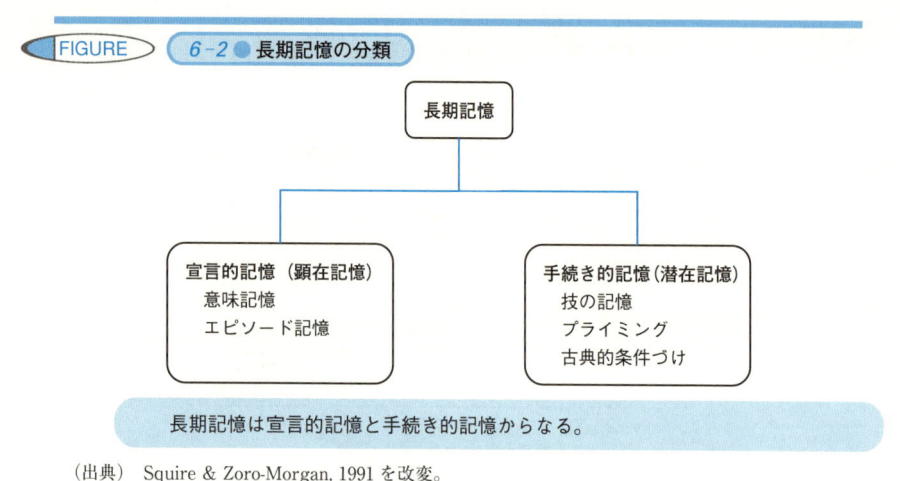

FIGURE 6-2 ● 長期記憶の分類

```
                    長期記憶
                   ┌────┴────┐
        宣言的記憶（顕在記憶）     手続き的記憶（潜在記憶）
          意味記憶                技の記憶
          エピソード記憶           プライミング
                                古典的条件づけ
```

長期記憶は宣言的記憶と手続き的記憶からなる。

(出典) Squire & Zoro-Morgan, 1991 を改変。

これ以外にもプライミング記憶，例えば久しぶりに帰った実家の敷居をまたいだとたん，普段は思い出しもしなかった幼い頃の出来事が浮かんできたといったことなどや，プライミング実験で調べられる現象，古典的条件づけも手続き的記憶である。以上のことを，図 6-2 に整理した。

SECTION 2 長期記憶の性質

長期記憶の性質は，どのように調べることができるだろうか。宣言的記憶（顕在記憶）と手続き的記憶（潜在記憶）では調べ方が異なる。

顕在記憶課題　顕在記憶の調べ方は，それを意識的に想起してもらうことである。前章で述べた自由再生法を含む再生法と**再認法**である。再生法は以前学習した事柄を再現することであり，これには学習した順序通り再現する系列再生法と，順序に関係なく自由に再生する自由再生法がある。また，提示された手がかりをもとに再生する**手がかり再生法**がある。再認法では，すでに提示した事柄と提示していない事柄を提示し，提示されたものかそうでないものかの区別が求められる。

潜在記憶課題

潜在記憶の調べ方についてはさまざまあるが，代表的なものにプライミング（priming）がある。プライミングを調べるためには，以前に提示した（経験した）ものと提示しなかったものの成績を比較する。一般に，すでに提示された刺激（プライムとよぶ）については促進効果が認められる。これをプライミング（効果）という。プライミングは，さらに次のように分けることができる。また，プライミング以外の潜在記憶課題として，技能学習課題がある。

(1) プライミング課題

① 知覚的プライミング
- 単語同定課題：プライム（単語）を提示後，その単語を瞬間的に（例えば，35ミリ秒）提示して同定を求める。
- 単語完成課題：プライム（単語）を提示後，その単語の一部を提示して欠けた文字を補うことによって完全な語にする。これには，例えばプライムとして，「アシスタント」を提示し，一定時間経過後，「アシス＿＿＿」を提示して後半の空白を埋めてもらう語幹完成課題と，「アシ＿＿ン＿」を提示して空白を埋めてもらう語断片完成課題がある。
- 語彙決定課題：プライム語を提示後，再びその語を提示して，それが語であるかないかを決定する。

② 非言語的プライミング
- 部分絵画命名課題：プライム（絵）を提示して，その後，完全でない絵を提示してそれを命名（名称をつける）する。

③ 概念的プライミング
- 語連想課題（連想的プライミング）：プライム語（例えば，象）を提示した後，「牙ー？」の対を提示して，牙から何が連想されるかを答える。
- カテゴリー事例生成課題：プライム語（例えば，イヌ）を提示した後，「動物ー？」のように，動物の例として何があるかを答える。

(2) 技能学習課題

技能学習とは，感覚系と運動系を協応させることによって正確な効率のよい遂行（パフォーマンス）を可能にすることをいう。そしてこのようにして学習されたさまざまな技能も，それを記憶しているかどうかは意識されない。子どものときに慣れ親しんだ一輪車がいま乗れるかどうかはわからない。しかし，や

ってみればおそらくはじめての人よりも上達は速い。

　技能学習が，上記の知覚的プライミングと同様に潜在記憶という同じメカニズムに基づいているのかどうかについては，議論がある。しかし，通常，脳の海馬が損傷されると新しい出来事の想起能力の障害である健忘症が生じるが，プライミングや技能習得には同様な障害が見られないということも報告されている（例えば，Schacter et al., 1993）。

SECTION 3　顕在記憶と潜在記憶を分ける証拠

　顕在記憶と潜在記憶が異なる脳内メカニズムを反映しているという証拠は少なくない。

健忘症患者

　健忘症患者とそうでない人を比べると，潜在記憶課題では差がないが，顕在記憶では健忘症患

FIGURE 6-3 さまざまな課題における健忘症患者群と統制条件群の正答率

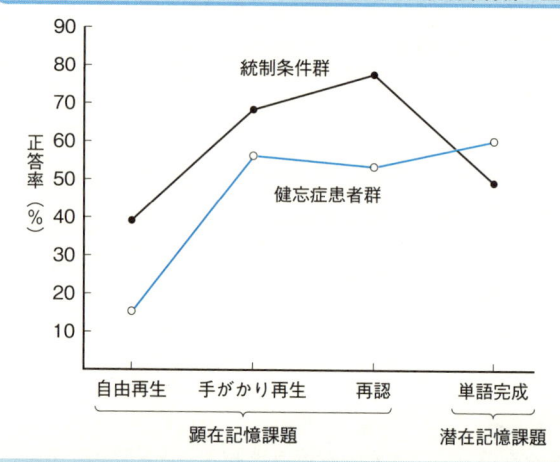

健忘症患者群は自由再生や手がかり再生，再認では統制条件群よりも成績は悪いが，単語完成課題では劣らない成績を示す。

（出典）Graf et al., 1984.

者の成績が悪いことも1つの証拠である。例えば，グラフら（Graf et al., 1984）の研究は，顕在記憶課題（自由再生，手がかり再生，再認）では，健忘症患者群はそうでない統制条件群よりも成績は悪いが，潜在記憶課題（単語完成課題）では差がないことを示している（図6-3）。

記憶の加齢効果

高齢者もまた，健忘症患者と同様に，顕在記憶が損なわれやすい。例えば，よく知っているはずの事物の名称が出てこないという，いわゆる喉まで出かかる（TOT；tip of the tongue）現象に見られるような，意味記憶検索の障害が頻発するようになるし，エピソード記憶では特に再生課題の成績が加齢に伴って顕著に低下する。また，後述するように展望的記憶についても顕著な加齢効果が見られる。

しかし，顕在記憶課題の中でも再認は再生と比べ，加齢効果を受けにくいことが，シューゲンスら（Schugens et al., 1997）による20歳から72歳までの各年齢層を比較した研究でも報告されている。例えば，言語的材料（文章）であれ，画像的材料（幾何学的図形）であれ，再生の成績は加齢に伴い確実に低下していくが，再認は，記憶材料が語であれ，顔であれ，加齢による変化は見ら

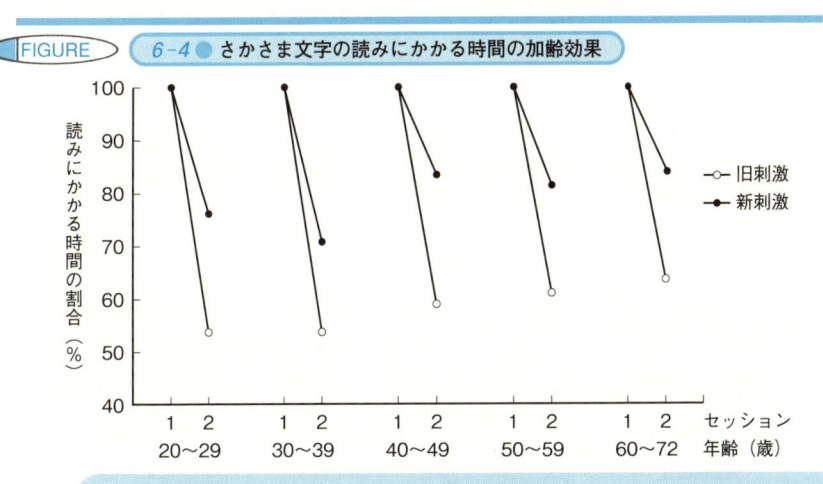

FIGURE 6-4 ● さかさま文字の読みにかかる時間の加齢効果

1回目にかかる時間を基準にした時間の割合を表す。1回目に一度見たさかさま文字を2回目に読むのにかかる時間（○）には加齢効果は見られない。

（出典） Schugens et al., 1997.

TABLE 6-1 顕在記憶課題と潜在記憶課題間で認められる年齢差

研究	顕在記憶課題 若者	顕在記憶課題 高齢者	潜在記憶課題 若者	潜在記憶課題 高齢者
Howard, 1986	再認 74%	60%	同音異義語のスペリング 11%	9%
Howard et al., 1986	手がかり再生		連想的プライミング	
実験1	69%	37%	88ミリ秒	101ミリ秒
実験2	49%	32%	104ミリ秒	32ミリ秒
Rabinowitz, 1986	手がかり再生 70%	35%	連想的プライミング 178ミリ秒	162ミリ秒
Light & Singh, 1987				
実験1	自由再生 20%	10%	単語完成課題 27%	21%
実験2	手がかり再生 55%	27%	単語完成課題 28%	20%
	自由再生 22%	15%	単語同定課題 14%	11%
Mitchell & Schmitt, 1988	手がかり再生 78%	60%	画像命名課題 125ミリ秒	158ミリ秒

高齢者と若者の間に，潜在記憶課題の成績に差はほとんど認められない。

（出典） Mitchell, 1989 より抜粋。

れない。

　一方，潜在記憶課題は顕在記憶課題に比べると，加齢効果を受けにくい（Mitchell, 1989 ; Schugens et al., 1997）。シューゲンスらの研究でも，潜在記憶課題の1つである知覚技能習得（例えば，さかさま文字を読む）は加齢の影響を受けないことが明らかになった。図6-4は，2回のセッションにわたって行ったさかさま文字の読みにかかる時間が，1回目に比べて2回目にかかる時間がどれほど減少しているかを示す。2回目の読みにかかる時間の割合を表す白丸（○）が加齢によってほとんど増加していないことは，高齢者でも若者と同様の反復練習効果があることを意味している。

　表6-1は顕在記憶や潜在記憶のさまざまな課題の成績を，若者群と高齢者群で比較したものである（Mitchell, 1989）。青色になっているところは統計学的

に有意な差が認められることを示している。潜在記憶課題については，ほとんど両群で差が見られない。

SECTION 4　記憶表象

　前章において，ワーキングメモリでは，音声情報や視・空間情報が保持されていると述べた。長期記憶では情報はどのような形式（記憶表象）をとっているのであろうか。この問題に対する考え方は，次の2つに分かれる。命題説と二重符号化理論である。

命題説　命題説は，人間の記憶は命題によって表されているとする。命題とは語そのものではないが，言語的に表現できるものであり，知識の最小の単位である。

　例えば，「ブッシュはフセインに率いられた産油国イラクに宣戦布告した」という文章は3つの命題から構成される。この文章は，日本語でも英語でもフランス語でも使用言語に関係なく表現でき，文章が3つの命題から構成されることに違いはない（McNamara, 1999）。

(1)　ブッシュはイラクに宣戦布告した。
(2)　イラクは産油国である。
(3)　フセインはイラクの指導者である。

FIGURE　6-5　命題表象のネットワーク構造

命題表象は互いにリンクを結び，ネットワークを構成している。

（出典）　McNamara, 1999.

また，命題表象は図6-5に示すように，互いにリンクされネットワークを構成している（第8章参照）。

> **二重符号化理論**

二重符号化理論（dual coding theory）は，人間の記憶は命題という1種類の表象によっては説明できないと考える。認知活動は，視覚刺激の分析，イメージの生成などアナログ的（非言語的）処理を行うイメージ（非言語的）システム（イマージェン）と，言語的な情報処理を行う言語的システム（ロゴジェン）によってなされているという（図6-6）。この2つのシステムは，それぞれが独立にあるいは並行して働き，システム内の構造も異なるとされる。さらに，両システムには，相互連絡性がある。スーパーマーケットでリンゴを見れば「リンゴ」という言葉が喚起されるし，「ラベンダー」という言葉を耳にすれば，ラベンダーの香りが喚起される。しかし，この相互連絡性は完全ではなく，例えば，イメージを喚起しやすい言葉もあれば，そうでない言葉もある。

FIGURE 6-6 ● 二重符号化モデル

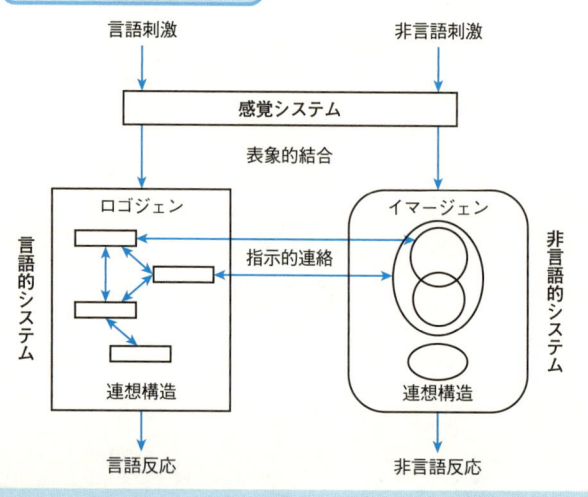

情報は言語的システムと非言語的システムによって表象されている。

（出典）Paivio, 1986.

具象語，抽象語，絵の記憶　具体的な言葉（具象語）は，抽象的な言葉（抽象語）に比べるとイメージを喚起しやすい。このことは，具象語の記憶には言語的システムだけでなく，非言語的（イメージ）システムも関わっていることを意味する。具体的事物を描いた画像（絵）も言語化できることから，非言語的システムと言語的システムの両方が関与する。非言語的（イメージ）システムによって表象された情報は，記憶としてよく保持されることが知られている。図6-7は，絵と具象語，抽象語について，5分後，1週間後に自由再生を行う課題を，意図的学習（記憶しなさいと教示）と偶

FIGURE 6-7 ● ペイヴィオの実験

A. 記憶材料の例

絵	具象語	抽象語
（ピアノの絵）	ピアノ	正義
（ヘビの絵）	ヘビ	能力
（時計の絵）	時計	自我

B. 自由再生法による実験の結果

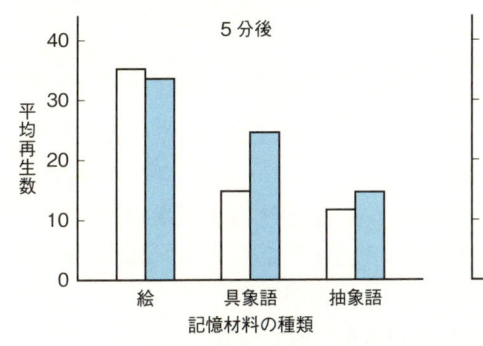

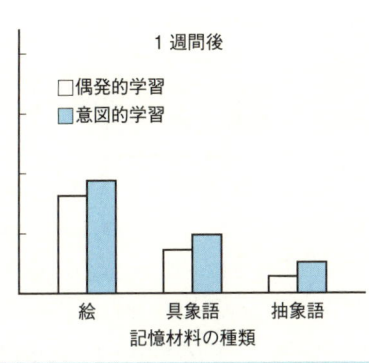

（5分後と1週間後における，絵・具象語・抽象語の平均再生数のグラフ。偶発的学習と意図的学習を比較。）

絵と具象語，抽象語の自由再生法による実験。絵は具象語よりも，具象語は抽象語よりも記憶成績がよいという関係は，偶発的学習であろうと意図的学習であろうと，また時間が経っても変わらない。

（出典）　Paivio, 1979 より作成。

第6章　長期記憶

発的学習（記憶しなさいとは教示しない）の2条件下で行ったペイヴィオの研究である（Paivio, 1979）。図6-7のAが記憶材料の例，Bが自由再生法による実験の結果を示している。5分後でも1週間後でも，意図的学習でも偶発的学習でも，絵が一番記憶がよく，次に具象語，抽象語と続く。

SECTION 5 イメージ

ペイヴィオの二重符号化理論で仮定されている非言語的表象の性質についてはいくつかの**イメージ課題**を用いて明らかにされている。

心的回転（メンタル・ローテーション）

平面的に描かれた2つの図形を見て，2つが同じか異なるかを答える課題を用いたイメージ課題がある。平面的に回転すれば一致するもの（図6-8のA(a)），奥行き方向に回転すれば一致するもの（A(b)），どのように回転しても一致しないもの（A(c)）がある。回転角を0度から180度まで変えて，同異判断にかかる時間を調べたところ，結果は図6-8のBにある通り，直線的に反応時間が増加していることがわかる。たとえ見ている対象が平面図形であっても，3次元対象としてイメージして，頭の中で一定の速度で回転（**心的回転**；メンタルローテーション）させて，2つの図形が一致しているかどうかを判断しているのである。

心的比較

心の中にスクリーンがあり，そこにイメージを浮かべているとしたら，大きなものは見やすく，小さなものは見にくい。①ゾウの隣にイヌがいるイメージと，②ハエの隣にイヌがいるイメージでは，もし心のスクリーンの大きさに限りがあるとすれば，イヌの大きさは①の場合の方が②の場合よりも小さく，「イヌ」がある属性をもっているかどうか（例えば「足」があるか？）の判断は①の方が時間がかかるに違いない。ゾウあるいはハエの横に，イヌを含めてネズミ，オウムなどさまざまな大きさの動物20種のうちの1つを並べて動物の属性判断を行う（こうした課題を心的比較とよぶ）と，予測通り，①の場合の方が②よりも時間が（平均211ミリ秒多く）かかることがわかった（図6-9）。このことは，大きなイメージよりも小さなイメージの方が「見にくい」ことを示す（Kosslyn, 1975）。

FIGURE 6-8 心的回転実験の刺激図形と実験結果

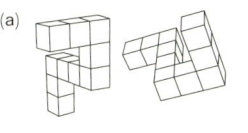

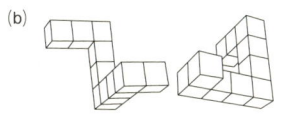

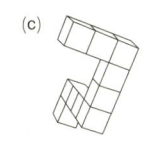

A. 刺激図形 (a) (b)

(c)

B. 実験結果 (a) 平面ペア　　(b) 奥行きペア

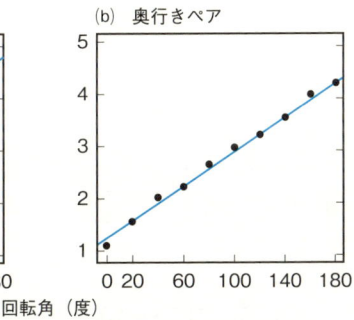

縦軸：同じペアの反応時間（秒）
横軸：回転角（度）

平面であろうと奥行き方向であろうと，回転角度の増大に伴い，同異判断にかかる時間は直線的に増加する。

（出典）Shepard & Metzler, 1971 より作成。

イメージ走査

実際に地図を広げて，ある地点から他の地点まで目で追う（走査する）とき，長い距離の方が短い距離よりも時間がかかる。このことと同じことが，心の中の地図でも起こることがわかった（Kosslyn et al., 1978）。まず，実験参加者に架空の島の地図（図6-10のA）が見せられ，完全に再生できるまで地図を描く練習をする。その後，地図を見ずに，心の中で地図を描き，指示された地点に焦点を合わせるように言われる。その後，第2の地点が告げられ，心の地図上でその地点を探して，2点を結ぶことができたらボタンを押すように求められる。この実験の結果，イメージ上で2点を結ぶのにかかる時間（反応時間）は実際の地図上の

FIGURE 6-9 イメージを使った動物の属性判断実験

ゾウの隣にいるイヌ　　ハエの隣にいるイヌ

心の中のスクリーンには大きさに限りがあるので，大きいイメージよりも小さいイメージの方が見にくい。

（出典）　Kosslyn, 1975 より作成。

6-10 イメージ走査実験で用いられた地図と結果

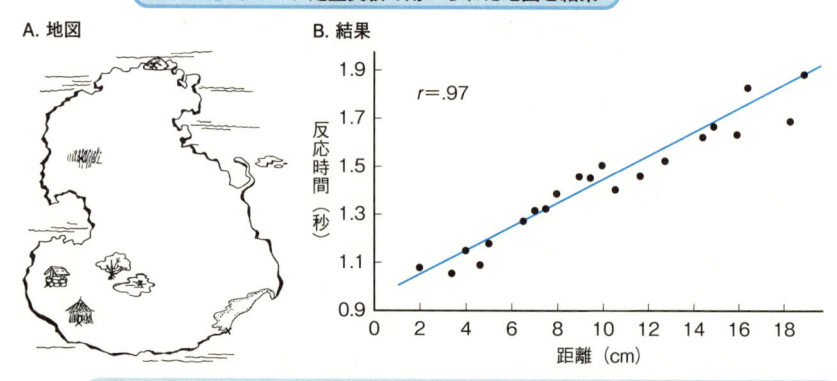

A. 地図　　B. 結果

$r=.97$

反応時間（秒）

距離（cm）

心の中の地図の走査距離と時間の関係を示す。

（出典）　Kosslyn et al., 1978 より作成。

2点間の距離と比例することがわかった（図6-10のB）。このことは，実際の地図を走査するように，イメージを走査（イメージ走査）していることを示すとされた。

イメージ課題の問題点　イメージが絵的（アナログ的）性質をもつかどうかということについては，議論がある。イメージは命題とは異なる種類の表象ではなく，命題から生成されるものであり，イメージそれ自体，認知的な働きをするものではないとする命題説の立場がある（Pylyshyn, 1973, 1979, 1981）。この議論がイメージ論争とよばれるものである。

FIGURE　6-11　矢印の方向判断課題

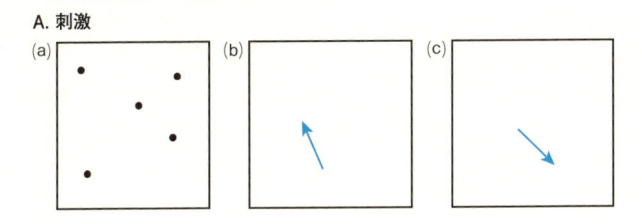

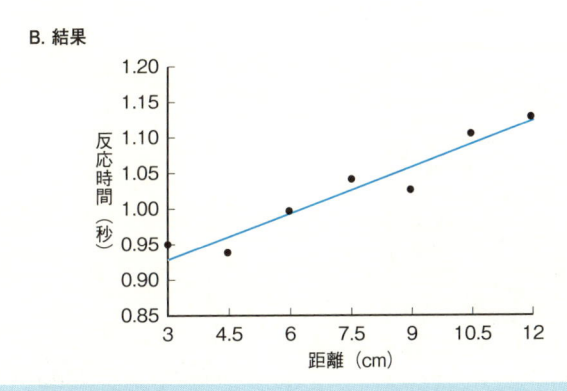

A. 刺激
(a)　(b)　(c)

B. 結果

矢印の延長線上に点があったかどうかの判断は，点までの距離が長いほど時間がかかる。

（出典）　Finke & Pinker, 1983.

しかし，記憶表象がアナログ的性質をもたないと想定すると次のような実験結果を説明することは難しい（Finke & Pinker, 1983）。

実験参加者に図6-11のA(a)のようないくつかの点が描かれた図を見せる。この図を取り去った後，矢印を出し，その矢印が指し示す方向に点があったかどうかを尋ねる。図6-11のA(b)の場合，「はい」であり，A(c)の場合「いいえ」である。この判断にかかる反応時間が測定された。矢印の先端と点までの距離と判断にかかる時間との関係は図6-11のBに示す通りである。先ほど述べた地図の心的走査実験と異なり，この実験では心の中で走査することは求められていない。にもかかわらず，矢印の先端と点までの実際の距離に比例して，判断にかかる時間は増加した。このことは，判断にイメージの絵的（アナログ的）性質を使っていることを示している。

場所法

古来，著名な雄弁家たちは演説にあたって，視覚イメージを用いて演説の筋書きを記憶していたといわれる。イエイツ（Yates, 1966）が記憶術の歴史についてまとめた本によれば，現実の建物の場所，例えば大修道院とそれに付随する建物のような場所（図6-12）が用いられている。みずから選んだ建物を何度も回り，そこのさ

FIGURE 6-12 ● 修道院を使った場所法

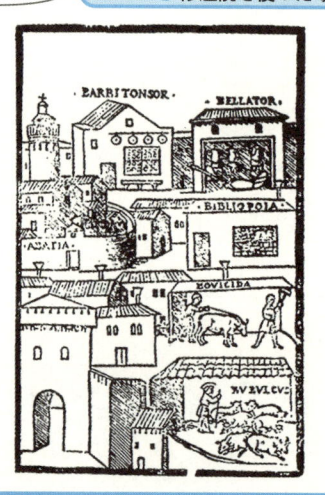

場所法の1つとして使われた修道院の絵。建物に記憶すべき項目を結びつけていく。

（出典） Yates, 1966.

まざまな場所を記憶する。「記憶を収める最初の場所を扉とし，5，6フィート入ったところに次の場をおく，といったふうに……それ以降さらにその数を増やし」ていく。記憶すべき事柄，それが聖書や教会法や，あるいは演説の言葉であっても，それらをこれらの場所に対応づけて記憶する。思い出すときは，心の中のこれらの場所の道筋をたどれば，事前に対応づけた事柄が思い出されてくるという。こうした方法を場所法という。

今日でも場所を使った記憶術は使用されている。体のさまざまな部位（頭，額，耳など）は建物と同様に記憶の場として利用することができる。

SECTION 6 日常記憶としての展望的記憶

目撃者の記憶を中心に日常生活での記憶の問題は，第7章「日常認知」の中で取り上げられているので，ここでは展望的記憶について述べる。

これまで述べてきた記憶は，過去に体験したあるいは起こった事柄の記憶であり，回想的記憶とよばれる。しかし，人は未来についての記憶ももっている。特に，未来に行うべき行為の記憶は展望的記憶（prospective memory）とよばれる。「明日の朝，郵便局に立ち寄って手紙を出そう」とか，「帰りが遅くなる

FIGURE 6-13 展望的記憶

明日の朝，郵便局に立ち寄って手紙を出そう

展望的記憶は未来についての記憶である。

TOPICS　6-1　フラッシュバルブメモリ——福岡県西方沖地震の記憶

　ショッキングな出来事を見聞きしたときの状況を，私たちははっきりと記憶している。この現象をフラッシュバルブメモリ（flashbulb memory；以下FBM）という（Brown & Kulik, 1977）。2001年9月11日，ボーイング767-200型機2機が相次いでニューヨークの世界貿易センタービルのツインタワーに突入し，両ビルとも崩落した事件を知ったとき，あなたは何をしていたか。こう聞かれたら，そのときの状況が思い浮かぶであろう。

　FBMは次のような特徴をもっているとされている。①生々しい，②そのとき自分はどこにいたのか，③そのとき何をしていたのか，④どのようにして知ったのか，⑤その直後どうしたのか，⑥自分はどのように感じたのか，⑦他の人はどのように感じたか，などをはっきりと記憶している（Brown & Kulik, 1977；Scott & Ponsoda, 1996）。

　では，FBMはどのようなメカニズムで起こるのか。当初，ショッキングな情報を知らされたときの状況を記憶に焼きつける特殊な神経メカニズムがあるとされた（Brown & Kulik, 1977）。しかし，出来事以降の経験によって記憶の再構成がなされること，記憶の鮮明さにはリハーサルの影響があること，出来事自体に対する関心がFBMの形成に影響することなどが指摘され，特に他の記憶と異なる特殊なものではないとされている。

　大上・箱田（2009）は，メカニズムが特殊であるかどうかは別にしても，ショッキングな出来事を見聞きしたときの状況を本当によく記憶しているのかどうかを身近な例で調べた。2005年3月20日（日曜日）午前10時53分，福岡北西沖でマグニチュード（M）7.0，最大震度6弱のいわゆる福岡県西方沖地震が発生した。九州北部でM 7.0クラスの地震が起こったのは観測開始以来はじめてであり，福岡の住民にとってはまさに驚天動地の出来事であった。

　この年の9月に，福岡県在住の18歳から50歳の男女115名に調査を行った。被調査者のうち，地震を体験した人は55名，何らかの理由で当時福岡を離れていて地震を体験しなかった人は60名であった。FBMに関する次のような質問を行った。①Remember「この出来事に初めて接したときのことを思い出すことができるか？」，②Where「そのときあなたはどこにいたか？」，③What「そのときあなたは何をしていたか？」，④How「この出来事をあなたはどうやって知ったか？」，⑤After「その直後に何が起こったか？」，⑥Other「この出来事について，あなたの周りの人々はどのように感じていたか？」，⑦When「この出来事はいつ起きたと思うか？」。

　これらの項目について，西方沖地震だけでなく，その前後4カ月間の大きな

図1 ● 福岡県西方沖地震とその前後の出来事に対するFBM得点

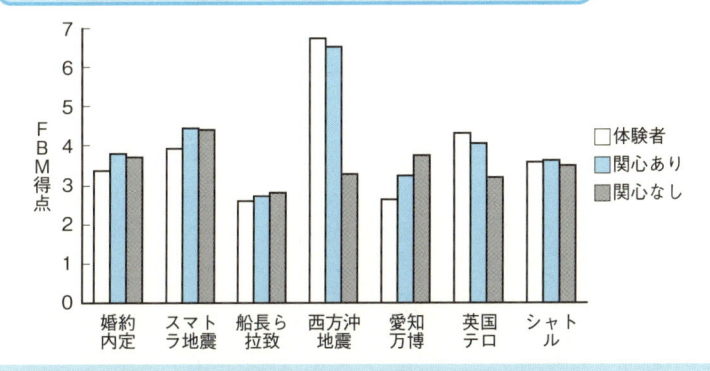

凡例：□体験者／■関心あり／■関心なし

横軸：婚約内定，スマトラ地震，船長ら拉致，西方沖地震，愛知万博，英国テロ，シャトル
縦軸：FBM得点（0〜7）

福岡県在住の西方沖地震体験者と西方沖地震に関心のある者は，とりわけ西方沖地震のFBMが高い。

（出典）　大上・箱田，2009。

6つの出来事（紀宮婚約内定，スマトラ島沖地震，日本人船長ら3人拉致，愛知万博開幕，英国同時多発テロ，野口さんらが搭乗したシャトルの打ち上げ）についても尋ね，その回答に基づいてFBM得点を算出すると図1の結果が得られた。福岡県西方沖地震を体験した者，それに関心をもっていた者は，関心なしの未体験者に比べると西方沖地震に対するFBM得点は際立って高いが，他の重大な出来事についてはFBM得点は3者間で差がなく，西方沖地震よりもFBM得点は低い。

　西方沖地震の前後4カ月間にスマトラ島沖地震，英国同時多発テロなど大事件が起こったにもかかわらず，みずからが居住する地区で起こった西方沖地震は，住民にとってとりわけ衝撃的であったと思われる。しかもこの調査結果の面白い点は，自分自身がこの地震を体験せずともこの地震に関心をもっていた人でもFBM得点が高い点である。さらに，どの程度出来事について話題にしたのか，その頻度を調べてみると，この地震に関心をもっている人は地震を話題にする頻度はそれほど高くないにもかかわらず，体験者と同様にFBM得点が高かった。このことは，リハーサル頻度だけでは，FBMを説明できないことを示唆している。

〔大上八潮・箱田裕司〕

ことを家族に電話しよう」とか,「食事の後に薬を飲もう」という意図の記憶がその例として挙げられる(図6-13)。展望的記憶は,薬の飲み忘れ,電気のスイッチの切り忘れなど,安全な日常生活と関わる重要な問題である。しかし,私たちは展望的記憶の失敗をよく経験する。

展望的記憶の研究法　展望的記憶を研究する方法の1つは,日誌法である。日常の出来事についてノートをつけてもらい,展望的記憶について調査するものである。もう1つは,課題を設定して調べる方法である。例えば,ある時間になったら電話をかけてもらう電話課題(Maylor, 1990)とか,ハガキを投函する投函課題(小林・丸野, 1994)をやってもらうという方法である。

2種の展望的記憶　展望的記憶には時間ベースのものと,事象ベースのものがある。

(1) 時間ベースの展望的記憶:「明朝9時に電話しよう」といったもので,ある時間になったら,ある行為をやろうという意図の記憶。

(2) 事象ベースの展望的記憶:「中村君に会ったら,一緒に旅行に行けないことを伝えよう」といったもので,ある出来事が起こったら,ある行為をやろうという意図の記憶。

展望的記憶の特徴
(1) メタ認知との関わり

　メタ認知とは,人間の認知過程に関する知識をいう。特に,よく記憶するにはどのようにすればよいか,それはどのような効果があるのかといった記憶方略に関する知識をメタ記憶という。展望的記憶はメタ記憶と密接な関係がある。私たちは日常生活の中で展望的記憶を保つために,さまざまな工夫を行う。例えば明日,投函する郵便物を目につくところにおいておくなどを試みる。あるいはやるべきことをメモして壁に貼っておいたりする(図6-14)。あるいは,他者までも外部記憶として利用する。例えば,「明朝やるべきことを妻に伝え,そのときになったら教えてもらう」といった試みである。人は,みずからの記憶能力の限界を知っているからこそ,いろいろな方法を工夫する。

(2) 加齢の影響

　高齢になるほど展望的記憶は低下する。35歳から80歳までの1000名を対象に展望的記憶を調べた実験では,実験に先立って,ある実験セッションが終

FIGURE 6-14 ● 展望的記憶を補うための試み

> 目につくものは思い出しやすい。私たちはよく予定をカレンダーに書き込む。

わったと実験者が伝えたらサインするように言った（Mäntylä & Nilsson, 1997）。このことがちゃんとなされるかどうか調べたところ，35〜45歳では61%ができたのに対して，70〜80歳ではわずか実験参加者の25%しか行うことができなかった。特に高齢者は事象ベースの展望的記憶の成績は悪くないが，時間ベースの展望的記憶が弱いことが報告されている（Einstein et al., 1995）。

事象ベースの展望的記憶では，ある出来事がやるべき行動を思い起こす手がかりになるのに対し，時間ベースの展望的記憶では外的手がかりがない。このような課題で必要な自己開始型処理（self-initiated processing）は，加齢に伴う注意資源の低減のために低下するといわれている（Craik, 1986）。

BOOK GUIDE ● 文献案内

乾敏郎・吉川左紀子・川口潤編（2010）『よくわかる認知科学』ミネルヴァ書房
- 認知科学のトピックス66項目について，わかりやすく説明されている。この中には，認知と記憶に関する12項目が含まれている。

太田信夫編（2006）『記憶の心理学と現代社会』有斐閣
- 日常生活，産業，医療・福祉，教育，犯罪，生涯発達の領域から，記憶研究と社会の関わりと示すトピックスを取り上げ，解説している。

中島義明編（2001）『現代心理学［理論］事典』朝倉書店
- 認知心理学だけでなく，感覚・知覚心理学，臨床心理学までを含む，心理学の理論を整理した本であるが，イメージやネットワークに関する理論も紹介されている。

Chapter 6 ● 練習問題　　EXERCISE

❶ 潜在記憶の例として，本書で取り上げたもの以外にどのようなものがあるか，考えなさい。

❷ かつてイメージは命題によって表象されているのか，それとも絵のように表象されているのかという論争があった。どのような点が論争点になったのか，調べなさい。

❸ 高齢者の展望的記憶にはどのような問題があり，それを乗り越えるためには，どのような工夫が有効であろうか，考えなさい。

HINT●p.460

● 箱田裕司

第7章 日常認知

思い出は変容するか

修学旅行の思い出――鎌倉大仏と清水寺（左：時事通信社）

CHAPTER 7

- KEYWORD
- FIGURE
- TABLE
- TOPICS
- BOOK GUIDE
- EXERCISE

INTRODUCTION

「人間の認知機能が，日常的な状況の中で実際にどのように働いているのか」という視点に立った日常認知研究は，近年，急速に発展してきた。日常認知研究で扱われているテーマは，きわめて広範囲にわたっている。認知研究全体で記憶研究の占める割合は大きく，日常認知研究でも，日常記憶に関する研究が活発に行われている。本章では，日常記憶に焦点を絞り，「人が生活の中で経験した，さまざまな出来事の記憶」に関わる3つのテーマ，つまり，自伝的記憶，目撃者の記憶，偽りの記憶について紹介していこう。

> **KEYWORD**
>
> 生態学的妥当性　一般化可能性　自伝的記憶　日誌法　幼児期健忘　レミニセンス・バンプ　階層モデル　目撃者の記憶　凶器注目効果　ラインナップ　無意識的転移　誤導情報効果　写真バイアス　認知面接法　認知行動療法　偽りの記憶　イマジネーション膨張　情報源識別　情報源混同　児童虐待　トラウマ　抑圧　回復された記憶　心理療法　協同想起

SECTION 1　日常認知研究と諸領域

　日常認知（everyday cognition）研究とは，自然な設定や現実世界の状況のもとで，日常場面における認知過程について検討するアプローチを指す（Woll, 2002）。日常認知研究は，応用認知心理学（applied cognitive psychology）とよばれる分野と重複する部分が大きい（Esgate et al., 2005）。

　ウォル（Woll, 2002）による思考に重点をおいた日常認知の専門書は，日常的な出来事の記憶と行為のプランニング，自伝的記憶，人の印象形成，顔の認識と記憶，技能と熟達，日常的推論と実際的知能，ヒューリスティックスと判断バイアスなどの各章から構成されている（最後の2つに関しては，本書第11, 12章参照）。

　このように日常認知研究は非常に多岐にわたるが，日常記憶に関する研究が特に盛んである。コーエンとコンウェー（Cohen & Conway, 2007）による専門書では，自伝的記憶，目撃者の記憶，顔・名前・声に関する記憶，意図・行為・プランの記憶，道順・地図・位置に関する記憶，文章・談話の記憶，協同想起（collaborative remembering；複数の人がコミュニケーションをとりながら情報を想起しようとする活動），思考と夢の記憶，生涯にわたる記憶の変化などについて解説されている。井上・佐藤（2002）による日常認知の概説書では，12章のうち5章で記憶の問題を扱っている。以下では，活発に研究が行われている出来事の記憶に焦点をあて，自伝的記憶，目撃者の記憶，偽りの記憶について解説する。

2 自伝的記憶

生態学的妥当性と一般化可能性

ナイサー（Neisser, 1978）は，従来の実験室的な研究が，記憶に関して，興味深く社会的に意義のある側面をほとんど扱ってこなかったと批判し，同時代の研究者に大きな影響を与えた。当時ナイサーは，「明らかになった実証的な一般法則のほとんどが，10 歳の子どもでも知っているあたりまえなものだ」とも述べている。

記憶に関する伝統的な実験的研究は，厳密な実験統制を行い，変数間の因果関係について検討するため，内的妥当性（internal validity）は高い。しかし，実際的な問題や自然な状況に注意を向けておらず，実験における心理過程と日常生活場面における心理過程とがどの程度類似しているかという，生態学的妥当性（ecological validity）が低い。本章の第 1 節で 3 冊の専門書を紹介したが，近年では，日常記憶に関する研究論文の数が急激に増加している。

バナージとクラウダー（Banaji & Crowder, 1989）は，日常記憶研究の多くは生態学的妥当性は高いが，条件統制が不十分であるため，一般化可能性が低いと批判した。実験室派と日常認知派の間では，こうした妥当性や一般化をめぐる論争もあったが，最近では，両者は相補的であり，両方の研究方法が必要であると考えられるようになった。

自伝的記憶（autobiographical memory）とは，自分の人生で経験した出来事に関する記憶の総体を指し，エピソード記憶の一種である。自伝的記憶研究にはさまざまな方法が用いられている。実験参加者の人生について，特定の出来事や時期について質問する方法がよく用いられる。この場合，報道記録や家族から裏づけをとることができるが，記憶の正確さの判定には限界がある。

一定期間，参加者に日々の出来事を日誌につけてもらい，後でその内容についてテストする方法（日誌法；diary technique）もある（第 6 章第 6 節参照；Wagenaar, 1986）。そのほかに，参加者に手がかり語を示し，その単語から連想される自伝的記憶の内容と時期を書いてもらう方法がある。この手法を用いると，生涯にわたって想起された，自伝的なエピソード件数の分布を調べるこ

とができる。

自伝的記憶の分布と保持　ルービンら（Rubin et al., 1986）は、参加者にさまざまな手がかり語を提示し、想起された出来事を年齢ごとに整理して、全生涯にわたる自伝的記憶の分布を調べた。その結果を、他の3つの研究結果とともに図7-1に示す。図の縦軸は、人生の各時期における想起数の割合（％）である。この図には、3つの現象が示されている。第1に、3歳以前の記憶は非常に少なく、この傾向を幼児期健忘（childhood amnesia）とよぶ。第2に、10～30歳頃の出来事の想起件数が際立って多く、この現象はレミニセンス・バンプ（reminiscence bump）とよばれている。第3に、現在から過去10～20年にわたる、標準的な忘却曲線が見られる。

幼児期健忘は、①海馬（hippocampus）を含む脳の記憶機能が未成熟であること、②言語が未発達であり、一般的な知識やスキーマが十分に形成されていないこと、③自己がほかとは分離しているという自己概念が未発達であることなどに起因すると考えられている。

10～30代に見られるレミニセンス・バンプの原因の1つは、青年～成人期初期に起こった出来事の示差性（distinctiveness）の高さにある。10～30代における出来事は、自分が何者かという自我同一性を確立するうえで重要であり、

FIGURE　7-1　自伝的記憶の分布

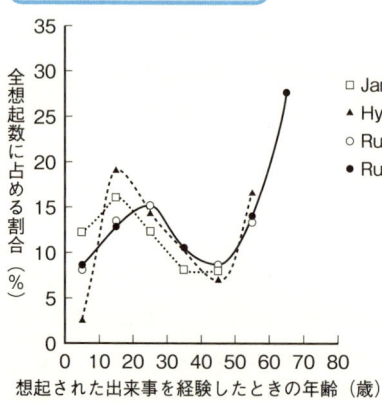

□ Jansari & Parkin, 1996
▲ Hyland & Ackerman, 1988
○ Rubin & Schulkind, 1997
● Rubin et al., 1986

縦軸：全想起数に占める割合（％）
横軸：想起された出来事を経験したときの年齢（歳）

幼児期健忘、レミニセンス・バンプ、標準的忘却曲線といった3つの現象が示されている。

（出典）Rubin et al., 1998；井上・佐藤, 2002。

何度も繰り返しリハーサルを受け，記憶が精緻化されると解釈できる。

自伝的記憶の体制化と検索　自伝的記憶からの検索において，行為（「何を」）の手がかりの方が，場所や時間（「どこで」「いつ」）の手がかりよりも有効であることが知られている（Wagenaar, 1986）。コンウェーとベカリアン（Conway & Bekerian, 1987）は，出来事のみを提示した条件よりも，時期と出来事を続けて提示した条件の方が，自伝的記憶の検索時間が短いことを見出した。

こうした知見をふまえて，コンウェー（Conway, 1990）は，3層からなる階層的な自伝的知識を仮定し，自伝的記憶が再構成される点を重視した**階層モデル**を提案している（図7-2）。第1層は，自己と関連づけられた特定のテーマにおける「人生の時期」である（例：仕事のテーマ，はじめての仕事）。第2層は「一般的な出来事」であり，週や日の単位で起きた出来事を表象している。一

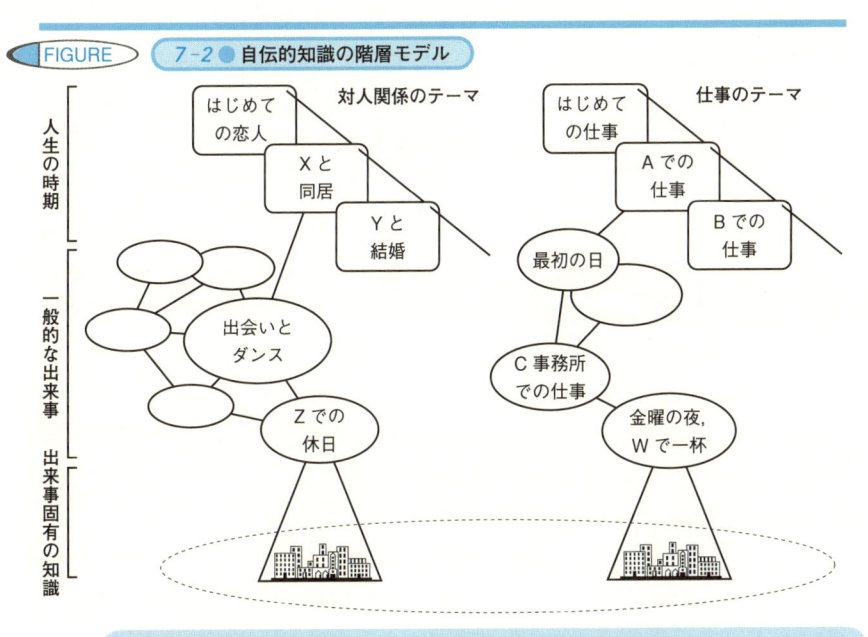

FIGURE 7-2 ● 自伝的知識の階層モデル

自伝的知識は3層からなり，記憶が動的に再構成されると仮定されている。

（出典）　Conway, 1990.

第7章　日常認知

般的な出来事を検索すると，第3層である詳細な「出来事固有の知識」が活性化される。このレベルでは，具体的な記憶を構成するため，感覚，知覚，イメージ，感情といった情報も用いられる。最近，コンウェーは，自伝的記憶における想起経験（recollective experience）を重視し，知識階層間の相互作用に基づく，動的な記憶の再構成を強調した修正モデルを提案している（Conway, 2005）。

SECTION 3 目撃者の記憶

犯罪の捜査では，目撃証言が大きな役割を果たす。しかし，人間の記憶はさまざまな要因によって影響を受けるため，無実の人間が犯人として判決を受ける冤罪が生じることがある。目撃者の記憶には，どのような要因が影響を及ぼしているのであろうか。記憶研究の枠組みに従い，目撃記憶の性質を，符号化，保持，検索の観点から説明し，最後に，認知心理学的研究に基づいて提案された面接法について紹介しよう。

符号化・保持要因

(1) 目撃知覚とストレス

目撃証言の正確さに影響する基本的な要因として，明るさ，見た角度，距離，目撃した時間の長さといった，観察条件の特質を挙げることができる。目撃知覚に影響する要因は，①目撃者の年齢や性別など，目撃者の特徴に関するもの（目撃者要因），②事件の犯人の特徴（ターゲット要因），③明るさや目立ちやすさなど事件に関係した要因（現場要因）の3つに分類できる（Shapiro & Penrod, 1986）。

喚起された情動やストレスは情報の符号化に影響を及ぼし，目撃した出来事に関する記憶の構成要素となる。犯罪の現場を目撃したにもかかわらず，ストレスの影響で，銃やナイフといった凶器のことしかはっきりと憶えていないことがあり，凶器注目効果（weapon focus effect）とよばれる（第13章 TOPICS 13-2参照）。一般に，情動的なストレスによって注意の範囲が狭められ（視野狭窄），注目された対象は詳細に処理されるが，周辺的情報は見逃されやすい（Christiansen, 1992）。情動的な出来事は，他者に話すことなどを通して，記憶の細部がさらに精緻化される傾向がある。

FIGURE 7-3 ●『マドリッド，1808年5月3日（部分）』（ゴヤ，1814年）

> この絵を見た後，目を閉じて思い出してみよう。あなたは，この絵の何を思い出すであろうか。画面を水平に切り裂くような銃身と銃剣が印象的である。

図7-3は，ゴヤ（Francisco de Goya, 1814）による名作，「マドリッド，1808年5月3日——プリンシペ・ピオの丘での銃殺（部分）」である。マドリッド市民が，ナポレオンのフランス進駐軍に処刑される瞬間を描いたこの作品は，事件から6年後，画家が68歳のときに完成した。白黒ではわかりにくいが，この絵を見るとき，水平に伸びた銃身と銃剣の切っ先に，目が吸い寄せられるのではないだろうか。

(2) 無意識的転移

誰かの写真を偶然目にすると，後の時点で，その人の顔に何となく見覚えがあるように感じる。ロフタスとケッチャム（Loftus & Ketcham, 1991）は，1987年にラスベガスで，少年（7歳）の誘拐と殺害の容疑で起訴された，ハワード・ホープトのケースを紹介している。少年の遺体はホテルの近くで発見されたが，物的証拠はなく，事件当日，ホープトは当該ホテルの宿泊客であった。少年と連れ立って歩いていた犯人を目撃した人物は5名いたが，後の写真ライ

ンナップで，ホープトは目撃者全員に誤って犯人だと識別された。被疑者を，「事件と無関係の人物」（フォイル；foil）数名の中において，目撃者に識別させる方法をラインナップといい，実物を用いる場合もあれば，写真やビデオを用いる場合もある。

この人物誤認を説明する要因の1つとして，目撃者が別の時点で見かけた人物と犯罪者とを混同する，無意識的転移（unconscious transference）を挙げることができる。5人の目撃者のすべてが，事件の起きたホテルの従業員か宿泊客であり，宿泊していたホープトを見かける機会があった。ホープトは犯人と少しでも似ている唯一の宿泊客であった。そのため，目撃者は両者を混同し，数カ月後の写真ラインナップで，ホープトを犯人だと判断したと考えられる。ロフタスによる証言もあり，裁判で陪審員はホープトに無罪の評定を下した。

ロスら（Ross et al., 1994）の第1実験では，実験参加者に，女性教師が授業を行った後，休憩時間にカフェテリアに入り，そこで男性の強盗に襲われるビデオを提示した。転移条件の参加者には，カフェテリアに入る前に，被疑者（第三者）の男性が，子どもたちに数分間本を読み聞かせている場面を見せ，統制条件の参加者には，被害者の教師が，子どもたちに本を読んでいる場面を見せた。ビデオ提示後，参加者に，この被疑者と，事件とは無関係の4人（フォイル）からなる写真ラインナップを示し，強盗がその中いるか，いるとすればどの人物かを尋ねた。

その結果，被疑者を強盗であると誤って識別する比率は，転移条件（61％）で統制条件（22％）の約3倍であった（図7-4）。さらに，統制条件では，強盗がラインナップ中にいないと答えた比率が64％であり，転移条件（34％）の約2倍の正確さであった。転移条件の参加者は，ビデオの異なる場面に現れた強盗と被疑者を，同一人物と見なす傾向が強かった。これは転移条件で無意識的転移が起こり，強盗と被疑者の記憶が混同されたためと解釈できる。

ロスらの第2実験では，転移条件の実験参加者に対して写真ラインナップを示す直前に，「本を読んでいた被疑者と強盗は別の人物である」と教示した。この教示の結果，無意識的転移の効果は消失し，被疑者を犯人と特定する比率は，転移条件（25％）と統制条件（22％）で有意な差が見られなかった（図7-4）。したがって，追加的な情報があれば，検索（ラインナップ）時に2つの記憶を区別できる。しかし，現実場面では，第2実験で示されたような情報が利用で

FIGURE 7-4 無意識的転移に関する実験結果

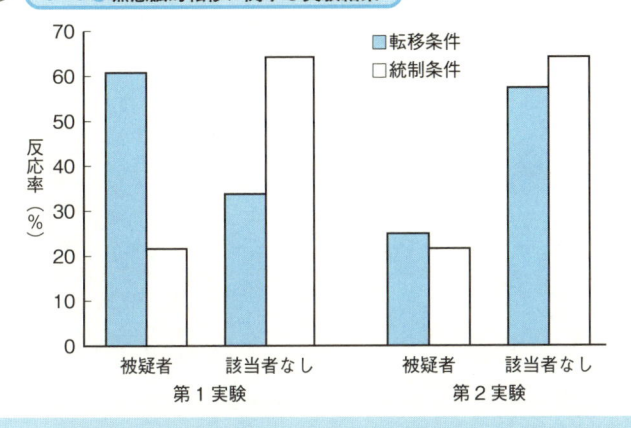

第1実験では，無関係である被疑者への無意識的転移の比率が高いが，教示を与えた第2実験では，それが消失している。

(出典) Ross et al., 1994.

きず，無実の人間が犯人と誤認される可能性がある。

(3) 誤導情報効果

多くの研究によって，出来事の符号化と後続の検索の間に提示された，思い違いを招くような事後情報が，目撃者の想起に影響を及ぼすことが見出されている（誤導情報効果 ; misleading information effect）。

ロフタスとパーマー（Loftus & Palmer, 1974）の研究では，同じ自動車事故のビデオを実験参加者に見せた後，一連の質問を行った（図7-5）。一群の参加者には「自動車が激突した（smashed into）とき，車はどれくらいの速度で走っていましたか」と尋ね，別の一群の参加者には，「激突した」を「ぶつかった」(hit) におき換えて質問した。他の一群（統制条件）には，車の速度に関する質問を与えなかった。

実験参加者は，実験者が自分をだますような質問をするとは，まったく予期していない点に注意してほしい。「激突した」という動詞を用いた条件では，推定された速度（平均値）は時速66 kmであり，「ぶつかった」を用いた条件の推定値（時速55 km）を大きく上まわった。したがって，質問の中に埋め込

| FIGURE | 7-5 ●「激突した」のか「ぶつかった」のか？（正面衝突事故のイメージ例）

事後に気づかれない形で与えられる誤導情報が，目撃者の記憶を歪曲することがある。

（写真提供）　共同通信社。

んだ情報（微妙な言葉づかい）が，事故をどのように想起するかに多大な影響を及ぼすことがわかる。

　1週間後，参加者に一連の質問（10個）の1つとして，「割れたガラスを見ましたか」と尋ねた。回答形式は，「はい」か「いいえ」の二者択一であった。実際には，事故のビデオに割れたガラスは映っていなかった。それにもかかわらず，「はい」と答えた参加者の割合は，「激突した」という動詞を用いた条件では32％と高く，「ぶつかった」を用いた条件では14％，統制条件では12％にすぎなかった。つまり，目撃した事柄に関する記憶は損なわれやすく，1つの質問の中のたった1つの単語を変えるだけで，変容してしまう可能性がある。

　ロフタスらは，誤導情報が，時間をさかのぼって本来の記憶表象を歪曲すると解釈している。これに対して，誤導情報がもとの記憶表象をゆがめるのではなく，後の記憶テストの設定に問題があるといった批判もある（McCloskey & Zaragoza, 1985）。実際の場面では，状況に応じて，質問の仕方によるバイアスや，記憶表象のゆがみといったさまざまな要因が，目撃証言に影響を及ぼすであろう。

検索要因

目撃した事件を思い出すことを，記憶研究の基本的な枠組みと関連づけてみよう。写真などでラインナップが示される事態は一種の再認テストであり，検索状況におけるさまざまな要因が人物識別に影響を及ぼす。ラインナップは，正しい同定（正再認）と正棄却を最大化し，見落とし（再認ミス）と誤った同定（虚再認）を最小化するように設定するべきである。

ブラウンら（Brown et al., 1977）は，先に写真を見る機会があると，その人物を犯人であると再認する確率が増大する，写真バイアス（photo bias）を見出した。ブラウンらの実験では，「犯罪者」とラベルをつけた人物の写真群を1枚ずつ参加者に見せ，後で識別テストを行うと告げた。その直後に，先の犯罪者の顔写真と，犯罪者でない人物の顔写真を提示した。1週間後，ラインナップを示したところ，先に顔写真を見た非犯罪者を，誤って犯罪者であると同定する比率は20％であり，先に写真を見ていない非犯罪者に対する虚再認（8％）の2.5倍であった。先に紹介したホープトのケースでも，こうした写真バイアスが，目撃者による識別に影響を与えていたと考えられる。

カジュアルな格好の20代の男性1名と，スーツを着た40代の男性3名が並んだラインナップを考えてみよう。この場合，20代の男性が犯人であると識別される可能性が非常に高い。この例では，ラインナップのサイズは，実際には4ではなく1である。ラインナップの公正さを査定するには，こうした機能サイズ（functional size）を考慮する必要がある（Loftus, 1979）。ラインナップにおける機能サイズは，外見のみによって識別される確率を反映しており，公正なラインナップであれば，実際の人数と機能サイズが等しくなければならない。ラインナップにおけるフォイルの数は，アメリカでは最低5名という提言があり（Wells et al., 1994），イギリスの実務規範では8名以上とされている。

ラインナップに用いる写真は，さまざまな物理的形式を統一しなければならない。図7-6に示した6人の写真を見てみよう。右上の写真は画像がやや小さくて，中央に線がなく，笑顔であり，他の5枚の写真とは異質である。こうした目立ちやすい写真は，犯人として選択されやすいバイアスがかかっている。

わが国では，警察が事件の目撃者に拘留中の容疑者を見せ，犯人かどうか確認するように求めることが多い。しかし，こうした単独面通しは，大きなバイアスがかかる最悪の識別手続きであり，冤罪を生む可能性が高い。そのため，

FIGURE 7-6 ● 事件捜査における写真ラインナップの例

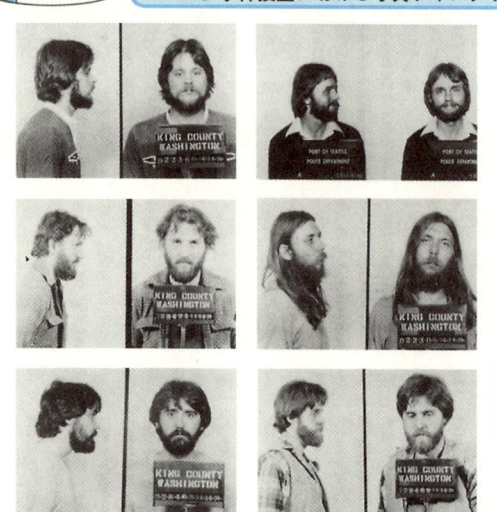

右上の写真はほかとは異質な特徴があり，選択されやすいバイアスがかかっている。

（出典） Loftus & Ketcham, 1991 より
ロフタスの許諾を得て掲載。

　アメリカやイギリスでは，単独面通しによる証拠を裁判で採用していない。
　ラインナップの手続きとして，複数の写真を同時に示し，目撃者がその中から犯人を同定する同時ラインナップ（図7-6）と，写真を順に1枚ずつ見せて，毎回犯人かどうかの判断を求める継時ラインナップがある。両者を比較した研究では，継時ラインナップの方が識別成績が優れていることが明らかになっている（Wells et al., 1994）。

認知面接法　　目撃者による証言や犯人の識別は，予測が困難な多くの要因によってゆがめられる可能性が高い。近年，認知心理学的な記憶研究の成果を活用し，目撃者の想起を促進しようとする認知面接法が提案された（Fisher & Geiselman, 1992；臨床心理学における認知行動療法については，TOPICS 7-1 を参照）。
　認知面接法は，おおまかに以下のような特徴をもつ。①面接のはじめに被面接者をくつろいだ気分にさせ，ラポール（安心できる親和的な関係）を築くことを重視する，②一側面に限定した質問ではなく，被面接者が自由に多様な情報を話せるような「開かれた質問（open question）」をする（例：「何が起きたのか

FIGURE 7-7 アメリカ司法省『目撃証言——法執行のためのガイド』

(出典) http://www.ncjrs.gov/pdffiles1/nij/178240.pdf

話してください」),③記憶研究の成果をふまえて,想起を援助するような教示を与える(例:当時の状況の再現,イメージ化,要点への追加質問),④目撃者に思いのままに自由なやり方で事件を表現してもらう(例:スケッチを利用する)。

認知面接法はカウンセリングと似た側面もあるが,目撃者が暗示にかかりやすくなり,間違った確信をもつ危険性に注意を払う必要がある。最近,認知面接法は有効な技法であると,広く認められるようになってきた。認知面接法は従来の警察による事情聴取と比較して,誤った情報を増加させることなく,35～75％も多くの情報を引き出せるとの報告もある(Köhnken et al., 1999)。

1999年にアメリカ司法省は,目撃証言の収集と保全に関するはじめての公的なガイドラインを通達した(図7-7)。いままで説明してきたように,心理学的な研究は,こうした指針の必要性を実証してきたわけであり,心理学的な成果(認知面接法や,適切なラインナップに関する知見など)がガイドラインに盛り込まれている。

TOPICS 7-1 認知行動療法

認知行動療法（cognitive behavioral therapy；CBT）とは，クライアントの抱える心理社会的な問題や精神医学的な問題に，おもに認知と行動の両面からアプローチする体系的な心理療法である。認知行動療法の最大の目的は，クライアントの自助（セルフヘルプ）を手助けすることである。よく使われるたとえは「認知行動療法は，飢えた旅人に魚を与えるのではなく，魚の釣り方を教える」というものである。つまりセラピストがクライアントの問題を解決するのではなく，クライアントが自分の抱える問題をそれまでよりも上手に解決できるよう，問題解決のやり方を教えるのが認知行動療法である。そういう意味では，クライアントの話を傾聴し，共感的理解を示すという従来の心理療法とはかなり趣が異なり，「治療」「カウンセリング」というよりは「トレーニング」「習いごと」というイメージに近い。

図1に認知行動療法の基本モデルを提示する。

認知行動療法では，クライアントの体験をこの基本モデルに沿って理解する。このモデルのポイントは，個人の体験を，①環境と個人との相互作用（社会的相互作用），②個人の内的な相互作用（個人内相互作用；個人における認知，気分・感情，身体反応，行動の相互作用）という二重の相互作用という視点から循環的にとらえようとする点である。クライアントはどのような環境におかれ，どのような状況や対人関係に反応しているのか，そしてそのような環境（出来事，状況，対人関係）に対し，クライアント自身がどのような反応を起こしているか，それを認知，気分・感情，身体反応，行動の4領域から整理し，それらの相互作用をとらえる。さらにクライアントのそのような反応が，環境にどのようにフィードバックされるかを把握する。認知行動療法の基本モデルを用いてクライアントの体験をこのように循環的に理解することを「アセスメント」とよぶ。アセスメントは認知行動療法の要である。図1の丸の中にごくシンプルなアセスメントの例を示してある。

うつ病や不安障害を抱えるクライアントの場合，基本モデルに沿ってアセスメントすると，たいていの場合悪循環が同定される。そのような悪循環から抜けるための認知的工夫と行動的工夫をセラピストがクライアントに教示し，練習してもらうのである。例えばうつ病のクライアントは，何か悪いことが起きると「全部自分が悪い」「せっかく頑張ったのにまったく意味がなかった」と

図1 ● 認知行動療法の基本モデル

①環境と個人の相互作用（社会的相互作用）

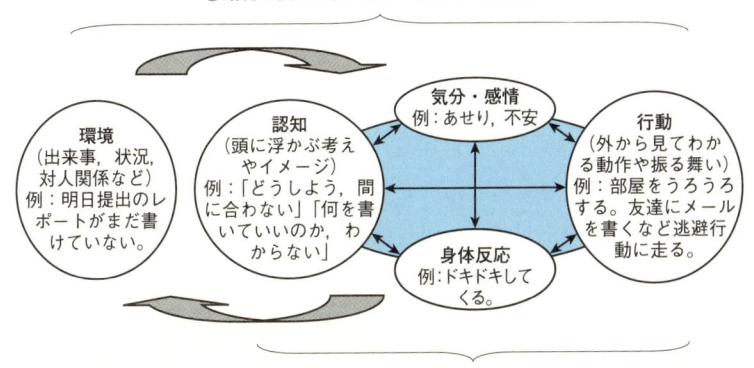

- 環境（出来事，状況，対人関係など）例：明日提出のレポートがまだ書けていない。
- 認知（頭に浮かぶ考えやイメージ）例：「どうしよう，間に合わない」「何を書いていいのか，わからない」
- 気分・感情　例：あせり，不安
- 身体反応　例：ドキドキしてくる。
- 行動（外から見てわかる動作や振る舞い）例：部屋をうろうろする。友達にメールを書くなど逃避行動に走る。

②個人内相互作用

（出典）　伊藤絵美，2005を改変。

いった極端な認知を抱きやすく，それが抑うつ症状を引き起こす。その場合，そのような極端な認知を「たしかに自分も悪かったけれど，そもそも運が悪かったのだ」「今回は残念な結果だけど，自分だって頑張ったのだ。それは認めてもいいのではないか」というようなマイルドな認知に修正する練習をしてもらう（認知的工夫）。例えば不安障害の1つであるパニック障害のクライアントは，電車の中で少々息苦しくなるとパニック発作を恐れて途中下車してしまう。そこで息苦しくなったときの呼吸の仕方を覚えてもらい，多少の不安感があっても目的地までたどりつくための計画を立て，実行してもらう（行動的工夫）。

　認知行動療法は，うつ病や不安障害だけでなく，統合失調症や境界性パーソナリティ障害といった，これまで心理療法を適用するのが困難だと思われていた疾患にも効果があることが実証的に明らかにされ，現在世界中で注目されている。また精神科領域だけでなく，健常者のストレス・マネジメントなど多くの人に役立ちうるアプローチとしてさまざまな領域に応用されるようになってきている。

〔伊藤絵美〕

SECTION 4 偽りの記憶

偽りの記憶形成実験

本節では，出来事に関する偽りの記憶（false memory）とその原因について述べ，さらに，回復された記憶をめぐる論争について紹介していこう。

ロフタスら（Loftus & Pickrell, 1995）は，実験参加者に幼児期の出来事に関する，虚偽の記憶を生じさせることができるか否かを検討した。子ども時代の記憶に関する研究という名目で，参加者の両親の協力を得て，実際に起こった3つの体験を収集した。そのうえで，「ショッピングモールで迷子になった」という虚構の体験をつけ加えた。参加者は，「親に確認した」という社会的圧力のもとで，この4つのエピソードについて，できる限り詳細に思い出して報告するよう求められた。

その結果，24人の参加者のうち有意な比率（25%）で，偽りの記憶が報告された。こうした偽りの記憶に関する参加者の確信度や記述の詳細さの程度は，実際にあった出来事ほど高くはなかったが，それでも確信をもって具体的に想起されたという。

捏造された出来事に対して，詳細で確信のある記憶がなぜ生じるのだろうか。実験の教示に従って想像を膨らませることにより，迷子に関するスキーマが暗黙裏に想起されたと解釈できる。こうした一般的な枠組みが，子ども時代に行ったことのあるショッピングモールという具体的な情報と結びつき，かなり詳細な偽りの記憶が生み出されたのであろう。

偽りの記憶の形成実験において，設定した虚構の体験を，起こってもおかしくない出来事だと参加者が受容することや，親など信頼のおける人物に確認したといった社会的圧力が重要であることが見出されている（Hyman et al., 1995）。

イマジネーション膨張

従来の研究の結果，想像を膨らませることによって，偽りの記憶を生み出せることが明らかになった。つまり，単に出来事をイメージするといった心的なシミュレーションを行うと，それが実際に起こったという確信度が高くなることが見出されてお

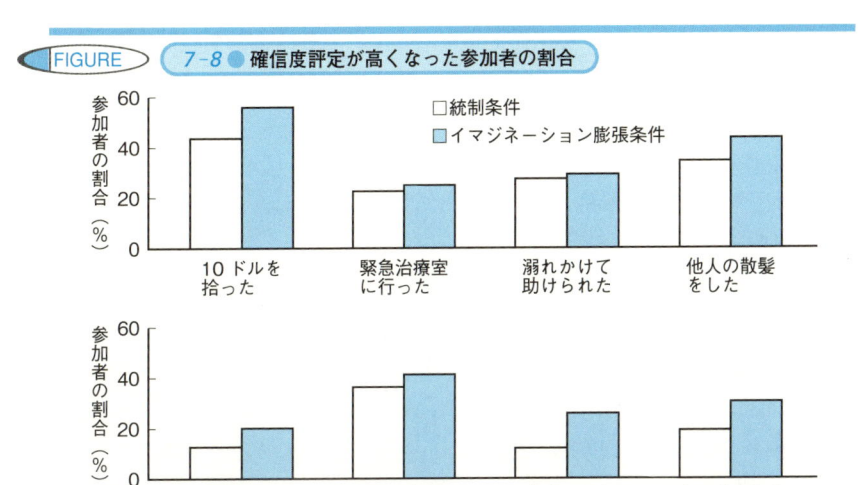

FIGURE 7-8 ● 確信度評定が高くなった参加者の割合

（グラフ上段：統制条件／イマジネーション膨張条件）
- 10ドルを拾った
- 緊急治療室に行った
- 溺れかけて助けられた
- 他人の散髪をした

（グラフ下段）
- 救急車を呼んだ
- 木から降ろしてもらった
- 窓ガラスを割った
- ぬいぐるみを当てた

> イマジネーション膨張条件では，統制条件よりも，2回目の評定で，「出来事が実際に起きた」という確信度評定が高くなった参加者の割合が大きい傾向があった。

（出典）Garry et al., 1996.

り，この現象を，**イマジネーション膨張**（imagination inflation）とよぶ。

　ゲーリーら（Garry et al., 1996）は，実験参加者に8個の出来事を示し，それらが自分の子ども時代に起こったかどうか確信度を評定させた。出来事の例は，「駐車場で10ドルを拾った」「深夜に緊急治療室に行った」「溺れかけて救助員に助けられた」「他人の散髪をした」「木から降りられなくなり，助けてもらった」「カーニバルで動物のぬいぐるみを当てた」などである。2週間後，先に評定した出来事の半数（4個）について，それが実際にあったこととして，参加者に細部や一部始終を想像するように求めた。

　最後に，実験者ははじめの評定データを誤って紛失してしまったと説明し，参加者にもう一度，先の子ども時代の出来事リストに対して確信度評定を求めた。その結果，イマジネーション膨張の効果が見出され，想像を働かせた出来事において，2回目の確信度評定値が高くなる傾向が強かった（図7-8）。

　この効果は，記憶を植えつけるには，その出来事について想像させるだけで

十分であることを示している。想像を働かせた出来事は，2回目の評定の際に親近性（familiarity）が高く，参加者はこの親近性の高さを，実験時の経験ではなく，子ども時代の記憶の方に誤って帰属させたと考えることができる。つまり，参加者は親近性の情報源（source）を，誤って推測したのであろう。出来事の記憶に関する情報源をうまく識別できないことは，記憶のゆがみの根幹に関わる問題である。

記憶エラーの原因 **情報源識別**（source monitoring）とは，想起した事柄の情報源を正しく同定する処理過程であり，一連の決定と見なすことができる（Johnson, 1988）。まず，想起された内容が，外的に知覚した出来事に基づくのか，内的な情報源（想像しただけのこと）に基づくのかという現実性識別（reality monitoring）が必要である。もし，外的な出来事を認知したのであれば，その情報源を思い出せるはずであろう（例：テレビニュースで，授業で，友人から）。記憶の情報源を区別できないことを**情報源混同**（source confusion）とよび，記憶エラーの大きな原因であると考えられている。

目撃者の記憶における符号化過程と検索過程の両方で，情報源混同は大きな役割を果たしている。誤導情報効果の場合，本人が意識しにくい形で誘導的な情報が与えられると，実験参加者は誤導情報の情報源を実際の記憶と区別できなくなり，混同が生じると考えられる。無意識的転移でも同様の混同が起きており，どの場面で2人（先に引用したロスらの実験では，被疑者と強盗）を見たかという情報源識別ができなくなって，2人を同一人物と見なしてしまう。

情報源混同は，写真バイアスといった検索過程でも起きる（第2節参照）。先に顔写真を見たことがあって親近性が高い人物の場合，情報源を混同し，親近性を誤って帰属して，その人物が犯罪者の写真リストにあったと考えやすい。また，イマジネーション膨張も，情報源混同の一例と見なすことができる。

回復された記憶をめぐる論争

(1) 論争の社会的背景

1990年代，欧米では心理療法によって，虐待の記憶を回復したと主張する人々による裁判が続出した。心理学界においても，「回復された記憶」と「偽りの記憶」をめぐる激しい論争があった。中心となった論点は，抑圧され，後に回復されたとされる記憶の真偽にあり，典型的には幼児期の性的虐待の問題と関連していた。

1990年頃から，幼児期の「抑圧された虐待の記憶」を回復したとするケースが急増し，何万という年老いた親たちが，心理療法を受けた娘たちから裁判に訴えられた (Loftus & Ketcham, 1994; Slater, 2004)。もし，回復された記憶が偽りであったとしたら，こうした事態は救いようのない悲劇であろう。

　ただし，アメリカ社会では児童虐待の発生件数がきわめて多く，1997年には報告された約300万件中，虐待が確認されたものは100万件を超している。急増する回復された記憶の症例に対して，実験心理学者や臨床心理学者は，偽りの記憶やトラウマ (trauma；心的外傷) に関する研究を活発に推し進めた。先に紹介したロフタスらによる偽りの記憶形成実験にも，このような社会的背景があった。

(2) 抑　　圧

　抑圧 (repression) の概念は，フロイト (Freud, S.) の精神分析学に由来している。よく知られているように，トラウマ的な記憶は無意識の中に押し込められ，抑圧された記憶や感情は直接には意識されないが，適応や行動の問題として発症すると主張された (Freud, 1915)。抑圧に関するフロイトの主張は，いくつかの心理療法で最重要項目となり，不適応症状から回復するために，抑圧された記憶の解放が推奨されていった (Herman & Schatzow, 1987)。

　抑圧が何を意味するかは曖昧であり，研究者によってさまざまな意味づけがなされている。極端な立場では，抑圧は他の記憶とは別のメカニズムをもち，トラウマ的な出来事の記憶はほぼ完全な形で密封保存され，後のある時点で，その記憶が回復すると主張される。

　記憶研究者の多くはこうした特別メカニズム説に懐疑的であり，トラウマ的な出来事も，楽しい出来事や平凡な出来事と同じような形で忘却されていくと見なしている。抑圧という考え方は，今日の記憶研究ではほぼ否定されている (Markowitsch, 2000)。フロイト派の精神分析が連想される「抑圧」の代わりに多くの専門用語が提案されたが，「回復された記憶」(recovered memory) という用語が最も一般的である。しかし，この用語は，「抑圧され，その後で回復された記憶」という意味に解釈されやすいという難点がある。そのため，想起された主観的な経験は，検証されるべき現象であることを強調するため，「回復された記憶体験」(recovered memory experience) という用語も提案されている。

回復された記憶をめぐる論争を打開するには，①トラウマ体験に関する偽りの記憶を形成できるのか，②トラウマ的出来事に関する記憶を完全に忘れて，その後に回復することが可能であるのか，という2つの基本的な疑問に答える必要がある。まず，前者に関して，トラウマ的出来事の偽りの記憶を植えつけることは，非倫理的であり，許されるものではない。しかし，これまで説明してきたように，特定の条件がそろえば，われわれは実際には起こらなかった出来事を，かなり簡単に「実際に起こった」と確信してしまうらしい。

(3) **トラウマ的出来事の忘却と回復**

　虐待被害者の回顧的な報告を収集した研究によれば，被害者が虐待を忘却していた期間があったとされる (Herman & Schatzow, 1987)。しかし，こうした研究では虐待の事実を詳細に検証しておらず，質問の仕方や解釈などいくつかの点で曖昧である。ウィリアムズ (Williams, 1994) は，17年前にクリニックで性的虐待を認めた調査対象者を探し出し，彼らに過去の体験に関するインタビューを行った。注意深く分析した結果，対象者の12％は実際に記録があるにもかかわらず，一度も性的虐待を受けたことがないと答えたという。したがって，トラウマ的出来事を忘れることはあるかもしれないが，それは例外であり，標準的な現象だとはいえないようである。

　多くの研究によれば，子どもは，さまざまの非性的なトラウマ（例えば，誘拐，銃撃，救急治療）に関して，かなり鮮明な記憶をもっていることが多い (Robinson-Riegler & Robinson-Riegler, 2004)。こうした非性的なトラウマが損なわれずに記憶されるという知見は，「性的虐待の記憶は抑圧される」という主張と対照的である。前者は他者に話しても別に恥ずかしくはなく，リハーサルが行われやすいが，後者は他人に打ち明けることが難しいといった特質も，長期的な記憶の保持に関係しているのかもしれない。

　生理学的な知見によれば，ストレスの多い出来事の符号化は，そうでない出来事の符号化とは異なるらしい。記憶の再生には，扁桃体 (amygdala) や海馬を含む側頭葉内側部が関与している。①扁桃体は情動をよび起こす出来事の再生において重要な役割を果たし，②海馬は記憶の要素を首尾一貫したエピソードに統合する役割があると考えられている。被害者は，出来事の前後関係を思い出せないにもかかわらず，そのときに「どのように感じたか」をはっきりと想起できる場合がある。この現象は，強いストレスによって，海馬の機能は妨

害されたが，扁桃体の機能は増強された結果生じたと解釈できる（Jacobs & Nadel, 1998；第13章参照）。したがって，トラウマ的出来事の記憶において，重要な問題は忘却ではなく，不十分な符号化にある可能性も高い。

(4) 心理療法

偽りの記憶に関していままで述べてきた内容が示唆するように，心理療法ではさまざまな要因が相互作用し，偽りの記憶が生じる危険性が高いといえよう（Robinson-Riegler & Robinson-Riegler, 2004；図7-9）。第1に，心理療法は示唆的であることが多く，クライエントはセラピストを専門家として信頼し，その助言を受け入れやすい状態にある。さらに，心理療法では繰り返しイメージしたり，催眠を用いたりして，過去の記憶を引き出すように求めることが多い。こうしたイメージ化，催眠，再生の反復は，偽りの記憶を生み出しやすくする要因である。

プールら（Poole et al., 1995）の無作為抽出調査によれば，英米の有資格セラピストのうち，70％が記憶を回復する技法（例：イメージ化，催眠，夢解釈）を少なくとも1つは用いていると答え，25％がこうした技法を組み合わせて用いていると答えた。面談の開始時に，虐待の記憶がないクライエントに対して，セラピスト側が，幼児期の虐待を疑って記憶回復の技法を用いれば，偽りの記憶を生み出す危険性がある。

心理療法以外にも，自己啓発本や，マスメディアなどを通して社会に流布している情報が，人々に危険な影響を及ぼすことがある。バスとデーヴィス

FIGURE 7-9 心理療法場面の例

セラピストは専門家の立場にあり，クライエントに過去の自伝的記憶を引き出すよう求めることが多い。

(Bass & Davis, 1988) は，『生きる勇気と癒す力』を出版し，アメリカで記録的なベストセラーとなった。この本に書かれている「虐待されたと思っていて，何らかの症状があれば，実際に虐待されたのだ」といった主張は，非常に強い暗示効果がある。特に，明確な虐待の記憶がないのに，その可能性を考え始めている読者にとって，こうした記述が偽りの記憶を誘発する恐れがある。

先に述べたように，実験心理学者と臨床心理学者の間で，回復された記憶をめぐって激しい論争が展開された。偽りの記憶に関しては数多くの実験的知見があるが，臨床心理学者はそうした知見を，「実験室における人工的な産物であり，現実場面には一般化できない」と見なす傾向があった（Robinson-Riegler & Robinson-Riegler, 2004）。

幼児期の虐待の記憶に関して，アメリカ心理学会は，1996年に，専門家グループによる報告書を公開している。おもな結論は，以下の通りである。

①論争はあるが，幼児期の性的虐待は，従来認識されてこなかった複雑で広範な問題であるという事実を見過ごしてはならない。②幼児期に性的虐待を受けたほとんどの人は，完全なもしくは部分的な記憶がある。③長い間忘れていた虐待の記憶を思い出すことはありうる。④けっして起きなかった出来事に関する偽りの記憶に確信をもつことはありうる。⑤幼児期の虐待に関する想起を促すプロセスについて，現状では専門的知識に食い違いがある。

SECTION 5 記憶の再構成と協同想起

日常記憶研究によって，「想起がその時点における再構成的な過程であり，社会的な文脈においてなされる」といった観点の重要性が明らかになった。われわれは，ビデオテープのように過去の出来事を脳に記録しているわけではない。多くの場合，特定の状況において，利用できる不完全な記憶表象と検索手がかりに基づいて，記憶を再構成しているにすぎない。

さらに，想起は社会的に孤立した状態でなされるのではなく，目撃証言や心理療法のように，相手に対して物語る協同想起の形でなされることが多い。われわれは想起経験を，社会的圧力や権威を感じる相手（例：刑事，セラピスト）や，そうでない身近な相手（例：家族，友人）に対して物語る。日常記憶の問題

は，「自分が何者なのか」という，自我同一性の根幹に関わると考えることもできよう。

BOOK GUIDE ● 文献案内

井上毅・佐藤浩一編（2002）『日常認知の心理学』北大路書房
- 日常認知に関する幅広い研究テーマが，各分野の専門家によってくわしく説明されている良書である。

コーエン，G.／川口潤訳者代表（1992）『日常記憶の心理学』サイエンス社
- 本訳書はコーエンによる1989年の初版に基づいているが，多数の研究者が執筆に加わり，大幅に内容が充実した第3版が2007年に出版されている。

佐藤浩一・越智啓太・下島裕美編（2008）『自伝的記憶の心理学』北大路書房
- 自伝的記憶について，研究方法，理論，時間，語り，今後の展望といった5部構成でくわしく紹介されている。

厳島行雄・仲真紀子・原聰（2003）『目撃証言の心理学』北大路書房
- 目撃証言に関連した研究が詳細に解説されており，法律と心理学の関係や，裁判制度についても紹介されている。

ロフタス，E.F.・ケッチャム，K.／仲真紀子訳（2000）『抑圧された記憶の神話——偽りの性的虐待の記憶をめぐって』誠信書房
- 生々しい事例が多数紹介されており，回復された記憶論争の具体的な内実や，その社会的背景がくわしく解説されている。

仲真紀子編（2005）『認知心理学の新しいかたち』誠信書房
- 学際的で興味深く，現実的な貢献をしていると評価できる認知研究が，「法のシステム」「安全な社会」「個人の適応」といった3部構成で紹介されている。

Chapter 7 ● 練習問題　　　　　　　　　　　　　EXERCISE

❶ できるだけ小さい頃の記憶について，以下の事柄を書き留めてみよう。①何歳くらいの出来事か，②どの程度細部が鮮明か，③どのような感情を伴うか，④後で他人に話したことや，写真などによる影響はないか，⑤家族に確認できるか。

❷ 偽りの記憶の出現しやすさと，イメージ能力，被暗示性といった個人差・人格特性との関連について検討してみよう。

❸ わが国の重要な事件においても，子どもの証言が大きな役割を果たしてきた。子どもの証言について，どのような点に注意すべきか考えてみよう。

HINT●p.460

● 都築誉史

第 8 章 カテゴリー化

世界を仕分ける仕組み

花キャベツは野菜かそれとも花か？ カテゴリー帰属が不明瞭な例

CHAPTER 8

- KEYWORD
- FIGURE
- TABLE
- TOPICS
- BOOK GUIDE
- EXERCISE

INTRODUCTION

私たちは，何かを見た瞬間，それは「イヌである」とかあるいは「ぬいぐるみである」とか認識する。目の前にある対象を，ある範疇に属するものとして見なすことをカテゴリー化という。カテゴリー化はある程度の時間をかけて行う，いわゆる「分類」だけではない。外界を瞬時に認識することそのものが，カテゴリー化でもある。本章では，カテゴリー化の機能とプロセス，カテゴリー化の理論，言語化とカテゴリー化の関係，カテゴリー化の領域固有性について述べる。

KEYWORD

定義的特徴　　入れ子構造　　古典的カテゴリー観　　家族的類似性　　典型性　　基本水準　　プロトタイプ　　事例モデル　　言語相対性仮説　　領域固有性　　カテゴリー特異的な意味記憶の障害

SECTION 1　カテゴリー化の機能とプロセス

　私たちの認知資源（リソース）には限りがある。私たちは認知資源をできるだけ使わず，できるだけ大量の情報を得る必要がある。外界の事物を詳細に見れば無限の違いがある。外界の事物をカテゴリー化するということは，知識を使って，「できるだけ最小の認知的努力で最大の情報」を得ることであり，このことが「認知的経済性」といわれるものである（Rosch, 1978）。
　図8-1を見ていただきたい。地質学者にいわせると玄武岩である。しかし，よく見ると，左を向いた猿の横顔に見えないだろうか。長崎県の壱岐市にある，

FIGURE　8-1　長崎県壱岐市にある「猿岩」

166　第Ⅰ部　認知心理学の基礎

FIGURE 8-2 ● カテゴリー化のプロセス

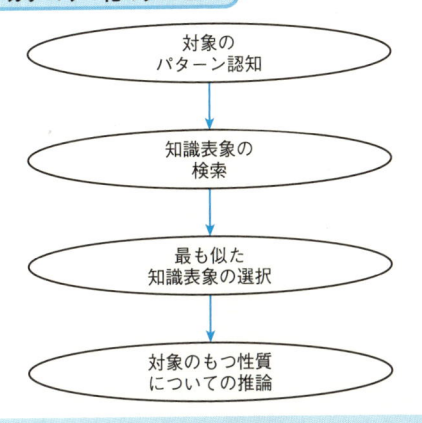

```
対象の
パターン認知
    ↓
知識表象の
検索
    ↓
最も似た
知識表象の選択
    ↓
対象のもつ性質
についての推論
```

> カテゴリー化のプロセスには，知識表象の検索と選択，推論までも含まれる。

(出典) Barsalou, 1992 を改変。

「猿岩」である。一度，「猿岩」と聞くと，瞬時に猿に見えるから不思議である。玄武岩でできた奇妙な岩であっても，それが知識にある猿の横顔といったん合致すれば，次に見るときは猿以外の見え方はしない。

　一般に，カテゴリー化は目にした事物をパターン認知し，認知された情報が長期記憶内に知識表象としてすでにあるかどうか検索し，対象と最も類似した知識表象を選択する。そして目にしている対象は，選択した知識表象と同じ性質をもっているだろうと推論する諸過程からなる（図8-2）。

　この図は，カテゴリー化のプロセスに関する今日の一般的な考え方を表している。このような考え方に至るまでには，カテゴリーについての考え方はさまざまな変遷をたどってきた。次節以降でそれを見ていこう。

SECTION 2　カテゴリー化の理論

古典的カテゴリー観

正方形はどんなものか，と聞かれたとき，私たちはすぐその定義を答えるだろう。①閉じた図形，②4つの辺をもっている，③辺の長さが同じ，④四隅の角度は等しい。逆に，これら4つの特徴すべてを満たしていれば，それは正方形である。

正方形でも三角形でも，幾何学図形は定義的特徴をもっている。そして，上の例の①と②は，正方形だけでなく上位のカテゴリーである四角形一般がもっている特徴でもある。この性質を入れ子構造という。このような考え方は古代ギリシャの哲学者アリストテレスにまでさかのぼるものであり，古典的カテゴリー観とよばれる。

もし，ある例があるカテゴリーに属するかどうかの判断が定義的特徴によって決まるのであれば，どのカテゴリーに属するかわからない，つまり不明瞭なケースは存在しないはずであるし，また「野菜らしい野菜」といった，典型性は存在しないはずである。

しかし，日頃私たちが接している多くの事物のカテゴリー化は，定義的特徴でカテゴリー帰属が決まらないものが多い。例えば，「ゲームとは何か？」「ゲームを定義しなさい」といわれたとき，ゲームの例はたくさん心に浮かぶ。五目並べ，花札，かごめかごめ，1人占い，サッカー……。仲間と遊ぶものもあれば，1人で遊ぶものもある。道具を使うものもあれば，使わないものもある。ゲームはなかなかうまく定義できない。しかし，ゲームというカテゴリーはたしかに存在する。このゲームを例として挙げて，古典的カテゴリー観を批判したのが，哲学者ヴィトゲンシュタイン（Wittgenstein, L.）である。彼は，ゲームのすべての例に共通するような特徴，つまり定義的特徴は存在せず，部分的に共通する特徴（「娯楽性」や「勝敗が決まること」など）を通じて事例が相互に緩くつながっていることを指摘し，それを家族的類似性（family resemblance）と名づけた。

厳しい品質管理のもとに生産された工業製品などは別として，自然界を見渡すとまったく同じものは存在しない。人間の家族はもちろんのこと，動物，植

| FIGURE | 8-3 ● 星野富弘「麦の穂」

麦の穂
となりも
麦の穂
ぶつからず
離れすぎず
特に高いものもなく
特に低いものもなく
にてるけれど
みんなちがう
麦の穂
太陽の弓矢

「麦の穂」に見られる家族的類似性。

（出典）　星野富弘氏の許諾を得て掲載。

物など，さまざまなカテゴリーのメンバーは微妙に異なっている。図8-3 に示した，星野富弘の詩画のように，メンバーは「にてるけれどみんなちがう」ものである。この家族的類似性が測定可能であることを明らかにし，家族的類似性と典型性（カテゴリーらしさ）との関係，カテゴリー化におけるその重要性を明らかにしたのが，ロッシュ（Rosch, E.）である。

自然カテゴリーの性質——ロッシュのカテゴリー観

(1) 家族的類似性と典型性

野菜のカテゴリーのさまざまな例について，その特徴を挙げてみよう。

- キャベツ：丸い，大きい，緑色，葉っぱ，食べられる……
- アスパラガス：繊維がある，緑色，細長い，食べられる……
- ダイコン：白い，長い，ひげがある，太い，食べられる……

次に，野菜の事例を通してそれぞれの特徴が出現した頻度を数える。例えば，「緑色」が9の事例において挙げられるとすれば，それは「9点」となる。「丸い」が7つの事例において挙げられていれば，「7点」となる。こうして，キャベツのもつそれぞれの特徴について，出現頻度を算出し，それを合計したものが，家族的類似度である。この得点が高いものは，他のカテゴリーの例にお

第8章　カテゴリー化

TABLE 8-1 野菜と動物の典型性と家族的類似度の例

野菜			動物		
例	典型性	家族的類似度	例	典型性	家族的類似度
キャベツ	1.14	96	トラ	1.20	158
ピーマン	1.30	109	ウマ	1.40	130
タマネギ	1.51	96	イヌ	1.49	124
セロリ	1.71	81	ライオン	1.56	140
パセリ	2.28	76	ウサギ	1.68	126
ソラマメ	3.40	75	スカンク	2.59	108
サツマイモ	3.64	97	ワニ	3.10	120
ダイズ	4.05	55	オットセイ	3.34	88
トウモロコシ	4.35	89	アシカ	3.55	76
ショウガ	4.63	64	ダチョウ	3.69	51
ニンニク	4.98	72	クジラ	4.10	49
トウガラシ	5.42	56	カメ	4.36	50

典型性は1から7の尺度で実験参加者に尋ねたもの。数字が小さいほどカテゴリーらしいことを示す。

(出典) 改田, 1986 を改変。

いても頻繁に出現する特徴を多くもったものである。

表8-1は，野菜，動物の2つのカテゴリーについて**典型性**（カテゴリーらしさ）と家族的類似度を測定したものである（改田，1986）。典型性の高いものから低いものへと順に事例を並べている。この表を見ると，典型性が高い事例は家族的類似度も高いという関係があることがわかる。

(2) 典型性と認知処理

また，典型性は認知処理過程に影響を及ぼすことがわかっている。

① 典型的な事例ほどカテゴリー化が速い。例えば，「キャベツが野菜である」の判断の方が，「ニンニクは野菜である」よりも速い。

② 典型的な事例ほど，カテゴリーの事例として挙げられやすい（高い連想頻度）。例えば，「動物にはどんなものがいますか？」と尋ねられたら，「トラ」や「ウマ」はすぐにその例として挙げられやすいが，「スカンク」や「オットセイ」などは，挙げられにくい。

③ 典型的なものほど記憶されやすい。典型性の高い言葉か低い言葉のいず

TABLE 8-2 ● 典型性とカテゴリー群化

	典型性		
	高い語リスト	中程度の語リスト	低い語リスト
MRR（群化の指標）	.573 (.262)	.418 (.208)	.358 (.192)
再生語数	21.1 (4.9)	17.6 (4.2)	18.3 (4.0)

（　）内の数字は標準偏差。

（出典）石毛・箱田，1984。

れかで記憶リストを構成して，実験参加者に提示すると，典型性の高い言葉は，よくまとまって思い出されるという現象（カテゴリー群化）が起きやすい（表8-2）。

(3) カテゴリーの階層構造と基本水準

ロッシュらは，カテゴリーは3つの水準からなる階層構造をもつと考えた（Rosch et al., 1976）。一番上が上位水準とよばれ，動物，野菜といったようなものであり，その下が基本水準（basic level）でイヌ，ダイコンなどのレベルであり，さらにその下が下位水準で，レトリバー，シェパード，二十日ダイコン，

FIGURE 8-4 ● カテゴリーの階層構造

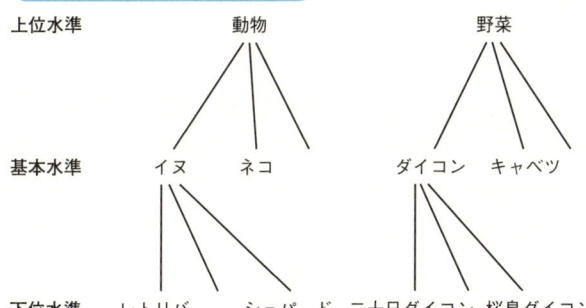

上位水準　　動物　　　　　　　野菜
　　　　　／　＼　　　　　／　＼
基本水準　イヌ　ネコ　　ダイコン　キャベツ
　　　　／　＼　　　　／　＼
下位水準　レトリバー　シェパード　二十日ダイコン　桜島ダイコン

カテゴリーは，3つの水準からなる階層構造をもつ。

桜島ダイコンなどのレベルである（図8-4）。

　ロッシュによれば，最も重要なのは基本水準である。上位水準，例えば「動物」の特徴を挙げなさいといわれても，「動く，足がある」といった程度でそれほど多くの特徴を挙げることはできないが，基本水準である「イヌ」の特徴を挙げなさいといわれると，「動く，足がある，吠える，尻尾を振る，ワンと吠える，人になつく」などと，次々に特徴を挙げることができる。しかし，下位水準，例えば「レトリバー」のもつ特徴を挙げろといわれても，基本水準で挙げられたものを大きく超えることはない。

基本水準は次のような特徴をもつ。

① 基本水準の名称は短い。例えば，イヌ，ネコであり，ゴールデンレトリバー，ペルシャネコなど下位水準の名称に比べればコンパクトである。
② 基本水準の相互の区別は容易である。イヌとネコの区別は容易だが，例えば，シャムネコとアビシニアンネコの違いをいうことは難しい。
③ 日常の認知活動において頻繁に利用するレベルである。「この部屋にネコが入ってきた」とはいうが，「この部屋にペルシャネコが入ってきた」とは普通はいわない。
④ 発達的に最も早期に学習される。子どもは，「ワンワン」「ニャンニャン」の区別から始める。けっして，「シェパード」や「テリア」など下位水準相互の区別から学習するわけではない。

SECTION 3　新たな刺激のカテゴリー化

　外界の事物をカテゴリー化するということは，知識を使って，「できるだけ最小の認知的努力で最大の情報」を得ることである。これまであまり目にしたことがない，したがって知識をほとんどもっていない事象を経験することもあるだろう。顕微鏡を通して見た癌細胞の写真，コンピュータによって人工的に描かれた幾何学的パターンなどがその例である。先行経験に乏しいこのような視覚パターンを見たとき，私たちはどのようにしてカテゴリー化を行うのであろうか。

> プロトタイプ・モデル

前に述べた自然カテゴリーには典型性があった。すべての野菜の例が同じように野菜らしいというわけではない。はじめて目にする対象も同様に，それらを経験するうちに，典型的な表象（プロトタイプ；prototype）が形成され，後のカテゴリー化はこのプロトタイプを用いてなされるという考え方がある。これをプロトタイプ・モデルという。

　フランクスとブランスフォード（Franks & Bransford, 1971）は，あらかじめ，円，三角形，正方形といった幾何学的図形からなる元図形に対して，①左右の交換，②大小関係逆転，③削除，④要素の取り替えなどの変換を1つ加えたものを1次変換，2つ加えたものを2次変換などとし，5次変換図形まで作成した（図8-5のA）。実験参加者に元図形は提示しないで，変換図形だけを提示し学習させた後，元図形を含む，新たな変換図形を提示して，それを見たかどうかということと確信度を尋ねた（転移課題）。実験参加者にはすでに提示した図

FIGURE 8-5 ● プロトタイプ抽出実験

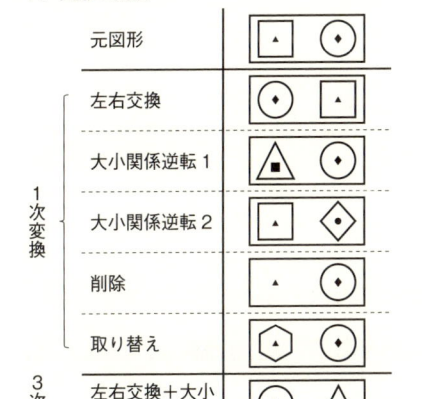

A. 図形の変換

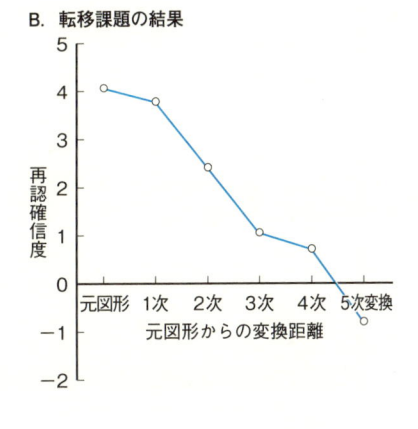

		図形
	元図形	▲ ◆
1次変換	左右交換	◆ ▲
	大小関係逆転1	■ ◆
	大小関係逆転2	▲ ◆
	削除	▲ ●
	取り替え	⬡ ●
3次変換	左右交換＋大小関係逆転＋削除	● △

B. 転移課題の結果

（縦軸：再認確信度 −2〜5／横軸：元図形からの変換距離，元図形・1次・2次・3次・4次・5次変換）

　Aの図形の変換によって元図形を変化させた図形を提示した後で，再認を求めた実験の結果がBである。

（出典）Franks & Bransford. 1971 より作成。

> TOPICS　**8-1 人工物に見られるプロトタイプの変遷——自転車の例**

　母とは何か。自分を産んでくれたから母なのか。育ててくれたから母なのか。父親と結婚しているから母なのか。離婚して去っていった母は母ではないのか。代理母は母ではないのか。卵子を提供しただけの女性は母ではないのか。

　卵子提供者であり，出産し，養育し，父と結婚しており，主婦であるという，母の典型例はたしかに存在するが，社会や医学の進歩とともに，母のカテゴリーは変遷している。このことは，かつてレイコフ（Lakoff, 1987）がその著書，『認知意味論』の中で論じたことである。

　このような変化は，工業製品についても起こっている。例えば，自転車である。自転車にはロードレーサー，マウンテンバイク（MTB），最近では電動アシスト自転車など多くの種類がある。多くの人が普段乗っているのが，軽快車（いわゆるママチャリ）とシティサイクルである。ママチャリは，本来スカートをはいても乗れるように，チェーンカバー，高いハンドル，低い位置にあるあるいはU字型のトップチューブ（両足に挟まれる一番上のフレーム），そして荷物を載せるときに便利なように，後ろの荷台，両立スタンドを備えている。また，リフレクター（光を反射させる板）が泥除けについている（図1のA）。一方，シティサイクルは軽快車とは異なり，スカートで乗ることを前提としない。セミフラットのハンドル，軽快車と同程度，あるいはそれよりも高い位置にあるトップチューブを備え，チェーンカバーはついておらず，スタンドは片側式であり，後ろの荷台はなく，リフレクターは後方のフレームについている（図1のB）。

　ところが，最近，軽快車のスタンドが片側式に変わり荷台がないものや（図1のC），チェーンカバーがなくなったものが登場するようになった。前者はともかく，後者は軽快車とよべるだろうか。高いハンドル，U字型のトップチューブ，両立スタンドがあり，リフレクターも泥除けに残ってはいるが，多くの軽快車とは異なりスカートの裾の巻き込みを防ぐためのチェーンケースがない。それともシティサイクルなのか。

　カテゴリー（プロトタイプ）は変化するものである。従来，軽快車というス

図1● 自転車のカテゴリー

A. 軽快車（ママチャリ）の例　　B. シティサイクルの例

C. 軽快車（ママチャリ）の変異例

　キーマ（典型的知識の枠組み）の中にシティサイクルが取り込まれたことによって新たなものが生まれつつあるのかもしれない。かつて，従来からあったまんじゅうに明治の文明開化の時期に日本に入ってきたパンが取り込まれて，アンパンが生まれ，また定食という日本人がもっているスキーマにラーメンが取り込まれてラーメン定食が登場したように，いままさに自転車にこのような変化が起こっていると考えられる。
　このような目で，身のまわりのものの変化を見ると，絶えずプロトタイプの変遷は起こっている。例えば，電話をする機能しかなかった「携帯電話」の概念は，カメラ機能の搭載，メール機能を中心にした使用によって，「ケータイ」という新たな概念へと変化している。

〔箱田裕司〕

形はまったく出さず，すべてが新奇な図形であった。すべてはじめて見る図形なので，見ていないというのが正確な答えであるが，結果は図8-5のBのグラフが示すように，一度も見ていないはずの元図形に対して一番高い確信度で見たと答え，1次変換，2次変換と変換次数が増すごとに確信度は低下した。このことは，最初に1次変換，2次変換の図形を学習したときに，これらの図形から元図形すなわちプロトタイプを抽出し，見たかどうかのテスト時にプロトタイプとテスト図形との類似性判断を行っていたと考えられる。

経験した多くの刺激から中心的傾向，すなわちプロトタイプを抽出することは，幾何学的図形だけでなく，ドット・パターン，図式的顔，メロディなどさまざまな刺激を用いた実験によって確認されている (Posner & Keele, 1970; Reed, 1972; Welker, 1982)。また人工物（工業製品）についてのプロトタイプについては TOPICS 8-1 を参照されたい。

事例モデル

私たちはプロトタイプを抽出するのではなく，むしろ経験した個別の事例について情報を記憶しており，目にする新しい刺激が記憶にある情報とどれほど似ているかということに基づいて，カテゴリー判断を行っているという考え方がある。これを**事例モデル** (examplar model) という。例えば，「ネコ」について，これまでに見聞きした数多くのネコの情報を記憶しており，いま目の前にいる対象が「ネコ」であるかどうかは，記憶の中の事例情報と比較することによってなされるという。

これまでの研究によれば，プロトタイプが抽出される場合でも個別の事例情報も保持されることが示されている。フランクスとブランスフォードと同様の方法でメロディを用いた実験においても (改田ら, 1987)，再認確信度で調べた記憶の成績は，旧項目は新項目よりもよいこと，しかも一方では同時にプロトタイプ抽出がなされることが示されている（図8-6）。

以上のことから考えると，プロトタイプ・モデル，事例モデルのいずれが正しいのかといった二者択一ではなく，いずれのモデルが支持されるかはそのときの条件によると思われる。記憶すべき事例数が少なければ個別の事例情報に基づき，事例が多ければプロトタイプ情報に基づいてカテゴリー化を行っていると考えられる。それに属するメンバーがあまりに多いカテゴリーについては，個別の事例情報を記憶しようとすると膨大な記憶容量を必要とする。このよう

FIGURE 8-6 メロディのプロトタイプ抽出と事例情報の保持

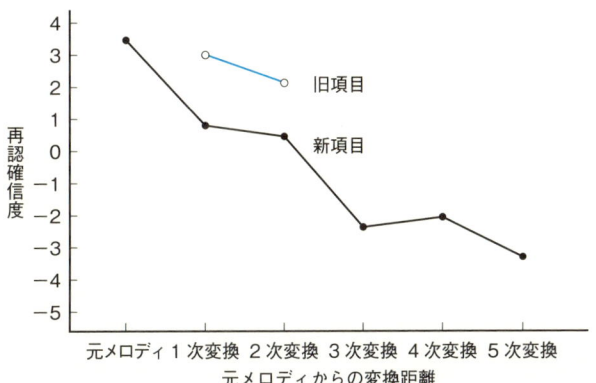

[グラフ: 横軸「元メロディからの変換距離」(元メロディ, 1次変換, 2次変換, 3次変換, 4次変換, 5次変換), 縦軸「再認確信度」(-5〜4)。旧項目と新項目の2系列が示されている。]

元メロディからの変換距離が増加するにつれ，再認確信度は低下する。

(出典) 改田ら，1987を改変。

な場合，多くの事例から抽出されたプロトタイプに基づき，カテゴリー化を行っていると考えられる。

SECTION 4　言語化とカテゴリー化の関係

　私たちは見るもの，聞くもの，すべてを言葉にしようとする。本章の図8-1に挙げた長崎県壱岐市の「猿岩」をはじめ，全国各地にある夫婦岩（石）もその例である。岩は岩としてそのままにしておくのではなく，人はそれに名前をつけたがるものである。かつて，アテネ五輪や北京五輪で卓球選手の福原愛が，試合中にプレーがうまくいくと何ごとか叫んでいたのが話題になった。何を叫んでいるのか。相手に敬意を表して，「サー (Sir)！」と言っている説。いや，そうでなく，「ヤッター！」の「ター！」，あるいは，「ヨッシャー！」の「シャー！」などさまざまな解釈がなされた。このように，人間は曖昧なものを曖昧なものとしておくことはできずに，言語化しようとする。では，カテゴリー

化と言語化は同じなのか。

| 言語相対性仮説 |

言語相対性仮説（linguistic relativity hypothesis）はサピア＝ウォーフ仮説ともよばれる。この仮説では，私たちは言語を用いて自然界をカテゴリー化していると考える。したがって，言語が変われば自然界の認識の仕方，すなわちカテゴリー化も変わってくる。ウォーフ（Whorf, 1956）によれば，カナダ北部の先住民族イヌイットは「雪」という一般的な言葉をもたず，雪について数多くの言葉をもち，さまざまな雪の状態を区別し，アメリカの先住民族ホピ族が使用するホピ語と英語では，「飛ぶこと」や「水」を表す言葉の数が異なる（図8-7）。この仮説をめぐって，今日まで議論が戦わされている。また，第17章にも言語相対性仮説に関する議論が紹介されている。

FIGURE 8-7 言語が異なれば経験のカテゴリー化が異なることを示す例

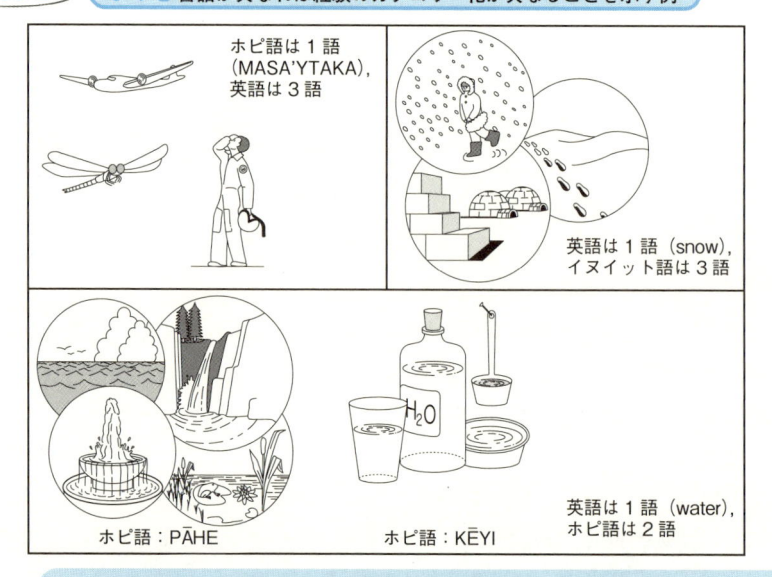

ホピ語は1語（MASA'YTAKA），英語は3語

英語は1語（snow），イヌイット語は3語

ホピ語：PĀHE

ホピ語：KĒYI

英語は1語（water），ホピ語は2語

事象を表現する言葉の数は，言語によって異なる。

（出典） Whorf, 1956 より作成。

ロッシュの説　　ロッシュ（Rosch, 1973）は言葉をもたなくてもカテゴリー化は可能だという。彼女はニューギニアのダニ族162名を対象に研究を行った（図8-8のAは10年程前のダニ族を撮影したもの）。当時、ダニ族は色に関する言葉は、暗いことを意味する「ミリ（mili）」、明るいことを意味する「モラ（mola）」という言葉の2語しかもたなかった。典型的な色（焦点色）を中心にした複数の色チップあるいは非典型的な色を中心にした複数の色チップを提示して、各色チップとダニ語の部族名との対連合学習をさせると、典型的な色ほど学習が速いことがわかった。

　また、幾何学的図形に対応する語彙をもたない彼らに、基本図形（正方形、円、正三角形）とそれぞれに6種の変換を加えて作った図形（図8-8のB）と部族名との対連合学習をしてもらった。また元図形を含めた7つの図形の中から、最も典型的なものを選ぶように求めた。元図形は最も速く正確に学習できること、元図形は最も「典型的」であると判断されることが明らかになった。

　これらのロッシュの研究は色や幾何学的図形についての言葉をもたなくても、

FIGURE　8-8　ダニ族と実験で用いた図形

A. 戦闘の踊りを披露するダニ族

B. 実験において使用した図形

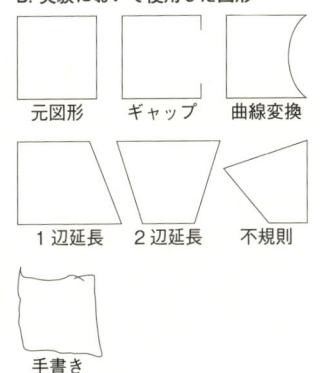

元図形　ギャップ　曲線変換

1辺延長　2辺延長　不規則

手書き

Aはかつてロッシュが研究対象にしたダニ族の10年前の様子。Bはロッシュが実験において使用した図形。

(出典)　A：共同通信社写真提供、B：Rosch, 1973 より作成。

第8章　カテゴリー化　　179

FIGURE 8-9 ● 健常者と患者 L. E. W. による表情写真の分類結果

A. 健常者の分類結果　　　　　　　　B. 言語発話に障害のある患者の分類結果

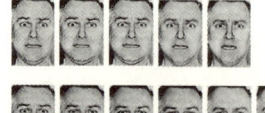

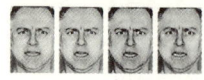

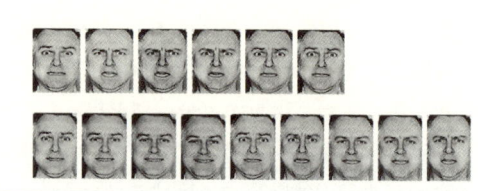

> 健常者は表情をカテゴリー化できるが，患者 L. E. W. はただ視覚的に似ているものを並べてしまう。

（出典）　Davidoff, 2001 より許諾を得て掲載。

それをもっている私たちと同様に典型的な対象を誤りなく速く学習することを示しており，言語相対性仮説の主張とは対立するものである。

しかし，言語相対性仮説が誤りであるという結論で落ち着いているわけではない。例えば，脳損傷が原因で言語発話に重い障害をもつ患者 L. E. W. を調べた研究がある（Davidoff, 2001）。この患者に，エクマン（Ekman, 1992）の研究から選んだ，さまざまな表情の写真を分類してもらった。表情写真はモーフィング技法を用いて，恐れ，幸せ，怒りの表情に連続的に変化するよう作られた1枚の静止画像であった。健常者は恐れ，幸せ，怒りのカテゴリーに分類できる（図8-9のA）のに対して，L. E. W. はカテゴリー化はできず，まず選んだ写真に最も視覚的に（明るさや飽和度など）類似したものを選び，次にそれに似たものをまた選ぶというように分類した。その分類結果では，図8-9のBが示すように恐れ，幸せ，怒りごとの分類はなされていない。この結果は言語がカテゴリー化を行ううえで，カテゴリーの境界を明確化するうえで重要な役割を果たしていることを示唆している。

このほかにも，ロッシュ以降，彼女が行ったような色彩に関する比較文化研究がなされているが，ロッシュとは逆に言語相対性仮説を支持する結果も得られている（Davidoff et al., 1999; Pilling & Davies, 2004）。言語相対性仮説をめ

ぐる論争は，いまなお最終的な決着を見ていない。なお，比較文化心理学における言語相対性仮説の展開については第17章を参照のこと。

SECTION 5 カテゴリー化の領域固有性

　私たちの周囲にはさまざまなカテゴリーの対象がある。すべてのカテゴリーは脳において同じようなやり方で処理されているのか，それともカテゴリーごとに特化したメカニズムによって処理がなされているのかという問題がある。この問題が領域固有性（domain specificity）―領域一般性の問題である。

　領域固有性―領域一般性という概念を理解するためには，モジュール性という概念を考えるとよい。例えば，人間の心はスイス・アーミーナイフのようにそれぞれの特定の機能をもつモジュールからなっており，それぞれのモジュールは狩猟採集民時代の人間に働いた進化のプロセスの中で生まれたとされる。モジュールは，人間が遭遇したさまざまな問題を迅速に解決し，環境の中で生き残っていくうえで有効である（Cosmides & Tooby, 1994）。例えば，顔認識モジュール，情動知覚モジュール，道具使用モジュールなどがあるといわれている（Mithen, 1996）。どちらかといえば，モジュール性が，認知機能を支える構造（アーキテクチャ）を強調するのに対して，領域固有性は，あるタイプの情報に対する特化した心的仕組みを強調する。しかし，モジュール性と領域固有性は厳密な区別がされずに使用される場合が多い。

　カテゴリー化には領域固有性があるのだろうか。この問題に関する解答は，実験的研究および神経心理学的研究から得られる。また，領域固有性―領域一般性については，第9, 14, 15章で取り上げられているので参照のこと。特に，問題解決における領域固有性については，第11章のコスミデス（Cosmides, 1989）の研究を参照のこと。

心理学的研究

　マッシーとゲルマン（Massey & Gelman, 1988）は，3, 4歳の子どもたちに見慣れない事物のさまざまなカラー写真を見せ，それが自力で動くかどうか（つまり動物であるかどうか）を尋ねた。事物は，①哺乳動物，②非哺乳動物，③硬くて複雑な対象，④車輪をもつ対象，⑤見慣れた動物に似た形や部分をもっている像，の5つの

| FIGURE | 8-10 ● マッシーとゲルマンが用いた刺激 |

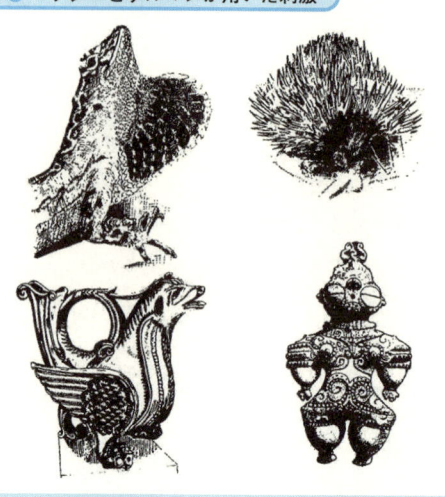

上段左から右の順で，トカゲ（本文中②非哺乳動物），ハリモグラ（本文中①哺乳動物），神話的な生き物に見える容器（本文中⑤見慣れた動物に似た形や部分をもっている像），昆虫の目をした置物（本文中⑤見慣れた動物に似た形や部分をもっている像）。

（出典）　Massey & Gelman, 1988 より雑誌規定に則って掲載。

カテゴリーのそれぞれから選ばれた（例を図8-10に示す）。

　子どもたちは，これまで見たこともない事物でもそれが，動物か動物でないかを（哺乳類であろうとなかろうと），正確に区別する。たとえ，外見上哺乳類に似た「像」であってもそれは自力で動くことを否定した。大半の子どもが動物は自分で動けるが，動物でないものは動くためには外的な力が必要であると答えた。子どもたちが動物でない人工物について語るとき，自分で動くことに必要な動作器官（エイジェント）がないことを指摘する。一方，動物について語るとき，もちろん動きを可能にする体の部分について指摘するが，たとえ脚が見えなくても脚があるとさえ主張する。

　ゲルマン（Gelman, 1990）によれば，子どもは3歳くらいまでには，タランチュラやハリモグラなどの見慣れない対象が動くかどうか識別するために，動

物であるための表面特性（surface characteristics）を学ぶとされる。動物のもつこのような特性が，発達の早期においてもすでに子どもの注意をひきつけるところに，領域固有的な処理メカニズムが関わっていると考えられる。

神経心理学的研究　カテゴリー化に関する領域固有性－領域一般性の問題についての解答は，脳に損傷を受けた患者の研究からも得られる。そのような患者の1人E. W. の症状を見てみよう（Caramazza & Mahon, 2003）。E. W. は，カテゴリー特異的な意味記憶の障害を示す。とりわけ，動物カテゴリーに関わる認知課題がうまくできない。その他のカテゴリーの果物や野菜，それに人工物にはまったく障害が見られない。絵を見せてその名前を言うように求めても，キリンをカンガルーと言ったり，ヤギをリスと言って間違えるが（図8-11のA），果物や野菜，人工物は正確に言える（図8-12のA）。その対象が発する音（鳴き声）を聞かせてその対象が何か

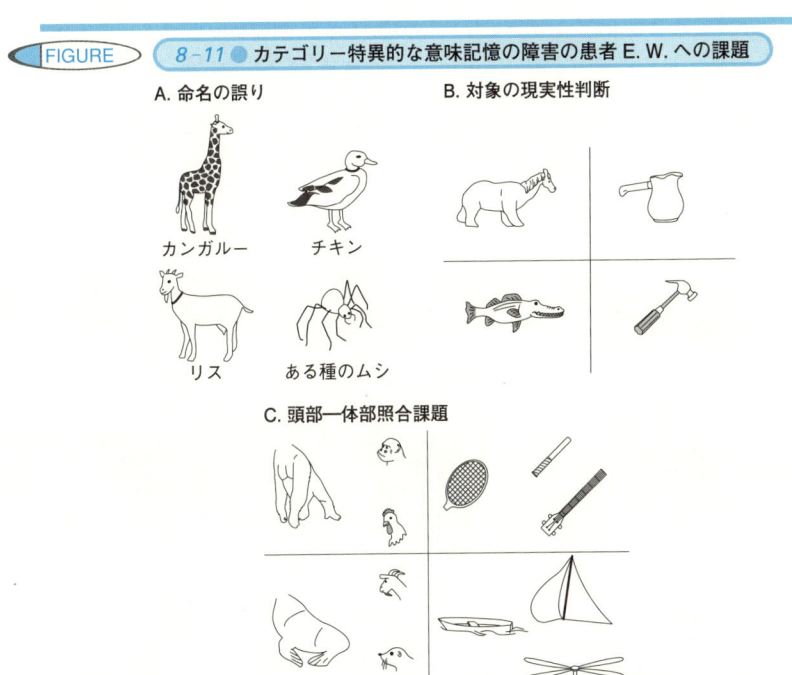

FIGURE　8-11　カテゴリー特異的な意味記憶の障害の患者 E. W. への課題

A. 命名の誤り　　　　　　　B. 対象の現実性判断

カンガルー　　チキン

リス　　ある種のムシ

C. 頭部―体部照合課題

（出典）Caramazza & Mahon, 2003 より作成。

第8章　カテゴリー化　183

TOPICS　8-2 生物画像の変化の認知

　目の前の光景が変化するとき，何かが加わるときの方が，なくなる（削除される）ときよりも気づきやすい。この現象は非対称的混同効果といわれる。文章の校正作業においても文字がつけ加わっている誤り（例えば，"intellligent"という誤り）の方が，文字が削除されている誤り（"inteligent"という誤り）よりも気づきやすい。また，線画の再認や，テーブル・セッティングなどの事物の認知でも，この現象は報告されている。

　しかし，これが生物画像になると話が変わる。たしかに多くの生物画像においても，追加変化が削除変化よりも気づかれやすい。例えば，安藤・箱田（1998）はチョウの写真を使って，追加・削除変化の認知を調べた。チョウ画像のある特徴（前翅，後翅，頭，尾，触角など）を追加したものを追加変化，ある特徴を削除したものを削除変化とした（図1のA）。この研究において，ほとんどすべての特徴について，追加変化が削除変化よりも気づかれやすいという結果が得られた。

　だが，ネコ画像やトリ画像に対してはまったく話が変わってしまう。いずれにおいても，削除変化が追加変化よりも気づかれやすいことが次の実験でわかった。ネコ画像の実験ではまず学習期に，変化を加えていない通常の画像（元画像），もしくは目，耳，前足，後足，尾などを追加あるいは削除変化させた画像（図1のB）を実験参加者に提示し，その後，学習期に一度は見たことの

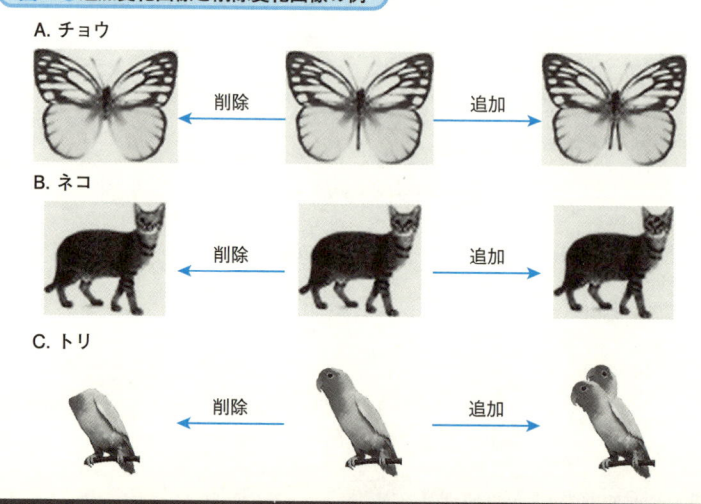

図1 追加変化画像と削除変化画像の例

A. チョウ　　　←削除　　　　→追加

B. ネコ　　　←削除　　　　→追加

C. トリ　　　←削除　　　　→追加

図2 トリの追加変化画像と削除変化画像の再認確信度と印象評定結果

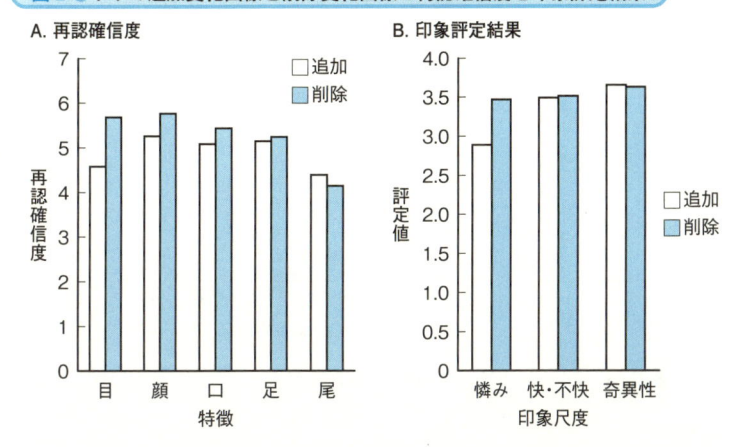

A. 再認確信度

B. 印象評定結果

ある元画像やはじめて見る元画像，元画像に変化を加えた新たな（削除および追加）変化画像を提示して，それらをはじめて見るものか，すでに見たものであるか判断してもらった（安藤・箱田，1999）。そうすると，削除変化させた新たに見る画像を「見ていない」と正しく識別できる率は，追加変化の場合よりも高かった。さらに，その判断への確信度（再認確信度）は削除変化が高かった。

同じことがトリ画像を使った同様の実験（図1のC）でも確認された。トリ画像の削除変化画像は追加変化画像よりも変化に気づかれやすい（図2のA）。また，この非対称性は目や顔といった特徴を中心に顕著に認められる。

さらに，非対称性の背景にどのような仕組みがあるかを調べるために，削除変化画像，追加変化画像の印象について「違和感―共感尺度」を用いて印象評価を参加者に行ってもらった（箱田ら，2008）。「違和感―共感尺度」は奇異性，快・不快，憐みの3因子構造をもつ，16項目からなる尺度である。追加画像と削除画像の差は憐み因子においてのみ現れ，削除変化は追加変化よりも見るものにより強い憐みの印象を喚起させることがわかった（図2のB）。

人はネコやトリのような画像を見るとき，感情を喚起されやすい。この感情の喚起，ここでは削除変化画像が引き起こす憐み感情が，幾何学的図形をはじめ他の多くの刺激図形において起こる削除変化優位の非対称的混同効果の背景にあると考えられる。

〔安藤満代・箱田裕司〕

FIGURE 8-12 ● 患者 E. W. の成績

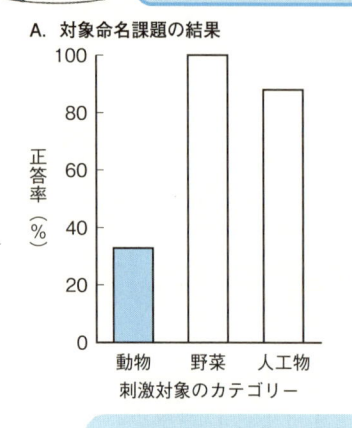

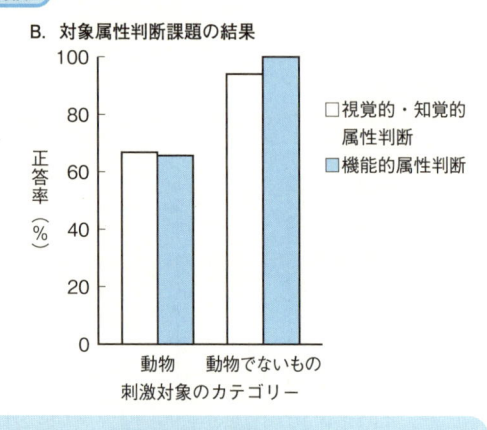

A. 対象命名課題の結果 / **B. 対象属性判断課題の結果**

（B の凡例：□ 視覚的・知覚的属性判断、■ 機能的属性判断）

患者 E. W. は，動物に対して特異的に認知の障害を示す。

（出典）　Caramazza & Mahon, 2003 より作成。

を尋ねると，やはり動物だけが正確にできない（動物は正答率 25%，他の対象は 63%）。また，描かれた対象が現実にあるものかどうか尋ねると（図 8-11 の B），動物の場合のみ判断が不正確である（動物は 60%，他の対象は 90%）。また，頭部と体を照合させる課題（図 8-11 の C）を行ってもらうと，人工物に比べると動物は著しく悪い（動物 60%，人工物 97%）。また，対象がある特徴をもっているかどうかという属性判断を行わせると（例えば，「ウシにはたてがみがあるか？」「クジラは 8 本の足をもっているか？」），動物以外のカテゴリーではほぼ完全に正答を示す（正答率 95%）が，動物では正確に答えられない（65%）。しかも判断を求める属性が視覚的・知覚的なものでも，機能的なものでも正答率は低いが，動物でないカテゴリーに対してはいずれの属性とも正答率は高い（図 8-12 の B）。

この E. W. の症例をまとめると，カテゴリー特異的な意味記憶の障害は，① 生物一般に対しては起こらず，動物というカテゴリーには起こるが，果物や野菜には起こらない，② 調査する属性が視覚的・知覚的属性であっても，機能的属性であっても同程度に認められる。

E. W. と同様な障害を示す症例は，ほかにもいくつか報告されている（カテゴリー特異性に関する理論については第9章の TOPICS 9-1 を参照のこと）。また，E. W. とは逆に動物ではなく果物や野菜に対して障害が認められる症例も報告されている（Capitani et al., 2003）。

　このような症例の存在は，人間が自然環境の中で迅速で，効率的な認識を可能にするために，このような概念カテゴリーを身につけてきたのであり，そのことが，生き残りや再生産に役立ってきたという領域固有性－領域一般性という概念を支持するものである（生物画像に関する追加・削除変化認知の非対称性については，TOPICS 8-2 参照）。

BOOK GUIDE　●文献案内

レイコフ，G./池上嘉彦・河上誓作ら訳（1993）『認知意味論――言語から見た人間の心』紀伊國屋書店
　●認知言語学に関する専門書であるが，カテゴリー化の理論の紹介，論争についてくわしく書かれている。

箱田裕司（1992）『認知科学のフロンティア2』サイエンス社
　●少々古くなったが，改田明子担当の第3章「日常的カテゴリーの概念構造」はロッシュの理論とその問題点を理解するのに役立つ。

Chapter 8 ● 練習問題　　EXERCISE

❶ ものを数えるときに「本」という数量詞を使う場合がある。どんな場合に「本」を使うのだろうか。いくつかの例を出して，そのこととカテゴリー化のメカニズムとの関係について説明しなさい。

❷ ある対象を言語化することによって，その対象の記憶はどのような影響を受けるのだろうか。言語化によるネガティブな影響にはどのようなものがあるか考えなさい。

❸ 古典的カテゴリー観では説明できない事実として，カテゴリー帰属が難しい「不明瞭な事例」がある。この例として，どのようなことがあるか考えなさい。

HINT●p.460

● 箱田裕司

第 II 部

高次の認知心理学

言語・思考・感情

第 9 章 知識の表象と構造

認知のアーキテクチャを探る

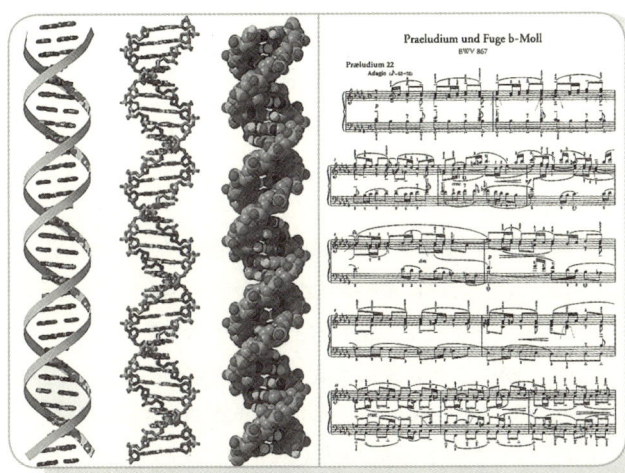

さまざまな知識がある——DNA の二重らせん構造と，バッハ，J. S. の楽譜（右：全音楽譜出版社刊『バッハ 平均律クラヴィーア曲集１〔高木幸三 校訂・解説〕』より転載許諾済み）

CHAPTER 9

- KEYWORD
- FIGURE
- TABLE
- TOPICS
- BOOK GUIDE
- EXERCISE

INTRODUCTION

「知的な行動には，戦略が必要である。しかし，それだけでは十分ではない。もう１つ必要なのが，知識である。専門的な知識が山ほど必要なのである。あなたが生まれつきどれほど利口だったとしても，大量の専門知識をもたない限り，信頼できる医師にはなれない」。これは，実用的な知的システムを研究する知識工学を提唱した，ファイゲンバウム（Feigenbaum, E. A.）の著書の一節である。

知識は，宣言的知識と手続き的知識に分けられるが，どのように異なるのだろうか。人間の認知システムの基本的な設計様式を，「認知のアーキテクチャ」とよぶ。後半では，宣言的知識と手続き的知識の統合を目指したモデルや，脳神経系にヒントを得て考案されたモデルについて紹介しよう。

> **KEYWORD**
>
> 宣言的知識　手続き的知識　表象　命題　意味ネットワーク・モデル
> 意味的関連性　素性比較モデル　活性化拡散モデル　プライミング効果
> スキーマ　スクリプト　プロダクション・システム　ACTモデル
> 系列処理─並列処理　計算論的モデル　コネクショニスト・モデル　意味記憶のカテゴリー特異性　二重乖離　感覚・機能仮説　モジュール性

　宣言的知識と手続き的知識の区別は，古くは哲学者ライルの著書に見られ（Ryle, 1949），認知科学や人工知能研究でも，しばしば用いられてきた（Winograd, 1975）。宣言的知識は，事実に関わる知識（knowing that）であり，情報は意識的に利用可能な形で保持される。例えば，「水1リットルの重さは？」という質問に対して，「1 kg」と答える際に用いられる。

　一方，手続き的知識は行為に関する知識（knowing how）であり，反復練習によって，意識せずに秩序だった行動が可能になることと関係している。例えば，キーボードで日本語を入力する技能の基礎となるような知識である。スクワイア（Squire, 1992）は，健忘症患者の認知障害に関する認知神経心理学研究を通して，長期記憶が宣言的記憶と手続き的記憶に区分できると主張した（第6章参照）。なお，人間の「記憶」は必ずしも正確とはいえず，変容することもある（第5～7章参照）。これに対し，「知識」とは，狭義には客観的に妥当で組織づけられた情報や技能を指す。それでは，そうした知識は私たちの心の中で，どのように形作られているのだろうか。

　心の中に表現された情報やその表現形式を，representationとよぶ。心理学では「表象」，人工知能研究では「表現」という訳語があてられることが多い。知識の基本単位は概念（concept）である。概念は，個々の事物・事象に共通した性質を取り出して得られる表象である。多くの場合，1つの概念は特定の単語によって表現される。例えば，「いす」という概念は，さまざまな形のいすをまとめあげたものである。こうした概念を分類したものがカテゴリーであり，例えば，「いす」は「家具」のカテゴリーに属する（第8章参照）。述語を中心とした知識の基本単位が，命題（proposition）であり，命題は真偽を問うことが可能である（例：「動物は呼吸する」）。宣言的知識は，命題によって表現できる。

SECTION 1 宣言的知識の表象と構造

意味ネットワーク・モデル

　キリアン（Quillian, 1968）によって提案された，意味記憶における概念のモデルは，今日では一般に，意味ネットワーク・モデル（semantic network model）とよばれている。階層的なネットワークを構成する基本単位は，個々の概念に対応するノード（node；節点）と，それらを連結するリンクである。それぞれのリンクは方向性をもち，ノード間の結合関係を示すラベルがつけられている。通常，ノードで表現される個々の概念は，上位概念や下位概念と，いくつかの特性をもつ。概念の意味は，そのノードと連結したすべてのリンクとノードによって構成される。

　コリンズとキリアン（Collins & Quillian, 1969）は，図 9-1 に示した階層的な知識構造を仮定し，その実験的検討を行った。図 9-1 のネットワークでは，キ

FIGURE 9-1 意味ネットワークによる知識構造の例

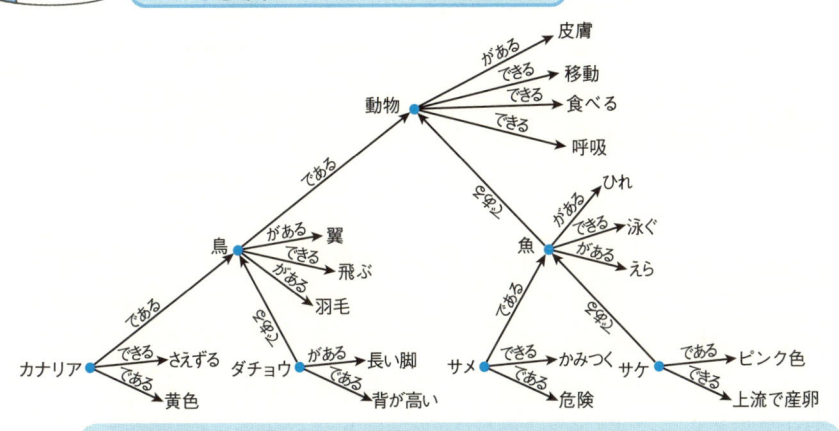

> 階層的なネットワークを構成する基本単位は，個々の概念に対応するノードと，それらを連結するリンクである。

（出典）Collins & Quillian, 1969.

リアンのモデルに基づいて，認知的経済性（cognitive economy）が仮定されている。つまり，上位概念（例：「鳥」）の特性でもある下位概念（例：「カナリア」）の特性（例：「羽毛がある」）は，上位概念を定義するノードだけに貯蔵され，リンクを介して下位概念に継承される。この「特性の継承」によって，意味ネットワークは非常に多くの事実を表現することができる。

コリンズとキリアンは，特定の概念を主語とし，その概念の特性を述語とする文を用いて，実験参加者に文の意味が正しいかを問う真偽判断課題を行うように求めた。例えば，図9-1に示したように知識が貯蔵されていると仮定すると，①カナリア独自の特性に関わる文（例：「カナリアはさえずる」），②カナリアの上位概念である鳥の特性に関わる文（例：「カナリアは飛ぶ」），③鳥の上位概念である動物の特性に関わる文（例：「カナリアは皮膚がある」）の順で，判断のためにたどるリンクの数が多くなる。実験の結果，仮定された知識構造において，文の真偽判断のために検索されるリンクの数が多いほど，実験参加者の反応時間が長いことが見出され，モデルの仮定は妥当であると解釈された。

意味的関連性 コリンズとキリアンの研究に続いて，意味記憶の構造に関する多くの研究が行われ，このモデルと一致しない実験結果が，いくつか報告された。リップスら（Rips et al., 1973）は，①上位概念であるカテゴリー名に対する連想頻度が高く，典型性が高い事例を用いた文（例：「ハトは鳥である」）の方が，連想頻度が低い事例を用いた文（例：「ダチョウは鳥である」）よりも真偽判断の反応時間が短く，また，②動物は哺乳類の上位概念にあたるにもかかわらず，「イヌは動物である」という文の方が，「イヌは哺乳類である」といった文よりも反応時間が短いことを見出した。

リップスらは，さらに，12のカテゴリー成員とカテゴリー名自体に関して，一対比較による関連度の評定を実験参加者に求め，そのデータに多変量解析（多次元尺度構成法）を適用した。哺乳類の場合の分析結果を，図9-2に示す。リップスらは，第1次元（横軸）を「体の大きさ」，第2次元（縦軸）を「捕食性」と解釈している。リップスらは，図9-2に示したような意味的距離（意味的関連性）によって，文の真偽判断課題の反応時間を予測できると主張した。

素性比較モデル スミスら（Smith et al., 1974）は，意味的関連性の効果などを階層的なネットワーク・モデル

FIGURE 9-2 ● 哺乳類12事例に関する多次元尺度構成法の解

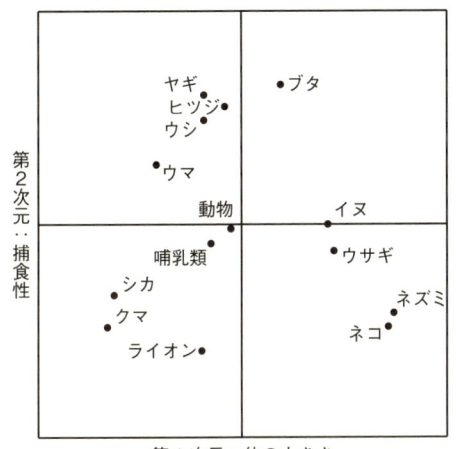

第2次元：捕食性

ヤギ
ヒツジ
ウシ
ウマ
動物
ブタ
イヌ
哺乳類
シカ
クマ
ライオン
ウサギ
ネズミ
ネコ

第1次元：体の大きさ

実験参加者の評定値を分析した結果，「体の大きさ」と「捕食性」の2次元が見出された。

(出典) Rips et al., 1973.

では説明できないため，素性比較モデル (features-comparison model) を提案した。スミスらによれば，概念は素性の集合として記憶される。素性には，その概念にとって中心的であるような定義的素性 (defining feature) と，個別の特徴にすぎない特徴的素性 (characteristic feature) がある。

　素性比較モデルでは，文の真偽判断に関して，2水準の決定段階を仮定する。第1段階では，主語と述語のすべての素性が比較され，両者の類似度が判定される。この段階で類似度が基準値よりも高ければ，「真」の反応がなされ，基準値よりも低ければ「偽」の反応がなされる。類似度が中程度の場合には第2段階へ進み，定義的素性のみに従って判断が下される。この素性比較モデルは，連想強度や，カテゴリーにおける頻度などの効果をうまく説明できた。

　意味ネットワーク・モデルに対して，素性比較モデルはいくつかの重要な特質を備えている。第1の特徴は知識表象のレベルにある。キリアンらによるネットワーク・モデルでは，概念は局所的に表現され，それ以上は分解されない。こうした形式を，局所表現 (local representation) とよぶ。これに対して，素性比較モデルが用いたように，概念を特徴の集合として扱う立場を，分散表現 (distributed representation) とよぶ（第4節参照）。第2の特質は，ネットワー

ク・モデルが構造を重視しているのに対して，素性比較モデルが処理過程を重視している点にある。

活性化拡散モデル　コリンズとロフタス（Collins & Loftus, 1975）は，批判的な知見をふまえて，意味ネットワーク・モデルに，リンクの意味的関連度と処理過程の概念をつけ加えた活性化拡散モデル（spreading activation theory）を提案した。コリンズとロフタスは，それぞれのリンクが，意味的走査の過程でどれだけ速くたどられるかを示す強度値を有していると仮定し，この意味的関連度（リンク強度）を2つのノード間の距離にたとえた（図9-3）。

コリンズとロフタスによる修正モデルでは，意味的走査を，固有の関連度をもつリンクを介して実行される，連続的な活性化の拡散と見なしている。「活

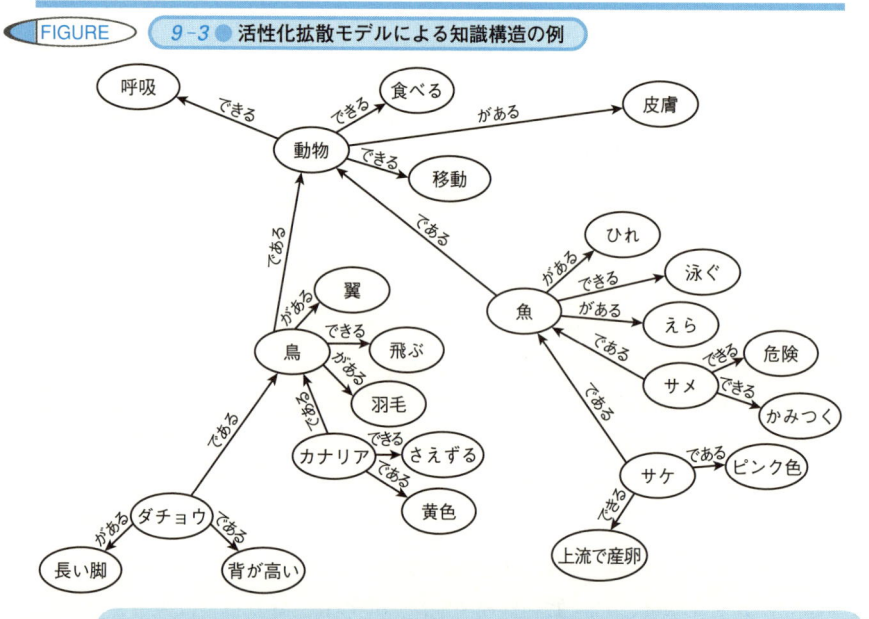

FIGURE 9-3 ● 活性化拡散モデルによる知識構造の例

2つのノード間の距離は意味的関連度を表しており，特定の概念ノードを処理すると，リンクを介した並列的な活性化の拡散が生じると仮定している。

（出典）　Lachman et al., 1979；高橋雅延, 2008 を一部改変。

性化する」とは，既存の知識構造において，特定の記憶表象がただちに利用可能な状態に変換されたことを意味する。そして，ある概念を処理すると，当該のノードからリンクに沿った連続的なエネルギーの流れが引き起こされ，それぞれのリンクの意味的関連度に応じて，近接した概念も活性化されるとし，ネットワークにおける情報の走査を，並列的な活性化の拡散としてモデル化した。

活性化の減衰は時間経過に比例し，リンク強度に反比例する。また，複数の概念ノードからの活性化は加算される。さらに，文の真偽判断課題などで，処理が評価段階に進むためには，当該の概念ノードの活性化が閾値を超えなければならないと仮定されている。そして，評価段階では，文に対して肯定的証拠と否定的証拠とが吟味され，設定された判断基準に従って「真か偽」の判断がなされる。意味記憶から検索を行う際に，活性化の拡散が生じている証拠の1つとして，意味的プライミング効果（semantic priming effect）を挙げることができる。

意味的プライミング効果 プライミング効果とは，先行刺激が後続刺激の処理に影響を及ぼすことを指す。促進的効果だけでなく抑制的効果も見出されているが，促進的な影響のみを指してプライミング効果とよぶ場合もある。言語刺激を処理する際に，こうしたプライミング効果が生ずることは，非常に多くの実験によって確認されている。

メイヤーとシュヴェインヴェルト（Meyer & Shvaneveldt, 1971）は，2つの文字列を継時的に提示し，それぞれが単語であるかどうかを実験参加者に判断させた。この場合，第1刺激をプライム（prime），第2刺激をターゲット（target）とよび，単語か否かの判断をする課題は，語彙決定課題（lexical decision task）とよばれる。

実験の結果，2つの単語が意味的連想関係にある場合（例：「パン」と「バター」）の方が，連想関係がない場合よりも，ターゲットの語彙決定課題における反応時間が短く，誤答率も少ないことが示された。こうした結果は，意味記憶内で特定の概念が活性化されると，関連した概念も一時的にアクセスのしやすさが増すことを示しており，活性化拡散モデルの仮定を支持していると解釈できる。プライミング効果においても，先に説明した連想強度（意味的関連性）の要因が重要な役割を果たす（都築，1993）。

なお，現在，プライミング効果という言葉は，異なった2種類の実験パラダ

イムに基づいた知見に対して用いられている。上記の現象は，先行刺激と後続刺激が同一ではないという意味で，間接プライミング，または，意味的プライミングとよばれる。これに対して，学習時に提示した単語と同じ単語の一部の文字を，空白で置き換えた刺激を用いた保持テスト（単語完成課題；word fragment completion task；Tulving et al., 1982）などによって見出される効果を，直接プライミング，または反復プライミングとよんで区別する。スクワイア（Squire, 1992）によれば，直接プライミングは手続き的記憶の一種と見なされている（第6章参照）。

2 スキーマとスクリプト

スキーマ

人間の言語や推論といった高次の認知過程を扱うためには，活性化拡散モデルよりもさらに構造化された知識表象が必要である。スキーマ（schema）は，知識を体制化する心的な枠組みであり，関連した概念を組み合わせて，意味のあるまとまりを作り出す。外界から情報を収集し処理する際に，人間は構造化されたスキーマを用いると考えられている。

バートレット（Bartlett, 1932）は，過去の経験から体制化された抽象的なスキーマが，人間の記憶において，重要な役割を果たすことを実験によって示した。また，ピアジェ（Piaget, 1952）は，①スキーマ（仏語では，シェマ〔schéma〕）の発達的な構成過程と，②スキーマへの同化やスキーマ自体の調節という機能的な変化を分析し，発達心理学に大きな影響を及ぼした（第15章参照）。1970年代の後半から，認知研究の領域で，知識構造に関する枠組みがいくつか提案された。ラメルハートとオートニー（Rumelhart & Ortony, 1977）によるスキーマと，シャンクとエイベルソン（Schank & Abelson, 1977）によるスクリプト（次項参照）がその代表例である。

ラメルハートとオートニーは，スキーマを「記憶に貯蔵された一般的な概念を表現するデータ構造である」と定義し，次のような特徴を挙げた。①スキーマは固定的な要素と可変的な要素をもつ。情報が欠けている場合は，最も典型的な値（デフォルト値）が割り当てられる。例えば，「顔」スキーマは，目，鼻，

口，耳などの要素によって構成され，それぞれ微妙に変化するが，典型的な形は容易に想定できる。②スキーマは他のスキーマを内包するような埋め込み構造をもつ（例：「目」スキーマは「顔」スキーマに内包される）。③具体的なレベルから高度に抽象的なレベルまで，さまざまな抽象度のスキーマが存在する。④スキーマは，辞典にある定義ではなく，百科事典的な知識を表現する。

一方，人工知能研究においても，本章の冒頭で引用したファイゲンバウムの言葉に見られるように，いかにして知識を表現し利用するかは，本質的なテーマである。人工知能研究者は，高度な判断を行う情報処理システムを実現するために，フレーム（frame; Minsky, 1975）など，スキーマをさらに精緻化した知識表現手法を発展させた。

スキーマと関連して，社会心理学では，個人が特定の社会的集団やその成員に対して抱いている，一般化された信念や期待などの認知様式を，ステレオタイプ（stereotype）とよんでいる。ステレオタイプに基づいて，その集団や成員に対する評価や感情が生じ，さらには特定の行為となる。ステレオタイプには否定的な認知だけでなく，肯定的な認知も含まれるが，否定的なステレオタイプは，評価・感情における偏見（prejudice）や，選別的な行為である差別（discrimination）につながる（第16章参照）。

スクリプト

シャンク（Schank, 1972）は，自然言語処理研究の立場から，コンピュータによる言語理解を目指し，文の意味的な分析を推し進めて，概念依存理論（conceptual dependency theory）を提案した。この理論では，文の意味を曖昧でない標準化されたネットワーク表現（概念依存構造）とするため，物理的動作，精神的動作，状態の変化などを記述する，11種類の基本動詞が用いられた。概念依存理論の限界の1つは，階層性の概念が含まれていないことにある。例えば，「レストランで食事をする」や「医者にかかる」といった，比較的込み入った事柄を概念依存構造で表すと，非常に複雑なネットワークになってしまう。

この問題に対して，シャンクとエイベルソン（Schank & Abelson, 1977）は，スクリプト（script）理論を提案した。スクリプトは，特定の文脈における，適切な連続した事象を記述した構造をもつ。スクリプトは，入力情報を事象の全体構造に関連づけることによって，意味理解に必要な知識を提供する。さらに，特定の状況において，部分的な情報に基づいた行為の予測を可能にする。特定

TABLE 9-1 ● レストラン・スクリプト

名前	レストラン	登場人物	客
道具	テーブル メニュー 料理 勘定書 金 チップ		ウェイター コック 勘定係 経営者
		結果	客の所持金が減る 経営者はもうかる 客は満腹になる
前提条件	客は空腹である 客は金をもっている		

場面1：入場	場面3：食事
客はレストランに入る 客はテーブルを探す 客はどこに座るかを決める 客はテーブルへ行く 客は座る	コックは料理をウェイターに渡す ウェイターは客に料理を運ぶ 客は料理を食べる
	場面4：退場
場面2：注文	ウェイターは勘定書を書く ウェイターは客の所へ行く ウェイターは客に勘定書を渡す 客はウェイターにチップを渡す 客は勘定係の所へ行く 客は勘定係に金を払う 客はレストランを出る
客はメニューを取り上げる 客はメニューを見る 客は料理を決める 客はウェイターに合図する ウェイターがテーブルに来る 客は料理を注文する ウェイターはコックの所へ行く ウェイターはコックに注文を伝える コックは料理を用意する	

特定のスクリプトは，登場人物，道具，前提条件，複数の場面と下位の行為系列から構成されている。

（出典） Bower et al., 1979；川崎，2001 を改変。

のスクリプトは，登場人物，用いられる小道具，前提条件，複数の場面と下位の行為系列（および，行為の結果）から構成されており，これらに対して典型的なデフォルト値が設定されている（表9-1）。

　バウアーら（Bower et al., 1979）は，スクリプトの心理学的な妥当性を検討するため，記憶課題を用いた実験を行った。その結果，人間がスクリプトのよ

うな，構造化され，デフォルト値をもつ知識構造を利用していることが示された。

シャンクは，スクリプトよりも上位の文脈として，プラン，ゴール，テーマという3つの階層を仮定した。例えば，「戦争に勝つ」というテーマに対して，「敵を油断させる」というゴール，「通常の活動に見せかけて戦争計画を進める」というプランを想定することができる（Schank, 1990）。

スクリプト理論の限界として，スクリプトの内容が固定的で進展がないことや，類似したスクリプト同士が相互に独立していることなどを指摘できる。こうした問題点に対して，シャンク（Schank, 1982）は，MOP（memory organization packets）という動的な知識の理論を提案した。この理論では，従来は固定的であったスクリプトが，複数の場面に関する知識から再構成される，「知識のパッケージ」に修正された。

意味ネットワーク，スキーマ，スクリプトと述べてきたが，構造化された知識をうまく用いれば，さまざまな状況に応じた，行動や推論の指針が得られることが多い。特定の状況で適切な行為を選ぶという問題は，次に説明する手続き的知識の問題と関連する。

SECTION 3 手続き的知識の表現

プロダクション・システム

プロダクション・システムは，ニューエルとサイモン（Newell & Simon, 1972）による問題解決のシミュレーション研究の中で提案された，知識表現の枠組みである（第11章参照）。数十年にわたり，有効な手法の1つとして，人工知能研究やその関連領域で盛んに用いられてきた。

プロダクション・システムは，「もし，得られた情報が条件部Cを満たすならば，行為部Aを実行せよ」といったプロダクション・ルール（"if-then" rule, production rule）の集合に基づいて，系列的に制御された推論を実行する。プロダクション・システムは，①情報のリストを一時的に保持するワーキングメモリ，②長期記憶に対応するプロダクション記憶（ルールの集合），③ルールの実行を制御するインタープリタから構成される（図9-4）。

プロダクション・システムでは，「条件照合―競合解消―実行」（matching,

| FIGURE | 9-4 ● プロダクション・システムの基本構造 |

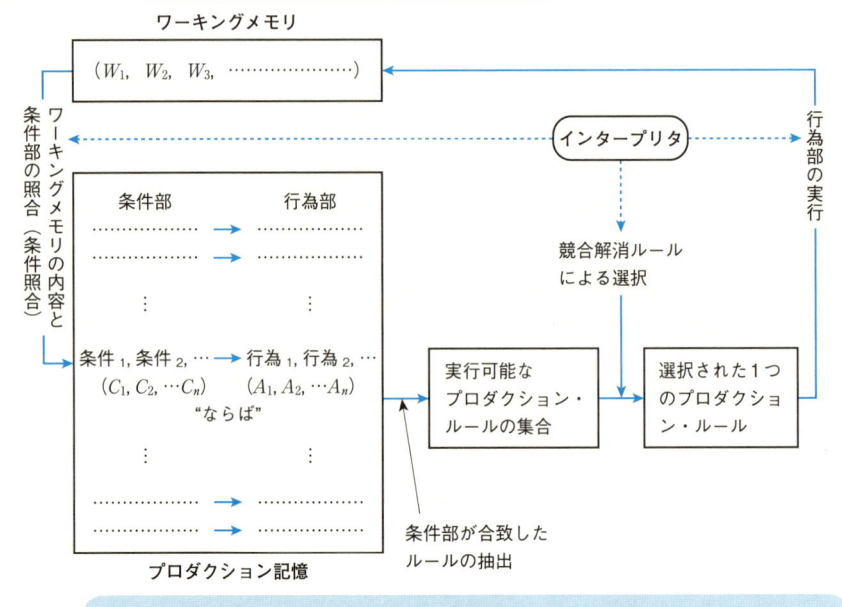

ワーキングメモリ
$(W_1, W_2, W_3, \ldots\ldots\ldots\ldots\ldots)$

条件部　　　行為部

条件$_1$, 条件$_2$, …　→　行為$_1$, 行為$_2$, …
$(C_1, C_2, \cdots C_n)$　　$(A_1, A_2, \cdots A_n)$
"ならば"

プロダクション記憶

インタープリタ

競合解消ルールによる選択

実行可能なプロダクション・ルールの集合

条件部が合致したルールの抽出

選択された1つのプロダクション・ルール

ワーキングメモリの内容と条件部の照合（条件照合）

行為部の実行

> ワーキングメモリ，プロダクション記憶，インタープリタの3つから構成され，条件照合―競合解消―実行という順序で処理が行われる。

（出典）　安西ら，1982；都築，1999a。

conflict resolution, execution) というアルゴリズムを用いる。条件照合段階では，条件に適合するルールをすべて探し出す。競合解消段階では，特定の基準に従って最も有望なルールを1つ選択し，実行段階では，選択されたルールが適用される。初期状態から出発し，目標状態に至るまでこうしたサイクルが繰り返され，ルールの系列が形成されていく。このように個々のルールは単純であるが，その組み合わせによって，複雑な課題を遂行することが可能になる。

プロダクション・システムは，個々のルールの表現形式が単一であるため，作成しやすく，ルールの追加や変更が容易であるといった長所をもつ。短所としては，①ルールは表層的知識の表現であるため，相互関係が不明確であり，知識全体の構造を把握しにくい，②競合解消の方略を吟味しないと，システム

の動きをうまく予測できない，などを挙げることができる。さらに，人間は並列的に処理を行っていると考えられるが，プロダクション・システムは系列処理に基づいており，人間の認知モデルとしては限界がある。

　1970年代の半ばまで，知識表現の研究には2つの流れがあった（Sternberg, 2006）。人工知能や計算機科学の研究者は，手続き的知識のモデルを精緻化させ，認知心理学者は，宣言的知識に関するさまざまなモデルを検討していた。1970年代末には，人間の認知に関する統合的なモデルが，いくつか提案されるようになった。

SECTION 4　統合的なモデル

ACT

　アンダーソン（Anderson, J. R.）は，文を構造化された命題的ネットワーク表象に変換して記憶する，初期のHAMモデル（human associative memory model; Anderson & Bower, 1973）を発展させ，1976年にACT（adaptive control of thought）を発表した。ACTモデルは記憶にとどまらず，言語の理解・産出，推論，知識獲得といった，広範囲にわたる知的活動を扱うことを目的とした。そのため，HAMモデルの機能に加えて，ACTでは，宣言的記憶に関しては意味ネットワークが，手続き的記憶についてはプロダクション・システムが用いられた。その後，このモデルはACT*（ACT star: Anderson, 1983），ACT-R（Rはrationalの略; Anderson et al., 2004; Anderson & Lebiere, 1998）と改良が進められた。

(1) ACT*

　ACT*モデルでは，活性化された知識（記憶）に対して，プロダクション・ルールの条件照合が行われる（Anderson, 1983；図9-5）。こうした活性化の制御が，人間の連想記憶や注意の仕組みをシミュレートした重要な部分となっている。活性化拡散モデルと同様に，ACT*の宣言的知識のネットワークにおいて，外的な刺激や内的な処理の結果，特定のノードが活性化される。そして，特定のノードから，強度値をもったリンクに沿って，ネットワーク上を活性化が拡散していく。個々のリンクの強度値は，用いられた頻度によって変化し，頻度が高ければ値は強められる。このようにして，宣言的知識の学習が行われ

FIGURE 9-5 ● ACT* モデルの概要

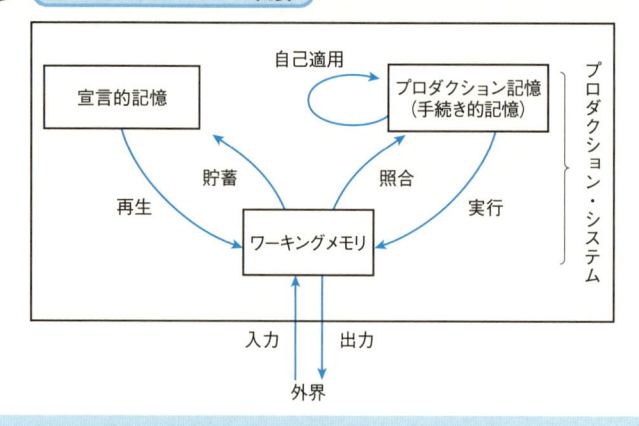

```
                    自己適用
    ┌─────────┐          ┌─────────────┐  ╲
    │ 宣言的記憶 │          │プロダクション記憶│   ╲
    └─────────┘          │(手続き的記憶) │    ╲ プ
         │    貯蓄    ↗   └─────────────┘     ╲ ロ
         │          照合        │              ╲ ダ
      再生│                    │実行            ╲ク
         ↓          ↓          ↓                ション
        ┌──────────────────────┐              ╱・
        │    ワーキングメモリ    │              ╱シ
        └──────────────────────┘             ╱ス
              ↑        ↓                    ╱ テ
             入力      出力                  ╱ ム
              │        │                   ╱
              外界
```

宣言的記憶と手続き的記憶が明確に区別され，後者はプロダクション・システムによって処理されると仮定された。

(出典) Anderson, 1983 を一部改変。

る。

　一方，手続き的知識（プロダクション・ルール）の獲得は，①明示的なルールをよく考えながら用いる段階，②一貫したやり方で，ルールを反復練習していく段階，③ルールを無意識的に用い，手順が十分に調整されて，実行速度や正確さも高くなる段階からなる。こうした学習の進展を，手続き化（proceduralization）とよぶ。

　手続き化は，手続きに関する低速で顕在的な情報（宣言的知識）を，高速で潜在的な実装形式（手続き的知識）に変換する過程であり，「プロダクションへのコンパイル（production compilation）」ともよばれている。例えば，自動車の運転も，苦労して免許を取得してから1年もたてば，会話や音楽を楽しみながら，特に意識せずにハンドルやペダルを操作できるようになるであろう。

　手続き的知識の学習は，複数の関連したルールを単一のルールに統合することや，既存のルールをほかの状況に一般化することによってもなされる。さらに，特定のプロダクション・ルールがうまく起動されると，そのルールの強度が1単位分だけ増大すると仮定されている。これは，学習における練習効果に

対応している。

(2) ACT-R

新しい ACT-R では，宣言的知識の基本単位をチャンク（chunk）とよぶ。チャンクは活性値をもち，手続き的知識の基本単位であるプロダクション・ルールも，有用度（utility）とよばれる値をもつ。知識の構成単位は単純な形に整理され，目標指向的なシステム構成となっている。

大きな枠組みとして，ACT-R は意図モジュール，視覚モジュール，運動モジュール，そして2種類の知識モジュールから構成される（図9-6 ; Anderson et al., 2004）。モジュールとは，脳内のほぼ独立した機能部分を意味する（第5節参照）。各モジュールは，対応するバッファ（buffer ; 情報を一時的に保持する

FIGURE 9-6 ● ACT-R モデルの概要

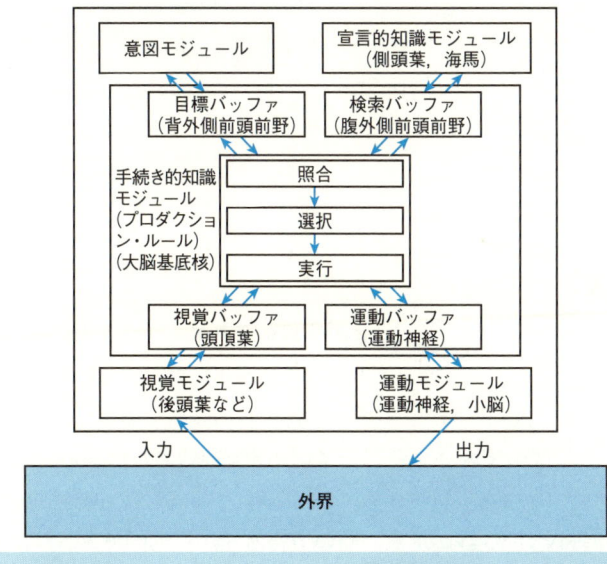

プロダクション・システムを中心に，2種類の知識モジュール，意図モジュール，視覚モジュール，運動モジュールから構成されている。個々のモジュールやバッファと，脳領域との対応づけが試みられている。

（出典） Anderson et al., 2004 を一部改変。

領域）を通してのみアクセス可能である。最近，fMRIによって得られる脳内の活性化パターンと，モデルのモジュールやバッファとの対応づけが試みられるようになった。

　ACT-Rは，プロダクション・システムを中心にすえた理論であり，人工知能研究で利用されることが多い，LISP (LISt Processor) というプログラミング言語で書かれている。ACT-Rはフリーソフトとして公開されており，自由に試用できるが，LISP言語の知識がある程度必要である。

　アンダーソンの研究は，基本的には記号処理によって，人間の認知に関する一般モデルを構築しようとする試みであった。ただし，改良された最近のモデルでは，活性値や有用度といった量的な処理過程（記号下〔subsymbolic〕とよぶ）も重視されている。こうした記号的表象による認知の統一モデルとしては，ほかにもプロダクション・システムを中心にすえた，ニューエル (Newell, 1990) の Soar (state operator and result) がよく知られている。

　ACTやSoarのような包括的なモデルは，冒頭でも述べたように，人間の複雑な知識・認識システムに関する基本的な機構（設計仕様）という意味で，「認知のアーキテクチャ (architecture)」とよばれる。次に説明するコネクショニスト・モデルも，こうした認知アーキテクチャの1つである。また，特定の認知過程や認知構造を仮定し，実際にコンピュータ・シミュレーションを行う場合，計算論的モデル (computational model) という名称が用いられる。プロダクション・システムとコネクショニスト・モデルは，近年，計算論的モデル構成における主要な2つの手法である。

コネクショニスト・モデル

従来の情報処理モデルでは，人間もコンピュータと同様に，情報を系列的に処理すると仮定していた。しかし，人間の脳は，外界や内部からの多様な情報を，ほぼ同時に処理している。最近のデスクトップ・パソコンに内蔵されているCPUは，1秒間に約20億個の命令を実行できる。これに対して，個々の神経細胞 (neuron) が発火するには約0.03秒かかる。脳の情報処理が系列的であれば，生体を取り巻く膨大な情報を処理するうえで，神経細胞はあまりにも低速であろう。

　コネクショニスト・モデル (connectionist model) は，脳の神経細胞に対応した単純な処理ユニットのネットワークを用いて，人間の認知の仕組みを理解しようとするアプローチであり (McClelland, 1999)，並列分散処理モデル (paral-

FIGURE 9-7 神経細胞(左)と，コネクショニスト・モデルのユニット(右)との対比

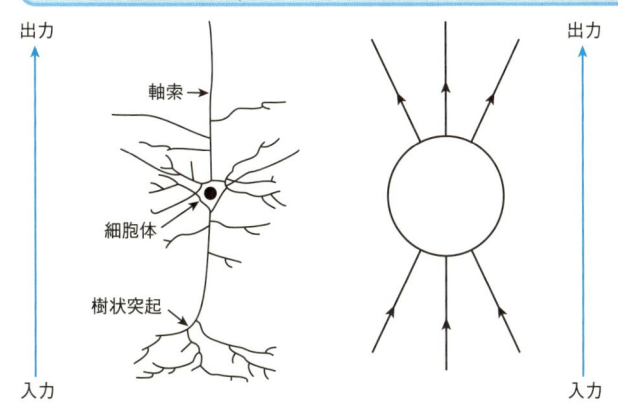

出力　軸索　細胞体　樹状突起　入力

ともに入力信号の和が閾値を超えると，他の細胞またはユニットに信号を送る働きをする。

（出典）McLeod et al., 1998 を一部改変。

lel distributed processing〔PDP〕model）や，ニューラル・ネットワーク・モデル（neural network model）とほぼ同義である。

図9-7に，神経細胞と，コネクショニスト・モデルのユニットを，対比して示した。ともに入力信号の和が閾値を超えると，他の細胞またはユニットに，信号を送る働きをする。各ユニットは活性値をもち，学習によって強度値（結合荷重；connection weight）が変化する結合を通して，活性化を伝播し，並列的に相互作用する。コネクショニスト・モデルにおいて，知識は結合荷重のパターンとして表現され，新たな知識の獲得は，学習規則に基づいた個々の結合荷重の調節によってなされる。

このように，ネットワークを構成する要素は，それぞれ比較的単純で局所的な計算を行うだけであるが，大規模な並列処理における相互作用の結果，ネットワーク全体として，複雑な情報処理を実行できる。また，コネクショニスト・モデルは，外界の複雑な様相を柔軟かつ連続的に学習していくことができ，劣化した情報の補完や，類似性に基づく一般化などが可能である。このモデルは，記憶，学習，言語，思考，認知発達，脳の障害（TOPICS 9-1参照），精神

TOPICS 9-1 知識（意味記憶）の障害とモデル

　われわれのもっている認識能力のうち，最も基本的で，進化論的にも意味のある能力は，動物や物体をいともたやすく認識できる能力である。この認識能力とその障害，すなわち物体の認識に選択的な障害をもつ脳損傷患者の認知過程に関する研究は，われわれの知識（意味記憶）の構造について重要な手がかりを提供してくれている。とりわけ特定の対象の認識や呼称についてだけ障害を有する患者のデータは示唆に富む。これを意味記憶のカテゴリー特異性とよぶ。ここでは，過去30年に及ぶ意味記憶のカテゴリー特異性についての研究を概説する。

　脳に障害をもつ患者の中には，生物の命名に重篤な障害が認められても，非生物には障害が認められないという意味で「特異的」な障害をもつ患者が存在する。症例は少ないが，これと反対のパターンをもつ患者も存在する。これを生物と非生物の二重乖離とよぶ。この研究から根元的な問いを発することができる。例えば，視覚的に提示された対象を認識する際のプロセスとはどのようなものなのか。私たちは，ある種の脳損傷によって障害を受けやすいカテゴリー特異的な認識システムを進化させてきたのであろうか。どうやってそれらを獲得し，それをどのように動物と非動物に体制化するのであろうか。カテゴリーの違いによる根本的な特性の差は何なのだろうか。脳損傷後に現れるカテゴリー特異性を説明するためにはどのようなモデルが必要なのだろうか，などである。

　ワリントンとシャリス（Warrington & Shallice, 1984）は，カテゴリー特異性についての古典的な説明を行った。これが，過去30年以上にわたって論争を引き起こしてきた。ワリントンとシャリスは生物の認識が困難な患者を記述した。患者 J. B. R. は動物や果物や野菜といった生物の絵を認識することに重篤な障害を示した。にもかかわらず彼は家具，道具，着物といった非生物の認識は保たれていた。興味深いことに J. B. R. は食べ物，宝石，楽器，生地の種類にも困難を示した。このことは J. B. R. が一貫した生物と非生物という二分類法的乖離を示しているわけではないことを示している。その結果，ワリントンとシャリスは，カテゴリー特異的な障害は対象の認識のためには種類の異なる情報が必要であると考えた。生物を区別するためには感覚的情報が決定的に重要であり，一方，機能的情報（例えば，どうやってそれを使うのかといった）が非生物を区別するためには重要であると考えた。この感覚・機能仮説は，近年におけるカテゴリー特異的な障害の説明のために最も広く用いられてきた仮説である。

ファラーとマクレランド（Farah & McClelland, 1991）は，ワリントンとシャリスの「感覚・機能仮説」に基づいてコネクショニスト・モデルを構築した。できあがったモデルに損傷を加えたとき，生物と非生物の対象の認識に二重乖離が生じた。分散表現された2種類の意味記憶，すなわち視覚的意味記憶と機能的意味記憶とが損傷を受けたとき，生物と非生物の知識が障害されることが説明された。

　カラマッツァとシェルトン（Caramazza & Shelton, 1998）は，カテゴリー特異的な神経認識システムを支持する「カテゴリー特異性理論（領域固有性理論）」を展開し，われわれが3つの認識システム，動物と植物と非生物を進化させてきたと論じている。しかし，なぜ人間は動物と植物と非生物の認識システムを進化させなければならなかったのだろうか，という疑問は残る。

　上述のカラマッツァとシェルトンの「領域固有性理論」とワリントンとシャリスの「感覚・機能仮説」に加えて，カテゴリー特異的な障害についての重要な説明が近年なされている。ハンフリーズとフォード（Humphreys & Forde, 2001）のHIT（Hierarchical Interactive Theory）理論は，症例のパターンを説明する際に，関連したカテゴリーの事例の類似性が関与していることが強調されている。彼らは生物についてのカテゴリー選択的な障害は，これらの事例が知覚的に類似した事例をもつカテゴリーに属しているからだとする。ランバートとシャピロ（Lamberts & Shapiro, 2002）は，この類似性原理から，生物に選択的なカテゴリー特異的な障害のシミュレーションを行った。

　一方，ダマシオら（Damasio et al., 1996）は，脳損傷患者に有名人の顔，動物，道具の命名を行わせ，左半球の異なる領野が物体認識に関与していることを明らかにした。人名に関しては左側頭極，動物の名前に関しては下側頭葉，道具に関しては下側頭葉後部が関与している。また，ダマシオらは健常な実験参加者に対してPETを用いて物体命名課題遂行時における左半球の活性化を測定した。その結果，課題ごとに賦活された部位は，脳損傷患者において見出された部位と一致していた。

　以上30年にわたる研究の流れを概観した。「意味記憶の障害に関するカテゴリー特異性」は最近30年にわたって一貫して研究者の関心を集めてきたテーマであり，多くの事実が明らかになってきたにもかかわらず，決定的な解答は得られていない。なお多くの疑問が残されている。これらの問題に答えるため，さらなる研究が待ち望まれている。

〔浅川伸一〕

FIGURE 9-8 ● 多層ネットワークの例と誤差逆伝播法

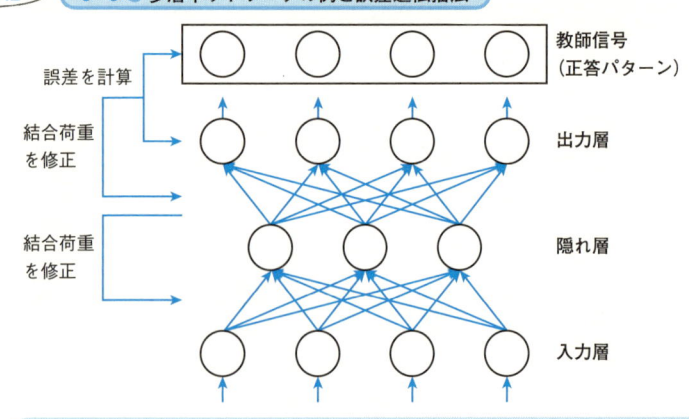

誤差を計算
結合荷重を修正
結合荷重を修正

教師信号（正答パターン）
出力層
隠れ層
入力層

出力と正答との誤差に基づいて，入力層，隠れ層，出力層という情報の流れとは逆の順番で，結合荷重を修正し，ネットワークの学習を行う。

（出典）　淺川，1995 を改変。

医学，社会的相互作用など，多くの領域に適用されてきた（Bechtel & Abrahamsen, 2002；守ら，2001；都築ら，2002；Van Overwalle, 2007）。

　実際の人間の脳神経系は，約 1000 億個の神経細胞から構成され，個々の神経細胞は約 1 万個の神経細胞と結びついている。神経細胞内の情報伝達は電気的・離散的であるが，神経細胞間の情報伝達は，神経伝達物質を介して化学的・量的である。そういった意味で，コネクショニスト・モデルは，実際の神経細胞の振る舞いに対する，おおまかな近似にすぎない点に留意すべきであろう。

　コネクショニスト・モデルは，ネットワークの形態と，情報の表現形式によって分類できる。まず，ネットワーク構造に関しては，①入力ユニットから出力ユニットまで順方向に結合されている多層ネットワーク（multi-layered network；図 9-8）と，②ユニット間に双方向性の結合を有する相互結合ネットワーク（interconnected network；図 9-9）が基本である。前者が，入力から出力への写像として表現できる問題に適しているのに対し，後者は多数の情報が相互に制約し合う状況で，最適解を見つける課題に適している。また，③多層ネ

FIGURE 9-9 ● 相互結合ネットワークの例

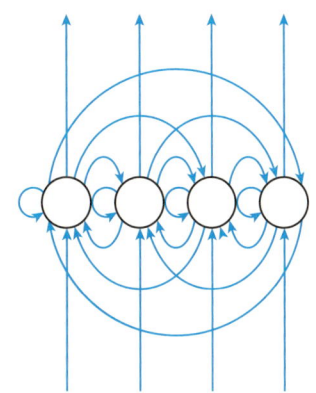

このタイプのネットワークでは，すべてのユニット間に双方向性の結合を設定する。

（出典）都築，1999b。

9-10 ● 単純再帰ネットワークの例

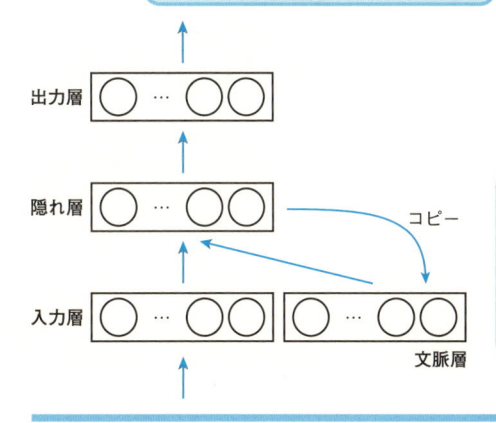

出力層
隠れ層
入力層　　　　文脈層
コピー

3層のネットワークに，一時点前の隠れ層の内容を保持する文脈層（ワーキングメモリ）が追加されている。こうした構造を用いることにより，時間的な系列を学習できる。

（出典）Elman, 1990.

ットワークにフィードバック結合を加えたネットワークもしばしば用いられる。例えば，エルマン（Elman, 1990）が言語獲得研究で提案した，単純再帰ネットワーク（simple recurrent network；図9-10）は，数多くの研究で用いられた（第10章参照）。

　知識の表現形式は，①1つのユニットの活性化が文字，単語，文などに対応する局所表現と，②1つの概念を多数のユニットの活性化パターンで表す分散

TOPICS 9-2 相互結合ネットワークにおける計算

　コネクショニスト・モデルによるシミュレーションでは，特定のネットワーク構造を仮定するが，処理過程自体は行列・ベクトル計算の反復にすぎない。ネットワークにおける計算の概略を具体的にイメージしてもらうため，簡単な例を示す。この例では，ユニットがすべて双方向に結合されている，相互結合ネットワークを用いる（図1）。そして，2つのパターン（分散表現）を学習し，不完全なパターンを手がかりとした再生（想起）が可能であることを説明しよう。

　第1の学習パターンを仮に「イヌ」と名づけ，第2パターンを仮に「ハト」と名づける。第1パターンは，(＋，－，＋，－，＋，＋，－，－)，第2パターンは，(＋，＋，－，－，－，＋，－，＋) とする。ここで，"＋" は＋1.0，"－" は－1.0の活性値を表す。2パターンのベクトルの内積は，0となるように設定した。

　基本的な学習則であるヘッブ則（Hebbian rule；Hebb, 1949）を用いて，ユニット間の結びつきの程度（結合荷重）を変化させてみよう。ヘッブ則の基本的な仮定は，「同時に発火したニューロン間のシナプス結合は強められる」というものであり，式で表すと下記となる。

$$\Delta w_{ij} = \varepsilon a_j a_i$$

　　（Δw_{ij}：結合荷重の変化，ε：学習率定数，a_i：ユニットiの活性値）

　つまり，1回の学習において，結合するユニットiとユニットjの活性値，学習率定数εという3者の積を求め，その値の分だけ結合荷重を増減させる。ユニットの活性値や結合荷重と，ネットワーク表示との対応関係は，図1を参照していただきたい。

　結合荷重の初期値はすべて0とし，学習率定数εを下記の値に設定する。

$$\varepsilon = 1/(\text{ユニット数}) = 0.125$$

図1 相互結合ネットワーク

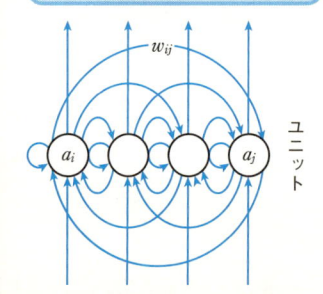

　本例題では8ユニットだが，煩雑になるので4ユニットの図を示す（a_i：ユニットiの活性値，w_{ij}：ユニットiとユニットjの結合荷重）

通常，個々のユニットの活性値は，先回の活性値が減衰した値と，他のユニットからの寄与の総和とを足し合わせたうえで，その合計の絶対値が1.0以下になるような活性化関数を用いる。しかし，この例では要点をわかりやすくするため，特別な活性化関数は設定しない。

初期値では，結合荷重行列 W はゼロ行列であるから，第1パターン（イヌ）を学習した後の W は，下記の積を求めればよい。

$$W = 0.125 \, (1.0,\ -1.0,\ 1.0,\ -1.0,\ 1.0,\ 1.0,\ -1.0,\ -1.0) \begin{bmatrix} 1.0 \\ -1.0 \\ 1.0 \\ -1.0 \\ 1.0 \\ 1.0 \\ -1.0 \\ -1.0 \end{bmatrix}$$

次に，第2パターン（ハト）について同様の計算を行い，2つの行列の和を求める。つまり，2つのパターンを1回ずつ学習した結果，結合荷重行列 W は以下のようになる。

$$W = \begin{bmatrix} .25 & .00 & .00 & -.25 & .00 & .25 & -.25 & .00 \\ .00 & .25 & -.25 & .00 & -.25 & .00 & .00 & .25 \\ .00 & -.25 & .25 & .00 & .25 & .00 & .00 & -.25 \\ -.25 & .00 & .00 & .25 & .00 & -.25 & .25 & .00 \\ .00 & -.25 & .25 & .00 & .25 & .00 & .00 & -.25 \\ .25 & .00 & .00 & -.25 & .00 & .25 & -.25 & .00 \\ -.25 & .00 & .00 & .25 & .00 & -.25 & .25 & .00 \\ .00 & .25 & -.25 & .00 & -.25 & .00 & .00 & .25 \end{bmatrix}$$

学習後のネットワークに，一部が欠落した情報を与えて再生を行ってみよう。イヌのパターンの第1～第6要素はもとのままで，第7，第8要素を0.0とおくと，$(1.0,\ -1.0,\ 1.0,\ -1.0,\ 1.0,\ 1.0,\ 0.0,\ 0.0)$ となる。このベクトルと上記の結合荷重行列との積は，$(0.75,\ -0.75,\ 0.75,\ -0.75,\ 0.75,\ 0.75,\ -0.75,\ -0.75)$ である。

再生されたパターンの符号は，学習したイヌのパターンと一致しており，不完全な情報から，学習パターン全体が補完されて再生されたということができる。ハトの例でも，同様の結果が得られるので，実際に計算してみよう。

なお，コネクショニスト・モデルの詳細に関しては，守ら（2001），McLeod et al.（1998），都築ら（2002）を参照してほしい（このTOPICSの内容は，都築，1999bに基づく）。

〔都築誉史〕

表現に分類できる。例えば,「イヌ」をパターン（＋,－,＋,－,＋,＋,－,－）と,「ハト」をパターン（＋,＋,－,－,－,＋,－,＋）と対応づけるのが分散表現である（＋は＋1.0,－は－1.0の活性値を表す）。TOPICS 9-2 に,相互結合ネットワークにおける簡単な計算例を示す。

ラメルハートら（Rumelhart et al., 1986）によって提案された,多層ネットワークにおける誤差逆伝播法（error back propagation）は,コンピュータの処理能力の飛躍的な向上を背景として,それまで困難であった具体的な諸問題（音声認識,画像認識,プロセス制御など）に対してかなり有効であったため,学際的に多大な影響を及ぼした。誤差逆伝播法は,出力ユニットの活性値と,正答にあたる教師信号との誤差を計算し,それに基づいて,入力層,隠れ層,出力層という情報の流れとは逆の順番で,つまり,①隠れ層－出力層の結合荷重の修正,②入力層－隠れ層の結合荷重の修正という順序で,ネットワークの学習を行う（図9-8）。

ただし,従来の記号処理モデルの方が,コネクショニスト・モデルよりも認知過程を簡潔に記述できる場合が多い。つまり,微視的構造レベルからのアプローチは,高次認知過程を扱ううえで克服すべき問題点が少なくない。しかし,コネクショニスト・モデルの研究者の多くは,このモデルが仮定している微視的構造が,認知の基礎となっており,高次認知機能の特質をとらえるために必要不可欠であると主張している（Elman et al., 1996; McClelland, 1999）。

コネクショニスト・モデルのアーキテクチャを用いて,記号表現も取り扱おうとする立場があり,記号的コネクショニスト・モデルとよばれる。こうした方向性で,最近,記号処理とコネクショニズムのハイブリッド・モデルが,いくつか提案されている（Hummel & Holyoak, 2003a; Kintsch, 1998; 都築・楠見, 2005）。

ラメルハートとノーマン（Rumelhart & Norman, 1988）は表象システムを,①命題に基づくシステム,②アナロジー的表象システム,③手続き的表象システム,④分散的知識表象システムといった4カテゴリーに分類している。本章で紹介した宣言的知識のモデルは,命題に基づくシステムに該当する。アナロジー的表象システムとしては,心的イメージがその代表例である（第6章参照）。

SECTION 5 認知における領域一般性と領域固有性

　初期の人工知能研究では，ニューエルら（Newell & Simon, 1972）による問題解決のシミュレーション研究に代表されるように，一般的なモデルが追求されたが，扱われた課題は論理学やパズルなどであった。同様に，認知心理学においても，1960年代から1970年代半ばまでは，認知過程を一般的に理解することを重視する傾向があった（Sternberg, 2006）。

　1970年代後半から1980年代にかけて，領域固有性の方向に認知研究のトレンドが変化した。その一例として，チェスにおける熟達者の知識に関する実証的研究を挙げることができる（Chase & Simon, 1973b）。また，フォーダー（Fodor, 1983）による『精神のモジュール形式』という著作は，領域固有性をとりわけ強調し，大きな影響を与えた。

　フォーダーは，あらゆる関連情報を参照した処理を必要とする中央系と，知識のよび出しを必要としない機能単子系（入力系）とを明確に区別し，後者の性質を モジュール性（modularity）と名づけた。つまり，知覚系や初期段階の言語系といった各モジュールは，作動が高速，強制的，無意識的であり，領域固有的（個々のモジュールは特定の情報タイプのみを扱う）であって，利用できる情報源が限られている（情報遮蔽性；informationally encapsulated）と主張された（第11章の図11-12も参照）。フォーダーは，単語認知といった比較的低次の処理においてモジュール性を主張したが，この考え方は，ガードナー（Gardner, 1983）の多重知能理論や，アンダーソンのACT-Rなどのように，さらに高次の認知過程にも応用されている。

　音声に由来するため言語は系列的であり，言語に大きく依存するため，意識の流れも概して継時的である。高速化によって系列処理を突き詰めたコンピュータの発展は，認知心理学に大きな影響を及ぼしてきた。しかし，われわれの脳で行われている情報処理が超並列分散処理であることは，ほぼ間違いないであろう。認知研究は，認知過程へのアプローチと，認知構造へのアプローチに分けることができる。系列処理－並列処理や，遂行の熟達化という認知過程の問題は，本章で述べてきたように，知識構造の問題と深く関連している。

BOOK GUIDE ●文献案内

守一雄（1995）『認知心理学』岩波書店
● 認知モデリングに重点をおいた教科書であり，本章で紹介したさまざまなモデルが，図表を用いて詳細に説明されている。

都築誉史編（2002）『認知科学パースペクティブ——心理学からの10の視点』信山社出版
● コネクショニスト・モデルを重視して構成された教科書であり，諸領域における近年の研究動向が，9人の分担執筆者によって解説されている。

荒屋真二（2004）『人工知能概論——コンピュータ知能からWeb知能まで（第2版）』共立出版
● 人間の知能を生み出す諸機能をコンピュータ上に実現しようとする人工知能研究の概要が解説されており，知識の表現と利用に関するプログラミング手法が示されている。

守一雄・都築誉史・楠見孝編（2001）『コネクショニストモデルと心理学——脳のシミュレーションによる心の理解』北大路書房
● コネクショニスト・モデルに関して，従来の研究の概観，具体的な研究例，数理的基礎が詳細に解説されている。

都築誉史・楠見孝編（2005）『高次認知のコネクショニストモデル——ニューラルネットワークと記号的コネクショニズム』共立出版
● 人間の高次認知機能（記憶，言語，思考）に関する，内外の著名な研究者の論文が収録されている。記号処理とコネクショニズムのハイブリッド・モデルにも焦点をあてている。

Chapter 9 ● 練習問題　EXERCISE

❶ 宣言的知識と手続き的知識とを比較した場合，一方がもう一方の基礎になっているのだろうか。両者はどのような関係があるのだろうか。身近な例で考えてみよう。

❷ 認知モデリング研究で知られるアンダーソン（Anderson, J. R.）やマクレランド（McClelland, J. L.）は，充実したホームページで研究やソフトウェアを公開している。こうした著名な研究者のサイトにアクセスし，認知心理学におけるモデル構成の意義について考えてみよう。

❸ エルマンのグループによって，tlearn というコネクショニスト・モデルのフリーソフトが公開されている。モデルが実際にどのように動くのか確かめてみよう。

HINT ● p.461

● 都築誉史

第10章 言語理解

言葉を処理する心の仕組み

『空気の精エアリエルによって導かれるファーディナンド』
（ミレー, J.-F., 1849年）と『窓辺で手紙を読む少女』
（フェルメール, J., 1658-1659年）

CHAPTER 10

言語を理解し産出する能力は，人間を他の動物と区別する重要な特徴の1つである。言葉によるコミュニケーションは，友人関係から政治活動まで，社会的な相互作用の基盤となっている。普通子どもは，特に苦労せずに母国語を話せるようになるが，読み書きの習得には長い時間がかかる。

人類は約5万年以上前に，音声言語を獲得したらしい。これに対して，文字が成立したのは約5000年前にすぎない。文字の発明によって，空間と時間を超えた情報の伝達や，抽象的な思考が可能となった。

言語の研究は，音韻論（音声の仕組み），形態論（語の仕組み），統語論（文の構成法），意味論（理解の仕組み），語用論（発話の理解）といった下位領域に分けることが多い。本章では言語理解に焦点をあて，単語認知，心的辞書，文理解，言語と脳といった問題について紹介していこう。

- KEYWORD
- FIGURE
- TABLE
- TOPICS
- BOOK GUIDE
- EXERCISE

INTRODUCTION

> **KEYWORD**
>
> 心的辞書　単語認知　コホート・モデル　相互活性化モデル　形態素解析　単語音読　二重経路モデル　トライアングル・モデル　眼球運動　感覚様相間プライミング法　語彙的多義性　潜在意味分析　構文解析　統語・意味　句構造文法　生成文法　格文法　ガーデンパス・モデル　統語的な多義性　制約依存モデル　プロソディ情報　コネクショニスト・モデル　単純再帰ネットワーク（SRN）　文章理解　構築−統合モデル　テキストベース　状況モデル　事象関連電位　失語症　神経心理学　ウェルニッケ＝ゲシュヴィント・モデル　脳イメージング

SECTION 1　単語認知と単語音読

単語認知のモデル　日本の新聞雑誌には，地名や人名を除いて5万語前後の単語が使われている。言語情報の保持と，その利用について明らかにしようとするとき，語彙情報の集合体を指す**心的辞書**（mental lexicon）という概念が用いられてきた（都築ら，2008）。心的辞書には，膨大な数の単語（成人では約5万語以上）が，形態，音韻，意味，統語といった属性情報とともに保持されていると考えられる。**単語認知**の目標は，心的辞書が有する情報にすばやくアクセスすることにある。

　単語認知は，聴覚による音声言語の処理と，視覚による文字言語の処理に区分できる。おもな単語認知モデルとして，マースレン−ウィルソン（Marslen-Wilson, 1987）の**コホート・モデル**（cohort model）と，マクレランドとラメルハート（McClelland & Rumelhart, 1981）の**相互活性化モデル**（interactive activation model）を挙げることができる。コホート・モデルは音声言語の処理を扱っているが，相互活性化モデルはおもに文字言語の処理に焦点をあてている。

⑴　音声言語

　コホート・モデルでは，単語の音声が入力されると，候補として初頭部の音素（言語で用いる音を区別する最小単位）を共有する単語群（コホート）が並列的に活性化され，次に，意味情報や統語情報などを利用して候補が絞り込まれる

FIGURE 10-1 文の音声波形と語境界の例

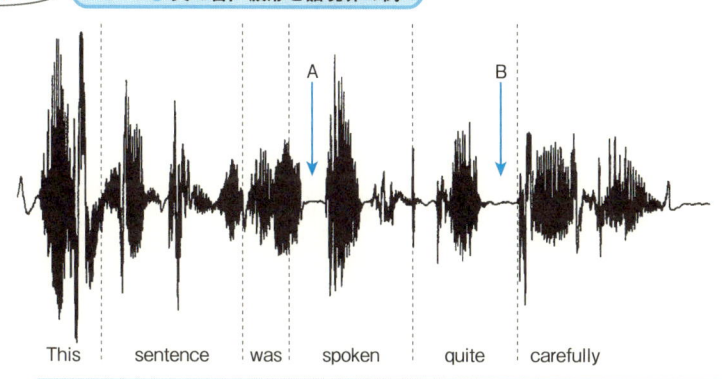

This　sentence　was　spoken　quite　carefully

音声の切れ目が，語境界と一致することもあるが（図中B），連続する音素が結合する同時調音のため，一致しないことも多い（図中A）。

（出典） Gaskell, 2005 を一部改変。

と仮定する。例えば，単語が /sta/ の音で始まれば，第1音が同一である stack, stand, stamp, stance, standard などを含むコホートが活性化され，続く単語の音声や前後の文脈によって，ある時点で1語（例：stamp）に絞り込まれると考える。

　連続した音声を区切って音素や単語を認知するには，複雑な処理が必要となる。図10-1は，文の音声波形と，語境界（word boundary）を示している（Gaskell, 2005）。音声の切れ目が語境界と一致することもあるが（例：図10-1のB；quiteとcarefullyの間），そうでないことも多い（例：図10-1のA；wasとspokenの間）。これは，発話では連続する音素が結合する同時調音（coarticulation）が生じるためであり，音声の切れ目は，語境界の指標としてあまり有効ではない。

(2) 文字言語

　音素の区切りが不明確な音声言語に較べて，文字言語では単語の始めと終わりが判別しやすい。欧米言語の正書法（orthography）では，分かち書きの習慣があり，単語を明確に識別できる。日本語は，助詞や助動詞などの付属語によって文法的な関係を示す膠着語（agglutinative language）であり，文理解にお

第10章　言語理解　219

FIGURE 10-2 ● 単語認知の相互活性化モデル

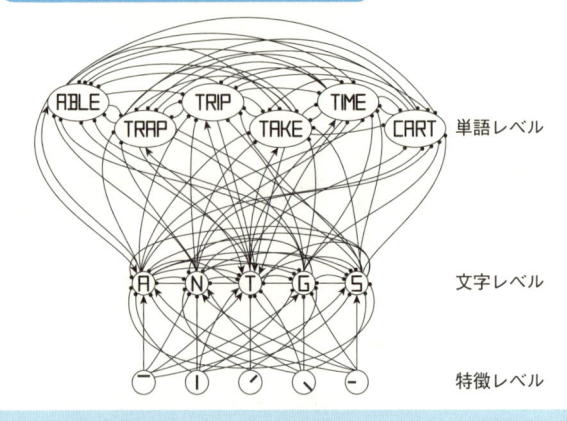

矢印は促進的結合を，黒丸は抑制的結合を示している。ボトムアップ情報とトップダウン情報が相互作用して処理が進行する。

（出典）　McClelland & Rumelhart, 1981.

いて，まず文を単語に分割することが問題となる。意味を担う最小の言語要素を形態素（morpheme），この形態素を同定する処理を形態素解析（morphological analysis）とよぶ。日本語においても，音声言語より文字言語の方が形態素解析が容易であることは明らかであろう。また，音声言語は系列的でその場限りであるが，文字言語の場合は何度も読み返すことができる。

　文字言語に関する相互活性化モデルでは，処理ユニット群とその相互関係が詳細に設定されており，実際にコンピュータ・シミュレーションが行われた（図10-2）。このモデルは，第9章で紹介したコネクショニスト・モデルの初期の研究例であり，文字が単語の一部である場合の方が認知しやすいという，単語優位効果（word superiority effect）などの実験結果を適切に説明できた。各レベルは，相互に結合された多数の処理ユニットの集合から構成されており，促進的結合は矢印で，抑制的結合は黒丸で表現されている（図10-2）。また，低次から高次のレベルへのボトムアップ情報と，高次から低次のレベルへのトップダウン情報との相互作用のもとに，処理が進行すると仮定されている。

　相互活性化モデルは当初，視覚的な単語認知のモデルとして提案されたが，

| FIGURE | 10-3 言語理解の相互活性化モデル |

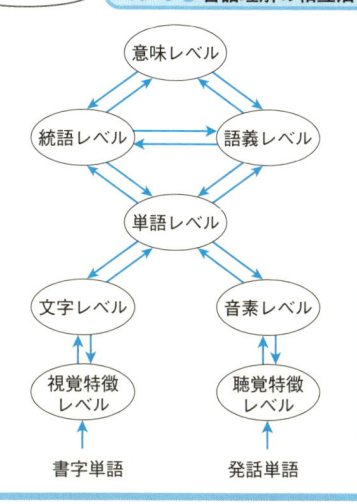

```
            意味レベル
           ↗↙    ↘↖
       統語レベル ⇄ 語義レベル
           ↘↖    ↗↙
            単語レベル
           ↙↗    ↖↘
       文字レベル   音素レベル
          ↕↕         ↕↕
       視覚特徴      聴覚特徴
        レベル       レベル
          │           │
        書字単語     発話単語
```

楕円で表された各レベルは，多数の処理ユニットの集合である。言語理解過程において，単語同定，統語解析，意味解析が相互に影響を及ぼしながら，処理が進行すると仮定されている。

（出典）　McClelland, 1987 を一部改変。

TRACE モデル（McClelland & Elman, 1986）と名づけられた音声言語の認知モデルや，言語処理のモデル（McClelland, 1987）へと拡張された。図 10-3 は拡張された相互活性化モデルの枠組みを表しており，特徴レベル，文字・音素レベル，単語レベル，統語・語義レベル，意味レベルからなる多層ネットワークによって構成されている。

図 10-4 に，言語使用（理解と産出）に関する系列的なモデルを示す（坂本,2000）。このモデルでは，言語理解と言語産出は同じ認知システムを使用するが，処理の方向は逆転すると仮定している。言語理解過程は，知覚処理の後に，音声・文字の処理，単語処理，統語解析，意味解析，文脈解析，総合判断といった順序で系列的に実行されると考える。

こうした系列的なモデルでは，言語理解における複数の処理が一方向に固定されてしまう。これに対して，相互活性化モデルは，異なるレベル間の情報の流れを制限せず，多様な処理過程を一様な構造のもとで把握できる。

単語音読のモデル

視覚提示された文字言語の音読は，それ自体，重要な現象であるが，認知心理学では，単語認知過程や心的辞書の機能などを調べるため，測定技法として音読課題が頻繁に

FIGURE 10-4 ● 言語使用（理解と産出）の系列的モデル

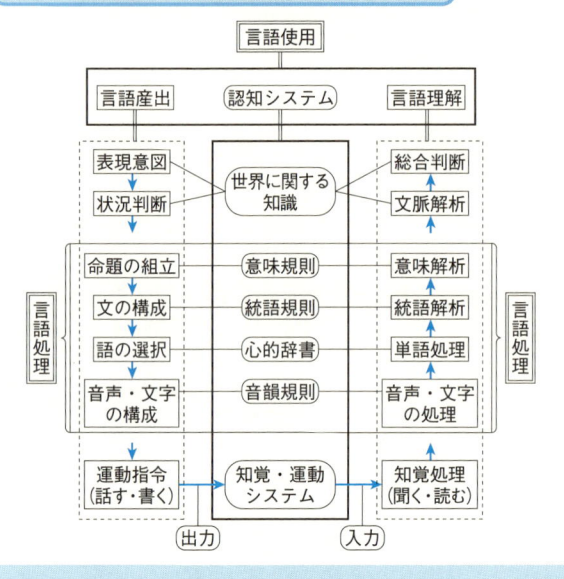

```
                    言語使用
          ┌───────────┼───────────┐
        言語産出    認知システム    言語理解
      ┌─────────┐              ┌─────────┐
      │ 表現意図 │   世界に関する  │ 総合判断 │
      │ 状況判断 │     知識      │ 文脈解析 │
      │         │              │         │
      │命題の組立│   意味規則    │ 意味解析 │
言語   │ 文の構成 │   統語規則    │ 統語解析 │  言語
処理   │ 語の選択 │   心的辞書    │ 単語処理 │  処理
      │音声・文字│   音韻規則    │音声・文字│
      │ の構成  │              │ の処理  │
      │         │              │         │
      │運動指令 │  知覚・運動   │ 知覚処理 │
      │(話す・書く)│  システム   │(聞く・読む)│
      └─────────┘              └─────────┘
           出力              入力
```

> このモデルでは，言語理解と言語産出が同じ認知システムを使用し，処理の方向が逆になると仮定している。言語理解過程では，図の右の列に示された個々の処理が，一定の順番で系列的に実行されると考える。

（出典）　坂本，2000。

用いられてきた。音読課題は生態学的妥当性が高く，脳の障害に対しても，比較的頑健である。以下では，英語を前提とした単語音読に関する，代表的な2つのモデルを紹介しよう。

(1) 二重経路モデル

二重経路モデル（dual-route model; Coltheart, 1978; Coltheart et al., 2001）では，その名の通り，単語を音読する際に，2つのルートが存在すると仮定している。第1は直接的な語彙ルート（視覚ルート）であり，出現頻度順に並べられた心的辞書に保持された情報を参照して音読が行われる。第2は間接的な規則ルート（音韻ルート）であり，単語を含む文字の列は，書記素（文字言語の基本となる要素）と音素の対応規則を用いて音読される。

出現頻度の高い単語の方が音読潜時が短いという実験データは，心的辞書が出現頻度に基づいて構成されていると仮定すれば説明できる。さらに，出現頻度が低い単語の場合，規則的な単語の方が不規則的な単語よりも音読潜時が短いという実験的知見（regularity effect；規則性効果）も，二重経路モデルによって合理的に説明可能である。また，成人の参加者が，実際の単語と似た非単語を発音できるという実験データも，規則ルートを用いていると仮定することによって説明できる。

(2) トライアングル・モデル

　単語音読に関するコネクショニスト・モデルは，まったく異なる2ルートを仮定する二重経路モデルへの批判を込めて提出された。サイデンバーグとマクレランド（Seidenberg & McClelland, 1989）は，書記素ユニット層（入力層），隠れ層，音韻ユニット層（出力層）からなるネットワークと分散表現を用い，単音節語（例：make）の音読をシミュレートした。隠れ層とは，中間に設定するユニット群であり，多層ネットワークで学習を行うために必要となる（第9章第4節参照）。

　学習の結果，ほとんどの単語に対して正しい発音が出力され，出現頻度効果などをうまく再現できた。しかし，このモデルでは，単語とよく似た非単語の

FIGURE　10-5　トライアングル・モデルの枠組み

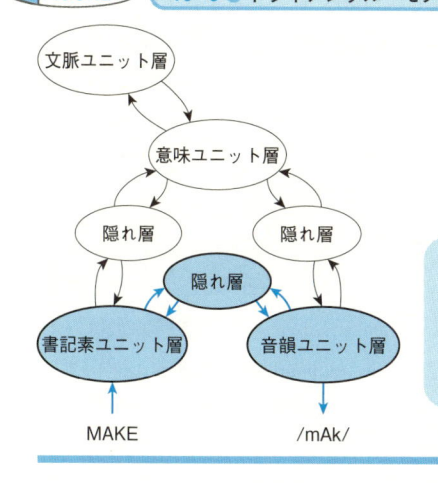

　語彙が書記素，音韻，意味の3要素で表現されると仮定している。ただし，実際にシミュレーションが行われたのは，青色のだ円と矢印で示した部分のみであった。

（出典）Seidenberg & McClelland, 1989を一部改変。

棄却が困難であることや，非単語を音読する課題の成績がかなり悪いといった課題が残されていた。なお，サイデンバーグらのモデルは，基本的な枠組みとして，語彙が書記素，音韻，意味の3要素で表現されると仮定しているため，トライアングル・モデル（triangle model）とよばれることがある（図10-5）。ただし，実際にシミュレーションが行われたのは，書記素ユニット層，隠れ層，音韻ユニット層の部分のみであった。

プラウトら（Plaut et al., 1996）は，サイデンバーグらのモデルの限界を克服するため，単語の表現形式や，ネットワーク形式を変更して発展的な研究を行った。シミュレーションの結果，先行研究の問題点は克服され，局所的な語彙と音読ルールをもたない並列分散処理（コネクショニスト）モデルによっても，従来の実験データを説明可能であることが示された。

読みにおける眼球運動

音声認知はどちらかというと受動的であるが，本を読むことは能動的な活動であり，文字に目を向け，読み取るスピードを調整しなければならない。眼球運動測定によって，言語理解に関する有益な知見が得られてきた（Starr & Rayner, 2001）。

眼球運動はなめらかで連続的であるように思えるが，実際には，①跳ぶような動きのサッカード（saccade；跳躍運動）と，②眼球運動が止まり，その間に情報を取り入れる停留（fixation）とが繰り返される。赤外線に対する瞳孔と角膜からの反射を検出し，座標を求める小型の眼球運動測定装置が広く用いられており，こうした装置を用いれば，文を読む際の眼球運動を細かく測定できる（図10-6）。実験では正面のディスプレイに文や単語を提示し，実験参加者の頭とあごを固定する。

図10-7は文を読む際の停留点の例を示したものである（Gaskell, 2005）。個々の停留時間は普通200ミリ秒程度であり，その持続時間は，行われた言語的な処理の性質（例：単語や文の難易度）に依存している。

図10-7に示されたように，視線は単語を順に追うわけではない。文法的な役割をもつ機能語（function word；例：where, when, a, on）は，意味をもつ内容語（content word；例：we, look, reading, sentence）と比較して読み飛ばされる傾向にあり，複数の停留が生じる内容語（例：dependent）もある。逆行するサッカードは重要であり，文の複雑さや統語的な多義性などによって生じることが多い（図10-7の青色の⑦；第3節参照）。

FIGURE 10-6 ● 頭部搭載型の眼球運動測定装置

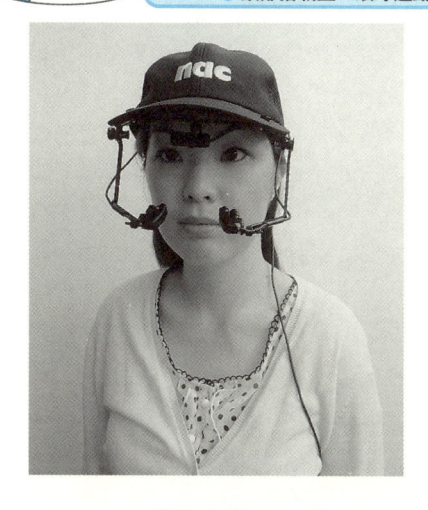

眼球運動を測定するため，赤外線を眼球に照射する。精度の高い測定を行うためには，実験参加者の頭とあごを固定することが多い。

（写真提供）　株式会社ナックイメージテクノロジー。

10-7 ● 読みにおける眼球運動の例

Where we look when reading a sentence is dependent on many different factors.
①②③④⑤⑦⑥⑧⑨⑩⑪⑫

数字はサッカードの順番を示し，円は停留点を示している。この例文では，when reading a sentence という従属節が主節に埋め込まれていてわかりにくい。そのため，読み直しがなされ，⑥から⑦へサッカードが逆行している。

（出典）　Gaskell, 2005.

SECTION 2　心的辞書における意味的情報

意味的表象と意味的多義性

前節では，心的辞書へのアクセスと見なすことができる単語認知・単語音読過程について，代表的なモデルを紹介した。しかし，単語認知は第1段階にすぎず，前後の文脈

をふまえて，その単語の語義を確定する必要がある。単語の意味的表象については，第9章で，活性化拡散モデルや素性比較モデルなど主要なモデルを紹介した。また，同じく第9章で説明したように，心的辞書に貯蔵された意味情報に関して，プライミング法を用いた研究が行われてきた。

単語は音節 (syllable) に分解することができる。日本語の場合，音節は通常，1つまたは2つの子音 (consonant) と，1つの母音 (vowel) からなるという厳しい制約が存在する。これに対して，英語には単音節の型式が19種類ある。その結果，英語の音節は約3000個あるのに対し，日本語の音節は約100個しかない。

英語の多義語 (polysemous word) の例として，bank は名詞にも動詞にもなり，名詞としては「銀行」という意味と「土手」という意味がある。英語では音節の種類が多いため，同音異義語 (homonym) は約7％にすぎない。これに対して，日本語には強い音声的制約があるため，単語の読みは同じであっても漢字表記で区別される同音異義語が非常に多い。例えば，「こうせい」という読みに対応する漢字2字熟語は，27個以上ある。日本語ワープロソフトにおける誤変換は，誰もが日常的に経験するトラブルであろう。

文脈における多義語の認知

言語理解過程において，先行する文脈がどのように語彙処理に影響を及ぼすかを明らかにするため，多義語を刺激材料とし，プライミング法を用いた数多くの実験が報告されている。スウィニー (Swinney, 1979) は，感覚様相間 (cross-modal) プライミング法を用い，意味的な文脈が語彙的多義性の解消過程に及ぼす効果について検討した。この実験では，多義語（プライム；例：bugs，「虫」と「盗聴器」の意味がある）を含む刺激文を聴覚的に提示した。さらに，プライムの提示終了からターゲットの視覚的提示を開始するまでの時間間隔を変化させ，実験参加者はターゲットに対して語彙決定課題を行った（刺激文の例：……The man was not surprised when he found several spiders, roaches, and other bugs in the corner of his room.〔男は，部屋のかたすみに，クモや，ゴキブリや，その他の bugs を見つけても驚かなかった。〕)。

その結果，ターゲットを多義語（例：bugs）の直後に視覚提示した条件では，①文脈と適合し，多義語の連想語であるターゲット（例：ant）のみではなく，②文脈と適合しない連想語（例：spy）に対しても，③無関係なターゲット

(例：sew) と比較して，語彙決定の反応時間が短いというプライミング効果が見出された。さらに，プライムである多義語の3音節後にターゲットを提示した条件では，文脈と適合した連想語のみにおいてプライミング効果が示された。

　この知見は，先行する文脈による制約が強い場合でも，多義語が提示された瞬間には，無意識的かつ並列的に，複数の連想語が活性化されることを示している。しかし，文脈と適合しない活性化は短時間（約3音節後）で抑制され，文脈と関連しないプライミング効果は消失してしまう。

　スウィニーの実験に対して数多くの追試が行われ，相反する結果も報告された。都築らは日本語の多義名詞や多義動詞を用いて，多義性の解消に関する実験を報告している（都築, 1993, 1997；Tsuzuki et al., 2004）。都築らの実験（Tsuzuki et al., 2004）では，「名詞　助詞　多義動詞（例：年　が　くれる）」を音声提示し，参加者に視覚提示された名詞ターゲット（例：日〔連想語・文脈に適合〕，物〔連想語・文脈に不適合〕，腹〔無関連〕）を音読するように求めた。

　その結果，①多義動詞提示終了の1音節（平均126ミリ秒）前では，2種類の連想語（例：日，物）に対してプライミング効果が見られたが，②多義動詞提示直後では，文脈に適合したターゲット（例：日）のみに対して，プライミング効果が示された。この結果から，かなり早い段階で複数の語義活性化が生じ，その後，迅速に適切な語義の選択がなされることがわかる。

　ルーカス（Lucas, 1999）は，17個の先行研究について，実験データのメタ分析を行った。その結果，多義語の提示直後に多岐的アクセスが見られた場合であっても，文脈に適合したターゲットの方が，適合しないターゲットよりも，プライミング効果が大きい傾向があると指摘している。

潜在意味分析

　単語の意味は文脈とも関連し，困難な問題の1つである。近年注目されている統計的アプローチによる研究例として，ランダウアーとデュメ（Landauer & Dumais, 1997）は，百科事典のすべての文章における単語と見出し項目の共起頻度に，因子分析を一般化した特異値分解に基づく潜在意味分析（latent semantic analysis；LSA）を適用し，数百個の次元からなる単語のベクトル表現を構成した。さらに，単語を表現するベクトル同士の類似度を数学的に定義したうえで，アメリカ留学のための英語学力検定テスト（TOEFL；test of English as a foreign language）の類義語問題（多肢選択）などに，LSAの分析結果を適用するシミュレーション

を行った。

　その結果，人間の受験者に近い正答率が得られ，単語ベクトルの次元数を300とした場合が最適であることが見出された。この知見は，特定の単語の意味は，ほかの数多くの単語との関連で把握すべきであることを示している。また，単語の多次元的な意味空間には，実用上適切な情報圧縮のレベルが存在するらしい。

　言語を用いた実験では，単語特性（頻度，親近性，連想強度など）を厳密に操作する必要があり，単語特性の基準表（norm）を利用しなければならない。最近ではわが国においても，大量の新聞記事をもとに語彙特性を整理した詳細な基準表が公開されている（天野・近藤，1999-2008；横山ら，1998）。

SECTION 3　文理解

　ここまで，心的辞書をふまえた再認的な処理に焦点をあて，おもに単語レベルの問題を扱ってきた。文レベルになると言語理解の問題は急に複雑になる。日常生活で読んだり聞いたりする文のほとんどは，はじめて出会う単語配列パターンである。文を理解するには，単なる再認プロセスではなく，構成的なプロセスが必要になる。私たちが文を読んだり聞いたりするとき，個々の単語をつなぎ合わせて，新たに一貫性のある心的表象を作り出す。文の読み手や聞き手は，文字や音声から単語を同定し，単語と単語の関係（単語の文法的な役割）を推定する。このプロセスを構文解析（parsing）とよぶ。

統語と意味　次の4つの英文を読んで，文法的に正しい(grammatical)かどうか考えてみよう。

(1a) Pretty little cats sleep deeply. （かわいい小猫がぐっすりと眠る。）
(2a) Colorless green ideas sleep furiously. （無色の緑色の観念が猛烈に眠る。）
(1b) Deeply sleep cats little pretty.
(2b) Furiously sleep ideas green colorless.

　母国語の場合，私たちは，どういう理由で文が文法的に正しいのか正確に定

義できないとしても，文の文法的な適合性について，非常に正確な直感をもっている。文（1a）は文法的に正しく，意味もよくわかる。文（2a）は文法的には正しいように思われるが，意味をなさない。文（2a）は生成文法を提案したチョムスキー（Chomsky；1957）が，統語（syntax；言語の構成法）と意味が別であることを示した例として有名である。

文（1a），（2a）とも品詞で表すと，「形容詞　形容詞　名詞　動詞　副詞」という語順になっている。文（1b），（2b）は，文（1a），（2a）の語順を逆転させたものであり，明らかに文法的に間違っているとわかる。こうした例は，単語の順番に関して誰もが同意する何らかの慣例，つまり「統語の知識」が存在することを示している。

人間の発声・聴覚器官の制約によって，単語は1つずつ継時的に話される。しかし，言葉が系列的に伝えられることは，文が言語学的には階層構造をもつことをわかりにくくしている。図10-8は，文（3）に対する，句構造文法（phrase structure grammar）に基づいた樹形図を示している。

図10-8において個々の単語は，文における構文役割を割り当てられている。単語は英語の句構造規則に従って句にまとめられ，句が結びついて文を構成する。少年が動作主，見ることが彼の行為，少女が対象というように理解するこ

FIGURE 10-8 文に対する句構造樹形図の例

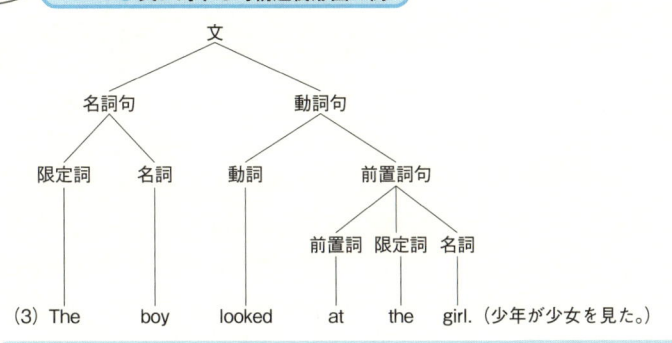

(3) The boy looked at the girl.（少年が少女を見た。）

この例文は名詞句と動詞句からなり，前半の名詞句は限定詞と名詞に分かれる。

第10章　言語理解

| FIGURE | 10-9 ●「美しい真理子の歌声」に対する2通りの句構造 |

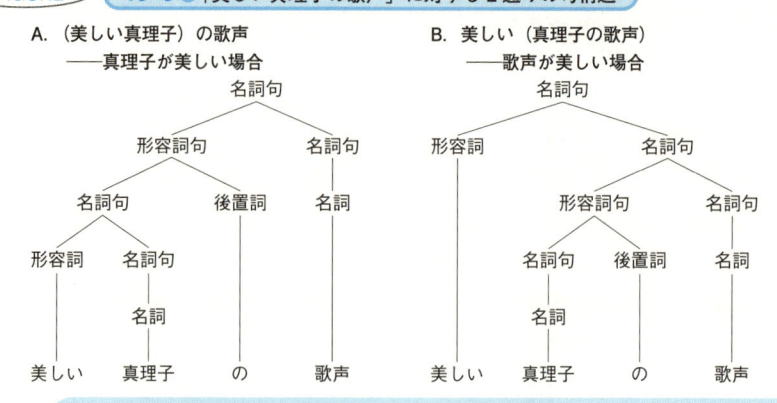

A. (美しい真理子) の歌声
　　——真理子が美しい場合

```
              名詞句
           ／      ＼
       形容詞句     名詞句
       ／   ＼        ｜
    名詞句  後置詞   名詞
    ／  ＼     ｜      ｜
 形容詞 名詞句  の    歌声
   ｜     ｜
 美しい  名詞
          ｜
        真理子
```

B. 美しい (真理子の歌声)
　　——歌声が美しい場合

```
              名詞句
           ／      ＼
        形容詞     名詞句
          ｜      ／   ＼
        美しい 形容詞句  名詞句
                ／  ＼     ｜
             名詞句 後置詞 名詞
               ｜     ｜     ｜
              名詞    の    歌声
               ｜
             真理子
```

多義的な名詞句における2つの解釈（真理子が美しい場合と，歌声が美しい場合）の違いを，句構造樹形図によって明確に表現できる。

(出典) 阿部ら，1994 を一部改変．

とを，主題役割の割り当て（thematic role assignment）とよぶ．主題役割には，格関係（case relation），意味役割（semantic role）などいくつかの名称がある．

(4) 美しい真理子の歌声
(5) かれがくるまでまっている．

名詞句（4）は，①真理子が美しい場合と，②歌声が美しい場合の2通りに解釈できる（図10-9）．例文（5）は単語の区切り方（形態素解析）によって，主客が逆の意味になる（「彼が来るまで〔私は〕待っている」「彼が車で〔私を〕待っている」）．こうした場合，多義性を解消するためには，単なる統語的な知識以外の情報を用いる必要がある．統語的多義性の解消と関連した構文解析モデルを紹介する前に，文法理論について簡単に説明しよう．

生成文法と格文法　　言語刺激の入力が乏しく不完全であるにもかかわらず，なぜ人間が複雑な構造をもつ言語知識を獲得できるのかという問いは，「プラトン問題」（Plato's problem）とよばれ

る。チョムスキーによる生成文法（generative grammar）理論では，人間には生まれつき言語獲得装置（language acquisition device；LAD）が備わっていると考える。LADは，人間の言語に普遍的に存在する特質をもつものであるから，これを普遍文法（universal grammar；UG）とよぶ。初期の生成文法理論（標準理論；Chomsky, 1965）では，意味に対応する深層構造（deep structure）から，変形（transformation）規則によって，例えば受動文といった表層構造（surface structure）が与えられ，発話されると考えられていた。その後約半世紀にわたって，生成文法理論はほぼ10年ごとに，大きな理論的変革を繰り返している。

本来，grammarは，統語論，音韻論，意味論を含む概念である。チョムスキーによる生成文法理論では，構造を生成する統語論が中心であるとし，音韻論と意味論は，構造に盛り込まれた情報に基づいて決まる「解釈部門」と位置づけられた。

これに対して，フィルモア（Fillmore, 1968）が提案した格文法は，どちらかというと意味の理論である。格文法では，①格助詞で示されるような主格や目的格などを表層格（surface case），②動詞が名詞概念との間に有する意味関係を深層格（deep case），③深層格による名詞概念への意味的な制約を選択制限（selectional restiriction）とよんでいる。代表的な深層格としては，動作主（agent；動作を引き起こす主体），対象（object），道具（instrument），場所（location）などがある。

「買う」という動詞の用法を，図10-10のように表すことができ，こうした

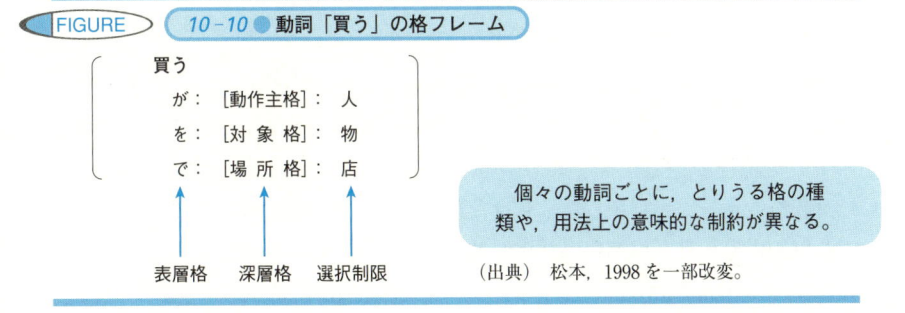

FIGURE 10-10 ● 動詞「買う」の格フレーム

```
買う
    が：［動作主格］： 人
    を：［対　象　格］： 物
    で：［場　所　格］： 店
         ↑          ↑          ↑
       表層格      深層格    選択制限
```

個々の動詞ごとに，とりうる格の種類や，用法上の意味的な制約が異なる。

（出典）松本，1998を一部改変。

| FIGURE | 10-11 格関係による文の意味表象の例

```
         買う
          ↑
         述語        命題1：少女がデパートでスカーフを買う。
          |
動作主   ┌────┐   対象
少女 ←──│命題1│──→ スカーフ
         └────┘
          |
         場所
          ↓
        デパート
```

格関係を用いれば，文を構成する単語の意味役割を，ネットワーク形式で表現できる。

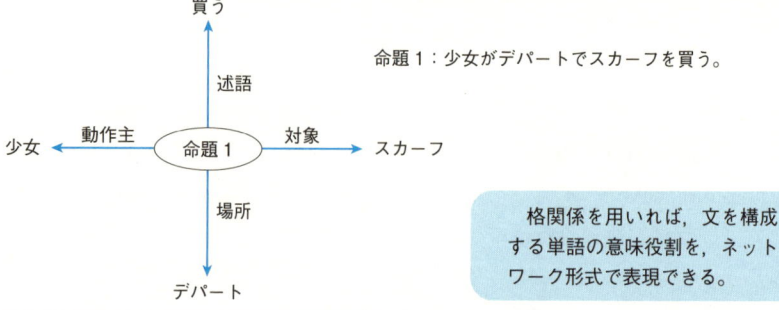

表現は，格フレーム（case frame）とよばれる。第1列が表層格，第2列が深層格，第3列が選択制限を表す（松本，1998）。格関係を用いると，例えば，「命題1：少女がデパートでスカーフを買う。」という文の意味表象を，図10-11のようにネットワーク形式で表現できる。

構文解析のモデル

(1) ガーデンパス・モデル

影響力の大きかった構文解析モデルとして，ガーデンパス・モデル（Frazier & Rayner, 1982 ; Frazier, 1983）を挙げることができる。このモデルでは，構文解析は逐次的であり，個々の単語は知覚されるとすぐに，統語役割を割り当てられると仮定されている。このモデルによれば，文に対して複数の統語構造が競合する場合，統語情報のみに基づいて，まず一方の構造が選択される。

(6) 少女が母親を捜した少年を見つけた。

例文(6)は曖昧文の例であり（井上，2005），文を読んでいくと，「少女が母親を捜した」までをひとまとまりとして理解しがちである。しかし，次の単語（少年）を読むと，「捜した」のは少年であることがわかる。そこで，先の誤った解釈を放棄し，再解釈しなければならない。このように曖昧文で一時的に誤った解釈に導かれ，再解釈のために読み時間や読み返しが増加することを，ガーデンパス（garden path ;「袋小路」の意味）現象とよぶ。

ガーデンパス・モデルでは，統語的な多義性がある場合，構文解析におけるいくつかの処理方略を仮定しており，その1つに最少付加原理（minimal attachment principle）がある。最少付加原理によれば，句構造上，最も単純な構造を選択することによって，統語的な曖昧性を解消する。例文（6）の場合，最少付加原理によって「少女が母親を捜した」という最も単純な構造が選択されるため，ガーデンパス現象が生じると解釈できる。正しい理解は，「捜した」を，埋め込まれた関係節（「母親を捜した少年」）の動詞と見なすことである。要約するとガーデンパス・モデルは，①最初に統語的要因のみに基づいて文中の単語の役割を評価し，②ある時点では1つの統語構造のみを保持するといった，系列的な処理を仮定している。

(2) 制約依存モデル

ガーデンパス・モデルとは対照的に，マクドナルドら（MacDonald et al., 1994）による制約依存モデル（constraint-based model）では，構文解析が並列的で，相互作用的であると仮定されている。このモデルによれば，単一の統語構造を保持するのではなく，同時に複数の統語構造の候補が評価される。制約依存モデルでは，ガーデンパス・モデルで仮定されていたような，構文解析における自律的な処理を否定し，相互作用的な処理を重視する。つまり，単語の出現頻度や，2つの単語の共起頻度といった統語的要因以外の情報も，即座に構文解析に影響を与えると考える。また，ある単語が他の単語とどのように共起するかといった情報が心的辞書に保持されており，それに基づいて，後続の単語に対する確率的な予期が生じると仮定する。

ガーンジィら（Garnsey et al., 1997）は，文章完成法を用いた調査によって，動詞 hear は補文従属節（16％）よりも，直接目的語（74％：例，hear sound）が予測されやすく，動詞 assume は，逆に，補文従属節（89％：例，assume that ……）の方が，直接目的語（9％）よりも予測されやすいことを明らかにした。つまり，同じ構造のガーデンパス文であっても，hear のような動詞を補文従属節に埋め込んだ文を用いた場合，hear の語彙傾向に基づいた予測と異なるため，ガーデンパス効果が高くなると説明できる。

ただし，制約依存モデルは主要部（動詞など）の語彙情報を重視しており，英語のような主要部前置言語を前提としている。日本語のような主要部後置言語では，主要部が現れるまでに，どのような処理がなされているかを明らかに

することが重要な課題である（井上，2005）。

これまで説明してきたように，文理解におけるおもな問題は次の3つである（坂本，1998）。①いつ単語と単語の間の関係を推定し始めるのか。それは逐次的なのか，それとも主要部によって駆動されるのか。②一度にいくつの心的表象を構築するのか。つまり，系列処理なのか，それとも並列処理なのか。③どのような言語情報を利用して心的表象を構築するのか。統語処理が最初なのか，それとも制約依存的（相互作用的）なのか。

構文解析における制約

(1) プロソディ情報

人間の構文解析システムは，多義性に直面したとき，非常に多くの異なる要因から影響を受ける。文が発話された場合，短い間（ポーズ；pause），声の高さ（ピッチ；pitch），発話のリズムなども，発話理解の重要な手がかりとなる。こうした発話音声に含まれる，さまざまな時間的に変化する情報を，プロソディ（prosody）情報という。話し手は，声のピッチやタイミングを変えることによって，多義性を低減できるし，聞き手もこうした情報を活用できる（Warren, 1996）。先に挙げた「美しい真理子の歌声」（図10-9）や，「かれがくるまでまっている」の例においても，実際に話す場合には，2種類の意味によって，ポーズやピッチに微妙な違いが生じるであろう。

一方，単語には名詞や動詞など，複数の文法役割があることが多い。しかし，頻繁に使われる用法もあれば，めったに使われない用法もある。こうした文法役割の出現頻度も，構文解析や多義性の処理に影響を及ぼすことが明らかになっている（Trueswell, 1996）。

(2) 視覚的文脈

実生活の中で発話を理解する際には，言語情報だけではなく，視覚的な情報も手がかりとして活用できることが多い。タネンハウスら（Tanenhaus et al., 1995）は，文に関する視覚的な文脈が，統語的多義性の処理に及ぼす影響を調べる興味深い実験を行っている。実験に用いられたのは次のような例文である。

---

(7) Put the apple on the towel in the box.（タオルの上にあるリンゴを，箱に入れよ。）

この文を"Put the apple on the towel"まで読むと，「リンゴをタオルの

FIGURE 10-12 視覚的文脈が統語的多義性の処理に及ぼす効果

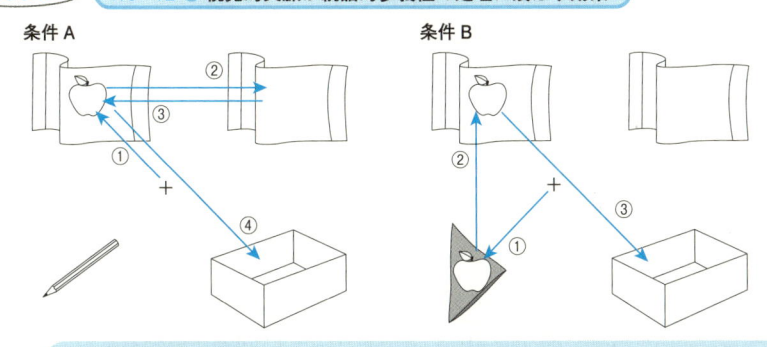

聴覚提示された文（Put the apple on the towel in the box.）と，同時に示した，2種類の画像に対する眼球運動の軌跡（時間的な経過は①②③④の順）。＋は最初の注視点。

（出典） Tanenhaus et al., 1995 より作成。

上におけ」と解釈しやすいが，"in the box" と続くと文の再検討が必要になり，ガーデンパス現象が生じる。タネンハウスらは，実験参加者へ聴覚的な指示として上記の文を聞かせ，異なる2種類の画像を示した（図10-12）。実験参加者には，頭部搭載型の眼球運動測定装置を装着した。図10-12には，典型的な眼球運動の軌跡が示されており，時間的な経過は①②③④の順番である。

条件Aでは，"Put the apple on the towel" まで聞くと，参加者は何も載っていないタオルを見ることが多く（約50％），"in the box" までくると正しいおき場所である箱を見る。これに対して，ナプキンにおいたリンゴが追加されている条件Bでは，参加者は何も載っていないタオルを見ることはほとんどなかった。これは，"on the towel" を，2つのリンゴを区別する情報として理解したためである（なお，条件Bで，"put the apple" まで聞いてどちらのリンゴを注視するかは，偶然にすぎない）。

つまり，実験の結果，状況（視覚的文脈）がガーデンパス効果を取り除くような情報を提供することが示された。したがって，文の理解といった複雑な問題を，言語の枠内に限定してしまうのではなく，現実場面における状況と関連づけて検討していくことが必要であろう。

第10章 言語理解

文理解のコネクショニスト・モデル

生成文法理論では，言語能力が生得的なモジュールに基づくと仮定している。これに対して，コネクショニスト・モデルの立場では，言語のために特別な仕組みがあるのではなく，一般的な認知能力の発達との相互作用に基づいて，言語能力が形成されると考える場合が多い（Elman et al., 1996）。

エルマン（Elman, 1990）は，3層（入力層，隠れ層，出力層）のネットワークに，一時点前の隠れ層の内容を保持する文脈層を追加した単純再帰ネットワーク（simple recurrent network；SRN）を提案した（第9章の図9-10参照）。単純再帰ネットワークにおいて，文脈層はワーキングメモリに相当する役割をもつ。こうしたネットワーク構造を用いることにより，時間的な系列を学習できることが知られている。シミュレーションの結果，初期状態としてネットワークに文法に関する知識をまったく与えなくても，多くの例文を学習することによって，正しい文法構造を獲得できることが示された。

さらに，エルマン（Elman, 1993）は，単純再帰ネットワークに組み込まれた文脈層（ワーキングメモリ）からのフィードバックに制限を設け，ワーキングメモリの容量を徐々に大きくすることによって，単純な文のみではなく，複雑な文や，出現位置の離れた単語間の依存関係も学習が可能になることを明らかにした。この知見は，「小さく始まることの重要性（言語獲得期における記憶容量の制限）」とよばれている。つまり，エルマンはシミュレーションの結果から，「ワーキングメモリの小ささ」という弱点だと考えられてきた幼児の認知特性が，複雑すぎる文を除去して学習を促進する積極的な意味をもつ可能性を示した。

セント・ジョンとマクレランド（St. John & McClelland, 1990）は，単純再帰ネットワークと同様に，再帰的なフィードバック・ループを有する5層のネットワークを用いて，文の学習と理解における格役割（case role）や，多義性の処理を扱った研究を行っている。都築ら（1999）は，日本語文における語彙的多義性の処理に関して，コネクショニスト・モデルによる，プライミング実験データのシミュレーションを報告している。コネクショニスト・モデルの詳細については，前章でも紹介したように，守ら（2001），都築・楠見（2005）を参照してほしい。

SECTION 4 文章理解のモデル

構築−統合モデル

　文章は文よりも大きな言語単位であり，全体として統一性や一貫性をもつ。文章を理解するには，読み手が文章中の事柄を推論によって関係づけ，既有知識と統合し，全体として一貫性のある意味表象を形成しなければならない。次に，文章理解の代表的なモデルについて紹介しよう。キンチュ（Kintsch, 1988, 1998）は従来の研究をふまえて，文章の処理に関する構築−統合モデル（construction-integration model）を提案した（図10-13）。

　文の再認記憶に関する実験では，文の形式や逐語的な情報はごく短時間しか保持されないが，文の意味的な情報はかなり長く保持されることが知られてい

FIGURE 10-13 ● 構築−統合モデルの概略

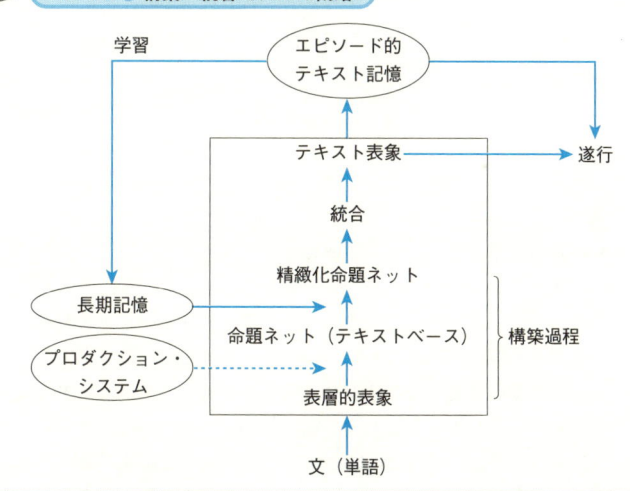

文は意味を表す命題ネット（テキストベース）に変換され，情報が付加されて，精緻化命題ネットが構成される（構築過程）。次の統合過程では，一貫性のある構造化されたテキスト表象が作られる。

（出典）　Kintsch, 1992 を一部改変。

第10章　言語理解　　237

> **TOPICS**　*10-1 状況モデルは絵か命題か*

◆テキストベースと状況モデル

　文章を読んで理解することは，読み手の中に，文章の内容に基づいた表象を作り上げることとしてモデル化できる。文章の表象は，テキストベースと状況モデルという2つのレベルに区別できる（Kintsch, 1994 ; Zwaan & Radvansky, 1998）。テキストベースは読んだ文章自体についての表象であるのに対して，状況モデルは文章の述べる事柄についての表象である。例えば，コンピュータ・ソフトのマニュアルを読んでいて，次のような文に出会ったとする。

(1) マウスを動かして，モニター上のボタンをクリックしてください。

　この文を読んで，「マウス」の意味も，それを「動かす」ことで最終的に「ボタン」を「クリック」すればよいこともわかったとしよう。この人は(1)について十分なテキストベースを作ったといえる。だが，実際にソフトを操作するときに，この人がマウスを直接モニターの上に乗せてしまったとしたらどうだろうか。文はマウスをモニターに乗せるなとは述べていないので，間違いではないかもしれない。しかし，この人は文の意図をとらえ損っているように思える。実際には，(1)を読んで適切に行動するには，「マウスを動かすと画面上のカーソルも一緒に動く」といった知識があること，「書き手は画面上のカーソルをボタンの位置まで動かすことを求めている」といった推論を行うことが必要である。このように，状況モデルは読み手の知識や推論までをも含む。

◆命題表象の拡張としての状況モデル

　では，状況モデルはどのような形で表象されるのだろうか。テキストベースは，命題ネットワークの形で表象されると考えられている。命題とは，項（名詞）と述語（動詞，形容詞ほか）からなる，文の意味の最小単位である。命題ネットワークは，共通する項を媒介することで同一の文章に属する複数の命題をつなげたものをいう。例えば，(1)は［動かす［マウス］］，［上にある［ボタン，モニター］］，［クリックする［ボタン］］といった命題に翻訳できる。さらに，これらの命題は共通する項（「ボタン」）を通して結合できる。

　読み手の既有知識と推論によってテキストベースを拡張したものが状況モデルであると考えるなら，この命題ネットワークを拡張することによって状況モ

デルを表すことができる (Kintsch, 1994)。具体的には，文で直接言及されていないが，ネットワークを完結させるのに必要になるであろう情報を命題の形でつけ加えればよい（[動く [マウス，カーソル，一緒]] など）。

図1 羽を広げて飛んでいるワシの絵（左）と羽を閉じて休んでいるワシの絵（右）

◆イメージ表象の性質をもつものとしての状況モデル

一方で，状況モデルは命題ネットワークの拡張にとどまらないとする考え方もある。ズワーン（Zwaan, R. A.）は，読み手は文章の述べる状況を代理的に経験しており，知覚的な心的シミュレーションを行っていると主張し（Zwaan, 2004），この考えを支持する実験的証拠を提示している（Stanfield & Zwaan, 2001；Zwaan et al., 2002）。この実験では，実験参加者は以下のような文のいずれかを読んだ。

(2a) 森林監視員はワシが空にいるのを見かけた。
(2b) 森林監視員はワシが巣にいるのを見かけた。

その後，羽を広げたワシか羽を閉じたワシの絵を見て（図1を参照），この絵が直前に読んだ文の中に出てきた対象を記述しているかどうかを判断した。羽を広げたワシの絵に対しては，(2b) を読んだ後よりも (2a) を読んだ後の方が反応が速かった。また，羽を閉じたワシの絵に対しては逆のパターンが見られた。(2a) と (2b) は命題構造においてほぼ同等であり，ワシの羽の状態には特にふれていない。それにもかかわらず反応時間に違いが見られたのは，読み手の中で視覚的なイメージ（ワシの形態についての表象）が作られていたためであると解釈された。この結果は，命題表象に文間を埋める推論を加えることによっては説明されない。むしろ，命題の結合に必要でなくとも常に視覚的な成分をもつイメージ表象が作られる，という考えに一致するものである。

〔井関龍太〕

る（Sachs, 1967；都築, 1987）。構築－統合モデルでは，個々の文は意味を表す命題に変換され，短期記憶の中で命題ネット（textbase；テキストベース）が構成される。さらに，個々の命題に関連した情報が，長期記憶の知識ベースから検索される。そして，文自体から構成された命題に，長期記憶から検索された情報や，推論で得られた命題が付加され，精緻化命題ネット（elaborated prepositional net）が構成される。ここまでの処理を「構築過程」とよぶ。精緻化命題ネットには，文章のテーマと無関連な多くの命題も含まれている。なお，知識に基づく推論には，第9章で紹介した複数のモデルと同様に，プロダクション・システムが用いられた。

次の「統合過程」では，活性化拡散によって意味表象が選択され，文脈的に共起しているものは強められ，矛盾を含んだ要素は取り除かれる。その結果，一貫性のあるネットワーク表象（text representation；テキスト表象）が作られる。こうして形成されたテキスト表象は構造化されており，エピソード的テキスト記憶（episodic text memory）に保持される。

これらの処理過程の結果，3水準の表象が構成されることになる。第1は，文章を構成する個々の文や単語，文の統語的な形式などに関する表層的表象，第2は，文の意味的なつながりに関する命題的表象（テキストベース），第3は，既有知識をもつ読み手によって理解された，文章の骨組みにあたる心的表象（状況モデル；situation model）である（TOPICS 10-1参照）。

キンチュら（Kintsch et al., 1990）は，実験参加者にステレオタイプ化された状況（例：映画を見に行く）を記述した短い文章を提示し，直後または時間をおいて（40分後，2日後，4日後），再認記憶成績を調べた。その結果，①表層的表象は急速に忘却されるが，②命題的表象（テキストベース）は時間が経過しても部分的にしか忘却されず，③状況モデルの強度（特定の状況で真かどうか）は時間が経過しても減衰しにくいことが示され，構築－統合モデルによる予測が支持された（図10-14）。

本節では，キンチュのモデルに基づいて，文章理解における基本的な枠組みを示した。文章理解における推論や状況モデルの特性に関しては，1990年代以降，いくつかの興味深いモデルが提案され，活発に研究が進められている（川崎, 2005；O'Brien & Myers, 1999；van den Broek et al., 1999）。

| FIGURE | 10-14 表層的表象,命題的表象,状況モデルに関する忘却曲線

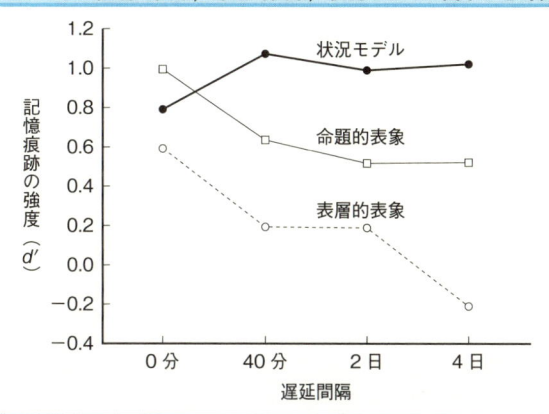

（縦軸：記憶痕跡の強度（d'）／横軸：遅延間隔）

- 状況モデル：0分 0.8 → 40分 1.07 → 2日 1.0 → 4日 1.02
- 命題的表象：0分 1.0 → 40分 0.65 → 2日 0.5 → 4日 0.5
- 表層的表象：0分 0.6 → 40分 0.2 → 2日 0.2 → 4日 −0.2

> 表層的表象は急速に忘却されるが，命題的表象（テキストベース）は時間が経過しても部分的にしか忘却されず，状況モデルは時間が経過しても減衰しにくい（d'〔ディープライム〕：信号検出理論に基づいて，正再認率と虚再認率から算出される統計量であり，記憶強度〔弁別力〕の指標として用いられる）。

（出典） Kintsch et al., 1990.

SECTION 5 言語と脳

事象関連電位

人間の脳の内部で，統語と意味の区別はなされているのだろうか。脳波は，脳の電気活動を，人間の頭皮上においた電極から導出し，脳波計などで増幅したものである。特定の刺激を提示した際に，脳の神経細胞の活動によって発生した電位を**事象関連電位**（event-related potential；ERP）とよぶ。この脳波は非常に微弱なため，同じ刺激に対する反応を多数回重ね合わせ，ノイズとなる背景の通常脳波を抑制する必要がある。クータスとヒルヤード（Kutas & Hillyard, 1980）は，実験参加者に，文を構成するそれぞれの単語を，1秒ごとのペースで100ミリ秒間，視覚的に瞬間提示し，誘発されるERPを測定した。その結果，文末の意味的

FIGURE 10-15 ● 文の意味的逸脱と事象関連電位

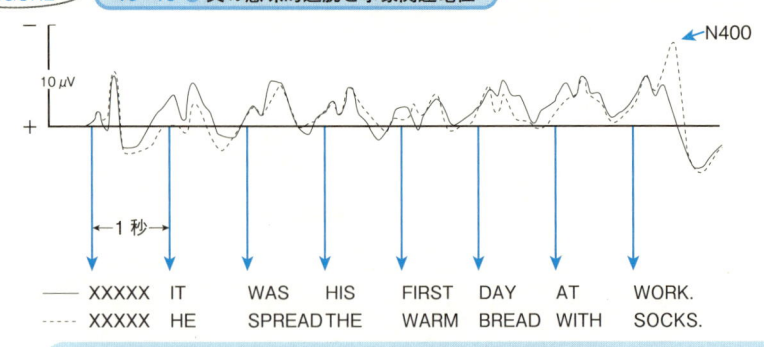

―――― XXXXX　IT　WAS　HIS　FIRST　DAY　AT　WORK.
‥‥‥ XXXXX　HE　SPREAD THE　WARM　BREAD　WITH　SOCKS.

破線が意味的に逸脱した文，実線が意味的に適切な文に対応する。文末の意味的に逸脱した単語（socks）によって，N400成分が誘発されている（最初のXXXXXは注視点）。

（出典）　Kutas & Hillyard, 1980.

に逸脱した単語に対して，N400とよばれる成分が現れることを見出した（例文 (8)；図10-15)。

(8) He spread the warm bread with socks.（彼は温かいパンに靴下を塗った。）

　N400とは，刺激提示後400ミリ秒あたりでピークを迎える，マイナス方向の成分という意味である。一方，文の統語的な逸脱や統語的な統合の困難さには，刺激提示後600ミリ秒あたりにピークがある，プラス方向の成分（P600）が対応することが知られている（Kaan et al., 2000)。

失語症と左半球の言語中枢　脳の損傷によって，音声言語が一部ないし完全に失われる場合を，失語症（aphasia）とよぶ。脳損傷の原因には，脳溢血などの脳血管障害と，交通事故などによる外傷性障害がある。失語症にはいろいろなタイプがあるが，古典的なカテゴリーでは，ブローカ失語と，ウェルニッケ失語に分けられる。①ブローカ失語は，左前頭葉下後部のブローカ野（ブロードマンの44, 45野）とその近接領域に，②ウェルニッケ失語は，左側頭葉上後部のウェルニッケ野（22野）とその近接領域に関

FIGURE 10-16 左半球に局在する言語中枢

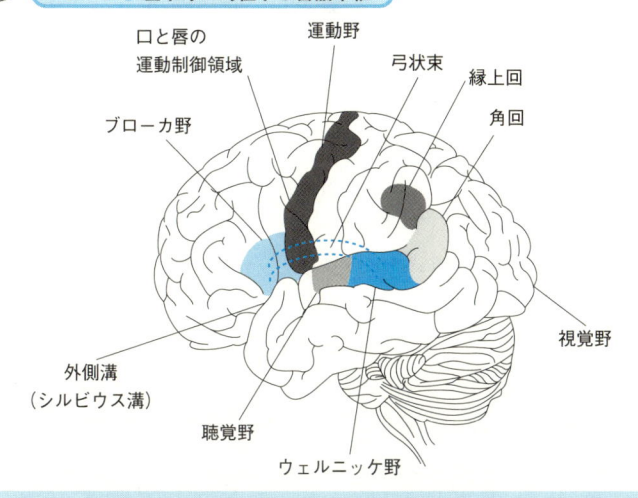

口と唇の運動制御領域　運動野　弓状束　縁上回
ブローカ野　　　　　　　　　　　　　角回
　　　　　　　　　　　　　　　　　　視覚野
外側溝
（シルビウス溝）
　　　　　聴覚野
　　　　　　　　ウェルニッケ野

ブローカ野とウェルニッケ野は代表的な言語野として知られており，弓状束はこれら領域間の情報伝達に関わると考えられている。

（出典）　Bear et al., 2007 を一部改変。

係している（図10-16）。**神経心理学**（neuropsychology）研究によって，右利きの人と左利きの人全体で約93％（90％の人は右利きであり，右利きで96％，左利きで70％）が，左半球言語優位であることが知られている（Bear et al., 2007）。

　ブローカ失語では聞いたり読んだりした言葉は理解できるが，語系列を構成して発話する能力がほぼ欠落しているため，運動性失語（非流暢性失語）とよばれる。このタイプの症例では，語順が乱れた内容語のみを羅列するといった失文法（agrammatism）が見られることがある。ウェルニッケ失語では，意味を組み立てたり理解する能力に障害があるが，単語の系列を産出する能力は保たれている。そのため，繰り返しが多く，意味不明の発話となり，感覚性失語（流暢性失語）とよばれる。つまり，音声言語の表出能力はブローカ野の働きに依存し，音声言語の受容・理解能力はウェルニッケ野の働きに依存する。

　脳損傷後に障害を受けた行動と，保存されている行動のパターンを研究することによって，正常な脳における言語処理の仕組みを推論できる。脳イメージ

ング研究が盛んになる前に代表的であったウェルニッケ＝ゲシュヴィント・モデル（Wernicke-Geschwind model；Geschwind, 1970）によれば，書かれた言葉を読む場合は，「第1次視覚野→角回→ウェルニッケ野→弓状束→ブローカ野→運動野」といった経路で処理がなされると仮定された。弓状束とは，長連合繊維束の1つで，脳の後部と前頭葉をつなぐ上縦束の一部である。弓状束は大脳皮質の裏側にあるが，図10-16では，わかりやすいように表面に示した。

一方，脳の左角回（39野）や縁上回（40野）に損傷があると，書かれた単語や文を読むことが困難である失読（alexia）や書字不能（agraphia）が生じることが多い。

ただし，最近の脳イメージング研究の発展によって，脳の領域と特定の言語機能との間に，単純な一対一対応があるわけではないことも明らかになってきた（Marcus, 2004）。各種の言語機能は，複数の連合野が相互に連絡を取り合って実現すると考えられている。

言語と脳イメージング　ペーターセンら（Petersen et al., 1988）はポジトロン断層法（positron emission tomography；PET）を用いて，単語の発話に関する先駆的な脳イメージング研究を行った。特定の言語活動に関連する血流レベルは，その課題を遂行する際の血流レベルから，ベースライン課題時の血流レベルを引き算することによって算出できる。例えば，「単語を話すこと」の画像は，単語を復唱するときの画像から単語を聞くときの画像を差し引けばよい。

図10-17に，①単語を受動的に見ているとき，②単語を聞いているとき，③単語を話しているとき，④単語の生成（単語連想）を行っているとき（例えば，名詞〔例：ケーキ〕に対応する動詞〔例：食べる〕を言う）の差し引き後の画像を示す。

単語を話しているときは，1次運動野（中心前回）下方領域で高い水準のニューロン活動があることが示され，ブローカ野付近でも血流が上昇した。単語生成課題で活性化される部位は，左下前頭野，前帯状回，後頭葉であった。こうした課題において，脳の広範な領域で活動が見られたことは，逐次的な経路ではなく，複数の領域にわたる並列的なネットワークによって，言語が処理されることを示唆している。

ヴィニョーら（Vigneau et al., 2006）は，1992～2004年に出版されたfMRI

FIGURE 10-17 ● 単語を処理する際の PET 画像

A. 単語を受動的に見ているとき

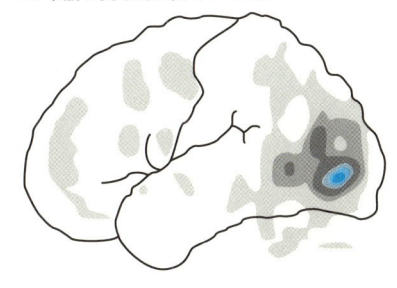

B. 単語を聞いているとき

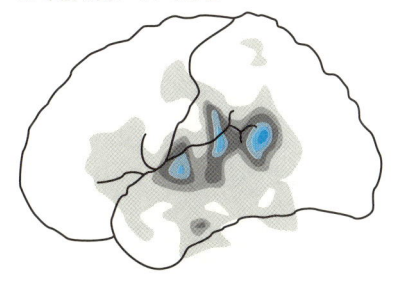

C. 単語を話しているとき

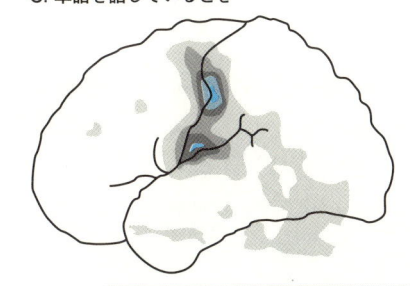

D. 単語の生成を行っているとき

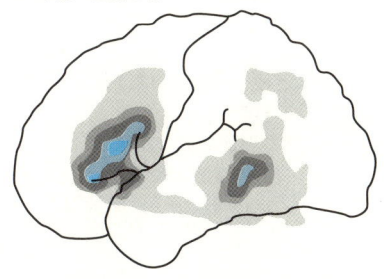

脳イメージング研究では，特定の言語課題に対して，複数の脳領域にわたる並列的な活性化が報告されている。

（出典） Posner & Raichle, 1994 ; Petersen et al., 1988.

を用いた科学論文の中から，音韻処理，意味処理，文処理という3種類の言語処理を扱った129論文のデータをメタ分析した。これら3つの処理を行っているときに活性化する脳領域は，相互に重複する部分があり，図10-16に示したブローカ野付近から，運動制御領域，1次運動野下方領域，聴覚野，ウェルニッケ野，角回付近にまでわたっている。したがって，最近の研究によれば，特定の言語機能は，異なる脳領域ごとにモジュール化されているのではなく，広範囲の脳領域にわたる神経ネットワークによって処理されている可能性が高い。

BOOK GUIDE ● 文献案内

川崎惠里子編（2005）『ことばの実験室――心理言語学へのアプローチ』ブレーン出版
- ●近年の研究動向が，音韻，視覚，単語，比喩，曖昧文，文章，語用論などの章で説明されている。

針生悦子編（2006）『言語心理学』朝倉書店
- ●言語心理学の動向を，単語，文章，語用論，ジェスチャー，言語獲得，シミュレーションなどの観点からまとめている。

日本認知科学会編（2006）『認知科学』13 巻 3 号（特集・文理解の認知メカニズム）
- ●日本語文の処理に関して，心理学と言語学領域の研究者による 12 編の実験研究論文をまとめて読むことができる。

大村彰道監修（2001）『文章理解の心理学――認知，発達，教育の広がりの中で』北大路書房
- ●文章理解をめぐる諸問題を，基礎的な認知過程，発達・熟達，教育の 3 部に分けて解説している。

萩原裕子（1998）『脳にいどむ言語学』岩波書店
- ●生成文法理論を基盤として，失語症，文法障害と遺伝子，事象関連電位について平易に説明されている。

山鳥重・辻幸夫（2006）『対談 心とことばの脳科学（認知科学のフロンティア）』大修館書店
- ●神経心理学・高次脳機能障害の研究者に言語学者が質問をする対談形式で，言葉と脳に関する幅広い知見がわかりやすく述べられている。

Chapter 10 ● 練習問題 　　　　　　　　　　　　　　EXERCISE

❶ 日本語をアルファベット，または，仮名のみで表記した方がよいという意見がある。こうした主張と，現行の日本語表記（平仮名，片仮名，漢字を併用）とを比較して考えてみよう。

❷ 文理解の観点から，日本語と英語を比較し，それぞれの特徴を挙げて検討してみよう。

❸ 文章は単なる文の集合ではなく，首尾一貫したまとまりがある。文章の内容を理解するプロセスと，文章理解における推論について，先行研究を調べてみよう。

HINT ● p.461

● 都築誉史

第11章 問題解決と推論

知性のきらめきと思考の多様性

4人のノーベル賞受賞者——左から南部陽一郎氏，小林誠氏，益川敏英氏，下村脩氏（毎日新聞社）

- KEYWORD
- FIGURE
- TABLE
- TOPICS
- BOOK GUIDE
- EXERCISE

CHAPTER 11

　1997年，IBM社のチェス専用スーパー・コンピュータ（ディープ・ブルー）が，世界チャンピオンのカスパロフに僅差ながら勝利を収めた。ディープ・ブルーのプログラムは，基本的には力任せによる全数探索であり，1秒間に2億手の先読みを行い，対戦相手の思考を予測した。カスパロフは，ディープ・ブルーの指し手に「異星人の知性」を感じたという。

　2008年，4名の日本人研究者（アメリカ国籍取得者も含む）がノーベル物理学賞・化学賞を受賞し，日本中が喜びにわいた。チェスとノーベル賞受賞者の思考との間には，相当な隔たりがある。機械が高度な人間の思考を凌駕する日は来るのだろうか。

　思考心理学の歴史は，けっして短くはない。しかし，近年，近接領域の成果を積極的に取り入れながら，思考研究は大きく発展している。

INTRODUCTION

> **KEYWORD**
>
> 再構造化　洞察　機能的固着　問題空間　探索　手段-目標分析
> 類推　熟達化　創造的問題解決　演繹推論　定言三段論法　信念バ
> イアス　メンタルモデル　条件推論　ウェイソン選択課題　確証バイ
> アス　マッチング・バイアス　情報獲得理論　主題内容効果　義務論
> 条件文　実用的推論スキーマ　社会契約説　二重過程理論　帰納推論
> 仮説検証　カテゴリーに基づく帰納　類似-被覆モデル　批判的思考

SECTION 1　問題解決

　現状と目標との間に何らかの障害があるとき，目標に到達する方法を見出すことを問題解決という。問題解決に影響を及ぼすものとして，まず，課題の性質と，問題解決を行う者の知識を挙げることができる。①解決に必要な情報が問題の中にすべて含まれており，客観的に正しい解が存在する良定義問題（well-defined problem）と，②解決に必要な情報が問題の中にすべて含まれてはおらず，正しい解が1つに定まらない不良定義問題（ill-defined problem）とを区別することが重要である。日常生活では，不良定義問題がほとんどであるが，心理学者は，おもに良定義問題を通して思考を研究してきた。

問題解決における表象と再構造化

(1) 再構造化と洞察

　ゲシュタルト心理学派は，①問題を内的にどのように表現しているか，②この内的表象をどのように再構造化するかといった観点から問題解決の研究を行った。

　「円の半径が r であるとき，長方形の線分 x の長さを求めよ」という図11-1の問題を考えてみよう。「x が長方形の対角線である」という内的表象ができれば，2つの対角線の長さは等しいので，$x=r$ と結論できる。ゲシュタルト心理学では，問題の表象を変化させる過程を，再構造化（restructuring）とよび，問題の解法が突然明らかになる洞察（insight）を重視した。ある時点までは答えがわからず行き詰まっていたのに，次の瞬間に「ああ，そうか！」とひらめいて問題が解ける体験（aha experience）には，感動が伴う。

　次に，再構造化と関連して，先行する経験が内的表象の変化を困難にし，問

FIGURE 11-1 ● 円問題（洞察問題）

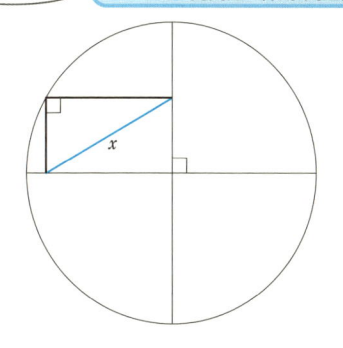

「円の半径が r であるとき，長方形の線分 x の長さを求めよ。」

11-2 ● ロウソク問題

条件A：画鋲などが箱に入れられている　　条件B：画鋲などが箱から出されている

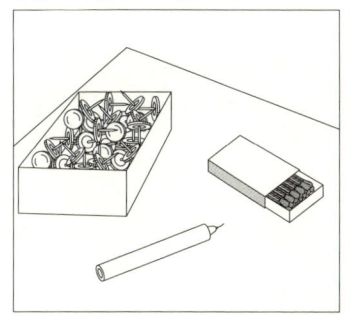

「箱は入れ物」という機能的固着により，条件Aでは「箱を台として使う」という洞察が得られにくい。

（出典）　Duncker, 1945 より作成。

題解決を阻害するような事例について紹介する。

(2) 機能的固着と心的構え

次の問題を考えてみよう（ロウソク問題；Duncker, 1945；図11-2）。

> 机の上にある材料だけを使って，床にロウを垂らさないように，火をともしたロウソクを板壁に固定するにはどうしたらよいか。

| TABLE | 11-1 ● 水差し問題 |

容量の異なる水差し A, B, C を用いて，必要な量の水を計量するにはどうすればよいか（単位はカップ〔約 237 ml〕）。

問題	水差しの容量			必要な量
	水差し A	水差し B	水差し C	
1	21	127	3	100
2	14	163	25	99
3	18	43	10	5
4	9	42	6	21
5	20	59	4	31
6	23	49	3	20
7	15	39	3	18
8	28	76	3	25
9	18	48	4	22
10	14	36	8	6

すべての問題は，問題 8 以外，「B－A－2C」という手順で解決できるが，問題 6, 7, 9, 10 は，もっと簡単に解くことができる。問題 1 から解いていくと，心的構えが生じ，簡単な解法に気づきにくい。

（出典） Luchins, 1942 を改変。

　画鋲などが箱の中に入っている条件 A では，箱が空の条件 B よりも，「箱をロウソクの台として用いる」という洞察が得られにくい。このように，ある対象（この例では，箱）の機能について，特定の考え（「箱は入れ物」）をもっていると，対象の別の機能（「台となる」）を用いることが抑制される。これを，**機能的固着**（functional fixedness）とよぶ。

　類似した概念として，人が過去の経験に基づいた特定のやり方で反応する傾向を，心的構え（mental set）とよぶ。心的構えについて，ルーチンス（Luchins, 1942）の「水差し問題」を用いて説明しよう。実験参加者は，容量の異なる 3 種類の水差しを用いて，一定量の水を計量するように求められた（表 11-1）。問題 1～10 は，問題 8 以外，水差し B を一杯にし，B から A に 1 回，C に 2 回水を注いだ残りとして解くことができる（B－A－2C）。しかし，問題 6, 7, 9, 10 は問題 1 と同じ方法でも解けるが，もっと簡単に解くことができる（A－C，または，A＋C）。

FIGURE 11-3 ● 9点問題（洞察課題）と解答

A. 問題

図のような9点を、4つの直線で一筆書きで結ぶにはどうすればよいか。

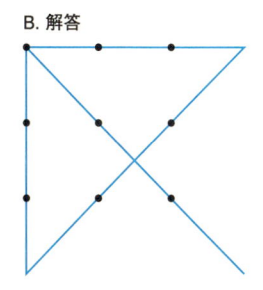

B. 解答

実験参加者の多くは、「点が作る正方形の枠」という不必要な制約にとらわれてしまい、正答にたどりつけない。

　問題1から順に解いていく実験参加者グループ（心的構え条件）と、問題6から解いていくグループ（心的構えなし条件）を比較した。その結果、心的構え条件では83％の参加者が、問題6, 7に対して「B−A−2C」を適用し、64％は問題8を解けなかった。心的構えなし条件では、ほぼ100％の参加者が簡単な解を見つけることができた。問題1～5を解くことによって心的構えが生じ、適切な問題解決を抑制する、強いバイアスとして作用したことがわかる。

　図11-3は、「9点問題」という有名な洞察課題である。この課題は単純そうに見えるが、非常に難しい。実験参加者の多くは、点が作る正方形の枠という不必要な制約にとらわれてしまい、正答になかなかたどりつけない。

(3) 問題表象の転換

　多くの場合、どのように解き始めればよいか見通しを立てることが一番難しく、問題の表象を転換できれば、簡単に解けることがある。カプランとサイモン（Kaplan & Simon, 1990）は、問題提示の仕方によって生じる表象が、問題解決に影響を及ぼすことを、「欠けたチェッカーボード問題」を用いて示した（図11-4；色条件の例）。

| FIGURE | **11-4** 欠けたチェッカーボード問題（色条件の例）

角のマス目2つを取り除いた場合，残りのマス目を31個のドミノ牌で覆いつくすことはできるであろうか。

適切な問題表象を生み出すヒントとなる情報が与えられれば，問題解決は容易になる。実験では，「2つのマスが対になる」という情報を操作するため，4条件が設定された。

（出典）　Kaplan & Simon, 1990 より作成。

　64個のマス目からなるチェッカーボードがある。この64のマス目は，32個のドミノ牌（正方形を2つつないだ形）で覆いつくすことができる。図に示したように，対角線上にある2つの角のマス目を取り除いた場合，残りのマス目を31個のドミノ牌で覆いつくすことはできるであろうか。その理由も答えよ。

　カプランとサイモンの実験では，チェッカーボードのマス目について，①空欄：枠線のみ，②色：黒とピンクに色分け，③単語：「黒」と「ピンク」という単語が書かれている，④対語：「パン」と「バター」という対語が書かれている，といった4条件が設定された。この問題は，非常に難しく，ドミノ牌のおき方のパターンは75万通り以上もある。
　この課題を解くためには，それぞれのマス目が，隣のマス目と必ず対になっ

ていることに気づかなければならない。取り除いた2つの角のマス目は、同じ種類（対の片方）になる（色条件の例では、ピンクのマス2つ）。したがって、31個のドミノ牌で、欠けたチェッカーボードを覆いつくすことはできない。

　対語条件の参加者は、空欄条件と比較して、2倍以上の速さで問題を解くことができ（平均で約17分）、必要としたヒントの数は約3分の1と少なかった。色条件と単語条件の成績は、対語条件と空欄条件の中間であった。適切な問題表象を生み出すヒントとなる情報が与えられれば、問題解決は容易になる。チェッカーボード問題を、「村に32組の男女のカップルがいて、事故で2人の男性が死亡したとすると、31組の男女の結婚は可能か」と言い換えれば、答えはすぐにわかるであろう。

　オールソン（Ohlsson, 1992）は、洞察課題において、行き詰まり（impasse）が生じた後、情報の精緻化、新しい情報の追加、妨害となっていた制約の緩和（constraint relaxation）などによって問題表象の転換が起き、解決に至ると述べている。先の9点問題（図11-3）の場合、9点を正方形の枠としてとらえることは不適切な制約であり、行き詰まりが生じてしまう。こうした内的な制約が、さまざまな試みを通して緩和され、弱められることによって洞察が得られる（鈴木・開, 2003）。

問題解決における探索

　ゲシュタルト心理学派によって、問題解決における内的表象の再構造化、機能的固着、心的構えなどについて研究がなされたが、解に至る問題解決プロセスの中で、具体的に何が起こっているのか、明確ではなかった。

　いくつかの重要な論文が発表され、心理学、情報科学、言語学など多分野にまたがった会議が開催された1956年は、認知科学（cognitive science）とよばれる学際的な研究領域が誕生した年とされている（都築, 2002）。この年に、ニューエルとサイモンは、数学基礎論の定理証明を行うコンピュータ・プログラム（Logic Theorist）を発表しており、問題解決が、「現在の状態（初期状態）から目標状態に至る、経路（問題空間；problem space）の探索である」というアプローチを示した。

　ニューエルとサイモン（Newell & Simon, 1972）によれば、問題解決の構成要素には、①初期状態（initial state；問題の当初の条件）、②目標状態（goal state；問題が解決された時点の条件）、③中間状態（intermediate states；初期状態

から目標状態に至る道筋に存在するさまざまな状態），④オペレータ（operator；問題解決に向けて採用可能な手段）の4つがある。

こうした概念を用いると，問題解決とは，初期状態から，複数のオペレータを順次適用し，中間状態を経由しながら，目標状態に至る道筋を探索することであると定義できる。うまく目標状態に至ったとしても，問題空間の探索は，少数の段階で効率的になされることもあれば，そうではないこともある。

必ず正解が得られるとは限らないが，近似解が期待できる方法をヒューリスティックス（heuristics）とよぶ（第12章参照）。ヒューリスティックスを用いれば，目標状態に至るまでの時間が短くなることが多い。ニューエルとサイモンは，**手段−目標分析**（means-end analysis）とよばれるヒューリスティックを提案した。

手段−目標分析では，初期状態と目標状態の差異を小さくすることを目指し，目標状態に到達できるように複数の下位目標（subgoal）を設定する。下位目標に向かって進む前向き探索（forward search）だけではなく，下位目標の前の状態を考える後ろ向き探索（backward search）も有効であることが多い。

図11-5に示した，「ハノイの塔」とよばれる問題を考えてみよう。初期状態では，左の棒に大，中，小の円盤がある。目標状態は，これら3つを右の棒に移すことである。ただし，①1回あたり，1つの円盤を1つの棒から別の棒に移す，②上に別の円盤が乗っていない円盤しか動かせない，③大きい円盤を小さい円盤の上におくことはできないといった制約規則がある。

図11-5の矢印は最短の解法を示しており，初期状態①から中間状態②〜⑦と進むことによって，目標状態⑧に至ることができる。中間状態③や⑤は，わかりやすい下位目標である。

ニューエルらは，初期にはGPS（general problem solver；一般問題解決器）とよばれるシミュレーション・モデルを作成し，人間の問題解決過程との比較を行った（Newell et al., 1958）。こうした研究を通して，彼らはプロダクション・システム（production system）とよばれる推論の枠組みを示し，その後の認知心理学や人工知能研究に大きな影響を与えた。

プロダクション・システムは，「もし，得られた情報が条件部Cを満たすならば，行為部Aを実行せよ」といったルール（プロダクション・ルール）の集合と，ワーキングメモリを組み合わせることによって，制御された推論を実行で

| FIGURE | 11-5 ● 「ハノイの塔」問題の問題空間 |

A. 3つの制約規則

B. 問題

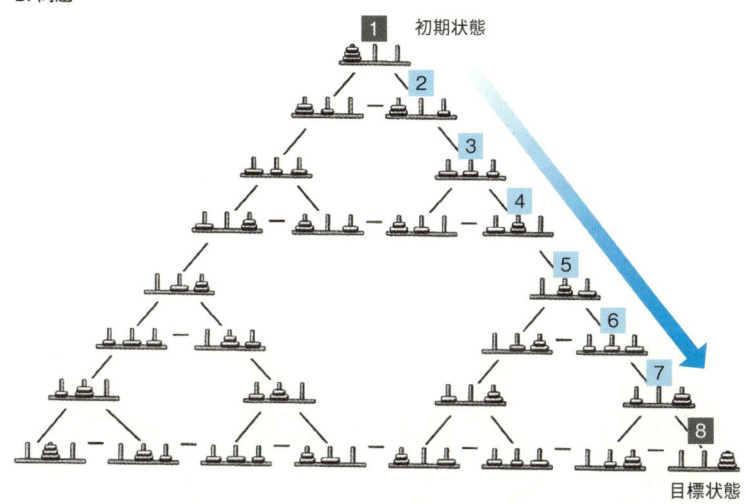

矢印は最短の解法を示しており，初期状態 ①　から中間状態 ②〜⑦ と進み，目標状態 ⑧ に到達できる。中間状態 ③ や ⑤ は，わかりやすい下位目標である。

（出典）Dunbar, 1998 を一部改変。

きる。プロダクション・システムをふまえた認知の統一的な枠組み（cognitive architecture）として，アンダーソンら（Anderson & Lebiere, 1998）の ACT-R（Adaptive Control of Thought-Rational）理論が有名である。ACT-R は，記憶実験データの再現，問題解決やプログラミング技法の獲得，学習による熟達化，言語理解・言語生成などさまざまな分野に適用されてきた（第9章参照）。

類推の使用　　2つの異なる状況に何らかの類似性があるとき，**類推**（analogy）が生じる。科学史における有名な例として，1933年にノーベル生理学・医学賞を受賞したモーガン（Morgan, T. H.）らは，染色体を，遺伝子に対応するビーズがついた糸にたとえることに

第11章　問題解決と推論　255

よって，遺伝の複雑な現象を説明した。過去に経験した問題の解法が，いま取り組んでいる問題の解法と類似しているとき，類推を用いることができる。以下の腫瘍問題は，ゲシュタルト心理学派のドゥンカー（Duncker, 1945）によって示されたものである。

> **腫瘍問題**：あなたは，胃に悪性腫瘍がある患者を担当する医師であるとしよう。手術は不可能であるが，このままでは患者は死亡してしまう。放射線を十分な強度で照射すれば，腫瘍を破壊できる。しかし，その強度の放射線では，腫瘍に届くまでに健康な組織も破壊されてしまう。弱い放射線であれば健康な組織に害はないが，腫瘍を破壊できない。どのように治療すればよいであろうか。

この問題はやさしくはない。それでは，次の物語を読んで考えてみよう。

> **要塞物語**：ある国の中央に独裁者のいる要塞があり，そこには多くの道が通じている。反乱軍の将軍がその要塞を攻略しようとしていた。全軍で攻撃すれば，要塞を攻略できる。しかし，それぞれの道には地雷が仕掛けてあり，少人数であれば無事に通れるが，大軍が通れば，地雷が爆発し，近隣の村も被害を受ける。要塞を攻略することは不可能に思われた。しかし，将軍は簡潔な戦略を思いついた。軍隊を小グループに分けて複数の道に配置し，合図とともに，要塞へ一斉攻撃をかけた。こうして将軍は要塞を攻略し，独裁者を倒した。

要塞物語は，あなたに腫瘍問題を解くための洞察を与えただろうか。当面の対象である腫瘍問題を，ターゲット（target problem）とよび，要塞物語のように，ターゲットと類似した過去の知識をソース（source）とよぶ。

ジックとホリオーク（Gick & Holyoak, 1980, 1983）によれば，腫瘍問題を解けた参加者は10％にすぎなかった。ジックらは別の参加者グループに，要塞物語を読んで記憶した後で，腫瘍問題に解答するように求めたが，30％の参加者しか問題を解くことができなかった。これに対して，「要塞物語は腫瘍問題を解くうえで役に立つ」というヒントを与えられた条件では，参加者の

75％が正解を答えることができた。

類推による問題解決過程には，次の3段階がある。

(1) ターゲットを理解し，ソースを長期記憶から検索したうえで，ターゲットとソースとの間の類似関係に気づく段階。類推的問題解決の場合，この類似性は，個々の対象や，対象がもつ属性のレベルではなく，それら相互の関係のレベルである。
(2) ソースとターゲットを対応づける写像（mapping）の段階。左の例では，参加者はソースの要素（例えば，要塞）を，ターゲットの要素（腫瘍）と対応づけなければならない。
(3) 対応関係を，ターゲットに対する解の生成に適用する段階。例えば，「多数の少人数部隊で，異なる方向から要塞に攻撃をかける」という考え方から，「多数の弱い放射線を，異なる方向から腫瘍に照射する」といったアイデアが生成される（図11-6）。

この例において，ソースとターゲットに共通する解は，「必要な力を分散したうえで，それらを集中させて対象を破壊する」ことであると一般化できる。こうした複数の問題にまたがる解法を，問題スキーマ（problem schema）とよび，スキーマを利用可能にするプロセスを，スキーマ帰納（schema induction）とよぶ。

FIGURE 11-6 ● 腫瘍問題の解法

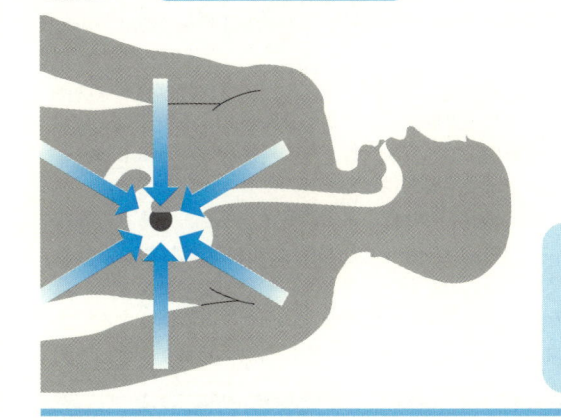

腫瘍問題（ターゲット）と要塞物語（ソース）に共通する解は，「力を分散させたうえで集中させる」ことであると一般化できる。

TOPICS 11-1 熟達者のスキーマとパフォーマンス

　熟達者，すなわち達人たちの振る舞いは，私たち素人を驚嘆させてやまない。速く正確な判断，多くの事物を一度にしっかり覚え込む記憶力，無駄なく流れるような身ごなしなど，彼らの卓越したパフォーマンスの鍵はいったいどこにあるのだろう。ちょうどコンピュータにメモリやハードディスクを増設するように，彼らは訓練によって情報処理能力を劇的に向上させ，ついに私たちとはかけ離れた超人になってしまったということだろうか。しかし，これまでさまざまな分野で展開されてきた熟達化研究の成果によれば，その可能性は低いといわざるをえない。

　熟達化研究を語るうえで，チェス競技者の記憶に関する一連の研究を欠かすことはできない（De Groot, 1965; Chase & Simon, 1973a）。これらの研究から，熟達者のパフォーマンスがなぜ優れているのか，1つの重要な要因についてうかがい知ることができる。

　チェイスとサイモン（Chase & Simon, 1973a）は，技量の異なる3人のチェス経験者（名人，A級，初級）に対し，チェス盤上に配置されたコマを5秒間だけ見せた。その後すぐ彼らに空のチェス盤と一揃いのコマを与え，はじめに見た盤上のコマ配置を再現するように求めた。20数個あったコマのうち，初級者がその中から正確に再生できたのは平均してわずか4個であった。それに対しA級競技者は約8個，名人では約16個再生することができた。この名人の成績は，人間の短期記憶の限界容量として知られる魔法の数字「7±2」（Miller, 1956）をもはるかにしのぐように見える。しかしその圧倒的な「記憶力」は，実験条件を少し変えるだけで消失してしまったのである。変更されたのは，出題されたコマの配置であった。先の条件では実際に行われたゲームの一局面が再現されていたが，これをまったくランダムな配置にしたのである。すると技量の異なる実験参加者たちの再生数は，いずれも4個以下と非常に少なくなってしまった。

　ここから推測されるのは，熟達者の優れたパフォーマンスを支える鍵は，記憶容量の純粋な増大などではないということである。処理できる情報の容量限界が増えないとしたら，情報の圧縮・変換を行うなど，処理の「方法」にひと工夫が必要となるだろう。そこで重要な働きをするのがスキーマである。

　スキーマとは，長期記憶内に蓄えられた，事物に対するひとまとまりの知識のことである。バートレット（Bartlett, 1932）がはじめに提起したこの概念は，いまではかなり幅広いとらえ方がなされており，概念的な知識や意味，規則などの集合体であったり，心に浮かぶ視覚的なイメージであったりする。また，いわゆる手続き的知識のように，何かのやり方に関する知識や，身体の感

覚や運動を含めることもある（Schmidt, 1975）。このようにスキーマを構成する「知識」の内容と規模はさまざまであるが，それらはすべて長期記憶に蓄えられており，必要に応じて取り出される。

　先のチェイスとサイモン（Chase & Simon, 1973a）の例では，おそらく熟達者のコマ記憶は，チェスに関するさまざまな知識とルール（チェス・スキーマ）に支えられていた。彼らの長期記憶には，個々のコマがとることができる移動経路，将棋でいう「定跡」のような，代表的コマ配置のパターン，各種の戦略などさまざまな知識が蓄えられており，これらを動員して，20数個のコマを，7±2の範囲に収まる数個の意味ある単位にまとめあげた（チャンキングした）のだろうと推測される。「ランダム配置」になると彼らの記憶成績が落ちてしまったのは，チェス・スキーマを活用した情報の圧縮と変換が不可能であったためだろう。

　このように長期記憶内のスキーマがトップダウン的に作用することで，効率的な情報処理を実現することは，さまざまなシーンで確認されている。例えば，各種の記憶術（Ericsson et al., 1980），暗算（Hunter, 1977；Chase & Ericsson, 1982），プログラミング（Wiedenbeck, 1985），X線写真上での病巣同定（Myles-Worsley et al., 1988），ヒヨコの性鑑別（Biederman & Shiffrar, 1987）などが挙げられるが，いずれの例においても，常人並みの情報処理能力しかもたない熟達者たちが，スキーマを駆使していかにパフォーマンスを向上させているかがわかる。

　スキーマが影響を及ぼすのは，思考や判断などの心的過程にはとどまらず，スポーツなど身体の動きを伴う行動も例外ではない。野球のバッティングを例にとると，上手に打つには，バットの振り方やそのタイミングなどの運動の制御が不可欠であるが，一方で知識は，それらの運動を効果的に遂行するのに役立つ。例えばスイングに先立ち，向かってくるボールの軌跡を予測できたなら，打者にとって有利となるはずだ。加藤・福田（2002）によれば，熟練打者は，投球モーションに入った投手の腕や肩をよく注視しておくことで，素早く振り抜かれる腕や，高速で飛んでくるボールに対し予測的に反応する。すなわち熟練打者は，一瞬の短い時間の中で優先的に処理すべき情報が何かを熟知しており，そのことが速く的確な状況判断・スムーズな行動へとつながっている。同様の報告は，他のスポーツ研究でもなされている（Helsen & Starkes, 1999）。

　このように，長期記憶内に蓄積されたさまざまな知識の構造，すなわちスキーマが熟達者のパフォーマンスに果たす役割はきわめて大きいのである。

〔時津裕子〕

多重制約理論（Holyoak & Thagard, 1995）によれば，①問題に含まれる対象の意味的な類似，②問題中の対象が形成する関係の一致（構造的一致），③問題が同一の目標をもつこと（プラグマティックな〔pragmatic〕類似性）といった3要因が，類推に際してソースの検索に影響を与えると主張される。ホリオークのグループは，類推問題を，要素が興奮性や抑制性のリンクで結合されたネットワークで表現し，上記3つの制約を用いて，並列的に活性化を収束させるモデル（ACME；Analogical Constraint Mapping Engine；Holyoak & Thagard, 1989）や，第9章で説明した，コネクショニスト・モデルの特徴を組み込んだモデル（LISA；Learning and Inference with Schemas and Analogies；Hummel & Holyoak, 1997）を発表している。

問題解決に関わるその他の問題

類推による問題解決は，獲得した知識を新たな状況で利用する，転移（transfer）の問題と密接に関係している。近年の研究によって，人間は公式のような抽象度の高い知識を用いているのではなく，獲得した状況や文脈に依存した，具体的な知識を利用していることが明らかになってきた（Ross, 1989）。

問題解決における初心者と専門家の違いといった，熟達化（expertisation）も重要な問題である（TOPICS 11-1参照）。専門家は，その領域に関して構造化された知識をもっており，適切な問題表象を構成できる。チィら（Chi et al., 1981）は，24個の初等力学の問題を，教授レベルの熟達者と初学者に分類させる実験を行った。その結果，熟達者は物理法則に従った分類を行うが，初学者は問題の表面的な特徴に依存した分類を行うことを見出した。近年の研究により，専門家は初学者と比較して，専門知識や問題表象のみではなく，ストラテジー，メタ認知，状況の評価などにおいても，優れていることが明らかになっている（Green & Gihooly, 2005）。

唯一の適切な解答に集約させる思考法を，収束的思考（convergent thinking）とよぶ。ここまで説明してきた問題解決は，収束的思考であった。これとは対照的に，さまざまな解決の可能性を探る発散的思考（divergent thinking）として，創造的問題解決がある。創造的問題解決では，「独創的な発明をする」というように，目標が曖昧であることが多い。

フィンケ（Finke et al., 1992；Finke, 1995）は，3次元のオブジェクトを用い，

創造過程で，特定の制約が発明に与える影響に関する実験を行った。実験参加者は，15 の部品をもとに，発明先行形態（preinventive form）とよばれるイメージを生成し，それを家具や電気器具などのカテゴリーに対応させて解釈し，発明品を考案した。こうした実験結果から，フィンケは創造過程が，①発明先行構造とよばれる抽象的なイメージを作る生成段階（generative phase）と，②発明先行構造の解釈が行われる探索段階（exploratory phase）の 2 つからなるとするモデル（geneplore model）を提案している。

SECTION 2 演繹推論

推論とは，与えられた情報に基づいて，結論を導き出す認知過程を指す。認知心理学では，演繹推論（deductive reasoning）と，帰納推論（inductive reasoning）の 2 つに大別して研究が行われてきた。

演繹推論とは，複数の前提（premise）から結論を導き出すことである。三段論法が典型例であり，前提が正しければ，論理的に必ず正しい結論が導かれる。これに対して，帰納推論とは，観察されたいくつかの具体的な事例から一般化を行うことを指す。帰納推論では，前提がすべて正しいとしても，結論の正しさは論理的に保証されない。本節では，演繹推論（定言三段論法，条件推論）について比較的くわしく説明し，最後の第 3 節で帰納推論について述べる。

演繹推論(1)——定言三段論法

三段論法は，紀元前 4 世紀のアリストテレス以来，論理学で研究されており，心理学研究においても実験課題としてよく用いられてきた。三段論法は，2 つの前提と 1 つの結論からなる。以下に簡単な例を挙げよう。

> (1) 前提 1：すべての鳥（A）は動物（B）である。
> 　　前提 2：すべての動物（B）は餌を食べる（C）。
> 　　結　論：すべての鳥（A）は餌を食べる（C）。

(1)の例は，前提が 2 つとも正しく，結論の導出も妥当（valid）である。次の例はどうだろうか。

第 11 章　問題解決と推論　261

> (2) 前提1：すべての鳥は動物である。
> 　　前提2：すべての動物は4本足である。
> 　　結　論：すべての鳥は4本足である。

(2)の例では，2番目の前提は正しくなく，結論も正しくない。しかし，三段論法としては，依然として妥当である。なぜなら，推論が論理的に妥当であるか否かは，三段論法の形式に依存し，内容には依存しないからである。

上記2つの例のように，三段論法の前提や結論が，限量詞（quantifier）を用いて2つの名辞（概念）の関係を記述しているとき，それを**定言三段論法**（categorical syllogisms）とよぶ。定言三段論法を構成する定言命題は，次の4種類である。

> ① 全称肯定：すべてのAはBである（All A are B）。
> ② 特殊肯定：あるAはBである（Some A are B）。
> ③ 全称否定：どのAもBではない（No A are B）。
> ④ 特殊否定：あるAはBではない（Some A are not B）。

「ある」（some）を特称の限量詞，「すべての」（all）や「どの○○も……でない」（no）を全称の限量詞とよぶ。

定言三段論法におけるエラーを説明する際に，変換仮説（conversion hypothesis）では，人は「前提文の逆」も真であると考えやすいとみなす（Chapman & Chapman, 1959）。例えば，人は「すべてのAはBである」を，「すべてのBはAである」というように変換して解釈する傾向がある（この変換は正しくない）。これは，命題の形式に依存したエラーの例であるが，次に，命題の内容に依存したバイアスについて説明しよう。

エヴァンズら（Evans et al., 1983）は，2つの前提が正しいと仮定した場合，3番目の結論が必然的に導かれるかどうかの判断を，実験参加者に求めた。この実験では，三段論法の論理的な妥当性と，結論自体の信憑性とが操作された。(3)の例では，三段論法が論理的に妥当であり，結論自体も信憑性がある。

(3) 前提1：タバコ (A) はすべて, 安価 (B) ではない。
　　前提2：常習性のあるもの (C) のいくつかは, 安価 (B) である。
　　結　論：常習性のあるもの (C) のいくつかは, タバコ (A) ではない。

実験の結果, この結論が妥当であると判断した参加者の反応率は, 86% であった。次の(4)は, 三段論法としては論理的に妥当であるが, 結論自体に信憑性がない場合である。

(4) 前提1：常習性のあるもの (A) はすべて, 安価 (B) ではない。
　　前提2：タバコ (C) のいくつかは, 安価 (B) である。
　　結　論：タバコ (C) のいくつかは, 常習性 (A) がない。

三段論法の形式自体は, (3)と(4)でまったく同一であることに注意してほしい。しかし, この結論を妥当であるとした反応率は, 55% にすぎなかった。(4)の三段論法は論理的には妥当であるが, 結論は信じがたい。さらに, エヴァンズらは, 三段論法が論理的に妥当でない場合でも, 結論自体に信憑性があれば, その結論を妥当であると誤って判断した反応率が, 70% に達したと報告している。

問題の内容の信憑性が, 実験参加者の論理的な推論に大きな影響を及ぼす。このように, 知識や文の意味内容が推論に影響を及ぼすことを, **信念バイアス** (belief bias) とよぶ。

メンタルモデル

定言三段論法が妥当かどうか判断しているとき, どのような心的プロセスが生じているのだろうか。ジョンソン-レアードは, 問題状況の具体的なイメージ（心の中の作業モデル）を作ることによって推論を行っているとする, メンタルモデル説を提唱した (Johnson-Laird, 1983, 1999)。1つのメンタルモデルは, その問題において可能な1つの状態を表している。次の例を考えてみよう。

前提1：すべての芸術家は楽天家である。
前提2：楽天家の何人かは賢い。
結　論：芸術家の何人かは賢い。

前提1と前提2に基づいて，部屋の中にさまざまな人物がいる場面を想像してみよう。2つの前提から，以下のモデルが構成される。「芸術家＝楽天家」は芸術家でかつ楽天家の人を，「（楽天家）」は楽天家だが芸術家ではない人（前提1），あるいは，楽天家だが賢くない人（前提2）を示している。

［前提1］　芸術家＝楽天家
　　　　　芸術家＝楽天家
　　　　　　　　（楽天家）

［前提2］　楽天家＝賢い
　　　　　楽天家＝賢い
　　　　　　　（楽天家）（賢い）

前提1のモデルと前提2のモデルを統合した場合，次のように異なるメンタルモデルが構成可能である。

(a)　芸術家＝楽天家＝賢い
　　　芸術家＝楽天家
　　　　　　楽天家＝賢い
　　　　　　　（楽天家）（賢い）

(b)　芸術家＝楽天家
　　　芸術家＝楽天家
　　　　　　楽天家＝賢い
　　　　　　　（楽天家）（賢い）

モデル(a)を構成した場合には，結論は妥当であるという誤りが生じる。このモデルは，誤った推論を行った実験参加者の内的表象を示している。(b)のようなモデルも可能であることに気づけば，結論が妥当ではないと判断できる。つまり，結論が妥当であるかを判断するには，反例となる事例が存在するかどうか，別のメンタルモデルを作って検討すればよい。

この理論によれば，正しい帰結を導くため，前提から構成することが必要なメンタルモデルの数が多いと，ワーキングメモリ容量が圧迫され，推論が困難になると予測できる。ベルとジョンソン－レアードは，必要なモデルの数が増加するにつれて，正答率が低下することを実験的に検証している（Bell & Johnson-Laird, 1998）。

演繹推論(2)──条件推論

条件文（conditionals）を「$p \rightarrow q$」（もし p ならば q）と表現したとき，p を前件，q を後件，「→」の関係を実質含意（material implication）とよぶ。これに対して，「$p \rightarrow q$」かつ「$q \rightarrow p$」の関係（$p \leftrightarrow q$）を，実質等値（material equivalence）とよぶ。

TABLE 11-2 ● 4種類の条件推論と妥当性の評定成績

	前提1	前提2	結論	論理的妥当性	評定成績（%）
肯定式	p→q	p	q	正しい	97
否定式	p→q	¬q	¬p	正しい	72
後件肯定	p→q	q	p	誤り	63
前件否定	p→q	¬p	¬q	誤り	55

肯定式は妥当であると正しく評定されるが，同じく妥当である否定式の評定値は低い。ともに妥当ではない後件肯定と前件否定は，かなり高い割合で妥当であると誤って判断される。

(出典) Schroyens & Schaeken, 2003.

　表11-2に示したように，「$p \rightarrow q$」を前提1としたとき，前提2を，①前件の肯定（p），②後件の否定（$\neg q$），③後件の肯定（q），④前件の否定（$\neg p$）とすると，肯定式（modus ponens），否定式（modus tollens），後件肯定，前件否定という4種類の条件推論（conditional reasoning）が存在する（仮言三段論法；hypothetical syllogisms ともよばれる）。4種類のうち，論理学的に妥当であるのは，肯定式と否定式だけである。

　例えば，「お使いに行けば，200円あげる」と母親が子どもに言ったとして，「母親から，子どもが200円もらった」と聞けば，「お使いに行ったに違いない」と考えることは後件肯定の例であり，論理的には誤りである。掃除を手伝って，200円もらったのかもしれない。このエラーは，条件文（実質含意）を，双条件文（実質等値）として理解したためであると解釈できる。

　表11-2の右端に，条件推論に関して実験参加者が妥当性判断を行った，65の実験結果に基づく評定成績（平均値）が示されている（Schroyens & Schaeken, 2003）。肯定式はほぼ100％，妥当であると正しく評定されるが，同じく妥当である否定式の評定値は，72％と低くなっている。後件肯定と前件否定は，ともに妥当ではないにもかかわらず，順に，63％，55％といったかなり高い割合で，妥当であると誤って判断される。

　ただし，表11-2に示された評定成績は，「前件p，後件q」といった抽象的な文字を実験に用いた場合であることに注意してほしい。条件推論においても，前件や後件に抽象的な文字ではなく，具体的な事柄をあてはめた場合，遂行成

績が変化することが重要である（次項参照）。

> ウェイソン選択課題

(1) 文字−数字課題と確証バイアス

図11-7の問題を考えてみよう。これは、ウェイソン選択課題（4枚カード問題）とよばれ、ウェイソン（Wason, 1966）の研究以来、非常に多くの実験と理論的検討が行われてきた。

「もし、あるカードの片面に母音が書かれているならば、別の面には偶数が書かれている」という図11-7の規則を、条件文「もしpならばq」（$p{\rightarrow}q$）と関連づけてみよう。E, K, 4, 7のカードは、順にp（母音）, $\neg p$（母音でない）, q（偶数）, $\neg q$（偶数でない）と対応している。表11-3に、抽象的な4枚カード問題（文字−数字課題）に対する実験結果を示す。

E（p）を選ぶことは正しく、規則（$p{\rightarrow}q$）の直接的な確認になっている。もし、Eの裏が奇数であれば、ルールに違反していることがわかる。しかし、実験参加者の46％は、「E（p）と4（q）」を選んだ。4（q）は誤答であり、4の裏が母音でも子音でも、ルールの検証には何の役にも立たない。正答は「E（p）と7（$\neg q$）」であり、7の裏がもし母音であれば、ルール違反を発見できる。

正答である「Eと7」を選んだのは、参加者のわずか4％にすぎなかった。その後の追試でも、文字−数字課題形式のウェイソン選択課題において、大学生の正答率は10％程度であることが知られている。

FIGURE 11-7 ● ウェイソン選択課題（オリジナルの文字−数字問題）

一方の面に文字が、別の面に数字が書かれたカードが4枚ある。さて、「もし、あるカードの片面に母音が書かれているならば、別の面には偶数が書かれている」という規則が成り立っているかたしかめるには、どのカードを裏返す必要があるだろうか。

E　K　4　7

（出典）　Wason, 1966.

TABLE 11-3 ● ウェイソン選択課題（文字−数字課題）の実験結果

選択パターン	図11-7のカード	選択反応の割合（％）
p と q	E と 4	46
p のみ	E	33
p と q と $\neg q$	E と 4 と 7	7
p と $\neg q$	E と 7（正答）	4
その他		10

図11-7の問題を参照。実験参加者の46％が，誤答である「Eと4」を選んだ。正答である「Eと7」を選んだ参加者は，4％にすぎなかった。

（出典） Johnson-Laird & Wason, 1970 を改変。

　ウェイソン自身は，4枚カード問題の誤答を，確証バイアス（confirmation bias）によって説明した（第3節の「仮説検証」の項参照）。つまり，人は仮説をテストする際に，仮説に反する証拠を探そうとはせず，仮説を支持する証拠だけを探す傾向がある。したがって，図11-7の例では，実験参加者はE（母音）を選び，さらに，規則が正しいことを確認するため，4（偶数）も選択してしまうと考える。

(2) マッチング・バイアス，情報獲得理論

　ウェイソン選択課題は条件推論の問題であり，遂行成績がなぜそれほど低いかが研究者の興味を引き，数多くの追試が行われた。エヴァンズとリンチ（Evans & Lynch, 1973）は，「もし，表がRならば，裏は3ではない」というように，否定形を含む規則を用いた場合，Rと肯定形の3が選択されやすくなることを見出した。確証バイアス説が正しければ，後件に基づいて，3以外の数字が選択されるはずである。この結果は，条件文に明示された項目と対応する事例（この例では，Rと3）を選択する傾向であると解釈され，マッチング・バイアス（matching bias）と名づけられた。

　近年の研究として，確率的アプローチである情報獲得理論（information gain theory）がある（Oaksford & Chater, 1994）。この立場では，推論課題において，規則が適用されているかどうかを判断するため，実験参加者は最も情報量の多い証拠を探していると考える。ウェイソン選択課題におけるカードの選ばれやすさは，そのカードを裏返すことによって得られる情報量の期待値（期待獲得

第11章　問題解決と推論

情報量；expected information gain）によって決まると見なす。オークスフォードとチェイターは，p や q の生起確率が比較的小さいという仮定を設定すると，非論理的であると見なされていた選択（表11-3の q）の方が，正答（表11-3の $\neg q$）よりも期待獲得情報量が高いことを，条件つき確率の計算によって示している。

確証バイアスやマッチング・バイアスは，抽象的な文字-数字課題において，条件文の表面的な形式に依存した説明である。定言三段論法の研究で，信念バイアスが文の意味内容を問題にしたように，ウェイソン選択課題の研究でも，課題の意味内容が推論に及ぼす影響が検討された。

(3) 主題内容効果と記憶手がかり説

ジョンソン-レアードら（Johnson-Laird et al., 1972）は，ウェイソン選択課題を現実的な内容に変更した「封筒問題」を用いて実験を行った。つまり，郵便局員になったと想像して，「手紙の裏面に封がしてあれば，表に50リラの切手が貼られていなければならない」という規則に違反しているかどうか調べるには，図11-8の4枚の封筒のうち，どの封筒を裏返す必要があるか，実験参加者に回答を求めた。

類似した規則が実際に存在するイギリス人を実験参加者とした場合，封筒問題の正答率は88％であった（正解は「AとD」）。このように，材料を具体的で現実的なものにおき換えると，条件推論課題の正答率が大きく変化することを，主題内容効果（thematic content effect）とよぶ。

グリッグスとコックス（Griggs & Cox, 1982）は，封筒の封印の有無によって料金が異なるという郵便制度になじみがない，アメリカの大学生を実験参加者とした場合，封筒問題の正答率が増加しないことを示した。一方，大学生の

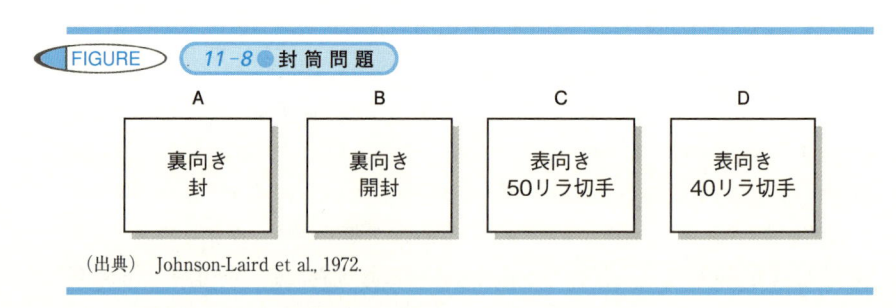

FIGURE 11-8 ● 封筒問題

A	B	C	D
裏向き 封	裏向き 開封	表向き 50リラ切手	表向き 40リラ切手

（出典）Johnson-Laird et al., 1972.

FIGURE 11-9 ● ウェイソン選択課題（飲酒問題）

> カードには，4人の人物についての情報が書かれていて，カードの片面にはその人の年齢，カードの別の面にはその人が何を飲んでいるかが書かれている。あなたは勤務中の警察官で，「もし，ある人がビールを飲んでいるならば，その人は20歳以上でなければならない。」という規則が守られているか調べていると想像してほしい。規則が守られているかどうか確かめるために，どのカードを裏返す必要があるだろうか。

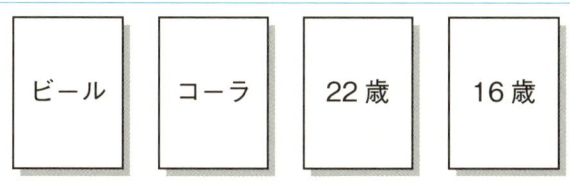

| ビール | コーラ | 22歳 | 16歳 |

（出典） Griggs & Cox, 1982.

経験と一致するような「飲酒問題」（図11-9）では，正答率が73%に達した（正解は，「ビール」と「16歳」）。

こうした実験結果に基づいて，彼らは課題が具体的かどうかではなく，経験による知識が重要であるとする，記憶手がかり（memory cuing）説を提案した。記憶手がかり説は，長期記憶にある具体的な知識（領域固有の知識）を重視したアプローチである。しかし，記憶手がかりのみに基づいて推論を行っているとすれば，その適用範囲は経験した事柄に限定されてしまい，なじみのない状況では応用がきかないであろう。

ここで，実験に使われてきた条件文には，2種類あることを確認しておく必要がある。①恣意的なルールや，人の振る舞いなどについて記述したものを直説法（indicative）条件文とよぶのに対し，②社会規範や道徳的ルールなどを述べたものを**義務論**（deontic）**条件文**とよんで区別する（Manktelow & Over, 1991）。抽象的な文字‐数字課題や，「私はスキーに行くときは，いつも車で行く」といった条件文は直説法条件文であり，飲酒問題や封筒問題は義務論条件文に該当する。主題内容効果を生じさせている許可や規則は，すべて義務論条件文と見なすことができる。

第11章 問題解決と推論

(4) 実用的推論スキーマ

チェンとホリオーク（Cheng & Holyoak, 1985）は，義務論条件文のウェイソン選択課題における主題内容効果を説明する概念として，**実用的推論スキーマ**（pragmatic reasoning schema）を提唱した。実用的推論スキーマとは，日常生活の経験から帰納的に学習された，原因と結果に関する思考様式であり，「もし行為 A が許されるためには，前提条件 B が満たされなければならない」（許可スキーマ）といった形をとる。実用的推論スキーマは，抽象的な規則と，経験による具体的知識の中間に存在する，「中程度に一般的な知識構造」を指す。

ウェイソン選択課題に許可スキーマが関与していることを検証するため，チェンとホリオークが行った実験について紹介しよう。課題としては，上述の封筒問題（切手料金は変更されている）と，「コレラ問題」が用いられ，規則の理由づけを与える条件と与えない条件が設定された。

コレラ問題は，実験参加者にとってなじみのない状況として選ばれた。「国際空港の入国審査官という想定で，「もし片面が「入国」であれば，裏面の予防接種リストにコレラが含まれてる」ことを確認するには，図 11-10 のカード 4 枚のうち，どれを裏返せばよいか」という課題であった。理由づけとして，コレラ問題であれば，「病名は旅行者が受けた予防接種のリストであり，旅行者がコレラに免疫があるか確認するためである」と参加者に教示した（正解は「A と D」）。

実験参加者は，香港の大学生とミシガン大学の学生であった。香港の大学生はイギリスと同様に，実際に封筒問題のような郵便規則の経験があったため，許可スキーマを自発的に適用しやすいと予想された。

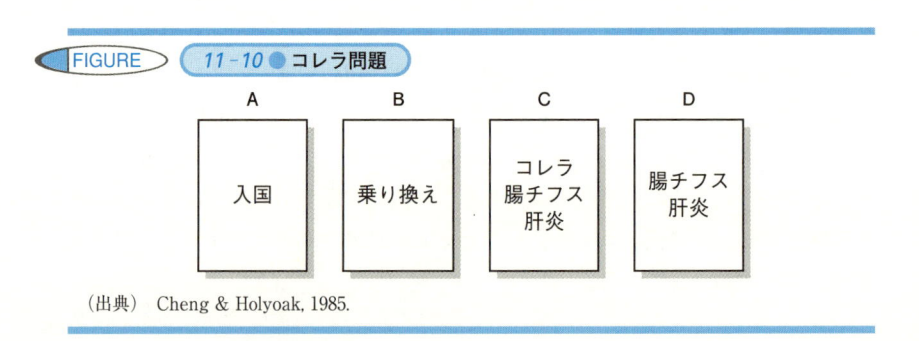

FIGURE 11-10 ● コレラ問題

A	B	C	D
入国	乗り換え	コレラ 腸チフス 肝炎	腸チフス 肝炎

（出典）Cheng & Holyoak, 1985.

実験の結果，理由づけがない場合には，封筒問題における香港の学生のみで正答率が高いが，理由づけがある場合には，すべての条件で正答率が高くなった。つまり，理由づけによって許可スキーマが適用されたため，正答率が向上したと解釈でき，実用的推論スキーマの概念が支持された。実験参加者は，コレラ問題のような状況を経験したことがなかったが，具体的な経験を応用することができた。そういった意味で，実用的推論スキーマは，中程度の抽象度をもった知識であると主張されている。

(5) 社会契約説

コスミデスは，義務論条件文のウェイソン選択課題で成績がよいのは，許可スキーマによるのではなく，「裏切り者」を検知する（detecting cheating）生得的な心の仕組み（innate algorithms）に基づいていると主張し，社会契約説（social contract theory）を発表した（Cosmides, 1989）。こうした考え方は，進化心理学のアプローチであり，自然淘汰の考え方を応用し，高度に適応的な心の性質が，進化の過程で心の基本的特徴となったと見なす。

集団生活を営んで進化してきた人間の社会的交換（social exchange）において，「もし利益を得ているならば，その対価を支払っていなければならない」という規則が基本である。コスミデスは，進化の過程で，裏切り者を検知する生得的アルゴリズムが，人間の認知メカニズムに組み込まれたと主張する。

コスミデスの実験では，実験参加者になじみのない状況を設定するため，架空の文化における逸話に基づいた課題を提示した（図11-11参照）。

結果として，上記のような社会契約の文脈を設定すると，実験参加者の遂行成績は高く，主題内容効果が見出された（正解は「AとD」）。さらに，コスミデスは同じカード問題を用い，許可の形ではあるが，社会契約ではない文脈を実験参加者に与えた結果，主題内容効果は見出されなかったと報告している。これらの結果は，許可スキーマを仮定する実用的推論スキーマ説よりも，社会契約説の方を支持していると解釈された。

さらに，コスミデスらは進化心理学の立場から，人間の心は領域固有で生得的なモジュール群から構成されると主張した（Tooby & Cosmides, 1992）。進化心理学による決定論的ともいえる主張に対して，近年，反論も少なくない。

コスミデスの研究に関しては，いくつかの追試が行われてきた（Gigerenzer & Hug, 1992 ; Platt & Griggs, 1993）。高野ら（2001）は，コスミデスの実験を詳

| FIGURE | 11-11 ● コスミデスの実験課題 |

> ある部族では，顔の入れ墨は結婚していることの証拠である。キャッサバは，おいしく栄養がある貴重な食べ物であるが，モロナッツはありふれた食べ物である。「もし，ある男がキャッサバを食べているのであれば，顔に入れ墨をしていなければならない」というルールがある。（顔の入れ墨が対価，キャッサバを利益と見なしている）。このカード4枚は，部族の4人の男に対応している。ルールを破っている者がいないか調べるために，どのカードを裏返せばよいか。

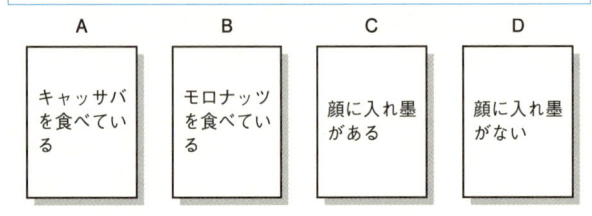

A　キャッサバを食べている
B　モロナッツを食べている
C　顔に入れ墨がある
D　顔に入れ墨がない

（出典）Cosmides, 1989.

細に追試した結果，社会契約説よりも実用的推論スキーマ説の方が妥当であるとし，「推論の遺伝説」に多面的な批判を加えている。

二重過程理論

ウェイソン選択課題でマッチング・バイアスを発見したエヴァンズらは，人間の推論が，①直感的なヒューリスティック過程と，②意識的な分析的過程からなるとするモデル（heuristic analytic model）を提案した（Evans & Over, 1996）。彼らは，マッチング・バイアスは，ヒューリスティック過程で生じると主張している。

人間の思考に関するこうした二重過程理論（dual process theory）は，他の研究者によっても提案されており，①高速，並列的で，自動的なシステム1（潜在的過程）と，②低速，継時的で，注意の容量を必要とするシステム2（顕在的過程）とが区別されている（Evans, 2003；Stanovich & West, 2000；図11-12）。システム2は容量限界があり，低速だが，抽象的な思考が可能である。知能の個人差は，システム1ではなく，おもにシステム2と関連していると考えられている。一方，次章でくわしく説明する，人間の判断と意思決定における複数のヒューリスティックスも，直感的なシステム1に依存すると考えられている

FIGURE 11-12 ● システム1・システム2における処理過程と内容

	知覚	直感 システム1	推理 システム2
過程		高速 並列的 自動的 努力を要しない 連想的 学習が遅い 情動的	低速 逐次的 制御的 努力を要する 規則に支配される 柔軟 中立的
内容	知覚表象 現在の刺激 刺激に拘束される	概念的表象 過去，現在，未来 言語によって喚起可能	

（出典）Kahneman, 2003.

(Kahneman, 2003；第12章のTOPICS 12-2参照)。

3 帰納推論

　帰納推論は，個々の特殊事例から一般化を行い，それを新しい状況に適用する思考過程である。広義には，帰納とは不確実な状況において，知識を拡張する推論過程すべてを含む（Holland et al., 1986）。すでに説明したように，演繹推論は形式的な推論規則のみによって妥当性を評価できるが，それは帰納推論にはあてはまらない。

　帰納推論は確実ではなく，反例となる事例が存在しないかどうか，すべて調べ上げることは通常不可能である。例えば，「東京，札幌，博多で見たカラスは黒かったから，すべてのカラスは黒い」といえるだろうか。帰納は，新しい知識を増加させるような推論を行っているが，確実に正しいとはいえない。

　帰納推論は，①事例の観察，②事例に基づいた一般化と仮説の生成，③観察

事例に基づいた仮説の検証といった3段階に分けることができる。仮説を検証した後には，仮説を保持するか，修正するか，新しい仮説を生成するかを決定しなければならない。

仮説検証

仮説検証の仕方を調べる課題として，「ウェイソン2－4－6課題」（Wason, 1960）が有名である。まず，実験者は，「2－4－6」があるルールに合致した3つ組であると実験参加者に告げる。参加者の課題は，あらかじめ決めてある（実験者だけが知っている）ルールをあてることである。

参加者は仮説をテストするため，自分で新しい3つ組を考え出し，その理由も書き留める。実験者は，参加者が作った3つ組がルールに適合するか否か，フィードバックを与える。参加者はルールを見抜けたと確信したとき，実験者に告げるように求められた。参加者の仮説が正しければ実験は終了であり，誤答であれば先のやりとりを続ける。

多くの場合，実験参加者は「2つずつ増える偶数」という仮説を立て，それが誤りであるといわれると，「2つずつ増える数」であろうと考える。それも誤りであると告げられると，有能な参加者は，それまでのように仮説を確証する3つ組ではなく，仮説の反証となるような3つ組で試すようになる（Gorman et al., 1987）。正解は，「単に増加する数列」である。

課題を解けない参加者に，反証となる例を挙げるようにヒントを与えても，遂行成績はあまり改善されない。このように，先に自分が生成した仮説や信念を確認するような証拠ばかり探し求める傾向を，確証バイアスとよぶ（第2節の「ウェイソン選択課題」の項参照）。

カテゴリーに基づく帰納

(1) 一般帰納と特殊帰納

特定のカテゴリーに関する知識があれば，それに基づいて帰納推論を行うことができる。こうした帰納が間違っていることもあるが，多くの場合，未知の事柄について有益な推測を行うことができる。前もって獲得した知識が，その推論をどの程度もっともらしいと見なすかという主観的な確証度に，大きな影響を及ぼす。

カテゴリーに基づく帰納（category-based induction）には，一般帰納（general induction）と，特殊帰納（specific induction）がある。一般帰納は，前提にあるカテゴリーの特徴（例：カナリアには羽毛がある）を，それを包含する上位の

TABLE 11-4 ● カテゴリー帰納推論に関する7つの代表的な現象

一般帰納	下位カテゴリーから上位カテゴリーに対して帰納を行う場合
現象1：前提の典型性	前提のカテゴリーが典型的なほど，確証度が高い ツバメ／鳥類　＞　ダチョウ／鳥類
現象2：前提の多様性	前提のカテゴリーが多様であるほど，確証度が高い カバ・ハムスター／哺乳類　＞　カバ・サイ／哺乳類
現象3：前提の単調増加性	前提の数が多いほど，確証度が高い マガモ・スズメ・ワシ／鳥類　＞　スズメ・ワシ／鳥類
現象4：結論の特殊性	結論のカテゴリーが特殊であるほど，確証度が高い スズメ・タカ／鳥類　＞　スズメ・タカ／脊椎動物
特殊帰納	同じ階層にあるカテゴリー間で帰納を行う場合
現象5：前提と結論の類似性	前提と結論のカテゴリーが類似しているほど，確証度が高い ツバメ・タカ／スズメ　＞　ツバメ・タカ／アヒル
現象6：前提の多様性	前提のカテゴリーが多様であるほど，確証度が高い ライオン・キリン／ウサギ　＞　ライオン・トラ／ウサギ
現象7：前提の単調増加性	前提の数が多いほど，確証度が高い キツネ・ブタ・オオカミ／ゴリラ　＞　ブタ・オオカミ／ゴリラ

／の左側が，前提のカテゴリー，／の右側が，結論のカテゴリーを示す。
＞の左側の推論の方が，右側の推論よりも確証度が高いことを表している。

（出典）　Osherson et al., 1990；岩男，2006を改変。

カテゴリーへと適用する（例：鳥には羽毛がある）推論である。これに対して特殊帰納は，前提にあるカテゴリーの特徴を，同じレベルにあるカテゴリーに適用する。表11-4は，日常的によく見られる，カテゴリーに基づく帰納推論の7つの現象を，例とともにまとめたものである。

一般帰納の場合，前提のカテゴリーが典型的であるほど，推論の確証度は高い（現象1）。特殊帰納の場合，前提と結論のカテゴリーが類似しているほど，推論の確証度は高い（現象5）。さらに，一般帰納でも特殊帰納でも，前提のカテゴリーが多様である方が（現象2，6），また，前提の数が多い方が（現象3，7），推論の確証度が高くなる。現象4は，一般帰納において，結論のカテゴリーが特殊であるほど，推論の確証度が高いことを示している。

TOPICS　11-2 論理的思考の支援と育成

　本文にあるウェイソン4枚カード問題は，仮言三段論法とよばれる論理的推論を調べているが，その成績は大学生であっても非常に悪いことがわかっている。4枚カードに限らないが，論理学的に推論する訓練を受けていない場合，さまざまなエラーを犯すことがわかっており，人間の通常の論理的思考力は高いものとはいえない。言い換えると，論理的思考は，それを支援・育成することが必要である。

　論理的思考の訓練方法としてはさまざまなものがあるが，非常にユニークな取り組みとして，バーワイズ（Barwise, J.）らが開発したハイパープルーフ（Hyperproof）というコンピュータ・ソフトがある。

　Hyperproofでは，画面上部に図に示す情報が表示され，下部には，図と関連する情報が文章で表示されている（図1）。ここでの課題は，図および前提となる文「ブロックaとbは角錐である。ブロックeとfは同じ形だが，eの方が大きい。ブロックfはaよりも手前にある。ブロックbはfよりも大きい。ブロックbは2つのブロックにはさまれている」が与えられているときに，「ブロックa～fの中で一番奥の3つブロックに属するのはどれか？」を判断することである（正解はe）。Hyperproofを利用すると，命題表現のみを利用した場合には何百行にもなるような証明の過程を，簡潔に示すことができる。いくつかの実験から，Hyperproofを利用して学習を行うことで，学習者の論理的な規則に対する理解が向上することがたしかめられている。

　Hyperproof以外にも論理的思考を訓練するための方法としてさまざまなものが開発されており，論理的思考は教育や訓練によって伸ばすことが可能である。しかし，本文で述べられている4枚カード問題における主題内容効果からもわかるように，仮言三段論法などの論理的規則に関する知識がなくても，課題の具体的な内容によっては，4枚カード問題のバリエーションに正解することは困難ではない。さらに，論理的な規則を厳密に適用するためには，そもそも問題が厳密に定義されている必要があるが，われわれが現実世界で直面する問題の多くは，「この1年で，トヨタの株はどの程度上昇あるいは下降するか？」「少子化問題にはどのような対策が有効か？」といったように，問題そのものが論理的規則を適用できるほどに厳密に定義されておらず，しかも未来の予測のような帰納的な問題が多い。そのため，論理的規則に厳密に則った推論ができるという狭義の論理的思考力は，現実の問題を解決するのに，それだけで十分とはいえないのである。

　では，どのような論理的思考力をさらに支援・育成すべきなのだろうか？

図1 ハイパープルーフの画面イメージ

ブロックaとbは角錐である。ブロックeとfは同じ形だが，eの方が大きい。ブロックfはaよりも手前にある。ブロックbはfよりも大きい。ブロックbは2つのブロックにはさまれている。

(出典) Stenning, 2002 より作成。

　近年注目を集めているのが，本文にも紹介されている批判的思考（クリティカル・シンキング）である。現代社会では，テレビやインターネットをはじめとして，膨大な量の情報が飛び交っている。しかし，それらの情報は玉石混交であり，根拠のある信頼できる情報から，何の根拠もない単なる流言飛語までさまざまなものを含んでいる。自分が手にしている情報が，玉なのか，あるいは石ころなのか，「ふるい分け」を行うことが必要になる。批判的思考の定義は，本文で紹介しているもの以外にもさまざまなものがあるが，共通するのは，情報を鵜呑みにせずによく吟味する点にある。つまり，無自覚に思考のバイアスや既有知識に流されてしまうのでなく，自分自身の思考過程を意識的に反省する習慣こそが，批判的思考の要点といえる。

　このように，批判的思考では，「疑う」ことの重要性が強調されている。自分が当然と考えている推論の前提が実は誤りではないか，推論の途中で何か重大なステップを抜かしているのではないか，など疑うべきことは多い。しかし，「疑い出せばきりがない」という言葉が示す通り，すべてを疑い始めれば疑いの泥沼にはまり込んでしまう可能性もある。人によっては，ありとあらゆることが不確かに感じられ，身動きがとれなくなるような経験をしたことがあるかもしれない。しかし，多くの批判的思考の教科書は，疑うことの重要性を強調することはあっても，疑いの泥沼から抜け出す方法については述べていない。疑いの泥沼とは，疑う必要のないことまで疑ってしまう，いわば不毛な疑いに陥っているともいえるわけだが，不毛な疑いと不毛でない疑いの区別をどのように行うかについては，伊勢田（2005）の「ほどよい懐疑主義」という考え方をぜひ参考にしていただきたい。

〔岩男卓実〕

(2) 類似 – 被覆モデル

オシャーソンら（Osherson et al., 1990）は，カテゴリーに基づく帰納に関する，類似 – 被覆モデル（similarity-coverage model）を提案している。このモデルは，一般帰納と特殊帰納の両方に適用でき，前提と結論の類似度だけではなく，被覆度（coverage）の概念を用いて，帰納推論の確証度をも説明する。被覆度とは，前提が，前提と結論を含むカテゴリーを網羅している程度を指す。次の2つの一般帰納を考えてみよう。

(1) 前提1：イヌは肝臓がある。 　　前提2：ネコは肝臓がある。 　　結　論：哺乳類は肝臓がある。	(2) 前提1：イヌは肝臓がある。 　　前提2：クジラは肝臓がある。 　　結　論：哺乳類は肝臓がある。

論証(1)と(2)を比較すると，(2)の方が論証の確証度が高いと感じられるのではないだろうか。類似 – 被覆モデルによれば，論証(1)よりも論証(2)の方が，前提が多様であり，カテゴリーを網羅している度合い（被覆度）が高いため，論証の確証度は高くなると解釈できる。

表11-4の7つの現象のうち，一般帰納については，被覆度の概念を用いて，現象1から現象4を統一的に説明できる。特殊帰納では，現象5にあるように，前提と結論の類似性が確証度に影響を及ぼす。さらに，特殊帰納では，現象6と7が示すように，被覆度も確証度に影響を与える。

帰納に関わるその他の問題　認知の個人差を扱う知能テストにおいて，従来，帰納推論能力が中心的な要因の1つとして位置づけられてきた。帰納推論課題の例として，①提示された事例と同じカテゴリーに属する事例を答える分類課題，②提示された文字列や数列の先を答える系列完成課題，③「Ａ：Ｂ：：Ｃ：Ｄ」（例えば，「医者：患者：：教師：［　］」）という設定で，ＡとＢの関係から，Ｃに対するＤを答える4項類推課題などがある。

近年，実社会でも必要な能力として，批判的思考（critical thinking）が注目されている（Zechmeister & Johnson, 1992；TOPICS 11-2参照）。これは他人の批判ではなく，自分自身のものの見方や推論過程を意識的に見つめ直し，何を信じ，行動するかの判断に焦点をあてる，合理的で反省的な思考法を指す。批判

的思考には，①問題を注意深く観察し，熟考しようとする態度，②論理的な探究法や推論方法に関する知識，③それらの方法を適用する技術といった3要素が含まれる。批判的思考においても，情報の収集，仮説の評価，解釈など，帰納推論が重要な役割を果たしている。

BOOK GUIDE　●文献案内

多鹿秀継（1994）『認知と思考——思考心理学の最前線』サイエンス社
市川伸一編（1996）『認知心理学4　思考』東京大学出版会
　●やや情報が古くなってしまったが，上記2冊によって，思考研究の多様なトピックスに関する基本的な知識を得ることができる。

鈴木宏昭・服部雅史・岩男卓実・山岸侯彦・三輪和久（2006）「思考」海保博之・楠見孝監修『心理学総合事典』朝倉書店，pp. 218-256.
　●思考研究の基本概念と近年の研究動向が，コンパクトにまとめられている。

森敏昭編（2001）『おもしろ思考のラボラトリー』北大路書房
　●10名の研究者が，専門とする思考研究のトピックスについて，比較的平易に解説している。

エヴァンズ，J. St. B. T.・オーバー，D. E.／山祐嗣訳（2000）『合理性と推理——人間は合理的な思考が可能か』ナカニシヤ出版
　●ウェイソン選択課題を中心に，推論と意思決定を同じ枠組みで扱う立場が強調されている。ベイズ推論や思考の二重過程理論についても，くわしく解説されている。

ホリオーク，K. J.・サガード，P.／鈴木宏昭・河原哲雄監訳（1998）『アナロジーの力——認知科学の新しい探求』新曜社
　●類推に関する認知心理学的研究と，著者らの提唱する理論が，幅広い観点から説明されている。

ゼックミスタ，E. B.・ジョンソン，J. E.／宮元博章・道田泰司・谷口高士・菊池聡訳（1996）『クリティカルシンキング——入門篇』北大路書房
ゼックミスタ，E. B.・ジョンソン，J. E.／宮元博章・道田泰司・谷口高士・菊池聡訳（1997）『クリティカルシンキング——実践篇』北大路書房
　●批判的思考が，認知心理学，社会心理学，統計学などの知見をふまえた，応用的実践であることがよくわかる。図も豊富であり，必読のテキストといえよう。

Chapter 11　●練習問題　　EXERCISE

❶ 現実場面における問題解決には，①現状の理解，②原因の特定，③打ち手の決定，④実行といった4段階がある。現在の具体的な問題と，その解決方法のアイデアを，実際に紙に書いて検討してみよう。

❷ 占いや超常現象などの「不思議現象」を人はなぜ信じ込んでしまうのか，積極的に議論し，考えてみよう。

❸ 創造的な思考をするには，どうすればよいだろうか。文献を調べ，考えてみよう。

❹ 人間の思考が，直感的なシステム1と，意識的なシステム2からなるという二重過程理論について調べてみよう。記憶の区分とも比較してみなさい。
❺ コスミデスの推論に関する進化心理学的な主張は，妥当なのだろうか。高野ら（2001）の論文を契機に，『認知科学』誌上で討論が行われた。文献を調べたうえで，自分で考え，議論してみよう。

HINT●p.461

● 都築誉史

第12章 判断と意思決定

選択のゆがみと判断の落とし穴

われわれの日常生活と人生は，選択と判断の連続である——トレーディングルームと就職活動
（左：時事通信社，右：毎日新聞社）

CHAPTER 12

- KEYWORD
- FIGURE
- TABLE
- TOPICS
- BOOK GUIDE
- EXERCISE

INTRODUCTION

「人は誰でも自分の物覚えについてぼやくが，誰一人として自分の判断について嘆くものはいない」と，17世紀にラ・ロシュフコーは述べている。現実世界は途方もなく複雑で，膨大な情報が錯綜している。私たちは限られた知識や能力しかなく，時間に追われている。その中で，日常的に素早く判断や選択を行っており，それほど困難さを感じていない。私たちの直感的な判断は，自分で信じているほど正しいのだろうか。近年，研究の進展によって，私たちの判断には，特徴的なゆがみや癖があることがわかってきた。意思決定の理論や，典型的な判断の誤りについて学ぶことは，よりよい選択の一助となるであろう。

> **KEYWORD**
> 期待効用理論　アレのパラドックス　プロスペクト理論　損失回避
> フレーミング効果　限定合理性　ヒューリスティックス　代表性ヒューリスティック　基準比率の無視　連言錯誤　利用可能性ヒューリスティック　係留と調整ヒューリスティック　高速・倹約ヒューリスティック
> 適応的合理性　多属性意思決定　妥協効果　魅力効果　選好逆転現象
> 説得的コミュニケーション　精緻化見込みモデル

SECTION 1　意思決定研究の理論的枠組み

意思決定研究における3つのアプローチ

われわれの日常生活は，判断と意思決定の連続であるといえよう。意思決定とは，複数の選択肢の中から1つを選ぶことである。そのためには，複数の選択肢の間で順序を決める必要がある。2つの選択肢に対して，どちらが望ましいかが判別できるとき，両者の関係を選好関係（preference relation）という。判断と意思決定は相互に関連しており，判断は正確さで評価され，意思決定は結果で評価される。判断とは，意思決定プロセスの一部を指すと考えることもできる。

現実の人間は理想的な意思決定マシンではなく，使える時間や知識に限界があり，限られた情報処理能力しかもっていない。人はミスを犯すことがあるし，その決定は，後から自分で反省したときの決定と同じとは限らない。また，後述するように，人間の決定や選択には，さまざまなパターンのゆがみ（バイアス）が生じる。こうした意思決定におけるバイアスは，人間の視知覚における頑健な錯視現象とよく似た側面がある（第11章の図11-12参照）。

意思決定研究には，大きく分けて2種類のアプローチがあり，それらは規範的理論（normative theory）と記述的理論（descriptive theory）とよばれる。規範的理論は，最適で合理的な選択をどのように行うべきかを扱う。つまり，規範的理論は，どのような方法で意思決定すべきか，また，合理的な意思決定の性質とは何かを問う。これに対し，記述的理論は，人が実際にどのような選択を行うかを理解することを目的とする。もし，人が規範的理論が指し示すよう

な選択を行わないときには,どうすればよいだろうか。規範的アプローチと記述的アプローチにまたがった第3の立場は,処方的理論（prescriptive theory）とよばれる。このアプローチでは,人がよりよい選択をするように援助する方策が研究される。

規範的理論

物事に対する個人的な望ましさ（価値）を効用（utility）とよぶ。ギャンブル状況は何が起こるか不確実であるため,意思決定研究では主要な事例として用いられてきた。ギャンブルにおいて,金額Xの効用を$u(X)$と表すと,確率pで金額Xを得るギャンブルの期待値は$p \times X$であり,期待効用は$p \times u(X)$である。

フォン・ノイマンとモルゲンシュテルン（von Neumann & Morgenstern, 1944）は,期待効用理論（expected utility theory）によって,合理的な意思決定の条件を公理化して示した。期待効用理論によれば,個々の選択肢の期待効用を計算し,期待効用が最大となる選択肢を選ぶ意思決定が合理的である。不確実な状況における選択に関してよく知られた規範的理論は,主観的期待効用理論（subjective expected utility theory; Savage, 1954）であり,期待効用理論を拡張したものである。期待効用理論との違いは,客観的確率ではなく主観的確率を用いている点にある。主観的確率とは,ある事象に関する特定個人の主観的な確信の程度を指す。

決定分析

決定分析は,期待効用理論に基づいて意思決定を支援する処方的アプローチの1つである。通常,意思決定状況をわかりやすく表現するため,可能なすべての事象に確率と効用を割り当てたデシジョン・ツリーを用いる。

週末に,友人と遊園地に行くか,美術館に行くかを決める際のデシジョン・ツリーを,図12-1に示す。この図は,とりうる2つの行動（選択肢）に対して,天候が晴れ,曇り,雨になる可能性と,6種類の結果に対する望ましさの程度（効用）を表している。6種類の結果に対する効用は,最悪を0,最良を100として,主観的に評定して得られた値であると仮定する。また,3種類の天候の可能性（確率）は,晴れ,曇り,雨の順に,0.2,0.5,0.3とする。以上のデータから,2つの行動の期待効用を計算できる。6種類の結果に関する期待効用は,確率pと効用uの積で定義され,選択肢の期待効用は,とりうる結果の期待効用の総計である。

| FIGURE | 12-1 ● デシジョン・ツリー（決定分析）の例 |

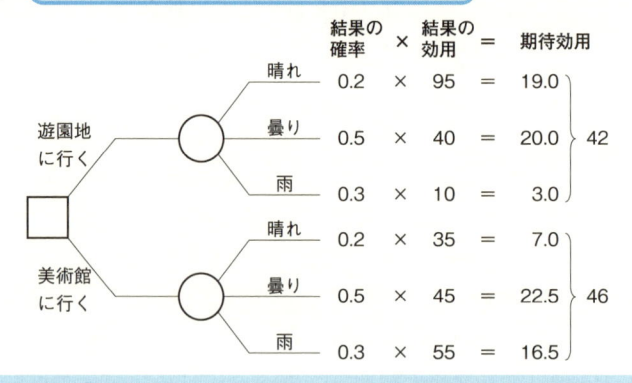

```
                     結果の    結果の
                     確率  ×  効用  =  期待効用
              晴れ
              ─── 0.2 × 95 = 19.0 ┐
   遊園地      曇り                  │
   に行く ──○─── 0.5 × 40 = 20.0 ├ 42
              雨                    │
              ─── 0.3 × 10 =  3.0 ┘
  □
              晴れ
              ─── 0.2 × 35 =  7.0 ┐
   美術館      曇り                  │
   に行く ──○─── 0.5 × 45 = 22.5 ├ 46
              雨                    │
              ─── 0.3 × 55 = 16.5 ┘
```

> 友人と遊園地に行くか，美術館に行くかを決める際のデシジョン・ツリーの例であり，天候の可能性（確率）と効用から，2つの選択肢の期待効用を計算できる。

「遊園地に行く」期待効用 $= 0.2 \times 95 + 0.5 \times 40 + 0.3 \times 10 = 42$

「美術館に行く」期待効用 $= 0.2 \times 35 + 0.5 \times 45 + 0.3 \times 55 = 46$

したがって，この例では，美術館の方が遊園地よりも期待効用が高いので，美術館に行くことを選択すべきである。しかし，時間や情報が限られた日常の意思決定において，このように，すべての選択肢を比較検討することは容易ではない。

期待効用理論の侵犯　人間の判断や意思決定が，合理的で筋の通った期待効用理論から逸脱する事例は，数多く見出されている。期待効用理論に反する選択の代表的な例として，アレのパラドックス（Allais, 1953）を挙げることができる。

アレのパラドックスを説明するために，まず，2種類のくじ（lottery）A，Bから1つを選ぶ場面を考える（選択場面1）。

A：確実に1000万円もらう。
B：確率0.89で1000万円，確率0.10で5000万円もらい，確率0.01で何ももらえない。

TABLE 12-1 ● アレのパラドックスの説明

選択肢		確率		
		0.01	0.10	0.89
選択場面1	A	1000万円	1000万円	1000万円
	B	0円	5000万円	1000万円
選択場面2	C	1000万円	1000万円	0円
	D	0円	5000万円	0円

　Aは確実に1000万円得られるが，Bは5000万円あたる可能性はあるものの，低い確率で何ももらえないため，ほとんどの人はAを選ぶ。それでは，以下のCとDではどちらが選ばれるだろうか（選択場面2）。

> C：確率0.11で1000万円もらい，確率0.89で何ももらえない。
> D：確率0.10で5000万円もらい，確率0.90で何ももらえない。

　確率の違いは0.01とわずかであるのに，Dでは5000万円もらえる可能性があるため，大多数の人は，今度はDを好むことが知られている。

　表12-1は，2つの選択場面を整理して示したものである。選択場面1，2を比較した場合，どのような矛盾が生じているかを理解するため，確率0.89の列（縦の並び）を隠してみよう。そうすると，2つの選択場面はまったく同じである。選択場面1で，最後の列の利得はA，Bとも同一であり（1000万円），選択場面2でも，最後の列の利得はC，Dとも同一である（0円）。

　期待効用理論の公理によれば，2つの選択肢の選好順序は，両者に共通した要素の影響を受けない。つまり，選択場面1でAを選ぶのであれば，選択場面2ではCを選ぶことが合理的であるが，実際にはDが選ばれる。したがって，アレの選択課題において，人の意思決定は期待効用理論の公理に反している。

　人間の意思決定において，期待効用理論の公理が侵犯される事例が少なからずあるということは，この理論が実際の意思決定を適切に記述していないことを示している。期待効用理論は行動の指針となる原理原則であるとしても，実証できる研究仮説ではなく，人間行動の記述的理論とはいえない。

> プロスペクト理論

(1) 価値関数

期待効用理論に反するさまざまな実証的知見は，人が前もって不変の選好関係をもっていて，それをそのまま選択場面に適用しているわけではないことを示している。選択課題の内容，提供される情報の性質や文脈によって，実際の決定は変化する。

カーネマンとトヴァスキー（Kahneman & Tversky, 1979；図12-2）は，プロスペクト理論（prospect theory）とよばれる，意思決定に関する記述的枠組みを提案した。プロスペクトとは，予測や見方といった意味である。プロスペクト理論は，期待効用理論があてはまらないような，人間行動における数多くの非合理的な選択現象を説明できる。プロスペクト理論では，人は決定問題を分析し，現在の状況にあたる参照点（reference point）に基づいて，意思決定の結果を，「利得」か「損失」かに分けて評価すると仮定する。

図12-3に示したプロスペクト理論の価値関数は，人がどのように利得と損失を評価するかを示している。原点から右の横軸は客観的な利得を示し，客観的な利得が増加するに従って主観的な満足の度合い（効用）も増加する。

価値関数は原点から右の利得領域では上に凸であり，原点から左の損失領域では下に凸である。こうした曲線の性質を，感応度逓減（diminishing sensitivity）とよぶ。感応度逓減とは，利益も損失も，絶対値が小さいうちは変化に対

FIGURE 12-2 ● カーネマン（左）とトヴァスキー（右）

カーネマン（1934－ ）とトヴァスキー（1937-1996）は，判断と意思決定に関する実験的研究と理論的研究を推し進め，学際的に大きな影響を与えた。

FIGURE 12-3 ● プロスペクト理論の価値関数

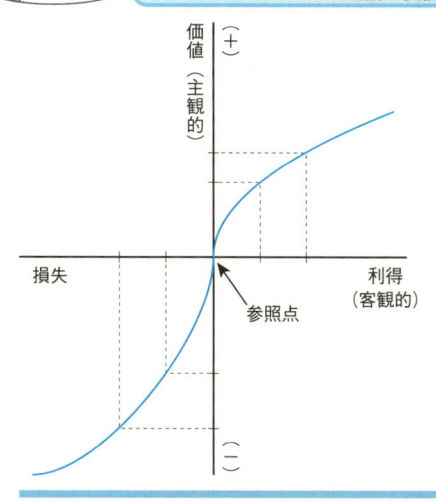

現状にあたる参照点をもとに，結果を「利得」か「損失」かに分けて評価すると仮定する。利得領域の曲線の勾配よりも，損失領域の勾配の方が大きい点が重要である。

(出典) Kahneman & Tversky, 1979 より作成。

して敏感であるが，利益や損失の絶対値が大きくなると，変化に対して鈍感になることを指す。例えば，0円と50万円の差の方が，50万円と100万円の差よりも主観的には大きく感じることを，価値関数によって説明できる。

さて，次の2つではどちらが好まれるだろうか。

A：確実に1000円もらえる。
B：確率0.5で2000円もらえる。

選択肢AとBの期待値は同じ（+1000円）であるが，たいていの人は，Aを選ぶ。つまり，利得領域（図12-3の原点から右）では，決定はリスク回避（risk aversion）の傾向があり，確実な選択肢を好み，リスクを嫌う。それでは，次の2つではどちらが好まれるだろうか。

C：確実に1000円失う。
D：確率0.5で2000円失う。

選択肢CとDの期待値も同じ（−1000円）であるが，たいていの人はDを選ぶ。私たちは，不可避な損失を我慢できない。利得領域とは対照的に，損失領域（図12-3の原点から左）では，決定はリスク志向（risk seeking）の傾向があり，ほとんどの人は確実な損失よりも，リスクのある選択肢を好む。

(2) 損失回避と決定荷重関数

図12-3の価値関数では，利得領域（原点から右側）の曲線の勾配よりも，損失領域（原点から左側）の勾配の方が大きい。この特徴によって，例えば同じ金額であっても，50万円得をした喜びよりも，50万円損をした悔しさの方が度合いが大きいことを説明できる。利得よりも損失に対するダメージが大きいことを，損失回避（loss aversion）とよぶ。日々の実感として，私たちはポジティブな出来事よりもネガティブな出来事に対して，ずっと敏感である。

図12-4は，プロスペクト理論における決定荷重関数を示している。客観的な確率は，主観的な決定荷重（decision weight；決定の重み）におき換えてから評価される。図12-4の曲線が示すように，①低い客観的確率は主観的には過大評価され，②中程度以上の客観的確率は主観的には過小評価される。前者の例として，きわめて低い宝くじの確率を人は高く考える傾向がある。後者の例として，模擬試験における志望校合格判定80％という数字は，受験生にはそれほど高い値だと見なされないであろう。

FIGURE 12-4 ● プロスペクト理論の決定荷重関数

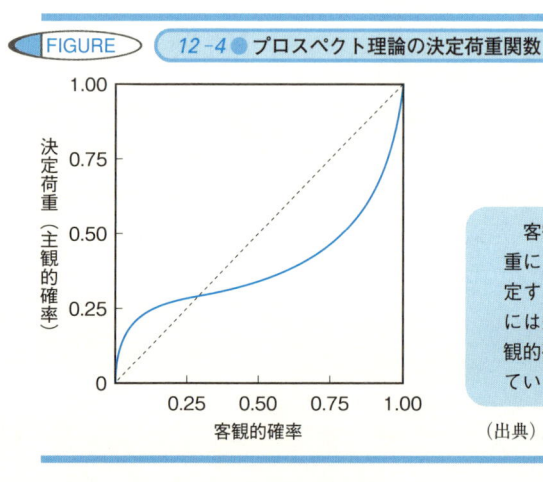

客観的な確率は，主観的な決定荷重におき換えてから評価されると仮定する。低い客観的確率は，主観的には過大評価され，中程度以上の客観的確率は過小評価されることを示している。

（出典）Tversky & Kahneman, 1992.

数式による解説は避けるが，図12-4に示したように，客観的確率0.3以上では，客観的確率に対する決定荷重（主観的確率）は，客観的確率よりも小さな値となる。このことからプロスペクト理論は，先に紹介したアレのパラドックスを適切に説明できる（山岸，2007）。なお，トヴァスキーとカーネマン（Tversky & Kahneman, 1992）は，プロスペクト理論を不確実性下での意思決定に拡張した，累積プロスペクト理論（cumulative prospect theory）を発表している。

(3) フレーミング効果

トヴァスキーとカーネマンは，期待効用理論では予測できないが，プロスペクト理論では予測可能な数多くの実験結果を報告している。次の例を考えてみよう（Tversky & Kahneman, 1981）。

> アメリカで600人の死者が予想される，珍しい伝染病の流行に備えているとする。伝染病の流行に対処するため，2つの方策が提案された。
> ・対策Aが採用されれば，200人助かるであろう。
> ・対策Bが採用されれば，確率1/3で600人助かり，確率2/3で誰も助からないであろう。

別の回答者グループには，次の選択肢が示された。

> ・対策Cが採用されれば，400人が死亡するであろう。
> ・対策Dが採用されれば，確率1/3で誰も死亡せず，確率2/3で600人死亡するであろう。

トヴァスキーらの研究では，対策A，Bに対して約70％の回答者がAを選んだ。対策A，Bは，「どれだけ助かるか」という利得の表現が用いられていることに注意してほしい。先に述べたように，利得領域では人はリスク回避の傾向がある。そのため，確実な選択肢（A）の方が，同じ期待値をもつ不確実な選択肢（B）よりも好まれたと解釈できる。

一方，対策C，Dの場合，約80％の回答者がDを選んだ。対策C，Dは，

「どれだけ死亡するか」という損失の枠組みで表現されている以外,対策A,Bと同一である。つまり,表現が違うだけで,AとC,BとDの内容はそれぞれ同一である。このように,論理的には同値であっても,選択肢の表現の違いが選好に影響する現象をフレーミング効果(framing effect)とよぶ。

規範的な期待効用理論によれば,BよりもAを選好するのであれば,DよりもCを好むことが合理的である。これに対して,プロスペクト理論は,人の判断が常に文脈や状況に依存している点を適切に説明できる。

限定合理性と満足化原理

期待効用理論に従って行動する人間は,すべての選択肢を調べつくすことができるような,全知全能で,完全な合理性をもった存在である。これに対して,サイモン(Simon, 1957)は,現実の人間の認知能力には限界があり,時間や環境からの制約があるため,完全な合理性ではなく,限定合理性(bounded rationality)しかもちえないと主張した。したがって,人間の意思決定は,期待効用理論が仮定するように,すべての選択肢に関する情報を統合し,期待効用を最大化する決定を行う最適化(optimization)ではなく,不明確で限定された状況のもとで,受け入れ可能なある程度の達成で満足するような,満足化(satisficing)の原理に従うと主張した。

こうした満足化原理や限定合理性の特質を探る方向で,1970年代からカーネマンとトヴァスキーを中心に,人の判断におけるヒューリスティックスやバイアスに関する実証的研究が行われた。

SECTION 2 ヒューリスティックスに関する実証的研究

ヒューリスティックスとバイアス

ヒューリスティックス(heuristics)とは,必ず正解が得られるわけではないが,近似解が期待できる方法を指し,それを活用すれば,回答に至るまでの時間を短縮できる(第11章参照)。ヒューリスティックスという用語は,おもに計算機科学と心理学で用いられ,計算機科学ではプログラミングの方法を,心理学では人間の思考方法を指す。ヒューリスティックスに対して,確実に問題解決に至る一連の手順を,アルゴリズム(algorithm)とよぶ。

つまり，心理学では，ヒューリスティックスとは，人が日常の判断や意思決定において経験的に用いる簡便法を指す。人はコンピュータとは異なり，記憶や推論に割り当てることが可能な認知資源が限られている。したがって，課題の複雑さを低減し，扱いやすくするような簡略化方略が必要になる。

ヒューリスティックスは簡単に用いることができ，判断までの時間も短くてすむが，結果が正しいとは限らず，判断結果に系統的なゆがみが生じることが多い。ヒューリスティックスに関する実証的研究の目的は，不注意や疲労などに由来しない持続的な判断のゆがみを研究することによって，その背後に潜む心的過程の特質を探ることにあった。

代表性ヒューリスティックと基準比率の無視

はじめに，次の問題を考えてみよう。何の細工もしていないコインを6回投げるとして，AとBどちらの配列が出やすいだろうか（Tversky & Kahneman, 1974）。

A：表　裏　表　裏　裏　表　　　B：表　表　表　表　表　表

多くの人は，Aの方が出やすいと答える。しかし，実際には個々の事象は独立であるから，確率を計算すると，AとBの答えはともに，$(0.5)^6 = 0.016$ となる。なぜ，Aの方が起こりやすいと判断されるのだろうか。Aは，ランダムであるコイン投げに期待される「無秩序さの典型例」と似ているため，Bよりも起こりやすいと判断されるのである。これと関連して，例えば，表と裏のどちらが出るかをあてる賭けの場面で，Bの系列（6回続いて表）が起きた次には，裏に賭けた方が有利なはずだと考えることを，ギャンブラーの錯誤（gambler's fallacy）とよぶ。

このように，ある事例の起こりやすさ（確率）を，典型例（ステレオタイプ；stereotype）と類似している程度によって判定する方略を，**代表性ヒューリスティック**（representative heuristic）とよぶ（第16章参照）。つまり，対象が典型例と類似しているほど，代表性ヒューリスティックが生じやすい。

次の文は，実験で用いられた刺激例である（Kahneman & Tversky, 1973）。

> ジャックは45歳の男性であり，既婚で4人の子どもがいる。彼は保守的で，注意深く，野心家である。彼は政治問題や社会問題に興味がなく，余暇の時間のほとんどを，多くの趣味（日曜大工，ヨット遊び，数学パズルなど）をしてすごしている。

ジャックは，エンジニアの典型例に近い人物として描かれている点に注意しよう。実験参加者の半分には，この記述は「70人のエンジニアと30人の法律家の集団」から抜き出した一個人のものであると教示した（条件1）。一方，残り半分の参加者には，「30人のエンジニアと70人の法律家の集団」から抜き出したものであると教示した（条件2）。したがって，集団全体に占めるエンジニアの比率は，条件1では70%，条件2では30%であり，これを大前提として確率評価をすべきである。

しかし，「ジャックがエンジニアである確率」を評定させたところ，その平均値は両条件でほとんど差がなく，ともに約0.9であった。つまり，実験の結果，個人の特徴を提示すると，前提となる比率（事前確率）が考慮されないことが示された。これを，基準比率の無視（base rate neglect）とよぶ。驚くべきことに，職業に関する情報がないような人物記述を参加者に示した場合でも，基準比率は無視されたとカーネマンらは報告している。

続いて，次の有名な問題を考えてみよう（Tversky & Kahneman, 1982）。

> ある夜，タクシーがひき逃げ事件を起こした。その町では，「緑」タクシーと，「青」タクシーが営業している。この事件に関して，次の情報が与えられている。
> (1) その町のタクシーは，85%が緑タクシー，15%が青タクシーである。
> (2) 目撃者は，そのタクシーは青だったと証言している。
> (3) 法廷は，事故が起きた状況で目撃証言の信頼性をテストした。80%の場合は正しく色を判断できるが，20%の場合は誤認であった。
> さて，青タクシーが犯人である確率はどれだけであろうか。

トヴァスキーらの実験では、ほとんどの参加者が、青タクシーが犯人である確率は 0.8 前後であると答えたという。しかし、この答えは「町のタクシーの 85％ は緑タクシーで、15％ が青タクシー」という、基準比率をまったく考慮していない。

この問題を解くには、条件つき確率と「ベイズの定理（Bayes' theorem）」を用いることになるが、ここでは頻度に直して簡単に説明しよう（Gigerenzer, 2002）。この町にタクシーが 100 台あるとする。85 台は緑タクシーであるから、このうちの 20％（$85 \times 0.2 = 17$ 台）を「青」と誤認するはずである。15 台ある青タクシーを「青」と正しく視認する比率は、80％（$15 \times 0.8 = 12$ 台）であった。したがって、ひき逃げをした車が「青」であった確率は、0.41 が正解である。

$$\frac{15 \times 0.8}{(85 \times 0.2)+(15 \times 0.8)} = \frac{12}{17+12} \fallingdotseq 0.41$$

代表性ヒューリスティックと連言錯誤

次は、リンダという女性についての簡単な説明である（Tversky & Kahneman, 1983）。

> リンダは 31 歳、独身で、率直に意見を言い、非常に聡明である。大学では哲学を専攻した。学生時代、彼女は、人種差別や社会正義の問題に強く関心をもち、反核デモに参加していた。次の 2 つのうち、どちらの可能性が高いだろうか。
> A：銀行の出納係をしている。
> B：銀行の出納係であり、女性解放運動もしている。

この問題では、約 90％ の実験参加者が B を選んだ。しかし、2 つの事象が同時生起（連言；conjunction）する確率が、どちらか一方の生起確率よりも高いことはありえない。言い換えれば、「銀行の出納係であり、女性解放運動家」の集合は、「銀行の出納係」の集合の特殊な部分集合である。上記の問題で観察された誤りを、連言錯誤（conjunction fallacy）とよぶ。実験参加者は、代表性ヒューリスティックを用いて、リンダが銀行の出納係や女性解放運動家のステレオタイプにどれほどふさわしいか考え、その類似性から判断を行ったと解

釈できる。

　ギガレンツァ（Gigerenzer, 2002）は，天気予報や打率など，確率表現が日常生活に定着したのは20世紀後半であり，人間は進化のほとんどを通じて，不確実さやリスクを確率で表現することを学んでこなかったと指摘している。ギガレンツァは，人間は頻度データを用いて推論するように適応しているため，頻度の形で問題を示せば，連言錯誤や基準比率の無視も消失すると主張した。頻度データを用いれば確率判断で見られるバイアスが減少するという主張には反論もあり（Kahneman & Tversky, 1996），さまざまな研究が行われている。

> **利用可能性ヒューリスティック**

　ある出来事が起こる可能性を，その出来事の事例をどれほど簡単に思いつくかで推測することを，利用可能性ヒューリスティック（availability heuristic）とよぶ。通常，頻度の高い事例は想起しやすいので，利用可能性ヒューリスティックが妥当な手がかりとなる場合も少なくない。しかし，利用可能性ヒューリスティックは，頻度以外の要因に影響される。例えば，最近起きた出来事や，強い情動を引き起こす出来事は思い出しやすい。ニュースで大きく取り上げられた航空機事故のせいで，「飛行機は危ない」というリスク認知が高まることはよくある経験である。

　次の2つの問題を考えてみよう。

> A：英語には，kで始まる単語と，kが3番目にくる単語ではどちらが多いか。
> B：アメリカにおいて，胃ガン，殺人，交通事故，心臓病による死亡者数はどのような順番で多いか。

　質問Aに対して，大多数の参加者が「kで始まる単語」の方が多いと答える（Tversky & Kahneman, 1973）。しかし，実際には「kが3番目にくる単語」は「kで始まる単語」の約2倍もある。この問題の回答者は，「kで始まる単語」と「kが3番目にくる単語」を思い出そうとしたが，特定の文字で始まる単語を想起する方が容易であるため，「kで始まる単語」の方が多いという印象をもったと解釈できる。

　質問Bはリヒテンシュタインら（Lichtenstein et al., 1978）の課題を改変し

FIGURE 12-5 ● 死亡原因の頻度推定におけるゆがみ

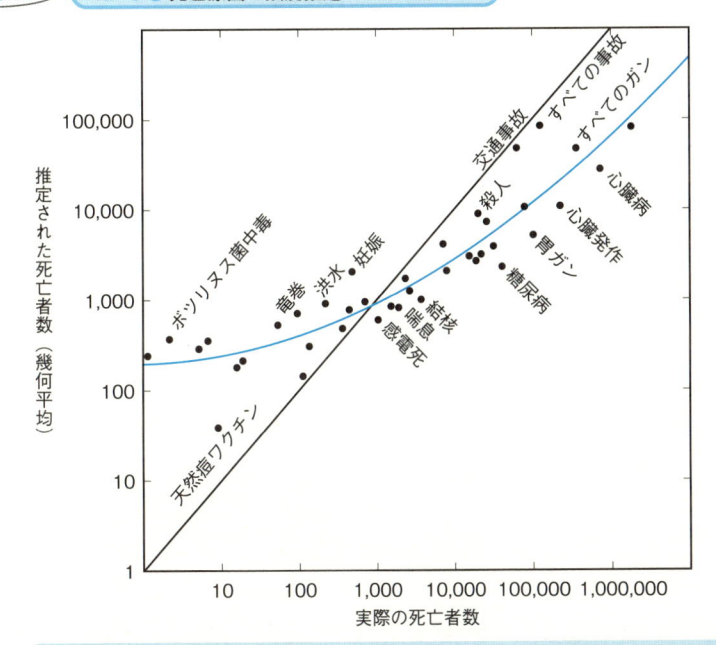

グラフ: 横軸「実際の死亡者数」(1〜1,000,000)、縦軸「推定された死亡者数(幾何平均)」(1〜100,000)。プロットされた死亡原因: 天然痘ワクチン、ボツリヌス菌中毒、竜巻、洪水、妊娠、結核、喘息、感電死、殺人、交通事故、すべての事故、すべてのガン、心臓病、心臓発作、胃ガン、糖尿病。

曲線は，アメリカの大学生による推定値に対する近似曲線である。対角線よりも上にある場合は過大推定，下にある場合は過小推定を意味している。

(出典) Lichtenstein et al., 1978.

たものである。リヒテンシュタインらは，アメリカの大学生を対象に，40の死亡原因について，1年間の死亡者数を推定させた。推定の結果は，図12-5に示した通りであり，対角線よりも上にある場合は過大推定，下にある場合は過小推定を意味している。図12-5の推定値の分布が，図12-4の決定荷重関数と類似していることに注意してほしい。人間の判断には，低い確率の過大評価と高い確率の過小評価といった傾向があるらしい。

質問Bにおいて，実際には心臓病，胃ガン，交通事故，殺人の順で死亡者数が多い。しかし，参加者の平均推定値では，交通事故，心臓病，殺人，胃ガンの順であり，交通事故や殺人が過大評価されている。メディア報道による目

立ちやすさや，ショッキングな事例の思い出しやすさなどが，上記の推定に影響を及ぼしている可能性が高い。

> 係留と調整ヒューリスティック

人が不確実な事象について予測するとき，初期値から検討を始め，最終的な回答を推定していく，係留と調整ヒューリスティック（anchoring and adjustment heuristic）が用いられる。係留とは，はじめの値を錨（anchor）のように設定することを指す。ただし，通常，事後の調整は不十分であり，初期値が異なれば，それに依存して最終的な推定値も大きく異なってしまう。

トヴァスキーとカーネマン（Tversky & Kahneman, 1974）は，次のような2種類の実験例を紹介している。実験参加者に，国連加盟国のうちアフリカの国々が占める割合を推定させる。初期値は，ルーレット盤を回して決定する。実験参加者は，初期値である恣意的なルーレット盤の値が推定値として高すぎるか低すぎるか答えた後，最終的な値を予想して答えた。その結果，例えば，初期値が10％であったグループの推定値（中央値）は25％であったが，初期値が65％であったグループの推定値は45％であった。ランダムに生成された初期値が，推定に大きな影響を及ぼしたわけである。

係留効果は初期値が与えられたときだけでなく，不完全な計算結果に基づいて直感的な推測を行う場合にも生じる。2グループの学生に，それぞれ，以下の2種類の数式の答えを，5秒間で推定するように求めた。

> A：8×7×6×5×4×3×2×1　　B：1×2×3×4×5×6×7×8

こうした難しい計算問題にとっさに答えるため，人ははじめの数ステップを計算し，調整によって解答の推定を行う。調整は通常不十分であり，解答の値は過小評価される。さらに，左から右へと行われるはじめの数ステップのかけ算の結果は，A（降順）の方がB（昇順）よりも値が大きいため，Aの方が解答として大きな値が推定される。推定結果は，Aでは2250であり，Bでは512であった。正解は，A，Bとも40320である。

> 判断におけるさまざまなバイアス

実際には存在しない関係を見出す現象を，錯誤相関（illusory correlation）とよぶ（第16章参照）。人はたまたま同時に起きた2つの事象の

間に因果関係があると思ったり，偏見やステレオタイプに基づいた推測を行うことがある。チャップマンとチャップマン（Chapman & Chapman, 1967）は，投影法の一種である人物描画投影テストに基づいた臨床診断においても，錯誤相関が影響することを実験的に示している。

人が自分の知識や判断を過剰に評価することを，自信過剰（overconfidence）とよぶ。フィッシュホフら（Fischhoff et al., 1977）の研究で，実験参加者は200問に対して二者択一で回答し，同時にその回答の確信度を答えた。その結果，実験参加者の確信度は，正答率よりも高い傾向が見られた。例えば，参加者の回答に対する確信度が100％のとき，正答率は80％にすぎなかった。

そのほかにも，①ある事象を回顧するとき，前もって予期できていたことであるかのように主張する後知恵バイアス（hindsight bias），②仮説を支持する情報のみを選択的に集め，その他の情報を無視する確証バイアス（confirmation bias；第11章参照）や，③例えば，保険のオプションを途中で変更できるにもかかわらず，変えようとしない現状維持バイアス（status quo bias）など，さまざまなバイアスが報告されている。

高速・倹約ヒューリスティックと適応的合理性

従来のヒューリスティックス研究では，人間の直感的判断における錯誤が数多く実証されてきた。これに対して，近年，ギガレンツァら（Gigerenzer et al., 1999）は，日常的な状況で生じる情報に基づいた，単純なヒューリスティックスの有効性を主張している。彼らはこうした簡潔な方略を，高速・倹約ヒューリスティック（fast and frugal heuristic）と名づけた。高速・倹約ヒューリスティックは，心の「適応的な道具箱（adaptive toolbox）」にある単純なルールであり，その有効性は，自然環境で情報を活用する能力である，適応的合理性（adaptive rationality）に依存すると主張されている。

高速・倹約ヒューリスティックの1つに，2つのうち一方のみを再認できたとすれば，再認できた方が特定の基準において高い価値をもつはずであると推論する，再認ヒューリスティック（recognition heuristic；Goldstein & Gigerenzer, 2002）がある。ゴールドシュタインとギガレンツァは，アメリカ人とドイツ人の学生に，どちらのアメリカの都市が大きいか尋ねた。

| A：サンアントニオ　　　　　B：サンディエゴ |

　サンディエゴと正しく答えたアメリカ人学生は62％であったが，ドイツ人学生の正答率は100％であった。ドイツ人学生は，サンディエゴ（カリフォルニア州）は聞いたことはあるが，サンアントニオ（テキサス州）は聞いたこともなく，「名前を聞いたことのある都市の方が大きいはずだ」という再認ヒューリスティックを用いたと考えられる。これに対して，アメリカ人はどちらも大都市として名前を知っていたため，名前の手がかりを使うことができず，妥当性が低い他の手がかりを用いたと解釈できる。ちなみに，2002年の統計によれば，サンディエゴはアメリカの都市人口ランキング7位で約126万人，サンアントニオは同9位で119万人である。

　ゴールドシュタインとギガレンツァの実験で，アメリカ人の実験参加者は，自国の2都市か，ドイツの2都市に関して，どちらの人口が多いか答えた。その結果，興味深いことに，ドイツの都市に関する正答率の方が，アメリカの都市に関する正答率よりもやや高かった。したがって，彼らは，再認ヒューリスティックの方が，相当量の追加的な知識よりも有効であったと結論している。

　日常生活でも，例えば，ブランド名や商品名のみを連呼する広告手法が広く用いられている。再認ヒューリスティックからすれば，妥当な戦略であろう。これと関連して，ギガレンツァらは，1つの理由があれば十分であり，1つのルールだけで決める方略を，単一理由決定ヒューリスティック（one-reason decision heuristic）とよんでいる。しかし，こうした高速・倹約ヒューリスティックが，実際にはそれほど頻繁に用いられるわけではないという批判的な知見もある（Newell et al., 2003）。

SECTION 3　複雑な意思決定

多属性意思決定と文脈効果　これまで，おもに1つの属性に関する判断と意思決定について説明してきたが，現実場面の意思決定はさらに複雑である。性能，価格，品質といった複数の属性をもった対

象からどれか1つを選ぶことを，**多属性意思決定** (multiattribute decision making) とよぶ。

多属性意思決定に関するよく知られた記述的モデルとして，トヴァスキー (Tversky, 1972) による属性消去モデル (elimination-by-aspects 〔EBA〕 model) を挙げることができる。このモデルでは，複数の属性のうち比較を行う属性が，重要度に比例して選ばれると仮定されている。選ばれた属性に関して選択肢が比較され，望ましくない属性をもつ選択肢は消去される。このプロセスを系列的に繰り返し，最後に残った選択肢が採用されると考える。

例えば，自動車を購入する場合を考えてみよう。まず，車の種類としてミニバンを買おうと思う。国産車のミニバンは約20台ある。その中から信頼しているT社に限ると6台になる。150万円以上〜200万円以下の予算で検討し，1台に絞ることができた。

近年，多属性意思決定において，期待効用理論による合理的決定基準と矛盾する現象（文脈効果）が，いくつか見出されている。代表的なものとして，2属性3肢選択の意思決定課題における，**妥協効果** (compromise effect ; Simonson, 1989) と，**魅力効果** (attraction effect ; Huber et al., 1982) を挙げることができる。

具体的に説明しよう。自動車を商品カテゴリーとし，燃費と走行性能という2属性を想定する（図12-6）。2属性において長所・短所が対照的なA（高性能，燃費が悪い），B（低性能，燃費がよい）という2つを，選択される比率がほぼ等しくなるように，個々の属性値を設定する。ただし，価格などその他の属性に関しては，AとBは同質であるとする。その際に，A，Bを参照して属性値を操作した第3選択肢を追加すると，A，Bに対する選択比率が変化する点が，これら2つの文脈効果に共通している。

(1) 妥協効果：第3選択肢（C）が2属性において，AとBの中間に位置するならば，Cを追加するとCの選択比率が3つの中で最も高くなり，AとBの選択比率が減少する現象を指す（第17章参照）。寿司屋のメニューに，松，竹，梅とあるのは，戦略として適切であろう。
(2) 魅力効果：第3選択肢（D）が2属性両方において，Aよりもやや劣るならば，Dを追加することによって，Aの選択比率が増加することを指す。このように，それ自体は選択されることがまれであるが，Aを盛り立て

| FIGURE | 12-6 ● 2属性3肢選択意思決定における刺激例 |

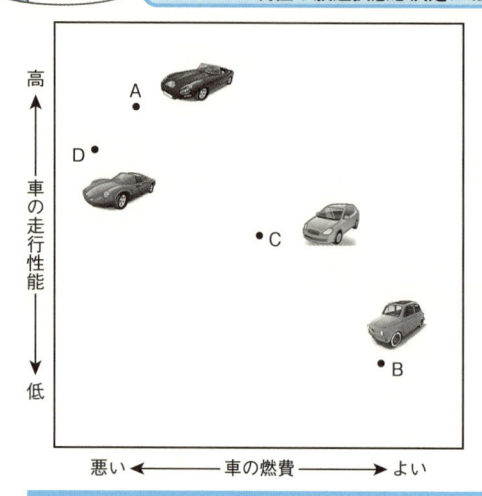

自動車について，燃費と走行性能を比較する。長所・短所が対照的なAとBの選択比率がほぼ等しいとき，第3選択肢を追加すると，AとBに対する選択比率が変化する（Cは妥協効果，Dは魅力効果を生じさせる第3選択肢）。

る役割を果たす選択肢Dを，Aに対するデコイ（decoy；囮）とよぶ。

先に説明した属性消去モデルでは，期待効用理論に反する妥協効果と魅力効果を適切に説明することはできない。近年，多属性意思決定における種々の文脈効果を説明するため，さまざまな記述的モデルが提案されている（奥田，2008；都築・松井，2006；Tsuzuki & Guo, 2004を参照）。

意思決定研究の広がり

不確実な状況における人間の判断と意思決定に関して，心理学的研究から得られた知見を経済学に導入した業績で，カーネマンは2002年にノーベル経済学賞を受賞した。カーネマン自身，この顕彰は，1996年に亡くなったトヴァスキーとの共同研究に対するものであると述べている。カーネマンの受賞は，現在，人間の意思決定に関する研究が学際的に大きく進展していることを示す，印象的なエピソードであろう。

マクロなレベルでは，社会心理学分野となるので，本章ではふれなかったが，集団意思決定は重要な研究領域であり，興味深い知見が蓄積されている。例えば，集団意思決定は個人意思決定よりも冒険的になるという知見があり，リスキー・シフト（risky shift）とよばれている（Wallach et al., 1962；木村・都築，

1998)。ミクロなレベルでは，脳科学の分野で，意思決定における大脳前頭前野の機能に焦点をあてた研究が報告されている（Damasio, 1994）。意思決定に関しては，期待効用理論以来，数理的に高度な理論研究も盛んであるが（繁桝，1995；奥田，2008；TOPICS 12-1 参照），消費者行動やマーケティングと関連した研究も活発に行われている（TOPICS 12-2 参照）。

　私たちは日常生活において，自分の直感的判断はほぼあたっていると思いがちである。しかし，ヒューリスティックスとバイアスに関する心理学的研究は，人間の判断には誤りやすい系統的な癖があることを教えてくれる。私たちは直感的判断で誤り，さらに，事後の反省の段階でも不都合な情報を無視することによって，二重の誤りを犯している可能性がある。判断や意思決定に関する知見や理論をふまえて，みずからの日常的な判断や選択を見つめ直す努力が必要であろう。

> **TOPICS** *12-1 選好の逆転*

　期待効用理論が説明できない非合理的決定現象で，心理学者が原因究明に貢献したものは，アレのパラドックスやフレーミング効果に限らない。ここで紹介する選好逆転現象（preference reversals）の発見と説明も，同様に心理学者の著名な貢献である。

　選好逆転現象は，選択肢の間の選好順位が選好を決める別々の方法の間で食い違う現象である。プロスペクト理論等，期待効用理論の発展型である記述的理論のほとんどは選好逆転現象を説明できない。選好逆転は，合理的決定の結果である手続き不変性（procedure invariance）の違反である。計算の場合，$5 \times (3+4)$ という計算を行う手続きは，数通りありうる。加法を先に行って後，5×7 という計算を行うことも，括弧を展開して $15+20$ という計算を行うことも可能であり，どちらの方法でも結果は同じである。これが手続き不変性の例である。

　スロヴィックとリヒテンシュタイン（Slovic & Lichtenstein, 1968）は，値つけと二者択一で意思決定者が重要視するギャンブルの属性が異なることを示した。値つけとは，ある確率で特定の利得が儲かるギャンブルと，魅力度で等しい確実に儲かる金額を決めることである。スロヴィックらは，ギャンブルの利得と確率を独立変数，二者択一と値つけを従属変数とした別々の統計分析を比較したところ，値つけを予測する分析で利得の予測力が上がったのである。このような選択方法による属性の予測力の変化は，期待効用理論からは予測されない。この結果から，スロヴィックらは期待値においてほぼ等しいギャンブルについて，次の仮説を立てた。利得が高く，確率の低いギャンブルは値つけで高く評価され，一方の確率が高く，利得の低いギャンブルは，二者択一で好まれるであろう。このような非合理性は，リヒテンシュタインらおよびリンドマン（Lichtenstein & Slovic, 1971；Lindman, 1971）が実証した。さらにリヒテンシュタインらはカジノへ出向き，実際のギャンブラーの実験参加を得て同様の結果を観察し，選好逆転は実験室特有の人工現象ではないことを確認した（Lichtenstein & Slovic, 1973）。

　選好逆転とは，狭義にはこの二者択一と値つけの間での選好順位の逆転を指す。今日，フレーミング効果なども選好逆転とよばれることがあるが，アレのパラドックスやフレーミング効果との違いは，狭義の選好逆転では選択肢自身の記述は一切変化せず，選択順位を決める方法が変わっている点である。

　トヴァスキーらは，選好逆転現象の説明として随伴荷重（contingent weighting）理論を提唱した（Tversky et al., 1988）。随伴荷重理論がモデル化

する心理過程は，多属性刺激の特定の属性への注目度が，認知課題によって変化するというものである。注目度が上昇するという説明原理は，しばしば認知的荷重の上昇として語られてきた。そうした荷重の方向を定める原理は，両立性原理（compatibility principle）として知られる。両立性原理とは，認知課題が生み出す結果と両立性の高い属性の荷重が上昇する過程である。ギャンブルは利得と確率から成り立つので，金額を評価する課題では利得の両立性が高い。つまり値つけの際に確率の低いギャンブルの利得を過大評価すると同時に，二者択一では確率にも注目することが，選好の逆転を生み出すことがわかったのである。

選好逆転現象の説明理論は，両立性原理に限定されない。近年研究者の注目を集めるのは，複数の評価対象について「個別に検討して対象を1つずつ評価する」場合と，「すべてを同時に検討してすべての対象を評価する」場合の選好逆転である。前者の評価方法を「単独評価」，後者を「並列評価」とよぶ。シー（Hsee, 1996）は，単独評価と並列評価の間における選好逆転を説明する「評価容易性仮説」（evaluability hypothesis）を提唱した。

シーの実験課題ではコンピュータ言語のプログラマーについて，2人の候補者の適正給与の評定を求めた。2人の候補者は同じ大学出身で，GPA（学部平均成績）と過去2年間のプログラム実績が評価の手がかりとなる。【GPA，プログラム実績】で記すと，2人の候補者はK【4.9, 10本】，L【3.0, 70本】であった。単独評価群は，候補者KおよびLの給与をどちらか1人だけについて評定し，並列評価群は，両候補者を同時に提示され，個々の給与を評定した。単独評価群は，候補者Kの給与をLより高額につけた。一方並列評価条群は，候補者Lの給与をKよりも高く評価し，単独評価と並列評価の間で選好逆転が起きた。

評価容易性仮説は，選好逆転の原因を評価間で属性値への注目が推移することに求めた。GPAは単独で提示されても評価容易性が一定である一方，プログラム実績はその豊富さを1人の実績から評価することが困難で，比較対象を得ることで程度判断基準が得られる「困難属性」である。よって単独評価では，GPA属性値への注目が高く，プログラム実績属性値には注目はほとんど向かないのでGPAに優るKの評価が高い。しかし並列評価ではGPAに加えて，プログラム実績も比較評価が容易になるため注目度が上昇し，プログラマーに望ましい資質で優るLの報酬額が高くなった。評価容易性仮説は，その後の多数の研究を誘発する契機となった。

〔山岸侯彦〕

TOPICS 12-2 広告と消費者行動

　メッセージの送り手が，受け手の態度を変えさせるように働きかけることを，説得的コミュニケーションとよぶ。態度とは，特定対象に対する持続的で安定した認知・感情・行動傾向を指す。広告は，説得的コミュニケーションの一種であると見なすことができる。説得的コミュニケーションでは，①メッセージの送り手（例：専門家の意見か），②メッセージの特徴（例：一面的か，両面的か），③使われるメディア（例：テレビか，印刷物か），④メッセージのターゲット（例：どのような視聴者に向けられているのか），⑤状況（例：どこで受け取られるか）といった要因が重要である。

　消費者行動論では，消費者が特定の製品に自己を関連づける程度を，関与（involvement）とよんでいる。1960年代までは，広告が商品への強い態度を形成し，購買につながると考えられていた。1950年代のAIDMAモデルでは，広告への反応は，attention（注意），interest（興味），desire（欲望），memory（記憶），action（行為）という順序で生起すると仮定された。

　クラグマン（Krugman, 1965）は，テレビ視聴は関与が低い状況であり，食料品などの場合，反復接触によってブランド名などが記憶される（低関与学習）と指摘した。一方，単純接触効果（mere exposure effect）とは，刺激の反復提示によって，刺激への好意度が上昇する現象を指す（Zajonc, 1968）。その後の研究の結果，過度の提示は刺激の処理を容易にし，その処理の単調さが倦怠を導き，反復提示の有効性が低下することが知られている（松田, 2008）。

　広告などの説得的コミュニケーションでは，受け手の特性によって態度変容に及ぼす影響が異なる。ペティとカシオッポ（Petty & Cacioppo, 1986）は，①関与が高く，情報が精緻化される可能性が高い中心ルートと，②関与が低く，情報が精緻化される可能性が低い周辺ルートを区別した，精緻化見込みモデル（elaboration likelihood model；ELM）を提唱した（図1）。

　メッセージに対する情報処理の動機と能力が高ければ，中心ルートで処理され，どちらか一方が欠けると，周辺ルートで処理される。中心ルートで処理された場合，メッセージの内容は入念に検討され，認知構造の変化が生じ，その変化に対応した方向で態度が変容する。周辺ルートでは，議論の本質とは関連が薄い周辺的手がかり（例：タレント，音楽）に基づいて判断が下される。中心ルートで処理されれば，変容後の態度は持続性があり，行動が予測しやすいが，周辺ルートを経由した場合は，態度が不安定で，行動を予測しにくいとされる（藤原, 1995）。

　ブランドは商品がもつ価値の表現であり，消費者の心理に構築された情報の

図1 精緻化見込みモデル

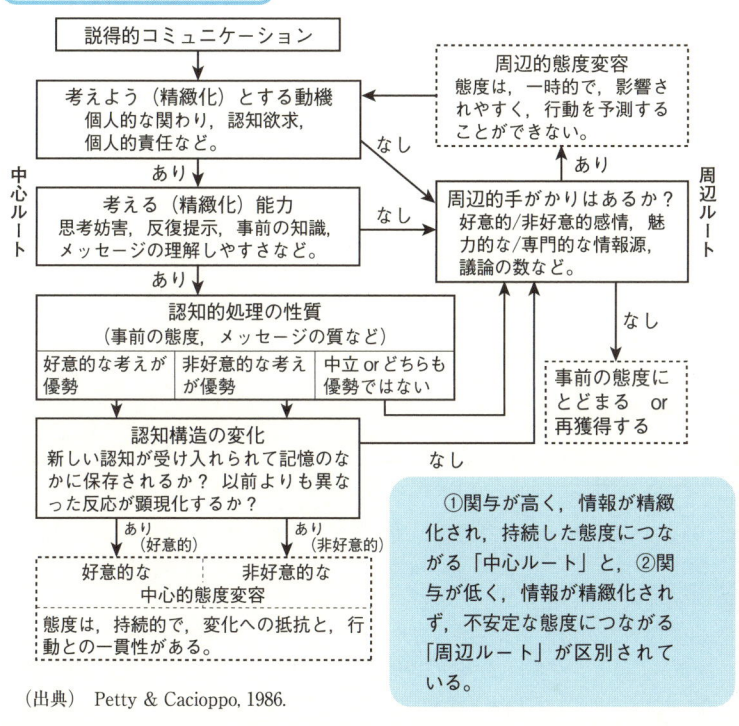

```
                    説得的コミュニケーション
                            │
                            ▼
          ┌─────────────────────────────┐         ┌──────────────────┐
          │  考えよう（精緻化）とする動機  │         │  周辺的態度変容    │
          │  個人的関わり，認知欲求，     │◄────────│  態度は，一時的で， │
          │  個人的責任など。            │         │  影響されやすく，  │
          └─────────────────────────────┘  なし    │  行動を予測する    │
中心              │ あり                             │  ことができない。  │
ルート            ▼                                  └──────────────────┘ 周辺
          ┌─────────────────────────────┐                    ▲           ルート
          │  考える（精緻化）能力        │         ┌──────────────────┐
          │  思考妨害，反復提示，事前の  │  なし   │ 周辺的手がかりはあるか？│
          │  知識，メッセージの理解しや  │────────►│ 好意的/非好意的感情，│ あり
          │  すさなど。                  │         │ 魅力的な/専門的な  │
          └─────────────────────────────┘         │ 情報源，議論の数など。│
                  │ あり                           └──────────────────┘
                  ▼                                        │ なし
          ┌─────────────────────────────┐                  ▼
          │      認知的処理の性質         │         ┌──────────────────┐
          │  （事前の態度，メッセージの質など）│       │  事前の態度に      │
          ├──────────┬──────────┬────────┤         │  とどまる or      │
          │好意的な  │非好意的な │中立orどちら│        │  再獲得する       │
          │考えが優勢│考えが優勢 │も優勢ではない│      └──────────────────┘
          └────┬─────┴────┬─────┴────────┘
               ▼          ▼                                  
          ┌─────────────────────────────┐
          │       認知構造の変化          │
          │  新しい認知が受け入れられて   │
          │  記憶のなかに保存されるか？   │
          │  以前よりも異なった反応が     │
          │  顕現化するか？              │
          └──────┬──────────────┬───────┘
            あり │            あり│
          （好意的）           （非好意的）
               ▼                  ▼
          ┌──────────┐    ┌──────────┐
          │ 好意的な  │    │非好意的な │
          │ 中心的態度変容            │
          └──────────┴────┴──────────┘
          態度は，持続的で，変化への抵抗と，
          行動との一貫性がある。
```

①関与が高く，情報が精緻化され，持続した態度につながる「中心ルート」と，②関与が低く，情報が精緻化されず，不安定な態度につながる「周辺ルート」が区別されている。

（出典） Petty & Cacioppo, 1986.

総体である。1990年代以降，マーケティングの分野では，ブランド価値の構築や，ブランド・エクイティ（brand equity；資産）の問題が重要な研究テーマとなっている。ブランドには，品質の保証，日用品（commodity）との差別化，商品名の想起といった機能があり，自己表現による満足感にもつながる。ブランドが確立すれば，消費者が好感をもって反復的に購買するロイヤリティ効果や，高い価格を支払う価格プレミアム効果が生まれる。日本人の海外有名ブランド（例：ルイ・ヴィトン）に対する購買意欲は，異常といってよいほど顕著であり，文化心理学的にも興味深い問題をはらんでいるといえよう。

消費者行動論では，認知心理学的・社会心理学的なアプローチが広く受け入れられている。消費者行動や広告心理に関しては，竹村（2000），岸ら（2008）を参照していただきたい。

〔都築誉史〕

BOOK GUIDE ● 文献案内

広田すみれ・増田真也・坂上貴之編（2006）『心理学が描くリスクの世界――行動的意思決定入門（改訂版）』慶應義塾大学出版会
- ●近年の意思決定研究について幅広く解説した良書である。認知，対人，行動，社会といったアプローチごとに構成されており，実験的研究と理論について学ぶことができる。

奥田秀宇（2008）『意思決定心理学への招待』サイエンス社
- ●意思決定に関する理論の展開がくわしく説明されている。特に後半では，選択における文脈効果など，近年の研究トピックスが幅広く解説されている。

繁桝算男（2007）『後悔しない意思決定』岩波書店
- ●主観的期待効用モデルと，確率評価の理論的基礎に重点をおいて，意思決定の重要なトピックスが約100ページにまとめられている。

子安増生・西村和雄編（2007）『経済心理学のすすめ』有斐閣
- ●経済現象をめぐる人間の非合理的な判断や行動を，心理学者と経済学者が解説している。

友野典男（2006）『行動経済学――経済は「感情」で動いている』光文社
- ●認知心理学から強く影響を受けた行動経済学（behavioral economics）の動向が，わかりやすく解説されている。

Chapter 12 ● 練習問題　　EXERCISE

❶ 明るい気分（mood）のときと，暗い気分のときとでは，判断の仕方が異なるだろうか。気分と意思決定の関わりについて考え，文献を調べてみよう。

❷ 次の問題を解いてみよう（Gigerenzer, 2002）。
「大腸ガンの潜血テスト受診者が大腸ガンである確率は0.003である。受診者が大腸ガンであれば，検査結果は0.5の確率で陽性となる。大腸ガンでない場合，それでも検査結果が陽性になる確率は0.03である。ある受診者の検査結果が陽性と出た。この受診者が実際に大腸ガンである確率はどれくらいか」。

❸ 株投資には，「損切りは早めに，利食いはゆっくりと」という相場の格言がある。もち株が値下がりしたら，損でも早めに売却すべきだが，株価が上がったら，売却による利益の確定はゆっくりと行えばよいという意味である。実際の投資家は，この格言とは逆の行動をとりがちであることが知られている。そうした投資家の行動を，プロスペクト理論に基づいて説明しなさい。それと関連して，行動経済学ではどのような研究がなされているか，調べてみよう。

HINT●p.462

● 都築誉史

第13章 認知と感情

喜怒哀楽はどのように認知されるのか

子どものときの楽しい思い出はどのように記憶されるのであろうか。それはどのようなときに想起されるのであろうか

- KEYWORD
- FIGURE
- TABLE
- TOPICS
- BOOK GUIDE
- EXERCISE

CHAPTER 13

INTRODUCTION

「智に働けば角が立つ。情に棹させば流される。」
これは夏目漱石の『草枕』の冒頭の言葉である。理屈を通そうとすると人とぶつかるし，人に同情するとついそれに流され合理的な判断ができなくなってしまう。この『草枕』の言葉のように，私たちは，知（智）と情を対立するものとしてとらえることが多い。しかし，最近の認知心理学の研究では両者に密接な関係があることがわかってきた。本章では，感情を認知する仕組み，感情が注意や記憶に及ぼす影響について考える。

> **KEYWORD**
>
> 感情の認知　　ジェームズ=ランゲ説　　キャノン=バード説　　ザイアンスの説　　情動性知能　　認知的評価　　ラザルスの説　　扁桃体　　自律神経系　　ヤーキーズ=ドッドソンの法則　　イースターブルックの説　　クリスチャンソンの説　　有効視野　　凶器注目効果　　ネットワーク・モデル　　感情状態依存記憶　　感情一致記憶

SECTION 1　感情の認知プロセス

　感情に類似した言葉として，情動がある。いずれも emotion の訳である。ほとんど区別しないで使われることが多いが，情動は行動に駆り立てる動機としての意味が強調されることが多い。また，気分（mood）は感情ほど強くなく，しかもより持続的な性質をもつものである。

　ある感情的体験から話を始めよう。著者は数年前，長女と次女を車に乗せ，高速道路インター付近の県道を夜，車で走っていたとき，先を数頭の動物の群れが走っているのを目撃した。このまま距離を詰めればぶつかるので，車を止め，走り去るのを待った。しかし，その群れは急にUターンし，こちらにしだいに近づいてきた。ヘッドライトに照らし出されたその姿は，はっきりとイノシシの親子連れであることを示していた。そのうちの2, 3頭は体重が数十キロはあろうかという巨体で，それらが車に向かって迫ってくる。このとき，私と娘たちは，心臓が速く打つのを感じながら，息を凝らして，イノシシたちが車にぶつからずに通り過ぎることを祈っていた。

　このような感情的経験は一般に，次の4つの成分から成り立っていることは広く認められている。①動物らしき影の認知，②心臓の拍動や呼吸の変化といった生理的な反応，③恐怖や悲しみといった感情の経験，そして④車の中で私が浮かべたであろう恐怖表情といった表出行動である。しかし，これらの成分がどのような順序で起こるかという感情の認知プロセスについては，議論がある。

FIGURE 13-1 ● ジェームズ=ランゲ説

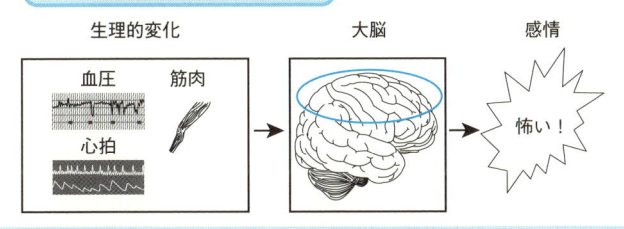

生理的変化　　　大脳　　　感情

血圧　筋肉
心拍

怖い!

生理的変化が脳によって解釈された結果，感情が生じる。

ジェームズ=ランゲ説　ジェームズ（James, W.）とランゲ（Lange, C.）は，まず生理的変化が生じ，感情の経験が生じると考える。前述のイノシシとの遭遇の例では，怖いから心臓がドキドキするのではなく，心臓がドキドキするという生理的変化が脳によって解釈された結果，怖いという感情が生じると考える。「悲しいから泣くのではなく，泣くから悲しい」「嬉しいから笑うのではなく，笑うから嬉しい」のである。つまり，末梢神経系のある特定の生理的変化の解釈が特定の感情を生み出すと考えた（図13-1）。

しかし，このジェームズ=ランゲ説に対しては次のような批判がなされた。末梢神経系と脳との結合を切断したイヌでも感情表出が見られること，また怒り，恐怖，悲しみといった異なる感情でも同じような生理的変化が認められ，必ずしも特定の生理的変化が特定の感情を喚起させるといった結びつきはないことが明らかにされた。

キャノン=バード説　キャノン（Cannon, W. B.）とバード（Bard, P.）は，感覚器官から視床（視床下部後部）に情報が送られ，視床から大脳および末梢神経系に興奮が伝えられることに注目し，視床が感情喚起において中心的な役割を果たすと考えた（キャノン=バード説；図13-2）。つまり，ジェームズとランゲとは異なり，末梢神経系の生理的変化に先立って，視床において対象の情報処理がなされるとした。

生理的変化の解釈（認知）が感情生起にとって必要なのかどうかということについては，ザイアンス（Zajonc, R. B.）とラザルス（Lazarus, R. S.）の論争

FIGURE 13-2 ● キャノン゠バード説

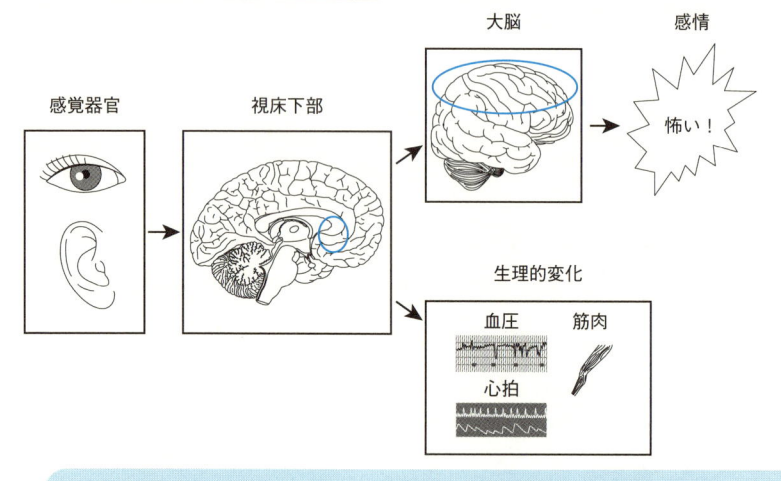

感覚器官 → 視床下部 → 大脳 → 感情（怖い！）
→ 生理的変化（血圧、筋肉、心拍）

末梢神経の生理的変化に先立って，視床において情報の処理がなされる。

が示すように，今日まで議論が続いている。

ザイアンスの説

ザイアンス（Zajonc, 1980, 1984）は感情と認知は独立したものであり，刺激が認知されなくても，感情は生じると考える（ザイアンスの説）。例えば，観察者が気づかないくらい短い時間，絵やメロディを提示するという実験をする。後で再認を求めても再認はできないが，はじめて見るものと比べると，すでに見たり聞いたりしたものは，たとえその提示に気づいていなくてもより好まれるという。このことは単純接触効果とよばれる。ザイアンスはこの現象を認知と感情の独立性を示す1つの証拠と考えている。例えば，マーフィーとザイアンス（Murphy & Zajonc, 1993）は，プライミングの実験技法を用いて，まず見えないくらいに瞬間的（4ミリ秒），あるいは十分に見える時間（1秒），笑顔，怒り顔，あるいは多角形の絵を実験参加者に提示する。その後引き続いて漢字を提示して，その漢字が好きか嫌いかを判断してもらうという実験を行った。実験参加者は漢字が読めない人たちであり，提示された漢字が好きでもないし，嫌いでもない。実験の結果，瞬間的に笑顔あるいは怒り顔が漢字の前に提示された場合のみ，

FIGURE 13-3 ● マーフィーとザイアンスの実験結果

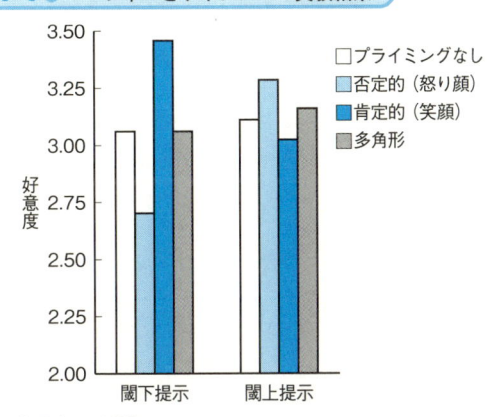

縦軸：好意度（2.00〜3.50）
凡例：□プライミングなし　■否定的（怒り顔）　■肯定的（笑顔）　■多角形
横軸：閾下提示、閾上提示

(出典) Murphy & Zajonc, 1993.

その漢字を好きあるいは嫌いと判断することがわかった（図13-3）。笑顔，怒り顔はむしろ意識されない場合にのみ，自動的に感情を喚起させるという。

また，赤ちゃんは泣いたり，笑ったりとさまざまな感情を示すが，赤ちゃんには外界を十分に認識するほど認知システムが十分に発達しているわけではない。このことも認知と感情の独立性を示す証拠と考えられる（遠藤，2002）。

一方，刺激や状況を認知することが，感情生起にとって重要であることを示す証拠も古くからある。シャクターとシンガーの実験（Schachter & Singer, 1962）はその１つである。

シャクターとシンガーの実験

シャクターとシンガーは実験参加者に，エピネフリン（アドレナリン）を注射した。このホルモンは，顔の紅潮，手の震え，血圧や心拍の増加などの生理的・身体的変化を引き起こすものである。実験参加者の半数には，注射による生理的・身体的影響について，「サプロキシンとよばれるある種のビタミン剤を注射し，視覚に及ぼす効果を調べる。このビタミン剤は顔が赤くなり，手が震え，心拍が増加する」という正しい情報を与える（正情報群）。またある群については，このような情報を与えない（無情報群）。両群とも，注射の後，同じ実験を受けるという実験協力者（サクラ）の人物を紹介され，次の

TOPICS 13-1 情動性知能

　他者とコミュニケーションをとる場合，いまの自分の感情を認識したり，相手の感情を読み取ったり，また，それらをうまくコントロールしたりすることが重要である。このような能力を情動性知能（emotional intelligence；EI）とよぶ。情動性知能が高いと，対人関係をうまく作ることができ，さらには，社会の中で成功することができるという。

　情動性知能は，いろいろな場面で取り上げられており，例えば教育現場では，子どもの情動性知能の向上や，教師の教育スキルと情動性知能の関連が注目されている。また，職場では，コミュニケーション力やリーダーシップを含めた職務遂行能力と情動性知能の関連が取り上げられており，就職活動セミナーなどでも「IQよりもEQが大事」という文言を耳にしたことがあるのではないだろうか。

　「情動性知能」という言葉が有名になったのは，1995年にゴールマン（Goleman, 1995）が出版したベストセラー『EQ——心の知能指数』がきっかけである。EQとは，emotional intelligence quotient のことであり，一般的な知能指数を示すIQ（intelligence quotient）という表現に対して，このように表現される。IQとEQに関しては，一般的なイメージとして，IQの高い人が必ずしも社会の中で成功しているわけでなく，むしろEQの高い人が成功しているというイメージがある。このように，IQと比較してもたれているEQに対するイメージも，情動性知能が人々の注目を集めた理由の1つであろう。

　このように，情動性知能は多くの人々の関心を集めているが，人々が気になっているのは，自分自身の情動性知能がどのくらいかということではないだろうか。現在，個人の情動性知能をどのようにして測るのかという測定法が問題となっている。またこれに伴い，測定される情動性知能の概念の定義（どのような情動性知能が存在するのか？）についても議論の的となっている。

　最もポピュラーな情動性知能の測定方法は，質問紙による測定法である。これは，複数の質問項目（例：あなたは，自分の気持ちがわかる方ですか？）に対して，自分がどれほどあてはまるかを回答する方法である。この質問紙を用いて情動性知能について研究した結果，研究者によって，さまざまな情動性知能の成分が存在することが明らかになった。そのおもなものとして自分自身の情動に関するもの，他者の情動に関するもの，またそれらの認識，表現，コントロール，利用などの能力が挙げられた。

　しかし，この質問紙による測定法には，以下のような問題点が挙げられる。それは，質問への回答が自己評価であるため，主観によってゆがめられる可能

図1 この人は，どんな気持ち？

性があり，正確に情動性知能が測定できていないのではないかという点である。この問題を回避できるのが，能力テストによる測定法である。これは，主観的な自己評価によらず，客観的な行動を測定しようとする方法であり，例えば，写真人物の表情がどのような感情を示しているかを回答する課題（図1）や，ある特定の状況において自分がどのような感情を感じたかを回答する課題などによって，情動性知能を評価する。この能力テストによる測定法の中で最も有名なテストは，メイヤーらが開発した MSCEIT（Mayer-Salovey-Caruso Emotional Intelligence Test）である（Mayer et al., 2002）。MSCEIT によって測定される情動性知能は，「情動の知覚」（perceiving emotions），「情動による思考の促進」（facilitating thought），「情動の理解」（understanding emotions），「情動の調節」（managing emotions）であり，質問紙による測定で明らかになっている情動性知能とは，少し異なっている。

　以上のように，情動性知能の測定法は，大きく分けても質問紙法と能力テストという2種類の測定法があり，さらにさまざまな研究者によって質問紙やテストが作成されている。またこれに伴い，それぞれの質問紙やテストで測定している情動性知能もさまざまであり，一致を見ない。これは，情動性知能が定義の難しい複雑な構成概念であることを示しているといえる。

　このように，どの測定法が一番よいのかという問題，またそれぞれの測定法で測定される情動性知能は一致するのかという問題など，情動性知能に関する研究では，まだまだ検討しなければならない問題がたくさんある。その一方で，冒頭でも述べたように「情動性知能」は多くの人々の心をひきつけ，すでにたくさんのテストや訓練プログラムが開発されていることからもわかるように，情動性知能に対する人々の期待は大きい。今後，よりいっそう情動性知能に関する研究に取り組んでいく必要があるだろう。

〔小松佐穂子〕

2つの条件のいずれかに導く。ある条件では実験協力者は紙にいたずら書きをしたり，紙を丸めて部屋のすみにあるくずかごにシュートしたりして，実験参加者に「やってみようよ」と誘う。紙飛行機を作って飛ばしたりして陽気にはしゃぐ（気分高揚群）。また他の条件では，実験参加者は実験協力者とともにある質問紙に答えることを求められる。実験協力者は質問を見る前に実験参加者に「実験のために来たのに注射をするなんて。事前に注射について言うべきだ」とぼやく。次に実験協力者は実験参加者の向かい側に座り，質問紙をぺらぺらとめくり，「へー，こんなに長いの！」と言い，ぼやきながら質問に答える。このぼやきはしだいにひどくなる。例えば「あなたがかかった幼児疾患と何歳のときにかかったか答えなさい」という質問 13 に対しては，「この質問にはイラつく，小児期の疾患なんて覚えていないよ，特に年齢なんて！」，また「あなたは週に何度，セックスしていますか」という質問 28 には，「まったくうんざりだ！ こんなこと答える必要はない」と叫ぶ。最後には，質問紙を破り，クシャクシャにして，床に投げつけ，「時間を無駄にしたくない」と言って部屋を出る（怒り群）。

　気分高揚群あるいは怒り群の行動は，彼らに「サプロキシン」（アドレナリン）の副作用が知らされている情報群と知らされていない無情報群とではまったく異なる。無情報群は実験協力者が楽しくすごしていれば自分も楽しい気分になり，顔には笑みを浮かべる。また，同室者が怒っていれば，自分も怒りを感じ，顔には怒りの表情を浮かべる。一方，正情報群は，いずれの部屋でも同室者の行動には左右されず，感情変化は経験しなかった。

　無情報群はアドレナリンの注射によって生じた生理的・身体的変化の真の原因がわからないとき，自分がおかれている状況を解釈することによって，生理的・身体的変化（覚醒）に（「楽しい」とか「怒っている」といった）ラベルづけを行ったと思われる。シャクターとシンガーの研究は，状況の解釈（認知）が感情喚起を規定する重要な要因であることを明らかにしたものである。この考え方は次のラザルスの説へとつながっていく。

ラザルスの説

ラザルスら（Lazarus, 1982, 1999 ; Lazarus & Folkman, 1984）は，状況を解釈し，評価する（appraisal）こと，すなわち認知的評価が感情の生起にとって決定的に重要であると考える（ラザルスの説）。ラザルスらは認知的評価を次の3つに分けて考え

る（Lazarus & Folkman, 1984）。

(1) 1次的評価

いまの状況を，①無関係，②無害－肯定的，③ストレスフルの3つに区別するものである。

① 状況が自分の幸福にとって何の意味ももたなければ「無関係」とカテゴリー化する。
② 物事との出会いの結果が肯定的であると解釈される場合に生じ，「喜び」「愛」「幸福」「陽気」などの快の感情によって特徴づけられる。
③ ストレスフルな「害－喪失」「脅威」「挑戦」などに関わる評価である。

(2) 2次的評価

この状況は対処可能か，その対処方法でうまくいくかと，みずからの力（資源）について評価する。

(3) 再評価

環境からの新たな情報や，自分の反応から得た情報によって，なされる評価の変更を指す。状況と対処方略についてモニターし，必要に応じて1次的，2次的評価に修正を加える。

しかし，ここでいう1次的評価は意識的に状況を認知するという働きではない。素早く状況を評価するものであり，粗くて速い処理であり，意識に上らない無意識的処理をも含むものである。そうであれば，ラザルスの考えは刺激が認知されなくても，感情は生じるとするザイアンスのそれと大差なくなる。つまり無意識的な処理をも認知とするかどうかという定義の問題である（遠藤，2002）。

粗いが速い認知に基づく感情と，遅いが詳細な認知に基づく2種の感情の仕組みがあることは，脳科学研究によっても明らかになっている。

SECTION 2　感情認知の早いルートと遅いルート

ルドゥー（LeDoux, 1994）は感情の認知システムとして，外界からの情報が視床から大脳辺縁系（特に扁桃体）へと大脳皮質を経由しないで入る直接ルート（低位経路）と，大脳皮質を経由して入る間接ルート（高位経路）があること

FIGURE 13-4 感情認知の直接ルートと間接ルート

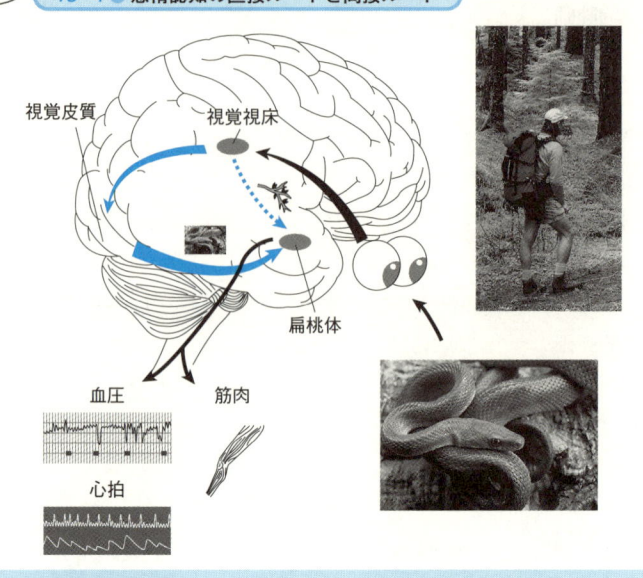

視覚皮質　視覚視床

扁桃体

血圧　筋肉

心拍

青い破線が直接ルート，青い実線が間接ルートである。

(出典) LeDoux, 1996 より作成。

を見出した（図13-4）。この区別は，前述の，無意識的，自動的感情認知と，記憶を参照してなされる評価に基づく意識的感情認知に対応する。

ルドゥーは次のように述べている（LeDoux, 1996；訳は翻訳書より）。

> 「林の中を歩いているとしよう。ぱりぱりという音が聞こえたとしよう。その音の刺激が，視床路を通ってまっすぐ扁桃体に伝えられる。音は視床から皮質にも達する。皮質はその音が自分の長靴の重みではじけた乾いた小枝の音なのか，ガラガラヘビがしっぽをまいている音なのかを認知する。しかし，皮質がそれをはっきりさせるまでに，扁桃体はすでにヘビに対しての防備を始めている。」

視床から扁桃体に直接行くルートでは，視覚皮質を通って扁桃体に行くルートよりも速く（約2倍）情報が伝達される。一方，皮質を通るルートは時間がかかるが詳細な情報処理がなされる。われわれは粗いが速いルートと，詳細だ

が遅い感情認知のルートをもっているのである。

　ダマシオ（Damasio, 2003）は，情動（emotion）と感情（feeling）という概念を区別する。情動を誘発する刺激（ECS；emotionally competent stimulus）が感知されると，自動的に一連の決まった（ヘビを見て自然に飛びのいたり，心臓がドキドキしたりといった）作用で脳が反応する。この反応には進化によって定められたものだけでなく，生活の中で学習したものも含まれる。この反応の後に，「怖い」とか「楽しい」といった感情が生じるとする。そしてPET（陽電子放出型断層撮影法）などの脳イメージングの技法を使った研究でこのことを裏づけている。例えば，ダマシオら（Damasio et al., 2000）は実験参加者に過去の日常生活で喜び，悲しみ，恐れ，怒りを経験したエピソードを思い出してもらった。このときの脳活動をPETを用いて活動部位を調べると同時に，心拍や皮膚電気抵抗などの自律神経系の反応も測った。実験参加者は情動を感じ始めたら合図するように言われている。すると，感情の種類によって活動する脳部位が異なる（悲しみを感じているとき前頭前皮質の活動が不活発であるが，喜びでは逆に活発であることなど）が，身体感覚に関係する領域（帯状皮質，島と2次体性感覚野など）がどの感情状態でも同じように，活動する，あるいは活動しないという変化が見られた。

　とりわけ興味深いのは皮膚電気抵抗の変化が感情変化に先行することがわかったことである。このことは，「怖い」「楽しい」といった感情認知の前に身体は反応していることを意味する。

SECTION 3　感情が認知に及ぼす影響

ヤーキーズ＝ドッドソンの法則

感情と認知の関係については，100年以上も長い間，論文に取り上げられ続けている法則がある。ヤーキーズ＝ドッドソンの法則（Yerkes-Dodson's law）である（Yerkes & Dodson, 1908）。ラットを使った弁別課題において，正しい反応をすれば食べ物の報酬を与え，誤った反応には電気ショックという罰を与えるという実験を行った。与えられる電気ショックの強度と課題の成績との関係を見てみると，やさしい課題では，与えられる電気ショックの

FIGURE 13-5 ● ヤーキーズ゠ドッドソンの法則

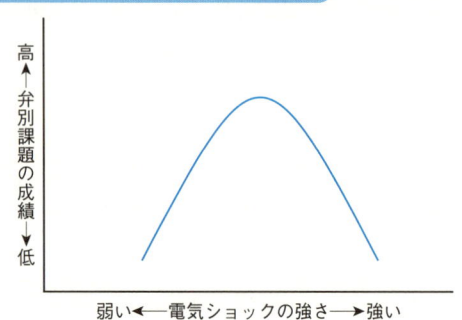

電気ショックが強すぎても弱すぎても，弁別課題はうまく行えない。

（出典） Yerkes & Dodson, 1908 を改変。

強さが強いほど成績はよいが，困難な課題やなじみのない課題では，与えられる電気ショックの強度と課題遂行成績との間には逆U字型の関係があることがわかった（図13-5）。つまり，あまりに弱い強度や強すぎる強度では成績は悪く，中程度の強度において最もよい成績が得られたのである。

なぜ，困難な課題ではある一定以上の強度では成績は低下するのだろうか。このことは，覚醒が認知過程（注意や記憶）に及ぼす効果によって説明される。

イースターブルックの説 イースターブルックの説（Easterbrook, 1959）では強い電気ショック下では情動の覚醒度が上昇し，「有機体が観察し，反応可能な環境的手がかりの総数が情動的覚醒の上昇とともに低下していく」と考えた。これを動機づけによる集中化と名づけた。つまり，集中化によって周辺に存在する手がかりを見落とし，適切に反応できなくなるというのである。

クリスチャンソンの説 クリスチャンソンの説（Christianson, 1992）では，イースターブルックの説を記憶現象に展開させ，情動的ストレス下では中心的な特徴に注意が向かい深い処理がなされ，よく記憶されるが，一方，周辺の特徴は忘却されるとした。

例えば，クリスチャンソンとロフタス（Christianson & Loftus, 1987）は，交

FIGURE 13-6 情動的出来事の再生・再認テストの成績

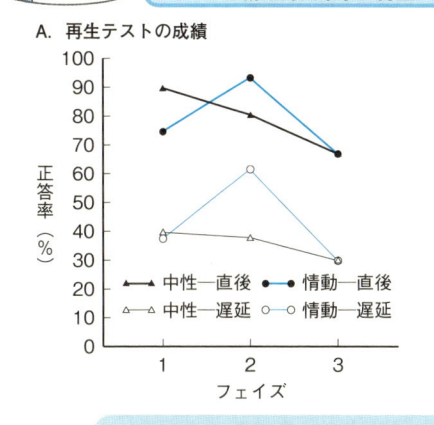

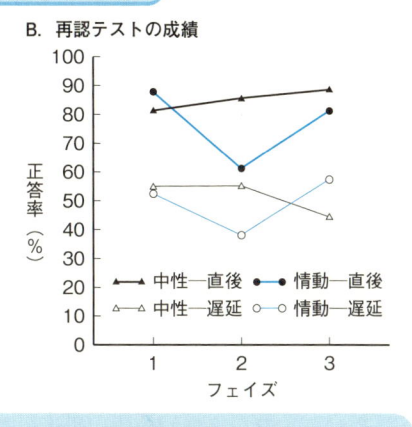

A. 再生テストの成績
B. 再認テストの成績

― ▲ ― 中性―直後　― ● ― 情動―直後
― △ ― 中性―遅延　― ○ ― 情動―遅延

情動的出来事が含まれる第2フェイズでのみ，条件間で差が見られる。

(出典) Christianson & Loftus, 1987.

　交通事故の凄惨な場面を含むスライドのセット（情動的出来事条件）とそのような場面を含まないスライドのセット（中性的出来事条件）を用いて記憶実験を行い，その後の再生テストと再認テストにおいて両条件を比較した。なお，両条件のスライド・セットとも3つのフェイズ（各フェイズとも5枚のスライド）からなり，第1と第3のフェイズは両セットとも同じで，第2フェイズの5枚のスライドだけが両条件で異なっていた。再認テストは場面を撮影したカメラアングルとは異なるアングルから撮影したスライドが選択肢に用いられており，最初に見たスライドを正しく再認するためには撮影されている周辺的な事物（周辺的情報）まで記憶する必要がある。一方，再生テストではスライドに写っていた主要なアイテム（中心的情報）の記憶が調べられる。実験の結果，再生テストでは情動的出来事条件の方がよいが（図13-6のA），一方，再認テストでは情動的出来事条件の再認成績の方が悪かった（図13-6のB）。この結果は，情動的出来事では中心的情報に注意が向けられ，それらはよく記憶されるが，重要でない他の側面については注意が向けられずに結果的に再認されないことを意味する。

しかし，中心的情報，周辺的情報とはいったい何なのか，不明確だという批判がある。空間的な中心・周辺を意味するのか，それともストーリーに関係が深いのが中心で，関係が薄いのが周辺なのかはっきりしない。バークら (Burke et al., 1992) は，これらを区別して情報を次の4つに分類した。

(1) ギスト：スライドの大筋を話すときに含まれる事実，要素。一般的には，「次にどうなった」に対する答え。
(2) 基本レベルの視覚情報：個々のスライドに何が写っているかという質問に対する基本水準の答え。
(3) 中心的詳細情報：ストーリーの中心人物に関係するが，大筋には無関係な末梢的情報。
(4) 背景的詳細情報：中心人物に関係しない詳細情報。

彼らはこれら4種の情報の再生が，不快感情を喚起する場面（外科手術の場面）とそうでない場面（車の修理をしている場面）の再生記憶ではどのように異なるか検討した。その結果，ギスト，基本レベルの視覚情報，中心的詳細情報の3種の情報とも不快な出来事の方が再生記憶がよいが，背景的詳細情報は情動的ストレスの高い出来事の方がそうでない出来事よりも再生記憶が劣っていた。

前者3種の情報と後者の背景的詳細情報との違いは何かというと，知覚的・空間的に中心か周辺かの違いでしかない。基本レベルの視覚情報，中心的詳細情報はもちろんのこと，ギストもまた知覚的・空間的に中心にある事物に関わる情報の時系列的変化を抽象化したものであると考えられ，これもまた知覚的・空間的中心情報といえる。

ということは，よく記憶される中心情報というのは，知覚的・空間的に中心にある情報を指すのであって，ストーリー的に中心にある情報ではないことを意味する。なぜ，不快感情を喚起する場面の空間的に中心にある情報はよく記憶され，周辺にある情報は記憶されにくいのであろうか。次に述べる有効視野収縮説によると，これは記憶の問題ではなく，注意の問題とされる。

有効視野収縮説

情報を中心的情報と周辺的情報に分け，不快感情喚起下では中心的情報がよく記憶されると考えるのではなく，単純に不快感情を喚起させる刺激は，私たちが注意を向け，認知できる空間，すなわち有効視野 (functional visual field) の範囲を狭めるか

| FIGURE | 13-7 ● 有効視野測定実験の手続き |

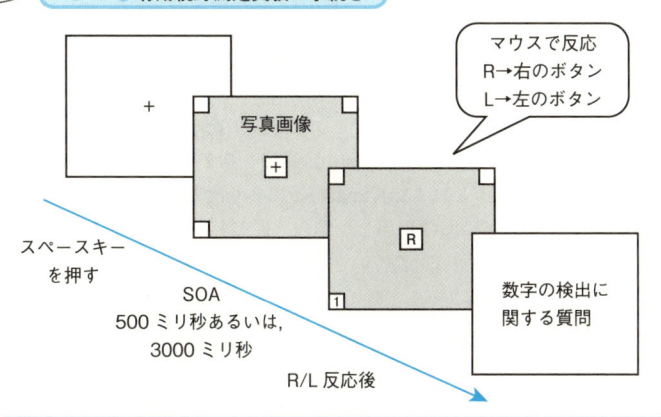

マウスで反応
R→右のボタン
L→左のボタン

写真画像

スペースキーを押す

SOA
500ミリ秒あるいは，
3000ミリ秒

R/L反応後

数字の検出に関する質問

凝視点，写真刺激，R/L反応刺激（同時に周辺に数字），周辺に提示された数字についての質問からなる実験手続き。

（出典） Nobata et al., 2009.

ら空間的に周辺にある情報は符号化されないのだという考え方が最近報告されている（TOPICS 13-2 参照）。

野畑ら（Nobata et al., 2009）は，ラングら（Lang et al., 2005）によって国際的に標準化されている感情写真データベース（International Affective Picture System；IAPS）から，嫌悪感や恐怖感を引き起こす不快写真（例えば，拷問されて血を流している男性，乱暴されようとしている女性）や心地よい感情を喚起させる快写真（例えば，ジャンプ台から滑り降りるスキーヤーや，波しぶきを上げて海原を進むヨットなど）あるいは中性的写真（例えば，公園のベンチに座り新聞を手にした男性，階段を下りている中年の夫婦）を観察者に提示する。その提示後0.5秒後もしくは3秒後に，写真があった四隅のどこかに数字が，同時に中央にアルファベット（RもしくはL）が提示される（図13-7）。実験参加者の課題は，画面の中心に提示されるアルファベットに対して，マウスの右や左のボタンをクリックするとともに，四隅のどこかに提示される数字を同定することであった。実験の結果，不快写真提示後の数字同定率は，いずれの時間条件においても快刺激提示後や感情を喚起しなかった条件よりも有意に悪かった。このことから，

| TOPICS | *13-2* 凶器注目効果と情動 |

　殺人や強盗などの目撃場面では，目撃者が犯人のもつ凶器に注目してしまい，犯人の顔や服装等についてよく覚えていないことがある（越智，2000；大上ら，2006）。この現象は凶器注目効果として知られており，目撃証言の信用性を判断する際に争点となりやすい（Loftus, 1979；第7章参照）。

　凶器注目効果は，これまで視野狭窄説により次のように説明されてきた（大上ら，2001）。犯行場面に遭遇した場合，目撃者には恐怖や不安等の情動が喚起され，有効視野（視覚的注意）が縮小し，視野の周辺にある事物の知覚や認知が制限されることになる。またその際，目撃者は生死に直結する犯人の凶器に注意を集中させているので，犯人の顔や服装等は知覚も記憶もされにくくなる。

　しかしながら最近では，情動以外にもいくつかの要因が凶器注目効果に関わっていることが示されている（越智，2005；大上ら，2006；Oue et al., 2008；Pickel, 1998, 1999）。ピケル（Pickel, 1998, 1999）は，文脈に対する凶器の異質性が凶器注目効果を引き起こすとしている。この説によると，銀行強盗での凶器注目効果は次のように説明される。通常，銀行という文脈では銃やナイフ等の凶器が存在する確率はきわめて低い。したがって，銀行では凶器の異質性が相対的に高くなることから，強盗の凶器が注目されることになる。

　大上ら（2006）は，凶器の形状の点から凶器注目効果を論じている。三角形のような先端が尖った図形は，心理学的にも神経生理学的にも注意を引きつけやすいことが示されており，尖った刃物も目撃者の注意を引きつけやすい性質をもつと考えられる。実験では，出刃包丁，菜切り包丁（先端が尖っていない包丁），台所洗剤のいずれかをもった女性が台所に立っている画像を実験参加者に提示し，包丁（台所洗剤）と空間的に接近した情報（包丁情報）および空間的に離れた情報（背景情報）について再認テストを行った。この画像では女性は料理の途中という状況であるため，情動的に中性であると考えられる。

　再認テストの結果，包丁情報については，出刃包丁群，菜切り包丁群，台所洗剤群の順で再認成績が高く，刃物に関する記憶がその視覚的特徴により促進されることが示された。背景情報の再認成績は3群ともほぼ同じという結果で

あり，先行研究のような周辺的な情報（犯人の顔や服装）の記憶抑制は見られなかった。これは，情動喚起に伴う視野狭窄が起こらず，3群とも同等に背景情報の認知を行ったためと考えられる。

大上ら（Oue et al., 2008）はさらに文脈の要因を除いた実験において，刃物の視覚的特徴が注意を引きつけやすいことを示した。課題では3×3に配列した包丁の線画を実験参加者に提示した。包丁には出刃包丁と中華包丁の2種類があり，提示された9枚の中に異なる種類の包丁（ターゲット）が含まれるかどうかを判断させた。もし，先端が尖った包丁が注意を引きつけやすいのであれば，出刃包丁がターゲットである場合の方が，中華包丁がターゲットである場合よりも判断時間は速いことになる。実験の結果，中華包丁の中からターゲットの出刃包丁を見つけ出す方が，その逆の場合よりも速く判断され，刃物の視覚的特徴は知覚を促進させることが示唆された。また濱本・平（2008）は事象関連電位P300を測定しながら同様の実験を行い，尖った包丁は速く検出され，P300の潜時も短く，振幅も大きいことを報告した。

このように凶器注目効果には，情動のみならず凶器の異質性や形状などの要因も関わっている。これらの要因が果たす役割については，凶器注目効果の生起プロセスを以下の2つの過程，①凶器に注意が引きつけられる過程，②有効視野が縮小する過程からなると考えれば理解しやすい。つまり凶器の異質性や視覚的特徴は，①の過程において目撃者の注意を凶器に誘導し，さらに情動は②の過程において目撃者の有効視野を縮小させ，犯人の外観に関する情報の獲得を制限すると考えられる。

比較的単純な現象に見える凶器注目効果であっても，その生起にはさまざまな要因が関わっている。実際の事件の目撃証言では，非常に多くの要因が交絡しており，凶器注目効果が生起しない場合もある（越智，2000）。今後は，実際の目撃証言を多く収集して，生起プロセスに影響を及ぼす可能性のある要因を抽出し，実験的に検証していく必要があるだろう。

〔大上　渉〕

FIGURE 13-8 感情を喚起させる刺激提示後の周辺数字の同定率

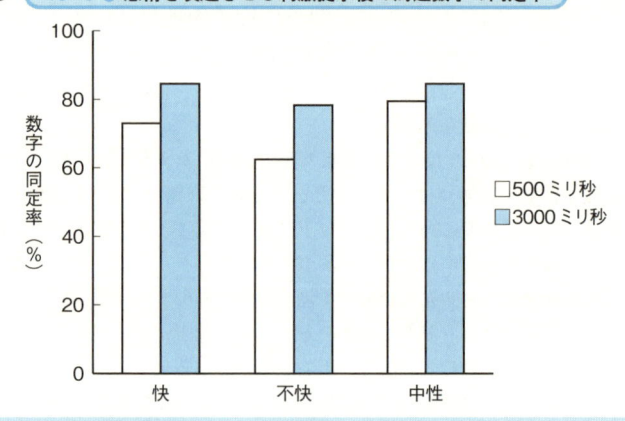

いずれの時間条件でも，不快刺激提示後は周辺数字の同定率は低下する。

（出典）Nobata et al., 2009.

　不快感情は刺激直後から有効視野を狭め，その効果は比較的長く持続する。一方，快感情は有効視野を狭めないことがわかった（図13-8）。
　不快刺激提示後に注意の狭窄化が生じるのはなぜか。通常，不快刺激は観察にとって有害な状況，あるいは害を与える脅威刺激であることが多い。そのような状況，あるいは脅威刺激に対して注意を焦点化して処理することは人間が環境に適応し，生き残るうえで意味がある働きと考えられる。

SECTION 4 感情と記憶

　第5章では，事物は単独で記憶されるのではなく，その事物がおかれた文脈（外的文脈），記憶する人間の心や体の状態（内的文脈）とともに記憶されるという考え方，符号化特殊性について述べた。感情も内的文脈の1つである。

| FIGURE | 13-9 バウアーの感情ネットワーク・モデル

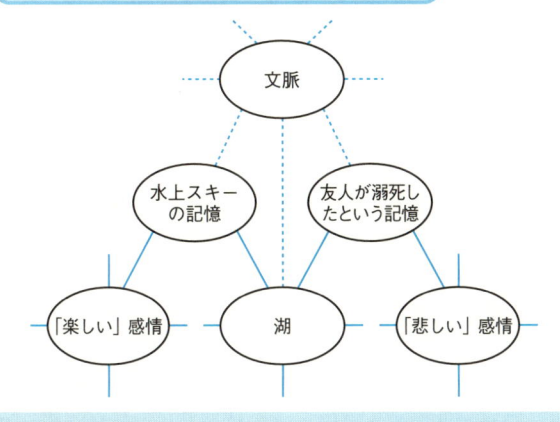

```
              ┌─────┐
              │ 文脈 │
              └─────┘
            /         \
    ┌──────────┐   ┌──────────┐
    │水上スキー│   │友人が溺死│
    │ の記憶   │   │したという記憶│
    └──────────┘   └──────────┘
      /    \         /    \
 ┌──────┐ ┌───┐ ┌──────┐
 │「楽しい」│ │ 湖 │ │「悲しい」│
 │ 感情   │ └───┘ │ 感情   │
 └──────┘        └──────┘
```

ある感情的出来事にはそれが起こった場所や状況，喚起された感情などが結びつけられて記憶されている。

(出典) Bower, 1992.

感情と記憶に関するネットワーク・モデル

バウアー（Bower, 1981, 1992）はネットワーク・モデルによって，感情と記憶の関係について説明している。

ネットワーク・モデル（第6章）の中で表現されている概念やイメージと同様に，感情もネットワークの中でノードとして表される。例えば，図13-9の中で過去の出来事の記憶は，そのとき経験した感情，場所「湖」とつながって記憶されている。したがって，悲しい気分にあるとき，友人が溺死したという出来事が，楽しい気分にあるとき水上スキーを楽しんだという出来事が心に浮かんでくるという。

感情状態依存記憶

ある感情状態にあるときに経験された出来事が同一の感情になると想起されやすくなる現象を，感情状態依存記憶（mood state-dependent memory）という。催眠によってある感情状態に導き，その個人が子どものときに経験した出来事を想起させる自伝的記憶の実験において，現在の感情状態と同様の感情的経験が想起されやすいことが報告されている（図13-10）。

第13章 認知と感情

FIGURE 13-10 感情状態と子どものときの出来事の想起

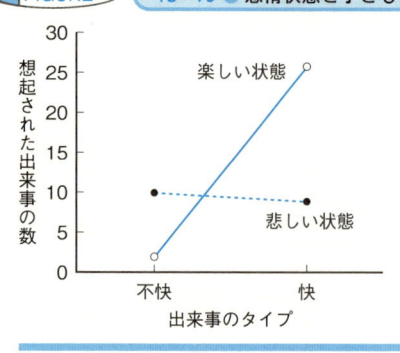

縦軸：想起された出来事の数（0〜30）
横軸：出来事のタイプ（不快／快）
楽しい状態／悲しい状態

不快な出来事は悲しいときに思い出される。快な出来事は楽しいときに思い出される。

（出典）Bower, 1981.

感情一致記憶

そのときの感情状態（気分）と一致する，感情価をもった事柄は記憶されやすいことを感情一致記憶（mood congruent memory）という。例えば，沈んだ，悲しい気分にあるときは悲しい事柄を，楽しい気分のときは楽しい事柄を記憶しやすいというものである。日常経験から考えてもうなずけるが，このことを実験的に裏づけた研究にバウアーら（Bower et al., 1981）がある。彼らは，催眠によって実験参加者を幸せな気分あるいは悲しい気分に誘導した。その後，何もかもがうまくいっている幸せなアンドレと，やることなすことがまったくうまくいかない悲しいジャックの物語を読んでもらった。この物語は2人が車に乗ってジムに行き，テニスウエアに着替えて，テニスをして，シャワーを浴びて，もとの服に着替えるという1000語（121のアイデア・ユニットあるいは命題）から構成されている話である。

実験の結果，悲しい気分にある人も楽しい気分にある人も，再生したアイデア・ユニットの総数には違いが見られなかったが，その中に占める悲しい話の比率には大きな違いが認められた。悲しい気分にある人は，悲しい事柄（ジャックに関すること）を多く再生し，楽しい気分にある人は楽しい事柄（アンドレに関すること）を多く再生した。

悲しい気分にある人は楽しい事柄は目に入らず，もっぱら悲しいことばかりに注意が行き，それを符号化しやすいということである。

BOOK GUIDE ●文献案内

高橋雅延・谷口高士編（2002）『感情と心理学――発達・生理・認知・社会・臨床の接点と新展開』北大路書房
　●感情心理学について生理，感情の操作と測定，感情と記憶の関係など多面的に紹介している。特に，遠藤利彦担当の「発達における情動と認知の絡み」はザイアンス＝ラザルス論争の要点を理解するのに役立つ。

ルドゥー，J.／松本元・川村光毅・小幡邦彦・石塚典生・湯浅茂樹訳（2003）『エモーショナル・ブレイン――情動の脳科学』東京大学出版会
　●ルドゥーの感情理論を理解するのに役立つ。

ダマシオ，A.／田中三彦訳（2005）『感じる脳――情動と感情の脳科学 よみがえるスピノザ』ダイヤモンド社
　●感情は人間にとってどのような意味をもつのか，感情と情動はどう区別できるのかなど，脳科学の立場からの「感情」論。

Chapter 13 ● 練習問題　　　　　　　　　　　　　　　　**EXERCISE**

❶ 感情の認知において「評価」はどのような役割を果たすのか説明しなさい。
❷ 試験に失敗して落ち込んだとき，つくづく自分はついていない人間だと考えて，これまでの人生が悲しい出来事の連続であったように思う。このような経験は多くの人にあると思われる。これについて，感情理論によって説明しなさい。
❸ 朝寝坊をしたために授業に間に合いそうになかったので，あわてて車に飛び乗って車庫を出ようとしたところ，隅に自転車があったのに気づかず，車をぶつけてしまった人がいる。このことを有効視野という概念を用いて説明しなさい。

HINT●p.462

● 箱田裕司

第 III 部

認知心理学の展開

進化・社会・文化

第14章 認知進化と脳

人の認知はどのように形成されてきたか

カップで隠された食べ物を見つける実験をするアユム（右）とそれを見つめるアイ（左）（読売新聞社）

CHAPTER 14

脳の進化は、その生物が生きる環境へ適応し、種を保存することの結果である。近年、ゲノム解析に代表されるように遺伝子研究が急速に進んでおり、動物の進化の過程も明らかになりつつある。その中で、ヒトがどのように誕生し、他の動物と（例えばヒトと系統発生的に近いチンパンジーと）どのように違い、どのように同じであるかについてもわかりつつある。最近では、進化心理学の台頭や認知考古学が盛んになるにつれ、ヒトの心が形作られてきた古環境をとらえ直すことで、認知機能がどのように進化してきたのか（それぞれの認知機能の進化的形成）や、ある認知機能がなぜ必要であったのか（生態学的意味）といった心の基本的な特性にも注目があてられつつある。本章では、脳の進化的側面に注目しつつ、ヒトが人である所以とされる社会的認知や、道具や言語の使用を基礎としたシンボル操作の脳機能についても見ていくことによって、認知進化と脳の関係について考えてみよう。

- KEYWORD
- FIGURE
- TABLE
- TOPICS
- BOOK GUIDE
- EXERCISE

INTRODUCTION

> **KEYWORD**
> 個体発生　系統発生　認知進化　比較認知科学　ヒト　ホモ・サピエンス　霊長類　脳　脳化係数　脳化指数　社会的知能　マキャベリ的知能仮説　心の理論　視線　戦術的欺き　自己意識　鏡像自己認知　道具使用　技術的知能　ミラーニューロン　言語能力　警戒音声　視覚言語　人工言語　モジュール　博物的知能　認知進化の聖堂モデル　認知考古学　認知的流動化

SECTION 1　脳の進化

　ヒトの認知がどのように形成されてきたかという問題は、個体発生（ontogeny）に関わる発達的側面（第15章参照）と系統発生（phylogeny）との両方の側面をあわせて考える必要がある。鳥類や霊長類などさまざまな動物における知覚や記憶などの認知を分析し、ヒトと比較することで、心の源流を探ることが可能になり、認知進化を明らかにすることができるようになる。そのような研究分野は比較認知科学（comparative cognitive science）とよばれている（例えば、藤田、1998）。まずはヒトの系統発生的な位置づけについて、霊長類の中で見てみよう。

霊長類の系統　　ヒトがホモ・サピエンス（*Homo sapiens*）という学名をもち、チンパンジーやゴリラ、ニホンザルと同じ霊長類の一員であることを多くの人が知っているであろう。ホモ（Homo）とはヒト属を表し、その中のサピエンス（sapiens）とはヒト種であることを表している。同じヒト属に分類される生物はヒト以外には現存しない。かつてはホモ・ネアンデルターレンシス（ネアンデルタール人）やホモ・フローレシエンシス（フローレス人）などいくつかのホモ属に分類される種があったが、数万年前に淘汰され、現存する種はヒトであるホモ・サピエンスだけとなっている。

　霊長類（霊長目）には多くの動物種が含まれている（図14-1）。霊長目は、キツネザルやメガネザルが含まれる原猿亜目（原猿類）と、ニホンザルやチンパンジー、ヒトが含まれる真猿亜目（真猿類）に分けることができる。さらに真

> **FIGURE 14-1 ● 霊長目の系統分類**

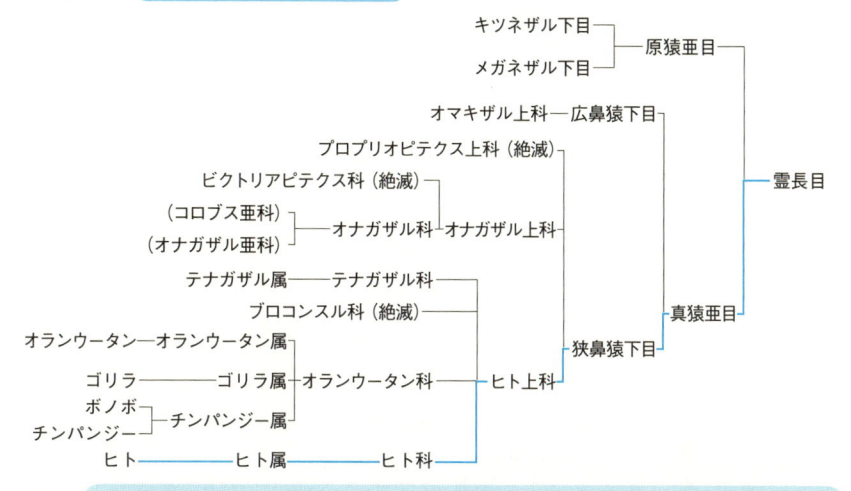

```
                                          キツネザル下目 ┐
                                                        ├─ 原猿亜目 ┐
                                          メガネザル下目 ┘            │
                                                                      │
                             オマキザル上科 ── 広鼻猿下目 ┐            │
                                                          │            │
                  プロプリオピテクス上科（絶滅）┐         │            │
                                                │         │            │
                  ビクトリアピテクス科（絶滅）──┤         │            ├─ 霊長目
              （コロブス亜科）┐                  │         │            │
                              ├─ オナガザル科 ── オナガザル上科       │
              （オナガザル亜科）┘                          │            │
                                                           │            │
              テナガザル属 ── テナガザル科 ┐               ├─ 真猿亜目 ┘
                                            │              │
              プロコンスル科（絶滅）────────┤              │
                                            │              │
  オランウータン ── オランウータン属 ┐      │              │
                                      │      │              │
  ゴリラ ── ゴリラ属 ── オランウータン科 ── ヒト上科 ─ 狭鼻猿下目
                                      │
  ボノボ ┐                             │
        ├─ チンパンジー属 ───────────┤
  チンパンジー ┘                       │
                                        │
  ヒト ── ヒト属 ────── ヒト科 ───────┘
```

> 類人猿とヒトの系統が中心に示されており，他の系統については一部の分類群しか示されていない．分類学上の立場により，分類が異なることがある．

（出典）中務，2003 を改変．

猿亜目は，介助猿で知られるフサオマキザルを含むオマキザル上科（新世界ザル），ニホンザルなどのマカクザルを含むオナガザル上科（旧世界ザル），そしてヒト，チンパンジーやゴリラ，オランウータン，テナガザルなどが含まれるヒト上科の3つに分類される．ヒトは，系統分類学上，哺乳綱・霊長目・真猿亜目・狭鼻猿下目・ヒト上科・ヒト科・ヒト属・ヒト種のことを指す．近年，ミトコンドリア DNA の遺伝子配列分析によって，ヒトとチンパンジーとはおよそ 500〜600 万年ほど前に共通の祖先から分岐したと推定されている（Ruvolo, 1997）．

脳の大きさの進化

ヒトは2本足で直立し，そのままの姿勢で歩いたり，走ったりすることが可能である．コンピュータのキーボードを操作し，楽器を演奏し，料理を作ることができるほど，手先が器用である．言語を扱い，音声（言語的）コミュニケーションも，ジェスチャーなどの非言語的コミュニケーションも行う．そればかりでなく，文字

第 14 章　認知進化と脳

や絵をシンボルとして表象的操作が可能である。このようなヒトの能力は，種としてのヒトの特徴であり，その背景としては，直立姿勢を保つために長い足をもつようになったこと，手には親指が他の指と向き合うようになり（母指対向性），上手に物をつかむことができるようになったこと，音声言語を操ることができる声帯を獲得したことなど，他の霊長類の動物種にはない身体と，大きな脳を獲得したことにより発達したものであろう。

同様に，チンパンジーにはチンパンジーの，オランウータンにはその独自の進化が見られる。しかし，霊長類は他の哺乳類動物と比べて，手先が器用であることや視覚や記憶などの認知機能に優れていることなどの特徴がある。また，1匹の仔をじっくり育てるなどの社会的行動にも，他の動物との違いを見出すことができる。そのような背景として考えられる霊長類の特徴も，やはり他の哺乳類動物よりも，相対的に大きな脳をもつということである。

高等脊椎動物では，生物は進化に伴って体を大きくしてきた。ヒトもゾウもウマも同様であり，体が大きくなると脳も大きくなる。一方で，鳥類はその例外であり，進化の過程で体の小型化が見られている。また，体が大きくなったからといって脳が巨大化したかというとけっしてそうではない。そこで注目するべきは，体重と脳の大きさ（重さ）の関係である（図14-2のA）。たしかにヒトやゾウ，クジラの脳は大きい。しかし，体長15 m以上で体重は50 tにもなるマッコウクジラの脳は7 kg程度であり，脳の重さは体重との比で0.014%とけっして大きいとはいえない。それに比べて，ヒトの脳は体重比2%である。図14-2のBにも示されるように，霊長類は同じ体重の他の動物に比べて大きな脳をもつことがわかる。一方，下等脊椎動物（魚類や両生類，爬虫類）の中には体は大きくなっても脳を大きくすることがなかったもの（あるいは脳を大きくする必要がなかったもの）もある。つまり，動物の種によって，環境適応の結果として体や脳の大きさの変化が生じたと考えることができる。

体の大きさと脳の大きさとを，比率として考えることができる。その一般式には，脳化係数（encephalization coefficient）や脳化指数（encephalization quotient）がある。

脳化係数は$K=B/W^a$で表され，ここでBは脳重，Wは体重，aは定数である。ゾウは1.08，ハツカネズミは0.08，ヒトは2.84，チンパンジーは0.95となる（渡辺・小嶋，2007）。

FIGURE 14-2 ● 体重と脳重の関係と体重と脳の体積の関係

A. 体重と脳重の関係

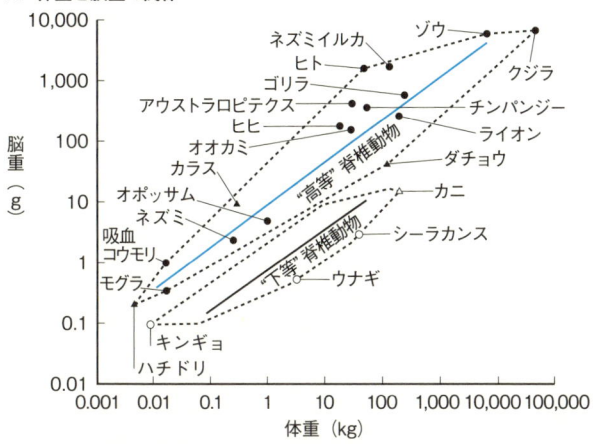

（グラフ：横軸 体重（kg）0.001〜100,000、縦軸 脳重（g）0.01〜10,000）

ラベル：ネズミイルカ、ヒト、ゾウ、ゴリラ、クジラ、アウストラロピテクス、チンパンジー、ヒヒ、ライオン、オオカミ、ダチョウ、カラス、オポッサム、カニ、ネズミ、吸血コウモリ、シーラカンス、モグラ、ウナギ、キンギョ、ハチドリ、"高等"脊椎動物、"下等"脊椎動物

B. 体重と脳の体積の関係

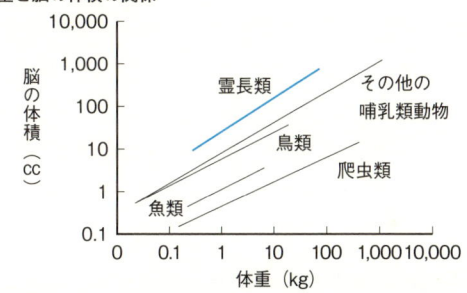

（グラフ：横軸 体重（kg）0〜10,000、縦軸 脳の体積（cc）0.1〜10,000）

ラベル：霊長類、その他の哺乳類動物、鳥類、爬虫類、魚類

> 体重と脳重の関係から2つのグループ（"高等"脊椎動物と"下等"脊椎動物）に分けられることがわかる。その中でも霊長類は脳が大きいことがグラフから見て取れる。

（出典）A：Jerison, 1973；渡辺・小嶋, 2007。B：Dunbar, 1996.

　もう1つの指標である脳化指数では，さまざまな高等脊椎動物の体重と脳重との関係を両対数軸上に描いたときに，それらのすべての点を含む最小多角形を考えてその期待値の関係を表す直線を求める。このとき，任意の動物の体重がわかれば，そこから期待される脳重がわかることになる。その期待値（Ee）

第14章　認知進化と脳　　335

FIGURE 14-3 動物の脳の形態的特徴と大きさ，重さ，神経細胞の数

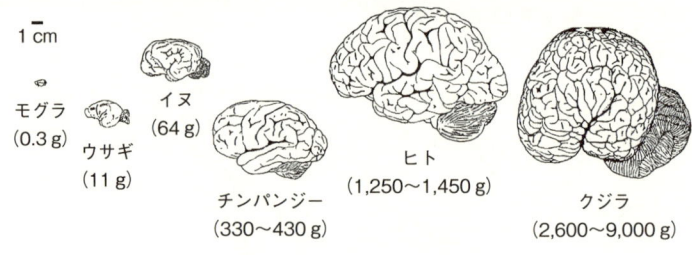

	モグラ (0.3 g)	ウサギ (11 g)	イヌ (64 g)	チンパンジー (330〜430 g)	ヒト (1,250〜1,450 g)	クジラ (2,600〜9,000 g)
神経細胞の数 (単位:100万)			160	6,200	11,500	10,500

イヌより大きな動物種については，神経細胞の数についても記載してある。

(出典) Roth & Dicke, 2005 を改変。

と実測値（Et）の比をとることで（脳化指数=Et/Ee），脳化指数を計算することが可能になる（渡辺・小嶋，2007）。ネコを1.0として標準化した場合，クジラは1.8，ヒトは7.4〜7.8，アフリカゾウは1.3，チンパンジーが2.2〜2.5，ネズミは0.5となる（Roth & Dicke, 2005）。高等脊椎動物で直線を求めるか，哺乳類だけで求めるかによっても脳化指数は異なるし，また標準化の仕方によっても変わってくる。

また，図14-3に示されるように，動物種によって脳の形態自体も異なる。チンパンジーやヒトの場合，前頭葉が大きく発達しているのがわかる。脳の形態の違いは，それぞれの動物種がもつ身体や行動，認知などの特徴によって大きく異なってくることになる。

SECTION 2 社会的知能の進化

では，どうして霊長類は大きな脳をもつ必要があったのであろうか。大きな脳をもつということは，たしかに情報処理の容量が大きくなるなど，知的レベルは高くなるであろう。一方，大きな脳は，きわめて大きな生存上のコストが

伴う。ヒトの場合，脳重は1400gほどであり，体重の約2％程度である。しかし，全代謝の20％を消費し，その維持のためのエネルギーの摂取が必要となる。

一方，霊長類は視覚機能が発達しており，例えば優れた色覚をもつ。そのおかげで安全でおいしい食物をそうでないものから区別できる。また，いつ，どこで，どのように果実が実るのかを知ることができる記憶力ももつことができるようになった。つまり，食生活に伴う適応によって脳の進化がなされたというのも1つの仮説としてある（長谷川・長谷川，2000）。

しかし，それ以上に注目されている説は，社会的知能（social intelligence）が霊長類の脳を大きくしたというものである。特に1990年代以降，大型類人猿において数多くの複雑な社会的行動や社会的認知に関する研究が報告されるようになった。

霊長類が大きな脳をもつ理由——マキャベリ的知能仮説

脳が大きくなっていったのは，霊長類の社会性によるものだという説がある。この仮説は，マキャベリ的知能仮説（Machiavellian intelligence hypothesis）もしくは社会脳仮説（social brain hypothesis）とよばれている（Byrne & Whiten, 1988）。群れを作って生活する動物は霊長類以外にも多いが，霊長類は単なる群れを形成するのではなく，親子関係や順位関係などの社会的関係が非常に強い。固定的なメンバーでの生活は，集団内・集団間の競争（集団内においては協調もある）が生じることや，個体同士での連携や駆け引きが生じるなど，社会が複雑化していくことになる。社会が複雑になると，誰の子どもであるか，誰と誰とがきょうだいなのかといった構成員の血縁関係の認知も必要とされるし，構成員の地位や意図も区別する必要が出てくる。このように社会の構造や関係が複雑になり，処理すべき社会的情報が多くなることによって，それが脳の発達を促したという説である。このような社会的知能の発達は，毛づくろいや挨拶行動などのコミュニケーション，模倣や道具の使用，食べ物の配分，さらには「心の理論」（他者がどのように考えているのかについての推論や理解），協調行動などを促すようになったと考えられる。

コミュニケーション能力の進化と脳機能

他者の心がわかるようになること，つまり心の理論（theory of mind）の獲得のためには，他者の「意図の検出」，他者の目がどこを向いて

いるのかを検出する「視線の検出機構」や，指さしによって他者の注意を喚起したり，他者と注意を共有することを可能にする「共同注意メカニズム」が獲得されていることがその前提条件とされる（Baron-Cohen, 1995）。

チンパンジーやマカクザルは，実験室場面でヒト実験者の視線を追従する（Itakura & Tanaka, 1988 ; Anderson & Mitchell, 1999）。特にチンパンジーでは他者の視線を手がかりにして，視野内の特定の対象に対して注意を向けるという共同注意が見られる（Tomasello et al., 1999）。視線には威嚇や意思伝達といった機能がある。大型類人猿以外の霊長類では特に，他個体の顔を正面から見ることは敵意や怒りと解釈され，威嚇や攻撃行動が生起する（Tinbergen, 1968）。このような視線の進化的特徴は，機能ばかりでなく，目の形態そのものにも現れている（Kobayashi & Kohshima, 1997）。ヒトの目は他の霊長類と比較して最も横長になっており，白目の部分（強膜）が広く露出している。強膜に色素がないのはヒトだけである。目に白い部分の割合が大きくなるとそれだけ瞳（角膜）の位置を検出しやすくなる。

このように他者の視線や指さしなどの意図の方向性を「見る」ことをもとに，他者の行為を「知る」ことがコミュニケーションには必要である。行為を知る

FIGURE 14-4 ● ヒヒにおける「戦術的な欺き」の説明図

ヒヒの子どもでも「悲鳴を上げる」という嘘のシグナルによって，他者を欺くことがある。

（出典）Byrne, 1995 を改変。

FIGURE 14-5 視線や表情，体の傾き，頭の向きなどに応じて活動するサルの脳部位

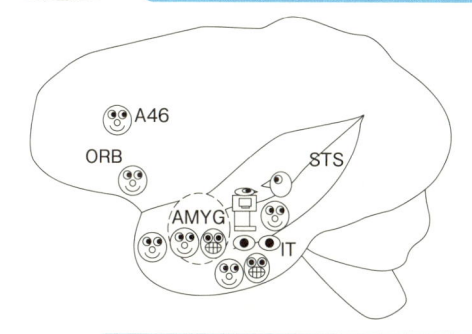

- 視線の向きに敏感な細胞
- 頭の向きに敏感な細胞
- 体の向きに敏感な細胞
- 顔に反応する細胞（視線はテストされていないか重要と見なされなかった）
- 顔の表情に敏感な細胞

STS は上側頭溝，AMYG は扁桃体，IT は下側頭葉，ORB は眼窩前頭野 A46 は 46 野（前頭前野の中央にある）。

（出典） Emery, 2000 より作成。

ことに関して，バーンはヒヒの群れで**戦術的欺き**を観察している（Byrne, 1995）。大人のメスヒヒが根茎を掘り出しているところを見ていた子どものヒヒが，周りに他のヒヒがいないことをたしかめたうえで大きな悲鳴を上げると，その大人ヒヒよりも地位が高い母親が飛んできて，根茎を掘り出した大人ヒヒを追い払い，その後に残された根茎を食べる，というものである（図14-4）。子どもヒヒは自分では根茎を掘り出す力はない。そこで悲鳴を上げれば，母親が自分の子どもが誰かに攻撃されていると思って飛んでくることを知っていた。根茎を掘っていた大人ヒヒは自分の母親よりもランクが低い。戦術的な思考に基づいて，「悲鳴を上げる」という嘘のシグナルによって欺いたということである。この種の戦術的欺きは，原猿亜目では見られず，類人猿を含む真猿亜目（図14-1参照）だけで報告されている。このようなコミュニケーション能力の進化は，社会的知能の現れとして非常に興味深い。

また，サルにおいてもヒトにおいても，コミュニケーション能力の基盤となる顔の認知が脳の中に局在性をなしていることが発見されており（Perrett et al., 1982 ; Kanwisher et al., 1997），また視線や表情，体の動きを観察するときに活動するニューロンが側頭葉にあることが知られている（図14-5）。ヒトにおいては，他者の意図や行為を理解するという心の理論の課題において，前頭

> **FIGURE 14-6** 心の理論課題で活動する脳部位（◆印で表示されている場所）
>
> ▲ 自律神経の覚醒
> ◆ 心の理論課題
>
> 心の理論には，前部帯状回とよばれる脳部位が重要な役割を果たしている といわれている。

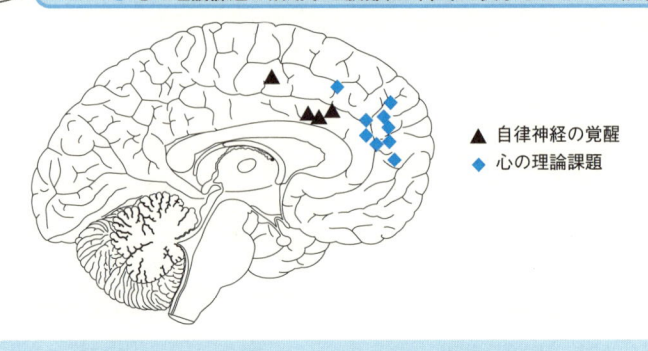

（出典） Gallagher & Frith, 2003 より作成。

葉内側部にある前部帯状回が活動を高めることがfMRIを用いた研究で示されている（Gallagher & Frith, 2003；図14-6）。

霊長類における自己意識

ヒトの場合，他者との交互作用の中で自分に対する相手の反応から自分に向けられる相手の行動や情動を認知しようとする。それと同時に，自分の意識状態をモニターし，相手へと応答する。このような循環反応は，生後間もない乳児においても見られる。乳児が他者の注意をモニターすることができるようになったとき，たまたま相手が乳児自身に注意を向けることがあると，乳児は自分自身という対象に向けられた他者の注意をモニターし，乳児は自分自身をも含んだ環境世界のどこに相手の意図的な注意があるのかをモニターできるようになる。このとき，その注意が自分自身に向かっているということに気づくのである。トマセロ（Tomasello, 1995）はこのような共同注意の対象が自分であることのモニターが自己意識（self-consciousness）の芽生えであるととらえている（板倉，1999）。

では，ヒト以外の霊長類でも自己意識をもちうるのであろうか。そのことを明らかにする古典的研究は，鏡像自己認知（mirror self-recognition）に表れている。ヒトの乳児の場合，鏡に映った自分を自分自身として認知するようになるまでには生後2年ほどかかる。それまでは鏡像に笑いかけたり，手で触れる，

声をかけるなど,「他者」として鏡像を認知する時期,注意深く観察したり,鏡の後ろを探ったりする時期,鏡を避けたり,警戒したり,泣き出したりする時期がある(板倉, 1999)。眠っているときに顔につけた目印(マーク)をつけ,鏡を見たときにそのマークにどのように反応するかを観察した実験(マーク・テストとよばれる)では,チンパンジーの場合,鏡に映った自分の顔のマークを見つけ手で触ったりこすったりするなどの行動が認められる(Gallup, 1970)。チンパンジーに加えて,オランウータンやゴリラといった大型類人猿の場合は鏡像自己認知ができるが,それ以外のテナガザルなどの霊長類の場合には鏡像自己認知はできないか,あるいはニホンザルのようにできるようになるまでに訓練を必要とする(板倉, 1999)。

SECTION 3 シンボル操作と表象の脳機能

動物における道具使用

脳の増大は社会的認知やコミュニケーション能力を高めると同時に,手指の器用さを高めたり,思考力を高めることにもなった。アリ釣り行動に代表されるように,チンパンジーは道具を使用することで知られている。細い木の枝を探したり,木の皮を細長く裂いたり,大きな葉をちぎって葉脈だけを巧みに取り出したりして道具を作り,あらかじめいくつかの種類のアリ釣り棒を準備する。土や木の幹にあるアリの巣穴に細い棒を入れてアリを釣り,ゆっくりとアリが落ちないように注意しながら引き出して食べる。アリ釣り以外にも,堅い木の実を石で割る(しかも,割るための石と,木の実をおく石とを区別して準備する)ことや,葉をやわらかく噛んでスポンジ状にして水を吸わせて飲むことも知られている。このような道具使用は,道具が何をなしうるのかの表象を伴う必要があるし,道具を身体の延長として使用することができなければならない。

これまではチンパンジーなどの類人猿以上の霊長類でのみ道具使用が見られると考えられてきたが,近年,ニホンザルなどの旧世界サルでも,実験室環境下での適切な訓練を積むことで2週間ほどで熊手状の道具を手の延長として使うことができることが示されている(Iriki et al., 1996 ; 後述)。このように霊長類においては道具使用や道具の製作などを通して技術的知能を進化させたとい

える。道具使用行動自体は，ラッコが貝を胸の上においた石で割ることでもよく知られているし，ダーウィンフィンチの一種がサボテンのトゲを使って木の中にいる虫を取り出して食べること，さらにはニューカレドニアのカラスが木の枝からかぎ型（フック状）の道具を作ることも知られているなど，霊長類だけに限ったものではないが，霊長類以外ではきわめて限られた能力の進化であるといえよう。

技術的知能の進化

500〜600万年前にヒトの祖先とチンパンジーとの系統が分かれていく中で，その後のヒトの祖先は猿人，原人と200万年ほどかけて進化していき，直立二足歩行と石器を作る能力を獲得していく（人類史上の経過は図14-7を参照）。考古学上，規則的特徴をもつ人類最古の石器の出現は約200万年ほど前になる。オルドワン石器はおよそ200万年ほど前に作られたもので，手頃な石を他の石で数回叩き割って加工しただけの簡単なものであり，その形状は偶然できあがったものといえるし，目的に応じた石器の製作がなされたわけではない。一方，アシューリアン石器とよばれる150万年ほど前に作られた石器では，きれいな左右対称の涙型の加工が施されるようになり，使用目的に応じた形状や大きさの加工がなされた。さらに30万年ほど前のネアンデルタール人が製作したムステリアン石器では，石器の中心部はおおざっぱに，エッジの鋭い部分には細かい加工がなされるといった段階的加工がなされるようになっている（図14-8）。

さらに，現生人類（ホモ・サピエンス）となる数万年前以降の石器では，用途に応じた石器作りだけでなく，石器の形状に装飾的な意味合いのものが施されるようになる。

サルの道具使用とその脳

このような道具の使用や製作の進化的起源は，どの程度までさかのぼることができるのであろうか。先に述べたようにチンパンジーは自然界でも道具を使うが，ニホンザルなどの旧世界ザルは運動の習熟などは見られるが，道具使用はごくまれにしか見られないと考えられてきた。しかし，入來らは，訓練手続きを精緻化することによって，2週間程度の訓練機関で，ニホンザルでも比較的容易に熊手状の道具を手の延長として使うことができることを示した（Iriki et al., 1996）。入來らは，ニホンザルを訓練して，自分の手の届かない場所にある食べ物を小さな熊手を使って引き寄せて食べる行動中の脳の活動を観察した。

FIGURE *14-7* ● ヒト属（ホミニド）が現生人類（ホモ・サピエンス）に至るまで

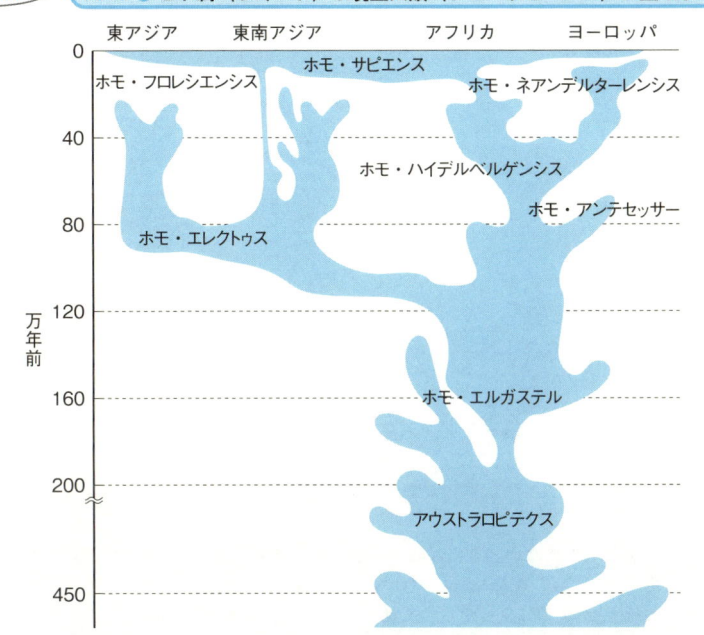

東アジア　東南アジア　アフリカ　ヨーロッパ

万年前

- ホモ・フロレシエンシス
- ホモ・サピエンス
- ホモ・ネアンデルターレンシス
- ホモ・ハイデルベルゲンシス
- ホモ・アンテセッサー
- ホモ・エレクトゥス
- ホモ・エルガステル
- アウストラロピテクス

200〜250万年前にはホモ・ハビリスというヒト属も存在していた。

（出典）Mithen, 2005.

14-8 ● 先史時代の石器

A. オルドワン石器　B. アシューリアン石器　C. ムステリアン石器

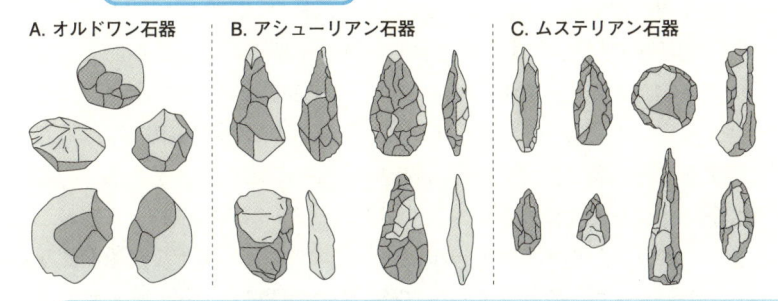

石器は手頃な大きさの石を他の石で叩き割ることで作られる。特にアシューリアン石器以降では精緻な加工がなされるようになった。

（出典）Jones et al., 1992；Lock & Peters, 1996；入來, 2001より作成．

第14章　認知進化と脳

| FIGURE | 14-9 ● 体性感覚と空間視の情報の統合がなされる領域とその受容野の範囲

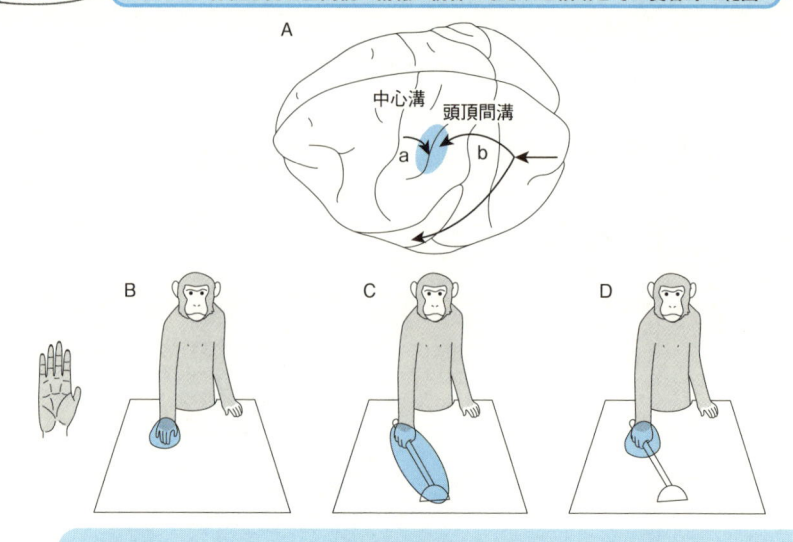

A

中心溝　頭頂間溝
a　b

B　C　D

道具をもたないときには頭頂葉後方下部領域近傍（A）は手の部分のみに受容野をもつが（B），道具をもつように訓練すると道具の周りに受容野が広がりを見せる（C）。しかし，道具を使うことをしばらくしなければ道具をもっても受容野は手の位置だけに戻ってしまう（D）。

(出典)　入來, 2001 より作成。

　頭頂葉後方下部領域近傍（図14-9のA）は，視覚（Aのb）や体性感覚（Aのa）などの複数の感覚情報が統合される領域の一部となっている。そして手の近くに対象物があるとこの部位のニューロン（神経細胞）は興奮する。その部位のニューロンの受容野（特定のニューロンが興奮する空間的範囲）は，道具を繰り返し使うことによって，手のみに固定されていたものが，手と熊手の両方の周りの空間を含むように広がり，熊手が手のイメージの拡張したものとして組み込まれるようになる（図14-9；Iriki et al., 1996）。しかも，熊手を使うのをやめて，ただもっている状態では受容野は手の範囲内へと戻ってしまう。つまり，熊手を道具として使うことによって「近位空間」は広がり，それによって「近い」「遠い」の区別を改め，この近位空間に物があると，それまで手だけでは近位空間の外にあり情報として符号化がなされなかった物も，熊手を用いる

ことによって符号化されるようになる。また面白いことに，入來らの研究ではニホンザルが長短2つの熊手を目的に応じて使い分けたり，組み合わせたりして道具使用をすることができるようになることも示している（Hihara et al., 2003）。

　このように，ニホンザルは訓練をすることによって精巧な道具使用が可能となる。これは自然界では自発的に道具使用をすることはまれであったとしても，状況によって負荷がかかり要求が強くなることによって発現される脳の機能があるということを示している。

ミラーニューロン

　リゾラッティ（Rizzolatti, G.）らは，前頭葉後方にある下前頭前野とよばれる脳部位のニューロンの活動が，物をつかむことにどのように関わっているかについて調べていたとき，あるニューロンはサルがピーナツのような小さな物体をつまみあげる把持運動をする場合に活発に活動し，また別のニューロンは手全体を使って物をつかむ場合に活発に活動することを見出した。しかし，これらのニューロンの中には，サル自身が何かをつかんだり握ったりするときにのみ活動するのではなく，サルの目の前にいる実験者（ヒト）が物をつかむのを観察しているときでもそのニューロンは活動することを発見した（図14-10）。つまり，サル自

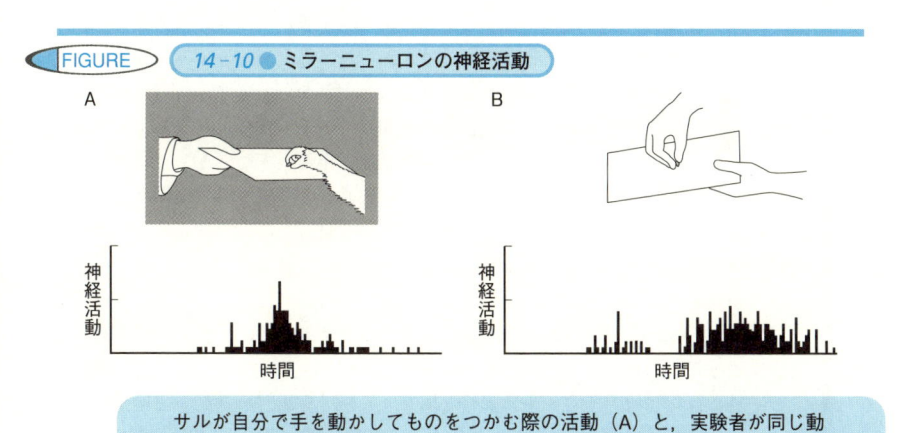

FIGURE 14-10 ● ミラーニューロンの神経活動

A　　　　　　　　　　　B

サルが自分で手を動かしてものをつかむ際の活動（A）と，実験者が同じ動作を見せたときの活動（B）。

（出典）Rizzolatti & Arbib, 1998 より作成。

TOPICS 14-1 言語の進化

　現在，われわれが話す言葉は，人類進化のどこかの段階で生まれたはずであり，その後，言葉は時代を経て変化，発展してきた。しかし，何をもって言葉とよぶかによって，問題にすべき起源の時期もずれてくる。一般に言語学者や認知科学者の間では，言語あるいは言葉を，①記号と意味の，必然性はないが社会的に規定された結びつき（恣意性）を単位として，②文法による記号の組み替えが行えることで無限の表現を生成でき（生産性），③時間や空間を超え，さらには実在しないことさえも伝えることができる（超越性）システムであると定義する。このような特徴に限定すれば，言語はホモ・サピエンスに固有の能力ということになるだろう。他方，人類学者や動物学者は，もっと緩い基準で言語をとらえて，その起源をより古くから論じる傾向がある。

　「人類はいつからしゃべりだしたのか」。形質人類学者は，上の3条件とは別に，人類がいつどのように言語音の発声メカニズムを獲得できたかを問題にしてきた。われわれの発する音声は，声帯振動で生じる発声が唇までの声道部での共鳴特性を経て調音される。共鳴部である声道は，口蓋垂で直角に曲がり，唇までの口腔と声帯までの咽頭腔に分けられる（二共鳴管構造）。2つの共鳴部の長さは，ほぼ等しく，舌の位置によってそれぞれ独立に変形できるので，共鳴特性に変化をもたせることができ，多彩な音声が発声できる。他方，他の哺乳類では口腔に対して咽頭腔が非常に短く，単共鳴管構造なので，出せる音声の種類がずっと少ない。リーバーマン（Lieberman, P.）は，ホモ・サピエンスにおいて喉頭が一段と下降することにより咽頭腔が広がり，二共鳴管構造が進化したと考え，この主張が長く受け入れられてきたが，近年の研究では，喉頭下降現象がすでに類人猿でも見られることがわかってきた。ケバラ遺跡で発見されたネアンデルタール人の舌骨の形態は，ホモ・サピエンスのものと同様であることからネアンデルタール人も発話能力を備えていたともいわれるし，さらにそれより前のホモ・エレクトゥス段階で直立姿勢が完成したことで，喉頭が下がり，何らかの発話が可能であったという見方もある。少なくとも発話能力の起源を探る研究者の間では，ホモ・サピエンスにおいて一気に話し始めたという見方はあまり聞かれない。

　「言語進化は漸進的か断続的か」。先に述べた3条件を満たす言語が，どのように誕生したのかに関しては，大きく分けて2つの見方がある。1つは，前述の二足歩行など他の多くの生物形質と同じように，言語が漸進的な自然選択の

積み重ねで生じたという見方であり，もう1つが，言語は直接的な選択圧を受けたのではなく，他の認知機能の副産物として，創発的に生まれたという断続的な見方である。

　前者の自然選択による漸進説を主張するのが進化心理学者のピンカー（Pinker, S.）であり，彼は動物のコミュニケーション能力が少しずつ精緻化したものが言語であるという（コミュニケーション起源説）。霊長類の進化では，協力や欺きといった社会関係の操作能力がコミュニケーション能力を精緻化させたことが多くの研究で示されている。特にヒトにおいては，相手の内的状態をモニターし，自己の感情系に照らして，相手の意図を読む能力が著しく発達しており，このような社会的知能を背景に言語が生まれた，と考える生物学者は多い。

　どちらかというと生物学者に支持される漸進説に対して，言語進化の断続説は言語学関係者に受け入れられている。これには言語学の巨人であるチョムスキー（Chomsky, N.）が長年にわたって，言語は自然選択の産物ではなく，他の高次認知機能の副産物であるという立場をとり続けてきたことが大きく影響している。チョムスキーは，古生物学者のグールド（Gould, S. J.）の外適応説を受け，言語は，コミュニケーションとは別の一般的機能のために進化した認知能力（感覚・運動体系や思考体系）の合間でたまたま創発したものだと考えた。言語学者の多くは，言語は高次な知性を有するヒト（ホモ・サピエンス）に固有のものであり，他の生物にはその前身に相当するものはないと主張してきた。

　しかし，近年，チョムスキー側からも漸進説への多少の歩み寄りが見られるようになった。ハウザー，チョムスキー，フィッチ（Hauser et al., 2002）は，2002年に発表した *Science* の共著論文の中で，言語を狭義の言語能力と広義の言語能力に分けて論じた。一言でまとめると，狭義の言語能力は，再帰的な演算のシステムであり，広義の言語能力は知覚・運動系と概念・思考系を統合する能力（具体的には短期記憶能力や学習能力，対応づけ機能など）である。そして，前者はヒトに固有であるが，後者はヒト以外の動物との間に連続性があると彼らは主張した。この主張が引き金になって，国際言語進化学会を中心に多数の議論が沸き上がり，ホットな論争はいまも続いている。

〔長谷川寿一〕

身がピーナツをつまむときに活動する細胞が，他者がピーナツをつまむのを見ても活動（興奮）したのである。このような細胞は，みずから行動するときとそれと同じ行動を他者が行っているのを観察しているときの両方で活動するニューロンであり，ミラーニューロン（mirror neuron）とよばれている（Rizzolatti et al., 1996）。

またリゾラッティらは，ヒトの場合でも，サルのミラーニューロンが発見された場所と解剖学的に類似した脳部位が，ヒトが自分で実際に行動するときと他者の行動を観察するときの両方で活動を示すことをfMRIで示している（Iacoboni et al., 1999）。ミラーニューロンの機能については，他者の行動，思考や意図の理解の基盤であり，かつ模倣による技能の習得のために重要である。また，サルにおいてミラーニューロンのある脳部位はヒトでは運動性言語野であるブローカ野に相当するため，言語獲得に重要な役割を果たしているのではないかという説（Ramachandran, 2006）もあるが，そのことを示すため十分な証拠はまだない。

言語獲得の進化

このように社会的知能や技術的知能の発達に伴いホミニド（人類）の脳は進化していった。化石の分析から，脳の容量はヒト属の最初期のホモ・ハビリスで600〜700 ml, ホモ・エレクトゥスが800〜1000 mlであることが知られており，チンパンジーの400〜500 mlと比較しても脳が巨大化してきていることがわかる。古代型ヒト属の最後は，ネアンデルタール人（ホモ・ネアンデルターレンシス）であるといわれており，約5万年ほど前までヨーロッパに生息していたともいわれているが，彼らの脳容量は1500 ml程度と，現生人類であるヒト（ホモ・サピエンス）の脳（1400 ml程度）よりも大きい脳をしていた（体もヒトよりも大きい）。

このようなヒト属の脳の巨大化は，大脳新皮質のさまざまな領域を拡大させていくことになった。藤田（2001）は，脳皮質の爆発的拡大によって，手指や手のひらを担当する新皮質に隣接する顔面筋の運動や舌や唇や喉の運動や感覚を担う脳部位が拡大された結果，その近傍皮質が特に拡大し，運動性言語中枢であるブローカ野が発達したこと，また側頭葉の聴覚野に隣接する部位が拡大され，感覚的言語中枢となるウェルニッケ野が発達したことについて述べている。頭蓋骨の化石の分析でこれらの脳領域に相当する部分が十分に拡大してい

たことから，230万年前のホモ・ハビリスがすでに，言語を獲得し，自分を取り巻く世界を概念的に把握し，それを客観的に表現して，自分以外（他者）に自分の考えを伝える能力が出現したのではないかと指摘している（藤田，2001）。

では，霊長類は言語能力をもつのであろうか。たしかに霊長類は多種多様な音声を出すことが知られている。例えば，発情期のメスは発情音声を頻繁に上げ，危険を察知すると敵に対する警戒音声を発する（警戒音声は霊長類以外の多くの動物にも認められる）が，ある特定のものを音声で代用したり表象するような言語の使用は認められない。類人猿の場合，例えばチンパンジーはヒトに比べると発声器官の解剖学的制約があり（Lieberman, 1984），舌のつけ根から声帯までの長さが著しく短いので，多様な母音を出すことができない（藤田，2001）。またチンパンジーでは，出せる母音が限られているのに対応して，母音の聞き分けも苦手であり，「イ」と「ウ」，「エ」と「オ」の弁別が難しい（Kojima & Kiritani, 1989）。

一方，チンパンジーでも，手話やサインのような視覚言語や人工言語の場合は，ある程度の語彙を獲得することができることが示されている。ヒトの家庭飼育下での豊かな手話環境では，3年半ほどの期間で130個あまりの語彙を獲得し，それらを使って2〜3語文を発するようになったといわれている（Gardner & Gardner, 1969）。また，図形やプラスチック片に色を組み合わせて，そこに意味を人工的に付与してチンパンジーを訓練すると，指示に従うことができたり，要求を示す文章を作成することができることや（Premack, 1976；Rumbaugh, 1977），人工言語を使用したチンパンジー同士のコミュニケーションが可能であること（Savage-Rumbaugh et al., 1978），さらには簡単な文法が獲得できること（松沢，1991）が示されている。これらの結果は，類人猿には言語をもちうる能力がすでに芽生えているということを示している。

SECTION 4　認知進化の聖堂モデル

ヒトの脳の機能（働き）と，ヒト以前のヒト属（例えば，ネアンデルタール人）はどのように違っていたのであろうか。イギリスの認知考古学者マイズン（Mithen, S.）は，フォーダー（Fodor, J. A.）のモジュール論（第1章参照）をふ

TOPICS　14-2　認知考古学

　考古学は，ヒトが残した物質的証拠を主たる研究資料として，過去の文化や社会のあり方やその変化について研究する学問である。考古学といえば土器や石器などの人工物の分類や年代の研究というイメージが強いかもしれないが，それは分析に必要な時間的・空間的枠組みを構築するための基礎的作業にすぎない。人工物の製作・使用を始め，物質的痕跡を残すヒトの行動は，多様な認知活動を伴っている。認知考古学とは，その認知活動に焦点をあてることによって，過去の人間行動についての理解を深め，認知進化のプロセスや文化変化のメカニズムを明らかにしようとするものである。

　考古学史において，認知的問題に対する扱い方は大きく変化してきた。考古学の伝統的なアプローチは，考古学的文化の展開について観念の伝達と伝播として記述する文化史的考古学であった。ここでは，土器や石器などの物質文化が時期・地域によって特有の形態や製作法を示すのは，それぞれの物質文化を生み出す集団がもつ精神的範型 (mental template) が異なっているからであり，文化の通時的変化や伝播は，そうした観念や情報の変容や伝達として理解されると考えられていた。しかし，直接観察することのできない過去の認知的要因について，心理学的訓練を受けていない考古学者が論じるのは不可能だ，という批判が 1960 年代に起こり，文化を適応のための手段と見て機能的・システム論的な説明を試みるプロセス考古学が登場して北米を中心に一世を風靡することになる (Binford, 1962)。1980 年代以降，やはり認知的側面を抜きにして過去の社会や物質文化の変化を理解することはできないという認識が高まり (Hodder, 1982)，より科学的に過去の認知にアプローチしようとする認知考古学が登場する (Renfrew & Zubrow, 1994)。この新しい認知考古学は，過去の社会や文化の特性や変化を論じるときに，人とモノ，人と社会の間に常に認知が介在するという視点に立つものである。宗教や祭祀などの特殊な側面だけを扱うのではなく，日常的に製作・使用される石器や土器なども含むあらゆる考古資料に関わる知識・技能・情報伝達や意思決定などが研究対象となる (松本, 1999)。

　考古学が研究対象とする資料を残した人々は通常すでにこの世にはいないため，心理学者のように人間を対象とした実験を行うことはできない。残された

物質文化から認知的側面を推察せざるをえないというデメリットはあるが，考古学以外の領域では検討することが不可能な長期的なタイムスパンで変化のプロセスを観察することができるという特徴がある。化石人骨からわかる脳容量の変化なども参照しつつ人類の認知進化を論じるものから，私たち現代人と同じホモ・サピエンスに属し，基本的に同等の認知能力をもつと考えられる集団の文化的多様性や変化を対象とするものまで含む。前者は，われわれとは別種のすでに絶滅してしまったヒトの認知能力について分析するという，挑戦的であるがエキサイティングな試みであり，進化心理学や発達心理学とも連携しつつ近年活発な議論が進められている（Mithen, 1996, 2005）。後者の場合は，基本的な認知能力は現代人と共通しているという前提のもとに，データを読み解いていく作業である。

後者の例としては，土器などの諸属性の組み合わせや構造の分析から，土器製作・使用者がもっていたカテゴリー構造を抽出したり，使用や廃棄行為のパターンから埋葬行為に関するスキーマを復元したりする試みなどがある（松本ら，2003）。また，短期的・長期的な変化過程を追究する際には，記憶と物質文化の関係に焦点があてられる。こうした研究では，認知心理学におけるカテゴリー理論やスキーマ理論，記憶研究などが援用されるが，現代社会とは大きく異なる状況におかれていた先史時代の人々に対して，現代人を対象として構築された認知科学の成果をどこまで，どのような形で応用できるかという点は，今後も引き続き検討すべき課題として残る。物質文化研究者として特別な訓練を受ける考古学者の認知が，そうでない人と異なるかどうかという点も，認知考古学の方法論的基盤に関わるテーマである（時津，2007）。

また，認知科学的成果を用いて過去の認知を探求するためには，人の認知のどのような点が普遍的で，どのような点が文化特異的であるのかを見極める必要がある。人類がもつ普遍的な認知能力と傾向は存在するが，実際にはその普遍的能力を基盤として，歴史的・文化的状況の中でさまざまな意味が構築・操作・変容されるため，実際にはかなり困難な作業である。この点についても，今後の学際的な研究の進展が望まれる。

〔松本直子〕

まえて（Fodor, 1983），①博物的知能（例えば，蹄の跡などの「自然のシンボル」や食物採集に必要な知識などの自然界の理解），②技術的知能（心の中で作った形を人工物として表す），③社会的知能（意図的な伝達を行う），④言語的知能の4つの能力の関係性に着目した（Mithen, 1996；認知考古学については TOPICS 14-2 を参照）。人類の認知進化の過程では，生きていくために必要な判断や行動を可能にする脳の機能が，これらの領域ごとに進化したと考えられる。

図14-11は，マイズンが示した認知進化の聖堂モデルである（Mithen, 1996）。彼は，人類の心の進化は次の3つの段階を経てきたと考えた。第1期は，心が一般知能のみによって形成されていた時期である。ただし，この一般知能とい

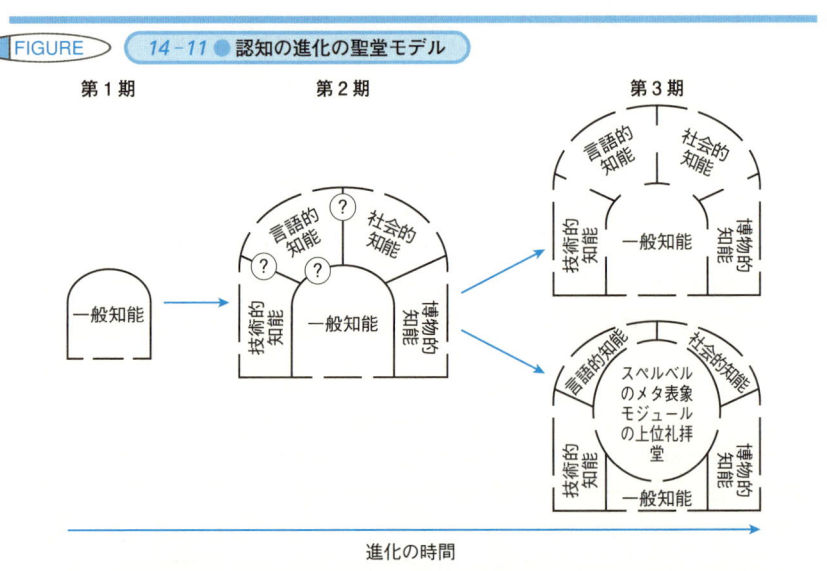

FIGURE 14-11 ● 認知の進化の聖堂モデル

第1期では，一般知能という広間をもった心のみがある段階とされる。第2期では，一般知能の広間と，複数の特化した知能が発達し，知能が礼拝堂化してくるが，それぞれの知能は独立したままとされる。第3期になると，一般知能の広間とそれぞれの知能の部屋との間とで流動性が高まり，特にホモ・サピエンスの場合は，各知能による知識がいろいろな心の領域で複製される「上位礼拝堂」を核として認知的流動性が増したという。

（出典）Mithen, 1996.

うのは，現生人類においてその痕跡を示すことは難しい。学習および意思決定についての汎用の規則によって構成される。一般知能という「広間」によって構成された心は，知覚に関わるモジュールからの情報の通過を表す扉をもっている。第2期は，別々に特化した知能の礼拝堂が立てられた時期である。聖堂の中心にある一般知能という広間が依然として基本設計の根幹をなしながらも，先に示した4つの知能のうち，博物的知能，技術的知能，社会的知能が一般知能から独立してあたかも聖堂の中の礼拝堂のように領域固有に形成されるようになった時期とされる。ただし，言語的知能が，他の認知領域とどう関わっていたかは不明であるとされる。さらに第3期では，一般知能を中央の広間として，4つの各領域が直結して流動性を増し，新しい基本構造上の特徴を共有しているものと，各領域において特化した知能による知識がいろいろな心の領域で複製される中央の「上位礼拝堂」(スペルベル〔Sperber, 1994〕による) を核として認知的流動化 (cognitive fluency) がなされたとする2つの可能性を示したものである。

　マイズンは，ネアンデルタール人の場合，それら4つの能力が独立に機能していたと推論し，一方，ホモ・サピエンスの場合にはそれらの能力の間に流動性があった，と推論している。ホモ・サピエンスに起きた認知的流動化によって，意思伝達を可能にする道具を製作するなど人工物の多様化が生まれ (社会的知能と技術的知能の融合)，また芸術や宗教といった現生人類に特有の文化的発達がなされるようになったのではないかと考えられている。特に，認知的流動化を促したのは言語の役割が大きいと考えられている。

BOOK GUIDE　●文献案内

渡辺茂・小嶋祥三 (2007) 『脳科学と心の進化』岩波書店
　●脳の基本構造から，脳を知ることで心の何が明らかになるかという示唆，さらにはヒトと動物の脳の比較など，心理学を学ぶうえで必要となる脳科学の基礎知識が要点よく述べられている。

長谷川寿一・長谷川眞理子 (2000) 『進化と人間行動』東京大学出版会
　●進化生物学や進化心理学の教科書として，進化とは何かを霊長類やヒトの行動と遺伝との関係から示している。霊長類の行動や認知について網羅してあるというよりも，初学者向けに進化の概念とそれらのヒトの進化へと至る背景がわかりやすく述べられている。

Chapter 14 ● 練習問題　　　　　　　　　　　　　　　EXERCISE

❶ 認知進化における性淘汰（異性をめぐる競争を通じて起こる進化）の役割を考えてみよう。

❷ ネアンデルタール人は淘汰されたのに，ヒト（ホモ・サピエンス）だけが残った理由を自分なりに考えてみよう。

HINT●p.462

● 川畑秀明

第 15 章 認知発達

子どもが感じる世界，知る世界

おもちゃで遊ぶ赤ちゃん

CHAPTER 15

KEYWORD
FIGURE
TABLE
TOPICS
BOOK GUIDE
EXERCISE

哺乳類動物の妊娠期間は動物によって異なる。また，どれだけ母体内で身体や脳が成熟・発達してから出産されるかも異なっている。一般的に，小型哺乳類では出生時に未熟で動き回れない就巣性の動物が多い。一方，大型哺乳類では，胎内で成熟して，産後すぐに自力で動ける離巣性の動物が多い。しかし，ヒトは大型動物であるが，認知能力や運動能力が未熟なまま出産される。では，ヒトの認知はどのように発達するのであろうか。認知発達には，環境との関わり合いの中で，遺伝子のプログラムをひも解き，脳の成熟に合わせて，認知能力を獲得していくという過程がある。生まれたての赤ちゃんは目が見えないわけでも，大人たちと同じように見ているわけでもない。本章では，特に乳児における知覚や知識獲得などの認知能力の発達を中心に概観する。

INTRODUCTION

> **KEYWORD**
> 発達　認知発達　遺伝—環境論争　発達段階説　発達の最近接領域
> 選好注視法　馴化—脱馴化法　視覚機能　顔認知　注意機能の発達
> 心の理論　対象の永続性　物体の単一性の知覚　記憶の発達　因果性
> 数量認知

SECTION 1　認知発達のとらえ方

認知発達とは

19世紀から20世紀の初頭に活躍したアメリカの現代哲学と心理学の開祖，ウィリアム・ジェームズ（James, W.）は，生まれたばかりの赤ちゃんの心の世界を「咲き誇るガヤガヤとした混乱」(the blooming and buzzing confusion) という言葉を用いて表現した（下條, 1988）。このような，物事の認識や外界に対する適切な反応を欠いた未熟で無能な存在としての赤ちゃん像は，非常に長い間，定説化されたものだった。その証拠に，赤ちゃんや幼児を意味する英語 infant の語源はラテン語の infans（「話せない者」の意）からきている。しかし，1970年代以降の多くの研究によって，生後間もない乳児の認知活動が驚くほど活発なものであることが明らかになり，生後のどの時期にどのような認知機能が発達するのかが具体的に示されるようになってきた。

「発達」の辞書的な意味は，『広辞苑（第6版）』の中に「個体が時間経過に伴ってその心的・身体的機能を変えてゆく過程。遺伝と環境とを要因として展開する」と記されている。「発達する」は英語で develop であり，その語源は「包み (velop) を解く (de)」であり，「中に (en) 包む (velop)，包み込む」を表す envelop の反対語である（envelope で封筒を意味する）。発達とは，その個体の中に包み込まれているもの（内的要因）である遺伝的プログラムの包みを解いて，環境とのさまざまな交互作用（外的要因）をもとにして時間経過とともに展開されていくことを表している。このことは現代の心理学における共通理解であると考えてよい。発達心理学ではこの時間経過を重要とし，胎児期から死に至るまでの生涯にわたる過程（プロセス）が重視されるが，認知心理学

では，それぞれの時期における認知機能のメカニズム（の違い）が重視される傾向にある。

認知とは，きわめて大雑把にいうと，私たちが環境について情報を得て，それを知識として蓄積し，環境を操ることである。イギリスの発達心理学者ゴスワミ（Goswami, U.）は，認知発達（cognitive development）を，人が環境について情報を得て環境に働きかける中で，「因果（物事の原因と結果の結びつき）」についての知識獲得を可能にするプロセスが発達することとしている（Goswami, 1998）。たしかに，環境にどのように働きかければ環境がどのように変化するのかについての理解そのものにしても，知覚や記憶，注意などの認知機能についても，すべては因果関係についての知識獲得であるということができ，その発達過程ついて明らかにすることが認知発達研究であるといってもよいであろう。

発達における遺伝と環境

認知機能に限らず，さまざまなヒトの心理的発達には，「遺伝・成熟」「生まれつき与えられたもの」（nature）としての内的要因と，「環境・学習」「育ちの中で獲得するもの」（nurture）としての外的要因の2つが関わり合う。より明確に定義すると，内的要因とは個体の遺伝子プログラムの発現を指し，外的要因とは環境との交互作用を通して個体の経験を変化させることを指す。

内的あるいは外的のいずれの要因が，発達の強い規定因であるかという「遺伝ー環境論争」は20世紀前半から議論され続けている。ゲゼル（Gesell, A.）による一卵性双生児を対象にした階段上り研究では，双生児の一方には生後46週目から，もう一方には53週目から訓練を行い，訓練後の階段上りに要する時間を計測していった。はじめの頃は，両者の差が明らかであったものが，しだいにほとんど変わらなくなってしまうことが示されるようになり，訓練が効果をもつためには，成熟を待ってから環境からの働きかけが必要であることが主張された（Gesell & Thompson, 1934；成熟優位説）。そのような準備性のことをレディネス（readiness）とよんでいる。一方，行動主義者のワトソン（Watson, J. B.）は，行動は環境からの働きかけでどのようにでも作られるものとした（Watson, 1913；学習優位説）。「健康な12人の乳児を与えてくれれば医者や弁護士，泥棒にでも育てることができる」と豪語したという彼のエピソードは非常に有名である。しかし，現代の心理学の了解としては，発達は遺伝

と環境のいずれかによって決定されているわけではなく，心的機能の種類によって遺伝と環境がどのように影響しているかは異なるという相互作用説がとられるようになってきた。

近年，この遺伝と環境の議論は再び盛んになってきている（例えば，Elman et al., 1996）。その理由は，近年の遺伝学や発生学，さらには計算機科学や神経科学の進歩による部分が大きい。DNAの解読により，ヒトの精神機能や認知機能の発現が遺伝子と具体的に結びつけて考えられるようになり，発達障害における認知機能の不全やアルツハイマー症候群への遺伝子の関与など，研究が盛んになった。しかし，遺伝や生得性に関する研究が増え，その重要性が強調されつつあることはたしかだが，相互作用説が崩れることを意味するのではなく，どのように相互作用しているのか，精神機能や認知機能のどこまでが生得的なのか，について明確になっていくものとして期待したい。

ピアジェの認知発達論

過去数十年にわたって認知発達研究に最も大きな影響を与えたのは，ピアジェ（Piaget, J.）であろう。ピアジェは，思考をはじめとした認知が，発達に伴ってどのように起こるかについて，発達段階や，同化と調節，均衡化という現代の心理学でも重要な概念を提唱した。

(1) 発達段階説

ピアジェの理論では，認知発達とは，しだいに新しい知的構造ができあがるものという方向性を表している。ピアジェは，それらの構造の形成に基づいて，下記に示す4つの時期からなる発達段階（developmental stage）説を展開した。それぞれの段階が生じる順序は一定で，段階の生じる年齢には個人差があっても順序は変わらないとされる。各段階はその時期の全体的な構造によって特徴づけられている。さらに，これらの全体構造は，先行の構造から生じ，先行の構造を従属させ統合するものである。ピアジェの発達段階説では，前の段階から単に積み重ねを獲得するだけでなく，知的構造それ自体が変化するとされる（くわしくは，滝沢，1977，1992などを参照）。

① 感覚－運動期（sensorimotor period）；0～2歳頃

言語による思考に先立って，乳児は対象の認知を感覚と運動の活動によって行う。出生した時点でもっているたくさんの反射は，認知を組み立てていく最初の要素となっており，やがて反射を適応的な方向へと修正していく。例えば，

口元に何かが触れたら吸うという反射は吸啜反射として知られているが，そもそもは母親の乳首が口元に触れたら吸いつくように原始的行動として形成されているものである。生後間もなくは乳首や指でも同じように吸いついていたものが，しだいに吸うものによって吸い方を変えるようになっていく。さらには，物を自分で口に運んで吸いつくようになり，吸いついていた物を手にとるようになる。このように，反射という原始的な行動様式が複雑な活動へと変化していく。

　8カ月以降では，邪魔になる物を取り払い，その向こうにある物をとるようになる。つまり，目的（物を手にとろうとする）と手段（そのために邪魔な物をどけようとする）とを結ぶ関係が成立するようになる。

　この時期の終わりには，目の前にあるボールがハンカチで隠されると，ハンカチをどけてボールを手にとろうとする対象の永続性が完成するなど，表象的思考が始まるようになる。このようにして，原因と結果や目的と手段の関連といったものをもとに概念（シェマ）を形成し，意図的に対象に働きかけるようになる。

　②　前操作期（preoperational period）；2〜7歳頃

　感覚－運動期には，ボールを投げたり，転がってくるボールを受け取ったりすることができるようになるが，ボールについて興味をもったり，考えたりすることができるのは，目の前にボールがあるときに限定される。前操作期には，そこにボールがなくても，ボールについてイメージし，考えることができるようになる。また，言語によってある対象（例えば，ボール）についての概念を獲得することや，普段の親の行動をもとにしてままごとをするなどの活動も見られるようになる。ある活動が生じた後で，数時間あるいは数日後にその活動を模倣することは，遅延模倣とよばれている。また，前操作期の思考では，物事の表面的な部分にのみに焦点があてられ，対象の複数の側面に同時に注目することができない。思考の自己中心性も特徴の1つであり，コミュニケーションは自己中心的伝達が主であり，外界について考えるとき常に自分自身を中心とした視点しかとることができず，他者からの視点へと変換することが困難である。言語も自己中心的言語が主となる。

　③　具体的操作期（concrete-operational period）；7〜12歳頃

　この時期には，操作（内面化された活動）の獲得により，見かけに左右されな

FIGURE 15-1 ● 保存課題の例

液量	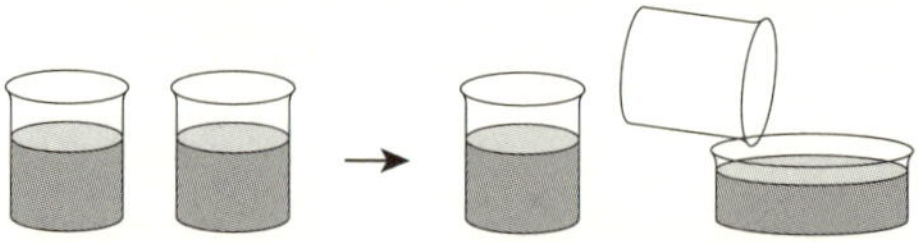 2つの同じビーカーに液体が同じだけ入っていて，子どもは同じだけ飲めると理解している。	2つの水の柱が違う高さになるように，一方のビーカーの中身を異なる形のビーカーに注いだ。	保存を理解できる子どもはそれぞれのビーカーに同じ量の飲み物が入っていると理解している（平均すると液体の保存は，6～7歳になって理解される）
質量（連続した物質）	 2つの同じ粘土のボールを見せる。子どもはそれが同じ量のかたまりと理解する。	一方のボールはソーセージの形に丸められている。	保存を理解できる子どもは粘土の量はそれぞれ同じであると，理解している（平均すると6～7歳）
数	 子どもは2列のビーズを見てそれぞれの列は同じ数あると同意する。	ビーズの一方の列を伸ばす。	保存を理解できる子どもは，それぞれの列のビーズの数が，まだ同じであると理解している（平均6～7歳）
長さ	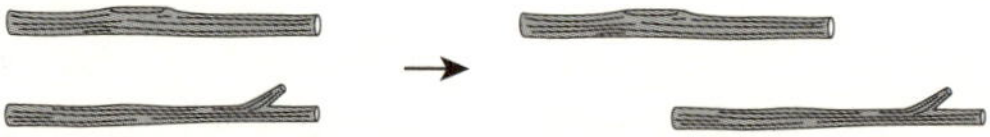 同じ長さの2本の枝が示され，子どもはそれらが同じ長さだと同意する。	一方の枝を動かす（あるいは見かけが変わるようにする）。	保存を理解できる子どもは，2つの枝の長さは，同じだと理解している（平均6～7歳）

> 液量，質量，数，長さのほかにも，体積の保存の概念獲得の発達が知られている。

（出典）　Shaffer, 1985 ; Goswami, 1998 より作成。訳は翻訳書より。

い論理的思考が発達していく。特に，操作の手順を逆の順序で実施してもとの状況を再生することができるようになること（操作の可逆性），他の操作と組み合わせて大きな体系を作ること，脱中心化により自分自身を他者の立場におくことができるようになる。可逆性の働きを示すものには，数，液体と固体の量の保存に関する実験が知られている（図15-1）。物の量は，その形が変わった

としても同じままであるという理解は，具体的操作期で行えるようになる。そして，粘土のかたまりを複数のかたまりに分けたり，別の形や長さに変換したりしても，もとの量と同じであるという認識が可能になる。しかし，思考内容は未熟で，具体的な操作を伴ってこそ運用される知的段階である。

④　形式的操作期 (formal-operational period)；12歳頃以降

具体物や実際的場面を離れ，論理やイメージのみで複雑な推論ができるようになり，抽象的な思考操作が可能になる。「もし○○であれば」といった仮説演繹的思考も行えるようになる。そして，「操作の操作」つまり2次的操作が築かれる。最終段階をイメージして，操作を繰り返しながら物を作り上げたり，「○○するために……することが必要になる」というような段階的な行動をとることができるようにもなる。また，組み合わせによって可能性を無限に広げることもできるようになる。このようにして，大人の思考へと発達する。

(2)　同化と調整による均衡化

ピアジェは，子ども個人のもつ認知的な枠組みをシェマ（スキーマ）という言葉を用いて，外界と心理的な要素との相互作用について，子どもの知識や思考は同化と調節の均衡化をとりながら，連続的に変化していくものとしてとらえた。同化とは，自分のもっている知識の枠組み（シェマ）に合うように外界の情報を取り入れることである。調節とは，物事や外界が自己に合わない場合に，新しい情報によって自分のもっているシェマを変化させることである。認知の働きは，このような同化と調節がバランスを保つように機能しているとされる。そのバランスを保つ働きが均衡化である。均衡化とは，同化と調節の両方を含む。環境との相互作用において，とりあえず既存の思考方法や認知構造をあてはめてみて（同化），うまくいかなければ新しい物事に自分を合わせる（調節）ことになる。

これらの例として，シーグラー (Siegler, 1986；訳は翻訳書より) は以下のような彼の子どもとのやりとりを紹介している。

「息子は，頭のてっぺんが禿げていて，両脇から長い縮れた髪が生えている一人の男に出会った。その男を見て，息子は大喜びで『ピエロ，ピエロ』と叫んだので，私は恐縮してしまった。この男の髪は明らかにピエロらしい特徴を備えていた。私の息子は，その点からこの男をとらえたのである。……私は，唇をかんで笑いをか

みころしてから，息子に，あの人の髪はピエロみたいだけれど，おかしな衣装を着ていないし，人を笑わせようともしていないから，ピエロではないと教えた。この経験によって，息子のピエロの概念が，一般的に認められている概念へと調節されたと期待している。」

ヴィゴツキーの理論

ピアジェの発達理論は，子どもと環境との相互作用における個人の認知構造の変化について論じ，生物としてのヒトの知的発達を強調した。それに対して，ヴィゴツキー（Vigotsky, L. S.）は発達における他者や社会・文化の役割について論じている。

(1) 発達の最近接領域

彼の理論で特に有名なのは，発達の最近接領域（the zone of proximal development）という考え方である。子どもの知的な発達水準が，独力で問題解決が可能な現在の発達水準と，独力では問題解決には至らない水準との間にある領域のことを発達の最近接領域とよび，他者の援助があれば問題解決が可能となり，大人などの他者との社会的相互作用によって自分自身でできる以上の能力を発揮できるとした。彼の考え方によると，子どもを取り巻く社会的・文化的関わりが，発達を大きく規定する。つまり，個人の能力の発達というよりも，個人を取り巻く関係性全体として発達を見ることの重要性が主張されている。彼の理論は，発達における教育の主導的役割を指摘しており，特別支援教育や芸術教育をはじめとして教育において大きな影響を与えている。

(2) 内言と外言

ヴィゴツキーは，言葉はもともと他者との意思伝達手段としての機能をもち（外言），それがしだいに思考の手段としての言葉（内言）に移行していくと考えた。内言は，個人における内的対話過程に基づく行為の自己調整やメタ認知として機能する役割をもっている。この考え方は，個人の高次精神機能が社会的生活や活動の中に起源があるとのヴィゴッキーの考えによる。彼の「文化的発達の一般発生法則」に従うと，すべての高次精神機能は，発達の過程において二度，2つの水準で現れるという。1つ目は社会的水準での現れであり，外言はその1つである。一方2つ目は，個人内で現れてくるもので，内言はその1つである。

認知発達における領域固有性と領域一般性

ピアジェの発達段階説では，それぞれの発達段階にける認知構造はそれぞれ異なるとしながらも，各発達段階の構造は領域一般的なものとして扱われている。つまり，知識や問題解決，推論の種類にかかわらず，種々の領域を越えて適用される一般的な認知構造として「心」をとらえている。しかし，この説では，子どもの能力はそれぞれの発達段階に拘束され，能力が過小評価される恐れがあること（Gelman, 1979）や，さまざまな課題の内容から独立した認知構造を想定することへの疑問が呈されるようになったこと（Gelman & Baillargeon, 1983），乳児の認知発達研究が進展するにつれて，さまざまな能力が明らかになってきたこと（例えば，Kellman & Spelke, 1983）などから，認知の「領域一般性」（domain generality）対「領域固有性」（domain specificity）の議論が活発に行われるようになってきた（Hirschfeld & Gelman, 1994；第1章参照）。

ある心理学的メカニズムが何らかの領域に特異的なのか，それとも領域にかかわらず一般的なのか，という議論は，認知発達に限定されるものではない。行動主義では，学習は，条件づけのルールなど，一般的なメカニズムによって説明される領域一般性が高いが，認知心理学では，それぞれの認知能力はそれぞれにふさわしい課題を処理するためにあり，相互に相対的に独立している領域固有性の立場をとるものが多い。例えば，数認知のメカニズムで空間認知のメカニズムを説明することは難しい。

認知の領域固有説とは，人の認知はいろいろな領域に区切られており，それぞれが独自の特徴や構造をもっているという主張である。チョムスキー（Chomsky, N.）の自然言語文法の理論や，フォーダー（Fodor, J. A.）の『精神のモジュール形式』（*Modurality of mind*；第9章参照），さらには進化心理学（第14章参照），熟達化（エキスパート）研究などが強く影響を与えているといえよう。子どもの熟達化に関する研究では，恐竜についての知識や推論に関する熟達者と初心者の比較の例がある。年少児であっても，よく知っている内容については年長児が行うような発達した推論様式を示し，もっている構造化された知識を使って，未知の恐竜に対する質問についてもっともらしい答えを導こうとすることがある（Chi et al., 1989）。このような領域固有の認知発達については，第3節を参照されたい。

SECTION 2 視覚認知の発達

乳児期における視覚認知の測定法

言語獲得以前の新生児・乳児は，言葉でのコミュニケーションや運動機能を媒介とした行動反応をすることに制約があるため，乳児の心の中で起きていることを知るのは難しい。第1節で述べたように，1960年代以降，さまざまな研究方法の開発によって，乳児の認知能力が非常に豊かであることが示されるようになった。以下では，乳児の認知能力の測定法のおもなものについて述べよう。

(1) 選好注視法

乳児には，興味のあるものや好きなものを見つめるという反応特性がある。乳児が異なる図形やパターンを見分けられるかを調べたい場合，2つの視覚刺激を対にして，左右の提示位置をランダムに変えながら何回か提示し，乳児が左右どちらの図をより注視するかの頻度や時間を測定する。この方法は**選好注視法**（preferential looking method；PL法）とよばれている。乳児の視覚機能研究のパイオニアとして知られるファンツ（Fantz, 1961）は，この方法を用いて，

FIGURE 15-2 選好注視法の装置の例

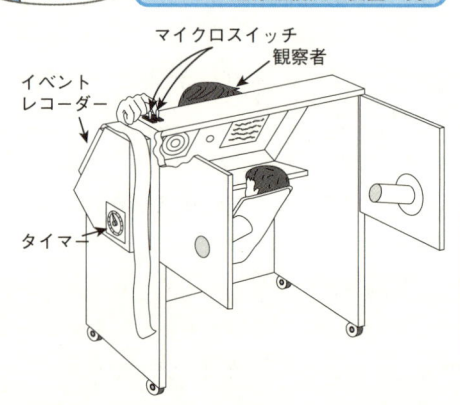

乳児の眼前に2つの図形を提示する画面があり，装置の裏から観察者が乳児の視線を頼りに2つの図形のどちらをより注視しているかを観察する。

（出典）大坪, 2001より作成。

生後1週目の新生児であっても無地の図形よりもある程度複雑なパターンをより注視することを示した（図15-2）。

(2) 馴化ー脱馴化法

乳児には見慣れたものよりも新奇なものをより注視するという反応特性がある。この特性を利用した測定法は馴化ー脱馴化法（habituation-dishabituation method；Horowitz et al., 1972）とよばれている。同じ刺激パターンを繰り返し提示すると，乳児は刺激提示の開始時点では興味をもって注視するが，しだいに刺激に対する興味（あるいは注意）が低下するにつれ注視時間が短くなる（馴化）。そこで，刺激を別のものに変えて提示すると，刺激に対する注視時間は長くなる（脱馴化）。もし，乳児が2つの異なる刺激を弁別できていないならば，刺激に対する注視時間はそのまま減少を示すこととなる。PL法ではパターンの複雑さなどを指標として乳児の弁別能力を測定するメリットがあるが，馴化ー脱馴化法では記憶や概念形成などを測定できるメリットがある。

(3) オペラント選好注視法

選好注視法においてオペラント学習の手続きを利用した方法は，オペラント選好注視法（operant preferential looking method）とよばれている。PL法で対提示された一方の刺激を注視したときのみ随伴強化（例えば，ミルクを飲めるようにする）を与えると，乳児は強化が伴う刺激をより注視するようになる。これは，異なる刺激の区別ができていないとできない行動変容である。

(4) 視運動性眼振測定

眼前を相次いで移動する画面を眺めると，ものが流れている運動方向へとゆっくりとした眼球運動と逆方向への急速な眼球運動が繰り返される。例えば，列車の窓から風景を眺めていて，電信柱などが並んでいるとゆっくり追従して急に逆方向に眼を動かすことがあるだろう。この反応特性を利用したものが視運動性眼振（opto-kinetic nystagmus；OKN）測定である。乳児における測定では，OKNドラム（図15-3）やコンピュータ・ディスプレイに一方向に動く縞模様を提示して刺激として用いる。乳児でも提示された縞模様が視力の範囲内であればOKNが引き起こされる。縞模様の周波数（縞の太さや間隔）やコントラスト，色などを変数として変えることによって，特に視覚情報処理の低次処理特性を検討する手法となっている。

FIGURE 15-3 ● OKN装置の例

乳児の眼前で縞模様が貼られた回転式ドラムを回転させると，乳児が知覚できる程度の空間周波数（第2章を参照）であれば，乳児は回転方向に目を動かす。

（出典）大坪，2001より作成。

乳児の視覚機能

これら測定方法が開発されるにつれ，乳児の認知機能は検討しやすくなった。たしかに，成人の視覚能力に比べて乳児の視覚機能はかなり未熟である。例えば，視覚系の空間処理特性を表す視力やコントラスト感度（縞の濃淡に関する感度）は成人の感度に比べて明らかに低い。乳児の視覚は，低い空間処理特性に加えて，その他多くの視覚機能（例えば，運動視や奥行き視）の未熟さによって特徴づけられる（例えば，Dobson et al., 1978；Gwiazda et al., 1980；Birch et al., 1982）。

しかし，生まれたばかりの新生児であってもある程度の視覚能力はあるし，母親の顔に反応することができ，けっして無能というわけではない。また，視覚機能の未熟さは，視覚神経系の働きの未熟さが原因である。図15-4は，乳児がもつ視覚機能が，生後どのくらいの時期に現れるのかについて示したものである。

(1) 時空間特性

視力などの空間解像度やフリッカー（ちらつき）などの時間解像度といった視覚パターンの解像度に関する機能は，時空間特性（temporal-spatial property）とよばれている。空間特性に関してはコントラスト感度や視力，線分の方位検出が，時間特性に関してはフリッカー感度の時間周波数特性が重要な特性とされる。空間特性は，生後4カ月頃までが最も急速に発達する。成人と同程度の感度になるまでには，生後5～6年程度の時間経過が必要となる。しかし，乳児の時点では，はっきりと鮮明なパターンであれば十分知覚可能である。ま

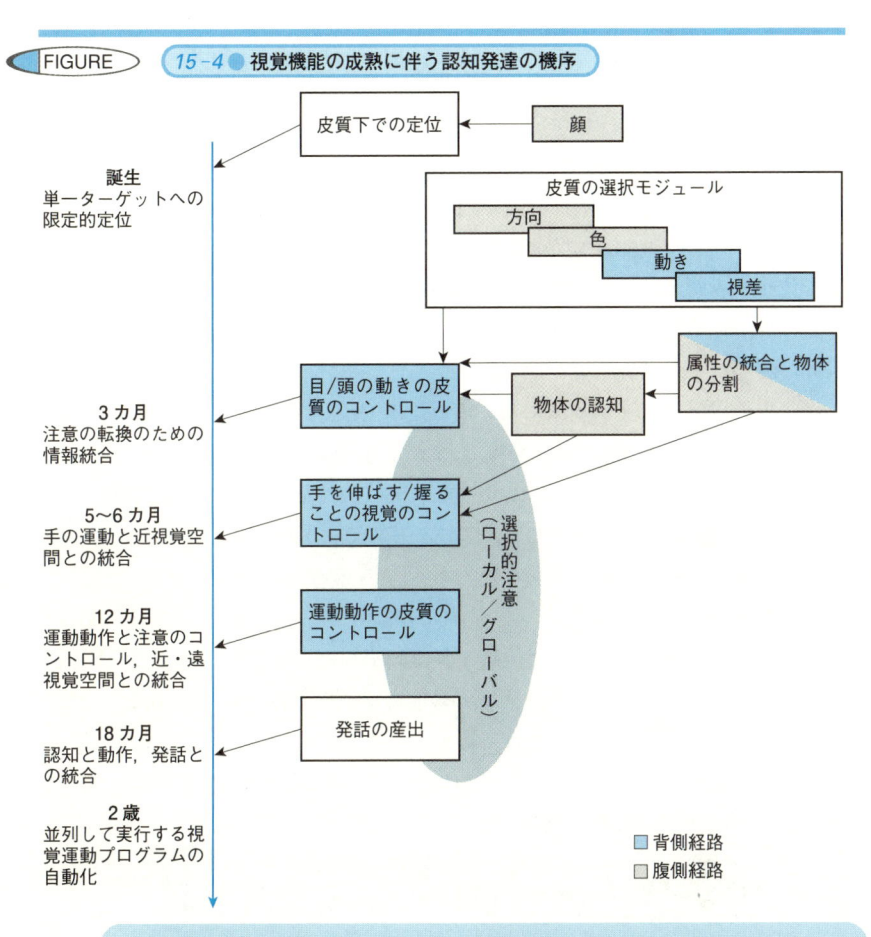

FIGURE *15-4* 視覚機能の成熟に伴う認知発達の機序

誕生
単一ターゲットへの限定的定位

3カ月
注意の転換のための情報統合

5〜6カ月
手の運動と近視覚空間との統合

12カ月
運動動作と注意のコントロール，近・遠視覚空間との統合

18カ月
認知と動作，発話との統合

2歳
並列して実行する視覚運動プログラムの自動化

皮質下での定位 ← 顔

皮質の選択モジュール
- 方向
- 色
- 動き
- 視差

属性の統合と物体の分割

目/頭の動きの皮質のコントロール
物体の認知
手を伸ばす/握ることの視覚のコントロール
運動動作の皮質のコントロール
発話の産出

選択的注意（ローカル／グローバル）

■ 背側経路
■ 腹側経路

視覚神経系の成熟に伴い，さまざまな情報処理や情報の統合が可能になってくる。身体の動作やコミュニケーションの発達も，それらと密接に関連している。

（出典） Atkinson, 2000 を改変。

た，新生児であっても線分の方位弁別は可能であり（Atkinson et al., 1988；Slater et al., 1998），生後4〜12週にかけて方位感度やコントラスト感度が高くなる。

第15章 認知発達　367

(2) 色　覚

乳児における色覚は誕生直後は感度が悪いが，生後の時間経過とともに急速に発達し，生後3カ月頃には成人と同様の特性に近づく（Teller, 1997）。また，生後の早い段階から，乳児の視覚系が特定波長の色に選択的に応答する分光感度を保持している，あるいは乳児が色弁別を行うことができることが示されている（例えば，Volbrecht & Werner, 1987）。色の感度と弁別については，同輝度で色相のみが異なる2つの色からなる縞模様の運動についてOKNが起きると，その2つの色感度があるといえる。

(3) 運　動　視

新生児の段階で，運動刺激に対する反応がOKN測定によってたしかめられている（Atkinson & Braddick, 1989）。また，生後6～8週以降に運動方向検出は急速に発達する（例えば，Wattam-Bell, 1996）。乳児において運動情報は対象の認知に重要であるばかりでなく，表情の模倣や，動きによる生き物か否かの識別，因果性の知覚においても重要である。

(4) 奥 行 き 視

左右の眼に投影される映像の位置ずれは両眼視差とよばれ，これに基づく両眼立体視が可能になるのは，生後4カ月前後である（例えば，Held et al., 1980）。しかし，生後6～21日の新生児は，接近してくる対象に防御反応を示すことから，対象の像の大きさの変化を手がかりとして3次元的奥行きを解釈しているものと考えられる（Bower, 1974）。

顔認知の発達

(1) 生後初期の顔認知

生後間もない新生児（生後1カ月未満）であっても，顔に注目した行動をとる。その典型的な例としては，メルツォフとムーア（Meltzoff & Moore, 1977）によって示された舌出し模倣が知られている（図15-5）。新生児の目の前で舌を出す動作を繰り返し見せ続けると，少しだけ舌を出す行動が見られる。同様に，口を開ける動きや唇を突き出す動きを見せても同様の行動を見せる。舌出し模倣は原始模倣（primordial imitation）の1つとして知られている。

乳児の顔認知（face recognition）の特徴はどのようなものであろうか。新生児には，顔と似た特徴をもつ刺激をそうでない刺激よりもより注視することや（Goren et al., 1975 ; Johnson et al., 1991），パーツがそろった顔パターンに対す

FIGURE 15-5 ●新生児模倣

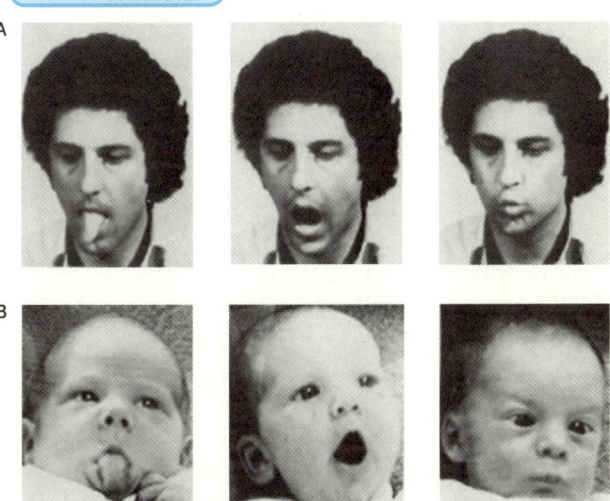

左から，舌を出す顔，口を開く，口をすぼめる（A）に対する新生児の模倣の様子（B）。

（出典）　Meltzoff & Moore, 1977 より許諾を得て掲載。

る追視行動が認められる（Johnson & Morton, 1991）。そのときの追視行動や選好は，提示する顔内部のそれぞれのパーツ（目や口や鼻）がそれらしい形状として描画されていても，単純化した四角形などでおき換えたものであっても同じであるが，顔のパーツが顔のそれぞれの位置にある顔線画と，顔パーツがない顔の輪郭線のみのものや顔パーツが福笑いのようにばらばらに配列されているものとを対提示すると，顔パーツがその位置に配列されたものをより注視する（図15-6）。

また，新生児が母親の顔と他の女性の顔とを区別することが知られている（Bushnell et al., 1989；Field et al., 1984；Pascalis et al., 1995）。しかし，新生児に母親の顔を横顔で提示すると再認することができず（Sai & Bushnell, 1988），これができるようになるのは生後3カ月以降であるとされる（Pascalis et al., 1998）。生後1～2カ月頃，顔パターンに対する選好反応は消失する。し

FIGURE 15-6 顔の弁別実験で用いられる刺激例

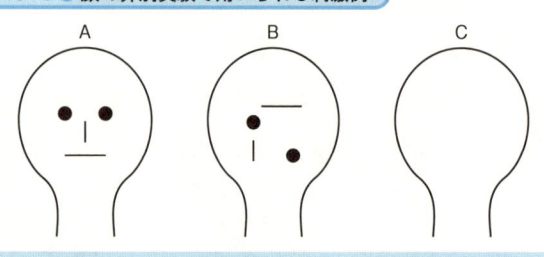

A B C

Aを新生児の眼前で動かすと追視するが，Aの顔と同じパーツをばらばらに配列したBを動かしても新生児は追視しない。A，B，Cのそれぞれを組み合わせて対提示することで，選好注視法の刺激にもなる。

かし再び生後2カ月を過ぎると再び顔パターンへの選好が示されるようになるが，この時期には，追視行動よりも，静止した顔パターンをじっと見るといった注視反応として示されるようになり，顔パーツは単純化されたものよりも，通常の「それらしい」顔パーツから構成される顔パターンにより強い選好が認められるようになる。そして，生後3カ月以降ですでに成人がもつ顔認知の特性と多くの部分で共通性をもつようになる。

(2) コンスペックとコンラーン

ジョンソンら（Morton & Johnson, 1991 ; Johnson & Morton, 1991）は，顔の追視行動の実験を通して，顔認知の発達にコンスペック（CONSPEC）とコンラーン（CONLERN）の2つのメカニズムが関わっているという仮説を提出した。コンスペックは皮質下にその神経基盤をもち，周辺視野内に提示された顔に自動的に注意を向けることを可能にするメカニズムである。コンラーンは，新皮質にその神経基盤をもち，誕生後に顔を観察する経験をもとに作られ，顔に関する精練化された表象を有し，その後の人物同定を可能にする。生後2カ月以降ではより正確な顔図形に対する注視行動が生じるが，これはコンラーンを反映したものとされる。ジョンソンらは，生後1〜2カ月頃はコンスペックが抑制され，コンラーンにおき換わる時期であり，先に述べたその時期の顔パターンへの選好反応の消失はコンラーンの機能がまだ十分に機能していないためであるとした。彼らは，コンスペックとコンラーンとを神経レベルでは独立なも

のとし，コンスペックは乳幼児に顔を観察する機会を多く与え，顔に対する反応を形成させ，その結果としてコンラーンが作られると仮定している。コンラーンには，乳幼児が経験した種々の顔から顔の表象やプロトタイプを作り，顔に対する素早い反応や顔以外のものへの顔反応エラーを誘発するという役割と，個々の顔の違いを符号化し同定に関わる役割という，顔検出と同定過程の両方の機能をもつものとされている。しかし，彼らのモデルに合わない結果が数多く提出されており，今後の検討の必要性が指摘されている。

注意機能の初期発達

本書の第4章に取り上げているように，認知心理学において注意は重要項目の1つである。認知発達研究においても，特に乳幼児の注意研究は多く行われてきつつある（高齢者を含めた注意機能の発達については，第4章のTOPICS 4-2参照）。

注意機能の初期発達には，眼球運動の発達的変化が重要である。選好注視法や馴化一脱馴化法などの実験方法は，乳児の注視反応を通して視覚機能を測定するものであり，乳児の注視時間や眼球運動を反応指標としている。生後数時間の新生児でも，眼前に物を動かして提示すれば追視できる（Wolff, 1963）。

また，注意には定位も必要となる。定位とは，何がどこにあるのかを正確に認識することである。胎児の頃に母親の声から発せられる物語について記憶でき（DeCaspar & Fifer, 1980），乳児は音源の位置を特定し，好ましい音の方向へ頭を向ける（Clarkson et al., 1985）。

注意は，さまざまな認知機能に不可欠な要素であり，適切な注意メカニズムは生後間もなくから働いていることがわかっている。1カ月児では，ある特定の刺激に注意が引きつけられすぎて，そこから別の刺激に目（注意）を移すことが困難で，無理に注意を向けている対象から引き離そうとすると泣き出してしまうこともある（Johnson, 1997）。生後3カ月くらいが経過すると，乳児は自分の目の動きをコントロールすることができるようになり（山上，1988），能動的に視覚的注意を向けやすくなる。

乳児の注意の初期発達の研究例として，ギルモアとジョンソン（Gilmore & Johnson, 1995）による，ポズナーの「先行手がかり法」（Posner, 1980；第4章参照）に似た方法を用いた研究を紹介しよう。この研究では，乳児は生後6カ月までには少なくとも視覚的注意をコントロールできることを示している。先行手がかり法では，目標刺激提示の直前に示される先行手がかり刺激が有効で

TOPICS　15-1 心の理論の起源と発達

　人の心の世界は，表面的にはほんの少しのことしか明らかになっていなくて，多くのことが推測されなくてはならない性質を有している（Humphrey, 1992）。この直接的には知覚しえない心というものに，子どもがいつ頃からいかにして気づき，またその性質を理解するようになるのか。こうした問いをめぐる議論が，ここ四半世紀の間に，さまざまな文脈で喧しく交わされてきている。そして，こうした熱い議論の嚆矢となり，またいまなお，その中心で大きな役割を果たしているのが心の理論（theory of mind）という概念である。

　元来，この「心の理論」という術語は，チンパンジーが他個体の内的状態を読み取る能力を有しているのか否かを問う研究（Premack & Woodruff, 1978）の文脈で生まれてきたものであるが，それはほどなく人の乳幼児にも適用されることになる。ただ，その際，問題になったのは，その成否をいかに判定しうるのかということであった。そこで提示され，現在でもなお標準的な位置を占めている考え方が，人の心が欲求（desire）と信念（belief）という構成素からなり，それらが人の種々の振る舞いを支配するというものである（Astington, 1993）。すなわち，「心の理論」は，人が何を欲し，またどんな思い込み（信念）を有しているときにどのような行動に至るのかを予測し説明するための基本枠として操作的に定義され，子どもがそのどこまでを理解しているかが問われることになったのである。具体的にそれは，いわゆる誤信念課題（false belief task；Wimmer & Perner, 1983）を通して測定された。「Aが食べさしのチョコを戸棚にしまって外に遊びに出る。でも，Aがいない間にBがチョコを冷蔵庫に移してしまう。お腹を空かせて帰ってきたAは食べかけのチョコを食べようと思って，どこを探そうとするか」。この問いに対する正答は当然ながら戸棚ということになるが，4歳より下の子どもの大半は，チョコの実際の在処である冷蔵庫と誤答してしまう。つまり，チョコを食べたいという欲求の方には注意を向けても，チョコの在処に関する信念については，それを無視するかのような回答をしてしまうのである。

　こうした誤信念課題に対する成功は「心の理論」の世界へのいわば入場チケット（Hala & Carpendale, 1997）であると見なされ，3歳と4歳の間に大きなパラダイム・シフトが生じると，またそうした意味で「心の理論」の起源が4歳以降にあると，まことしやかに論じられることになる。しかし，こうした見解には早くから，特に乳幼児の日常の自然観察に基づく研究から大きな批判が

寄せられていたのも事実である（Brown & Dunn, 1991）。例えば，子どもは，話し始めて間もない頃から自発的にさまざまな心的語彙を用い，またそれをもって親密な他者との間に精妙なやりとりを展開するということが知られている。信念の理解ということに関しても，子どもが3歳よりも前にすでに，それに関わる言葉を用い，さらに，人の信念がときに現実とは食い違いうることを理解していることをうかがわせるような発話さえも示すことが明らかになっている（Bartsch & Wellman, 1995）。また，2歳頃からすでに，子どもが親やきょうだいとの日常的な相互作用の中で，単純ではあるが，からかいや欺きといった行動を示すことも報告されている（Dunn, 1994）。これらの行動は，一般的に，他者の信念の状態を意識し，それを誤った方向に操作しようとする試みであるととらえることができ，その意味で，かなり早期の段階から，子どもが潜在的に他者の信念および誤った信念というものを理解している可能性を示唆するものである。

　さらに，近年では，通常，生後1年目の終わり頃にほぼ同期して生じるとされる，共同注意（他者の視線の先を意識し，それにみずからの注意を合わせようとする試み）や社会的参照（他者の情動状態から得られるある対象に関する情報を活用して，みずからのその対象に対する態度を決めようとすること），そしてまた原叙述的コミュニケーション（指さしや提示といった振る舞いを通して他者の注意を操作し，子ども自身のある対象に対する心的状態を他者に伝達しようとする所作）などを，原初的な「心の理論」あるいはその先駆体と把捉する向きが一般的になってきているといえる（Baron-Cohen, 1995；遠藤，2005）。

　このように，「心の理論」は，非常に早い段階から，いくつかの重要なステップを踏んで，漸成的に発達してくるものといえるのだろう。最近では，こうした「心の理論」の標準的な発達以上に，その個人差に着目した研究（Meins, 1997; Repacholi & Slaughter, 2003）も増えつつあり，同時に，それを左右する要因として，従来，あまり問題にされることがなかった養育環境（親子関係やきょうだい関係など）の役割が脚光を浴びるようになってきており（遠藤，2008），今後の研究動向からますます目が離せないところとなっている。

〔遠藤利彦〕

ある場合（目標刺激が手がかり刺激と同位置に提示される場合）には，先行手がかりが無効である場合（目標刺激が手がかりと異なる位置に提示される場合）と比べて正答率や反応時間が向上する，というものである。ギルモアらは，右，中，左に並ぶ3つの刺激提示位置のうち，真中の位置には注視点をおき，乳児が注視点を安定して見ることができるようになったら，左右いずれかの位置に青い三角形の先行手がかり刺激を瞬間的に提示した。その後，中断時間として注視点のみの提示で1～5秒間とり，そしてカラフルな歯車が動く刺激を目標刺激として注視点の左右に提示すると，中断時間が5秒あっても先行手がかりが提示された位置の目標刺激をより注視することが示されている。このことは，先行手がかりが提示された位置に向けられたスポットライトが目標刺激が提示された位置への注視を促進させると考えることができる。

対象の永続性の認知

目の前にある対象は，箱の中に隠されたとしても，箱の中に存在し続ける。どの対象も，見えなくなっても存在し続けることを対象の永続性（object permanence）という。しかし，乳児にとっては，目に見える対象しか意識することはできない。ピアジェは，乳児が感覚ー運動的活動を重ねる中で対象の永続性が獲得されていくと考えた。生後3～8カ月の頃の乳児は，目の前のおもちゃが布で隠されると出した手を引っ込めて，あたかもそこに存在しないものとして振る舞うが，生後8，9カ月以降になると自分から布を取り除いておもちゃを探し出し，物は見えなくなってもそこに存在するという対象の永続性を理解するようになる（Piaget, 1952）。だからこそ，乳児期後期以降になると「いないいないバー」が楽しい遊びになるのであろう。マクドノー（McDonough, 1997）は隠された物のカバーをとるのではなく，正しい方向へ手を伸ばすか否かで判断すると，5カ月児は直後なら消えたものに手を伸ばすが，7カ月児では隠されたものの位置を90秒間記憶していることが示されている。最近の研究では，馴化ー脱馴化法などの研究手法を用いることによって，少なくとも認識レベルでは，より早期から乳児は対象の永続性を獲得していることが示されている（次の「物体の単一性の知覚」を参照）。

物体の単一性の知覚

生後2カ月ほどになると，視覚パターンの弁別だけでなく，対象と関連した運動や，対象間に共通した運動，空間関係や支持関係という対象の交互作用に関する情報を利用

TOPICS　15-2　教示行為の発達

　ヒトの発達的特徴を明らかにするトピックの1つに,「教える」という教示行為がある。教示行為とは,他者の知識や技術の習得を目的とした意図的な行為のことを指す。教示行為の重要性は,ヒトとチンパンジーを比較するとわかる。ヒトではありふれた行為にもかかわらず,進化的にヒトに最も近いチンパンジーでさえ,積極的に知識や技術を教えることはほとんど見られないからだ（井上〔中村〕ら,1996）。では,ヒトは,どのように教示行為を発達させるのだろうか。大きくは3つの事実が明らかになっている。

　1つは,1歳半という早期から教示行為が見られる事実である。赤木（2004）は,1歳代の幼児の目の前で,大人（実験者）が円板を円形の穴ではなく四角い穴にはめようとする行為を提示した。すると,1歳8カ月〜11カ月の幼児の半数以上が,正解となる円形の穴を指示した。さらに,その指示した幼児全員が,同時に大人（実験者）を見たり,「ココ」と発声していた。

　2つは,「心の理論」と教示行為の発達は密接に関係しているという事実である。「心の理論」を獲得する4歳以降になると,相手の心的状態を考慮して,教え方を変化させたり,相手がわかっているかについて念を押したりするようになる（Davis-Unger & Carlson, 2008 ; Strauss et al., 2002）。

　3つ目の事実は,他者がより確実に知識や技術を習得できるように「あえて教えない」という教え方は,幼児期では難しいことである。赤木（2008）は,幼児を対象に,「友達が紙飛行機を作ることができない。けれども徐々に完成に近づいている」様子を仮想場面で提示し,どのように行動するかについて,いくつかの選択肢から選ばせた。するとほとんどの幼児が,「教える」行動を選択し,「見守る」行為を選択するものは,ほとんどいなかった。他者の「未来」を意識して教示行為を抑制するためには,児童期を待つ必要がある。

　このように,教示行為は,幼児期初期から見られ,他者理解と関連しながら発達する重要な現象である。しかし,ストラウスとジヴ（Strauss & Ziv, 2004）が述べるように,教示行為の発達研究は少ない。研究はまだ緒についたばかりだ。ヒトのヒトたるゆえんを明らかにするうえでも,これからの展開が期待される領域である。

〔赤木和重〕

| FIGURE | 15-7 ● rod-and-box（棒と箱）刺激の例 |

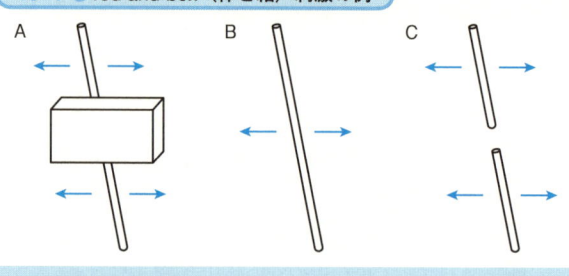

A：箱の後ろにある棒を左右に動かした刺激を用いて馴化をすると，4カ月児でCに対する脱馴化が生じ，より長く注視するが，Bの刺激を見せても注視時間は短い。

（出典）　Kellman & Spelke, 1983 より作成。

することができるようになる。さらに生後4カ月ほどで，対象の形や色といった対象の属性に関する情報を利用することができるようになる（Needham & Modi, 2000）。

　ケルマンら（Kellman & Spelke, 1983）は，棒の一部が箱によって隠されている対象（rod-and-box〔棒と箱〕刺激とよばれる；図15-7）の知覚の発達について，4カ月児では，その対象（棒）を動かさないと，隠された部分がつながった1つの対象として見なさないことを示し，7カ月児では，一部が隠されている対象（棒）が動くことなく静止していても1つの対象として認識することが可能であること示している。このとき，4カ月児は，箱の上下に見える棒の部分に共通した運動（ゲシュタルトの「共通運命の法則」；互いに変化し，ともに動くものは1つにまとまる傾向にある）を手がかりに，さらに7カ月児では静止した画像の部分的な棒の連続性（ゲシュタルトの「よい連続性の法則」；切れ目や変化のない線はまとまる傾向にある）をもとに，棒の単一性を知覚することができるとしている。乳児における物体の単一性の知覚は，さまざまな視覚的手がかりを利用できるようになるにつれてより複雑化していく。

3 記憶と概念形成の発達

記憶の発達

記憶の発達は，乳幼児期の情報処理や認知のあり方を規定するものとして重要であるばかりでなく，本章では取り上げなかった言語獲得やコミュニケーションの発達においても重要なものと考えられる。乳児が母親の胎内での声を記憶しているともいわれているほど（DeCaspar & Fifer, 1980 ; DeCaspar & Spence, 1986），乳児の記憶力は早期から発達している。例えば，出産予定の6週前からある物語を毎日音読するようにして，生後人口乳首を吸う頻度を標準から頻度が高い（あるいは低い）場合に読み聞かされていた物語を報酬として提示すると，母親の声で聞いたことのない物語よりも聞き慣れた物語を好んだサッキング（乳首吸い行動）を示すことが示されている。このことは，胎内で聞いた母親の声の物語について何らかの記憶を保持していることを示すものである（DeCaspar & Fifer, 1980）。

(1) 乳児の記憶

言語反応が行えない乳児の記憶をたしかめることは簡単なことではない。しかし，先に記した馴化―脱馴化法に見られるように，乳児は同じ刺激を数回繰り返して観察することで慣れ，もしくは飽きが生じる。また，条件づけによる実験手法では，生後間もなくから頭を左右に向けるという動作を利用して条件づけが可能である（例えば，Bower, 1974）。このように，乳児の認知を測定する実験手法自体が記憶を手がかりとしているものがある。

ロヴィーーコリアーら（Rovee-Collier et al., 1980）は，乳児の足とモビール（天井から吊るした動くおもちゃ）をひもで結びつけ，蹴るとモビールが動くように仕かけをした装置を用いた（図15-8）。乳児はたまたま足を蹴ると，魅力的なおもちゃがぶら下がったモビールが動くことを観察することになる。そして，自分が足を動かせば魅力的なモビールが動くことを学習するようになる。このように，ある行動や反応を起こせば，環境が変容し，自分に反応や報酬が返ってくることは，因果随伴性とよばれる。足を蹴るとモビールが動くセッションを9分間行い，それからひもを外して再び蹴っても動かないようにすると，2

FIGURE 15-8 ● ロヴィー-コリアーらの実験の様子

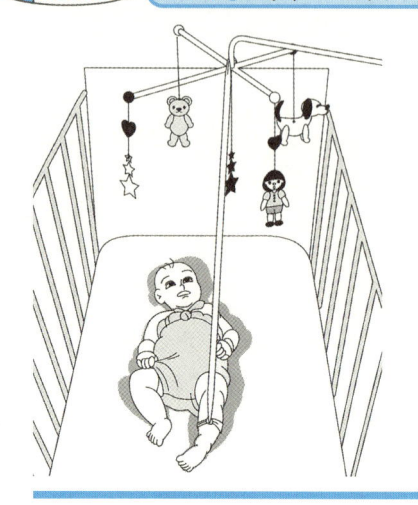

足とモビールにひもを結びつけ、足を蹴るとモビールが動くようになっている。

～8日は蹴る頻度が高いが，14日後になるともともとの乳児の蹴る頻度と同じレベルに戻り，忘却が起きることが示されている。また，テストの24時間前にモビールの動きを外的手がかりとして見せると，2カ月児では14日後，3カ月児では28日後においても再生可能なことが示されている。

また，バーとハイン（Barr & Hayne, 2000）は，乳児が足で蹴るとモビールが動く同様の学習課題で，学習以前の蹴る頻度を基準として1.5倍の蹴る頻度を学習基準とすると，この基準に達するのに2カ月児は4～6分かかるのに対して，6カ月児は1分以内と素早い学習を示すこと，また2カ月児は1日保持が可能であるが，3カ月児は7日，6カ月児は14日というように長期間保持できることを示している。

ブッシュネルら（Bushnell et al., 1984）は，3週児と7週児に2週間にわたり，さまざまな大きさの色のついた三角形や円などの視覚刺激を毎日15分間提示し馴化させた後，これらの形態の色や大きさを変えたものを提示すると，この時期の乳児が色，形，大きさのすべての属性を記憶していたことを示している。

さらに，ダイアモンド（Diamond, 1985）は A-not-B error（乳児に対して対象

物を何回かある場所Aに隠して見せ，次に見ている前で別の場所Bに対象を隠すと，もとの場所Aを探しにいくという間違い）が対象を隠してからの遅延時間にして，7.5カ月児で1秒以内，8カ月児で3秒，9カ月児で6秒，10カ月児で8秒，12カ月児で10秒で生じることを示している。これは，年齢によってワーキングメモリの保持時間が延びることを表している。第2節の「注意機能の初期発達」の項で示した，ギルモアとジョンソンの実験でも，6カ月児は左右の一方へ目標刺激の出現予想を行わせると，5秒程度の中断時間があっても予測位置と同じところへの選好を示したことから，6カ月児でのワーキングメモリの保持時間は少なくとも5秒はあるといえる（Gilmore & Johnson, 1995）。

(2) 幼児の記憶

3歳児以降になると言語による応答が十分に可能になるため，乳児に比べて記憶の内容を明らかにすることが可能となる。ブラウンとスコット（Brown & Scott, 1971）は，3～5歳児に対して，人，動物，野外の場面や物，家庭内の場面や物といった4つのカテゴリーから抽出されたさまざまな物や場面の絵のセットを，44枚は2回，12枚は1回だけ見せ，計100枚の絵を見せた。その中の2回見せる絵は，0，5，10，25，50枚のいずれかの間隔が開けられて2枚目を見せられ，見た絵かどうかについて答える再認課題が行われた。このとき，幼児は以前に見た絵なら「はい」と答え，はじめて見た絵の場合なら「いいえ」と答えさせた。その結果，試行の98％で幼児は正確な再認記憶を示し，見せる間隔による再認の正確さの違いは見られず，さらに1，2，7，28日後に行われた長期保持テストでも比較的良好な記憶成績が見られた。28日後でも，2回見た絵の場合で78％，1回のみ見た絵の場合で56％の再認成績であった。このような再認記憶の成績は成人と比べてもそれほど大きな違いがあるわけではない。

一方，数や文字の系列を読み上げて直後再生することのできる系列の長さ「記憶スパン」では，7±2といわれる成人の記憶スパン（Miller, 1956）に到達するようになるには生後10年ほどがかかり，それは数系列でも文字系列でも同様であるとされる（Dempster, 1981）。このような記憶スパンの増加には，認知発達によりワーキングメモリの保持容量の増加するという考え方（Pascual-Leone, 1970）と，認知発達に伴って個々の処理が効率化されることで一度に扱える情報量が増加するためという考え方（Case, 1985）とがある。

| FIGURE | 15-9 ● 乳児がカテゴリー化をしているかをたしかめるために用いられた刺激 |

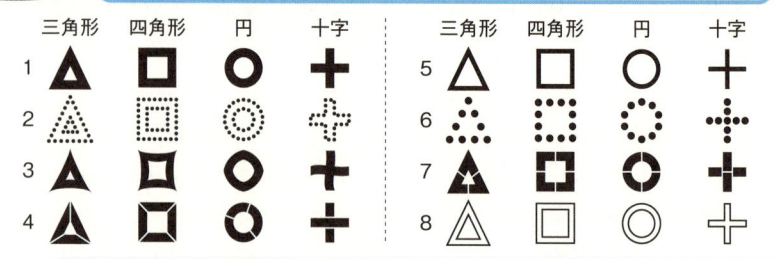

	三角形	四角形	円	十字		三角形	四角形	円	十字
1	▲	■	●	✚	5	△	□	○	✜
2	⋮▲⋮	⋮■⋮	⋮●⋮	⋮✚⋮	6	⋮△⋮	⋮□⋮	⋮○⋮	⋮✜⋮
3	▲	■	●	✚	7	▲	■	●	✚
4	▲	■	●	✚	8	△	□	○	✚

三角形か四角形かといった形態だけでなく，3〜4カ月児が，線の種類や，途中で切れ目があるかどうか，直線か曲線か，といった特徴をもとにカテゴリー化を行っていることが明らかになっている。

（出典） Slater & Morison, 1987 より作成。

カテゴリー化の発達

われわれはさまざまな事物について概念を形成し，そのものの本質的な特徴を理解しようとしている。そのための方法としてカテゴリー化を行う（第8章参照）。外界をいくつものまとまりに分類して整理するとともに，新奇な対象についても属性や特徴をもとにして，カテゴリーをもとにその対象の特徴について理解することができるようになる。カテゴリー化は，知識獲得と知識の運用の双方に重要な役割を果たす認知機能である。

では，その初期発達はどのようになっているのであろうか。ボーンスタイン（Bornstein, 1978）は3，4カ月児を，ある標準となる色の波長に馴化させ，等しい波長で隔たった2つの異なる色（1つは大人では同じ色カテゴリーに属し，もう1つは異なるカテゴリーに属する）に対して，異なるカテゴリーに属する方に脱馴化を示すことから，色のカテゴリー知覚を示しているとした。また，エイマスら（Eimas et al., 1971）は，1カ月児が音声をカテゴリー的に知覚していることを示している。

さらに，スレイターら（Slater & Morison, 1987）は，3カ月児と5カ月児に対して，馴化－脱馴化法を用いて，図15-9に見られるような，線のカテゴリー（太線か点線か小円か）などいくつかの特定の規則によって成り立つ三角形や四角形，円，十字などの形態をそれぞれ提示して馴化を起こさせ，その後それ

までに提示されていない三角形パターンを提示すると、乳児は同じ形態であっても新たなカテゴリーに属するパターンをより注視することから、乳児が早期の段階からカテゴリー化してパターン認知していることを示した。また、エイマスら (Eimas & Quinn, 1994) は3, 4カ月児に動物のカラー写真を用いて、ウマに馴化するとネコ、シマウマ、キリンのいずれをも区別したが、ネコに馴化するとウマ、トラは区別するがメスのライオンは区別しなかったと報告している。しかし、6, 7カ月児ではライオンはネコとは区別されるようになる。このように、乳児は発達の早い段階で物理情報や特徴的情報だけでなく、概念とでもいうべき対象間の共通性に基づいてカテゴリー化を行っていると考えられている。さらに、6カ月児が顔を男女にカテゴリー化できることも示されている (Fagan & Singer, 1979)。

　カテゴリー化は記憶方略の1つとして重要になる。頭の中の情報を短期記憶から長期記憶へと定着させるには、維持リハーサルや精緻化リハーサル、体制化などの方略を用いる。児童期以前では記憶方略として維持リハーサルが中心であるが、10歳頃になると同じカテゴリーに属するものをまとめて覚えようとするなど、カテゴリー化が体制化の1つとなっていく (Kail, 1990)。また、ある記述が「島」を表しているかどうかを判断する際に、9歳児は5歳児に比べて、島から連想されるイメージや関連しそうな情報よりも、周囲を海によって囲まれているなどの定義的特徴をもとにして判断する傾向があるなど、基準をもとにした表象が見られるようになる (Keil & Batterman, 1984)。

因果性の発達

　ある人が走っている途中でもっていたボールを手から離すと、そのボールはどのように落下するであろうか。図15-10のBの3つの選択肢のうち、手を離した地点より前方に落ちるか、手の真下に落ちるか、あるいは手の後方に落ちるかについて考えてみよう。大学生に回答を求めてみても、多くは「前方に落ちる」という正解を答えることができない。実際、慣性によってボールは前に進もうとするが、同時に重力に影響されてボールは放物線を描きながら前方に落下する。このことは慣性の法則として中学校や高等学校の物理で学んでいるにもかかわらず、子どもに限らず多くの人は、ボールは真下か後方に落ちると答える。このように、学校教育や書籍などによって体系的に学んだものではなく（あるいは「にもかかわらず」）、日常経験を通じて獲得される知識のまとまりのことは、素朴

| FIGURE | 15-10 ● ボールの落下問題 |

A. 手を離すとボールはどこに落ちるか

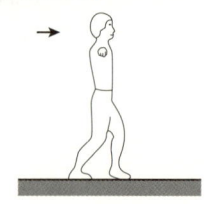

B. 解答のパターン

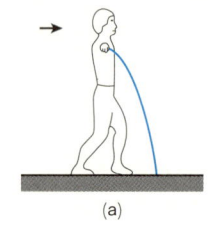

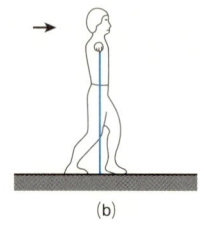

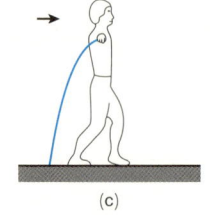

(a)　　(b)　　(c)

走っている人がボールを落としたとすると、落とされたボールはどのように落ちるだろうか。

（出典）McCloskey et al., 1983 を改変。

理論（naive theory）もしくは素朴概念（naive concept）とよばれている。私たちの知識は、重いものは速く落下するというような簡単な誤概念を含め、科学的な誤概念にあふれている。素朴理論に限らず、私たちの外界に関する知識の中には、原因と結果という因果によって構成されるものも多い。

　外界に関する知識獲得において、因果性（causality）の理解は非常に重要である。因果性の知識獲得については、衝突する、押す、支える、落下するなどの物理的世界の理解を伴う。ベイヤールジョンとグラバー（Baillargeon & Graber, 1987）による実験では、5.5 カ月児がウサギが壁の後ろを通過する事象で馴化し、脱馴化試行で一部が除かれている壁の後ろを通過しウサギの背の高さによって壁の低い部分でウサギが見えたり、見えなかったりする映像を提示すると（図 15-11）、不可能な事象に対しては注視時間が長くなり、乳児が刺激のウサギの背の高さと壁の高さとの空間関係を理解していることを示した。また、ベイヤールジョン（Baillargeon, 1995）は、3 カ月児は中空で放されたとき

FIGURE 15-11 ● ベイヤールジョンらの実験

A. 馴化場面
背の低いウサギ条件
背の高いウサギ条件

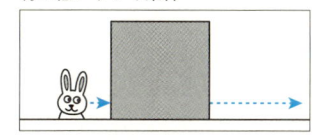

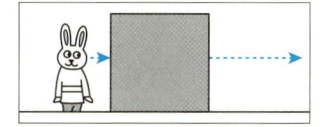

B. テスト場面
起こりうる出来事
起こりえない出来事

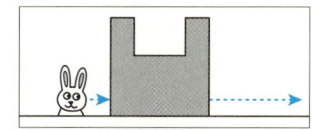

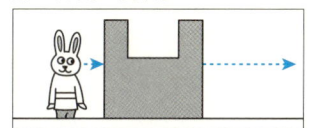

> 背の低い，あるいは背の高いウサギが壁の背後を通過する刺激で馴化したとき，テスト試行では壁の一部分が取り除かれ，背の高さによっては壁の一部からウサギが見えるはずだが見えない事象においてのみ脱馴化が起きる。

（出典）Baillargeon & Graber, 1987 より作成。

に対象物が落下すること，4.5 カ月児では対象物とその支持物とにどのような接触の仕方が必要かを認識し，6.5 カ月児では対象と支持物との接地量を認識するという。

スペルキ（Spelke, 1991, 1994）は，6 カ月児に対して，ある対象物が遮蔽物の背後に入り，別の対象物が反対側から現れるという事態で馴化した後，遮蔽物なしで最初の対象が別の対象に接触して押し出されるという刺激に対しては脱馴化せず，2 つの対象物が接触することなく 2 つ目の対象物が移動を始める刺激に脱馴化を示したことから，6 カ月児は対象物が接触による力学的因果関係を理解していることを示している。

数量認知能力の発達　数概念や数量認知能力の発達は，かつてピアジェが研究を行ったこともあり，比較的古くからさまざまな研究が行われてきた。数は抽象的な概念であり，その獲得はそれほど容易ではないことは，小学生の頃の算数の時間を思い出せばわかるであろう。

第 15 章　認知発達

FIGURE 15-12 乳児における足し算と引き算の認知を調べるための実験

A.「1＋1＝1 あるいは 2」の条件の流れ
① ケースの中にものがおかれる
② ついたてが上がる
③ 第 2 のものが加えられる
④ 手には何もない

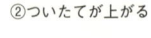

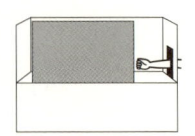

(a) 次に起こりうる結果
⑤ ついたてがとられる
ものが 2 つ現れる

(b) もしくは起こりえない結果
⑤ ついたてがとられる
ものが 1 つ現れる

B.「2－1＝1 あるいは 2」の条件の流れ
① ケースの中にものがおかれる
② ついたてが上がる
③ 何ももっていない手が入る
④ ものが 1 つとられる

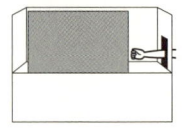

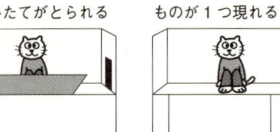

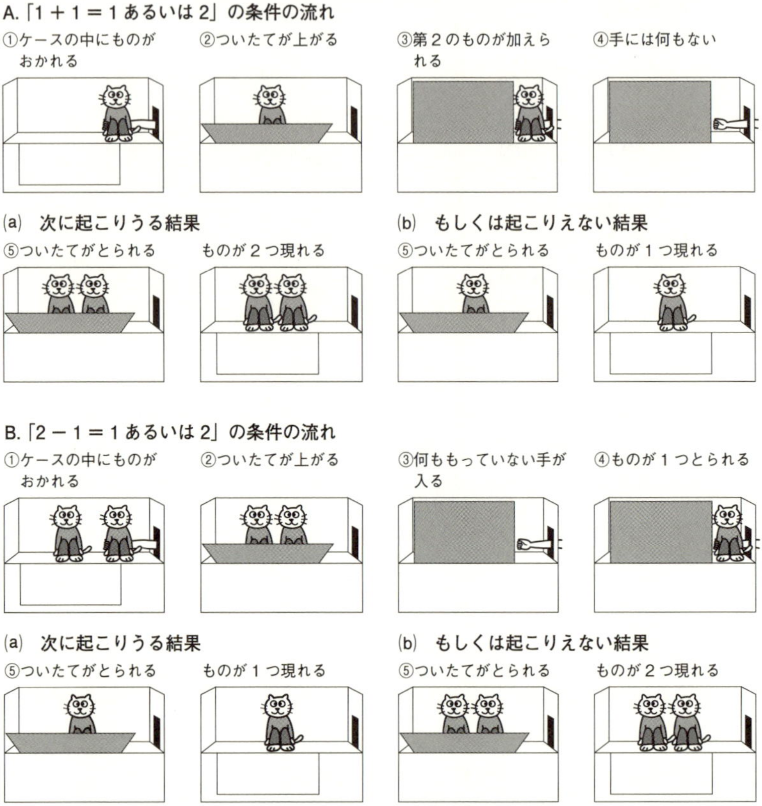

(a) 次に起こりうる結果
⑤ ついたてがとられる
ものが 1 つ現れる

(b) もしくは起こりえない結果
⑤ ついたてがとられる
ものが 2 つ現れる

> 言語能力が未発達な乳児でも，視覚的に刺激を提示し，対象の因果性の認知を検討することで数量認知の発達が明らかになる。

（出典） Wynn, 2002 より作成。

(1) 数量認知の初期発達

　数量認知の初期発達を 5 カ月児を対象にしたウィン（Wynn, 1992）の研究をもとに見てみよう（図 15-12）。「1＋1」の場合（図の A），まず 1 つの人形をケースの中に提示し，ついたてで人形を隠す。次に 2 つ目の人形をついたての後ろに加える。そして人形をおいて手には何もないことを見せる。そこでついた

てを取り除く。そのとき，人形が1つしかない映像と人形が2つある映像に対する注視時間を比較すると，1つの人形のみが提示される場合の方が注視時間がより長いことが示された。また，「2−1」(図のB)では人形が2つある映像に対する注視時間が長かった。つまり，不可能事象が新奇事象として認識されたということを示しており，1つにもう1つを追加すれば2つになる，さらに2つから1つを取り除くと1つになるという数の因果的理解が5カ月児においてすでに見られるということが知られている。

(2) 幼児期のカウンティング能力

幼児期になると，数の簡単な比較（どちらが多いか）や数を数えることができるようになる。数詞をいうことができるだけでなく，数を数え上げることをカウンティング（counting）とよび，ゲルマンとガリステル（Gelman & Gallistel, 1978）は，カウンティングに必要な原理を以下のように5つ挙げている。

① 1対1対応の原理：物と数詞を1つずつ対応させ，物を数えるときに1つの要素には1つの数詞しか用いないということ。
② 安定順序の原理：用いられる数詞が，1→2→3……というように安定した一定の順序性をもつこと。
③ 基数の原理：数え上げた最後の数詞が，その全体の数を表すということ。
④ 抽象の原理：数える対象の大きさや形などの特徴に関係なく，どのような物でも1つの物が数の1個に相当すること。
⑤ 順序無関係の原理：数えるときには，右からでも左からでもどこから数え始めようとも全体を正しく理解して数えること。

これらのうち，①〜③の原理が理解されるようになればカウンティングは可能になるとされる。このような原理の獲得を通して，カウンティング能力は発達するが，①〜③の3つの原理すべてを用いたカウンティング課題では，数えるべき対象が多くなると難しくなり，また3歳から5歳になるにつれてその能力が急速に発達することが知られている。

BOOK GUIDE　●文献案内

山口真美・金沢創（2008）『赤ちゃんの視覚と心の発達』東京大学出版会
　●乳児期の視覚の発達について，色や形態，動きなどの視覚機能の発達の諸側面について網羅してあるばかりでなく，脳の発達との関わりについてまとめてある充実したテキストである。

トマセロ，M.／辻幸夫・野村益寛・出原健一・菅井三実・鍋島弘治朗・森吉直子訳（2008）『ことばをつくる——言語習得の認知言語学的アプローチ』慶應義塾大学出版会
　●本章で扱うことができなかった言語獲得については，本書を参考にされたい。認知言語学や発達心理学，比較認知科学の知見をもとに子どもの言語習得についてまとめてある。認知言語学のテキストとしても充実している。

ゴスワミ，U.／岩男卓実・上淵寿・古池若葉・富山尚子・中島伸子訳（2003）『子どもの認知発達』新曜社
　●おもに乳幼児期の認知発達に関するテキストであるが，特に記憶や思考（概念獲得や推論）に関する紹介が充実している。

Chapter 15 ● 練習問題　　　　　　　　　　　　　　　　　EXERCISE

❶ 赤ちゃんに「いないいないバー」をすると，喜ぶのはどうしてだろうか。その理由について考えてみよう。

❷ 赤ちゃんの指しゃぶり行動の形成は，「循環反応」によるものだといわれることがある。この「循環」の意味を考えてみよう。

❸ 認知機能のさまざまな側面は，遺伝と環境の双方の相互作用によって形成される。しかし，遺伝的要因が強いとされるもの，環境の要因が強いとされるものもある。遺伝的要因が強いと思うもの，環境の要因が強いと思うものをそれぞれ挙げ，他の人に意見を聞いてみよう。

HINT●p.463

● 川畑秀明

第16章 社会的認知

人が織りなす世界のとらえ方

歴代首相をイラスト化した作品
(2010年5月末現在。イラスト：小河原智子)

CHAPTER 16

- KEYWORD
- FIGURE
- TABLE
- TOPICS
- BOOK GUIDE
- EXERCISE

INTRODUCTION

　社会生活の基本は対人関係である。他者の感情，欲求，意図あるいは態度や性格，能力などを理解せずに社会生活を営むことは不可能に近い。私たちは，表情や動作から相手の感情や意図を把握し，観察した行為から相手の態度や性格を推測する。未知の人物についても，わずかな情報を与えられただけで，かなり広範な印象，人物像を作り上げる。所属集団，職業，出身地，容貌あるいは血液型でさえ他者の心理的特質を判断する手がかりとされる。本章では，印象形成，帰属過程，ステレオタイプなど人を対象とする認知に関わる問題についての従来の研究と最近の社会的認知研究の成果を概観する。

> **KEYWORD**
>
> ニュールック心理学　印象形成　統制処理　自動処理　二重処理モデル　連続体モデル　帰属理論　共変動モデル　異常条件焦点モデル　因果図式モデル　割引原理　割増原理　対応推論理論　自発的特性推論　対応バイアス　自己奉仕的バイアス　セルフ・ハンディキャッピング方略　ステレオタイプ　同化効果　対比効果　内集団　外集団　社会的アイデンティティ　錯誤相関　簿記モデル　転向モデル　分離モデル　リバウンド効果　ステレオタイプ・コンテント・モデル

SECTION 1　社会的認知とは何か

　社会的認知研究は，人がいかにして他者や自分を理解するかに関わっている。人は，認知の主体であると同時に客体でもあり，静的ではなく動的，受動的ではなく能動的な存在であり，事物に比べるとはるかに複雑な認知対象となる。性格や能力といった人の資質は，直接に観察できるものではなく，推測されるものであり，それが正確かどうかを決めること自体が難しい。

　このような人の心理的特質の把握に関わる問題は，従来，「対人知覚」(person perception) の研究課題とされてきた。日本語では「対人知覚」よりも「対人認知」と称されることの方が多かったが，さらに事物の知覚が主体側の欲求，期待，価値，態度などによって影響されることに焦点をあてた 1940 年代後半からのニュールック心理学 (new look psychology) の研究成果も含めて，「社会的知覚」(social perception) と称されることもあった。しかし，1970 年代後半以降，心理学における認知革命の影響を受けて，認知科学や認知心理学の分野で発展してきた概念やモデル，情報処理的な視点を社会心理学に導入しようとする動きが活発化するとともに，「社会的認知」(social cognition) という呼称が広く使われようになった。

　社会的認知とは，特定の研究領域ではなく，社会心理学における情報処理的アプローチを基礎とした新しい研究パラダイムを指す，という指摘もある (Hamilton et al., 1994)。たしかに，社会的認知研究は近年，とみに活況を呈しており，従来の対人知覚（認知）研究よりも領域を拡張しているが，印象形成，

帰属過程，ステレオタイプなど人を対象とする認知に関わる問題が中心的研究課題となっている点に変わりはない。本章では，これらの研究領域における従来の研究成果と新たな研究動向について概説したい。

SECTION 2　印象形成

　未知の人物であっても，性格，容姿，職業，出身地などに関する簡単な情報を伝え聞いただけで，ある程度明確な輪郭をもった人物像が思い浮かぶ。こうした**印象形成**（impression formation）の研究に先鞭をつけたアッシュ（Asch, 1946）は，いくつかの断片的情報に基づいて形成される全体的印象は，まとまりや広がりをもったものであり，それは個々の情報に還元して説明しうるものではない，ということを一連の実験を通じて例証している。いくつかの特性形容詞を並べて刺激として提示するというアッシュの手続きは，その後の多くの研究に踏襲されているが，アンダーソンを中心とする1960年代以降の研究は，アッシュが否定した代数モデルを印象形成の過程に適用する方向に展開してきた（Anderson, 1981）。さらに1980年代以降は，こうした架空の状況ではなく，現実場面で特定の人物の印象が形成される状況を想定して，そこでの情報処理過程をモデル化する動きが顕在化している。こうした研究の流れを概観してみよう。

アッシュの古典的実験

　いくつかの特性形容詞を次々と読み上げて，そこから思い浮かぶ人物像を実験参加者がみずからの言葉で自由に記述した後で，与えられた形容詞チェックリストで印象評定を行う。こうした手続きによる10種類の実験を通じてアッシュ（Asch, 1946）は，例えば「温かい」「冷たい」のように印象に大きく寄与する中心的特性と「礼儀正しい」「無愛想」のように影響力の弱い周辺的特性が存在すること，人物を記述するのに「温かい」という特性を用いなくとも，他の特性からその人物が「温かい」と推測されれば，それが刺激として与えられた場合と同様の印象が形成されること，同じ特性を組み合わせて人物を記述する場合，その提示順序を変えるだけで異なる印象が形成されることなどを明らかにし，「個々の情報に基づく印象が寄せ集まって全体的印象ができるのではない」という主張

をさまざまな角度から裏づけたのである。

アンダーソンの情報統合理論

印象の構造や内容を問題とせず，好ましさといった特定の次元に限定すれば，その次元での個々の特性の尺度値（好ましさ）から，それに基づく印象判断（対象人物の好ましさ）を予測できるのではないか。こうした観点から代数モデルを印象形成の過程に適用しようとする動きが1960年代に活性化した。その中心的役割を担ったのがアンダーソン（Anderson, 1981）の情報統合理論である。個々の特性の好ましさが加算される形で印象の好ましさが決まるのか（加算モデル），あるいは平均化されるのか（平均モデル）といった論争から出発し，最終的にアンダーソンは加重平均モデルを採用する。極端な値をもつ特性（非常に好ましい，非常に好ましくない）に同方向の中庸な値をもつ特性（やや好ましい，やや好ましくない）を加えると印象判断が極性化するのではなく，中立化することから平均モデルを支持し，さらに尺度値だけでなく，各特性の重要度（重み）などを導入してモデルを修正していったのである。

対人情報処理モデル

アッシュやアンダーソンは，判断対象となる人物の個々の特性を積み上げる形で印象が作られることを想定しているが，実際には相手の容貌や性別，年齢，職業，所属集団などを手がかりに瞬時に印象判断がなされることが多い。人は，次々と変化する複雑な環境に対応するために，注意を払って意識的に行う統制処理（controlled processing）と注意を払わず無意識に行う自動処理（automatic processing）を使い分けるという考え方を援用して（第4章参照），1980年代以降は対人情報処理という視点から印象形成過程をモデル化しようとする動きが顕在化している。他者に関する個別の情報を精査して統合するようなボトムアップ過程と社会的カテゴリーに関する既存の知識を適用して他者を判断するようなトップダウン過程が区別され，いずれの過程が優位となるかは，1つには他者との関係に依存することが提唱されているのである。その代表として，ここではブルーワー（Brewer, 1988）が提示した二重処理モデル（dual processing model）とフィスクとニューバーグ（Fiske & Neuberg, 1990）による連続体モデルの2つのモデルを取り上げることにする。

(1) 二重処理モデル

このモデルでは（図16-1），新たな人物と出会うと，まず性別，年齢，人種

FIGURE 16-1 ● 対人認知の二重処理モデル

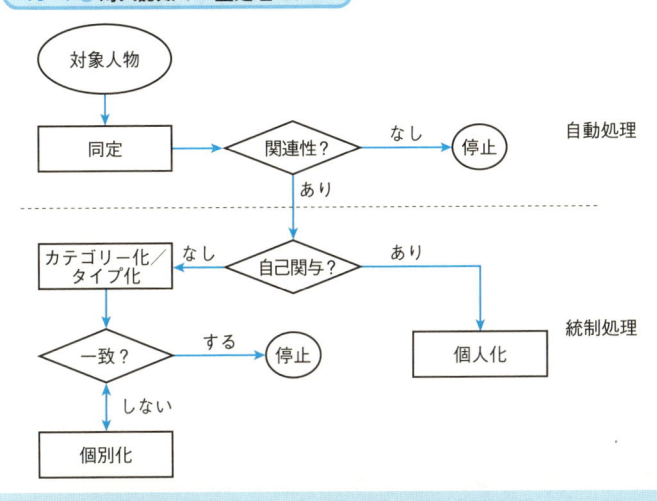

```
            対象人物
              ↓
    同定 → 関連性？ ─なし→ 停止        自動処理
              ↓あり
─ ─ ─ ─ ─ ─ ─ ─ ─ ─ ─ ─ ─ ─ ─ ─ ─ ─ ─
  カテゴリー化／  なし
  タイプ化   ←──── 自己関与？ ─あり→
     ↓                              ↓    統制処理
   一致？ ─する→ 停止              個人化
     ↓しない
   個別化
```

ここでは自己関与の有無によって個人依存型処理（個人化）とカテゴリー依存型処理（個別化）という2つの異質な処理過程が行われることを想定している。

（出典） Brewer, 1988 を改変。

といった原初的なカテゴリー属性が即座に同定され，相手が現在の自分の要求や目標と関連性があるかどうかを，あまり意識せずに自動処理する段階を設定している。そこで何らかの関連性が認められた場合には，次の統制処理の段階に進むことになるが，その際に自己関与の程度によって情報処理の様式が異なってくる。すなわち自己関与が高いときには，その人物の個人的特徴を吟味する「個人依存型処理」，低いときには，その人物を特定の社会的カテゴリーの一員としてとらえようとする「カテゴリー依存型処理」という具合に2つの異質な処理過程を想定している点がブルーワーのモデルの特徴となっている。

カテゴリー依存型処理で用いられる社会的カテゴリーには，例えば「学者」「心理学者」「教育熱心な若い女性心理学者」など抽象度の異なるさまざまなレベルが存在し，その人物と特定のカテゴリーの特徴が一致するまでカテゴリー内容を「個別化」(individuation) する形でトップダウン的処理が継続する。す

なわち，その人物をとらえるための社会的カテゴリーとの照合がなされ，特徴が一致すればそのカテゴリーの一員として表象されるが，不一致の場合は，そのカテゴリーの特殊例と見なしたり，同じような特徴をもつ人物をまとめてサブタイプを形成するなど下位カテゴリーとして位置づけようとする試みが繰り返されるわけである。一方，個人依存型処理では，その人物に関する個々の情報がボトムアップ的に統合して「個人化」(personalization) されることになるが，そこでは個人が属する社会的カテゴリーは，その人がもつ多くの属性の1つとして扱われる。例えば心理学の授業の受講者にとって教壇の人物Aは「心理学者」というカテゴリーに従属し，心理学者の表象の一部となるかもしれないが（カテゴリー依存型処理），Aと交際する可能性のある人にとって「心理学者」という職業は，特定の人物表象の一部として，その人物に従属する属性としてとらえられることになる（個人依存型処理）。

(2) 連続体モデル

フィスクらの連続体モデル (continuum model) では（図 16-2），判断対象となる人物と出会った際に，まず「初期カテゴリー化」(initial categorization) が生じ，何らかのカテゴリー依存型の処理がなされることを想定している。その人物に対する多少の関心，関連性を感じた場合には，その特徴に注意が払われて「確証的カテゴリー化」(confirmatory categorization) の段階に進む。ここで活性化されたカテゴリーとの照合がなされ，それが人物の特徴と一致すれば，そのカテゴリーに基づく判断や評価がなされる。一致しない場合には，「再カテゴリー化」(recategorization) の段階へ進み，別のカテゴリーとの照合が試みられる。ここでの照合に成功すれば，やはりカテゴリー依存型の処理がなされるが，それは当初よりも複雑なものとなり，複数のカテゴリーに依存した処理やサブタイプ化したカテゴリーなどが用いられる。それでも当該の人物を特定のカテゴリーにあてはめることができない場合には，個人的属性を1つひとつ吟味しながらボトムアップ的に統合する「ピースミール統合」(piecemeal integration) の段階に至る。

フィスクらは，社会集団に関する既有の知識に限定したブルーワーよりも広義にカテゴリーを解釈しているが，ここでのピースミール統合は，ブルーワーの個人依存型処理に該当する。すなわちフィスクらのモデルでは，カテゴリー依存型の処理から出発して，そのカテゴリーをさらに細分化してピースミール

FIGURE 16-2 ● 印象形成の連続体モデル

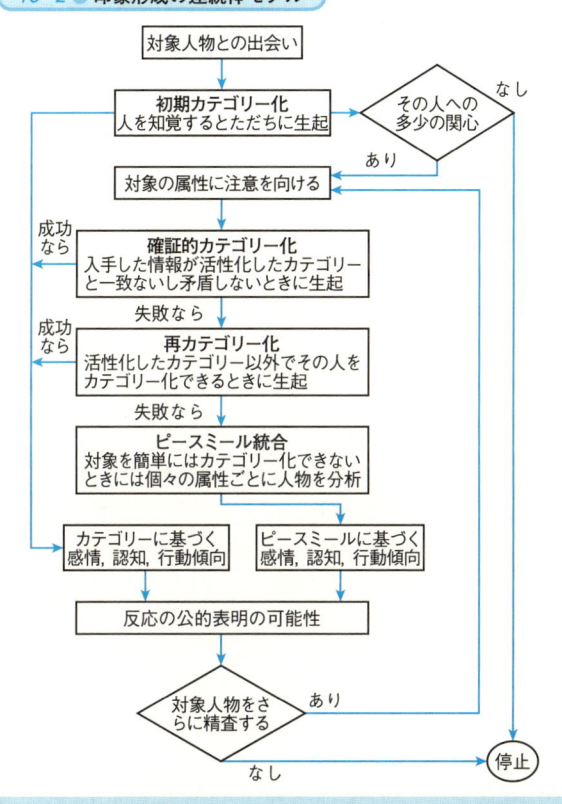

```
                    対象人物との出会い
                            ↓
          ┌──→ 初期カテゴリー化 ──→ ◇ その人への ── なし ──┐
          │    人を知覚するとただちに生起    多少の関心      │
          │                          あり                   │
          │                            ↓                    │
          │    ┌──→ 対象の属性に注意を向ける ←──────┐    │
          │    │       ↓                                │    │
   成功   │    │   確証的カテゴリー化                   │    │
   なら ←─┤    │   入手した情報が活性化したカテゴリー   │    │
          │    │   と一致ないし矛盾しないときに生起     │    │
          │    │       ↓ 失敗なら                        │    │
   成功   │    │   再カテゴリー化                       │    │
   なら ←─┤    │   活性化したカテゴリー以外でその人を   │    │
          │    │   カテゴリー化できるときに生起          │    │
          │    │       ↓ 失敗なら                        │    │
          │    │   ピースミール統合                      │    │
          │    │   対象を簡単にはカテゴリー化できない    │    │
          │    │   ときには個々の属性ごとに人物を分析    │    │
          │    │       ↓                                 │    │
          │  カテゴリーに基づく    ピースミールに基づく   │    │
          │  感情,認知,行動傾向    感情,認知,行動傾向    │    │
          │          ↓                                    │    │
          │      反応の公的表明の可能性                   │    │
          │          ↓                                    │    │
          └──── ◇ 対象人物を ── あり ───────────────┘    │
                 さらに精査する                                │
                     ↓ なし                                   │
                    停止 ←─────────────────────────────────┘
```

> ここでは最終的な印象は，カテゴリー依存型の処理から出発してピースミール統合に至る連続体のどこかに位置づけられる形で決着することを想定している。

(出典) Fiske & Neuberg, 1990.

統合に至る連続体を想定し，必要に応じて上述の過程を繰り返し，最終的な印象は，この連続体のどこかに位置づけられる形で決着すると考えているのである。ブルーワーが2つの処理様式のいずれが選択されるかによって表象のタイプが異なるとしているのに対して，フィスクらは対象の個人的属性に注意を払う形の処理様式が優勢になるにつれて同じタイプの表象がより精緻化すると考

第16章　社会的認知　393

えていることになる。なお，フィスクらは，段階移行の条件として，上述したカテゴリーとの一致度のほかに，相手を理解しようとする動機の強さを考慮しており，対象人物が重要な存在になるほど個人的属性に注意を払い，詳細な情報処理をする傾向が強まるとしている点はブルーワーと共通している。

SECTION 3 帰属過程

　印象形成のモデルでは十分に考慮されていないが，他者に関するさまざま判断は，どのような状況でいかなることをしたか，といった他者の言動の観察に基づくことが多い。私たちが直接に観察しうるのは，いずれも表層的事象にすぎず，それは一時的なもので容易に変動してしまう。したがって，予測可能な世界を現出するには，そうした事象を背後の安定した資質的特質（dispositional properties）に対応づけて理解する必要が生じる。人は「なぜそのような行為をしたのか」「なぜそのような結果が生じたのか」という形で自分が目にしたことの理由や原因を探ろうとする。例えば級友が授業をサボったことを「怠け者」という資質のせいにすれば，別の状況での級友の行動を予測しやすくなるし，その行為の原因を「単位が足りているから」「部活で忙しいから」など他に帰属した場合とは，行為自体の意味合いも級友の印象も大きく異なってくるはずである。

　こうした原因帰属という視点が**帰属理論**（attribution theory）の基盤となるが，それは対人関係のさまざまな局面で人々が示す洞察を「常識心理学」として体系化しようとしたハイダー（Heider, 1958）の『対人関係の心理学』に端を発している。この著作の後半では「認知的均衡」の概念が扱われており，その部分が「均衡理論」（balance theory）として1960年代に脚光を浴び，帰属過程に関する考察は，原因定位に関するケリーのモデル（Kelley, 1967）やジョーンズとデーヴィスの対応推論理論（Jones & Davis, 1965）による定式化を経て，1970年代になって多様な帰属研究が一気に開花することになる。それはまた1980年代以降の社会的認知研究の興隆の導火線となり，さらには第17章で取り上げる文化心理学とよばれる新たなアプローチを生み出す1つのきっかけともなったのである。

原因の定位　人の行為や結果は，行為者側の力と環境側の力の相互作用によって決定するとして，そのいずれに原因を帰するかによって，その事象のもつ意味合いは大きく異なってくる。帰属理論では，観察された事象の原因を行為者側に求める場合を「内部（internal）帰属」，行為者を取り巻く状況や行為の対象などに求める場合を「外部（external）帰属」として区別する。例えば課題達成の成功や失敗という事象に関してワイナー（Weiner, 1974）は「能力」「努力」「課題の難易度」「運」の4つの原因を取り上げているが（表16-1），前の2つは行為者側の内部要因，後の2つは外部要因として位置づけられる。ここでは「内部—外部」という基本次元（統制の位置）のほかに，安定性の次元が考慮されており，「能力」と「課題の難易度」は安定した資質的特質，「努力」と「運」は容易に変動する不安定な要因とされている。

(1) 共変動モデル

それでは私たちは，観察した事象の原因をどのようにして定位しているのだろうか。この点に関してケリー（Kelley, 1967）は「その事象が生じるときには存在し，生じないときには存在しない，すなわち事象とともに変動する要因を原因と見なす」という単純な原理に基づく共変動モデル（covariation model）を提示している。具体的には，①特異性（distinctiveness）：その対象への行為者の反応は，他の対象への反応と異なっているのか，②合意性（consensus）：他の人たちは，その対象に行為者と同じ反応を示すのか，③一貫性（consistency）：行為者は，その対象に別の状況でも同じ反応を繰り返すのか，といった3種類の情報を基準に原因を定位するという規範的モデルを提示しているのである。

TABLE 16-1　達成課題での成功—失敗の原因

安定性		統制の位置	
		内部	外部
安定性	安定	能力	課題の難易度
	不安定	努力	運

成功—失敗の原因として考えられる一般的要因を安定性（資質的特質か否か）と統制の位置（行為者内の要因か否か）の2つの次元で整理したもの。

（出典）　Weiner, 1974.

> **TABLE 16-2 ● 原因帰属の基準と情報のパターン**

		特異性	合意性	一貫性
外部	対象の特質	高	高	高
	状況	高	低	低
内部	状態			
	行為者の特質	低	低	高

特異性，合意性，一貫性の3つの基準のそれぞれが満たされるか（高），満たされないか（低）によって原因の帰属先が決定する。対象や行為者の特質は安定した資質的要因，状況や状態は不安定な要因として位置づけられる。

(出典) Orvis et al., 1975 を改変。

　例えば「Aという行為者がXという課題を達成できなかった」という事態が観察されたとして，上記の3つの基準がすべて満たされると，その原因を課題の難しさという対象の特質（外部要因）に帰属しやすくなる（表16-2）。すなわち，他の人たちもXを達成できず（合意性高），AはX以外の課題は達成したが（特異性高），何度試みてもXは達成できない（一貫性高）とすれば，Xが難しすぎると考えやすい。逆に，合意性，特異性が低く，一貫性が高い場合は，能力という行為者の特質（内部要因）に原因が帰属される。すなわち，A以外の人たちはXを達成しているが（合意性低），AはX以外の課題も達成できず（特異性低），何度もXの達成に失敗している（一貫性高）とすれば，Xが難しいのではなく，Aの能力の低さが原因と見なされる。このように課題の難易度，能力といった安定した資質的特質に原因を帰属するには，いずれも一貫性の基準が満たされる必要があり，一貫性が低い場合には，行為者の体調といった内部状態や作業環境といった外部状況などの変動要因，上述の図式でいえば努力や運といった不安定な要因に原因を求めることになる。オーヴィスら (Orvis et al., 1975) は，一貫性だけでなく，合意性も低く，また特異性が高い場合に，行為者のおかれた状況や状態に原因を求める傾向が強まるとしている。

　帰属先を決定する典型的なパターンが表16-2に示されていることになるが，すべての情報がそろわなければ帰属判断ができないというわけでは無論ない。この情報パターンを見ると，例えば特異性が「高」ではなく，「低」となって

いるのは，行為者の特質への帰属に限られていることがわかる。したがって，他の情報がなくとも特異性が低ければ行為者，合意性が高ければ対象，一貫性が低ければ状況（状態）という具合に帰属先がある程度自動的に決定することをオーヴィスらは示唆しているのである。一方，生起した事象の原因として通常とは異なる条件に焦点があたることを想定したヒルトンとスルゴスキー (Hilton & Slugoski, 1986) の異常条件焦点モデル (the abnormal conditions focus model) では，合意性の低さは他の人々と異なる反応を示した行為者，特異性の高さは他とは異なる反応を導いた刺激（対象），一貫性の低さはほかではない現前の状況を異常な条件として焦点化する傾向を導くとしている。このモデルでは，共変動に関する情報から異常な条件を特定できないときには，既存の知識を用いて異常な条件を同定することが想定されているが，期待通りの正常な事象が生起した場合には，それは帰属判断の対象とはならないことが同時に示唆されている。

(2) 因果図式モデル

共変動モデルが有効に機能するには，広範な情報が必要とされ，しかも行為者や行為の対象について事前の知識のないことが前提とされている。しかし，実際には，事前の知識に基づいて1回の観察から原因帰属の判断がなされることが多く，ケリー (Kelley, 1972) は，この場合には，因果関係に関する既存の判断枠組みが適用されるとしていくつかの因果図式モデル (causal schemata model) を提示している。ここでは，特定の事象が生起する原因が複数あるとして，そのいずれもが存在することを要件とする「必要条件型」(multiple necessary causes)，いずれか1つが存在すれば十分という「十分条件型」(multiple sufficient causes) の2つの因果図式について説明しよう（図16-3）。

前出の達成課題を例にとれば，困難な課題の達成には，高い能力だけでなく，多大な努力も必要という判断枠組み，すなわち必要条件型の因果図式が適用される。したがって，困難な課題が達成されると，行為者の能力と努力の両方が存在したことが自動的に推測される。一方，課題が容易であれば，そのどちらか一方があればよいという十分条件型の因果図式が作動し，行為者の能力が高いとすれば，たいして努力はしなかったという推察が生じ，逆に多大な努力をしたと知らされれば，行為者の能力は低く見積もられることになる。このように十分条件型の因果図式の場合には，特定の事象を生起させうる他の要因の存

FIGURE 16-3 ● 必要条件型および十分条件型の因果図式

A. 必要条件型

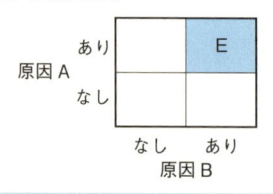

	なし	あり
原因A あり		E
原因A なし		

原因B

B. 十分条件型

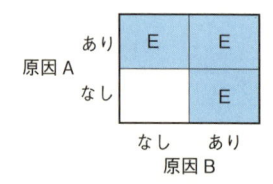

	なし	あり
原因A あり	E	E
原因A なし		E

原因B

必要条件型は，2つの原因がともに存在してはじめて結果（E）が生じる，十分条件型は，どちらか1つの原因さえあればその結果（E）が生じる，という認識の枠組みを表している。

在がわかると，当該の要因の因果的役割が割り引いて認知される傾向，すなわち割引原理（discounting principle）が適用されることになる。例えば愛情と資産の2つが結婚の要因だとして，そのどちらか一方が存在すればよいという十分条件型の因果図式が適用されれば，資産のない相手よりも資産家と結婚したときに，相手に対する愛情が割り引いて認知されることが予測される。

なお割引原理とは逆に，事象の生起を抑制する要因の存在が特定の要因の因果的役割を強く認識させることを割増原理（augmentation principle）とすることもある。周囲に祝福されるよりも，反対を押し切って結婚したときに相手に対する愛情が強いという認識が生じやすいし，容易な課題よりも困難な課題を達成したときに当事者の能力や努力が高く評価されることを割増原理で解釈することも可能である。

行為者の資質の推測

観察した事象の原因を何に帰するか，その判断基準をケリーが定式化しようとしたのに対して，ジョーンズとデーヴィス（Jones & Davis, 1965）は，観察した行為から行為者に独自の資質を推測する過程を対応推論理論（correspondent inference theory）として定式化した。最近では，観察した行動から瞬時に対応する特性を推論することを示す自発的特性推論（spontaneous trait inference）という見解も提唱されているが（Winter & Uleman, 1984），ここで古典的な対応推論理論とその後の展開を概観してみよう。

(1) 対応推論理論

　この理論では，観察した行為の結果（効果）から，そのいずれが意図されたかを推定し，それに基づいて行為者の態度や性格などの資質を推測する過程が想定されている。意図的でない行動や結果はすべて考察の範囲外としたうえでジョーンズらは，当該の行為が行為者の資質をどの程度反映しているかを「対応」(correspondence) という概念で表し，その規定条件を検討しているのである。まず，その状況で選択可能な複数の行為の中で，実際に選択された行為のみに伴う効果に注目し，そこから行為者の意図を推測することになるが，そうした「固有の効果」(non-common effects) の数が多いと，行為者が何を意図したかを特定するのが困難になる。また，ある行為に伴う効果が望ましいものであれば，誰もが同じような行為を選択することが予測されるので，意図の推測は容易だとしても，その行為から行為者に独自の資質を推測するのは難しくなる。このほかにも状況の拘束や役割など行為選択の自由に関わる要因も考慮されているが，ジョーンズらは，選択された行為に伴う固有の効果の数が少なく，そうした効果が誰でもが望むようなものではないときに，行為者の資質と行為の対応が最も高くなるとしているのである。

(2) 資質と行動の対応図式

　ジョーンズらが提示した対応の概念に関して，リーダーとブルーワー (Reeder & Brewer, 1979) は，判断対象となる資質の性質によって行動との対応図式が異なる可能性を考慮して図16-4に示す3種類のモデルを提示している。①性格特性が判断対象となる場合には，その次元で中庸な立場よりも両極近くに位置する者の方が，資質による行動の制約が大きくなる「部分的制約図式」が成立する（図のA）。例えば非常に友好的な人 (D^+) は，極端に非友好的な行動 (B^-) をとることができず，逆に非常に非友好的な人 (D^-) は，極端に友好的な行動 (B^+) をとることができない。しかし特に友好的でも非友好的でもない中庸な人 (D_0) は，資質による制約が弱く，状況に応じて幅広い行動をとることができる。したがって，この場合には，中立的な行動 (B_0) よりも，極端な行動 (B^+, B^-) の方が行為者の資質を明らかにしやすく，対応が高いと考えられる。②能力や技能に関しては，それに見合った行動しかとれないので，資質の高い者 (D_2) ほど行動の制約が弱く，資質が低下するにつれて行動選択の余地が減少する「階層的制約図式」が該当する（図のB）。したがって，

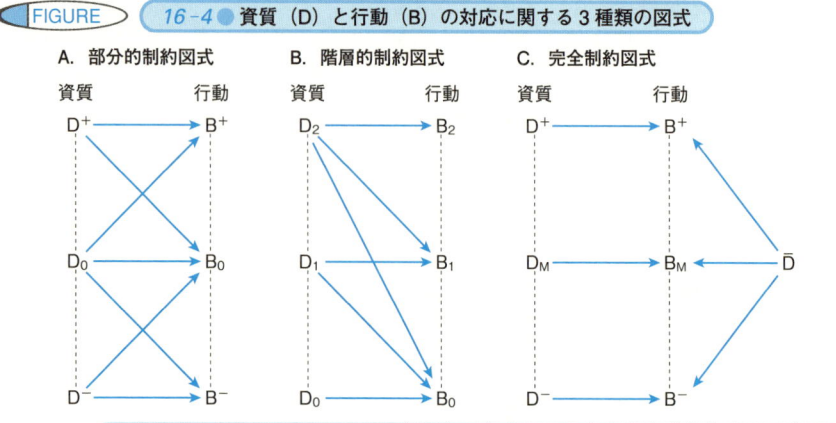

FIGURE 16-4 資質（D）と行動（B）の対応に関する3種類の図式

A. 部分的制約図式

資質	行動
D^+	B^+
D_0	B_0
D^-	B^-

B. 階層的制約図式

資質	行動
D_2	B_2
D_1	B_1
D_0	B_0

C. 完全制約図式

資質	行動
D^+	B^+
D_M	B_M
D^-	B^-
$\bar{D}$	

各図式における左側のDは資質の水準，右側のBは，それに該当する行動の水準，矢印は，それぞれの資質の水準によってとりうる行動の範囲を表す。

（出典）　Reeder & Brewer, 1979.

この場合には，高い技能や能力を要する行動（B_2）の方が，行為者の資質を明確にしやすく，高い対応を示すことになる。ただし，性格特性の中でも道徳性に関わるものには，部分的制約図式ではなく，階層的制約図式が該当する。例えば正直者は，不正直な行動をとれないが，詐欺師のような不正直者は，状況に応じて正直にも不正直にも振る舞えるので，不正直な行動ほど対応が高いという図式が成立する。③嗜好や個人的スタイルに関しては，資質によってほぼ完全に行動が制約される「完全制約図式」が適合する（図のC）。したがって，この場合には，安定した資質のない者のみが幅広い行動をとりうることになり，政治的信条を例にとると，保守（B^+），中道（B_M），革新（B^-）と多様な政治スタイルを示すような人は，保守一革新という次元に関して安定した資質をもたない（$\bar{D}$）と判断される結果となる。

(3) 対応推論の段階モデル

ジョーンズらは，まず行為の意図を同定して，次にそれに対応する行為者の資質を推測するという過程を想定していたが，最近では行動や状況に関する情報の段階的な処理過程をより詳細に記述した段階モデルがいくつか提出されて

いる。その代表例がトロープ（Trope, 1986）の2段階モデルとギルバート（Gilbert, 1998）の3段階モデルである。

トロープは，他者の行動を観察した場合，行動のみならず，その状況や行為者の過去情報を手がかりに，まず行動の意味を同定し，それから行為者の資質を推測するという2段階を設定している。行為の同定には自動処理，資質の推測には統制処理の過程が想定されているが，状況要因の効果は両段階で反対方向に作用することが示されている。例えばパーティーという状況は，その場での人の振る舞いを「友好的」と同定しやすくするが，そこから「友好的」な人だという推論を導くのはかえって困難になるというわけである。一方，ギルバートは，まず観察した行動をカテゴリー化して意味づけ，すぐにそれを対応する資質によって特徴づけ，その後で状況を考慮して修正を試みるという3段階を設定している。上述した自発的特性推論と同様に，ギルバートは最初の2段階までは，ほぼ自動的に処理されることを想定しており，最後の状況による修正のみを意識的な統制過程としてとらえている。例えばパーティーで出会った人の振る舞いを「友好的」と同定したうえで，「友好的」な人だと瞬時に判断するが，社交の場という状況を考慮して，その判断を後で補正する，という具合である。

観察した行動に対応する資質の推測が自動的になされるのか，あるいはトロープのように状況を考慮した統制的な推論過程としてとらえるべきか。対応推論の段階の生起順序は固定しているのか，あるいは複数の段階が同時並行的に処理される可能性を考慮すべきか。こうした議論が，現在も継続しているところである。

原因帰属のバイアス

ケリーやジョーンズらの規範的モデルでは，与えられた情報に基づいて合理的な判断を下す理想的な認知者が想定されている。しかし現実の帰属過程には，さまざまな誤りやバイアスが介在しており，その解明が最近の帰属研究の中心的課題の1つとなっている。

(1) 行為者と観察者の帰属傾向の違い

自身の行為の理由や原因に関する当事者の説明が周囲の人たちの解釈とずれるのは，しばしば経験されることである。この点に関して，一般に行為者は自身の行為の理由や原因を行為の対象や状況など外部要因に求めようとするのに

対して，観察者は行為者の資質といった内部要因を重視する，といった帰属傾向の違いが指摘されている。例えば誰かが人助けをするのを目撃した人（観察者）は，その人が「親切だから」と考えるのに対して，当事者（行為者）は，「相手が困っていたから」「他に誰もいなかったから」などと説明することが多いということである。こうした帰属傾向の違いについては，行為者と観察者の視点の違い（行為者の視線は外部に向けられるのに対して，観察者は他者の行為に注目する），情報量の違い（行為者について他に情報のない観察者は，観察した行為に依拠して行為者を判断する）による説明がなされてきたが，最近のメタ分析では（Malle, 2006），行為者と観察者の帰属傾向の違いは，それほど頑健なものではない可能性が示唆されている。

(2) 対応バイアス

周囲の状況の影響を十分に考慮せずに，行為者の資質の因果的役割を重視する観察者の帰属傾向は，きわめて根強いことから「基本的な帰属の誤り」（fundamental attribution error）とよばれてきた。最近では，行為者の資質との対応を過大視することから対応バイアス（correspondence bias）というよび方が定着してきたが，その原因としてギルバートら（Gilbert & Malone, 1995）は，前出の対応推論の3段階モデルをそれ以前の段階にまで拡張して次の4つの要因を取り上げている。①状況の制約は見えにくく，意識されないことが多い。②たとえ意識されても，その影響力が正当に評価されない。③観察された行動が状況に同化する形で過度にカテゴリー化される。④資質の推論は自動的に行われるが，その後の状況を考慮した修正には認知資源が必要であり，統制的な修正過程が十分に機能しないことがある。なお欧米の研究では，対応バイアスを支持する結果が多く報告されているが，日本をはじめとする東洋文化圏では，必ずしも明白なものとはなっておらず，この点に関する文化差が指摘されている（第17章参照）。

(3) 自己奉仕的バイアス

達成課題における成功や失敗など自己評価に直接結びつくような事態では，自分に都合がよいように因果関係の認知がゆがめられやすい。他者から非難されそうな行為，自分にとって不都合な結果は，その原因を外部要因に求めて自尊心の低下を防ぎ，他者から賞賛されるような行為，自分にとって都合のよい結果が生じた際には，それを自分自身に帰して自尊心を高めようとする。前者

は「自己防衛的帰属」（self-protective attribution），後者は「自己高揚的帰属」（self-enhancing attribution），両方をあわせて自己奉仕的バイアス（self-serving biases）とよんでいる。

　こうしたバイアスの存在は，欧米社会で広く容認されているが，それが常に表面化するとは限らない。例えば事前の期待に反する結果は，それが期待以上の成功であっても，期待外れの失敗であっても外部要因に帰属されやすいし，成功を期待しにくい状況では，不利な条件をみずからに課したり，故意に努力を怠って失敗したときの逃げ道をあらかじめ作り，自尊心の低下を予防するようなセルフ・ハンディキャッピング方略（self-handicapping strategy）が採用されることもある。そこで示される判断がホンネかタテマエかという点にも留意する必要があるが，少なくとも日本では「成功は周囲のおかげ，失敗は自分のせい」とした方が社会的に許容されやすく，実際に上記の自己奉仕的バイアスとは反対の傾向（自己批判的バイアス）が示されることが多い。このように欧米で自明視されてきた判断バイアスが，日本や他のアジア諸国であまり認められないことから，文化と心の相互構成過程を重視する文化心理学というアプローチの必要性が強く認識されるようになったのである（くわしくは第17章参照）。

SECTION 4　ステレオタイプと集団認知

　上述した印象形成のモデルでは，社会的カテゴリーに関する既存の知識に基づいて他者を判断するトップダウンの情報処理過程が導入されているが，当然，そこにはステレオタイプ（stereotype）の問題が深く関与している。ステレオタイプは，「大阪人はノリがよい」「政治家は腹黒い」「子どもは無邪気だ」など，特定の社会的カテゴリーや集団成員に一定の特徴を付与する認識枠組み，過度に一般化された信念ないし固定化されたイメージを表す。このようにステレオタイプを個人の信念体系としてとらえると，そこには複雑な情報を単純化して認知的負担を軽減する機能が想定されることになるが，それを一種の認知バイアスとしてとらえることもできる。こうした認知的アプローチが現在のステレオタイプ研究の主流をなしており，そこではステレオタイプの内容よりも認知的メカニズムの解明に重点がおかれ，社会的共有，合意性といったステレオタ

イプの特質への配慮を欠くきらいがある。

　一方，人種的偏見や差別との関連でステレオタイプを取り上げることが多かった初期の社会心理学的研究では，特定の人種や民族に対する支配的イメージ，ステレオタイプの内容を把握することに主眼がおかれており，そこでは個人を超えて共有される集合的な信念体系としてステレオタイプをとらえる姿勢が鮮明になっている。社会的態度の認知的側面がステレオタイプ，感情的側面が偏見，行動的側面が差別に該当するとして，その間にダイナミックな関係が想定されているのである。以下では，ステレオタイプ化の過程やステレオタイプの維持，変容に関わる認知過程に焦点をあてることになるが，最近の社会的認知研究では，ステレオタイプの共有過程や内容面にも注意を払う新たな動きが出現していることを指摘しておきたい。

ステレオタイプの形成過程

　他者とのコミュニケーションやメディア情報によってステレオタイプを直接的に学習することもあるが（第18章参照），ここでは他者や集団との接触経験を通じてステレオタイプが形成される過程について考察してみよう。

(1) カテゴリー化の効果

　特定の集団をステレオタイプ化するには，まず人の集まりを社会的に意味のある実体としてとらえ，他と区別するカテゴリー化の過程が介在する。例えば「団塊の世代」がステレオタイプ化されるには，その前提として他の世代とは異なる特徴をもった実体としてカテゴリー化されることが必要になるのである。人に限らず，何かをカテゴリーに分類する際には，同一カテゴリー内の成員間の類似性を過大視する同化効果（assimilation effect）と異なるカテゴリーの成員間の違いを強調する対比効果（contrast effect）が生じることが知られている。特定の集団の成員に，他の集団とは異なる特徴を一律に付与するステレオタイプの特質は，こうしたカテゴリー化の過程で必然的に派生するものと思われる。

(2) 内集団と外集団

　こうしたカテゴリー化に関しては，自分が属する内集団（in-group）とそれ以外の外集団（out-group）の区別が重要な意味をもつ。タジフェルら（Tajfel et al., 1971）は，実験参加者を恣意的な基準で2つの集団に分け，しかも成員同士の相互作用がない必要最小限の集団状況においても内集団と外集団の成員間で報酬を分配する際に内集団をひいきし，外集団を差別する傾向が出現する

ことをたしかめている。社会集団の成員性に基づく自己規定に着目したタジフェルとターナー（Tajfel & Turner, 1979）の「社会的アイデンティティ理論」では，人は自尊心を維持するために肯定的な社会的アイデンティティ（social identity）を求めて外集団との差別化を図り，内集団びいきや外集団に対する否定的ステレオタイプを発達させるとしている。また，内集団に比して，外集団の成員の均質性を強く認識する「外集団均質化効果」が示されており，それは競争や対立によって集団間の境界が明瞭になった状況や接触経験のない民族集団などなじみのない抽象化された対象に対して特に顕著になることが明らかにされている。逆に，低地位集団や少数派集団などの成員が，自分の社会的アイデンティティの拠り所として所属集団を強く意識する場合には，外集団よりも内集団の均質性を強く認識する「内集団均質化効果」が生じることもある。

(3) 錯誤相関

内集団ー外集団の区別ではなく，外集団のサイズもステレオタイプの形成に関連する。一般には多数派よりも少数派の集団に対してステレオタイプが形成されやすく，その内容もネガティブなものが多い。そこには多数派と少数派の集団間関係が反映されることもあるが，ハミルトンとギフォード（Hamilton & Gifford, 1976）は，そうした現象を特異性に基づく錯誤相関（illusory correlation）という認知バイアスによって説明している。すなわち多数よりも少数事例（少数派の成員や望ましくない行動）の特異性が高いために記憶や印象に残りやすく，その結びつきが実際以上に強く認識されることから少数派集団に対する否定的な評価が生じるとしているのである。

例えば外国人による犯罪が報じられると，その集団に対して否定的ステレオタイプが容易に形成されるのは，1つには外国人も犯罪も特異性が高いために両者を強く結びつける認知的メカニズムが働くという解釈が成り立つことになる。

ステレオタイプ維持のメカニズム

ひとたびステレオタイプが形成されるとそれを消去するのは容易ではない。たとえステレオタイプに反する事例を示されても，それを特殊な例外と見なして既存のステレオタイプを維持することが少なくない。先に見た印象形成の連続体モデルでは，まず対象人物をカテゴリー化して，それを確証する形の情報処理を想定しているが，実際，他者の行動を観察する際にステレ

TOPICS 16-1 血液型ステレオタイプの信仰

　ABO式血液型によって性格が異なるという信念は日本で広く普及している。松井（1998）が首都圏在住19～69歳の男女を無作為抽出した意識調査では，男性の2割，女性の3割が血液型性格判断を信じると回答していた。また「A型は几帳面」「O型はおおらか」など，血液型に関連する特徴も知識として多くの人に共有されている。このような，各血液型の人が共通してもつと信じられている特徴は，血液型ステレオタイプとよばれている。血液型性格判断は，おまじないや手相などと同様の「占い系」不思議現象として位置づけられている（松井，1997）。ただし単なる娯楽にとどまらず，他者を血液型ステレオタイプにあてはめて接し方を変えるなど，行動調整の機能も有している（松井・上瀬，1994）。特定の血液型に否定的なイメージが付与されやすい傾向もあり，それが差別や偏見につながるとの問題が指摘されている。

　血液型ステレオタイプをはじめとして，多くの人が共有するステレオタイプは現実を反映させていると考えられがちであるが，心理学の分野ではABO式血液型と性格の間に関連があるとはいえないことが共通の認識となっている（例えば松井，1991）。しかしながら，血液型性格判断はみずからの経験をもとに「あたっている」と判断されやすい（上瀬ら，1991）。この背景には，人間の確証的な情報処理過程が関係している。曖昧な情報が提示された場合，人はステレオタイプに一致した情報のみに注目し反証情報を無視しやすい。例えば工藤（2003）は，実験参加者にある人物の紹介文を提示し，この人物が仮定された血液型（A，B，O，ABのいずれか）であるかどうか判断するよう求めた。ここで紹介文には4つの血液型それぞれにあてはまる特徴が複数ずつ含まれていた。さらに，文章に記された各特徴について，判断の根拠としてどのくらい重要かを尋ねた。分析の結果，血液型性格判断を信じているか否かにかかわらず，ステレオタイプに一致した特徴は一致していない特徴より重要だと評定されやすかった。また，人物は最初に仮定された血液型であると判断されやすく，特に血液型性格判断を信じている人にこの傾向が強かった。工藤の実験は，血液型ステレオタイプに関連して確証的情報処理が生じることを示したものといえる。

〔上瀬由美子〕

オタイプに一致する情報に注目し，曖昧な情報をステレオタイプに適合する形で解釈する傾向が繰り返し示されているのである。

例えば小学生女児のビデオ映像を見て学力を評価するという実験状況を設定したダーリーとグロス（Darley & Gross, 1983）は，前半の部分で女児の家庭環境や居住地域を操作しただけでは学力評価に有意差は生じなかったものの，後半で女児がテストを受ける場面を見た後では，そこには曖昧な両義的情報しか含まれていなかったにもかかわらず，前半で「都会の貧困家庭」よりも「郊外の中流家庭」の出身とした場合に女児の学力が高く評価されるようになることを明らかにしている。ここでは，実験参加者が自分の期待に沿うように女児のパフォーマンスを解釈した期待（仮説）確証バイアスが想定されているのである。

血液型と性格の関連性には根拠がないにもかかわらず，日本では血液型ステレオタイプが広く信じられているが，そこにも自分の信念や期待を確証する形の情報処理が関与する可能性が指摘されている（TOPICS 16-1 参照）。また期待や先入観に一致しない行動は，例えば「質問にうまく答えられなかった」など一般化しにくい具体的記述にとどまるのに対して，ステレオタイプに一致した場合には「頭が悪い」など抽象度が高い特性として一般化されることが多い，といった言語表現の非対称性（言語的期待バイアス）という視点からの考察も行われている（Maass, 1999）。

ステレオタイプ変容のモデル

反証事例によるステレオタイプの変容過程についてロスバート（Rothbart, 1981）は，反証事例が積み重なるにつれて徐々にステレオタイプが変化する簿記モデル（bookkeeping model）と極端な反証事例によってステレオタイプが劇的に変化する転向モデル（conversion model）の2つのモデルを提示している。前者は反証事例の数を重視した漸次モデル，後者は反証事例の極端さを重視した悉皆モデルということになる。

司書や弁護士といった職業ステレオタイプを利用して，ステレオタイプに反する多くの特徴を少数の成員に集中させるか，少数の反ステレオタイプ的特徴を多数の成員に分散させるかという条件操作を行ったウィーバーとクロッカー（Weber & Crocker, 1983）は，集中条件よりも分散条件でステレオタイプの大きな変化が生じたことから，漸次的変化を想定した簿記モデルを支持している。

この点については，反証情報が集中した少数の非典型的成員は，特殊事例としてサブタイプ化されやすいために，集中条件では集団のステレオタイプが変化せずに維持されたという解釈が示されている。ただし，集団成員の変動性など集中的な反証事例の効果を高める条件も指摘されており，いずれのモデルが妥当かということよりも，それぞれの適合条件を検討することが必要となっている。また，これに関連して，集団成員の特徴を集約した抽象的な表象としてのプロトタイプを想定すべきか（プロトタイプ・モデル），記憶の中に集団成員に関する記憶が貯蔵され，その検索に基づいて集団レベルの判断がなされるとすべきか（エグゼンプラー・モデル），といった社会的カテゴリーの知識構造，集団表象についての議論も行われている。

ステレオタイプの抑制

一般にステレオタイプには否定的なニュアンスがあり，とりわけ偏見に結びつくようなステレオタイプの表明に関しては，それを抑制する力が働くことが多い。ステレオタイプ的知識と個人的信念との違いに注目したデヴァイン（Devine, 1989）は，カテゴリー・ラベルと連合したステレオタイプ的知識が自動的に活性化するのを抑制するのは難しいとしても，自分の判断や行動がステレオタイプに影響されないように統制することはできるとして分離モデル（dissociation model）を提唱している。人種的偏見の程度に関わりなく，白人大学生は黒人に対する否定的ステレオタイプを知識として共有しているが，黒人に対するステレオタイプを意識的に活性化させた状況で個人的見解を表明させた場合には，人種的偏見の高低による違いが見られ，匿名状況でも人種的偏見の低い学生の方が黒人に肯定的な考えを示す。しかし，黒人に関連する閾下刺激を提示した後で人物の印象を尋ねると，人種的偏見の高低に関わりなく，その人物を攻撃的と判断する傾向が強まる。こうした一連の実験結果に基づいてデヴァインは分離モデルを提唱したのである。ただし，ステレオタイプを抑制しようという意識が，それ以外の状況でのステレオタイプ的反応を促進するリバウンド効果（rebound effect）を示唆する結果も報告されている（Macrae et al., 1994）。

集団間関係とステレオタイプの内容

従来の社会心理学の伝統では，個人内の認知過程に焦点を合わせるよりも，集団間関係における感情や行動との関連でステレオタイプの問題を取り上げることが多かった。ステレオタイプ研究の多くが人種・民族，性別，

TOPICS 16-2 黒い羊効果

　オリンピックやワールドカップ，世界選手権などスポーツの国際大会があると，日本人選手の活躍が話題となる。選手と特に知り合いでなくても，自分と同じ日本人であるから応援するのである。しかし人々は意外に熱しやすく冷めやすいもので，日本人選手の活躍に一喜一憂するのは試合期間中のみであったりする。

　タジフェルら（Tajfel et al., 1971）によれば，人間の自己概念は個人的アイデンティティ（personal identity）と社会的アイデンティティ（social identity）から構成され，後者は所属する国家・民族・性別・宗教・職業などである社会集団（social group）の特徴から形成される。自己概念を肯定的に保つため，人間には社会的アイデンティティを維持・高揚する動機が備わっている。他の社会集団との比較・競争状態にあるときは，普段に増して勝利や優越への執着が強まる。そのため，スポーツの国際試合は一時的にせよ国民を1つにまとめ，ナショナリズムを強める。

　一方で，サッカーのワールドカップ・フランス大会で期待されながら得点できなかった日本人選手が，帰国時に空港でファンにスポーツ飲料をかけられた（日刊スポーツWeb「W杯日本代表ハイライト」1998年6月30日など）。自国チームへの思い入れ（同一視；identification）が強すぎると，チームの敗北やチーム内の選手の失敗を許しがたく思う気持ちも強くなるのである。このような，集団の社会的アイデンティティに脅威を与えたと見なされた成員が，集団成員性を共有する人々から心理的に排除される現象が，黒い羊効果（black sheep effect；Marques et al., 1988）とよばれている。

　日本人を対象として行われた黒い羊効果の実証研究としては，大石・吉田（2001）が代表的である。この研究では，自分が所属している集団（内集団という）と，ライバル的な立場にあたるよその集団（外集団という）が存在するとき，両集団が比較対象となる場面（内外集団の比較の文脈がある状況）でのみ，内集団の好ましくないメンバーが低く評価される黒い羊効果が発生することをたしかめた。比較の文脈が内集団の社会的アイデンティティを維持・高揚する動機を強め，集団内の逸脱者が心理的に切り捨てられたのである。

〔大石千歳〕

年齢といった属性に焦点を合わせるのは，それが人を認識する際の原初的カテゴリーになるということだけでなく，人種・民族的少数派，女性，高齢者といった集団への偏見や差別が現実の社会問題となっていることも見逃せない。ただ集団間の対立や競争は，性別や年齢よりも人種・民族あるいは国籍といった属性に関して顕著になりやすく，また人種・民族，国籍は社会的アイデンティティの拠り所とされることが多い。集団間の競争が奨励されるスポーツ競技を例にとると，性や年齢のハンディを配慮して男女別あるいは年齢別の競技が一般化しているのに対して，オリンピックやワールドカップなどの国際競技では，国・地域間の対決が基本とされている。それは内集団－外集団の境界を明瞭にし，往々にして強いナショナリズムの高揚を招来することになり，自国チームの敗北などによって社会的アイデンティティが脅かされた場合には，それまで応援していた内集団成員に一転して強い非難が浴びせられることもある（TOPICS 16-2 参照）。

フィスクら（Fiske et al., 2002）は，集団間関係の構造的要因がステレオタイプの内容を決定し，それに根差した感情が派生するとして表 16-3 に示すよ

TABLE 16-3 ● ステレオタイプ・コンテント・モデル

構造的変数：競争 ↓（−） ステレオタイプ：温かさ		構造的変数：地位 ↓（＋） ステレオタイプ：力量	
		低	高
高	集団	障害者，高齢者	中流階級，内集団
	偏見	同情	誇り
	差別	積極的援助，消極的危害	積極的援助，消極的支援
低	集団	貧者，ホームレス，薬物中毒	富者，アジア人，ユダヤ人
	偏見	嫌悪	嫉妬
	差別	積極的危害，消極的危害	積極的危害，消極的支援

対象集団の地位および競争力の高低によってステレオタイプの内容が決定することを想定したモデル。ここでは該当する典型的集団と感情（偏見），ならびに行動（差別）が例示されている。

（出典） Fiske & Taylor, 2008.

うな**ステレオタイプ・コンテント・モデル**（stereotype content model; SCM）を提示している。構造的要因として「競争」と「地位」の2つが取り上げられているが，対象集団が利害のいずれをもたらすかが前者の要因であり，競争相手の集団には「温かさがない」，協力的な集団は「温かい」というステレオタイプを導くのに対して，そうした目標をどの程度実現できるかが後者の要因となり，高地位集団は「力量がある」，低地位集団は「力量がない」とステレオタイプ化される。さらに社会的比較と成果の帰属を通じて，各集団に対する感情が規定される。①温かく有能な中流階級や内集団の恵まれた境遇は資質的特質に内部帰属され，同化的な上方比較によって「尊敬や誇り」といった感情が生起する。②貧者，ホームレス，薬物中毒など温かさも力量もない集団の悲惨な境遇は，やはり資質的特質に帰属され，対比的な下方比較を通じて「侮蔑や嫌悪」といった感情をもたらす。③富者やアジア人，ユダヤ人の（アメリカでの）成功は状況に外部帰属され，対比的な上方比較によって「嫉妬」が生まれる。④有能ではないが温かさがある障害者や高齢者といった集団の恵まれない境遇は，やはり状況に帰属され，同化的な下方比較を通じて「同情」されることになる。なお表 16-3 には，SCM を発展させて集団間の感情やステレオタイプから行動を予測する「BIAS（Behaviors from Intergroup Affect and Stereotypes）マップ」（Cuddy et al., 2007）についての研究結果も含まれている。ここでは対象集団の目標を促進するか，妨害するかという次元に，積極的－消極的行動という次元を組み合わせて差別的行動を分類しているのである。

BOOK GUIDE　●文献案内

唐沢穣・池上知子・唐沢かおり・大平英樹（2001）『社会的認知の心理学——社会を描く心のはたらき』ナカニシヤ出版
　●対人認知，原因帰属，自己，ステレオタイプといった領域における最新の研究成果を要領よく整理して紹介するとともに，情報処理モデル，認知表象，認知と感情といった認知的研究全般に通じる基本問題や方法論についての考察がなされ，社会的認知研究の優れた専門書となっている。

山本眞理子・外山みどり・池上知子・遠藤由美・北村英哉・宮本聡介編（2001）『社会的認知ハンドブック』北大路書房
　●自己，対人認知，集団・ステレオタイプ，感情，社会的推論，社会的判断と意思決定の6領域における社会的認知の理論や概念を簡潔に説明するとともに，社会的認知研究の方法や研究視点，基礎用語の解説もなされており，この領域の事典として役立つような構成になっている。

上瀬由美子（2002）『ステレオタイプの社会心理学——偏見の解消に向けて』

サイエンス社
- ●ステレオタイプに関する内外の主要な研究を過不足なく取り上げ，わかりやすく紹介している。平易な文章で初学者にも読みやすく，実例の豊富なステレオタイプ研究の格好の入門書となっている。

山本眞理子・原奈津子（2006）『他者を知る――対人認知の心理学』サイエンス社
- ●判断対象となる他者との関係のレベルを独自の視点で分類して，各レベルでの対人情報処理の違いをモデル化し，著者自身の実験研究もふまえて検討している。

Chapter 16 ● 練習問題　　EXERCISE

❶ 大学のサークルなどの会合で，自己紹介をする場面を想像してみよう。そこで話す内容を，まず自己カテゴリー化という視点で分析してみよう。また，そこでは他者の目に映る自分自身の印象への配慮が働くと思うが，それに関して「印象管理」（impression management）あるいは「自己呈示」（self-presentation）とよばれる研究領域の文献を調べてみよう。

❷ 美術展の会場でAさんがXという作品について辛口の批評をしているのを耳にした。本当に作品Xのできが悪いのか，それともAさんが辛らつな人にすぎないのか。ケリーの共変動モデルに基づいて，この場合の原因帰属に必要な情報およびモデルの適用条件について考えてみよう。

❸ アメリカ人，フランス人，中国人，韓国人という具合に特定の国の人たちのイメージを尋ねられた場合，どのような人間を暗黙裡に想定しているのか，試しに考えてみよう。判断対象となる国によって想定される人物の性や年齢の構成などが異なってくることはないだろうか。「外国人」というと，どこか特定の国の人たちが思い浮かぶようなことはないだろうか。国籍に基づく社会的カテゴリーのプロトタイプ，人物表象について思考実験をしてみよう。

HINT● p.463

● 萩原　滋

第 17 章 文化と認知

比較文化研究と文化心理学の展開

さまざまな文化的背景をもつ人々
(by TknoxB, Luhai Wong, babasteve, elisart)

CHAPTER 17

INTRODUCTION

ものの見方や考え方は，それぞれが生まれ育った文化環境によって異なってくる可能性が高い。本章では，心理学の分野における比較文化研究の流れを概観した後で，東アジアと北米の文化比較を中心とする文化心理学の理論的枠組みと研究成果を紹介する。まずは文化的自己観という視点から原因帰属やコミュニケーションなど対人認知に直結した東西の文化差を検討した研究，ついで注意のパターン，推論や予測など非社会的事象の認知に見られる文化差を東西の思考様式の違いに結びつけた研究を取り上げ，今後の文化心理学に残された課題を検討する。そして最後に，文化心理学の枠組みを離れて，色の知覚，数量の把握，空間や時間の認識に関して言語相対性仮説の検証を試みた比較文化研究の新たな展開に目を向ける。

- KEYWORD
- FIGURE
- TABLE
- TOPICS
- BOOK GUIDE
- EXERCISE

> **KEYWORD**
> 民族心理学　　土着心理学　　イーミック　　エティック　　個性記述的研究
> 法則定立的研究　　比較文化心理学　　文化心理学　　集団主義　　個人主義
> 相互独立的自己観　　相互協調的自己観　　基本的な帰属の誤り　　対応バイアス　　高コンテキスト文化　　低コンテキスト文化　　包括的思考　　分析的思考　　言語相対性仮説　　サピア＝ウォーフ仮説　　言語的符号化

SECTION 1　文化心理学の興隆

文化とは何か

　文化は，とらえどころのない抽象的な概念であり，その定義をめぐってこれまで人類学者や心理学者の間で盛んな議論がなされてきた。それぞれの社会で培われてきた生活様式や行動様式の総体として文化をとらえる立場もあるし，自然環境に適応するために育んできた技術や経済，社会組織の諸要素を文化の本質と見なす立場もある。個人の外部に実在するものとして文化をとらえることもできるし，それぞれの社会の人たちが内面化し共有している意味構造，観念や象徴体系を文化とよぶこともある。こうした多様な観点からの定義を検討したトリアンディス（Triandis, 2007）は，①人と環境との適応的相互作用の結果として生じる，②実践や意味の共有といったいくつもの共有要素から成り立つ，③親から子孫といった垂直方向だけでなく，同世代の仲間の相互作用を通じて水平方向にも，学校やメディアなどの社会制度を通じて斜め方向にも時代と世代を超えて伝達される，という3点を多くの研究者が認める文化概念の特徴として取り上げている。

　どのように文化を定義するかは別にして，心理学の分野における比較文化研究では国や地域といった地理的配置によって文化を分節化するのが一般的である。その際に人種・民族的背景は考慮されるが，宗教や言語，政治体制，経済制度などは国や地域を単位とする文化の構成要素として扱われ，それらの要素に基づいて文化を分節化しようとすることはあまりない。どのような単位で文化を分節化するかは，研究目的に応じて恣意的に決定できるはずであるが，文化の中身やとらえ方を研究課題とする人類学者とは異なり，心理学者は行動や

心理過程に影響を与える独立変数として文化を扱う傾向が強く，国や地域による違いを単に文化差と言い換えているにすぎない場合が少なくないのである。

比較文化心理学の動向

文化の影響に対する心理学者の関心は，実験心理学の創始者であるヴントが晩年に取り組んだ『民族心理学』に関する一連の著作（Wundt, 1900-1914）にまでさかのぼることができる。ヴントは，個人の意識を理解するうえで認知，感情，意思が重要であるのと同様に，民族の集合的意識を理解するには，言語，神話，宗教などを研究することが必要と考え，高次の精神機能に与える社会文化的要因の影響を解明しようとしたのである。また1930年代から40年代にかけてアメリカ先住民や南太平洋諸島をフィールドとしたアメリカの文化人類学者は，ロールシャッハ・テスト，TATなど投影法による心理測定や精神分析学の理論を援用して，育児様式といった「文化の型」と人々の「基本的パーソナリティ」との関連を検討し，後に「心理人類学」とよばれる研究分野を開拓していった。特定の文化の成員に共通のパーソナリティを想定し，文化の特質との関係を固定的にとらえることに対して，その後は批判的な意見が集中し，「文化の全体的パターンの個人レベルでの複製を民族的性格と見なす異種同型説（isomorphism）」は支持されなくなっている。ただ社会化の過程を通じて，個人が属する集団の文化に適応的なパーソナリティが形成されると同時に，そうしたパーソナリティの存在が，その社会集団の文化的特性を存続させる基盤になるという考え方は，現在の文化心理学に通じるものといえよう。さらに，その後の比較文化研究の展開への人類学ないし言語学の貢献として第8章で取り上げた言語相対性仮説，通称サピア＝ウォーフ仮説を挙げることができる。言語の存在が思考を決定するという仮説の解釈をめぐって今日まで論争が続いているが，後述するように色の知覚，数量の把握，空間や時間の認識など多様な領域で未開社会や非西洋社会の人々を対象とする比較文化研究が行われてきたのである。

ヨーロッパで発祥した科学としての心理学は，第2次世界大戦後にアメリカを中心に発展してきたが，そこで提唱された仮説や理論，現象の普遍性を非西洋社会で検証しようとする動きが生じるのは，むしろ当然の成り行きともいえよう。1960年代以降，心理学の諸分野で比較文化研究が大きく増加して1970年に専門学術誌（Journal of Cross-Cultural Psychology）が発刊されるに至っているが，初期の比較文化研究には西洋中心主義の視点が色濃く反映されていた。

欧米の心理学者によって「文化に拘束されない」(culture fair) 知能や性格などの測定用具の開発が試みられているが，それが成功を収めたとはいいがたい。一方，日本をはじめとする多くの非西洋社会では，欧米の心理学を輸入する形で研究が進められてきた経緯があり，そこでは無自覚に異文化間の追試検証が行われていたという皮肉な見方ができるかもしれない。しかし，そうした追試検証の失敗事例が積み重なるにつれて，文化の拘束力に対する関心が高まり，比較文化研究に対する需要が拡大するとともに，文化の問題を正面に据えた文化心理学という新たな研究領域が創出され，また欧米主導の心理学から脱して，それぞれの文化に固有の土着心理学 (indigenous psychology) を確立しようとする動きが生じてくるのである。

比較文化心理学と文化心理学

人類学者と心理学者の異文化研究へのアプローチには，基本的な違いがある。文化のとらえ方自体を研究課題とする人類学者は，おもに民族誌的手法に基づいて文化独自の概念を援用することが多いのに対して，調査や実験を通じて文化間の比較をしようとする心理学者は，普遍性の高い概念によって文化をとらえようとするのが常である。例えば「甘え」という独自の概念によって日本人の心理や行動を説明しようとする人類学的手法はイーミック (emic)，個人主義—集団主義といった共通の概念を設定して国際比較を試みるような心理学的手法はエティック (etic) なアプローチとして区別されるが，それはパーソナリティの個性記述的 (idiographic) 研究と法則定立的 (nomothetic) 研究の違いに通じる面がある。法則定立志向の強い従来の比較文化心理学 (cross-cultural psychology) の枠組みでは，基礎的な心理過程の普遍性を想定したエティックなアプローチがとられるのに対して，個性記述的な色合いの強い土着心理学ではイーミックなアプローチが重視される。一方，文化心理学 (cultural psychology) も法則定立的な傾向が強く，エティックなアプローチに基づく比較文化研究が行われているが，そこでは文化を単なる独立変数として扱うのではなく，文化そのものの民族誌的理解に根差したイーミックな視点が強調されているのである。文化心理学では，その社会で培われてきた慣習や制度，イデオロギーや人間観などの意味構造から成り立つ日常的現実に即して生きることを通じて心理過程が形成され，そうした心理過程が逆に文化的慣習や意味構造を維持させるという相互構成過程を基本的な枠組みとしている（北山，

TABLE 17-1 比較文化心理学と文化心理学の違い	
比較文化心理学	文化心理学
文脈よりも内容を重視	内容よりも文脈を重視
文化は人の外側にあるという考え	文化は人の内側にあるという考え
時代とともにあまり変化しない文化の属性を研究	意味や概念作用といった安定性の低い属性を研究
多くの文化で質問紙によってデータを収集	少数の文化で民族誌的手法や実験によってデータを収集
意味の違いは克服すべき障害と考える	意味の違いに焦点を合わせる
産業・組織心理学者や政治心理学者が中心	発達心理学者や社会心理学者が中心

(出典) Triandis, 2007 より作成。

1997)。比較文化心理学の代表的な研究者のトリアンディス（Triandis, 2007）は，両者の違いは実際には小さいとしながらも，比較文化心理学と文化心理学の違いを表 17-1 に示すような形で図式的に整理している。

ところで 1980 年代後半以降の文化心理学の興隆には，系譜を異にする 2 つの研究の流れが認められる。1 つはロシアのヴィゴツキー（Vygotsky, L. S.）やルリア（Luria, A. R.）の文化-歴史的アプローチの流れを汲むアメリカのコールが中心となって（Cole, 1996），社会文化的文脈における協働活動を通じての発達や学習の長期的過程の解明を目指すものであり，そこでは発達心理学者や教育心理学者によって未開社会を対象に含めた比較文化研究が行われている。もう 1 つは，ニスベット（Nisbett, R. E.），北山忍，マーカス（Markus, H. R.）といった社会心理学者を中心にアメリカのミシガン大学を拠点に推進されてきた東アジアと北米の文化比較を基軸とする共同研究である（Nisbett, 2003；Markus & Kitayama, 1991；Kitayama & Cohen, 2007）。本章では，1990 年代以降にめざましい発展を示している後者の文化心理学に焦点をあて，東洋人と西洋人の認知の違いに関する最近の研究成果を少しくわしく紹介し，その後で言語相対性仮説の延長上に位置づけられる比較文化心理学の新たな研究成果を取り上げてみたい。

西洋文化と東洋文化のとらえ方

さまざまな文化のとらえ方として，「集団主義-個人主義」という次元に基づく分類が多くの研究で最も広く活用されている。集団の統制と

個人の自律性の欲求が葛藤するような事態で，集団全体の統制や目標を優先する考え方を集団主義（collectivism），逆に個人の自律性や目標を優先する考え方を個人主義（individualism）とよんでいる。これまで西洋文化は個人主義，東洋文化は集団主義という認識が自明のものとされてきたが，最近になって日本人は集団主義という考え方に疑義が呈されるようになっている（高野，2008）。また個人主義－集団主義に関する研究を概観したオイザーマンら（Oyserman et al., 2002）は，日本人を含めた東アジアの人々よりもアメリカ人やカナダ人は個人主義傾向の強いことをたしかめているが，集団主義次元に関しては，一貫した結果が得られないことを明らかにしている。北米と東アジアの比較文化研究においても，前者は個人主義，後者は集団主義ということを前提にしているが，マーカスと北山（Markus & Kitayama, 1991）は，個人の自律性を重視する北米の「相互独立的自己観」と他者との関係を重視する東アジアの「相互協調的自己観」といった文化的自己観，東西の哲学や知的伝統に注目したニスベット（Nisbett, 2003）は，欧米の「分析的思考」と東アジアの「包括的思考」といった思考様式を機軸に比較文化研究を展開しているのである。もちろん，こうした北米と東アジアの文化差のとらえ方は，相互に密接に関連しているのだが，社会的出来事の認識や説明の仕方に関しては主として文化的自己観の違い，対人関係の文脈を離れた認識や判断に関しては思考様式の違いを中心に比較文化研究の内容を整理して，以下の各節で紹介してみたい。

SECTION 2 文化的自己観
相互協調的自己観と相互独立的自己観

　東洋と西洋の文化の違いは，さまざまな角度からとらえることができるが，マーカスと北山（Markus & Kitayama, 1991）は，それぞれの文化で支配的な自己観の違いを明らかにし，それを契機に東アジアと北米の比較文化研究が大きく進展することになった。アメリカをはじめとする西洋文化で優勢な相互独立的自己観（independent construal of self）では，周囲と切り離された不可侵で自由な主体として自己をとらえ，人は状況や人間関係に左右されない属性をもつと考える。それに対して日本をはじめとする東洋文化で支配的な相互協調的自己観（interdependent construal of self）では，みずからを取り巻くすべての

ものとの関係の中で自分自身を理解し，人は変わりやすく状況依存的な存在と考える。こうした文化的自己観は，それぞれの文化の日常的な慣習や社会構造を反映し，逆にそれによって維持されている。例えば環境に働きかけて変える力と環境に合わせて適応する力の両方を人はあわせもっているが，アメリカでは影響を与えることを強調し，日本では適応することを重視する社会的慣習が存在する。そして影響を与えるという行為は独立した自律的自己を高めるのに対して，適応するという行為は協調的で他者と自分との結びつきを強めるように作用する（Morling et al., 2002）。

自己規定の文化差の検証

最初に「私は……」という刺激語を並べて，その後につながる文章を20まで自由に書かせる課題（20答法）での記述内容を見ると，アメリカ人よりも東アジアの人たちの方が社会的役割（「私は高校教師だ」など）に言及する割合が高く，逆に抽象的な性格特性（「私は勤勉だ」など）を用いる割合が低くなることが知られている。こうした標準的な課題に「家では」「友達といると」という具合に状況を限定して文章を書かせる条件を加えて日米の大学生の回答を比較したカズンズ（Cousins, 1989）は，標準的な課題とは逆に，状況を限定するとアメリカ人よりも日本人の間で抽象的な性格特性の使用率が高くなることを明らかにしている（図17-1）。このことは，アメリカ人は状況と切り離して自分の心理的属性

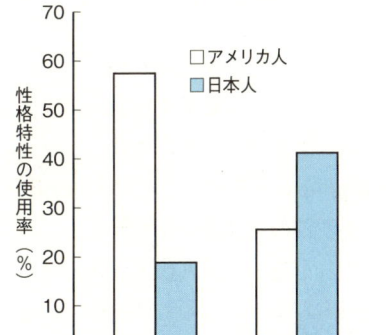

FIGURE 17-1 ● 日本人とアメリカ人の自己規定の違い（抽象的な性格特性の使用率）

「私は……」で始まる20の文章を完成させる課題で抽象的な性格特性が用いられた割合を，標準的課題と「家で私は……」などの状況設定課題で比較した結果。

（出典）Cousins, 1989.

第17章 文化と認知

FIGURE 17-2 ● 40歳男性の小学校教師の自称詞と対称詞の事例

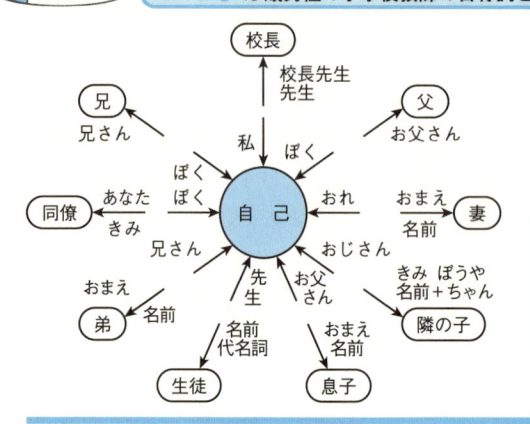

自称詞としては「私」「ぼく」「おれ」「おじさん」「お父さん」「先生」「兄さん」の7種類が用いられている。

(出典) 鈴木, 1973を一部改変。

をとらえているのに対して，日本人の自己規定は状況依存的であり，状況を特定せずにみずからの性格を記述するのが困難であることを示唆している。

さて日本人の自己規定が対象依存的であることに関しては，社会言語学者の鈴木孝夫（1973）が興味深い考察を行っている。英語などのインド・ヨーロッパ語に比べると，日本語の一人称は「わたし」「ぼく」「おれ」，二人称は「あなた」「きみ」「おまえ」など人称代名詞の数が多いとされている。しかし英語では，自分のことを常に「I」といい，相手を「you」と称するのに対して，日本語では人称代名詞を使わずに他の言葉で話を進めようとする傾向が強く，また目上に対して二人称でよびかけることができないなど人称代名詞の使用自体が人間関係によって制約されている。インド・ヨーロッパ語の人称代名詞が共通の語源をもっているのに対して，日本語で自分や相手を指す代名詞は歴史的な変遷を繰り返していることから，鈴木は話し手が自分自身に言及する言葉を「自称詞」，相手に言及する言葉を「対称詞」とし，その1つとして人称代名詞を位置づけている。図17-2には40歳の小学校の男性教師をモデルとした自称詞と対称詞の使用例が示されているが，これを見ると人称代名詞以外の言葉が多く使われており，また人称代名詞の使い方も相手によって変化していることがわかる。

日本語では，人称代名詞の使用が制限されていることから，他人を親族名称

でよぶ習慣が特に発達しているが，そこでは相手が親族であれば何に相当するかを考慮して，その関係にふさわしい親族名称が対称詞や自称詞に選ばれる。例えば，よその子に話しかけるときに大人は，自分の年齢，性別に応じて自分のことを「おじさん」とよんだり，「おねえさん」とよんだり，適切な親族名称を使い分ける。このように日本語ではすべての自称詞，対称詞が人間関係の上下の分極に基づいた具体的な役割確認につながっており，自称詞の使い方に関して「相手が誰であろうと，相手が不在であろうと，先ず自己を話し手つまり能動的言語使用者として規定するインド・ヨーロッパ語などの，絶対的自己規定と比較して，日本人の日本語による自己規定が，相対的で対象依存的な性格を持っている」という主張を鈴木は展開しているのである。

他者の行動の理解――対応バイアス

どのように自己をとらえるかは，当然のことながら，他者の理解の仕方に影響を及ぼす。周囲の状況の影響を十分に考慮せずに，行為者の因果的役割を重視する観察者の傾向は基本的な帰属の誤り（fundamental attribution error）とされ，それは行為者の資質との対応の過大視につながることから対応バイアス（correspondence bias）とよばれるようになった（第16章第3節参照）。しかし，こうした帰属傾向は，人は周囲の状況や人間関係に左右されない属性をもつと考える西洋社会の相互独立的自己観に根ざしたものであり，人を状況依存的な存在と見なす相互協調的自己観が支配的な東洋社会にそのまま適用するとは限らない。社会的出来事や他者の行動の説明に関しても，東西の文化差が示されているのである。

同じ殺人事件に関するアメリカと中国の新聞の報道内容を分析したモリスとペン（Morris & Peng, 1994）は，アメリカの新聞は，過去の行動から推測される犯人の考えや特性などの個人的属性に言及することが多いのに対して，中国の新聞は，犯行に至る経緯や状況的要因に言及することが多いといった違いを明らかにし，さらに殺人事件に関する記述を読ませたうえで，個人的属性と状況的要因の重要性を両国の大学生に評定させたところ，アメリカ人は犯人の個人的属性，中国人は状況的要因を重視するといった帰属傾向の違いが出現することをたしかめている。またアメリカとインドの子どもと成人に知り合いの逸脱的行動や利他的行動を挙げさせて，なぜそうした行動をしたと思うかを尋ねたミラー（Miller, 1984）は，アメリカ人は知人の性格などの個人的属性によっ

て説明することが多く，インド人は状況的要因によって説明することが多いといった帰属傾向の違いが回答者の年齢とともに拡大することを明らかにしている。

　ある争点に賛成ないし反対の立場で書かれたエッセイを読んでから書き手の態度を推測するという実験状況で，どの立場で書くかを自由に選んだのではなく，強制的に割り当てられたことを明確にしても，それでも実験参加者はエッセイ内容に一致した書き手の態度を推測する。こうした形での対応バイアスは，アメリカだけでなく，東アジア諸国でも同様に検証されている。しかし実験参加者自身が事前に，あらかじめ決められた立場でエッセイを書くという経験をする条件を加えると，韓国人の場合は対応バイアスが消失するが，アメリカ人は影響を受けない（Choi & Nisbett, 1998）。エッセイの説得力が高い場合には，日米の大学生とも同様の対応バイアスを示す。しかしエッセイの説得力が低い場合には，日本人は書き手の態度をエッセイ内容に対応させる傾向を示さなくなるのに対して，アメリカ人の対応バイアスは維持される（Miyamoto & Kitayama, 2002）。このように，アメリカ人に比べると東アジア人の方が，エッセイが書かれた状況や背景情報に敏感に反応することが明らかにされているのである。

達成課題での原因帰属——自己奉仕的バイアス

　他者から非難されそうな行為や不都合な結果は，その原因を外部に求めて自尊心の低下を防ぎ，他者から賞賛されるような行為や都合のよい結果が生じた際には，それを自分自身に帰して自尊心の高揚を図る。こうした自己奉仕的バイアスの存在は，これまで欧米で自明視されてきたが，それとは逆の判断傾向（自己批判的バイアス）が日本をはじめとする東洋社会で見られることは第16章で指摘した通りである。

　成功や失敗に関する原因帰属を扱った日本での研究結果を概観した北山ら（1995）は，アメリカと違って日本では，成功の原因を状況的要因に求め，失敗は努力不足のせいにする傾向が強いことを明らかにし，自己高揚は相互独立的自己観に基づいた自己実現の形態であるのに対して，自己批判は相互協調的自己観に基づいた自己実現の形態であると論じている。みずからのうちに望ましい属性を見出すことに価値がおかれるアメリカでは，養育者は子どもをほめて長所を伸ばそうとすることが多い。一方，みずからを意味ある社会関係に適

応させていくことが重視される東洋社会では，養育者は社会の規範や周囲の期待に合わせるために改善すべき欠陥や問題点を指摘し，子どもの短所を矯正しようとすることが多い。したがって，日本人は否定的な自己関連情報に敏感で自己批判的傾向が強く，また潜在的な欠陥を改善するように動機づけられることになる。

　カナダと日本の大学生に創造性テストと称する課題での成績に関して偽のフィードバックを与えたハイネら（Heine et al., 2001）は，カナダ人は自分が成功したと思ったときに同じような課題に長く取り組んだのに対して，日本人は，逆に，失敗したと思ったときに長時間取り組む姿勢を示すという結果を報告し，自分が優れていることを実感したい西洋人と，精進して自己を向上させたい東洋人という動機づけの文化差を明らかにしている。

コミュニケーション様式

　人々の関わり合いが深い相互協調的自己観が支配的な東洋社会では，それぞれの状況にふさわしい行動についての情報が人々の間で広く共有されているので，すべてを明確な言葉にして伝える必要がない。一方，人々の結びつきが弱い相互独立的自己観が大勢を占める西洋社会では，そうした情報が共有されていないために，すべてをくわしく言葉で説明する必要がある。文化人類学者のホール（Hall, 1976）は，前者を**高コンテキスト文化**（high context culture），後者を**低コンテキスト文化**（low context culture）としているが，英語では言語自体が情報伝達の主たる経路とされるのに対して，日本語をはじめとする東洋の言語では，文脈的手がかりの果たす役割が相対的に大きくなることが指摘されている。

　快または不快な意味の言葉を快または不快な語調で読んだものを刺激として，意味を無視して語調の快－不快あるいは語調を無視して意味の快－不快を判断するよう日米の大学生に求めた石井ら（Ishii et al., 2003）は，アメリカ人の場合は，言語内容による干渉効果の方が語調による干渉効果よりも大きく，言葉の意味を優先的に処理しているのに対して，それとは逆に日本人は，言葉の意味よりも語調を優先的に処理することが示されている。また宮本とシュワルツ（Miyamoto & Schwartz, 2006）は，アメリカ人に比べると，日本人は文脈的手がかりの乏しい留守番電話にメッセージを吹き込むことを躊躇する傾向があることを明らかにしている。アメリカ人よりも日本人の方が日常のコミュニケーションにおいて非言語的要素を含めた言外の意味を重視し，それに敏感に反応

していることになろう。

　討論や雄弁術の伝統がある西洋社会では，自分の考えを明確に表明することが奨励され，何も発言しないと知識や意見がないと見なされるのに対して，東洋社会では，それほど言葉による自己表現に価値がおかれず，沈黙は熟慮の証しと見なされることが少なくない。キムとシャーマン（Kim & Sherman, 2007）は，東アジア系よりもヨーロッパ系アメリカ人の方が表現の自由や自分の考えを明確にすることに価値をおき，そうした自己表明の傾向は相互独立的自己観とは正の相関，相互協調的自己観とは負の相関を示すことを明らかにしている。また知能検査のような課題でみずからの思考過程を大声で表明するか，黙って行うかという条件を設定したキム（Kim, 2002）は，自分の考えを表明することは東アジア系アメリカ人のパフォーマンスを妨害するが，ヨーロッパ系アメリカ人は影響を受けないことを示し，思考を言語化する習慣，考えることと話すことの結びつきの強さ自体に文化差が介在する可能性を指摘している。

SECTION 3　思考様式の文化差
包括的思考と分析的思考

　東洋人は人や物といった対象を取り巻く「場」全体に注意を払い，そうした文脈との関係に基づいて対象をとらえようとするのに対して，西洋人は文脈から切り離して対象をとらえ，それを構成する属性に注目し，カテゴリーに分類することによって対象を理解しようとする。また東洋人は経験によって得られた知識を重視するのに対して，西洋人は一定の抽象的な規則を適用して説明や予測をしようとすることが多い。こうした東西の思考様式の違いの淵源を2500年前の中国とギリシャの社会構造や人々の考え方，哲学にまでさかのぼって考察したニスベット（Nisbett, 2003）は，古代中国の思想的伝統を受け継ぐ前者の思考様式を包括的思考（holistic thinking），古代ギリシャの知的遺産を受け継ぐ後者の思考様式を分析的思考（analytic thinking）として，それを機軸に東アジアと北米の比較文化研究を展開しているのである。以下では，何に注意が向けられるかといった水準から推論や予測といった高次の思考過程まで，東西の文化差を例証した研究を整理して紹介してみよう。

FIGURE 17-3 北山らの実験で用いられた刺激図

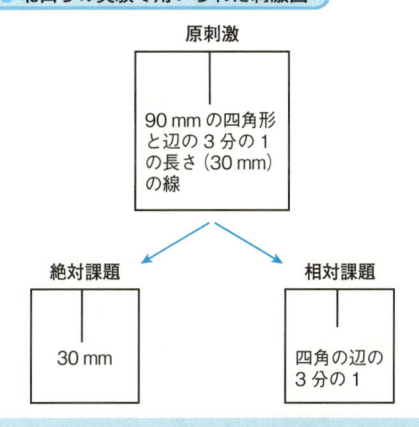

原刺激
90 mm の四角形と辺の 3 分の 1 の長さ（30 mm）の線

絶対課題
30 mm

相対課題
四角の辺の 3 分の 1

実験参加者は，上部に示された四角の中に垂直に線の引かれた図を見た後で，下部に示された大きさの異なる四角の中に先に見た図と同じ長さ（絶対課題）あるいは同じ比率（相対課題）の線を引くよう求められる。

（出典） Kitayama et al., 2003.

注意のパターン　　個別の対象物から世界が成り立つと考える分析的思考の西洋人は，焦点となる対象物に注意を集中するのに対して，相互に結びついた全体として世界をとらえる包括的思考の東洋人は，周囲の状況や環境により多くの注意を払う。例えば回転する枠の中の棒が垂直かどうかを判断する「棒ー枠組み検査」（rod-and-frame test）において，ヨーロッパ系アメリカ人よりも東アジアの人たちの方が枠の傾きの影響を受けて誤った判断をすることが多く，「場依存的」（field dependent）であることが示されている（Ji et al., 2000）。また四角の中に引かれた線分を提示した後で（図17-3），別の大きさの四角の中に同じ長さ（絶対課題）ないし同じ比率（相対課題）の線分を描くよう日米の大学生に求めた北山ら（Kitayama et al., 2003）は，アメリカ人は同じ長さの線分を描く絶対課題での誤差が小さいのに対して，日本人は同じ比率の線分を描く相対課題での成績がよく，アメリカ人よりも日本人の知覚判断の方が包括的であることをたしかめている。

　また，日米の大学生に水中の様子を描いたアニメを示して何を見たかの説明

第 17 章　文化と認知

FIGURE 17-4 ● 増田らの実験で用いられたイラスト

実験参加者は，怒り，悲しみ，幸せのいずれかの表情を示す5人の子どもたちの中心人物の感情を判断する。Aでは白人，Bではアジア人が中心人物となっている。

（出典）　Masuda et al., 2008 より雑誌規定に則って掲載。

を求めた増田とニスベット（Masuda & Nisbett, 2001）は，アメリカ人よりも日本人の方が中央の大きな魚よりも海草や泡など背景の事物に言及する割合がはるかに高く，また前と同じあるいは新たな背景の中に描かれた魚などの静止画を示して，それが前に見たものかどうかの判断を求めると，アメリカ人の場合は，背景の違いによって正答率が変わらないのに対して，日本人の場合は，背景が異なると再認成績が悪化することを明らかにしている。さらに図 17-4 のようなイラストを用いて中央の人物と周囲の4人の表情を操作した増田ら（Masuda et al., 2008）は，中心人物の感情についての日本人の判断は，周囲の人たちの表情による影響を受けるのに対して，アメリカ人の場合は，そうした影響がないことを示し，さらに実験参加者の目の動きを実際に測定して，最初の1秒は日米の大学生とも中央の人物に視線を合わせるが，その後すぐに日本人は周囲の人物に視線を広げるようになることをたしかめている。

推論のスタイル

世界は一連の規則や法則に従うと考える分析的思考の西洋人は，形式的な規則に基づいて対象を分類しようとするが，対象や事物の関係を考慮して状況を理解しようとする包括的思考の東洋人は，抽象的な基本命題に基づく推論を嫌い，全体の関係や類似性に依拠した判断を行う。

FIGURE 17-5 ● ノレンザヤンらの実験で用いられた刺激図

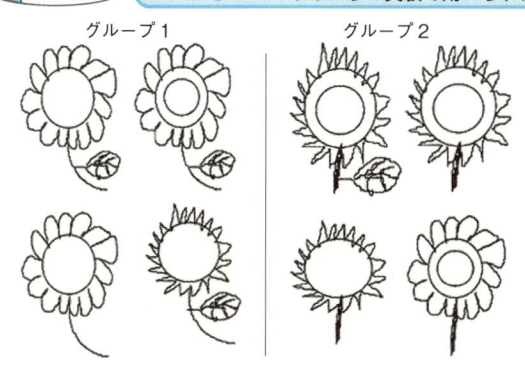

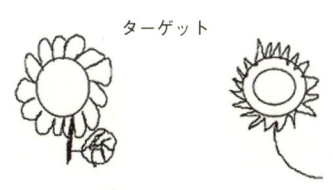

グループ1　　　　グループ2

ターゲット

実験参加者は，下のターゲットが上のグループ1とグループ2のいずれに似ているかを判断するよう求められる。

（出典）Norenzayan et al., 2002 よりノレンザヤンおよびCognitive Science Societyの許諾を得て掲載。

　例えばイヌ，ニンジン，ウサギといった3種類の絵をアメリカと中国の児童に見せて，似ているもの2つを選ぶという分類課題を行ったチュ（Chiu, 1972）は，アメリカ人は「イヌとウサギ」は動物でニンジンは植物という形のカテゴリー化を好んだのに対して，中国人はイヌを外して，「ウサギはニンジンを食べる」という関係に注目してグループ分けを行うことを明らかにしている。
　さらにバイリンガルの中国人に英語と中国語で同様の課題を行ったジら（Ji et al., 2004）は，「カテゴリーに基づく分類」(taxonomic categorization) を好むヨーロッパ系アメリカ人に比べると，使用言語にかかわらず中国人は「関係に基づく分類」(thematic categorization) を多くすることをたしかめている。ただし幼児から英語に親しんでいる香港の中国人とは異なり，中国本土のバイリンガルの場合には，使用言語による違いがあり，英語よりも中国語を用いたときに関係に基づく分類が多く出現することが同時に明らかにされている。
　また図17-5に示すような刺激を用いてターゲットがどちらのグループに似ているかの判断を求めたノレンザヤンら（Norenzayan et al., 2002）は，ヨーロ

第17章　文化と認知　　427

ッパ系アメリカ人は他のカテゴリー成員と1つの特徴を共有しているかどうか（この場合は，茎がまっすぐか，曲がっているか）という「1次元の規則」（unidimensional rule）に依拠した判断を示すことが多いのに対して，中国人や韓国人は，そのカテゴリーの成員と多くの特徴を共有しているかどうかという「家族的類似性」（family-resemblance）に基づく判断を好むことを明らかにしている（第8章参照）．

矛盾の許容度

論理を重視する西洋人に比べると，経験を重視する東洋人は矛盾に対する許容度が高い．規則に基づく明確な判断を志向する西洋人に比べると，東洋人は「どちらか」ではなく「どちらも」という形で中庸を求めて折衷的な解決を好み，矛盾する立場や対立する主張の両方を是認しようとする．ペンとニスベット（Peng & Nisbett, 1999）は，英語に比べると中国語のことわざには「敵よりも味方を疑え」など矛盾の弁証法的解決を示すものが多く，実際にアメリカ人よりも中国人の方が矛盾を含むことわざを好むことをたしかめたうえで，矛盾した主張に直面した際のアメリカ人と中国人の対処の違いを明らかにしている．例えば，A「100の大学の調査をした社会学者は，女子大生の間での喫煙とやせていることに高い相関があると主張した」とB「ニコチン中毒の研究をした生物学者は，ニコチンの大量摂取がしばしば体重の増加をもたらすと主張した」という2つの意見は，論理的に矛盾しないとしても，逆方向の意味をもっている．これらの意見を1つだけ読んだ場合には，米中の大学生ともBよりもAの説得力を高く評定する．しかし両方を読んだ後で個々の意見の説得力を評定するよう求めると，アメリカ人はAの説得力がより高いと考え，逆に中国人は両方の説得力を同じように評定するようになる（図17-6）．つまり中国人は矛盾した主張の両方を取り入れようとしたのに対し，アメリカ人は矛盾を解消するために片方の主張を受け入れて，Aの説得力を高く評定したというわけである．

一方，中国のことわざには「過ぎたるは及ばざるがごとし」など妥協や折衷，中庸を重んじるものが多く，そうしたことわざをアメリカ人よりも中国人の方が実際に支持することをたしかめたブライリーら（Briley et al., 2000）は，3つの製品から1つを選ぶ際に選択の理由を述べるよう求めると，アメリカ人は単純な規則で選択を正当化できる製品を選び，中国人は中間的な製品を選ぶ傾向が強まることを明らかにしている．例えば，A「48 MBのRAMと1 GBの

FIGURE 17-6 ● 2つの意見の説得力に関する米中の大学生の評定結果

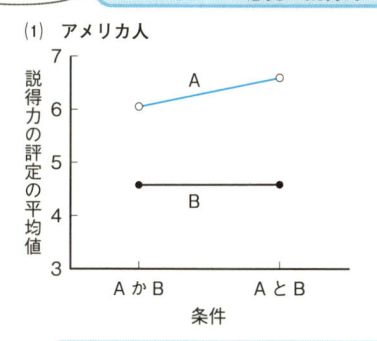

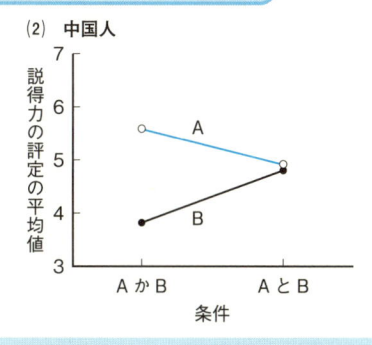

(1) アメリカ人 / (2) 中国人

縦軸：説得力の評定の平均値（3〜7）
横軸：条件（AかB、AとB）

> どちらか一方の意見を読んで説得力を評定した場合には米中の大学生の結果に違いは見られなかったが，両方の意見を読んでから個々の意見の説得力を評定した場合には，米中の大学生の結果に大きな違いが見られた。

（出典）Peng & Nisbett, 1999.

ハードディスク」とB「16 MBのRAMと3 GBのハードディスク」とC「32 MBのRAMと2 GBのハードディスク」という具合にRAMとハードディスクの容量が異なる3種類のコンピュータから1つをアメリカと香港の大学生に選ばせると，AやBといった極端な選択とCのような中間的な選択の割合は，米中いずれの学生の間でもほぼ等分になる。しかし選択の前に理由を書くよう求めて文化的知識を顕在化させると，中国人の場合は，中間的選択の割合が上昇し，逆にアメリカ人の場合は，その割合が大きく低下する。またアメリカ人は「RAMはハードディスク容量よりも重要」といった規則を選択の根拠とすることが多いのに対し，中国人は「RAMもハードディスク容量も重要」「中間がよい」など折衷案を正当化の理由とすることが多いことも同時にたしかめられている（第12章第3節参照）。

変化の予測

変化を直線的な形でとらえ，現在の動向が今後も続くことを期待しがちな西洋人に比べ，「塞翁が馬」の故事や「禍福はあざなえる縄の如し」といったことわざに象徴されるように道教や儒教の教義を受け継ぐ東洋人は，物事は絶え間なく変化し，現在の状態や変化の方向が今後も続くはずはないと考える傾向が強い。アメリカ

と中国の大学生にいくつかの状況での将来を予測させたジら（Ji et al., 2001）は，アメリカ人よりも中国人の方が現在の状況が変化する可能性を高く見積もり，また変化の動向をアメリカ人は直線的にとらえるのに対して，中国人はむしろ循環的にとらえることを明らかにしている。例えば世界経済の成長率やガンによる死亡率の年次的推移を表す架空のグラフを示して，その後の動向を予測させると，上昇するにしろ下降するにしろ，変化が加速している場合には，それが鈍化または逆転すると中国人は予測するのに対して，アメリカ人は，加速を同方向での変化が継続する証しとしてとらえることが示されているのである。また過去6カ月の9社の株式の値動きのチャートを示して，アメリカと中国の大学生と成人に，半年後の利益が最大になるように1000ドルを分配して投資するよう求めたアルターとクワン（Alter & Kwan, 2009）は，これまで値上がりしてきた株式にアメリカ人は集中的に投資する傾向を示したのに対して，中国人は投資を分散させて，曖昧な動きを示す株式の方に多く投資することを明らかにしている。

残された課題

比較文化研究の課題は，文化差が示されたときに，それを単なる記述以上の水準でいかに整合的に説明するかという点にかかっている。東アジアと北米の比較を中心とした文化心理学では，そこでの文化差を自己観や思考様式の違いに還元して説明しているわけだが，この種の研究では東西の文化差を必要以上に強調し，単純化しすぎるきらいが強くなる。同じ東アジアでも日本と中国，韓国の間には，多くの面で文化の違いが存在するのは間違いない。東西の比較に限らず，文化間の違いに目を向けると，とかく文化内の変動を見落としがちになりやすい。もちろん相互独立的自己観―相互協調的自己観にしても，分析的思考―包括的思考様式にしても，それが二者択一の問題としてとらえられているわけではない。いずれの社会の人々も両方の要素をあわせもち，それぞれの文化環境に応じて一方が他方よりも優勢になることが想定されているのである。例えば前出の場依存性に関する実験で北山ら（Kitayama et al., 2003）は，日本に滞在中のアメリカ人学生やアメリカに滞在中の日本人学生は，母国よりも滞在先の学生に近い判断傾向を示すことをたしかめているし，ドイツ人学生に自分が家族や友人といかに違うか，あるいは似ているかを考えさせることによって異なる自己観の顕在性を操作したキューネンら（Kühnen et al., 2001）は，後者の手続き

で相互協調的自己観を顕在化させると「埋没図形検査」(embedded figure test) での反応の場依存性が高まることを明らかにしている。

単なる文化差の例証ではなく，それを歴史的に蓄積された観念や価値体系，社会文化的慣習や制度に関連づけて説明することが文化心理学の課題となるが，社会・経済制度を含めた歴史的考察は，どうしても思弁的にならざるをえない。その一方で，認知の文化差を説明しうる要因を直接に抽出する試みもなされている。例えば注意のパターンの文化差を物理的環境の違いに求めた宮本ら (Miyamoto et al., 2006) は，アメリカよりも日本の光景の方が全体にごちゃごちゃと多くの要素が入り込んでいることをたしかめたうえで，日米の大学生ともアメリカよりも日本の写真を見た後で前景よりも背景の変化に気づきやすくなるなど注意のパターンが変化することを明らかにしている。また北山ら (Kitayama et al., 2006) は，北海道生まれの日本人は，他の日本人よりもアメリカ人に近い反応を示すことを通じてフロンティアに移住することが相互独立的自己観を育成するという仮説の検証を行っている。このように文化内の分析を含めて文化差をもたらす要因の解明を進めていくことは，国や地域を単位とした分節化から文化を解放して心理学の主流に文化心理学を融合させる道筋を示すものと見なすこともできる。しかし文化間，文化内の交差的方法によって文化を構成要素に分解し，それに基づいて認知の文化差の解明を図ることは，文化心理学の方法論の深化とも考えられるが（TOPICS 17-1 参照），複雑でとらえどころのない文化の民俗誌的理解から遠ざかって，文化の本質を見落としてしまう危険性も同時にはらんでいるように思われる。

SECTION 4 言語相対性仮説の検証
比較文化心理学の展開

言語は文化の重要な構成要素であり，その構造には言語が使用される社会の文化的特質が反映されているはずである。例えば長幼の序が重視される縦型の集団主義社会では，敬称語句や敬語表現が発達しやすいであろうし，日本語のように会話の中で主語や目的語としての人称代名詞を省略（pronoun drop）できる言語に比べると，英語のように文法的に人称代名詞を省略できない言語が使用されている社会は，一般に個人主義的傾向が強いという指摘もなされてい

TOPICS　17-1　比較文化研究の新しい展開

　近年の文化と認知研究は，比較文化研究に新しい展開をもたらしている。質問紙法を中心とした態度や価値といった変数の文化間の差異に加え，実験法を用いてオンライン状況での心理的反応をとらえることで，文化の差異が現象レベルから心理プロセスのレベルへと深化してきているといえよう（北山・宮本，2000；Nisbett et al., 2001；唐澤，2006）。文化心理学における実験法では，文化の要素を分析し，その要素を実験条件としてコントロールすることによって，文化に適応する人の心を明らかにしてきた。

　文化人類学，社会学，歴史学など多くの研究者が日本人は関係志向的であることを指摘してきた。こうした関係志向的傾向を表した心理的現象は，対人不安傾向（木村，1982）だろう。関係にたえず注意を払うことは，関係の維持，他者からの視点が気になることになり，ときに対人不安傾向となって現れる。欧米ではあまり見られないこの心理現象は，文化にある人間観によって形作られることを示しているだろう。文化と認知研究では，こうした心理現象の差異は，実験における心理プロセスの差異として現れ，心の文化への適応過程を示してきている。

　認知的不協和の実験を取り上げてみよう。1957年，フェスティンガー（Festinger, L.）は，人間が自己の決定に対して不安を感じ，自己維持のために自己正当化行動を生起させることを認知的不協和理論として提示した。多くの研究者がこの理論に魅せられ，以後50年多くの実験を行ってきたが，日本において，認知的不協和を解消する傾向は見られないことが報告されてきた（Heine & Lehman, 1997）。このことは，日本ではこれがないか，または日本的自己観に基づく傾向が存在するかいずれかによる。この点を明確にするために，北山ら（Kitayama et al., 2004）は，ベン（Brehm, 1956）と同様の手続きを用いて，実験参加者にCDの好みの判断をさせ，その後，持ち帰りのCDを選択させ，最後にCDのランキングを再度判断させた。選択したCDのランキング上昇値は選択されなかったCDよりも高くなり，自己の選択についての正当化が生じる——これを標準条件とすると，アメリカではこの条件のもとで認知的不協和解消傾向が生じるが，日本では生じない。ところが，実験室の実験参加者の前に，図1の抽象的な人の顔が書かれたポスターがおかれている条件ではこの傾向が生じた。これは，ポスターによって潜在的に他者を意識することによって，他者から見た自己選択への不安「他の人が私の選択がおかしいと言わないだろうか」が生じたと解釈できる。

　認知的不協和の解消が生じるには，日本において関係志向的自己への脅威，つまり他者から見た自己への不安が生じる必要があり，それによって認知的不協和現象を解消しようとする行動，自己正当化が起こるのである。このことは，

欧米の自己正当化の心理プロセスの枠組みは日本にあてはまらず，関係志向的自己といった文化的意味に媒介された，他者から見た自己正当化といった解釈がより妥当であることを示している。抽象的で無意味とも認知できる他者が，関係志向的自己観が優勢な日本においては，文化的意味を喚起させ，行動の重要な手がかりとなっているのである。こうした潜在的な喚起条件は，

図1 実験で用いられたポスター

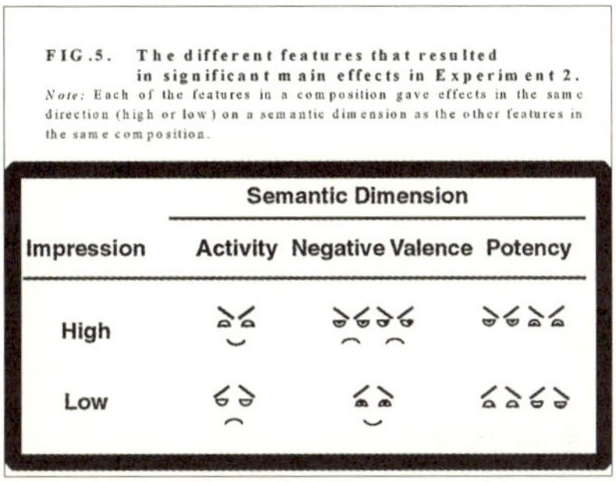

FIG.5. The different features that resulted in significant main effects in Experiment 2.
Note: Each of the features in a composition gave effects in the same direction (high or low) on a semantic dimension as the other features in the same composition.

Impression	Semantic Dimension		
	Activity	Negative Valence	Potency
High			
Low			

(出典) Kitayama et al., 2004.

文化のプライミングとしても着目されている（Hong et al., 2000）。このような実験法による条件間の交互作用は，文化間の差異が心理的現象の高低のみでなく，文化にある意味に人が適応し，心理プロセスを形成する実態を示すことができる方法となっている。

　文化比較における方法論の深化は，同時に文化間，文化内の交差的方法によっても示されてきている。東（2005）が交差文化的方法とよび，北山（Kitayama et al., 2009）がトライアンギュレーションとしてよんだ方法である。比較文化研究は，経済的・人材的制約から2つの文化間での比較が多くなされてきたが，ときに文化の二分法であると指摘されてきた（例えば，波多野，2003）。これに対して，東は東洋文化の中から中国，日本を取り上げ，アメリカのデータと比較することによって，文化のどの要素が類似し，また対比されるのかをとらえようとした。同様に，アメリカ，日本という比較に加え，ドイツ，イギリスとの比較により，文化相対性と言語相対性をとらえることも試みられている（Kitayama et al., 2009）。また文化内差として，下位文化における差異となる学歴（Markus et al., 2004）や地域による差異（Nisbette & Cohen, 1996；Plaut et al., 2002；Uskul et al., 2008）についても多くの報告がなされてきている。また，複数のデータを同時に収集し，従属変数と文化との交互作用を見ることも可能となってきている（Kitayama et al., 2006）。こうした方法論の多様化は，文化心理学の相互構成的理論によるものであり，今後，民俗誌，現場参与的観察，調査などの多彩な方法の知見を取り入れ，文化的要素が心に浸透していることを明らかにしていくことが，比較文化研究にとって重要であろう。

〔唐澤真弓〕

る (Kashima & Kashima, 1998, 2003)。それでは言語の構造は，その使用者の認識や思考にどのような影響を与えているのであろうか。ウォーフが提示した言語相対性仮説（サピア＝ウォーフ仮説）の解釈をめぐって今日まで論争が続いていることは前述した通りだが，言語が認識や思考を決定するという強い仮説（言語決定論）は支持されないとしても，言語の違いが何らかの影響を及ぼすという弱い仮説（言語相対論）に関しては，それを支持する研究結果がいくつも報告されている。以下では，人が関与する社会的事象ではなく，色の知覚，数量の把握，空間や時間の認識など，非社会的事象の認知を中心に比較文化研究の流れを概観してみることにしよう。

色の知覚

色を表す単語の数は，言語によって異なっている。「暗い」「明るい」の2語しかもたないニューギニアのダニ族に比べると（第8章第4節参照），英語や日本語の話者は，文字通り多彩な色彩表現を日常的に行っていることになる。このように色彩空間の分割の仕方は，それぞれの言語で恣意的になされており，言語的符号化（verbal coding）によって異なる色彩の知覚や記憶が産出される可能性がある。

こうした形での言語相対性仮説に対しては，色彩知覚の神経生理学的メカニズムを重視する立場から言語的符号化の影響を否定する見解が提示されている。世界各地の言語から11種類の基本色の用語を抽出したバーリンとケイ（Berlin & Kay, 1969）は，それが2つしかない場合は白と黒（明と暗），3つの場合はそれに赤が加わり，それ以上になると緑か黄，さらに青，ついで茶という具合に色の連続体の分割の仕方には明確な規則性があり，恣意的になされているわけではないことをたしかめている。さらに基本色の中で最も典型的な焦点色とそれ以外の色の記憶の違いに注目したロッシュ（Rosch, 1973）は，2つの色彩語しかもたないダニ族も英語の話者も同様の結果を示すことから，基本色の焦点には文化的普遍性があり，言語的符号化による違いは見られないとして言語相対性仮説を全面的に否定しているのである。一方，メキシコのユカタン半島の土着語（タラフマラ語）の話者に，緑と青の色調が異なる8種類の色片を組み合わせて色の異同の判断をさせたケイとケンプトン（Kay & Kempton, 1984）は，アメリカ人は緑と青の境界に近い2色の違いを過大視するのに対して，緑と青を区別しないタラフマラ語の話者は，そうしたバイアスを示さないことを明らかにしている。それぞれの言語で用いられる色のカテゴリーの境界の違い

が，色の類似性判断や記憶に同様の影響を及ぼすことは，アフリカの少数部族を対象としたロバーソンら (Roberson et al., 2005) の研究でも明確に裏づけられている。使用する言語に関わりなく，色の知覚は生物学的に決定している部分が大きく，知覚上のカテゴリーにも普遍性が認められるとしても，カテゴリーの境界決定など，制限された形での言語的符号化の影響が示されたということになろうか。

数量の把握

ものの数え方や数を表す言葉のシステムは，言語によって異なっている。文字をもたないアマゾンのピラハ族は，ものを数えるのに「1，2，たくさん」という形で3以上の数を表す言葉をもっていない。ナッツや棒を使って数を符合させたり，カンの中に入ったナッツを見せた後で1つずつ取り出して，まだカンの中にナッツが残っているかどうかを尋ねてピラハ族の数の認知を調べたゴードン (Gordon, 2004) は，判断対象となる数が3以上になると成績が悪化することをたしかめるとともに，数が大きくなるにつれて一定の方式で誤答が増えることから，2より大きい数を表す概念はなくとも，大雑把な形での数量の把握がなされていると推測している。正確な数の把握や計算には，言葉が必要だとしても，数を表す言葉がなくともおおよその数量は把握できるということである。また同じ10進法を採用している文明国の中でも，eleven, twelve, thirteen など不規則な数詞を用いる英語に比べると，日本語や中国語の数詞は，10の位と1の位を組み合わせた単純な規則で構成されており，そのことが数の体系を理解するうえでアジアの児童を優位にしているという指摘もある (Miller, 1996 ; Miura et al., 1993)。ただし数の理解や処理能力は，教育や経済制度などの文化的慣行に依存する部分が大きく，その点に関する文化差を言語の違いに還元して説明するのは難しそうである。

空間と時間の認識

私たちは，通常，空間内の配置や方向を示すときに自分の身体の向きを基準にして左右前後といった用語で位置づけを行っている。身体の向きを逆にすれば前のものは後ろに，左側は右側にという具合に相対的な位置関係が用いられているわけである。それは日本語だけなく，インド・ヨーロッパ語にも共通した用語法であり，自分の位置を基準にした相対的な定位に基づく空間認識の普遍性が暗黙裡に想定されてきた。しかし文化人類学者のレヴィンソン (Levinson, 1997) は，オー

FIGURE 17-7 レヴィンソンが使用した3つのおもちゃ(人, ブタ, ウシ)の空間的配置

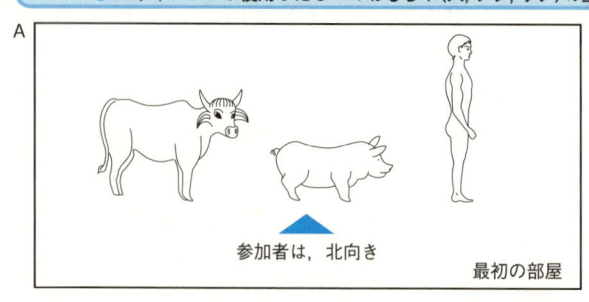

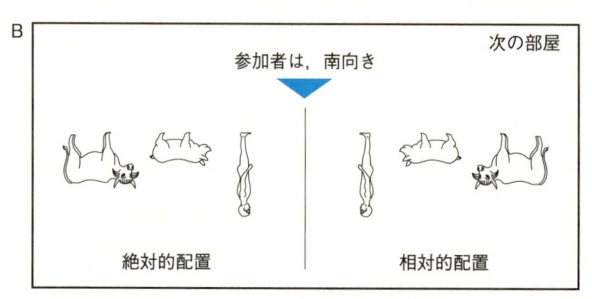

A　参加者は，北向き　最初の部屋

B　次の部屋　参加者は，南向き　絶対的配置　相対的配置

> 北向きの部屋で示されたAの配置を見た後で，南向きの別室の机の上で3種類のおもちゃの並びを再現するとオランダ人はBの「相対的配置」を行うのに対して，アボリジニの多くは「絶対的配置」を行った。

(出典) Levinson, 1997 より作成。

ストラリア先住民の言語（Guugu Yimithirr）では，位置や方向を示すのに東西南北という形の記述がなされ，自分の身体の向きに関わりなく，コンパスの基本方位に基づく絶対的な定位に根差した空間認識がなされていることを明らかにしている。例えば北向きの部屋で図17-7に示すような形でおもちゃの人，ブタ，ウシが並んでいるのを見せた後で，別室の南向きの机の上に3つのおもちゃの並びを再現するよう求めた場合，オランダ人はブタの右側に人がくるような相対的配置を行ったのに対して，アボリジニの多くはブタの東側（左側）に人がくるような絶対的配置を行うことをたしかめているのである。

時間の経過を記述する際には，前後あるいはさかのぼる，下るといった空間

的比喩が用いられることが多い。ボロディツキーとゲービー (Boroditsky & Gaby, 2006) は，左側から右側へと文章を書く英語の話者は，時間も同様に左から右へ流れると考える傾向があり，例えば人物の写真を並べる際に，若い頃のものを左側に，年をとってからのものを右側にという具合に，年代順に配置することを明らかにしている。一方，オーストラリアのアボリジニの間では，時間は東から西へと流れると見なす傾向が強く，部屋の向きによって上記の写真の左右の並び順が異なってくることが示されている。またボロディツキー (Boroditsky, 2001) は，上から下へと文章を表記する中国語の話者は，時間の経過を水平方向にとらえる英語の話者とは異なり，垂直方向の流れとしてとらえていることを実験的に検証している。水平方向あるいは垂直方向に対象が並べられた図形をプライムとして「3月は4月よりも前にくる」といった時間的順序に関する文章の真偽を判断させたところ，中国語の話者は，水平よりも垂直方向の図形を見た後で，反応時間が早くなったのに対して，英語の話者には，垂直よりも水平方向の図形の方が，有効なプライムとなることが示されているのである。

BOOK GUIDE ●文献案内

柏木恵子・北山忍・東洋編 (1997) 『文化心理学——理論と実証』東京大学出版会
- 日本ではじめて文化心理学の理論的枠組みと実証的研究を幅広く取り上げた専門書である。「文化心理学の理論」「文化心理学の実証的研究」「認知と実践」の3部構成になっており，それぞれについて文化心理学とは異なる立場の研究者からのコメントが加えられている。文化心理学の成り立ちや今後の課題について，理解を深めるのに役立つ構成になっている。

ニスベット，R.E.／村本由紀子訳 (2004) 『木を見る西洋人 森を見る東洋人——思考の違いはいかにして生まれるか』ダイヤモンド社
- 古代ギリシャや古代中国の社会の成り立ちや哲学・思想の違いから説き起こし，最近の心理学の研究成果も含めて東洋人と西洋人のものの見方や考え方の違いやその起源をわかりやすく解説している。アメリカでも広く読まれ，評判となった著書の邦訳である。

鈴木孝夫 (1973) 『ことばと文化』岩波書店
- 「ことばと文化」の関係についての社会言語学的考察であるが，豊富な事例に裏打ちされており，文化と認知の問題に関心をもつ心理学者にとっても多くの重要なヒントが含まれている。特に「人を表すことば」に関する考察は，非常に興味深い内容になっている。言語相対性仮説に関しては，同著者の『日本語と外国語』(1990年，岩波書店) が参考になる。

Chapter 17 ● 練習問題 　　　　　　　　　　　EXERCISE

❶ あなたの家族は，普段，お互いをどのようによび合っているだろうか。そうした観察を通じて，家族内あるいは日本人一般の人間関係の特徴を考えてみよう。

❷ 虹は何色に見えるだろうか。日本では虹は7色とされているが，それは文化を超えた普遍性をもっているのだろうか。

❸ ボール紙の箱を見た後で，ボール紙の細片とプラスチックの箱の中から似ているものを選ぶよう求められたら，あなたはどちらを選ぶだろうか。材質と形のいずれに注目するかの決め手となりうる要因について考えてみよう。

HINT●p.463

● 萩原　滋

第18章 メディア情報と社会認識

メディア効果論の展開

秋葉原通り魔事件の現場──2008年6月8日（毎日新聞社）

CHAPTER 18

- KEYWORD
- FIGURE
- TABLE
- TOPICS
- BOOK GUIDE
- EXERCISE

INTRODUCTION

　私たちは，どのような社会に住み，何を重要な社会問題と考えているのか。内外の社会情勢に関する私たちの認識は，直接的な経験よりも新聞やテレビなどのニュース報道に負う部分が大きい。ニュース報道だけでなく，ドラマや映画，小説といったフィクション作品も，現実社会に関する私たちの認識を左右する。メディア情報は，現実を反映するとしても，そこには必ず取捨選択のプロセスが働き，ある種のゆがみや偏りが介入するのを避けることはできない。本章では，新聞やテレビなどのマスメディアを中心に，私たちの社会認識に及ぼすメディア情報の影響に関して，これまで提唱された主要なマスコミ理論と研究成果を概観する。

> **KEYWORD**
> 限定効果論　コミュニケーションの2段階の流れ　選択的接触　議題設定　フレーミング　争点フレーム　ニュース・フレーム　エピソード型フレーム　テーマ型フレーム　戦略型フレーム　争点型フレーム　文化指標プロジェクト　培養効果　主流形成効果　共鳴効果

SECTION 1　メディア環境とマスコミ理論の変遷

メディア環境の変化

インターネットの発達によって私たちのメディア環境は，大きく変わりつつある。これまで社会情勢の主要な情報源とされてきた新聞やテレビの社会的役割も変容を迫られている。新聞の定期購読者は着実に減少しており，特に若年層の新聞離れが際立っている。テレビの視聴時間量には，それほど顕著な変動はまだ見られないとしても，多メディア・多チャンネル化の流れの中でテレビの視聴様式は多様化しいる。新聞社や通信社はニュースサイトを設けており，テレビやラジオのインターネット配信や動画共有サイトなども一般化してきている。インターネットを通じて，ありとあらゆる情報を獲得することが可能な時代になっているのである。しかしインターネットの利用の仕方は，個人差がきわめて大きく，多くの人々が共有する社会情報となると，やはり旧来の新聞やテレビといったマスメディアの果たす役割は依然として大きいといわざるをえない（TOPICS 18-1参照）。インターネットの利用率が高い大学生の間では，各種情報をネット経由で獲得することが着実に増加しているが，それでも「趣味や娯楽」以外の「事件・事故」「政治や社会情勢」「海外の話題や出来事」など多くの社会情報に関しては，やはり現状ではテレビが主たる情報源となっているようである（図18-1）。本章では，新聞やテレビを中心とするメディア情報が人々の社会認識に及ぼす影響に焦点をあてた研究を取り上げていくが，その前にメディア効果に関するマスコミ理論の変遷を簡単に見ておくことにしよう。

限定効果論の見直し

新聞やラジオ，映画が日常生活に浸透し始めた20世紀初頭から1930年代までは，マスメディ

TOPICS　18-1 インターネット社会における「関心」のゆくえ

　第1の情報源はインターネット，という人が増えている。しかも，そこで得ている情報はニュースのような社会情報から買い物や趣味といった生活情報まで多岐にわたる。そうした作業で，私たちがよく利用するのは，GoogleやYahoo!といった検索サイトである。その際，欠かせないのが検索語だ。それを適切に指定することで，ニーズに適った情報に近づける。その検索語を指定するのが利用者自身である以上，得られる情報もおのずと自分の関心や立場に合致したものになりやすい（選択的接触）。私たちの中に，自分を支持する気持ち，いわゆる社会的承認欲求がある以上，自分の選好と異なる情報に接する確率は必然的に小さくなる。加えて情報処理能力による制約も無視できない。理論上は多種多様な情報に接しうるにもかかわらず，私たちがインターネットで手にする情報は，こうして質量ともに限られたものとなる。

　ネット上で提供されるニュースも例外ではない。トップ画面に現れるトピックは閲覧回数を優先して決められ，中にはアクセス・ランキング（一種の推薦情報）を公開するサイトさえある。しかし，多く読まれるニュースが頻繁に掲載される仕組みとジャーナリズムの本質とは異なる。たとえ内容が同じであっても，印刷版とオンライン版とではニュースの読まれ方が違うという報告もある。テュークスベリーとアルトハウス（Tewksbury & Althaus, 2000）によれば，オンライン版接触群は非公共的ニュースの再認数が多い。利用者側のコントロールの増大は，従来のニュース接触と異なるパターンをもたらしつつある証しといえよう。さらに新聞社サイトやポータルサイト上のニュースは，しばしばネット掲示板やブログで「ネタ」として扱われ，増幅されていく。そうした行為自体は「公論の私論化」であり，「空気」を考慮して書かれる「私論」は支持的なコメントも手伝って「公論」と錯覚されやすい。

　もっぱら着信メロディや待受画面の入手手段だった携帯電話によるインターネット利用が，いまやパソコン同様の使い方に変わってきている。しかし利用実態には一定の差が見られ，例えば検索語を内容分析したアイレップ社によれば「パソコンユーザーが情報を比較検討しようとする」のに対し，携帯による「検索は単ワードで，衝動的に一つの答えを求める傾向がある」（有吉, 2007）。今後，携帯電話経由の利用が増えると，ネット利用によって，いっそう自分の選好が強化され，ひるがえって他者に対する寛容度が低下するかもしれない。

〔川浦康至〕

FIGURE 18-1 各種情報の入手源

――●―― テレビ　――■―― 新聞　――▲―― インターネット

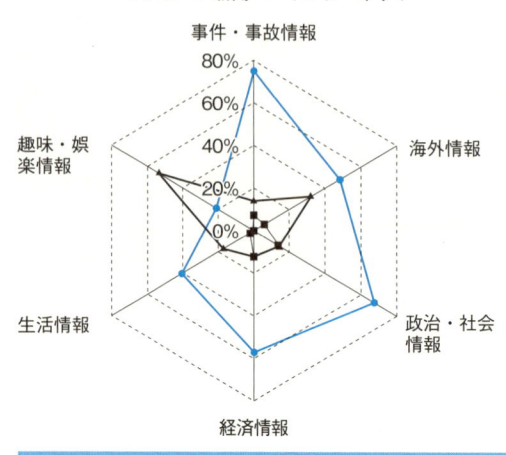

（レーダーチャート：事件・事故情報、海外情報、政治・社会情報、経済情報、生活情報、趣味・娯楽情報）

各領域の主たる情報源を「テレビ」「新聞」「雑誌」「インターネット」「家族や友人・知人」「その他」「関心がない」の7つの選択肢から選ぶという形式の調査結果（2009年に首都圏5大学の学生1152名を対象に筆者が実施）。インターネットの選択率が高い「趣味・娯楽情報」以外では，依然としてテレビが主たる情報源となっていることがわかる。

アのメッセージは，人々の態度や行動を意のままに動かすほどの強大な力を有すると考えられていた。しかし1940年のアメリカ大統領選挙に際して行われた有権者調査（Lazarsfeld et al., 1944）をきっかけに，マスメディアの力はそれほど強くはないとする限定効果論（limited effects perspective）が研究者の間で支配的になっていく。すなわちコミュニケーション過程におけるオピニオンリーダーの影響力や社会関係の重要性を明確にしたコミュニケーションの2段階の流れ（two-step flow of communication），人々は自分の知識や態度などの先有傾向と調和する情報に接触し，調和しない情報との接触を回避する傾向をもつという選択的接触（selective exposure）といった現象が注目され，マスメディアは，人々の態度や行動を変化させるよりも，それらを補強する方向に作用することが多いという一般化がなされたのである（Klapper, 1960）。

しかしながらテレビが普及した1960年代後半以降になると，人々の態度や意見を形成するうえでのマスメディアの影響力は限定的であるとしても，現実社会の認識に関してはメディア情報の影響力が大きいという形で限定効果論の見直しが行われるようになる。

SECTION 2 議題設定理論

　効果研究の焦点を受け手の態度から認知へと移行させることによって限定効果論の流れを変え，マスメディアの強力な効果の新たな探求を導く原動力となったのは，1968年のアメリカ大統領選挙に際してマコームズとショー（McCombs & Shaw, 1972）が行ったメディアの議題設定（agenda-setting）機能に関する研究である。ノースカロライナ州チャペルヒルの有権者を対象に，政府が取り組むべき主要な問題についての回答から有権者が重要だと思う争点（公衆議題）を抽出すると同時に，新聞，ニュース週刊誌，テレビの全国ニュースの内容分析を通じてメディアが取り上げた主要な争点（メディア議題）の報道量を測定したところ，両者の間にきわめて高い順位相関が認められた。このことから「マスメディアで，ある争点やトピックが強調されればされるほど，その争点やトピックに対する人々の重要性の認識も高まる」というメディアの議題設定効果が提唱されたのである。限定効果論との対比を視野に入れると，「どう考えるか」（what to think）ではなく，「何について考えるか」（what to think about）という点でメディアの影響力の大きさが示されたことになろう。

議題設定研究の展開　議題設定研究では，主要な争点に関するマスメディアの強調度を独立変数，各争点の重要性に関する人々の認識を従属変数とするわけだが，実証的研究が蓄積するにつれて以下のような形で測定方法や理論の精緻化が図られている。

(1) 従属変数となる公衆議題の測定に関しては，個々人が何を重要な争点として認識するかという「個人内議題」（intrapersonal agenda）のほかに，どの争点が日常会話の中で話題となることが多いかという「対人議題」（interpersonal agenda）や世間一般の人々の重要性認知の推測を反映した「世間議題」（perceived public agenda）といった概念が導入されている。

(2) また，メディアの議題設定効果をどの水準でとらえるかという点についても，①認知モデル（awareness model），②顕出性モデル（salience model），③優先順位モデル（priority model）という3種類の概念モデルが提示されている（図18-2）。認知モデルでは，マスメディアが特定の争点を取り上

FIGURE 18-2 ● 議題設定効果に関する3種類の概念モデル

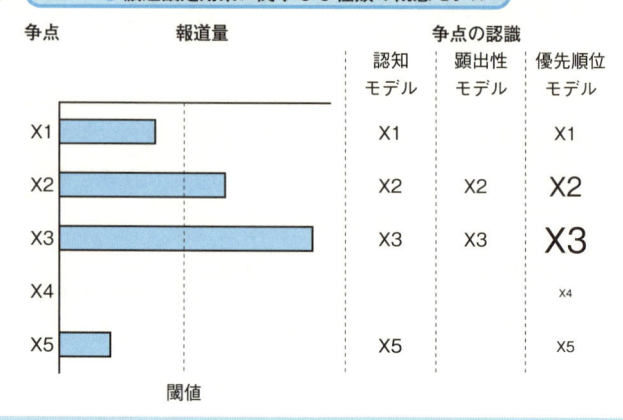

> 「認知モデル」では報道された争点がすべて認知されるのに対して，「顕出性モデル」では報道量が閾値を超えてはじめて認知されることを想定している。一方「優先順位モデル」では，各争点の報道量の順位が，受け手側の重要性の認識の順位に反映されるという対応関係を想定している。

げるか否かによって，その争点の存在を人々が認識するかどうかが決定するという形での議題設定効果を想定しているのに対して，顕出性モデルでは，マスメディアで特に強調された少数の争点のみが閾値を超えて受け手にとって重要な争点として認識されるという効果，優先順位モデルでは，さまざまな争点に関するメディア側の優先順位が，そのまま受け手側が認識する優先順位に転移することを想定しているのである。

(3) 一方，独立変数となるメディア議題に関しては，新聞とテレビの比較が試みられているが，どちらの議題設定力が強いかという点に関して明確な結論は示されていない。ただ，新聞とテレビでは，効果のタイムスパンが異なり，新聞は比較的長い時間をかけて公衆議題の骨格を作り，さまざまな争点の優先順位の認知に影響を及ぼすのに対して，テレビの議題設定力の方が即時的であり，いくつかの争点の顕出化に影響する，あるいは新聞は個人内議題，テレビは対人議題に対して強い影響力を発揮する，といった形でのメディアによる議題設定機能の違いが指摘されている。

> **第2水準の議題設定（属性型議題設定）**

従来の議題設定研究では，どのような争点が取り上げられるかということに注目して，特定の争点の取り上げ方に立ち入ることはなかったが，研究が深化するにつれて争点の内実にまで踏み込んで議題設定効果を追究しようとする新たな研究動向が生じてきた。争点全体の顕出性を扱う従来の議題設定を第1水準とすると，特定の争点の諸属性の顕出性に着目した下位争点レベルの議題設定効果は，「第2水準の議題設定」(the second level of agenda setting) あるいは「属性型議題設定」(attribute agenda setting) とよばれている（竹下，2008）。このような議題設定研究の展開は，「何について考えるか」(what to think about) という従来の議題設定の研究課題から，特定の争点について「どのように考えるか」(how to think about it) という方向へと適用領域を拡張する試みとして位置づけられる。

特定の争点のいかなる側面を重視するかという視点からの分析は，後述するフレーミング（枠づけ）の概念ときわめて類似性が高いものとなる。実際，マコームズとショー（McCombs & Shaw, 1993）は，属性型の議題設定をフレーミングとほぼ同一視し，フレーミングは議題設定研究のパラダイムに包摂可能なものとしている。しかし議題設定の視点からフレームをトピックや属性などに還元して扱うことに対しては，ジャーナリズムの立場からフレーミングの問題を取り上げてきた研究者の強い反発を招来することになる。

SECTION 3　フレーミング研究

フレーミング（framing）研究は，メディアが争点や出来事をどのような枠組みで報じるか，そしてそれが人々の現実認識とどのように関連しているかを追究するものである。そこでは報道の枠組み（メディア・フレーム）が認識の枠組み（オーディエンス・フレーム）を設定し，それが当該の争点や出来事に対する人々の認識や態度を規定する，というプロセスが想定されている。しかしメディア・フレームの影響を検討する際には，オーディエンス・フレームをバイパスして，直接に後続のフレーミング効果を測定することが多い。つまり当該の問題に対する受け手の定義や理解の仕方を検証することなく，その問題に対す

る態度や評価だけを従属変数として測定することが多いのである。

伝染病への対策に関する意思決定課題で「どれだけの人が助かるか」という利得の強調はリスク忌避的選択を促すのに対して、「どれだけの人が死亡するか」という損失の強調はリスク志向的選択傾向を強める、という形のフレーミング効果を示したトヴァスキーとカーネマン（Tversky & Kahneman, 1981）の研究が第12章で紹介されている。これはニュース研究の文脈で行われたものではないが、同じ状況でも表現の仕方によって異なる判断枠組みが作動する可能性を示すものであり、メディア・フレームよりもオーディエンス・フレームの解明に寄与するものとして位置づけられる。

さてメディア・フレームに関しては、標準化されたカテゴリーが確立しているわけではなく、研究目的に応じて多種多様なフレームのセットが援用されている。しかし、それらを特定の争点の報道内容の個別・具体的なフレームとして概念化される**争点フレーム**（issue frames）と、特定の争点ではなく、ニュース全般に適用可能な普遍性の高い**ニュース・フレーム**（news frames）とに区分することができる（Nelson & Willey, 2001）。

争点フレーム　例えば2004年はじめの鳥インフルエンザに関するテレビ報道を分析した大坪（2007）は、人に感染する危険性をはらんだ「感染症」、養鶏業者に多大な被害を及ぼす「経済的損失」、鶏肉や鶏卵の価格や安全性など生活に影響する「食品」、防疫のための規範の遵守といった「倫理」という4つの側面を同定し、そのいずれが強調されるかに基づいて4種類のフレームを設定している。これらを第2水準の議題設定における下位争点として位置づけることもできるが、このような形で報道内容の分析に基づいて、事後的に争点フレームを抽出する場合には、対象に応じて異なる汎用性の乏しいフレームが設定されることが必然的に多くなる。一方、政治、経済、防衛、社会問題など多様な争点に共通したフレームとしてニューマンら（Neuman et al., 1992）は「対立」「道徳性」「経済」「無力感」「人間への影響」といった5つのフレームを設定しており、このほかにも「コンフリクト」「人間的興味」「経済的結果」「道徳性」「責任」など多くの研究で共通に用いられたフレームを整理して、汎用性の高いニュース・フレームを設定しようとする動きもあるが（Semetko & Valkenburg, 2000）、まだ何を標準的なカテゴリーとするかについて研究者間の合意を得るには至っていない。

どのような枠組みで報道するかによって，報道対象に対する認識や評価が影響されることは容易に予測される。例えば郵政民営化法案が参議院で否決されたのを機に小泉首相が衆議院を解散して2005年9月に行われた総選挙では，法案に反対する候補に対して擁立された賛成派の候補は「刺客」とよばれ，「抵抗勢力」と「改革派」の対立というフレームでの報道が多くなされ，それが自民党圧勝の一因となったとされている。またフレーミング効果を実験的に検証する場合にも，目的に応じて独自のフレームの操作がなされることが多い。例えばネルソンら (Nelson et al., 1997) は，アメリカの人種差別主義者KKKの集会を「社会秩序の崩壊」ではなく，「発言の自由という権利の行使」とフレームしたときに，KKKに対する許容度が高まることを示しているし，キンダーとサンダース (Kinder & Sanders, 1990) は，黒人に対する積極的差別是正措置 (affirmative action) を「白人に対する逆差別」とフレームするか，「黒人に対する不当な利益」とフレームするかによって，その政策に対する白人の支持が変化することを明らかにしている。

ニュース・フレーム

どのようなニュースにも適用できる汎用性の高いニュース・フレームとしては，アイエンガー (Iyengar, 1991) が提唱したエピソード型フレーム (episodic frame) とテーマ型フレーム (thematic frame) の二項対立型の図式が広く知られている。それは報道の内容というよりも形式に関わるものであるが，例えば貧困といった社会問題を取り上げる場合，ホームレスなどの個人的窮状を具体的に示すのがエピソード型フレーム，経済状況を表す統計的データや政府の雇用政策など，具体的な事例ではなく，一般的・抽象的な観点から問題を描写するのがテーマ型フレームの特徴とされる。もちろん，実際には両方の要素が含まれることが多いのだが，新聞に比べると，映像を中心とするテレビニュースではエピソード型フレームに依拠する部分が大きく，またそうしたエピソード型のニュース・フレームによって，社会問題の原因や責任が，構造的な要因よりも当事者である個人に帰属される傾向が強まることを，アイエンガーは実験によって検証しているのである。

一方，アメリカの選挙報道では，戦争やゲームなどの言葉を用いて誰が優勢かといった対立を強調することが多いことに着目したカペラとジェーミソン (Cappella & Jamieson, 1997) は，それを戦略型フレーム (strategic frame) と名

づけ，各候補者の政策の違いなどに焦点をあてる争点型フレーム（issue frame）と対比して，戦略型フレームの政治報道が政治家やメディアに対する不信感を高め，政治的シニシズムを醸成することを一連の研究を通じて明らかにしている。

SECTION 4　培養理論

　議題設定やフレーミングでは，新聞やテレビのニュース報道の影響を取り上げているのに対して，アメリカ全土に広く浸透した社会化の担い手としてのテレビの役割に注目したガーブナー（Gerbner G.）の培養理論（cultivation theory）では，おもにドラマやアニメなどのフィクションの世界の分析に基づいて「テレビを長時間視聴している者は，テレビの世界で繰り返される安定した描写のパターンを反映する形で現実の世界を認識する傾向がある」という基本仮説の検討が行われている。現実の出来事を報じるニュースにしても，何をどのように伝えるかという点で取捨選択のプロセスが働き，ある種のゆがみや偏りが介入するのは避けがたいが（TOPICS 18-2 参照），それ以上に制作者側の自由裁量に任される部分が大きいドラマやアニメなどのフィクション作品では，さまざまな形で現実から遊離した世界を恒常的に提示していることになろう。

文化指標プロジェクト　培養理論は，1960年代中盤にアメリカのペンシルバニア大学で開始された文化指標プロジェクト（cultural indicators project）の中で提唱されたものである。このプロジェクトは，①マスメディアの内容の制作に影響するプロセス，圧力，制約は何かの解明を図る「制度過程分析」（institutional process analysis），②メディア・メッセージに表現されるイメージ，事実，価値や教訓の支配的パターンは何かを検討する「メッセージ・システム分析」（message system analysis），③これらのメッセージが聴衆の抱く社会的現実の観念にどの程度影響しているかを測る「培養分析」（cultivation analysis）を3本の柱としているが，制度過程分析は手つかずのまま終わっている。実際には，アメリカの3大ネットワークで放送されたドラマ，アニメ，映画を1週間分録画して，番組，主要登場人物，それに暴力場面を対象とする詳細な内容分析（メッセージ・システム分析）を1967

TOPICS　18-2 マスコミのスケープゴーティング——重大事故の犯人捜し

　スケープゴートという言葉は，古代贖罪の日のユダヤ人の儀式に由来する。この日2頭のヤギが引き出され，1頭は神の生贄（いけにえ）となり，もう1頭は人々の罪を背負わされ荒野に追いやられた。後者をスケープゴートと称した。

　スケープゴーティングは，個人や集団の攻撃的エネルギーが集中的に他の個人や集団に向けられる現象である。非難・攻撃の対象が正当なものとしてたしかめられているわけではなく，その行為の是非が十分吟味されているとは限らない。特に多数の人々が死亡するような災害・事故が発生し，その原因が不明である場合，原因（責任の所在）追究過程の中でスケープゴートが発見される。

　マスコミの非難攻撃の対象が次々と変遷していくことは，内外の研究で明らかにされている。例えば1942年にボストンで発生したナイトクラブ火災事故では，新聞の攻撃対象が火をつけた少年からクラブの所有者，消防署，警察，市議会，市長と広がっていったことが明らかになっている。また2005年に発生したJR福知山線の脱線転覆事故では非難の対象が運転手，車掌，慰安旅行やボウリング大会に参加した社員，事故当日夜の酒宴に参加した代議士，暴走行為をした社員，社員を殴った乗客，JRに寿司の代金を要求したマンション住民，JRを糾弾した新聞記者，過密ダイヤを作ったJR当局，それに社会の風潮といったように変化した。

　このような変遷は，水面に石を投げ入れたとき，波が発生し四方八方に拡散していく状況としてモデル化できる。このモデルでは質と量の両面を考慮する。量に関して，事件直後にはその衝撃によって大きな波紋が発生する。振幅の大きさは攻撃エネルギーの量であり新聞記事の数に反映される。時間が経過するに従って振幅はしだいに小さくなっていく。ただし，1週間，1カ月といった記念日的な日や新たな手がかりが発見された場合，記事数が若干増大したり減少したりする。そして他の大きな事件が発生すると，その波動エネルギーによって消滅する。

　質に関しては，非難攻撃の対象の変遷について言及する。波紋の中心に近いところでは，その振幅エネルギーが狭い範囲（個人＝攻撃対象人物）に集中している。時間経過に従って中心から離れ，攻撃対象が職場の同僚，システム，管理者，行政当局，社会，国家というように拡散していく。それとともに，1件あたりの攻撃エネルギーは低下する。攻撃エネルギーがあるレベルまで低下すれば，新聞記事として掲載されたり，テレビで報道されることはなくなる。

〔釘原直樹〕

年以来20年以上継続すると同時に，そうした結果に基づいて質問項目を設定して，テレビの視聴時間の長い者ほどテレビ寄りの回答をするかどうか（培養分析）を不定期に調査しているのである。

培養効果　テレビのフィクションの世界では，主要な登場人物の半数以上が加害者あるいは被害者として暴力に関与しており，何らかの暴力場面を含む番組は全体の8割前後で推移している。アメリカの犯罪全体の中で殺人，傷害といった暴力犯罪の比率は1割程度にすぎないのだが，ドラマや映画の中での暴力犯罪の比率は7割に達しているし，警官や刑事など犯罪を取り締まる職業に従事する人物の割合も現実の職業統計を大きく上まわっている。このようにテレビのフィクションの世界には現実以上に暴力や犯罪のシーンに満ちていることが明らかにされているわけだが，それを前提にした調査では，テレビの長時間視聴者は，短時間視聴者に比べて，暴力的犯罪の比率や警官や刑事の数を多く見積もり，人々が暴力事件に巻き込まれる可能性を過大評価することなどが明らかにされている。

このように，テレビと現実の乖離がたしかめられた事項に関して，テレビをよく見ている者ほどテレビ寄りの回答をすることが培養効果（cultivation effect）の根拠とされるわけだが，内容分析や統計資料による検証が困難な信念や価値規範に関する培養効果の検証も行われている。テレビが「冷たく危険に満ちた世界」を提示しているのであれば，テレビの長時間視聴者の間では暴力犯罪に対する不安感や対人不信感が醸成されやすく，さらには当局による権力行使や強硬的抑圧策を容認するような態度が助長されやすいといった形の培養効果が提唱されているのである。前者は「第1次培養効果」（the first-order cultivation effect），後者は「第2次培養効果」（the second-order cultivation effect）として区別されているが，やはりテレビの視聴時間による違いは，後者の価値規範よりも前者の現実認識に関して顕著に現れることが多いようである。なお培養分析は，日本をはじめアメリカ以外の多くの国々でも実施されており，性役割，政治的志向，人種問題など暴力以外のさまざまな内容にも拡張されている。

主流形成効果　性別，年齢，学歴，職業，所得，居住地域などが違えば，日常の生活経験は様相を異にするはずであり，そうした個人的属性によって社会認識もまた変動することが予測さ

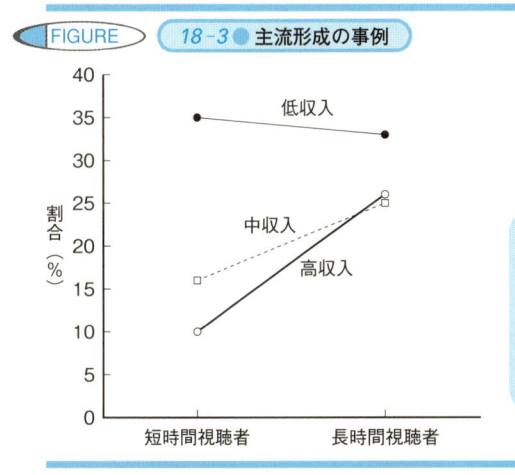

FIGURE 18-3 主流形成の事例

```
割合(%)
40
35 ●────────● 低収入
30
25                   ○ 高収入
20       □┈┈┈┈┈┈┈□ 中収入
15    □
10  ○
 5
 0
   短時間視聴者      長時間視聴者
```

「犯罪に対する不安は自分にとって非常に深刻な問題だ」と回答した割合。テレビの短時間視聴者に比べると，長時間視聴者の間では収入レベルによる回答の変動が小さくなっている。

（出典） Gerbner et al., 1980.

れる。しかし短時間視聴者に比べて，テレビ情報への依存度が高い長時間視聴者の間では，テレビが提示する世界に沿った現実認識が支配的となるために，個人的属性による変動が縮小し，より画一的な社会認識が示される結果になる。これは主流形成効果（mainstreaming effect）とよばれており，1980年代以降の培養理論の展開の中では，培養効果よりも主流形成効果の検証の方が中心的課題となってきている。

例えばテレビの短時間視聴者と長時間視聴者の間で「犯罪は自分にとって深刻な問題だ」と回答した割合を回答者の収入レベル別にプロットした図18-3を見ると，収入が中程度あるいは高い人たちの間では短時間視聴者よりも長時間視聴者の賛同率が高くなっているが，そうした培養効果は低収入の人たちの間では出現していないことが判明する。しかし見方を変えると，短時間視聴者の間では，収入の低い人たちほど強い恐怖心を抱く傾向が明確になっているのに対して，こうした収入レベルによる回答のばらつきが長時間視聴者の間では減少して，より画一的な認識が示されているわけであり，主流形成効果の出現がたしかめられたことになる。

共鳴効果

主流形成効果のほかに，視聴者の生活状況がテレビで描かれた状況に合致したときに，培養効果が強まるという共鳴効果（resonance effect）が提唱されている。例えばテ

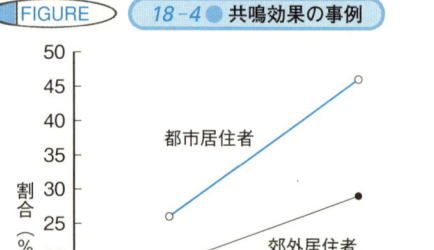

| FIGURE 18-4 共鳴効果の事例

[図：横軸「短時間視聴者」「長時間視聴者」、縦軸「割合(%)」0〜50。「都市居住者」の線は約26%から約46%へ上昇。「郊外居住者」の線は約19%から約29%へ上昇。]

「犯罪に対する不安は自分にとって非常に深刻な問題だ」と回答した割合。テレビドラマでの犯罪は大都市を背景にすることが多く、また実際に郊外よりも都市圏での犯罪件数が多いために、郊外居住者よりも都市居住者の間でテレビの視聴時間による回答の違い（培養効果）が顕著になっている。

（出典）Gerbner et al., 1980.

ビの暴力場面は、郊外よりも都市を舞台とすることが多いので、郊外よりも都市の居住者の間でテレビの長時間視聴によって「犯罪は自分にとって深刻な問題だ」という認識が増幅されることが示されている（図18-4）。ただし主流形成効果に比べると、共鳴効果が生じるための条件は不明確で、実証的裏づけも乏しい。

培養理論の特質

テレビには、ドラマやアニメなどのフィクション以外にもニュースやドキュメンタリー、音楽やスポーツなど多様なジャンルの番組がある。文化指標プロジェクトでは、ドラマやアニメなどのフィクション番組の内容分析を行っているが、培養効果を検証する際には、特定のジャンルの視聴量ではなく、テレビ全体の視聴時間を説明変数としている。このことに対しては、ジャンルごとの視聴量を用いるべきだという批判もあるし、さらには特定の番組や個々の登場人物の影響を考慮する必要性も指摘されている。しかし、ガーブナーが本当に取り上げたかったのは、特定の番組やジャンルを超えてアメリカのテレビ番組全体に通底するような隠れたメッセージの影響、とりわけ現状維持機能なのである。テレビは、視聴者の個人的属性による社会認識の差異を「曖昧にして」(blurring)、視聴者の認識をテレビが形成する主流へと「融合する」(blending)。しかし、テレビの主流が放送・広告産業の商業的論理に基づいて形成されるものである以上、

結果としてテレビは,視聴者の社会認識を産業の利害関心に「従属させる」(bending) 機能を果たす。このようにガーブナー (Gerbner, 1987) は,培養効果の働きを「3つのB」という言葉に要約しているのである。

5 メディア・ステレオタイピング

ステレオタイプ化という視点

ガーブナーの文化指標プロジェクトでは,ドラマやアニメの主要登場人物の詳細な分析が行われており,テレビの世界における人口学的構成には多くの点で現実との隔たりがあることが示されている。テレビには警官や刑事などが実際以上に高い割合で登場しており,またテレビの短時間視聴者よりも長時間視聴者の方が警官や刑事の数を過大視する傾向があることは前述した通りである。このように培養分析は,テレビにおける人物表象がゆがんだ現実認識を導く可能性を示唆しているのだが,それをステレオタイプ化としてとらえる視点は前面に出ていない。一方,社会心理学における最近のステレタイプ研究では,その中身よりも,ステレオタイプの形成・維持・変容に関わる認知的メカニズムの解明が中心的課題とされていることは第16章で見た通りである。多くの人々の共通認識をステレオタイプの要件とするならば,メディア情報の影響を無視できないはずだが,それをステレオタイプ化の主たる要因として理論化するような動きはまだ顕在化していない。

研究対象となる人物の属性

さてテレビの登場人物やCMキャラクターの分析をする際には,人物表象のゆがみや偏りを固定化したステレオタイプとして批判的にとらえることが多いのだが,現実と遊離した人物表象のすべてが批判の対象となるわけでは無論ない。それが現実の偏見や差別に結びつく可能性が認識されると,そのメディア表象が問題となり,はじめて研究対象として俎上に上るようになるのである。アメリカにおいては,人種・民族的少数派とジェンダー描写が中心的な研究テーマとなっているが,それぞれ1960年代後半の公民権運動,1970年代中盤のフェミニズム運動の興隆をきっかけに研究が活性化したという経緯がある。日本でも1975年の国際婦人年をきっかけに,ジェンダー・ステレオタイプに関する研究が盛

んになったが，人種・民族的ステレオタイプに関する研究は日本では広がりを見せていない。逆に文化的背景の異なる外国出身者で成り立つ移民国家のアメリカでは，外国人というカテゴリーに基づくメディア表象を取り上げることが少ないのに対して，自国以外の出身者をすべて外国人としてカテゴライズすることが多い日本では，外国人ステレオタイプに関する研究が行われている。

> ジェンダー

テレビドラマの主要登場人物の男女比は，ジャンルによって異なるが，1970年代前半までのアメリカでは3対1，その後も2対1の割合で男性が多いとされている。1977年から1994年にかけての日本のドラマの分析でも男性7割，女性3割という一貫した男女比が記録されている（岩男，2000）。また登場人物の男女別の年齢構成を見ると，女性の多くは20代から30代前半の若年層に集中しているのに対して，男性の年齢分布は，10歳ほど年長方向にシフトしていることがたしかめられる（図18-5）。女性は，相対的に若いだけでなく，弱く成熟していない人物として描かれることが多い。また女性の登場人物の大多数は，結婚状況や子どもの有無が明示されているのに対して，男性の登場人物の半数近くは，結婚しているのか，子どもがいるのかは番組中で明らかにされていない。男性に比べると，女性の有職者の割合は少なく，職種も限定されているし，既婚女性が家庭生活と仕事上のキャリアをうまく両立させることはまれである。CMでの女性は，消費者の立場で登場することが多く，ナレーターには男性が多く起用され，女性用の製品に関しても男性の方が権威的に描かれることが多い。

FIGURE 18-5 ● テレビドラマの主要登場人物の男女別年齢構成

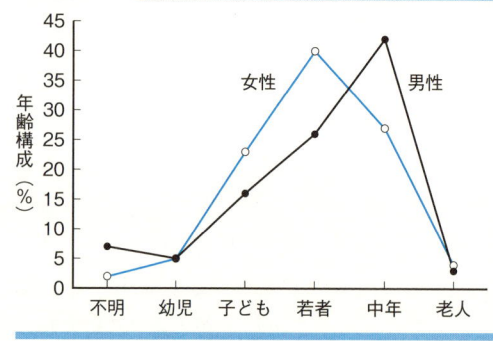

1977年から2004年にかけてのテレビドラマの主要登場人物の年齢構成を見ると，男性の場合は中年層が最も多く登場しているのに対して，女性の場合は若者の起用率が高いという具合に顕著な性差が認めれる。

（出典）岩男，2000。

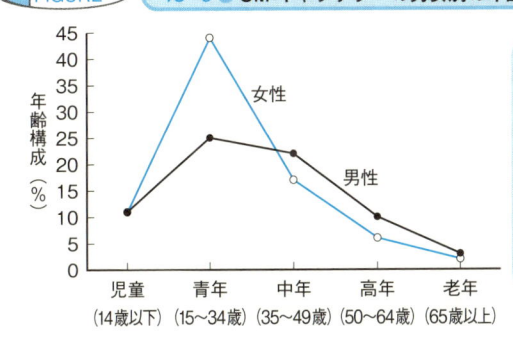

FIGURE 18-6 CMキャラクターの男女別の年齢分析

年齢構成（％）：児童（14歳以下）、青年（15〜34歳）、中年（35〜49歳）、高年（50〜64歳）、老年（65歳以上）

1997年と2007年のテレビCM（計2972本）の中で該当する性・年齢のキャラクターが登場したCMの割合。CMの中では男女ともに青年層の登場する割合が高く、特に若い女性を起用するCMが際立って多いことが示されている。

（出典）萩原ら，2008。

　若さや健康が強調されるテレビCMに高齢者が起用されることは少なく，CMキャラクターの年齢分布を見るとドラマ以上に青年層の比重が大きく，特に若い女性がCMの世界を席巻していることがたしかめられる（図18-6）。

　現実社会での女性の役割は，時代とともに大きく変遷しており，それはテレビの世界にも如実に反映されている。ただし，以上のような内容分析の結果は日米に共通する部分が多く，ある程度安定した傾向を示しているようである。「男は中身，女は外見・容姿」という古くからの価値観や「男は仕事，女は家庭」という伝統的な性別役割分業観，「優しさ，淑やかさ，控えめな態度，受動性」など女らしさに関する固定観念の残滓(ざんし)は，男性スタッフ中心の番組制作現場に根強く残っているらしく，それに対する批判の声も上がっている。

人種・民族的少数派

　アメリカのテレビドラマにおける黒人の描き方は，時代とともに大きく変化してきた。1960年代までは，黒人の登場人物の多くは，運転手やメイドといった役柄で地位が低く，怠け者で信頼できない，知的ではないというイメージが強かったが，そのイメージは1970年代に大きく改善し，1980年代以降は犯罪者や社会的逸脱者として描かれることは少なくなった。ドラマにおける構成比も徐々に増加して，1990年代には約11％と現実の構成にほぼ等しくなっている。白人と同じような扱いが増えたが，番組のジャンルによって役柄が異なる。コメディでは白人と対等の地位を獲得したが，犯罪ドラマでは白人の方がリーダーとして成功を収めることが多い。むしろ現在では，アメリカ社会での存在感を強めてい

るスペイン語を母語とする中南米出身者の描き方が問題となっている。

テレビCMの中の外国イメージ

日本のCS放送やケーブルテレビには外国のドラマやニュースの専門局があり，外国語放送も行われているが，地上波テレビの番組編成の中で外国関連情報を含むものは，ニュース，ドキュメンタリー，バラエティなどノンフィクション系にほぼ限定されている。外国制作のドラマや映画を除くと，日本制作のドラマで外国を舞台にしたり，外国人が主要な役割を演じるものは，あまり見受けられない。ただ番組とはいえないが，日本のテレビCMのフィクションの世界では，外国イメージが幅広く援用されている。

CMの中で外国らしい舞台が設定されていても，外国人らしき人物が登場しても，ニュースやドキュメンタリーとは異なり，国名や国籍が表示されることは滅多にない。しかし舞台となる場所は特定できなくとも，その多くはアメリカやヨーロッパを思わせるものであり，黒人や東洋人よりも白人が登場する割合が圧倒的に高い。つまり外国イメージといっても，もっぱら西洋イメージが重用されているわけである。とりわけ自動車のCMは，西洋イメージへの依存度が飛び抜けて高く，国産車の車名も西洋風のネーミングがなされ，例外なくアルファベットで表記されている。そのほかに西洋イメージへの依存度が高い商品・業種は「衣料・身の回り品」と「精密・事務機器」であり，逆に「薬品」「住宅・建材」「化粧品・洗剤」のCMに外国要素が用いられることは少ない（萩原，2004）。どうやら高級感や美しさ，先進性を印象づける目的で日常性とかけ離れた西洋イメージを利用することが多いようである。一方，中国や韓国，タイなどを舞台とするCMも増えてきているが，その多くは「食」のイメージと結びつけられている。「食品」のCMが多いということだけでなく，東洋を舞台とするCMでは，ものを食べたり，飲んだりする場面が多く描かれているのである。西洋イメージとは対照的に，高級感ではなく庶民性，新しさよりも懐かしさといった感情を喚起する目的で，東洋イメージが利用されることが多いようである。

ドラマにおけるステレオタイプの利用

警察での容疑者の取り調べ，法廷での検事と弁護士の応酬，拘置所内での受刑者の生活など，実際に経験したことがない状況に関しても，そこでの人々の服装や言動などを容易に想像することができる。それは刑事ドラ

マなどによく見られるシーンであり，そのイメージは多くの人々に共有されているに違いない。状況設定に関するくわしい説明を省略し，視聴者の理解を容易にするために演出上のテクニックとして決まりごとのステレオタイプな映像が用いられることが多い。また「熱血教師」「教育ママ」「悪徳商人」など役柄に関しても，脇役にはステレオタイプ化したイメージ通りの配役をする一方で，主役にはステレオタイプから外れた衣装や言動で個性を際立たせるといった演出がなされることも少なくない。

　このようにドラマや映画の制作過程では，ステレオタイプが幅広く利用されているわけだが，視聴者が実際に目にするのは，制作者が想定したステレオタイプ的なイメージではなく，具体的な人物である。ドラマの登場人物の分析をする際には，性別，年齢，職業など個々の属性をチェックして，「女性」「若者」「弁護士」といったカテゴリー，あるいは「若い女性」「女性弁護士」「若い女性弁護士」といった下位カテゴリーの特徴を探ろうとすることが多い。しかし，こうした分析を積み重ねても特定のカテゴリーの人たちの具体的なイメージが浮かび上がってくるわけではない。まして視聴者は，多くの番組から特定のカテゴリーの人物の特徴を意識的に探り，例えば平均的な「女性弁護士」像を思い描くようなことはしないであろう。ドラマや映画におけるステレオタイプ化の過程と視聴者の社会認識との関連の解明は，今後のメディア・ステレオタイピングの研究課題として残されているのである。

BOOK GUIDE　●文献案内

竹下俊郎（2008）『増補版 メディアの議題設定機能――マスコミ効果研究における理論と実証』学文社
- ●議題設定の理論的背景と筆者自身が行った実証研究を取り上げるだけでなく，他の理論との関連性や相違点を要領よく綿密に紹介しており，マスコミ理論の格好の入門書ともなっている。初版は1998年の発行だが，2008年に「議題設定とフレーミング」「議題設定研究における3つの重要問題」という2章を加えた増補版が刊行された。

カペラ，J. N.・ジェイミソン，K. H.／平林紀子・山田一成監訳（2005）『政治報道とシニシズム――戦略的フレーミングの影響過程』ミネルヴァ書房
- ●候補者の対立や勝敗予想を主とした政治報道のスタイルがアメリカにおける政治不信やシニシズムを助長するという仮説を具体的に検証した一連の実験的研究をくわしく紹介している。

萩原滋・国広陽子編（2004）『テレビと外国イメージ――メディア・ステレオタイピング研究』勁草書房
- ●『ここがヘンだよ日本人』というバラエティ番組のほか，2002年の日韓共催のFIFA

ワールドカップとテレビCMを素材として，外国・外国人イメージの形成におけるテレビの役割を実証的に検証する。

Chapter 18 ● 練習問題　　　　　　　　　　　　　　　　　　EXERCISE

❶ 映像や音声を中心とするテレビと文字情報を中心とする新聞が伝えるニュースには，どのような違いがあるだろうか。それぞれの報道内容の異同や受け手側のニュースのとらえ方，理解の仕方などに焦点をあてて，報道メディアとしてのテレビと新聞の特性の違いについて考えてみよう。

❷ 内閣府が毎年10月に実施している「外交に関する世論調査」の結果がネット上で公開されている（http://www8.cao.go.jp/survey/index-gai.html）。そこにはアメリカ，ロシア，中国，韓国などに対する親近感や日本との関係に関する評価の年次的推移が示されているので，特定の国や地域に対する世論の変化をもたらした出来事が何かを，新聞記事のデータベースを用いて調べてみよう。

❸ 政治家のスピーチ，有識者の解説や一般人の街頭インタビューなど人の話の一部を短く編集してニュースなどで放送されたものをサウンドバイトというが，そこにはどのような特徴が見られるだろうか。例えばサラリーマン，主婦，高齢者といった対象の年齢，性別，職業などの属性によって，インタビューの状況設定が異なっているかどうか，実際のニュース映像でたしかめてみよう。

HINT●p.464

● 萩原　滋

練習問題のヒント

◆第1章 認知心理学の歴史とテーマ
❶ 輻輳的操作（ある概念やモデルが正しいことが複数の操作によって示される）の例を探してみよう。
❷ 長い訓練を積むことによって，ある領域やある問題には際立って優れた能力を示す人がいる。そのような例を探してみよう。
❸ 詳細に目の前にあるものを吟味するのではなく，知識や偏見による推論ですませようとすることがある。そのような日常的な例を考えてみよう。

◆第2章 視覚認知
❶ 機械が認識できること（あるいはできそうなこと）と，ある程度の熟練や既有知識，「気づき」が必要なものに区別して考えるといいだろう。例えば，ダルメシアンの図（図2-10）を見たとき，ボトムアップ処理ではその認知に失敗し，何の絵か（どこにイヌがいるか）理解できない。しかしそこにイヌがいるとわかると，あるいはその情報を知らされると，トップダウン処理が働き，イヌの姿を認知することができるだろう。しかも一度気づくと，再び純粋なボトムアップ処理が不可能になってしまう。
❷ 盲点は垂直方向に長い楕円をしている。盲点は網膜の中央に位置する中心窩から耳側に約15°程度ずれている。大きさは5°程度である。ここでいう角度は視角のことを表し，およそ60 cm離れた位置にある1 cmの大きさが，およそ1°となる。
❸ 例えば，動きの表現だけでもゆっくりな動きと速い動きでは描写の仕方が異なるはずである。また，静止した表現というものもある。静止画における動きの表現で，特に漫画等に用いられるものにはモーション・ラインとかアクション・ラインとよばれるものがある。例えば，動いている人物の後ろや横側に，動きの方向と水平の線が入れられているだろう。

◆第3章 感性認知
❶ 感覚や知覚の要素となるような形容詞や形容動詞を考えてみるといいだろう。光沢感と関連するものだけでも，グロス感，うるおい感，ツルツル感など，感覚様相によっても言葉が変わってくる。
❷ もちろん，「○○感」の何を調べたいかで，調べる方法は異なる。また，「○○感」が物理的に定義できるかどうかも重要である。「○○感」が物理的に定義できない場合，一対比較法やSD法などで，印象の強さや心理的構造を明らかにすることがまず求められることが多い。
❸ 「よい声」とはどのような声だろうか。美しい，澄んだ，渋い，などたくさんの形容詞におき換えることが可能であろう。しかし「よい返事」となると，場に応じた，適切な返事を指すことが多い。

◆第4章 注　意
❶ 人は目の前にある1つの課題に集中していても，その課題の情報のみを処理し，他の情報を完全に遮断しているわけではない。「認知資源」の配分がその課題に多く費やされているだけである。他の認知資源は他の情報の処理を行うことができ，ワーキングメモリ（作業記

憶；第5章参照）に保持されている。このことは，注意の後期選択説も同様のことを示唆しているとも考えられよう。

❷ モレー（Morey, 1959）の実験の場合，無視する側の耳から聞こえる自分の名前に気づく，ということが示されているが，これが自分の名前でなければ気づかないままであろう。一方，ブロードベント（Broadbent, 1954）の実験の場合，両耳分離聴で提示されるそれぞれの耳側の刺激に関連性（例えば物のカテゴリーなど）をもたせれば，それぞれの耳から聞こえてくる情報ごとに報告する可能性もある。これらは，別々のことをたしかめた実験結果に基づくので，それらを統一的に扱える実験の計画が必要だろう。

❸ 例えば，信号待ちの場面を想定してみよう。自分が車を運転している場合，横断歩道の信号が赤になった後で車道の信号が青に変わる。このような空間に注意を移動させることは空間に基づく注意である。さらに，信号の色に注意を向けること自体は特徴に基づく注意でもある。しかも，1つの信号機の中での信号灯の変化についての注意は物体に基づく注意でもある。

◆第5章　ワーキングメモリ
❶ 必要があってほんのしばらくは記憶しているが，用がすんだら忘れる日常例を考えてみよう。タウンページで電話番号を調べて，電話をかけたときなどはどうだろうか。
❷ 何か他の（似たような）ことをやることによって記憶が失われることが，干渉による忘却である。何かをすることには時間が必要である。
❸ 酒場で友達と何を話したか思い出せないときにどうしたらよいか，考えてみよう。その場所に行ってみたりしないだろうか。

◆第6章　長期記憶
❶ 普段は記憶しているという意識がなかったのに，ふと思い出した経験を振り返ってみよう。
❷ 特にピリシンによるペイヴィオに対する批判，逆にピリシンに対する批判がどのようなものであったのかを調べてみよう。
❸ 展望的記憶にはどのような種類があったか。特に高齢者が弱い種類の展望的記憶は何か。

◆第7章　日常認知
❶ 幼児期健忘により，3歳以前の記憶は非常に少ないとされている。家族写真などによる情報源混同の可能性，他者に記憶を物語ることによる影響，自伝的記憶と快・不快感情の関係などについても調べてみよう（佐藤ら，2009を参照）。
❷ 偽りの記憶の出現しやすさと，イメージ膨張能力尺度，被暗示性尺度，解離体験（我を忘れてしまう傾向）尺度との関係を検討した研究があるので，調べてみよう（仲，1998を参照）。
❸ 子どもの証言の信頼性，子どもとの面談の難しさ，子どもの面接に見られる誘導や圧力などについて，厳島ら（2003）にくわしく紹介されている。

◆第8章　カテゴリー化
❶ 「本」を使う典型的な例をはじめいくつかの例を挙げ，それらの共通性の背景に何があるか考えてみよう。例えば，鉛筆はどう数えるか。剣道で勝ったときにどういうか。「本」はどんな場合に使うのだろうか。
❷ この例としては，古くは，図の記憶に及ぼす名づけの効果を調べたカーマイケルらの研

究（Carmichael et al., 1932），最近では顔の記憶と言語化との関係に関するスクーラーら（Schooler & Engstler-Schooler, 1990）の言語的遮蔽効果（verbal overshadowing）の実験的研究などがある。言語化によって記憶がゆがむ日常例には，どんなものが考えられるだろうか。

❸ 第8章の冒頭ページに「花キャベツ」が挙げてある。似たような例はあるだろうか。野菜か果物かわからない例とか，植物か動物かわからない例とかの具体例を考えてみよう。

◆第9章 知識の表象と構造

❶ 入門書を片手に，楽器演奏を独習する場面を想像してみよう。通常，宣言的知識が訓練によって，手続き的知識に変換されると考えられる（本章第4節参照）。しかし，すべての宣言的知識が手続き的知識に変換できるわけではない。

❷ アンダーソンは記号処理モデル，マクレランドはコネクショニスト・モデルにおいて，指導的な役割を果たしてきた。アンダーソン（Anderson, J. R.）のホームページは，
http://act-r.psy.cmu.edu/people/ja/
である。ACT-Rのページから，ソフトウェアをダウンロードできる。マクレランド（McClelland, J. L.）のホームページは，下記。
http://psychology.stanford.edu/~jlm/

❸ tlearn のサイトは，
http://crl.ucsd.edu/innate/tlearn.html
である。マニュアルとなる参考書は，伊藤尚枝（2005）。

◆第10章 言語理解

❶ 子どもや日本語学習者にとって漢字習得の負担は大きい。しかし，日本語は同音異義語が非常に多いため，効率的な情報伝達には漢字のもつ視覚的弁別性が必要である。漢字の併用は，語境界の明確化，字数の節約，速読性の向上などの利点がある。漢字は語の単位に対応する「表語文字」と考えることもできる。歴史的な観点や，国際的な観点からも考えてみよう。

❷ 日本語は膠着言語，主要部後置型で，おもに仮名と漢字を用いる。また，主語の省略，敬語表現など，さまざまな特徴がある。こうした点を英語と比較してみよう。

❸ 文章を理解するためには，①言及されている対象（照応関係），②事象の連接関係，③文章の情報提示構造，④文章全体の意味，⑤著者の意図といった諸点が問題となる（阿部ら，1994参照）。文章理解における推論については，内容を詳細にする精緻化推論や，複数の文のつながりを関連づける橋渡し推論などがある（川崎，2005を参照）。

◆第11章 問題解決と推論

❶ 問題を正しく理解し解決するためのテクニックは，文献案内にあるゼックミスタとジョンソンのテキストを参照。まず，紙と鉛筆を使って，問題を目に見える形に表現することが肝要である。

❷ シックとヴォーン（Schick & Vaughn, 2001）の翻訳書を参照。

❸ 創造的な帰結に至るには，準備期，孵化期，啓示期，検証期の4段階があると考えられる。創造性を発揮するためのノウハウに関しては，多くの文献がある。例えば，ミラーら（Miller et al., 2004）の翻訳書を参照。

❹ 思考の二重過程理論については，文献案内にあるエヴァンズとオーバーの著書にくわしく解説されている。TOPICS 12-2 に図がある精緻化見込みモデルや，潜在記憶・顕在記憶の

区分（第6章参照）との関連性も検討してみよう。

❺ 高野ら（2001）は，人間の行動が，①遺伝的な要因と，②高度な情報処理能力に基づく後天的要因との相互作用によって生み出される点を強調している。単純な遺伝子決定論が，社会にネガティブな影響を及ぼす危険性を指摘している点も興味深い。

◆第12章　判断と意思決定

❶ 気分と処理方略の関係は，思考の二重過程理論（第11章参照）を前提として議論されることが多い。思考の二重過程理論では，①自動的・ヒューリスティック的な処理方略と，②分析的・熟慮的な処理方略の2つが仮定されている。研究の結果，明るい気分のときには前者が，暗い気分のときには後者が促進されると考えられている（北村，2003参照）。

❷ 正解は，0.048である。ギガレンツァ（Gigerenzer, 2002）によれば，医師でさえ，①確率形式の設問では，正解の約10倍にあたる0.5と答える者が多かったが，②自然頻度の設問（1万人中の何人）では，ほぼ正しい答えを出すことができたという。ギガレンツァが主張するように，確率ではなく頻度で問題を表現すれば理解しやすくなるかどうか，実際に自分で試してみよう。Gigerenzer（2002）の翻訳書を参照。

❸ プロスペクト理論によれば，①利益が出ているときにはリスク回避的になり，②損失が出ているときにはリスク志向的になるため，格言とは逆に，投資家は「損切りはゆっくり，利食いは早め」となる傾向があると結論できる。さらに，同理論によれば，客観的には同じ金額でも，損失においては利得よりも，主観的な値（絶対値）が大きい点にも注目すべきである（図12-3参照）。行動経済学については，友野（2006）などを参照していただきたい。

◆第13章　認知と感情

❶ シャクターとシンガーの実験やラザルスの説をもとに考えてみよう。「評価」によって，感情の認知はどのような影響を受けるだろうか。

❷ 感情と記憶に関するネットワーク・モデルとはどのようなものだったか，確認してみよう。

❸ 感情は有効視野にどのような影響を及ぼすかを確認してみよう。あせっているとき，視野はどうなっているだろうか。

◆第14章　認知進化と脳

❶ 性淘汰とは，異性をめぐる競争を通して起きる進化のことで，進化生物学における重要理論の1つである。異性にアピールする能力が高いほど繁殖に成功するのだが，その分，リスクも高いことが知られている。例えば，クジャクのオスはきれいで大きな羽を広げることでクジャクのメスにアピールするが，きれいで大きな羽（つばさ）をもつということは，飛ぶことに不自由し，外敵から危険な目に遭遇してしまう可能性も増すことにつながってしまう。性淘汰や配偶者選択における進化的信号については，ザハヴィとザハヴィ（Zahavi & Zahavi, 1997）の翻訳書を参照にされたい。

❷ ネアンデルタール人とヒトの違いについて自分なりに調べてみよう。認知能力の違いばかりでなく，もちろん両者には頭蓋骨の大きさ，身体の大きさなどの違いも見られる。彼らが育った時代の気候などについても調べてみよう。言語能力の違いは重要なものであろう。どのような能力の違いがあったのかをまとめ，マイズンの認知進化の聖堂モデルの意義を理解しよう。ネアンデルタール人については，ストリンガーとギャンブル（Stringer & Gamble, 1993）の翻訳書にくわしい。

◆第15章　認知発達
❶ 「イナイイナイバー」を楽しむようになるのは，生後6カ月ほどからといわれている。生後6カ月くらいまでは，顔をすべて隠してはいけない。そうでないと，赤ちゃんは不安を抱くだろう。でもそれ以降は，顔がすっぽりと隠れていても楽しんでくれることだろう。その理由の1つは，自己意識の芽生えであると考えられている。

❷ ロビー-コリアーの実験を思い返してみよう。赤ちゃんは，原因と結果の結びつけを知らず知らずのうちに行っている。「吸う」「たたく」といった感覚運動の反復によって，環境に変化が生じ，それが快であるとその反復の頻度が増していく。

❸ 遺伝と環境のうちどちらが強いのかについては，それぞれの認知機能によって異なる。また，研究者によっても意見が大きく異なる。必ずその理由についてまとめ，「仮説」を立てることが必要である。例えば，右利きと左利き，といった利き手についてはどうなのだろうか。

◆第16章　社会的認知
❶ それが同じ大学の学生のみの会合であれば，自己紹介で自分が所属する学部に言及することが多くなるが，他大の学生が参加していれば，最初に自分の所属大学を名乗り，学部ではなく，その大学の一員であるという意識が高まるであろう。自己をどの水準でカテゴリー化するかは，このように文脈に依存することになるわけだが，そのほかにも他者との一体感を求めるか，自分の個性を強調したいかなどの配慮によって，自己紹介の内容は異なってくるはずである。

❷ AはX以外の作品は批判せず（特異性高），Xについては常に辛口の評価を示し（一貫性高），他の人たちもXについては批判的だ（合意性高）とすれば，作品Xのできが悪いと考えやすい。逆に，他の人たちはXについて好意的な見方を示している（合意性低）にもかかわらず，AはXについていつも悪く言う（一貫性高）だけでなく，他の作品についても批判的（特異性低）だとすれば，Xのできが悪いのではなく，Aが辛辣な人物ということになろう。一方，他の状況でAがXに好意的な評価を示したことがわかれば（一貫性低），そのときのAの批判的言動は，その場の雰囲気やAの機嫌の悪さといった変動要因に帰属されやすくなる。

❸ 外国や外国人のイメージは，新聞やテレビ，映画などのメディア情報に依存する部分が大きい。日本のメディアでは，アメリカに関する情報が多く取り上げられており，アメリカ人というと政治家，歌手，映画俳優，スポーツ選手など男女を問わず，多様な人物像を思い描くことができる。実際に外国人というと，すぐにアメリカ人を思い浮かべる日本人の心的傾向については多くの指摘がなされている。一方，アフリカや中東，中南米などに関しては情報量が乏しく，その地域出身の有名人として想起されるのはサッカーなどスポーツ選手に偏っており，男性優位のイメージが支配的になっている可能性がある。外国・外国人イメージの規定要因は多種多様であるが，特定の国や地域に関するメディア情報の内容に注目する必要がありそうだ。

◆第17章　文化と認知
❶ 欧米の夫婦は，お互いを名前でよび合うのに対して，日本の夫婦はお互いに「パパ」（「お父さん」），「ママ」（「お母さん」）など子どもの視点からの役割で相手によびかけることが多い。日本では夫婦という契約的な関係よりも安定した親子という血縁関係の方が重視されるのであろうか。また以前は兄弟姉妹間で「姉さん」「兄さん」など親族名称を用いることが多かったが，そうした上下関係の意識が最近は薄らいできたのか，お互いに名前をよび合う兄弟姉妹が多くなっているようである。

❷　連続した太陽光のスペクトルの波長をいくつに分節化してとらえるかということは文化的慣習に依存する部分が大きい。日本では，虹を7色とする言語文化が存在するとしても，それが文化を超えた普遍性をもつとは限らない。実際，英語では purple, blue, green, yellow, orange, red の6色と記述されることもあるし，ほかにも慣習的に虹を5色あるいは3色と見なす文化も存在するようである。

❸　アメリカよりも日本の児童の方が同じ材質の対象物を選ぶ傾向が強いという研究結果も示されているが，大学生の場合には，日本人もアメリカ人も材質よりも形に基づく選択をする割合が高くなるようである。この点に関して言語間の数量表現の文法上の違いなども考慮されているが，材質（物質）と形（物体）の認識には年齢や教育といった要因が関与する可能性が指摘されている。

◆第18章　メディア情報と社会認識

❶　ニュース報道に特化した新聞に比べるとテレビのニュース番組で取り上げるニュース項目の数は，圧倒的に少ないが，速報性や同時性（生中継）といった点でテレビをはじめとする放送媒体には，新聞など印刷媒体にない優れた報道特性を有している。新聞に比べるとテレビニュースでは，絵になるものが重視される，具体的エピソードにより構成される，スタジオのキャスターや記者あるいは当事者など人物が前面に出やすい，などいくつもの違いが指摘されている。

❷　例えば2003年から2005年にかけて中国に対する日本人の親近感や両国関係の評価が大幅に悪化しているが，それは2004年に中国で開催されたサッカー・アジア杯での中国人観客の反日行動以降，相ついで報道された一連の反日デモによるものと解釈されている。

❸　東京キー局のニュースでは，サラリーマンというと新橋駅前，高齢者というと巣鴨のとげぬき地蔵あたりで街頭インタビューを行うことがルーティン化しているし，大学教授のコメントを撮影する際には，多くの書物が並んだ研究室の書架の前といった設定が用いられることが多いように思われる。

引用文献

◆A

阿部純一・桃内佳雄・金子康朗・李光五（1994）『人間の言語情報処理——言語理解の認知科学』サイエンス社

赤木和重（2004）「1歳児は教えることができるか——他者の問題解決困難場面における積極的教示行為の生起」『発達心理学研究』**15**, 366-375.

赤木和重（2008）「幼児における抑制的教示行為の発達——「教えないという教え方」は可能か」『発達研究』**22**, 107-115.

Allais, M. (1953) Le Comportement de l'homme rationnel devant le risque: Critique des postulats et axiomes de l'ecole Americaine. *Econometrica*, **21**, 503-546.

Alter, A. L., & Kwan, V. S. Y. (2009) Cultural sharing in a global village: Evidence for extra-cultural cognition in European Americans. *Journal of Personality and Social Psychology*, **96**, 742-760.

天野成昭・近藤公久（1999-2008）『日本語の語彙特性 全9巻（NTTデータベースシリーズ）』三省堂

Anderson, J. R. (1976) *Language, memory, and thought*. Lawrence Erlbaum Associates.

Anderson, J. R. (1983) *The architecture of cognition*. Harvard University Press.

Anderson, J. R., Bothell, D., Byrne, M. D., Douglass, S., Lebiere, C., & Qin, Y. (2004) An integrated theory of the mind. *Psychological Review*, **111**, 1036-1060.

Anderson, J. R., & Bower, G. H. (1973) *Human associative memory*. Winston & Sons.

Anderson, J. R., & Lebiere, C. (1998) *The atomic components of thought*. Lawrence Erlbaum Associates.

Anderson, J. R., & Mitchell, R. W. (1999) Macaques but not lemurs co-orient visually with humans. *Folia Primatologica*, **70**, 17-22.

Anderson, N. H. (1981) *Foundations of information integration theory*. Academic Press.

安藤満代・箱田裕司（1998）「蝶画像の再認記憶における非対称的混同効果」『心理学研究』**69**, 47-52.

安藤満代・箱田裕司（1999）「ネコ画像の再認記憶における非対称的混同効果」『心理学研究』**70**, 112-119.

安西祐一郎・佐伯胖・難波和明（1982）『問題解決（LISPで学ぶ認知心理学2）』東京大学出版会

有吉由香（2007）「デジタルブアの見えない壁」『AERA』5月28日号, 14-17.

淺川和男（1995）「階層型ニューラルネットワークの情報処理」臼井支朗・岩井彰・久間和生・淺川和男編『基礎と実践 ニューラルネットワーク』コロナ社, pp. 32-55.

浅川伸一（2006）「言語の病理・障害」海保博之・楠見孝監修『心理学総合事典』朝倉書店, pp. 278-283.

Asch, S. E. (1946) Forming impressions of personality. *Journal of Abnormal and Social Psychology*, **41**, 258-290.

Astington, J. W. (1993) *The child's discovery of the mind*. Harvard University Press.（松村暢隆訳, 1995『子供はどのように心を発見するか——心の理論の発達心理学』新曜社）

Atkinson, J. (2000) *The developing visual brain*. Oxford University Press.（金澤創・山口真美監訳, 2005『視覚脳が生まれる——乳児の視覚と脳科学』北大路書房）

Atkinson, J., & Braddick, O. J. (1989) Newborn contrast sensitivity measures: Do VEP, OKN and FPL reveal differential development of cortical and subcortical streams? *Investigative*

Ophthalmology and Visual Science (Suppl.), **30**, 311.
Atkinson, J., Hood, B., Wattam-Bell, J., Anker, S., & Tricklebank, J. (1988) Development of orientation discrimination in infancy. Perception, **17**, 587-595.
Atkinson, R. C., & Shiffrin, R. M. (1968) Human memory: A proposed system and its control processes. In K. W. Spence & J. T. Spence (Eds.), *The psychology of learning and motivation, Vol. 2*. Academic Press. pp. 89-195.
東洋（2005）「スクリプト比較研究の文化心理学的位置づけ」『発達研究』**19**, 1-11.

◆B

Baddeley, A. D. (1998) *Human memory: Theory and practice*, revised ed. Allyn & Bacon.
Baddeley, A. D., Grant, S., Wight, E., & Thomson, N. (1975) Imagery and visual working memory. In P. M. A. Rabbitt & S. Dornic (Eds.), *Attention and performance V*. Academic Press. pp. 205-217.
Baddeley, A. D., Thomson, N., & Buchanan, M. (1975) Word length and the structure of short-term memory. *Journal of Verbal Learning and Verbal Behavior*, **14**, 575-589.
Bagby, R. M., Parker, J. D. A., & Taylor, G. J. (1994) The twenty-item Toronto Alexithymia Scale-I, II. *Journal of Psychosomatic Research*, **38**, 23-40.
Baillargeon, R. (1995) A model of physical reasoning in infancy. In C. Rovee-Collier & L. P. Lipsitt (Eds.), *Advances in infancy research, Vol. 9*. Ablex. pp. 305-371.
Baillargeon, R., & Graber, M. (1987) Where's the rabbit?: 5.5-month-old infants' representation of the height of a hidden object. *Cognitive Development*, **2**, 375-392.
Ball, K. K., Beard, B. L., Roenker, D. L., Miller, R. L., & Griggs, D. S. (1988) Age and visual search: Expanding the useful field of view. *Journal of the Optical Society of America A*, **5**, 2210-2219.
Ball, K. K., Owsley, C., Sloane, M. E., Roenker, D. L., & Bruni, J. R. (1993). Visual attention problems as a predictor of vehicle crashes in older drivers. *Investigative Ophthalmology and Visual Science*, **34**, 3110-3123.
Banaji, M. R., & Crowder, R. G. (1989) The bankruptcy of everyday memory. *American Psychologist*, **44**, 1185-1193.
Baron-Cohen, S. (1995) *Mindblindness: An essay on autism and theory of mind*. MIT Press. (長野敬・長畑正道・今野義孝訳, 1997『自閉症とマインド・ブラインドネス』青土社)
Barr, R., & Hayne, H. (2000) Age-related changes in imitation: Implications for memory development. In C. Rovee-Collier, L. P. Lipsitt & H. Hayne (Eds.), *Progress in infancy research, Vol. 1*. Lawrence Erlbaum Associates. pp. 21-67.
Barsalou, L. W. (1992) *Cognitive psychology: An overview for cognitive scientists*. Lawrence Erlbaum Associates.
Bartlett, F. C. (1932) *Remembering: A study in experimental and social psychology*. Cambridge University Press. (宇津木保・辻正三訳, 1983『想起の心理学――実験的社会的心理学における一研究』誠信書房)
Bartsch, K., & Wellman, H. M. (1995) *Children talk about the mind*. Oxford University Press.
Barwise, J., & Etchemendy, J. (1994) *Hyperproof*. CSLI Publications.
Bass, E., & Davis, L. (1988) *The courage to heal: A guide for women survivors of child sexual abuse*. Harper and Row. (原美奈子・二見れい子訳, 1997『生きる勇気と癒す力――性暴力の時代を生きる女性のためのガイドブック』三一書房)
Bear, M. F., Connors, B. W., & Paradiso, M. A. (Eds.) (2007) *Neuroscience: Exploring the brain*, 3rd ed. Lippincott Williams & Wilkins. (加藤宏司・後藤薫・藤井聡・山崎良彦監訳, 2007『神経科学――脳の探求』西村書店)

Bechtel, W., & Abrahamsen, A. (2002) *Connectionism and the mind: Parallel processing, dynamics, and evolution in networks*, 2nd ed. Blackwell.
Bell, V., & Johnson-Laird, P. N. (1998) A model theory of modal reasoning. *Cognitive Science*, **22**, 25-51.
Berlin, B., & Kay, P. (1969) *Basic color terms: Their universality and evolution*. University of California Press.
Berlyne, D. E. (1970) Novelty, complexity, and hedonic value. *Perception & Psychophysics*, **8**, 279-286.
Berthoz, S., Artiges, E., Van De Moortele, P. F., Poline, J. B., Rouquette, S., Consoli, S. M., & Martinot, J. L. (2002) Effect of impaired recognition and expression of emotions on frontocingulate cortices: An fMRI study of men with alexithymia. *American Journal of Psychiatry*, **159**, 961-967.
Beschin, N., Cocchini, G., Della Sala, S., & Logie, R. H. (1997) What the eyes perceive, the brain ignores: A case of pure unilateral representational neglect. *Cortex*, **33**, 3-26.
Biederman, I., & Shiffrar, M. M. (1987). Sexing day-old chicks: A case study and expert system analysis of a difficult perceptual learning task. *Journal of Experimental Psychology: Learning, Memory, and Cognition*, **13**, 640-645.
Binford, L. (1962) Archaeology as anthropology. *American Antiquity*, **28**, 217-225.
Birch, E. E., Gwiazda, J., & Held, R. (1982) Stereoacuity development for crossed and uncrossed disparities in human infants. *Vision Research*, **22**, 507-513.
Bodamer, J. (1947) Die Prosop-Agnosia. *Archiv für Psychiatrie und Nervenkrankheiten*, **179**, 6-53.
Bornstein, M. H. (1978) Visual behavior of the young human infant: Relationships between chromatic and spatial perception and the activity of underlying brain mechanisms. *Journal of Experimental Child Psychology*, **26**, 174-192.
Boroditsky, L. (2001) Does language shape thought?: Mandarin and English speakers' conceptions of time. *Cognitive Psychology*, **43**, 1-22.
Boroditsky, L., & Gaby, A. (2006) East of Tuesday: Consequences of spatial orientation for thinking about time. In R. Sun (Ed.), *Proceedings of the 28th annual meeting of the cognitive science society*. Lawrence Erlbaum Associates. p. 2657.
Bower, G. H. (1981) Mood and memory. *American Psychologist*, **36**, 129-148.
Bower, G. H. (1992) How might emotions affect learning? In S. -Å. Christianson (Ed.), *The handbook of emotion and memory: Research and theory*. Lawrence Erlbaum Associates. pp. 3-31.
Bower, G. H., Black, J., & Turner, T. (1979) Scripts in memory for text. *Cognitive Psychology*, **11**, 177-220.
Bower, G. H., Gilligan, S. G., & Monteiro, K. P. (1981) Selectivity of learning caused by affective states. *Journal of Experimental Psychology: General*, **110**, 451-473.
Bower, T. G. R. (1974) *Development in infancy*. W. H. Freeman. （岡本夏木・野村庄吾・岩田純一・伊藤典子訳, 1979『乳児の世界――認識の発生・その科学』ミネルヴァ書房）
Brehm, J. W. (1956). Postdecision changes in the desirability of alternatives. *Journal of Abnormal and Social Psychology*, **52**, 384-389.
Brewer, M. B. (1988) A dual process model of impression formation. In T. K. Srull & R. S. Wyer, Jr. (Eds.), *Advances in social cognition*, *Vol. 1*. Lawrence Erlbaum Associates. pp. 1-36.
Briley, D. A., Morris, M. W., & Simonson, I. (2000) Reasons as carriers of culture: Dynamic versus dispositional models of cultural influence on decision making. *Journal of Consumer*

Research, **27**, 157-178.
Broadbent, D. (1954) The role of auditory localization in attention and memory span. *Journal of Experimental Psychology*, **47**, 191-196.
Brooks, L. R. (1967) The suppression of visalization by reading. *The Quarterly Journal of Experimental Psychology*. **19**, 289-299.
Brown, A. L., & Scott, M. S. (1971) Recognition memory for pictures in preschool children. *Journal of Experimental Child Psychology*, **11**, 401-412.
Brown, E., Deffenbacher, K., & Sturgill, W. (1977) Memory for faces and the circumstances of encounter. *Journal of Applied Psychology*, **62**, 311-318.
Brown, J. R., & Dunn, J. (1991) You can cry mum: The social and developmental implications of talk about internal states. *British Journal of Developmental Psychology*, **9**, 237-256.
Brown, R., & Kulik, J. (1977) Flashbulb memories. *Cognition*, **5**, 73-99.
Bruce, V., & Young, A. W. (1986) Understanding face recognition. *British Journal of Psychology*, **77**, 305-327.
Burke, A., Heuer, F., & Reisberg, D. (1992) Remembering emotional events. *Memory & Cognition*, **20**, 277-290.
Bushnell, I. W. R., McCutcheon, E., Sinclair, J., & Tweedlie, M. E. (1984) Infants' delayed recognition memory forcolour and form. *British Journal of Developmental Psychology*, **2**, 11-17.
Bushnell, I. W. R., Sai, F., & Mullin, J. T. (1989) Neonatal recognition of the mother's face. *British Journal of Developmental Psychology*, **7**, 3-15.
Byrne, R. W. (1995) *The thinking ape: Evolutionary origins of intelligence*. Oxford University Press.（小山高正訳, 1998『考えるサル――知能の進化論』大月書店）
Byrne, R. W., & Whiten, A. (1988) *Machiavellian intelligence: Social expertise and the evolution of intellect in monkeys, apes, and humans*. Oxford University Press.（藤田和生・山下博志・友永雅己監訳, 2004『マキャベリ的知性と心の理論の進化論――ヒトはなぜ賢くなったか』ナカニシヤ出版）

◆C

Capitani, E., Laiacona, M., Mahon, B., & Caramazza, A. (2003) What are the facts of category-specific deficits?: A critical view of the clinical evidence. *Cognitive Neuropsychology*, **20**, 213-261.
Cappella, J. N., & Jamieson, K. H. (1997) *Spiral of cynicism: The press and the public good*. Oxford University Press.（平林紀子・山田一成監訳, 2005『政治報道とシニシズム――戦略型フレーミングの影響過程』ミネルヴァ書房）
Caramazza, A., & Mahon, B. Z. (2003) The organization of conceptual knowledge: The evidence from category-specific semantic deficits. *Trends in Cognitive Sciences*, **7**, 354-361.
Caramazza, A., & Shelton, J. R. (1998) Domain-specific knowledge systems in the brain: The animate-inanimate distinction. *Journal of Cognitive Neuroscience*, **10**, 1-34.
Carmichael, L., Hogan, H. P., & Walter, A. A. (1932) An experimental study of the effect of language on the reproduction of visually perceived form. *Journal of Experimental Psychology*, **15**, 73-86.
Case, R. (1985) *Intellectual development: Birth to adulthood*. Academic Press.
Chapman, L. J., & Chapman, J. P. (1959) Atmosphere effect re-examined. *Journal of Experimental Psychology*, **58**, 220-226.
Chapman, L. J., & Chapman, J. P. (1967) Genesis of popular but erroneous diagnostic observations. *Journal of Abnormal Psychology*, **72**, 193-204.

Chase, W. G., & Ericsson, K. A. (1982) Skill and working memory. In G. H. Bower (Ed.), *The psychology of learning and motivation, Vol. 16.* Academic Press. pp. 1-58.
Chase, W. G., & Simon, H. A. (1973a) Perception in chess. *Cognitive Psychology,* **4,** 55-81.
Chase, W. G., & Simon, H. A. (1973b). The mind's eye in chess. In W. G. Chase (Ed.), *Visual information processing.* Academic Press. pp. 215-281.
Cheng, P. W., & Holyoak, K. J. (1985) Pragmatic reasoning schema. *Cognitive Psychology,* **17,** 391-416.
Cherry, E. C. (1953) Some experiments on the recognition of speech, with one and with two ears. *Journal of the Acoustical Society of America,* **25,** 975-979.
Chi, M. T. H., Feltovish, P. J., & Glaser, R. (1981) Categorization and representation of physics problems by experts and novices. *Cognitive Science,* **5,** 121-152.
Chi, M. T. H., Hutchinson, J. E., & Robin, A. F. (1989) How inferences about novel domain-related concepts can be constrained by structured knowledge. *Merrill-Palmer Quarterly,* **35,** 27-62.
Chiu, L.-H. (1972) A cross-cultural comparison of cognitive styles in Chinese and American children. *International Journal of Psychology,* **7,** 235-242.
Choi, I., & Nisbett, R. E. (1998) Situational salience and cultural differences in the correspondence bias and actor-observer bias. *Personality and Social Psychology Bulletin,* **24,** 949-960.
Chomsky, N. (1957) *Syntactic structures.* Mouton.（勇康雄訳，1963『文法の構造』研究社）
Chomsky, N. (1965) *Aspects of the theory of syntax.* MIT Press.（安井稔訳，1970『文法理論の諸相』研究社）
Christianson, S.-Å. (1992) Emotional stress and eyewitness memory: A critical review. *Psychological Bulletin,* **112,** 284-309.
Christianson, S.-Å., & Loftus, E. F. (1987) Memory for traumatic events. *Applied Cognitive Psychology,* **1,** 225-239.
Churchland, P. S., & Sejnowski, T. J. (1988) Perspectives on cognitive neuroscience. *Science,* **242,** 741-745.
Clarkson, M. G., Clifton, R. K., & Morrongiello, B. A. (1985) The effects of sound duration on newborns' head orientation. *Journal of Experimental Child Psycholology,* **39,** 20-36.
Cohen, G. (1989) *Memory in the real world.* Lawrence Erlbaum Associates.（川口潤訳者代表，1991『日常記憶の心理学』サイエンス社）
Cohen, G., & Conway, M. A. (Ed.) (2007) *Memory in the real world,* 3rd ed. Psychology Press.
Cole, M. (1996) *Cultural psychology: A once and future discipline.* Harvard University Press.（天野清訳，2002『文化心理学——発達・認知・活動への文化-歴史的アプローチ』新曜社）
Collins, A. M., & Loftus, E. L. (1975) A spreading activation theory of semantic processing. *Psychological Review,* **82,** 407-428.
Collins, A. M., & Quillian, M. R. (1969) Retrieval time from semantic memory. *Journal of Verbal Learning and Verbal Behavior,* **8,** 240-247.
Coltheart, M. (1978) Lexical access in simple reading tasks. In G. Underwood (Ed.), *Strategies of information processing.* Academic Press. pp. 151-216.
Coltheart, M., Rastle, K., Perry, C., Langdon, R., & Ziegler, J. (2001) The DRC model: A model of visual word recognition and reading aloud. *Psychological Review,* **108,** 204-256.
Connelly, S. L., & Hasher, L. (1993) Aging and the inhibition of spatial location. *Journal of Experimental Psychology: Human Perception and Performance,* **19,** 1238-1250.
Conrad, R. (1964) Acoustic confusions in immediate memory. *British Journal of Psychology,* **55,** 75-84.

Conway, M. A. (1990) *Autobiographical memory: An introduction*. Open University Press.
Conway, M. A. (2005) Memory and the self. *Journal of Memory and Language*, **53**, 597-628.
Conway, M. A., & Bekerian, D. A. (1987) Organization in autobiographical memory. *Memory & Cognition*, **15**, 119-132.
Cooper, J., & Fazio, R. H. (1984) *A new look at dissonance theory*. In L. Berkowitz (Eds.), *Advances in experimental social psychology, Vol. 17*. Academic Press. pp. 229-267.
Corbetta, M., Miezin, F. M., Shulman, G. L., Petersen, S. E. (1993) A PET study of visuospatial attention. *Journal of Neuroscience*, **13**, 1202-1226.
Cosmides, L. (1989) The logic of social exchange: Has natural selection shaped how human reason?: Studies with the Wason selection task. *Cognition*, **31**, 187-276.
Cosmides, L., & Tooby, J. (1994) Origins of domain specificity: The evolution of functional organization. In L. A. Hirschfeld & S. A. Gelman (Eds.), *Mapping the mind: Domain specificity in cognition and culture*. Cambridge University Press. pp. 85-116.
Cousins, S. D. (1989) Culture and self-perception in Japan and the United States. *Journal of Personality and Social Psychology*, **56**, 124-131.
Craik, F. I. M. (1986) A functional account of age differences in memory. In F. Klix & H. Hagendorf (Eds.), *Human memory and cognitive capabilities: Mechanisms and performances*. Elsevier. pp. 409-422.
Craik, F. I. M. (2002) Levels of processing: Past, present ... and future? *Memory*, **10**, 305-318.
Craik, F. I. M., & Lockhart, R. S. (1972) Levels of processing: A framework for memory research. *Journal of Verbal Learning & Verbal Behavior*, **11**, 671-684.
Craik, F. I. M., & Tulving, E. (1975) Depth of processing and the retention of words in episodic memory. *Journal of Experimental Psychology: General*, **104**, 268-294.
Cuddy, A. J. C., Fiske, S. T., & Glick, P. (2007) The BIAS map: Behaviors from intergroup affect and stereotypes. *Journal of Personality and Social Psychology*, **92**, 631-648.

◆D

Damasio, A. R. (1994) *Descartes' error: Emotion, reason, and the human brain*. G. P. Putnam's Sons. (田中三彦訳, 2000『生存する脳——心と脳と身体の神秘』講談社)
Damasio, A. R. (2003) *Looking for Spinoza: Joy, sorrow, and the feeling brain*. Mariner Books. (田中三彦訳, 2005『感じる脳——情動と感情の脳科学 よみがえるスピノザ』ダイアモンド社)
Damasio, A. R., Grabowski., T. J., Bechara, A., Damasio, H., Ponto, L. L. B., Parvizi, J., & Hichwa, R. D. (2000) Subcortical and cortical brain activity during the feeling of self-generated emotions. *Nature Neuroscience*, **3**, 1049-1056.
Damasio, H., Grabowski, T. J., Tranel, D., Hichwa, R. D., & Damasio, A. R. (1996) A neural basis for lexical retrieval. *Nature*, **380**, 499-505.
Darley, J. M., & Gross, P. H. (1983) A hypothesis-confirming bias in labeling effects. *Journal of Personality and Social Psychology*, **44**, 20-33.
Darwin C. J., Turvey, M. T., & Crowder, R. G. (1972) An auditory analogue of the Sperling partial report procedure: Evidence for brief auditory storage. *Cognitive Psychology*, **3**, 255-267.
Davidoff, J. (2001) Language and perceptual categorisation. *Trends in Cognitive Sciences*, **5**, 382-387.
Davidoff, J., Davies, I., & Roberson, D. (1999) Colour categories of a stone-age tribe. *Nature*, **398**, 203-204.
Davis-Unger, A., & Carlson, S. M. (2008) Development of teaching skills and relations to the-

ory of mind in preschoolers. *Journal of Cognition and Development*, **9**, 26-45.
de Groot, A. D. (1965) *Thought and choice in chess*. Mouton.
DeCaspar, A. J., & Fifer, W. P. (1980) Of human bonding: Newborns prefer their mothers' voices. *Science*, **208**, 1174-1176.
DeCasper, A. J., & Spence, M. J. (1986) Prenatal maternal speech influences newborns' perception of speech sound. *Infant Behavior and Development*, **9**, 133-150.
Dempster, F. N. (1981) Memory span: Sources of individual and developmental differences. *Psychological Bulletin*, **89**, 63-100.
Deutsch, J. A., & Deutsch, D. (1963) Attention: Some theoretical considerations. *Psychological Review*, **70**, 80-90.
Devine, P. G. (1989) Stereotypes and prejudice: Their automatic and controlled components. *Journal of Personality and Social Psychology*, **56**, 5-18.
Di Dio, C., Macaluso, E., & Rizzolatti, G. (2007) The golden beauty: brain response to classical and renaissance sculptures. *PLoS ONE*, **2**, e1201.
Diamond, A. (1985) Development of the ability to use recall to guide action, as indicated by infants' performance on AB. *Child Development*, **56**, 868-883.
Dobson, V., Teller, D. Y., & Belgum, J. (1978) Visual acuity in human infants assessed with stationary stripes and phase-alternated checkerboards. *Vision Research*, **18**, 1233-1238.
Downing, C., & Pinker, S. (1985) The spatial structure of visual attention. In M. I. Posner & O. Martin (Eds.), *Attention and performance XI*. Lawrence Erlbaum Associates. pp. 171-187.
Dunbar, K. (1998) Problem solving. In W. Bechtel & G. Graham (Eds.), *A companion to cognitive science*. Blackwell. pp. 289-298.
Dunbar, R. I. M. (1996) Neocortex size and behavioral ecology in primates. *Proceedings of the Royal Society of London, Series B*, **263**, 173-177
Duncan J. (1984) Selective attention and the organization of visual information. *Journal of Experimental Psychology: General*, **113**, 501-517.
Duncker, K. (1945) On problem solving. *Psychological Monographs*, **58**, No. 270.
Dunn, J. (1994) Changing minds and changing relationships. In C. Lewis & P. Mitchell (Eds.), *Children's early understanding of mind: Origins and development*. Lawrence Erlbaum Associates. pp. 297-310.

◆E

Easterbrook, J. A. (1959) The effect of emotion on cue utilization and the organization of behavior. *Psychological Review*, **66**, 183-201.
Egly, R., Driver, J., & Rafal, R. D. (1994) Shifting visual attention between objects and locations: Evidence from normal and parietal lesion subjects. *Journal of Experimental Psychology: General*, **123**, 161-177.
Eible-Eibesfeld, I. (1988) The biological foundations of aesthetics. In I. Rentshcler, B. Herzberger & D. Epstein (Eds.), *Beauty and the brain: Biological aspects of aesthetics*. Birkhauser Verlag. pp. 29-68. (野口薫・苧坂直行監訳, 2000「美の生物学的基礎」『美を脳から考える――芸術への生物学的探検』新曜社, pp. 2-48)
Eimas, P. D., & Quinn, P. C. (1994) Studies on the formation of perceptually based basic-level categories in young infants. *Child Development*, **65**, 903-917.
Eimas, P. D., Siqueland, E., Jusczyk, P., & Vigorito, J. (1971). Speech perception in infants. *Science,* **171**, 303-306.
Einstein, G. O., McDaniel, M. A., Richardson, S. L., Guynn, M. J., & Cunfer, A. R. (1995) Ag-

ing and prospective memory: Examining the influences of self-initiated retrieval processes. *Journal of Experimental Psychology: Learning, Memory, & Cognition*, **21**, 996-1007.

Ekman, P. (1992) Facial expressions of emotion: an old controversy and new findings. In V. Bruce, A. Cowey, A. W. Andrew & D. I. Perrett (Eds.), *Processing the facial image*. Clarendon Press/Oxford University Press. pp. 63-69.

Ekman, P. (2003) *Emotions revealed: Recognizing faces and feelings to improve communication and emotional life*. Times Books.

Ekman, P., & Friesen, W. V. (1975) *Unmasking the face: A guide to recognizing emotions from facial clues*. Prentice-Hall.

Elman, J. L. (1990) Finding structure in time. *Cognitive Science*, **14**, 179-211.

Elman, J. L. (1993) Learning and development in neural network: The importance of starting small. *Cognition*, **48**, 71-99.

Elman, J. L., Bates, E. A., Johnson, M. H., Karmiloff-Smith, A., Parisi, D., & Plunkett, K. (1996) *Rethinking innateness: A connectionist perspective on development*. MIT Press. (乾敏郎・今井むつみ・山下博志訳, 1998『認知発達と生得性――心はどこから来るのか』共立出版)

Emery, N. J. (2000) The eyes have it: The neuroethology, function and evolution of social gaze. *Neuroscience & Biobehavioral Reviews*, **24**, 581-594.

遠藤利彦 (2002)「発達における情動と認知の絡み」高橋雅延・谷口高士編『感情と心理学――発達・生理・認知・社会・臨床の接点と新展開』北大路書房, pp. 2-40.

遠藤利彦 (2005)「総説：視線理解を通して見る心の源流」遠藤利彦編『読む目・読まれる目――視線理解の進化と発達の心理学』東京大学出版会, pp. 11-66.

遠藤利彦 (2008)「共同注意と養育環境の潜在的な連関を探る」『乳幼児・医学心理学研究』**17**, 13-28.

Ericsson, K. A., Chase, W. G., & Faloon, S. (1980) Acquisition of a memory skill. *Science*, **208**, 1181-1182.

Eriksen, B. A., & Eriksen, C. W. (1974) Effects of noise letters upon the identification of a target letter in a nonsearch task. *Perception & Psychophysics*, **16**, 143-149.

Eriksen, C. W., & St. James, J. D. (1986) Visual attention within and around the field of focal attention: A zoom lens model. *Perception & Psychophysics*, **40**, 225-240.

Esgate, A., Groome, D., Baker, K., Heathcote, D., Kemp, R., Maguire, M., & Reed, C. (2005) *An introduction to applied cognitive psychology*. Psychology Press.

Espinel, C. H. (1996) de Kooning's late colours and forms: Dementia, creativity, and the healing power of art. *Lancet*, **347**, 1096-1098.

Evans, J. St. B. T. (2003) In two minds: Dual-process accounts of reasoning. *Trends in Cognitive Sciences*, **7**, 454-459.

Evans, J. St. B. T., Barston, J. L., & Pollard, P. (1983) On the conflict between logic and belief in syllogistic reasoning. *Memory & Cognition*, **11**, 295-306.

Evans, J. St. B. T., & Lynch, J. S. (1973) Matching bias in the selection task. *British Journal of Psychology*, **64**, 391-397.

Evans, J. St. B. T., Newstead, S. E., & Byrne, R. M. J. (1993) *Human reasoning: The psychology of deduction*. Lawrence Erlbaum Associates.

Evans, J. St. B. T., & Over, D. E. (1996) Rationality in the selection task: Epistemic utility versus uncertainty reduction. *Psychological Review*, **103**, 356-363.

Eysenck, M. W. (2006) *Fundamentals of cognition*. Psychology Press.

Eysenck, M. W., & Keane, M. (2005) *Cognitive psychology: A student's handbook*, 5th ed. Psychology Press.

◆F

Fagan, J. F., III, & Singer, L. T. (1979) The role of simple feature differences in infants' recognition of faces. *Infant Behavior and Development*, **2**, 39-45.

Fantz, R. L. (1961) The origin of form perception. *Scientific American*, **204**, 66-72.

Farah, M. J., & McClelland, J. L. (1991) A computational model of semantic memory impairment: Modality specificity and emergent category specificity. *Journal of Experimental Psychology: General*, **120**, 339-357.

Fechner, G. T. (1876) *Vorschule der aesthetik*. Breitkoff & Hartel.

Feigenbaum, E. A., & McCorduck, P. (1983) *The fifth generation: Artificial intelligence and Japan's computer challenge to the world*. John Brockman Associates. (木村繁訳, 1983『第五世代コンピュータ——日本の挑戦』ティビーエス・ブリタニカ)

Field, T. M., Cohen, D., Garcia, R., & Greenberg, R. (1984) Mother-stranger face discrimination by the newborn. *Infant Behavior and Development*, **7**, 19-25.

Fillmore, C. J. (1968) The case for case. In E. Bach & R. T. Harms (Eds.), *Universals in linguistic theory*. Holt, Rinehart & Winston. pp. 1-88.

Finke, R. A. (1995) Creative insight and preinventive forms. In R. J. Sternberg & J. E. Davidson (Eds.), *The nature of insight*. MIT Press. pp. 255-280.

Finke, R. A., & Pinker, S. (1983) Directional scanning of remembered visual patterns. *Journal of Experimental Psychology: Learning, Memory, & Cognition*, **9**, 398-410.

Finke, R. A., Ward, T. B., & Smith, S. M. (1992) *Creative cognition: Theory, research, and applications*. MIT Press. (小橋康章訳, 1999『創造的認知——実験で探るクリエイティブな発想のメカニズム』森北出版)

Fischhoff, B., Slovic, P., & Lichtenstein, S. (1977) Knowing with certainty: The appropriateness of exterme confidence. *Journal of Experimental Psychology: Human Perception and Performance*, **3**, 522-564.

Fisher, R. P., & Geiselman, R. E. (1992) *Memory-enhancing techniques for investigative interviewing: The cognitive interview*. Thomas.

Fiske, S. T., Cuddy, A. J. C., Glick, P. S., & Xu, J. (2002) A model of (often mixed) stereotype content: Competence and warmth respectively follow from perceived status and competition. *Journal of Personality and Social Psychology*, **82**, 878-902.

Fiske, S. T., & Neuberg, S. L. (1990) A continuum model of impression formation, from category-based to individuating processes: Influences of information and motivation on attention and interpretation. In M. P. Zanna (Ed.), *Advances in experimental social psychology, Vol.23*. Academic Press. pp. 1-74.

Fiske, S. T., & Taylor, S. E. (2008) *Social cognition: From brains to culture*. McGraw-Hill.

Flowers, J. H. (1975) "Sensory" interference in a word-color matching task. *Perception & Psychophysics*, **18**, 37-43.

Fodor, J. A. (1983) *The modularity of mind: An essay on faculty psychology*. MIT Press. (伊藤笏康・信原幸弘訳, 1985『精神のモジュール形式——人工知能と心の哲学』産業図書)

Fox, E., Lester, V., Russo, R., Bowles, R. J., Pichler, A., & Dutton, K. (2000) Facial expressions of emotion: Are angry faces detected more efficiently? *Cognition and Emotion*, **14**, 61-92.

Franks J. J., & Bransford, J. D. (1971) Abstraction of visual patterns. *Journal of Experimental Psychology*, **90**, 64-74.

Frazier, L. (1983) Processing sentence structure. In K. Rayner (Ed.), *Eye movements in reading: Perceptual and language processes*. Academic Press. pp. 215-236.

Frazier, L., & Rayner, K. (1982) Making and correcting errors during sentence comprehen-

sion: Eye movements in the analysis of structurally ambiguous sentences. *Cognitive Psychology*, **14**, 178-210.
Freud, S. (1915) Die verdrängung. In *Gesammelte Werke Bd. X*. S. Fischer Verlag. （井村恒郎・小此木啓吾ら訳，1970「抑圧」『フロイト著作集6——自我論・不安本能論』人文書院，pp. 78-86）
Friesen, C. K., & Kingstone, A. (1998) The eyes have it!: Reflexive orienting is triggered by nonpredictive gaze. *Psychonomic Bulletin & Review*, **5**, 490-495.
藤田和生（1998）『比較認知科学への招待——「こころ」の進化学』ナカニシヤ出版
藤田哲也（2001）「脳の進化」乾敏郎・安西祐一郎編『認知発達と進化』岩波書店，pp 163-196.
藤原武弘（1995）『態度変容理論における精査可能性モデルの検証』北大路書房

◆G

Gallagher, H. L., & Frith, C. D. (2003) Functional imaging of "theory of mind". *Trends in Cognitive Sciences*, **7**, 77-83.
Gallup, G. G. (1970) Chimpanzees: Self-recognition. *Science*, **167**, 86-87.
Gardner, H. (1983) *Frames of mind: The theory of multiple intelligences*. Basic Books.
Gardner, H. (1985) *The mind's new science: A history of the cognitive revolution*. Basic Books. （佐伯胖・海保博之監訳，1987『認知革命——知の科学の誕生と展開』産業図書）
Gardner, R. A., & Gardner, B. T. (1969) Teaching sign language to a chimpanzee. *Science*, **165**, 664-672.
Garner, W. R., & Clement, D. E. (1963) Goodness of pattern and pattern uncertainty. *Journal of Verbal Learning and Verbal Behavior*, **2**, 446-452.
Garner, W. R., Hake, H. W., & Eriksen, C. W. (1956) Operationism and the concept of perception. *The Psychological Review*, **63**, 149-159.
Garnsey, S. M., Pearlmutter, N. J., Myers, E., & Lotocky, M. A. (1997) The contributions of verb bias and plausibility to the comprehension of temporarily ambiguous sentences. *Journal of Memory and Language*, **37**, 58-93.
Garry, M., Manning, C. G., Loftus, E. F., & Sherman, S. J. (1996) Imagination inflation: Imagining a childhood event inflates confidence that it occurred. *Psychonomic Bulletin & Review*, **3**, 208-214.
Gaskell, G. (2005) Language processing. In N. Braisby & A. Gellatly (Eds.), *Cognitive psychology*. Oxford University Press. pp. 197-230.
Gelman, R. (1979) Preschool thought. *American Psychologist*, **34**, 900-905.
Gelman, R. (1990) First principles organize attention to and learning about relevant data: Number and the animat-inanimate distinction as examples. *Cognitive Science*, **14**, 79-106.
Gelman, R., & Baillargeon, R. (1983) A review of Piagetian concepts. In P. H. Mussen (Series Ed.) & J. H. Flavell & E. M. Markman (Vol. Eds.), *Handbook of child psychology*, 4th ed., *Vol. 3*. Wiley. pp. 167-230.
Gelman, R., & Gallistel, C. R. (1978) *The child's understanding of number*. Harvard University Press. （小林芳郎・中島実訳，1989『数の発達心理学——子どもの数の理解』田研出版）
Gerbner, G. (1987) Television's populist brew: The three Bs. *ETC: A Review of General Semantics*, **44**, 3-7.
Gerbner, G., Gross, L., Morgan, M., & Signorielli, N. (1980) The "mainstreaming" of America: Violence profile no. 11. *Journal of Communication*, **30**(3), 10-29.
Geschwind, N. (1970) The organization of language and the brain. *Science*, **170**, 940-944.
Gesell, A., & Thompson, H. (1934) *Infant behavior: Its genesis and growth*. McGraw-Hill. （新井清三郎訳，1982『小児の発達と行動』福村出版）
Gick, M. L., & Holyoak, K. J. (1980) Analogical problem solving. *Cognitive Psychology*, **12**,

306-355.
Gick, M. L., & Holyoak, K. J. (1983) Schema induction and analogical transfer. *Cognitive Psychology*, **15**, 1-38.
Gigerenzer, G. (2002) *Calculated risks: How to know when numbers deceive you.* Simon & Schuster. (吉田利子訳, 2003『数字に弱いあなたの驚くほど危険な生活――病院や裁判で統計にだまされないために』早川書房)
Gigerenzer, G., & Hug, K. (1992) Domain-specific reasoning: Social contracts, cheating, and perspective change. *Cognition*, **43**, 127-171.
Gigerenzer, G., Todd, P. M., & the ABC Reseach Group (1999) *Simple heuristics that make us smart.* Oxford University Press.
Gilbert, D. T. (1998) Ordinary personology. In D. T. Gilbert, S. T. Fiske & G. Lindzey (Eds.), *The handbook of social psychology*, 4th ed., *Vol.2*. McGraw-Hill. pp. 89-150.
Gilbert, D. T., & Malone, P. S. (1995) The correspondence bias. *Psychological Bulletin*, **117**, 21-38.
Gilmore, R. O., & Johnson, M. H. (1995) Working memory in infancy: Six-month-olds' performance on two versions of the oculomotor delayed response task. *Journal of Experimental Child Psychology*, **59**, 397-418
Godden, D., & Baddeley, A. D. (1980) When does context influence recognition memory? *British Journal of Psychology*, **71**, 99-104.
Goldstein, D. G., & Gigerenzer, G. (2002) Models of ecological rationality: The recognition heuristic. *Psychological Review*, **109**, 75-90.
Goleman, D. (1995) *Emotional intelligence: Why it can matter more than IQ.* Bantam. (土屋京子訳, 1996『EQ――こころの知能指数』講談社)
Gordon, P. (2004) Numerical cognition without words: Evidence from Amazonia. *Science*, **306**, 496-499.
Goren, C. C., Sarty, M., & Wu, P. Y. (1975) Visual following and pattern discrimination of face-like stimuli by newborn infants. *Pediatrics*, **56**, 544-549.
Gorman, M. E., Stafford, A., & Gorman, M E. (1987) Disconfirmation and dual hypothesis on a more difficult version of Wason's 2-4-6 task. *The Quarterly Journal of Experimental Psychology*, **39 A**, 1-28.
Goswami, U. (1998) *Cognition in children.* Psychology Press. (岩男卓実・上淵寿・古池若葉・富山尚子・中島伸子訳, 2003『子どもの認知発達』新曜社)
Gotlib, I. H., & McCann, C. D. (1984) Construct accessibility and depression: An examination of cognitive and affective factors. *Journal of Personality and Social Psychology*, **47**, 427-439.
Graf, P., Squire, L. R., & Mandler, G. (1984) The information that amnesic patients do not forget. *Journal of Experimental Psychology: Learning, Memory, & Cognition*, **10**, 164-178.
Green, A. J. K., & Gilhooly, K. (2005) Problem solving. In N. Braisby & A. Gellatly (Eds.), *Cognitive psychology.* Oxford University Press. pp. 347-381.
Green, C. S., & Bavelier, D. (2003). Action video game modifies visual selective attention. *Nature*, **423**, 534-537.
Griggs, R. A., & Cox, J. R. (1982) The elusive thematic materials effect in Wason's selection task. *British Journal of Psychology*, **73**, 407-420.
Gwiazda, J., Brill, S., Mohindra, I., & Held, R. (1980) Preferential looking acuity in infants from two to fifty-eight weeks of age. *American Journal of Optometry and Physiological Optics*, **57**, 428-432.

◆H

Haber, R. N., & Standing, L. G. (1969) Direct measures of short-term visual storage. *Quarterly Journal of Experimental Psychology*, **21**, 43-54.

萩原滋 (2004)「テレビ CM に現れる外国イメージの動向」萩原滋・国広陽子編『テレビと外国イメージ——メディア・ステレオタイピング研究』勁草書房, pp. 147-168.

萩原滋・Prieler, M.・Kohlbacher, F.・有馬明恵 (2008)「日本のテレビ CM における高齢者像の変遷——1997 年と 2007 年の比較」『メディア・コミュニケーション (慶應義塾大学メディア・コミュニケーション研究所紀要)』**59**, 113-129.

箱田裕司・安藤満代・北島知佳 (2008)「トリ画像に認知に見られる削除変化の優位性」『日本心理学会第 72 回大会発表論文集』750.

箱田裕司・松本亜紀 (2006)「新ストループ検査 (II) を用いたストループ・逆ストループ干渉の発達的変化」『日本基礎心理学研究』**25**, 136-137.

箱田裕司・佐々木めぐみ (1990)「集団用ストループ・逆ストループテスト——反応様式, 順序, 練習の効果」『教育心理学研究』**38**, 389-394.

Hala, S., & Carpendale, J. (1997) All in the mind: Children's understanding of mental life. In S. Hala (Ed.), *The development of social cognition*. Psychology Press. pp. 189-239.

Hall, E. T. (1976) *Beyond culture*. Anchor Books. (岩田慶治・谷泰訳, 1979『文化を越えて』テイビーエス・ブリタニカ)

濱本有希・平伸二 (2008).「凶器の形状が認知処理速度に及ぼす影響 (2) ——刃物の形状と写真における比較」『生理心理学と精神生理学』**26**(2), 160.

Hamilton, D. L., Devine, P. G., & Ostrom, T. M. (1994) Social cognition and classic issues in social psychology. In P. G. Devine, D. L. Hamilton & T. M. Ostrom (Eds.), *Social cognition: Impact on social psychology*. Academic Press. pp. 1-13.

Hamilton, D. L., & Gifford, R. K. (1976) Illusory correlation in interpersonal perception: A cognitive basis of stereotypic judgments. *Journal of Experimental Social Psychology*, **12**, 392-407.

Hansen, C. H., & Hansen, R. D. (1988) Finding the face in the crowd: An anger superiority effect. *Journal of Personality and Social Psychology*, **54**, 917-924.

Hartley, A. A., & Kieley, J. M. (1995) Adult age differences in the inhibition of return of visual attention. *Psychology and Aging*, **10**, 670-683.

長谷川寿一・長谷川眞理子 (2000)『進化と人間行動』東京大学出版会

波多野誼余夫 (2003)「書評シンポジウム 研究者の多文化体験は比較文化心理学を救うか」『児童心理学の進歩』**42**, 313-317.

Hauser, M. D., Chomsky, N., & Fitch, W. T. (2002) The language faculty: What is it, who has it, and how did it evolve? *Science*, **298**, 1569-1579

Hebb, D. O. (1949) *The organization of behavior: A neuropsychological theory*. Wiley. (白井常訳, 1957『行動の機構』岩波書店)

Heider, F. (1958) *The psychology of interpersonal relations*. Wiley. (大橋正夫訳, 1978『対人関係の心理学』誠信書房)

Heilman, K. M., & Van Den Abell, T. (1980) Right hemisphere dominance for attention: The mechanism underlying hemispheric asymmetries of inattention (neglect). *Neurology*, **30**, 327-330.

Heilman, K. M., Watson, R., & Valenstein, E. (1993) Neglect and related disorders. In K. M. Heilman & E. Valenstein (Eds.), *Clinical neuropsychology*, 3rd ed. Oxford University Press. pp. 279-336.

Heine, S. J., & Lehman, D. R. (1997) Culture, dissonance, and self-affirmation. *Personality and Social Psychology Bulletin*, **23**, 389-400.

Heine, S. J., Kitayama, S., Lehman, D. R., Takata, T., Ide, E., Leung, C., & Matsumoto, H. (2001) Divergent consequences of success and failure in Japan and North America: An investigation of self-improving motivations and malleable selves. *Journal of Personality and Social Psychology*, **81**, 599-615.

Held, R., Birch. E. E., & Gwiazda. J. (1980) Stereoacuity of human infants. *Proceedings of the National Academy of Sciences USA*, **77**, 5572-5574.

Helsen, W. F., & Starkes, J. L. (1999) A multidimensional approach to skilled perception and performance in sport. *Applied Cognitive Psychology*, **13**, 1-27.

Herman, J. L., & Schatzow, E. (1987) Recovery and verification of memories of childhood sexual trauma. *Psychoanalytic Psychology*, **4**, 1-14.（穂積由利子訳，1997「児童期性的トラウマに関する記憶の回復と検証」斎藤学編『トラウマとアダルト・チルドレン（現代のエスプリ 358）』至文堂，pp. 83-98)

Hihara, S., Yamada, H., Iriki, A., & Okanoya, K. (2003) Spontaneous vocal differentiation of coo-calls for tools and food in Japanese monkeys. *Neuroscience Research*, **45**, 383-389.

Hilton, D. J., & Slugoski, B. R. (1986) Knowledge-based causal attribution: The abnormal conditions focus model. *Psychological Review*, **93**, 75-88.

広田すみれ・増田真也・坂上貴之編（2006）『心理学が描くリスクの世界──行動的意思決定入門（改訂版）』慶應義塾大学出版会

Hirschfeld, L. A., & Gelman, S. A. (Eds.) (1994) *Mapping the mind: Domain specificity in cognition and culture.* Cambridge University Press.

Hodder, I. (Ed.) (1982) *Symbolic and structural archaeology.* Cambridge University Press.

Holland, J. H., Holyoak, K. J., Nisbett, R. E., & Thagard, P. (1986) *Induction: Processes of inference, learning, and discovery.* MIT Press.（市川伸一ら訳，1991『インダクション──推論・学習・発見の統合理論へ向けて』新曜社）

Holyoak, K. J., & Hummel, J. E. (2000) The proper treatment of symbols in a connectionist architecture. In E. Dietrich & A. B. Markman (Eds.), *Cognitive dynamics: Conceptual and representational change in humans and machines.* Lawrence Erlbaum Associates. pp. 229-263.

Holyoak, K. J., & Thagard, P. (1989) Analogical mapping by constraint satisfaction. *Cognitive Science*, **13**, 295-355.

Holyoak, K. J., & Thagard, P. (1995) *Mental leaps: Analogy in creative thought.* MIT Press.（鈴木宏昭・河原哲雄監訳，1998『アナロジーの力──認知科学の新しい探求』新曜社）

Hong, Y., Morris, M., Chiu, C., & Benet-Martínez, V. (2000) Multicultural minds: A dynamic constructivist approach to culture and cognition. *American Psychologist*, **55**, 709-720.

Horowitz, F. D., Paden, L., Bhana, K., & Self, P. (1972) An infant-control procedure for studying infant visual fixations. *Developmental Psychology*, **7**, 90.

Horstmann, G. (2007) Preattentive face processing: What do visual search experiments with schematic faces tell us? *Visual Cognition*, **15**, 799-833.

Horstmann, G., Scharlau, I., & Ansorge, U. (2006) More efficient rejection of happy than angry face distractors in visual search. *Psychonomic Bulletin and Review*, **13**, 1067-1073.

Howard, D. V. (1986) *The aging of implicit memory.* Paper presented at the meetings of the Psychonomic Society, New Orleans, LA.

Howard, D. V., Heisey, J. G., & Shaw, R. J. (1986) Aging and the priming of newly learned associations. *Developmental Psychology*, **22**, 78-85.

Howarth, C. I., & Ellis, R. (1961) The relative intelligibility threshold for one's own name compared with other names. *Quarterly Journal of Experimental Psychology*, **13**, 236-239.

Hsee, C. K. (1996) The evaluability hypothesis: An explanation for preference reversals between joint and separate evaluations of alternatives. *Organizational Behavior and Human Decision Processes*, **67**, 247-257.

Hubel, D. H., & Wiesel, T. N. (1959) Receptive fields of single neurons in the cat's striate cortex. *Journal of Physiology*, **148**, 574-591.

Huber, J., Payne, J. W., & Puto, C. (1982) Adding asymmetrically dominated alternatives: Violations of regularity and the similarity hypothesis. *Journal of Consumer Research*, **9**, 90-98.

Hummel, J. E., & Holyoak, K. J. (1997) Distributed representations of structure: A theory of analogical access and mapping. *Psychological Review*, **104**, 427-466.

Hummel, J. E., & Holyoak, K. J. (2003a) A symbolic-connectionist theory of relational inference and generalization. *Psychological Review*, **110**, 220-264.

Hummel, J. E., & Holyoak, K. J. (2003b) Relational reasoning in a neurally-plausible cognitive architecture: An overview of the LISA project. *Cognitive Studies*, **10**, 58-75.（寺尾敦訳, 2005「神経的に妥当な認知アーキテクチャにおける関係推論」都築誉史・楠見孝編『高次認知のコネクショニストモデル——ニューラルネットワークと記号的コネクショニズム』共立出版, pp. 191-217）

Humphrey, N. (1992) *A history of the mind*. Chatto & Windus.

Humphreys, G. W., & Forde, E. M. E. (2001) Hierarchies, similarity and interactivity in object recognition: On the multiplicity of 'category-specific'. *Behavioral and Brain Sciences*, **24**, 453-509.

Hunter, I. M. L. (1977) Mental calculation. In P. N. Johnson-Laird & P. C. Wason (Eds.), *Thinking: Readings in cognitive science*. Cambridge University Press. pp. 35-45

Hyland, D. T., & Ackerman A. M. (1988) Reminiscence and autobiographical memory in the study of the personal past. *Journal of Gerontology: Psychological Sciences*, **43**, 35-39.

Hyman, I. E. Jr., Husband, T. H., & Billings, F. J. (1995) False memories of childhood experiences. *Applied Cognitive Psychology*, **9**, 181-197.

◆I ───

Iacoboni, M., Woods, R. P., Brass, M., Bekkering, H., Mazziotta, J. C., & Rizzolatti, G. (1999) Cortical mechanisms of human imitation. *Science*, **286**, 2526-2528.

井上雅勝（2005）「曖昧文の理解」川崎恵里子編『ことばの実験室——心理言語学へのアプローチ』ブレーン出版, pp. 103-132.

井上（中村）徳子・外岡利佳子・松沢哲郎（1996）「チンパンジー乳幼児におけるヤシの種子割り行動の発達」『発達心理学研究』**7**, 148-158.

井上毅・佐藤浩一編（2002）『日常認知の心理学』北大路書房

入來篤史（2001）「運動による認知システムの変化」乾敏郎・安西祐一郎編『コミュニケーションと思考』岩波書店, pp. 2-22.

Iriki, A., Tanaka, M., & Iwamura, Y. (1996) Coding of modified body schema during tool use by macaque postcentral neurones. *Neuroreport*, **7**, 2325-2330.

伊勢田哲治（2005）『哲学思考トレーニング』筑摩書房

石毛明子・箱田裕司（1984）「カテゴリー群化における典型性効果」『心理学研究』**55**, 221-227.

Ishii, K., Reyes, J. A., & Kitayama, S. (2003) Spontaneous attention to word content versus emotional tone: Differences among three cultures. *Psychological Science*, **14**, 39-46.

石松一真・三浦利章（2003）「分割的注意と加齢」『心理学評論』**46**, 314-329.

石松一真・三浦利章（2008）「高齢者の視機能と視覚的注意」『光学』**37**, 518-525.

板倉昭二（1999）『自己の起源——比較認知科学からのアプローチ』金子書房

Itakura, S., & Tanaka, M. (1998) Use of experimenter-given cues during object choice tasks

by chimpanzees (*Pan troglodytes*), an orangutan (*Pongo pygmaeus*), and human infants (*Homo sapiens*). *Journal of Comparative Psychology*, **120**, 119-126.
伊藤絵美（2005）『認知療法・認知行動療法カウンセリング 初級ワークショップ』星和書店
伊藤尚枝（2005）『認知過程のシミュレーション入門』北樹出版
Ito, M., & Gilbert, C. D. (1999) Attention modulates contextual influences in the primary visual cortex of alert monkeys. *Neuron*, **22**, 593-604.
厳島行雄・仲真紀子・原聰（2003）『目撃証言の心理学』北大路書房
岩男寿美子（2000）『テレビドラマのメッセージ――社会心理学的分析』勁草書房
岩男卓実（2006）「帰納」海保博之・楠見孝監修『心理学総合事典』朝倉書店, pp. 226-232.
Iyengar, S. (1991) *Is anyone responsible?: How television frames political issues*. The University of Chicago Press.

◆J

Jackson, J. H. (1881) Remarks on dissolution of the nervous system as exemplified by certain post-epileptic condition. *Medical Press and Circular*, **1**, 259-329. (reprinted In J. Taylor (Ed.) (1932) *Selected writings of John Hughlings Jackson, Vol.2*. Staples. pp. 3-28)
Jacobs, W. J., & Nadel, L. (1998) Neurobiology of reconstructed memory. *Psychology of Public Policy and Law*, **4**, 1110-1134.
Jacoby, L. L., & Kelly, C. M. (1987) Unconscious influences of memory for a prior event. *Personality and Social Psychology Bulletin*, **13**, 314-336.
Jansari, A., & Parkin, A. J. (1996) Things that go bump in your life: Explaining the reminiscence bump in autobiographical memory. *Psychology and Aging*, **11**, 85-91.
Jerison, H. J. (1973) *Evolution of the brain and intelligence*. Academic Press.
Ji, L. -J., Nisbett, R. E., & Su, Y. (2001) Culture, change, and prediction. *Psychological Science*, **12**, 450-456.
Ji, L. -J., Peng, K., & Nisbett, R. E. (2000) Culture, control, and perception of relationships in the environment. *Journal of Personality and Social Psychology*, **78**, 943-955.
Ji, L. -J., Zhang, Z., & Nisbett, R. E. (2004) Is it culture or is it language?: Examination of language effects in cross-cultural research on categorization. *Journal of Personality and Social Psychology*, **87**, 57-65.
Johnson, M. H., Dziurawiec, S., Ellis, H. D., & Morton, J. (1991) Newborns' preferential tracking of face-like stimuli and its subsequent decline. *Cognition*, **40**, 1-19.
Johnson, M. H., & Morton, J. (1991) *Biology and cognitive development: the case of face recognition*. Blackwell.
Johnson, M. K. (1988) Reality monitoring: An experimental phenomenological approach. *Journal of Experimental Psychology: General*, **117**, 390-394.
Johnson, S. P., (1997) Young infants' perception of object unity: Implications for development of attentional and cognitive skills. *Current Directions in Psychological Science*, **6**, 5-11.
Johnson-Laird, P. N. (1983) *Mental models: Towards a cognitive science of language, inference, and consciousness*. Harvard University Press.（海保博之監修, AIUEO 訳, 1988『メンタルモデル――言語・推論・意識の認知科学』産業図書）
Johnson-Laird, P. N. (1999) Mental models. In R. A. Wilson & F. C. Keil (Eds.), *The MIT encyclopedia of the cognitive sciences*. MIT Press. pp. 525-527.
Johnson-Laird, P. N., Legrenzi, P., & Legrenzi, M. S. (1972) Reasoning and a sense of reality. *British Journal of Psychology*, **63**, 395-400.
Johnson-Laird, P. N., & Wason, P. C. (1970) Insight into a logical relation. *Journal of Experi-

mental Psychology, **22**, 49-61.
Johnston, W. A., & Heinz, S. P. (1978) Flexibility and capacity demands of attention. *Journal of Experimental Psychology: General*, **107**, 420-435.
Jones, E. E., & Davis, K. E. (1965) From acts to dispositions: The attribution process in person perception. In L. Berkowitz (Ed.), *Advances in experimental social psychology, Vol.2*. Academic Press. pp. 220-266.
Jones, S., Martin, R., & Pilbeam D. (Eds.) (1992) *The Cambridge encyclopedia of human evolution*. Cambridge University Press.
Julesz, B. (1971) *Foundation of cyclopean perception*. The University of Chicago Press.

◆K

Kaan, E., Harris, A., Gibson, E., & Holcomb, P. (2000) The P600 as an index of syntactic integration difficulty. *Language and Cognitive Processes*, **15**, 159-201.
Kahneman, D. (2003) A perspective on judgment and choice: Mapping bounded rationality. *American Psychologist*, **58**, 697-720.
Kahneman, D., & Tversky, A. (1973) On the psycology of prediction. *Psycological Review*, **80**, 237-251.
Kahneman, D., & Tversky, A. (1979) Prospect theory: An analysis of decision making under risk. *Econometrica*, **47**, 263-291.
Kahneman, D., & Tversky, A. (1996) On the reality of cognitive illusion: A reply to Gigerenzer's critique. *Psychological Review*, **103**, 582-591.
改田明子（1986）「自然カテゴリーに関する変数の関係について」『東京大学教育学部紀要』**26**, 227-234.
改田明子・小田浩一・箱田裕司（1987）「メロディの記憶におけるプロトタイプの抽出と事例情報の保持の関係」『心理学研究』**57**, 365-371.
Kail, R. (1990) *The development of memory in children*, 3rd ed. W. H. Freeman.（高橋雅延・清水寛之訳，1993『子どもの記憶——おぼえること・わすれること』サイエンス社）
上瀬由美子・松井豊・古澤照幸（1991）「血液型ステレオタイプの形成と解消に関する研究」『都立立川短期大学紀要』**24**, 55-65.
Kampe, K. K., Frith, C. D., Dolan, R. J., & Frith, U. (2001) Reward value of attractiveness and gaze. *Nature*, **413**, 589.
Kano, M., Fukudo, S., Gyoba, J., Kamachi, M., Tagawa, M., Mochizuki, H., Itoh, M., Hongo, M., & Yanai, K. (2003) Specific brain processing of facial expressions in people with alexithymia: An $H_2{}^{15}O$-PET study. *Brain: A Journal of Neurology*, **126**, 1474-1484.
Kanwisher, N., McDermott, J., & Chun, M. M. (1997) The fusiform face area: A module in human extrastriate cortex specialized for face perception. *Journal of Neuroscience*, **17**, 4302-4311.
Kaplan, C. A., & Simon, H. A. (1990) In search of insight. *Cognitive Psychology*, **22**, 374-419.
唐澤眞弓（2006）「心と文化——文化心理学的視点からの検討」海保博之・楠見孝監修『心理学総合事典』朝倉書店, p. 18.
Kashima, E. S., & Kashima, Y. (1998) Culture and language: The case of cultural dimensions and personal pronoun use. *Journal of Cross-Cultural Psychology*, **29**, 461-486.
Kashima, Y., & Kashima, E. S. (2003) Individualism, GNP, climate, and pronoun drop: Is individualism determined by affluence and climate, or does language use play a role? *Journal of Cross-Cultural Psychology*, **34**, 125-134.
Kastner, S., De Weerd, P., Desimone, R., & Ungerleider, L. G. (1998) Mechanisms of directed attention in the human extrastriate cortex as revealed by functional MRI. *Science*, **282**,

108-111.
Kastner, S., & Ungerleider, L. G. (2001) The neural basis of biased competition in human visual cortex. *Neuropsychologia*, **39**, 1263-1276.
加藤貴昭・福田忠彦（2002）「野球の打撃準備時間相における打者の視覚探索ストラテジー」『人間工学』**38**, 333-340.
河内十郎・河村満・石坂郁代・垣添晴香（1995）「コミュニケーションにおける感性情報処理の研究——感性情報処理と知性情報処理の並列性について」平成4～6年度科学研究費補助金（重点領域研究）『感性情報処理の情報学・心理学的研究』研究成果報告書，pp. 255-260.
河原純一郎（2003）「注意の瞬き」『心理学評論』**46**, 501-526.
川崎惠理子（2001）「文章理解の理論」中島義明編『現代心理学［理論］事典』朝倉書店，pp. 308-328.
川崎惠理子（2005）「文章理解と記憶のモデル」川崎惠理子編『ことばの実験室——心理言語学へのアプローチ』ブレーン出版，pp. 133-162.
Kay, P., & Kempton, W. (1984) What is the Sapir-Whorf hypothesis? *American Anthropologist*, **86**, 65-89.
Keil, F. C., & Batterman, N. (1984) A characteristic-to-defining shift in the development of word meaning. *Journal of Verbal Learning and Verbal Behavior*, **23**, 221-236.
Kelley, H. H. (1967) Attribution theory in social psychology. In D. Levine (Ed.), *Nebraska symposium on motivation, Vol. 15*. University of Nebraska Press. pp. 192-238.
Kelley, H. H. (1972) Causal schemata and the attribution process. In E. E. Jones, D. E. Kanouse, H. H. Kelley, R. E. Nisbett, S. Valins & B. Weiner (Eds.), *Attribution: Perceiving the causes of behavior*. General Learning Press. pp. 151-174.
Kellman, P. J., & Spelke, E. S. (1983) Perception of partly occluded objects in infancy. *Cognitive Psychology*, **15**, 483-524.
Keppel, G., & Underwood, B. J. (1962) Proactive inhibition in short-term retention of single items. *Journal of Verbal Learning & Verbal Behavior*, **1**, 153-161.
Kim, H. S. (2002) We talk, therefore we think?: A cultural analysis of the effect of talking on thinking. *Journal of Personality and Social Psychology*, **83**, 828-842.
Kim, H. S., & Sherman, D. K. (2007) "Express yourself": Culture and the effect of self-expression on choice. *Journal of Personality and Social Psychology*, **92**, 1-11.
木村駿（1982）『日本人の対人恐怖（社会心理学選書2）』勁草書房
木村泰之・都築誉史（1998）「集団意思決定とコミュニケーション・モード——コンピュータ・コミュニケーション条件と対面コミュニケーション条件の差違に関する実験社会心理学的検討」『実験社会心理学研究』**38**, 183-192.
Kinder, D. R., & Sanders, L. M. (1990) Mimicking political debate with survey questions: The case of white opinion on affirmative action for blacks. *Social Cognition*, **8**, 73-103.
Kintsch, W. (1988) The use of knowledge in discourse processing: A construction-integration model. *Psychological Review*, **95**, 163-182.
Kintsch, W. (1992) A cognitive architecture for comprehension. In H. L. Pick, Jr., P. van den Broek & D. C. Knill (Eds.), *Cognition: Conceptual and methodological issues*. American Psychological Association. pp. 143-164.
Kintsch, W. (1994) Text comprehension, memory and learning. *American Psychologist*, **49**, 294-303.
Kintsch, W. (1998) *Comprehension: A paradigm for cognition*. Cambridge University Press.
Kintsch, W., Welsch, D. M., Schmalhofer, F., & Zimny, S. (1990) Sentence memory: A theoretical analysis. *Journal of Memory and Language*, **29**, 133-159.
岸志津江・田中洋・嶋村和恵（2008）『現代広告論（新版）』有斐閣

北村英哉（2003）『認知と感情――理性の復権を求めて』ナカニシヤ出版
北山忍（1997）「文化心理学とは何か」柏木恵子・北山忍・東洋編『文化心理学――理論と実証』東京大学出版会，pp. 17-43.
Kitayama, S., & Cohen, D. (2007) *Handbook of cultural psychology*. Guilford Press.
Kitayama, S., Duffy, S., Kawamura, T., & Larsen, J. T. (2003) Perceiving an object and its context in different cultures: A cultural look at New Look. *Psychological Science*, 14, 201-206.
Kitayama, S., Ishii, K., Imada, T., Takamura, K., & Ramaswamy, J. (2006) Voluntary settlement and the spirit of independence: Evidence from Japan's "Northern Frontier". *Journal of Personality and Social Psychology*, 91, 369-384.
北山忍・宮本百合（2000）「文化心理学と洋の東西の巨視的比較――現代的意義と実証的知見」『心理学評論』43, 57-81.
Kitayama, S., Park, H., Sevincer, A. T., Karasawa, M., & Uskul, A. (2009) A cultural task analysis of implicit independence: Comparing North America, Western Europe, and East Asia. *Journal of Personality and Social Psychology*, 97, 236-255.
Kitayama, S., Snibbe, A. C., Markus, H. R., & Suzuki, T. (2004). Is there any "free" choice?: Self and dissonance in two cultures. *Psychological Science*, 15, 527-533.
北山忍・高木浩人・松本寿弥（1995）「成功と失敗の帰因――日本的自己の文化心理学」『心理学評論』38, 247-280.
Klapper, J. T. (1960) *The effects of mass communication*. Free Press. （NHK放送学研究室訳，1966『マス・コミュニケーションの効果』日本放送出版協会）
Kobayashi, H., & Kohshima, S. (1997) Unique morphology of the human eye. *Nature*, 387, 767-768.
小林敬一・丸野俊一（1994）「展望的記憶における他者の役割――他者への依存が課題の想起・実行を抑制する場合」『心理学研究』64, 482-487.
Köhnken, G., Milne, R., Memon, A., & Bull, R. (1999) The cognitive interview: A meta-analysis. *Psychology, Crime and Law*, 5, 3-28.
Kojima, S., & Kiritani, S. (1989) Vocal-auditory functions in the chimpanzee: Vowel perception. *International Journal of Primatology*, 10, 199-213.
小牧元・前田基成・有村達之・中田光紀・篠田晴男・緒方一子・志村翠・川村則行・久保千春（2003）「日本語版 The 20-item Toronto Alexithymia Scale (TAS-20) の信頼性，因子的妥当性の検討」『心身医学』43, 839-846.
Kosslyn, S. M. (1975) Information representaion in visual images. *Cognitive Psychology*, 7, 341-370.
Kosslyn, S. M., Ball, T. M., & Reiser, B. J. (1978) Visual images preserve metric spatial information: Evidence from studies of image scanning. *Journal of Experimental Psychology: Human Perception and Performance*, 4, 47-60.
Koster, E. H. W., Crombez, G., Van Damme, S., Verschuere, B., & De Houwer, J. (2004) Does imminent threat capture and hold attention? *Emotion*, 4, 312-317.
子安増生・西村和雄編（2007）『経済心理学のすすめ』有斐閣
Krugman, H. E. (1965) The impact of television advertising: Learning without involvement. *Public Opinion Quarterly*, 29, 349-356.
工藤恵理子（2003）「対人認知過程における血液型ステレオタイプの影響――血液型信念に影響されるものは何か」『実験社会心理学研究』43, 1-21.
Kuhn, T. S. (1970) *The structure of scientific revolutions*. University of Chicago Press. （中山茂訳，1971『科学革命の構造』みすず書房）
Kühnen, U., Hannover, B., & Schbert, B. (2001) The semantic-procedural interface model of

the self: The role of self-knowledge for context-dependent versus context-independent modes of thinking. *Journal of Personality and Social Psychology*, **80**, 397-409
熊田孝恒・横澤一彦（1994）「特徴統合と視覚的注意」『心理学評論』**37**, 19-43.
Kunst-Wilson, W. R., & Zajonc, R. B. (1980) Affective discrimination of stimuli that cannot be recognized. *Science*, **207**, 557-558.
Kutas, M., & Hillyard, S. A. (1980) Reading senseless sentences: Brain potentials reflect sematic incongruity. *Science*, **207**, 203-205.

◆L

Lachman, R., Lachman, J. L., & Butterfield, E. C. (1979) *Cognitive psychology and information processing: An introduction*. Lawrence Erlbaum Associates. （箱田裕司・鈴木光太郎監訳，1988『認知心理学と人間の情報処理Ⅰ，Ⅱ，Ⅲ』サイエンス社）
Lakoff, G. (1987) *Women, fire, and dangerous things: What categories reveal about the mind*. University of Chicago Press. （池上嘉彦・河上誓作他訳，1993『認知意味論——言語から見た人間の心』紀伊國屋書店）
Lamberts, K., & Shapiro, L. (2002) Exemplar models and category-specific deficits. In E. M. E. Forde & G. W. Humphreys (Eds), *Category specificity in brain and mind*. Psychology Press. pp. 291-314.
Landauer, T. K., & Dumais, S. T. (1997) Solution to Plato's problem: The latent semantic analysis theory of acquisition, induction and representation of knowledge. *Psychological Review*, **104**, 211-240.
Lane, R. D., Sechrest, L., Reidel, R., Weldon, V., Kaszniak, A., & Schwartz, G. E. (1996) Impaired verbal and nonverbal emotion recognition in alexithymia. *Psychosomatic Medicine*, **58**, 203-210.
Lang, P. J., Bradley, M. M., & Cuthbert, B. N. (2005) International Affective Picture System (IAPS): Instruction manual and affective rating (*Technical Report A-6*). University of Florida.
Langlois, J. H., & Roggman, L. A. (1990) Attractive faces are only average. *Psychological Science*, **1**, 115-121.
Lazarsfeld, P. F., Berelson, B., & Gaudet, H. (1948) *The people's choice: How the voter makes up his mind in a presidential campaign*. Duell, Sloan and Pearce. （有吉広介監訳，1987『ピープルズ・チョイス——アメリカ人と大統領選挙』芦書房）
Lazarus, R. S. (1982) Thoughts on the relations between emotion and cognition. *American Psychologist*, **37**, 1019-1024.
Lazarus, R. S. (1999) The cognition-emotion debate: A bit of history. In T. Dalgleish & M. Power (Eds), *Handbook of cognition and emotion*. Wiley. pp. 3-19.
Lazarus, R. S., & Folkman, S. (1984) *Stress, appraisal, and coping*. Springer Publishing Company. （本明寛・春木豊・織田正美監訳，1991『ストレスの心理学——認知的評価と対処の研究』実務教育出版）
LeDoux, J. E. (1994) Emotion, memory and the brain. *Scientific American*, **270**, 50-57.
LeDoux, J. E. (1996) *The emotional brain: The mysterious underpinnings of emotional life*. Simon & Schuster. （松本元・川村光毅・小幡邦彦・石塚典生・湯浅茂樹訳，2003『エモーショナル・ブレイン——情動の脳科学』東京大学出版会）
Levinson, S. C. (1997) Language and cognition: The cognitive consequences of spatial description in Guugu Yimithirr. *Journal of Linguistic Anthropology*, **7**, 98-131.
Lichtenstein, S., & Slovic, P. (1971) Reversals of preference between bids and choices in gambling decision. *Journal of Experimental Psychology*, **89**, 46-55.

Lichtenstein, S., & Slovic, P. (1973) Response-induced reversals of preference in gambling: An extended replication In Las Vegas. *Journal of Experimental Psychology*, **101**, 16-20.

Lichtenstein, S., Slovic, P., Fischhoff, B, Layman, M., & Combs, B. (1978) Judged frequency of lethal events. *Journal of Experimental Psychology: Human Learning and Memory*, **4**, 551-578.

Lieberman, P. (1984) *The biology and evolution of language.* Harvard University Press.

Light, L. L., & Singh, A. (1987) Implicit and explicit memory in young and older adults. *Journal of Experimental Psychology: Learning, Memory, and Cognition*, **13**, 531-541.

Lindman, H. R. (1971) Inconsistent preferences among gambles. *Journal of Experimental Psychology*, **89**, 390-397.

Lindsay, P. H., & Norman, D. A. (1977a) *Human information processing: An introduction to psychology*, 2nd ed. Academic Press. (中溝幸夫・箱田裕司・近藤倫明訳, 1983-1985『情報処理心理学入門 I, II, III』サイエンス社)

Lindsay, P. H., & Norman, D. A., (1977b) *Human information processing: An introduction to psychology*, 2nd ed. Academic Press. (中溝幸夫・箱田裕司・近藤倫明訳, 1984『情報処理心理学入門 II 注意と記憶』サイエンス社)

Linton, M. (1982) Transformation of memory in everyday life. In U. Neisser (Ed.), *Memory observed: Remembering in natural contexts.* Freeman. pp. 77-91. (富田達彦訳, 1988「日常生活における記憶の変形」『観察された記憶——自然文脈での想起 上』誠信書房, pp. 94-111)

Lipson, S. E., Sacks, O., & Devinsky, O. (2003) Selective emotional detachment from family after right temporal lobectomy. *Epilepsy & Behavior*, **4**, 340-342.

Lock, A., & Peters, C. R. (Eds.) (1996) *Handbook of human symbolic evolution.* Clarendon Press.

Loftus, E. F. (1979) *Eyewitness testimony.* Harvard University Press. (西本武彦訳, 1987『目撃者の証言』誠信書房)

Loftus, E. F., & Ketcham, K. (1991) *Witness for the defense: The accused, the eyewitness, and the expert who puts memory on trial.* St. Martin's Press. (厳島行雄訳, 2000『目撃証言』岩波書店)

Loftus, E. F., & Ketcham, K. (1994) *The myth of repressed memory: False memories and allegations of sexual abuse.* St. Martin's Press. (仲真紀子訳, 2000『抑圧された記憶の神話——偽りの性的虐待の記憶をめぐって』誠信書房)

Loftus, E. F., & Palmer, J. C. (1974) Reconstruction of automobile destruction: An example of the interaction between language and memory. *Journal of Verbal Learning and Verbal Behavior*, **13**, 585-589.

Loftus, E. F., & Pickrell, J. E. (1995) The formation of false memories. *Psychiatric Annals*, **25**, 720-725.

Logan, A. C., & Goetsch, V. L. (1993) Attention to external threat cues in anxiety states. *Clinical Psychology Review*, **13**, 541-559.

Lucas, M. (1999) Context effects in lexical access: A meta-analysis. *Memory & Cognition*, **27**, 385-398.

Luchins, A. S. (1942) Mechanization in problem solving. The effect of Einstellung. *Psychological Monographs*, **54**, No. 248.

Luria, A. R., Sokolov, E. N., & Klimkowski, M. (1967) Towards a neurodynamic analysis of memory disturbances with lesions of the left temporal lobe. *Neuropsychologia*, **5**, 1-11.

Lythgoe, M. F. X., Pollak, T. A., Kalmus, M., de Haan, M., & Khean Chong, W. (2005) Obsessive, prolific artistic output following subarachnoid hemorrhage. *Neurology*, **64**, 397-398.

◆M

Maass, A. (1999) Linguistic intergroup bias: Stereotype perpetuation through language. In M. P. Zanna (Ed.), *Advances in experimental social psychology, Vol.31*. Academic Press. pp. 79-122.

MacDonald, M. C., Pearlmutter, N. J., & Seidenberg, M. S. (1994) The lexical nature of syntactic ambiguity resolution. *Psychological Review*, **101**, 676-703.

Mackworth, N. H. (1950) Researches on the measurement of human performance. In H. W. Sinaiko (Ed.), (1961) *Selected papers on human factors in the design and use of control systems*. Dover. pp 174-331.

Mackworth, N. H. (1965) Visual noise causes tunnel vision. *Psychonomic Science*, **3**, 67-68.

Mackworth, N. H. (1976) Stimulus density limits the useful field of view. In R. A. Monty & J. W. Senders (Eds.), *Eye movements and psychological processes*. Erlbaum. pp. 307-321.

Macrae, C. N., Bodenhausen, G. V., Milne, A. B., & Jetten, J. (1994) Out of mind but back in sight: Stereotypes on the rebound. *Journal of Personality and Social Psychology*, **67**, 808-817.

Malle, B. F. (2006) The actor-observer asymmetry in causal attribution: A (surprising) meta-analysis. *Psychological Bulletin*, **132**, 895-919.

Manktelow, K. I., & Over, D. E. (1991) Social roles and utilities in reasoning with deontic conditionals. *Cognition*, **39**, 85-105.

Mantani, T., Okamoto, Y., Shirao, N., Okada, G., & Yamawaki, S. (2005) Reduced activation of posterior cingulate cortex during imagery in subjects with high degrees of alexithymia: A functional magnetic resonance imaging study. *Biological Psychiatry*, **57**, 982-990.

Mäntylä T., & Nilsson, L. G. (1997) Remembering to remember in adulthood: A population-based study on aging and prospective memory. *Aging, Neuropsychology, and Cognition*, **4**, 81-92.

Marcus, G. (2004) *The birth of the mind: How a tiny number of genes creates the complexities of human thought*. Basic Books. (大隅典子訳, 2005 『心を生みだす遺伝子』岩波書店)

Markowitsch, H. J. (2000) Repressed memories. In E. Tulving (Ed.), *Memory, consciousness, and the brain: The Tallinn conference*. Psychology Press. pp. 319-330.

Markus, H. R., & Kitayama, S. (1991) Culture and the self: Implications for cognition, emotion, and motivation. *Psychological Review*, **98**, 224-253.

Markus, H. R., Ryff, C. D., Curhan, K. B., & Palmersheim, K. A. (2004) In their own words: Well-being at midlife among high school-educated and college-educated adults. In O. G. Brim, C. D. Ryff & R. C. Kessler (Eds.), *How healthy are we?: A national study of well-being at midlife*. The University of Chicago Press. pp. 273-319.

Marques, J. M., Yzerbyt, V. Y., & Leyens, J. P. (1988) The 'black sheep' effect: Extremity of judgements towards ingroup members as a function of group identification. *European Journal of Social psychology*, **18**, 1-16.

Marslen-Wilson, W. D. (1987) Functional parallelism in spoken word recognition. In U. H. Frauenfelder & L. K. Tyler (Eds.), *Spoken word recognition*. MIT Press. pp. 71-102.

Martinez, A., Anllo-Vento, L., Sereno, M. I., Frank, L. R., Buxton, R. B., Dubowitz, D. J., Wong, E. C., Hinrichs, H., Heinze, H. J., & Hillyard, S. A. (1999) Involvement of striate and extrastriate visual cortical areas in spatial attention. *Nature Neuroscience*, **2**, 364-369.

Massey, C., & Gelman, R. (1988) Preschooler's ability to decide whether a photographed unfamiliar objects can move themselves. *Developmental Psychology*, **24**, 307-317.

Masuda, T., Ellsworth, P. C., Mesquita, B., Leu, J., Tanida, S., & van de Veerdonk, E.

(2008) Placing the face in context: Cultural differences in the perception of facial emotion. *Journal of Personality and Social Psychology*, **94**, 365-381.
Masuda, T., & Nisbett, R. E. (2001) Attending holistically vs. analytically: Comparing the context sensitivity of Japanese and Americans. *Journal of personality and Social Psychology*, **81**, 922-934.
松田憲 (2008)「広告の効果」宮本聡介・太田信夫編『単純接触効果研究の最前線』北大路書房, pp. 104-113.
松井豊 (1991)「血液型による性格の相違に関する統計的検討」『都立立川短期大学紀要』**24**, 51-54.
松井豊 (1997)「高校生が不思議現象を信じる理由」菊池聡・木下孝司編『不思議現象——子どもの心と教育』北大路書房, pp. 15-35.
松井豊 (1998)「不思議現象への関心」『広告月報』2月号, 46-51.
松井豊・上瀬由美子 (1994)「血液型ステレオタイプの構造と機能」『聖心女子大学論集』**82**, 89-111.
松本直子 (1999)「認知考古学は人・モノ・社会の新しい関係を考える」安田喜憲編『はじめて出会う日本考古学』有斐閣, pp. 69-98.
松本直子・中園聡・時津裕子 (2003)『認知考古学とは何か』青木書店
松本裕治 (1998)「意味と計算」郡司隆男・阿部泰明・白井賢一郎・坂原茂・松本裕治『意味（言語の科学4）』岩波書店, pp. 125-167.
松沢哲郎 (1991)『チンパンジー・マインド——心と認識の世界』岩波書店
Mayer, J. D., Salovey, P., & Caruso, D. (2002) *Mayer-Salovey-Caruso Emotional Intelligence Test (MSCEIT)*. MHS, Toronto, ON.
Maylor, E. A. (1990) Age and prospective memory. *The Quarterly Journal of Experimental Psychology A: Human Experimental Psychology*, **42**, 471-493.
McClelland, J. L. (1987) The case for interactionism in language processing. In M. Coltheart (Ed.), *Attention and performance XII*. Lawrence Erlbaum Associates. pp. 1-36.
McClelland, J. L. (1999) Cognitive modeling, connectionist. In R. A. Wilson & F. C. Keil (Eds.), *The MIT encyclopedia of the cognitive sciences*. MIT Press. pp. 137-141.
McClelland, J. L., & Elman, J. L. (1986) The TRACE model of speech perception. *Cognitive Psychology*, **18**, 1-86.
McClelland, J. L., & Rumelhart, D. E. (1981) An interactive activation model of context effects in letter perception: Part 1. An account of basic findings. *Psychological Review*, **88**, 375-407.
McCloskey, M., Washburn, A., & Felch, L. (1983) Intuitive physics: The straight-down belief and its origin. *Journal of Experimental Psychology: Learning, Memory, and Cognition*, **9**, 636-649.
McCloskey, M., & Zaragoza, M. (1985) Misleading postevent information and memory for events: Arguments and evidence against memory impairment hypotheses. *Journal of Experimental Psychology: General*, **114**, 1-16.
McCombs, M. E., & Shaw, D. L. (1972) The agenda-setting function of mass media. *Public Opinion Quarterly*, **36**, 176-187.
McCombs, M. E., & Shaw, D. L. (1993) The evolution of agenda-setting research: Twenty-five years in the marketplace of ideas. *Journal of Communication*, **43**(2), 58-67.
McCrae, C. S., & Abrams, R. A. (2001) Age-related differences in object- and location-based inhibition of return of attention. *Psychology and Aging*, **16**, 437-449.
McDonough, L. (1997) *Overextension in the production and comprehension of basic-level nouns in two-year-olds*. Poster presented at the meeting of the Society for Research in Child Development, Washington, DC.

McLeod, P., Plunkett, K., & Rolls, E. T. (1998). *Introduction to connectionist modelling of cognitive processes.* Oxford University Press. (深谷澄男監訳, 2005『認知過程のコネクショニスト・モデル』北樹出版)

McNamara, T. P. (1999) Single-code versus multiple code-theories in cognition. In R. J. Sternberg (Ed.), *The nature of cognition.* MIT Press. pp. 113-135. .

Meins, E. (1997) *Security of attachment and the social development of cognition.* Psychology Press.

Meltzoff, A. N., & Moore, M. K. (1977) Imitation of facial and manual gestures by human neonates. *Science,* **198,** 75-78.

Meyer, D. E., & Schvaneveldt, R. W. (1971) Facilitation in recognizing pairs of words: Evidence of a dependence between retrieval operations. *Journal of Experimental Psychology,* **90,** 227-234.

Miller, B., Vehar, L., & Firestien, R. (2004) *Creativity unbound: An introduction to creative process,* 4th ed. THinc Communications. (南学・西浦和樹・宗吉秀樹訳, 2006『創造的問題解決——なぜ問題が解決できないのか？』北大路書房)

Miller, G. A. (1956) The magical number seven, plus or minus two: Some limits on our capacity for processing information. *Psychological Review,* **63,** 81-97.

Miller, J. G. (1984) Culture and the development of everyday social explanations. *Journal of Personality and Social Psychology,* **46,** 961-978.

Miller, K. F. (1996) Origins of quantitative competence. In R. Gelman & T. K. F. Au (Eds.), *Perceptual and cognitive development.* Academic Press. pp. 213-243.

皆川直凡 (2005)『俳句理解の心理学』北大路書房

皆川直凡 (2008)「俳句への興味・関心が俳句の情緒的意味の評定に及ぼす影響」『鳴門教育大学情報教育ジャーナル』**5,** 67-70.

皆川直凡・賀集寛 (1990)「俳句を構成する語の相互関連度と俳句に対する共感度との関係」『計量国語学』**17(6),** 265-272.

Minsky, M. (1975) A framework for representing knowledge. In P. Winston (Ed.), *The psychology of computer vision.* McGraw-Hill. pp. 211-277. (白井良明・杉原厚吉訳, 1979「知識を表現するための枠組」『コンピュータビジョンの心理』産業図書, pp. 237-332)

Mitchell D. B. (1989) How many memory systems?: Evidence from aging. *Journal of Experimental Psychology: Learning, Memory, and Cognition,* **15,** 31-49.

Mitchell D. B., & Schmitt, F. A. (1988) *Episodic, semantic, and procedural memory: Normal aging vs. Alzheimer's disease.* Unpublished Manuscript.

Mithen, S. (1996) *The prehistory of the mind: A search for the origins of art, religion and science.* Thames and Hudson. (松浦俊輔・牧野美佐緒訳, 1998『心の先史時代』青土社)

Mithen, S. (2005) *The singing Neanderthals: The origins of music, language, mind and body.* Weidenfeld & Nicolson. (熊谷淳子訳, 2006『歌うネアンデルタール——音楽と言語から見るヒトの進化』早川書房)

Miura, I. T., Okamoto, Y., Kim, C. C., Steere, M., & Fayol, M. (1993) First graders' cognitive representation of numbers and understanding of place value: Cross-national comparisons-France, Japan, Korea, Sweden, and the United States. *Journal of Educational Psychology,* **85,** 24-30.

Miura, K. (2005) Interpretation and impression of ambiguous eye gaze of a mother and child in a Japanese traditional picture. *Journal of Physiological Anthropology and Applied Human Science,* **24,** 299-301.

三浦佳世 (2005)「美術・造形の心理——感性の情報処理」子安増生編『芸術心理学の新しいかたち』誠信書房, pp. 104-128.

三浦佳世 (2006)「心理学と感性——知覚と表現の実証研究を通して」都甲潔・坂口光一編『感性の科学——心理と技術の融合』朝倉書店, pp. 59-76.
三浦佳世 (2007)『知覚と感性の心理学』岩波書店
Miura, T. (1986) Coping with situational demands: A study of eye movements and peripheral vision performance. In A. G. Gale, M. H. Freeman, C. M. Haslegrave, P. Smith & S. P. Taylor (Eds.), Vision in vehicles. North Holland Press. pp. 205-216.
三浦利章 (1996)『行動と視覚的注意』風間書房
Miura, T., Ishida, T., Nishida, Y., & Ishimatsu, K. (2001) Effect of alcohol concentration levels on useful field of view: A differential effect. Perception, **30**, Supplements 47.
Miyamoto, Y., & Kitayama, S. (2002) Cultural variation in correspondence bias: The critical role of attitude diagnosticity of socially constrained behavior. Journal of Personality and Social Psychology, **83**, 1239-1248.
Miyamoto, Y., Nisbett, R. E., & Masuda, T. (2006) Culture and the physical environment: Holistic versus analytic perceptual affordances. Psychological Science, **17**, 113-119.
Miyamoto, Y., & Schwartz, N. (2006) When conveying a message may hurt the relationship: Cultural differences in the difficulty of using an answering machine. Journal of Experimental Social Psychology, **42**, 540-547.
Moray, N. (1959) Attention in dichotic listening: Affective cues and the influence of instructions. Quarterly Journal of Experimental Psychology, **11**, 56-60.
守一雄・都築誉史・楠見孝編 (2001)『コネクショニストモデルと心理学——脳のシミュレーションによる心の理解』北大路書房
Morling, B., Kitayama, S., & Miyamoto, Y. (2002) Cultural practices emphasize influence in the United States and adjustment in Japan. Personality and Social Psychology Bulletin, **28**, 311-323.
Morris, C. D., Bransford, J. D., & Franks, J. J. (1977) Levels of processing versus transfer appropriate processing. Journal of Verbal Learning & Verbal Behavior, **16**, 519-533.
Morris, M., & Peng, K. (1994) Culture and cause: American and Chinese attributions for social and physical events. Journal of Personality and Social Psychology, **67**, 949-971.
Morton, J., & Johnson, M. H. (1991) CONSPEC and CONLERN: A two-process theory of infant face recognition. Psychological Review, **98**, 164-181.
Most, S. B., Simons, D. J., Scholl, B. J., Jimenez, R., Clifford, E., & Chabris, C. F. (2001) How not to be seen: The contribution of similarity and selective ignoring to sustained inattentional blindness. Psychological Science, **12**, 9-17.
Motter, B. C. (1993) Focal attention produces spatially selective processing in visual cortical areas V1, V2, and V4 in the presence of competing stimuli. Journal of Neurophysiology, **70**, 909-919.
Müller, M. M., Andersen, S., Trujillo, N. J., Valdes-Sosa, P., Malinowski, P., & Hillyard, S. A. (2006) Feature-selective attention enhances color signals in early visual areas of the human brain. Proc. Natl. Acad. Sci. USA, **103**, 14250-14254.
Müller, M. M., Malinowski, P., Gruber, T., & Hillyard, S. A., (2003) Sustained division of the attentional spotlight. Nature, **424**, 309-312.
Murphy, G. (1969) Psychology in the year 2000. American Psychologist, **24**, 523-530.
Murphy, S. T., & Zajonc, R. B. (1993) Affect, cognition, and awareness: Affective priming with optimal and suboptimal stimulus exposures. Journal of Personality and Social Psychology, **64**, 723-739.
Myles-Worsley, M., Johnston, W. A., & Simons, M. A. (1988) The influence of expertise on X-ray image processing. Journal of Experimental Psychology: Learning, Memory, and Cogni-

tion, **14**, 553-557.

◆N

仲真紀子 (1998)「偽りの記憶と諸尺度——被暗示性尺度 (GSS, CIS) と解離体験尺度 (DES)」『千葉大学教育学部研究紀要』**46**, 1-18.
中務真人 (2003)「類人猿の誕生」西田正規・北村光二・山極寿一編『人間性の起源と進化』昭和堂, pp. 98-123.
Needham, A., & Modi, A. C. (2000) Infants use of prior experiences with objects in object segregation: Implications for object recognition in infancy. In H. Reese (Ed.), *Advances in child development and behavior, Vol.27*. Academic Press. pp. 99-133.
Neill, W. T., Valdes, L. A., & Terry, K. M. (1995) Selective attention and the inhibitory control of cognition. In F. N. Dempster & C. J. Brainerd (Eds.), *Interference and inhibition in cognition*. Academic Press. pp. 207-261.
Neisser, U. (1967) *Cognitive psychology*. Appleton-Century-Crofts.（大羽蓁訳, 1981『認知心理学』誠信書房）
Neisser, U. (1976) *Cognition and reality: Principles and implications of cognitive psychology*. W. H. Freeman.（古崎敬・村瀬旻訳, 1978『認知の構図——人間は現実をどのようにとらえるか』サイエンス社）
Neisser, U. (1978) Memory: What are the important questions? In M. M. Gruneberg, P. Morris & R. N. Sykes (Eds.), *Practical aspects of memory*. Academic Press. pp. 3-24.
Nelson, T. E., Oxley, Z. M., & Clawson, R. A. (1997) Toward a psychology of framing effects. *Political Behavior*, **19**, 221-246.
Nelson, T. E., & Willey, E. A. (2001) Issue frames that strike a value balance: A political psychology perspective. In S. D. Reese, O. H. Gandy & A. E. Grant (Eds.), *Framing public life: Perspectives on media and our understanding of the social world*. Lawrence Erlbaum Associates. pp. 245-266.
Neuman, W. R., Just, M. R., & Criegler, A. N. (1992) *Common knowledge: News and the construction of political meaning*. The University of Chicago Press.（川端美樹・山田一成監訳, 2008『ニュースはどのように理解されるか——メディアフレームと政治的意味の構築』慶應義塾大学出版会）
Newell, A. (1990) *Unified theories of cognition*. Harvard University Press.
Newell, A., Shaw, J. C., & Simon, H. A. (1958) Elements of a theory of human problem solving. *Psychological Review*, **65**, 151-166.
Newell, A., & Simon, H. A. (1972) *Human problem solving*. Prentice-Hall.
Newell, B. R., Weston, N. J., & Shanks, D. R. (2003) Empirical tests of a fast and frugal heuristic: Not everyone "takes-the-best". *Organizational Behavior and Human Decision Processes*, **91**, 82-96.
日刊スポーツ (1998) 日刊スポーツ Web「W 杯日本代表ハイライト」6月30日
Nisbett, R. E. (2003) *The geography of thought: How Asians and Westerners think differently... and why*. Free Press.（村本由紀子訳, 2004『木を見る西洋人 森を見る東洋人——思考の違いはいかにして生まれるか』ダイアモンド社）
Nisbett, R. E., & Cohen, D. (1996) *Culture of honor: The psychology of violence in the South*. Westview Press.（石井敬子・結城雅樹編訳, 2009『名誉と暴力——アメリカ南部の文化と心理』北大路書房）
Nisbett, R. E., Peng, K., Choi, I., & Norenzayan, A. (2001) Culture and systems of thought: Holistic vs. analytic cognition. *Psychological Review*, **108**, 291-310.
Nobata, T., Hakoda, Y., & Ninose, Y. (2009) The functional field of view becomes narrower

while viewing negative emotional stimuli. *Cognition & Emotion* (in press, Doi: 10.1080/02699930902955954).

Norenzayan, A., Smith, E. E., Kim, B., & Nisbett, R. E. (2002) Cultural preferences for formal versus intuitive reasoning. *Cognitive Science*, **26**, 653-684.

◆O

Oaksford, M., & Chater, N. (1994) A rational analysis of the selection task as optimal data selection. *Psychological Review*, **101**, 608-631.

O'Brien, E. J., & Myers, J. L. (1999) Text comprehension: A view from the bottom up. In S. R. Goldman, A. C. Graesser & P. van den Broek (Eds.), *Narrative comprehension, causality, and coherence: Essays in honor of Tom Trabasso*. Erlbaum. pp. 35-54.

越智啓太 (2000)「ウェポンフォーカス効果――実証的データと理論的分析」『応用心理学研究』**26**, 37-49.

越智啓太 (2005)「情動喚起が目撃者・被害者の記憶に及ぼす効果」『心理学評論』**48**, 299-315.

Ohlsson, S. (1992) Information-processing explanations of insight and related phenomena. In M. T. Keane & K. J. Gilhooly (Eds.), *Advances in the psychology of thinking*. Harvester Wheatsheaf. pp. 1-44.

Öhman, A., Lundqvist, D., & Esteves, F. (2001) The face in the crowd revisited: A threat advantage with schematic stimuli. *Journal of Personality and Social Psychology*, **80**, 381-396.

大石千歳・吉田富二雄 (2001)「内外集団の比較の文脈が黒い羊効果に及ぼす影響――社会的アイデンティティ理論の観点から」『心理学研究』**71**, 445-453.

奥田秀宇 (2008)『意思決定心理学への招待』サイエンス社

近江源太郎 (1984)『造形心理学』福村出版

Orvis, B. R., Cunningham, J. D., & Kelley, H. H. (1975) A closer examination of causal inference: The roles of consensus, distinctiveness and consistency information. *Journal of Personality and Social psychology*, **32**, 605-616.

Osgood, C. E., Suci, G. J., & Tannenbaum, P. H. (1957) *The measurement of meaning*. University of Illinois Press.

Osherson, D. N., Smith, E. E., Wilkie, O., López, A., & Shafir, E. (1990) Category-based induction. *Psychological Reiview*, **97**, 185-200.

大坪治彦 (2001)『ヒトの意識が生まれるとき』講談社

大坪寛子 (2007)「鳥インフルエンザ報道に見るアジア――2004年発生時におけるテレビニュースの内容分析」萩原滋編『テレビニュースの世界像――外国関連報道が構築するリアリティ』勁草書房, pp. 117-134.

大上渉・箱田裕司・大沼夏子 (2006)「凶器の視覚的特徴が目撃者の認知に及ぼす影響」『心理学研究』**77**, 443-451.

Oue, W., Hakoda, Y., & Onuma, N. (2008) The Pointed shape of a knife influence eyewitness perception. *Asian Journal of criminology*, **3**, 193-200.

大上渉・箱田裕司・大沼夏子・守川伸一 (2001)「不快な情動が目撃者の有効視野に及ぼす影響」『心理学研究』**72**, 361-368.

大上八潮・箱田裕司 (2009)「災害のフラッシュバルブメモリ――福岡県西方沖地震の例」仁平義明編『防災の心理学――ほんとうの安心とは何か』東信堂, pp. 135-153.

Oyserman, D., Coon, H. M., & Kemmelmeier, M. (2002) Rethinking individualism and collectivism: Evaluation of theoretical assumptions and meta-analyses. *Psychological Bulletin*, **128**, 3-72.

◆P

Paivio, A. (1979) *Imagery and verbal processes*. Lawrence Erlbaum Associates.
Paivio, A. (1986) *Mental representations: A dual coding approach*. Oxford University Press.
Parker, J. D. A., Taylor, G. J., & Bagby, R. M. (1993) Alexithymia and the recognition of facial expressions of emotion. *Psychotherapy and Psychosomatics*, **59**, 197-202.
Pascalis, O., de Haan, M., Nelson, C. A., de Schonen, S. (1998) Long-term recognition memory for faces assessed by visual paired comparison in 3-and 6-month-old infants. *Journal of Experimental Psychology: Learning, Memory, and Cognition*, **24**, 249-260.
Pascalis, O., de Schonen, S., Morton, J., Deruelle, C., & Rabre-Grenet, M. (1995) Mother's face recognition by neonates: A replication and an extension. *Infant Behavior and Development*, **18**, 79-85.
Pascual-Leone, J. (1970) A mathematical model for the transition rule in Piaget's developmental stages. *Acta Psychologica*, **32**, 301-345.
Peng, K., & Nisbett, R. E. (1999) Culture, dialectics, and reasoning about contradiction. *American Psychologist*, **54**, 741-754.
Perrett, D. I., Rolls, E. T., & Caan, W. (1982) Visual neurones responsive to faces in the monkey temporal cortex. *Experimental Brain Research*, **47**, 329-342.
Petersen, S. E., Fox, P. T., Posner, M. I., Mintun, M., & Raichle, M. E. (1988) Positron emission tomographic studies of cortical anatomy of single word processing. *Nature*, **331**, 585-589.
Peterson, L. R., & Peterson, M. J. (1959) Short-term retention of individual verbal items. *Journal of Experimental Psychology*, **58**, 193-198.
Petty R. E., & Cacioppo, J. T. (1986) The elaboration likelihood model of persuasion. In L. Berkowitz (Ed.), *Advances in experimental social psychology, Vol. 19*. Academic Press. pp. 123-205.
Piaget, J. (1952) *The origins of intelligence in children*. International University Press. (Original work published 1936) (谷村覚・浜田寿美男訳, 1978 『知能の誕生』 ミネルヴァ書房)
Pickel, K. L. (1998) Unusualness and threat as possible causes of "weapon focus". *Memory*, **6**, 277-295.
Pickel, K. L. (1999) The influence of context on the "Weapon Focus" effect. *Law and Human Behavior*, **23**, 299-311.
Pilling, M., & Davies, I. R. L. (2004) Linguistic relativism and colour cognition. *British Journal of Psychology*, **95**, 429-455.
Pinel, J. P. J. (2003) *Biopsychology*, 5th ed. Pearson Education. (佐藤敬・若林孝一・泉井亮・飛鳥井望訳, 2005 『ピネル バイオサイコロジー——脳-心と行動の神経科学』西村書店)
Platt, R. D., & Griggs, R. A. (1993) Darwinian algorithms and the Wason selection task: A factorial analysis of social contract selection task problems. *Cognition*, **48**, 163-192.
Plaut, D. C., McClelland, J. L., Seidenberg, M. S., & Patterson, K. (1996) Understanding normal and impaired word reading: Computational principles in quasi-regular domains. *Psychological Review*, **103**, 56-115.
Plaut, V. C., Markus, H. R., & Lachman, M. E. (2002) Place matters: Consensual features and regional variation in American well-being and self. *Journal of Personality and Social Psychology*, **83**, 160-184.
Poole, D. A., Lindsay, D. S., Memon, A., & Bull, R. (1995) Psychotherapy and the recovery of memories of childhood sexual abuse: U. S. and British practitioners' opinions, practices, and experiences. *Journal of Consulting and Clinical Psychology*, **63**, 426-437.
Posner, M. I. (1980) Orienting of attention. *Quarterly Journal of Experimental Psychology*,

32, 3-25.
Posner, M. I., & Cohen, Y. (1984) Components of visual orienting. In H. Bouman & D. Bouwhuis (Eds.), *Attention and performance X*. Erlbaum. pp. 531-556.
Posner, M. I., & Keele, S. W. (1970) Retention of abstract ideas. *Journal of Experimental Psychology*, **83**, 304-308.
Posner, M. I., Nissen, M. J., & Ogden, W. C. (1978) Attended and unattended processing modes: The role of set for spatial location. In H. L. Pick & E. J. Saltzman (Eds.), *Modes of perceiving and processing information*. Lawrence Erlbaum Associates. pp. 171-187.
Posner, M. I., & Raichle, M. E. (1994) *Images of mind*. Freeman. (養老孟司・加藤雅子・笠井清登訳, 1997『脳を観る――認知神経科学が明かす心の謎』日経サイエンス社)
Posner, M. I., Snyder, C. R., & Davidson, B. J. (1980) Attention and the detection of signals. *Journal of Experimental Psychology: General*, **109**, 160-174.
Premack, D. (1976) *Intelligence in ape and man*. Lawrence Erlbaum Associates.
Premack, D., & Woodruff, G. (1978) Does the chimpanzee have a theory of mind? *Behavioral and Brain Sciences*, **1**, 515-526.
Price, R. (1975) *Der Kleine Psychologie*. Diogenes.
Pringle, H. L., Irwin, D. E., Kramer, A. F., & Atchley, P. (2001) The role of attentional breadth in perceptual change detection. *Psychonomic Bulletin and Review*, **8**, 89-95.
Purcell, D. G., Stewart, A. L., & Skov, R. B. (1996) It takes a confounded face to pop out of a crowd. *Perception*, **25**, 1091-1108.
Purves, D., Brannon, E. M., Cabeza, R., Huettel, S. A., LaBar, K. S., Platt, M., & Woldorff, M. G. (2008) *Principles of cognitive neuroscience*. Sinauer Associates.
Pylyshyn, Z. W. (1973) What the mind's eye tells the mind's brain: A critique of mental imagery. *Psychological Bulletin*, **80**, 11-24.
Pylyshyn, Z. W. (1979) Validating computational models: A critique of Anderson's indeterminacy of representational claim. *Psychological Review*, **86**, 383-394.
Pylyshyn, Z. W. (1981) The imagery debate: Analogue media versus tacit knowledge. *Psychological Review*, **88**, 16-45.

◆Q
Quillian, M. R. (1968) Semantic memory. In M. Minsky (Ed.), *Semantic information processing*. MIT Press. pp. 227-270.

◆R
Rabinowitz, J. C. (1986) Priming in episodic memory. *Journal of Gerontology*, **41**, 204-213.
Ramachandran, V. (2006) Mirror neurons and the brain in the vat. *Edge*, January 10.
Raymond, J. E., Shapiro, K. L., & Arnell, K. M. (1992) Temporary suppression of visual processing in an RSVP task: An attentional blink? *Journal of Experimental Psychology: Human Perception and Performance*, **18**, 849-860.
Read, S. J., & Miller, L. C. (1998) *Connectionist models of social reasoning and social behavior*. Lawrence Erlbaum Associates.
Reed, S. K. (1972) Pattern recognition and categorization. *Cognitive Psychology*, **3**, 382-407.
Reeder, G. D., & Brewer, M. B. (1979) A schematic model of dispositional attribution in interpersonal perception. *Psychological Review*, **86**, 61-79.
Renfrew, C., & Zubrow, E. B. W. (Eds.) (1994) *The ancient mind: Elements of cognitive archaeology*. Cambridge University Press.
Rensink, R. A., O'Regan, J. K., & Clark, J. J. (1997) To see or not to see: The need for atten-

tion to perceive changes in scenes. *Psychological Science*, **8**, 368-373.
Repacholi, B., & Slaughter, V. (Eds.) (2003) *Individual differences in theory of mind: Implications for typical and atypical development*. Psychology Press.
Reynolds, J. H., Chelazzi, L., Desimone, R. (1999) Competitive mechanisms subserve attention in macaque areas V2 and V4. *Journal of Neuroscience*, **19**, 1736-1753.
Richards, E., Bennett, P. J., & Sekuler, A. B. (2006) Age related differences in learning with the useful field of view. *Vision Research*, **46**, 4217-4231.
Rips, L. J., Shoben, E. J., & Smith, E. E. (1973) Semantic distance and the verification of semantic relations. *Journal of Verbal Learning and Verbal Behavior*, **12**, 1-20.
Rizzolatti, G., & Arbib, M. A. (1998) Language within our grasp. *Trends in Neuroscience*, **21**, 188-194.
Rizzolatti, G., Fadiga, L., Gallesa, V., & Fogassi, L. (1996) Premotor cortex and the recognition of motor actions. *Cognitive Brain Research*, **3**, 131-141.
Roberson, D., Davidoff, J., Davies, I. R. L., & Shapiro, L. R. (2005) Color categories: Evidence for the cultural relativity hypothesis. *Cognitive Psychology*, **50**, 378-411.
Robinson-Riegler, G., & Robinson-Riegler, B. (2004) *Cognitive psychology: Applying the science of the mind*. Allyn and Bacon.
Rosch, E. (1973) Natural categories. *Cognitive Psychology*, **4**, 328-350.
Rosch, E. (1978) Principles of Categorization. In E. Rosch & B. Lloyd (Eds.), *Cognition and categorization*. Lawrence Erlbaum Associates. pp. 27-48.
Rosch, E., Mervis, C. B., Gray, W., Johnsen, D., & Boyes-Braem, P. (1976) Basic objects in natural categories. *Cognitive Psychology*, **8**, 382-439.
Ross, B. H. (1989) Remindings in learning and instruction. In S. Vosniadou & A. Ortony (Eds.), *Similarity and analogical reasoning*. Cambridge University Press. pp. 438-469.
Ross, D. F., Ceci, S. J., Dunning, D., & Toglia, M. P. (1994) Unconscious transference and mistaken identity: When a witness misidentifies a familiar but innocent person. *Journal of Applied Psychology*, **79**, 918-930.
Rossi, A. F., & Paradiso, M. A. (1995) Feature-specific effects of selective visual attention. *Vision Research*, **35**, 621-634.
Roth, G., & Dicke, U. (2005) Evolution of the brain and intelligence. *Trends in Cognitive Science*, **9**, 250-257.
Rothbart, M. (1981) Memory processes and social beliefs. In D. L. Hamilton (Ed.), *Cognitive processes in stereotyping and intergroup behavior*. Erlbaum. pp. 145-181.
Rovee-Collier, C. K., Sullivan, M. W., Enright, M., Lucas, D., & Fagen, J. W. (1980) Reactivation of infant memory. *Science*, **208**, 1159-1161.
Rubin, D. C., Rahhal, T. A., & Poon, L. W. (1998) Things learned in early adulthood are remembered best. *Memory & Cognition*, **26**, 3-19.
Rubin, D. C., & Schulkind, M. D. (1997) The distribution of autobiographical memories across the lifespan. *Memory & Cognition*, **25**, 859-866.
Rubin, D. C., Wetzler, S. E., & Nebes, R. D. (1986) Autobiographical memory across the adult lifespan. In D. C. Rubin (Ed.), *Autobiographical memory*. Cambridge University Press. pp. 202-221.
Rumbaugh, D. M. (Ed.) (1977) *Language learning by a chimpanzee: The Lana project*. Academic Press.
Rumelhart, D. E., Hinton, G. E., & Williams, R. J. (1986) Learning internal representations by error propagation. In D. E. Rumelhart, J. L. McClelland & the PDP research group (Eds.), *Parallel distributed processing: Explorations in the microstructure of cognition, Vol.1*. MIT

Press. pp. 318-362. (甘利俊一監訳, 1989「誤差伝播による内部表現の学習」『PDF モデル——認知科学とニューロン回路網の探索』産業図書, pp. 321-366)
Rumelhart, D. E., & Norman, D. A. (1988) Representation in memory. In R. C. Atkinson, R. J. Herrnstein, G. Lindzey & R. D. Luce (Eds.), *Stevens' handbook of experimental psychology*, 2nd ed. Wiley. pp. 511-587.
Rumelhart, D. E., & Ortony, A. (1977) The representation of knowledge in memory. In R. C. Anderson, R. J. Spiro & W. E. Montague (Eds.), *Schooling and the acquisition of knowledge*. Lawrence Erlbaum Associates. pp. 99-135.
Russell, J. A., & Bullock, M. (1986) On the dimensions preschoolers use to interpret facial expressions of emotion. *Developmental Psychology*, **22**, 97-102.
Ruvolo, M., (1997) Molecular phylogeny of the hominoids: Inferences from multiple independent DNA sequence data sets. *Molecular Phylogenetics and Evolution*, **14**, 248-265.
Ryle, G. (1949) *The concept of mind*. Barnes & Noble.

◆S

Sachs, J. S. (1967) Recognition memory for syntactic and semantic aspects of connected discourse. *Perception & Psychophysics*, **2**, 437-442.
Sai, F., & Bushnell, I. W. R. (1988) The perception of faces in different poses by 1-month-olds. *British Journal of Developmental Psychology*, **6**, 35-41.
坂本博 (1996)「感性の哲学」篠原昭・清水義雄・坂本博編『感性工学への招待——感性から暮らしを考える』森北出版, pp. 20-35.
坂本勉 (1998)「人間の言語情報処理」大津由紀雄・郡司隆男・田窪行則・長尾真・橋田浩一・益岡隆志・松本裕治編『言語科学と関連領域（言語の科学 11）』岩波書店, pp. 1-55.
坂本勉 (2000)「言語認知」行場次朗・箱田裕司編『知性と感性の心理——認知心理学入門』福村出版, pp. 153-169.
Sala, S. D., & Logie, R. H. (2002) Neuropsychological impairments of visual and spatial working memory. In A. D. Baddeley, M. D. Kepelman & B. A. Wilson (Eds.), *The handbook of memory disorders*, 2nd ed. Wiley. pp. 271-292,
佐々木めぐみ・箱田裕司・山上龍太郎 (1993)「逆ストループ干渉と精神分裂病——集団用ストループ・逆ストループテストを用いた考察」『心理学研究』**64**, 43-50.
佐藤浩一・越智啓太・下島裕美編 (2008)『自伝的記憶の心理学』北大路書房
Savage, L. J. (1954) *The foundations of statistics*. Wiley.
Savage-Rumbaugh, E. S., Rumbaugh, D. M., & Boysen, S. (1978) Linguistically mediated tool use and exchange by chimpanzees (*Pan troglodytes*). *Behavioral and Brain Sciences*, **4**, 539-554.
Schachter, S., & Singer, J. (1962) Cognitive, social, and physiological determinants of emotional state. *Psychological Review*, **69**, 379-399.
Schacter, D. L., Chiu, C. Y. P., & Ochsner, K. N. (1993) Implicit memory: A selective review. *Annual Review of Neuroscience*, **16**, 159-182.
Schank, R. C. (1972) Conceptual dependency: A theory of natural language understanding. *Cognitive Psychology*, **3**, 552-631.
Schank, R. C. (1982) *Dynamic memory: A theory of reminding and learning in computers and people*. Cambridge University Press.
Schank, R. C. (1990) *Tell me a story: A new look at real and artificial memory*. Charles Scribner. (長尾確・長尾加寿恵訳, 1999『人はなぜ話すのか——知能と記憶のメカニズム』白揚社)
Schank, R. C., & Abelson, R. P. (1977) *Scripts, plans, goals, and understanding: An inquiry into human knowledge structures*. Lawrence Erlbaum Associates.

Schepard, R. N., & Metzler, J. (1971) Mental rotation of three-dimensional objects. *Science*, **171**, 701-703.
Schick, T. Jr., & Vaughn, L. (2001) *How to think about weird things: Critical thinking for a new age*, 3rd ed. McGraw-Hill. (菊池聡・新田玲子訳, 2004『クリティカルシンキング——不思議現象篇』北大路書房)
Schmidt, R. A. (1975) A schema theory of discrete motor skill learning. *Psychological Review*, **82**, 225-260.
Schooler, J. W., & Engstler-Schooler, T. Y. (1990) Verbal overshadowing of visual memories: Some things are better left unsaid. *Cognitive Psychology*, **22**, 36-71.
Schroeter, M. L., Zysset, S., Wahl, M., & von Cramon, D. Y. (2004) Prefrontal activation due to Stroop interference increases during development: An event-related fNIRS study. *Neuro Image*, **23**, 1317-1325.
Schroyens, W., & Schaeken, W. (2003) A critique of Oaksford, Chater, and Larkin's (2000) conditional probability model of conditional reasoning. *Journal of Expermental Psychology: Learning, Memory, and Cognition*, **29**, 140-149.
Schugens, M. M., Daum, I., Spindler, M., & Birbaumer N. (1997) Differential effects of aging on explicit and implicit memory. *Aging, Neuropsychology, and Cognition*, **4**, 33-44.
Scott, D., & Ponsoda, V. (1996) The role of positive and negative affect in flashbulb memory. *Psychological Reports*, **79**, 467-473.
Scoville, W. B., & Milner, B. (1957) Loss of recent memory after bilateral hippocampal lesions. *Journal of Neurology, Neurosurgery and Psychiatry*, **20**, 11-21.
Seidenberg, M. S., & McClelland, J. L. (1989) A distributed, developmental model of word recognition and naming. *Psychological Review*, **96**, 523-568.
Sekuler, A. B., Bennett, P. J., & Mamelak, M. (2000) Effects of aging on the useful field of view. *Experimental Aging Research*, **26**, 103-120.
Sekuler, R., & Ball, K. (1986). Visual localization: Age and practice. *Journal of the Optical Society of America A*, **3**, 864-867.
Sellal, F., Kahane, P., Andriantseheno, M., Vercueil, L., Pellat, J., & Hirsch, E. (2003) Dramatic changes in artistic preference after left temporal lobectomy. *Epilepsy & Behavior*, **4**, 449-450.
Semetko, H. A., & Valkenburg, P. M. (2000) Framing European politics: A content analysis of press and television news. *Journal of Communication*, **50**(2), 93-109.
Shaffer, D. R. (1985) *Developmental psychology: Theory, research, and applications*. Wadasworth.
Shapiro, P. N., & Penrod, S. D. (1986) Meta-analysis of facial identification studies. *Psychological Bulletin*, **100**, 139-156.
繁桝算男 (1995)『意思決定の認知統計学』朝倉書店
下條信輔 (1988)『まなざしの誕生——赤ちゃん学革命』新曜社
下條信輔 (2008)『サブリミナル・インパクト——情動と潜在認知の現代』筑摩書房
Shimojo, S., Simion, C., Shimojo, E., & Scheier, C. (2003) Gaze bias both reflects and influences preference. *Nature Neuroscience*, **6**, 1317-1322.
Siegler, R. S. (1986) *Children's thinking*. Prentice-Hall. (無藤隆・日笠摩子訳, 1992『子どもの思考』誠信書房)
Simon, H. A. (1957) *Models of man social and rational: Mathematical essays on rational human behavior in a social setting*. Wiley. (宮沢光一監訳, 1970『人間行動のモデル』同文舘出版)
Simons, D. J., & Levin, D. T. (1998) Failure to detect changes to people during a real-world in-

teraction. *Psychonomic Bulletin and Review*, **5**, 644-649.
Simonson, I. (1989) Choice based on reasons: The case of attraction and compromise effects. *Journal of Consumer Research*, **16**, 158-174.
Skinner, B. F. (1963) Behaviorism at fifty. *Science*, **140**, 951-958.
Slater, A., & Morison, V. (1987) Lo sviluppo della percezione visiva nella prima infanzia. *Eta evolutiva*, **27**, 56-62.
Slater, A., von der Schulenburg, C., Brown, E., Badenoch, M., Butterworth, G., Parsons, S., & Samuels, C. (1998) Newborn infants prefer attractive faces. *Infant Behavior and Development*, **21**, 345-354.
Slater, L. (2004) *Opening Skinner's box: Great psychological experiments of the twentieth century*. Norton. (岩坂彰訳, 2005『心は実験できるか——20世紀心理学実験物語』紀伊國屋書店)
Slovic, P., & Lichtenstein, S. (1968) Relative importance of probabilities and payoffs in risk taking. *Journal of Experimental Psychology Monograph*, **78**, (3, Part 2).
Smith, A. T., Singh, K. D., Williams, A. L., & Greenlee, M. W. (2001) Estimating receptive field size from fMRI data in human striate and extrastriate visual cortex. *Cerebral Cortex*, **11**, 1182-1190.
Smith, E. E., Shoben, E. J., & Rips, L. J. (1974) Structure and process in semantic memory: A featural model for semantic decision. *Psychological Review*, **81**, 214-241.
Smith, E., & Jonides, J. (1999) Storage and executive processes in the frontal lobes. *Science*, **283**, 1657-1661.
Solso, R. (1994) *Cognition and visual arts*. MIT Press. (鈴木光太郎・小林哲生訳, 1997『脳は絵をどのように理解するか——絵画の認知科学』新曜社)
Song, Y., & Hakoda, Y. (2011) An asymmetric Stroop/reverse Stroop interference phenomenon in ADHD. *Journal of Attention and Disorder*, **15**, 499-505.
Spelke, E. S. (1991) Physical knowledge in infancy: Reflections on Piaget's theory. In S. Carey & R. Gelman (Eds.), *The epigenesis of mind: Essays on biology and cognition*. Lawrence Erlbaum Association. pp. 133-170.
Spelke, E. S. (1994) Initial knowledge: Six suggestions. *Cognition*, **50**, 431-445.
Sperber, D. (1994) Understanding verbal understanding. In J. Khalfa (Ed.), *What is intelligence?* Cambridge University Press. pp. 179-198.
Sperling, G. (1960) The information available in brief visual presentations. *Psychological Monographs*, **74**, 1-29.
Squire, L. R. (1992) Declarative and nondeclarative memory: Multiple brain systems supporting learning and memory. *Journal of Cognitive Neuroscience*, **4**, 232-243.
Squire, L. R., & Zola-Morgan, S. (1991) The medial temporal lobe memory system. *Science*, **253**, 1380-1386.
St. John, M. F., & McClelland, J. L. (1990) Learning and applying contextual constraints in sentence comprehension. *Artificial Intelligence*, **46**, 217-257.
Stanfield, R. A., & Zwaan, R. A. (2001) The effect of implied orientation derived from verbal context on picture recognition. *Psychological Science*, **12**, 153-156.
Stanovich, K. E., & West, R. F. (2000) Individual differences in reasoning: Implications for the rationality debate? *Behavioral and Brain Sciences*, **23**, 645-665.
Starr, M. S., & Rayner, K. (2001) Eye movements during reading: Some current controversies. *Trends in Cognitive Sciences*, **5**, 156-163.
Stenning, K. (2002) *Seeing reason: Image and language in learning to think*. Oxford University Press.
Sternberg, R. J. (2006) *Cognitive psychology*, 4th ed. Thomson Wadsworth.

Strauss, S., & Ziv, M. (2004) Teaching: Ontogenesis, culture, and education. *Cognitive Development*, **19**, 451-456.
Strauss, S., Ziv, M., & Stein, A. (2002) Teaching as a natural cognition and its relations to preshoolers' developing theory of mind. *Cognitive Development*, **17**, 1473-1487.
Strayer, D. L., & Johnston, W. A. (2001) Driven to distraction: Dual-task studies of simulated driving and conversing on a cellular telephone. *Psychological Science*, **12**, 462-466.
Stringer, C., & Gamble, C. (1993) *In search of the Neanderthals: Solving the puzzle of human origins*. Thames and Hudson. (河合信和訳, 1997『ネアンデルタール人とは誰か』朝日新聞社)
Stroop, J. R. (1935) Studies of interference in serial verbal reactions. *Journal of Experimental Psychology*, **18**, 643-662.
鈴木孝夫 (1973)『ことばと文化』岩波書店
鈴木宏昭・開一夫 (2003)「洞察問題解決への制約論的アプローチ」『心理学評論』**46**, 211-232.
Swinney, D. A. (1979) Lexical access during sentence comprehension: (Re) consideration of context effects. *Journal of Verbal Learning and Verbal Behavior*, **18**, 645-659.

◆T

Tajfel, H., Billig, M. G., Bundy, R. P., & Flament, C. (1971) Social categorization and intergroup behaviour. *European Journal of Social Psychology*, **1**, 149-178.
Tajfel, H., & Turner, J. C. (1979) An integrative theory of intergroup conflict. In W. G. Austin & S. Worchel (Eds.), *The social psychology of intergroup relations*. Brooks/Cole. pp. 33-47.
高橋雅延 (2008)『認知と感情の心理学 (心理学入門コース 2)』岩波書店
高野陽太郎 (2008)『「集団主義」という錯覚――日本人論の思い違いとその由来』新曜社
高野陽太郎・大久保街亜・石川淳・藤井大毅 (2001)「推論能力は遺伝するか？――Wason 選択課題における Cosmides 説の検討」『認知科学』**8**, 287-300.
Takeda, Y., & Yagi, A. (2000) Inhibitory tagging in visual search can be found if search stimuli remain visible. *Perception & Psychophysics*, **62**, 927-934.
竹村和久編 (2000)『消費行動の社会心理学――消費する人間のこころと行動』北大路書房
竹下俊郎 (2008)『増補版 メディアの議題設定機能――マスコミ効果研究における理論と実証』学文社
滝沢武久 (1977)『子どもの思考と認識――新しい発達心理学の視点から』童心社
滝沢武久 (1992)『ピアジェ理論の展開――現代教育への視座』国土社
Tanaka, K., Saito, H., Fukada, Y., & Moriya, M. (1991) Coding visual images of objects in the inferotemporal cortex of the macaque monkey. *Journal of Neurophysiology*, **66**, 170-189.
Tanaka, Y., & Shimojo, S. (1996) Location vs. feature: Reaction time reveals dissociation between two visual functions. *Vision Research*, **36**, 2125-2140.
Tanenhaus, M. K., Spivey-Knowlton, M. J., Eberhard, K. M., & Sedivy, J. E. (1995) Integration of visual and linguistic information in spoken language comprehension. *Science*, **268**, 1632-1634.
Taylor, G. J., & Bagby, R. M. (2004) New trends in alexithymia research. *Psychotherapy and Psychosomatic*, **73**, 68-77.
Taylor, G. J., Bagby, R. M., & Parker, J. D. A. (1997) *Disorders of affect regulation: Alexithymia in medical and psychiatric illness*. Cambridge University Press. (福西勇夫監訳, 秋元倫子訳, 1998『アレキシサイミア――感情制御の障害と精神・身体疾患』星和書店)
Teasdale, J. D., Dritschel, B. H., Taylor, M. J., Proctor, L., Lloyd, C. A., Nimmo-Smith, I., & Baddeley, A. D. (1995) Stimulus-independent thought depends on central executive re-

sources. *Memory & Cognition*, **23**, 551-559.

Teller, D. Y. (1997) First glances: The vision of infants. the Friedenwald lecture. *Investigative Ophthalmology and Visual Science*, **38**, 2183-2203.

Teuber, H. L., Milner, B., & Vaughan, H. G. Jr. (1968) Persistent anterograde amnesia after stab wound of the basal brain. *Neuropsychologia*, **6**, 267-282.

Tewksbury, D., & Althaus, S. L. (2000) Differences in knowledge acquisition among readers of the paper and online versions of a national newspaper. *Journalism & Mass Communication Quarterly*, **77**, 457-479.

Thomson, D. M., & Tulving, E. (1970) Associative encoding and retrieval: Weak and strong cues. *Journal of Experimental Psychology*, **86**, 255-262.

Thorndyke, P. W. (1977) Cognitive structures in comprehension and memory of narrative discourse. *Cognitive Psychology*, **9**, 77-110.

Tinbergen, N. (1968) On war and peace in animals and man: An ethologist's approach to the biology of aggression. *Science*, **160**, 1411-1418.

Tipper, S. P. (1985) The negative priming effect: Inhibitory priming by ignored objects. *Quarterly Journal of Experimental Psychology*, **37 A**, 571-590.

Tipper, S. P., Weaver, B., Jerreat, L. M., & Burak, A. L. (1994) Object-based and environment-based inhibition of return of visual attention. *Journal of Experimental Psychology: Human Perception and Performance*, **20**, 478-499.

時津裕子 (2007)『鑑識眼の科学——認知心理学的アプローチによる考古学者の技能研究』青木書店

Tomasello, M. (1995) Joint attention as social cognition. In C. Moore & P. J. Dunham (Eds.), *Joint attention: Its origins and role in development*. Lawrence Erlbaum Associates. pp. 103-130. (大神英裕監訳, 1999「社会的認知としての共同注意」『ジョイント・アテンション——心の起源とその発達を探る』ナカニシヤ出版, pp. 93-117)

Tomasello, M., Hare, B., & Agnetta, B. (1999) Chimpanzees (*Pan troglodytes*) follow gaze direction geometrically. *Animal Behaviour*, **58**, 769-777.

友野典男 (2006)『行動経済学——経済は「感情」で動いている』光文社

Tooby, J., & Cosmides, L. (1992) The psychological foundations of culture. In J. Barkow, L. Cosmides & J. Tooby (Eds.), *The adapted mind: Evolutionary psychology and the generation of culture*. Oxford University Press. pp. 19-136.

Treisman, A. (1964) Verbal cue, language and meaning in selective attention. *American Journal of Psychology*, **77**, 215-216.

Treisman, A. (1979) The psychological reality of levels of processing. In L. S. Cermak & F. I. M. Craik (Eds.), *Levels of processing and human memory*. Lawrence Erlbaum Associates. pp. 301-330.

Treisman, A. (1986) Features and objects in visual processing. *Scientific American*, **254**(11), 114-125.

Treisman, A. (1998) Feature binding, attention and object perception. *Philosophical Transactions of the Royal Society of London: Series B, Biological Sciences*, **353**, 1295-1306.

Treisman, A., & Souther, J. (1985). Search asymmetry: A diagnostic for preattentive processing of separable features. *Journal of Experimental Psychology: General*, **114**, 285-310.

Triandis, H. C. (2007) Culture and psychology: A history of the study and their relationship. In S. Kitayama & D. Cohen (Eds.), *Handbook of cultural psychology*. Guilford Press. pp. 59-76.

Trope, Y. (1986) Identification and inferential process in dispositional attribution. *Psychological Review*, **93**, 239-257.

Trueswell, J. C. (1996) The role of lexical frequency in syntactic ambiguity resolution. *Jour-

nal of Memory and Language, **35**, 566-585.
Tsal, Y. (1983) Movements of attention across the visual field. *Journal of Experimental Psychology: Human Perception and Performance*, **9**, 523-530.
Tsuchida, N. (2005) Inhibitory function in the stimulus-response compatibility task. *Perceptual and Motor Skills*, **100**, 249-257.
都築誉史 (1987)「偶発学習された逐語的情報がS-O-V型文の再認記憶に及ぼす効果」『心理学研究』**58**, 151-157.
都築誉史 (1993)「プライムとターゲットの文脈依存的関連性と文脈独立的関連性が語彙的多義性の解消過程に及ぼす効果」『心理学研究』**64**, 191-198.
都築誉史 (1997)『言語処理における記憶表象の活性化・抑制過程に関する研究』風間書房
都築誉史 (1999a)「プロダクション・システム」海保博之・加藤隆編『認知研究の技法』福村出版, pp. 121-126.
都築誉史 (1999b)「ニューラルネットワーク (PDP) 法」海保博之・加藤隆編『認知研究の技法』福村出版, pp. 101-106.
都築誉史編 (2002)『認知科学パースペクティブ――心理学からの10の視点』信山社出版
Tsuzuki, T., & Guo, F. Y. (2004) A stochastic comparison-grouping model of multialternative choice: Explaining decoy effects. *Proceedings of the Twenty-Sixth Annual Conference of the Cognitive Science Society*, 1351-1356.
都築誉史・河原哲雄・楠見孝 (2002)「高次認知過程に関するコネクショニストモデルの動向」『心理学研究』**72**, 541-555.
都築誉史・Kawamoto, A. H.・行廣隆次 (1999)「語彙的多義性の処理に関する並列分散処理モデル――文脈と共に提示された多義語の認知に関する実験データの理論的統合」『認知科学』**6**, 91-104.
都築誉史・楠見孝編 (2005)『高次認知のコネクショニストモデル――ニューラルネットワークと記号的コネクショニズム』共立出版
都築誉史・松井博史 (2006)「多属性意思決定における文脈効果に関するモデル研究の動向」『立教大学心理学研究』**48**, 69-79.
都築誉史・岡太彬訓・久野雅樹・齋藤洋典 (2008)「心的辞書における多義語の形態情報, 意味情報, 統語情報の構造――非対称MDS, INDSCAL, INDCLUSによる連想反応データの分析」『立教大学心理学研究』**50**, 57-65.
Tsuzuki, T., Uchida, T., Yukihiro, R., Hisano, M., & Tsuzuki, K. (2004) Effects of syntactic information on semantic access of ambiguous verbs in spoken language comprehension: Evidence from a cross-modal priming experiment. *Japanese Psychological Research*, **46**, 31-43.
Tulving, E., Schacter, D. L., & Stark, H. A. (1982) Priming effects in word-fragment completion are independent of recognition memory. *Journal of Experimental Psychology: Learning, Memory, & Cognition*, **8**, 336-342.
Tulving, E., & Thomson, D. M. (1973) Encoding specificity and retrieval processes in episodic memory. *Psychological Review*, **80**, 352-373.
Tversky, A. (1972) Elimination by aspects: A theory of choice. *Psychological Review*, **79**, 281-299.
Tversky, A., & Kahneman, D. (1973) Availability: A heuristic for judging frequency and probability. *Cognitive Psycology*, **5**, 207-232.
Tversky, A., & Kahneman, D. (1974) Judgment under uncertainty: Heuristics and biases. *Science*, **185**, 1124-1131.
Tversky, A., & Kahneman, D. (1981) The framing of decisions and the psychology of choice. *Science*, **211**, 453-458.
Tversky, A., & Kahneman, D. (1982) Evidential impact of base rates. In D. Kahneman, P.

Slovic & A. Tversky (Eds.), *Judgment under uncertainty: Heuristics and biases*. Cambridge University Press. pp. 153-160.

Tversky, A., & Kahneman, D. (1983) Extensional versus intuitive reasoning: The conjunction fallacy in probability judgment. *Psychological Review*, **90**, 293-315.

Tversky, A., & Kahneman, D. (1992) Advance in prospect theory: Cumulative representation of uncertainty. *Journal of Risk and Uncertainty*, **5**, 297-323.

Tversky, A., Sattath, S., & Slovic, P. (1988) Contingent weighting in judgment and choice. *Psychological Review*, **95**, 371-384.

Tyler, C. W. (1998) Painters centre one eye in portraits. *Nature*, **392**, 877.

◆U

梅本堯夫（2001）「顔認知の生得的特異性 発達研究」『(財) 発達科学研究教育センター紀要』**16**. http://www.coder.or.jp/hdr/16/HDRVol16.7.pdf

Uskul, A. K., Kitayama, S., & Nisbett, R. E. (2008) Ecocultural basis of cognition: Farmers and fishermen are more holistic than herders. *PANAS*. Published online on June 13, 2008 Proc. Natl. Acad. Sci. USA.

◆V

Vallar, G. (1993) The anatomical basis of spatial hemineglect in humans. In I. H. Robertson & J. C. Marshall (Eds.), *Unilateral neglect: Clinical and experimental studies*. Lawrence Erlbaum Associates. pp. 27-62.

Vallar, G., & Papagno, C. (2002) Neuropsychological impairments of verbal short-term memory. In A. D. Baddeley, M. D. Kopelman & B. A. Wilson (Eds.), *The handbook of memory disorders*, 2nd ed. John Wiley & Sons. pp. 249-270.

van den Broek, P., Young, M., Tzeng, Y., & Linderholm, T. (1999) The landscape model of reading: Inferences and the online construction of a memory representation. In H. van Oostendorp & S. R. Goldman (Eds.), *The construction of mental representations during reading*. Lawrence Erlbaum Associates. pp. 71-98.

Van Overwalle, F. (2007) *Social connectionism: A reader and handbook for simulations*. Psychology Press.

Vecera, S. P., & Farah, M. J. (1994) Does visual attention select objects or locations? *Journal of Experimental Psychology: General*, **123**, 146-160.

Vigneau, M., Beaucousin, V., Hervé, P. Y., Duffau, H., Crivello, F., Houdé, O., Mazoyer, B., & Tzourio-Mazoyer, N. (2006) Meta-analyzing left hemisphere language areas: Phonology, semantics, and sentence processing. *NeuroImage*, **30**, 1414-1432.

Volbrecht, V. J., & Werner, J. S. (1987) Isolation of short-wavelength-sensitive cone photoreceptors in 4-6-week-old human infants. *Vision Research*, **27**, 469-478.

von Neumann, J., & Morgenstern, O. (1944) *Theory of games and economic behavior*. Princeton University Press. (阿部修一・橋本和美訳, 2009『ゲームの理論と経済行動1, 2, 3』筑摩書房)

◆W

Wachtel, P. (1967) Conceptions of broad and narrow attention. *Psychological Bulletin*. **68**, 417-429.

和田裕一（1998）「同定および定位課題における視覚対象に結び付いた復帰抑制」『心理学研究』**69**, 24-32.

Wagenaar, W. A. (1986) My memory: A study of autobiographical memory over six years.

Cognitive Psychology, **18**, 225-252.
Walker, E. L. (1973) Psychological complexity and preference: A hedgehog theory of behavior. In D. E. Berlyne & K. B. Madsen (Eds.), *Pleasure, reward, preference*. Academic Press. pp. 65-97.
Wallach, M. A., Kogan, N., & Bem, D. J. (1962) Group influence on individual risk taking. *Journal of Abnormal and Social Psychology*, **65**, 75-86.
Warren, P. (1996) Prosody and parsing: An introduction. *Language and Cognitive Processes*, **11**, 1-16.
Warrington, E. K., & Shallice, T. (1969) The selective impairment of auditory verbal short-term memory. *Brain: A Journal of Neurology*, **92**, 885-896.
Warrington, E. K., & Shallice, T. (1984) Category specific semantic impairments. *Brain: A Journal of Neurology*, **107**, 829-854.
Wason, P. C. (1960) On the failure to eliminate hypothesis in a conceptual task. *Quarterly Journal of Experimental Psychology*, **12**, 129-140.
Wason, P. C. (1966) Reasoning. In B. Foss (Ed.), *New horizons in psychology*. Penguin. pp. 135-151.
渡辺茂・小嶋祥三 (2007)『脳科学と心の進化』岩波書店
Watson, J. B. (1913) Psychology as the behaviorist views it. *Psychological Review*, **20**, 158-177.
Wattam-Bell, J. (1996) Visual motion processing in one-month-old infants: Preferential looking experiments. *Vision Research*, **36**, 1671-1677.
Waugh, N. C., & Norman, D. A. (1965) Primary memory. *Psychological Review*, **72**, 89-104.
Weber, R., & Crocker, J. (1983) Cognitive processes in the revision of stereotypic beliefs. *Journal of Personality and Social Psychology*, **45**, 961-977.
Weiner, B. (1974) *Achievement motivation and attribution theory*. General Learning Press.
Weintraub, S., & Mesulam, M. M. (1987) Right cerebral dominance in spatial attention: Further evidence based on ipsilateral neglect. *Archives of Neurology*, **44**, 621-625.
Welker, R. L. (1982) Abstraction of themes from melodic variations. *Journal of Experimental Psychology: Human Perception and Performance*, **8**, 435-447.
Wells, G. L., Seelau, E. P., Rydell, S. M., & Luus, C. A. E. (1994) Recommendations for properly conducted lineup identification tasks. In D. F. Ross, J. D. Read & M. P. Toglia (Eds.), *Adult eyewitness testimony: Current trends and developments*. Cambridge University Press. pp. 223-244.
White, M. (1995). Preattentive analysis of facial expressions of emotion. *Cognition and Emotion*, **9**, 439-460.
Whorf, B. L. (1956) *Language, thought, and reality: Selected writings of Benjamin Lee Wholf*. MIT Press. (池上嘉彦訳, 1993『言語・思考・現実』講談社)
Wiedenbeck, S. (1985) Novice/expert difference in programming skills. *International Journal of Man-Machine Studies*, **23**, 383-390.
Willems, S., & Van der Linden, M. (2006). Mere exposure effect: A consequence of direct and indirect fluency-preference links. *Consciousness and Cognition*, **15**, 323-341.
Williams, L. M. (1994) Recall of childhood trauma: A prospective study of women's memories of child sexual abuse. *Journal of Consulting and Clinical Psychology*, **62**, 1167-1176.
Wimmer, H., & Perner, J. (1983) Beliefs about beliefs: Representation and constraining function of wrong beliefs in young children's understanding of deception. *Cognition*, **13**, 103-128.
Winograd, T. (1975) Frame representations and the declarative/procedural controversy. In

D. G. Bobrow & A. Collins (Eds), *Representation and understanding: Studies in cognitive science*. Academics Press. pp. 185-210.
Winter, L., & Uleman, J. S. (1984) When are social judgments made?: Evidence for the spontaneousness of trait inferences. *Journal of Personality and Social Psychology*, **47**, 237-252.
Wolfe, J. M., Cave, K. R., & Franzel, S. L. (1989) Guided search: an alternative to the feature integration model for visual search. *Journal of Experimental. Psychology: Human Perception and Performance*, **15**, 419-433.
Wolff, P. H. (1963) Observations on the early development of smiling. In B. M. Foss (Ed.), *Determinants of infant behavior, Vol.2*. Methuen. pp. 113-134.
Woll, S. (2002) *Everyday thinking: Memory, reasoning, and judgment in the real world*. Lawrence Erlbaum Associates.
Wundt, W. (1900-1914) *Völkerpsychologie*. Engelmann.
Wynn, K. (1992) Addition and subtraction by human infants. *Nature*, **358**, 749-750.
Wynn, K. (2002) Do infants have numerical expectations or just perceptual preferences? *Developmental Science*, **5**, 207-209.

◆Y
山上精次 (1988)「サッケードと追跡眼球運動の初期発達について」『基礎心理学研究』**7**, 71-83.
山岸俟彦 (2007)「意思決定」吉野諒三・千野直仁・山岸俟彦 (2007)『数理心理学――心理表現の論理と実際』培風館, pp. 165-190.
柳亮 (1965)『黄金分割』美術出版社
Yarbus, A. L. (1967) *Eye movements and vision*. Plenum.
Yates, F. A. (1966) *The art of memory*. Routledge & Kegan Paul. (玉泉八洲男監訳, 1993『記憶術』水声社)
Yerkes, R. M., & Dodson, J. D. (1908) The relation of strength of stimulus to rapidity of habit-formation. *Journal of Comparative Neurology and Psychology*, **18**, 459-482.
横山詔一・笹原宏之・野崎浩成・ロング, E. 編 (1998)『新聞電子メディアの漢字――朝日新聞CD-ROMによる漢字頻度表』三省堂

◆Z
Zahavi, A., & Zahavi, A. (1997) *The handicap principle: a missing piece of Darwin's puzzle*. Oxford University Press. (大貫昌子訳, 2001『生物進化とハンディキャップ原理――性選択と利他行動の謎を解く』白揚社)
Zajonc, R. B. (1968) Attitudinal effects of mere exposure. *Journal of Personality and Social Psychology Monograph Supplement*, **9**, 1-27.
Zajonc, R. B. (1980) Feeling and thinking: Preferences need no inferences. *American Psychologists*, **35**, 151-175.
Zajonc, R. B. (1984) On the primacy of affect. *American Psychologists*, **39**, 117-123.
Zechmeister, E. B., & Johnson, J. E. (1992) *Critical thinking: A functional approach*. Brooks/Cole. (宮元博章・道田泰司・谷口高士・菊池聡訳, 1996『クリティカルシンキング――入門篇』北大路書房／宮元博章・道田泰司・谷口高士・菊池聡訳, 1997『クリティカルシンキング――実践篇』北大路書房)
Zeki, S. (1999) *Inner vision: An exploration of art and the brain*. Oxford University Press. (河内十郎監訳, 2002『脳は美をいかに感じるか――ピカソやモネが見た世界』日本経済新聞社)
Zwaan, R. A. (2004) The immersed experiencer: Toward an embodied theory of language comprehension. In B. H. Ross (Ed.), *The psychology of learning and motivation: Advances in research and theory, Vol.44*. Elsevier Academic Press. pp. 35-62.

Zwaan, R. A., & Radvansky, G. A. (1998) Situation models in language comprehension and memory. *Psychological Bulletin*, **123**, 162-185.

Zwaan, R. A., Stanfield, R. A., & Yaxley, R. H. (2002) Language comprehenders mentally represent the shapes of objects. *Psychological Science*, **13**, 168-171.

事項索引

◆ アルファベット

ACME 260
ACTモデル 203
ACT-R 203, 205, 206, 215, 255
ACT*モデル 203
AIDMAモデル 304
A-not-B error 378
BIASマップ 411
CM 456
EQ 312
ERP 12
fMRI 12, 15, 48, 57, 62, 92, 206, 244, 340, 348
GPS 254
HAMモデル 203
HIT理論 209
IT野 92
LISA 260
LISP 206
MEG 12
MOP 201
MSCEIT 313
MT野 21, 26, 27, 93
N400 242
OKN測定（視運動性眼振測定） 365, 368
P600 242
PDPモデル 16
PET 11, 48, 91, 209, 244, 317
RBC理論 37, 38
rod-and-box刺激 376
RSVP →高速逐次視覚提示法
SD法（セマンティック・ディファレンシャル法） 51, 53-55
Soar 206
SRN →単純再帰ネットワーク
TAS-20 48
TRACEモデル 221
V1 →第1次視覚野

V2 →第2次視覚野
V4 →第4次視覚野
V5 →第5次視覚野

◆ あ行

アイコニック・メモリ 97
アイステーシス 46, 63
曖昧文 232
アセスメント 154
後知恵バイアス 297
アナロジー的表象 214
アニメ 448, 452, 453
アルゴリズム 290
アレキシサイミア 48, 49, 50
アレのパラドックス 284, 289, 302
暗所視 18
安定性の次元 395
鋳型照合モデル 35
怒り顔 40, 41
怒り優位性効果 40, 41
閾下 58, 408
閾値 197, 207
行き詰まり 253
意識 44
意識的な気づき 91
意思決定 281-286, 290, 291, 298, 300, 301, 306, 353, 411
異質性 322, 323
異常条件焦点モデル 397
維持リハーサル 381
イースターブルックの説 318
位置 23
――への復帰抑制 80, 81
1次運動野 244, 245
1次元の規則 428
1次的評価 315
一貫性 395-397
一対比較法 51
一般化可能性 143
一般帰納 274, 275, 278
一般知能 352, 353

偽りの記憶 141, 142, 156, 158-163
遺伝 356-358, 386
遺伝―環境論争 357
意図的学習 129, 130
意図の記憶 138
意図の検出 337
イマージェン 128
イマジネーション膨張 157, 158
意味 224, 229
意味記憶 120, 193, 194, 197, 208, 209
――のカテゴリー特異性 208
意味記憶検索 125
イーミック 416
意味的関連性（意味的関連度） 194, 196, 197
意味的プライミング（効果） 197, 198
意味ネットワーク（・モデル） 193, 194-196, 201, 203
意味表象 237, 240
意味役割 230
意味論 217, 231
イメージ 128, 129, 133, 134, 139, 140, 214, 239, 325, 456, 457
イメージ化 161
イメージ課題 130
イメージ走査 133
イメージ論争 133
入れ子構造 168
色 24, 434
――の知覚 24, 413, 415, 435
色弁別 368
陰影 29
因果随伴性 377
因果図式（モデル） 397, 398
十分条件型の―― 397, 398

必要条件型の―― 397
因果性 382
　――の知覚 368
飲酒問題 269
印象管理 412
印象形成 387, 388, 389, 390, 394, 403, 405
印象判断 390
インターネット 440, 441
インタープリタ 201
ヴィジランス 67
ウェイソン選択課題（4枚カード問題） 266, 267, 268, 270-272, 276, 279
ウェイソン2-4-6課題 274
ヴェクション 27
ウェルニッケ＝ゲシュヴィント・モデル 244
ウェルニッケ失語 242, 243
ウェルニッケ野 242-245, 348
後ろ向き探索 254
運 395
運動（機能） 358, 364
運動残効 26, 27
運動視 368
運動視差 29
運動性失語 243
運動野 244
映画 450, 456, 457
エグゼンプラー・モデル 408
エコーイック・メモリ 97
エティック 416
エピソード型フレーム 447
エピソード記憶 120, 121, 125, 143
エピソード的テキスト記憶 240
演繹推論 261, 273
縁上回 244
黄金比 57, 58
応用認知心理学 142
オオウチ錯視 33
奥行き（視） 28, 368
奥行き手がかり 28, 29, 36

両眼性の―― 29
奥行き反転図形 32
オーディエンス・フレーム 445, 446
オピニオンリーダー 442
オペラント学習 365
オペラント選好注視法 365
オペレータ 254
オランウータン 334, 341
音韻 223, 224
音韻ルート →規則ルート
音韻論 217, 231
音響的混同 104
音声言語 218-220, 242, 334
　――の認知モデル 221
音声波形 219
音声ループ 103, 104, 106, 109
音節 226
音素 218, 219, 222
音読課題 221, 222
音読潜時 223

◆ か 行
下位概念 193, 194
快感情 324
外言 362
外国人ステレオタイプ 454
解釈部門 231
外集団 404, 405, 409, 410
　――のサイズ 405
外集団均質化効果 405
下位水準 171, 172
回想的記憶 135
階層的制約図式 399, 400
外側膝状体 20
外適応説 347
外的文脈 115, 324
外的要因 356, 357
回転追跡円盤課題 107, 108
概念 15, 192, 193, 195, 197, 198, 211, 325, 359, 381
概念依存理論 199
概念獲得 386
概念駆動型処理 8, 31
概念形成 365, 380
概念的プライミング 123

海馬 14, 124, 144, 160
快一不快 43
外部記憶 138
外部帰属 395
回復された記憶 158, 159, 160, 162, 163
回復された記憶体験 159
外部要因 395, 396, 401-403
下位目標 254
カウンティング 385
顔認識ユニット 39
顔認知 39, 339, 368, 370
顔パターン 368, 369
価格プレミアム効果 305
角回 244, 245
格関係 230, 232
学習 353, 357
学習優位説 357
確証的カテゴリー化 392
確証バイアス 267, 268, 274, 297, 407
確信度 297
覚醒 318
覚醒水準 55, 67
覚醒度 43
覚醒ポテンシャル 54
カクテル・パーティー効果 69
格フレーム 232
格文法 231
確率 283, 285, 289, 291, 293, 302, 303
仮現運動 26
仮言三段論法 265, 276
重なり 28
可視光 24
加重平均モデル 390
仮説演繹的思考 361
仮説検証 267, 274
家族的類似性（家族的類似度） 168, 169, 170, 428
課題の難易度 395
価値関数 286, 287
活性化 196, 197, 203, 207, 211, 218, 219, 227, 260, 392, 408
活性化拡散（モデル） 196,

事項索引　505

197, 198, 203, 226, 240
活性値　205-207, 212-214
活動性　54
滑動性眼球運動　23
カテゴリー　174, 181, 182, 192, 194, 195, 274, 275, 278, 351, 379, 380, 392, 394, 428, 434, 435, 457
——に基づく帰納　274
——に基づく分類　427
カテゴリー依存型処理　391, 392
カテゴリー化　165-170, 172-174, 176-180, 183, 187, 315, 380, 381, 401, 402, 404, 405, 427
カテゴリー群化　171
カテゴリー事例生成課題　123
カテゴリー説　43
カテゴリー特異性理論　209
カテゴリー特異的な意味記憶の障害　183, 186
ガーデンパス現象（ガーデンパス効果）　232, 235
ガーデンパス・モデル　232, 233
下等脊椎動物　334
カフェウォール錯視　32
下方比較　411
加齢（効果）　74, 75, 80, 81, 125, 126, 138, 139
感　覚　358
感覚—運動期　358, 359
感覚記憶　6, 97
感覚・機能仮説　208, 209
感覚情報貯蔵　6
感覚性失語　243
感覚様相間プライミング法　226
眼窩皮質　49
眼　球　18, 29
眼球運動　23, 26, 59, 62, 74, 87, 224, 365, 371
眼球運動測定装置　62, 224, 235
環　境　356-358, 362, 386

関係志向的自己　432, 433
関係に基づく分類　427
観察者　402
観察者中心座標系　38
干　渉　100, 102, 110, 117, 423
感　情　307-312, 315, 317, 325, 327, 411
——の認知　308, 317, 327
感情一致記憶　326
感情カテゴリー　43
感情喚起　309, 314, 321
感情状態　325
感情状態依存記憶　325
感情生起　309, 311
感情制御　48
感情の体験　308
感情表出　309
感　性　45, 46, 47, 60, 63
——の測定　50
感性情報処理　47, 50
感性認知　64
間接プライミング　198
間接ルート　315
完全制約図式　400
桿体細胞　18, 19
感応度逓減　286
関　与　304
記　憶　15, 95-99, 102, 103, 106, 113, 114, 117, 119, 127-130, 134-136, 138, 139, 141-146, 150, 156-163, 176, 187, 192, 198, 203, 307, 316, 318, 320, 322, 324, 325, 327, 332, 334, 337, 351, 357, 365, 377, 378, 386, 408, 435
——の発達　377
偽りの——　141, 142, 156, 158-163
意図の——　138
回復された——　158, 159, 160, 162, 163
目撃者の——　135, 141, 142, 146, 158
記憶術　134, 135, 259
記憶障害　14, 15, 98, 99
記憶スパン　379

記憶手がかり説　269
記憶範囲分離実験　70
記憶表象　127, 134, 150, 162, 197
記憶方略　138, 381
幾何学的錯視　32
記号下　206
記号的コネクショニスト・モデル　214
器質性健忘　14, 15
技術的知能　341, 348, 352, 353
記述的理論　282, 285, 302
基準比率の無視　292, 294
ギスト　320
帰属過程　387, 389, 401
帰属傾向　402, 421
規則性効果　223
帰属理論　394, 395
規則ルート（音韻ルート）　222, 223
期待獲得情報量　267, 268
期待効果　283
期待効用（理論）　283, 284-286, 289, 290, 299-302
議題設定（効果）　443, 444, 445, 448, 457
　第2水準の——　445
期待値　283, 287, 288, 302
技能学習（課題）　123, 124
機能語　224
機能サイズ　151
帰納推論　261, 273, 274, 275
——の確証度　278
機能的固着　250, 253
機能特殊性　21, 22, 36
規範的モデル　401
規範的理論　282, 283
気　分　306, 308, 326
基本水準　171, 172
基本的な帰属の誤り　402, 421
基本的パーソナリティ　415
基本表情　43
基本レベルの視覚情報　320
義務論条件文　269, 271
きめの勾配　29

逆ストループ干渉 110, 111	形態論 217	原始模倣 368
虐 待 158-161	系統発生 331, 332	顕出性モデル 443, 444
逆向健忘 14	係留と調整ヒューリスティック 296	現状維持バイアス 297
キャノン＝バード説 309		原叙述的コミュニケーション 373
ギャンブラーの錯誤 291	系列位置曲線 100	
弓状束 244	系列完成課題 278	減衰モデル 72
既有知識 237, 238, 277	系列再生法 122	限定効果論 442, 443
吸啜反射 359	系列処理 203, 215, 234	限定合理性 290
9点問題 251, 253	ゲシュタルト（心理学） 56, 248, 253, 256, 376	健忘症 14, 124, 125, 192
凶器注目効果 146, 322, 323		限量詞 262
競合解消段階 202	血液型ステレオタイプ 406, 407	語彙決定課題 123, 197, 226
教示行為 375		語彙的多義性 226, 236
凝視点 79, 85, 86	血液型性格判断 406	語彙特性 228
鏡像自己認知 340, 341	結合荷重 207, 212-214	語彙ルート（視覚ルート） 222
協調行動 337	結合探索 82, 84	
共通運命の法則 376	決定荷重（関数） 288, 289, 295	行 為 229
協同想起 162		行為者 395-399, 401, 402, 421
共同注意 338, 373	決定分析 283	
強度値 207	結 論 261-263, 275	——の資質 399-402, 421
共変動モデル 395, 397, 412	原因帰属 394, 397, 411-413, 422	合意性 395-397
共鳴効果 451, 452		後期選択（説） 69, 72, 73, 90, 93
許可スキーマ 270, 271	原猿亜目 332, 339	
局所表現 195, 211	言 語 144, 178, 180, 198, 217, 235, 331, 333, 346, 347, 349, 353, 358, 359, 379, 415, 423, 427, 431, 434, 435	後 件 264
近位空間 344		後件肯定 265
均衡化 358, 361		考古学 350, 351
均衡理論 394		広 告 304, 305
空 間 23	言語化 165, 177, 178, 187	高コンテキスト文化 423
空間解像度 366	言語獲得 348, 364, 377, 386	虹 彩 18
空間処理特性 366	言語獲得装置 231	交差文化的方法 433
空間的注意 77	言語産出 221	高次機能障害 93
空間認識 435	言語使用 221	恒常性 25
偶発的学習（課題） 113, 129	言語処理のモデル 221	高速・倹約ヒューリスティック 297, 298
句構造規則 229	言語進化 346	
句構造文法 229	言語相対性仮説 178, 180, 181, 413, 415, 417, 434, 437	後続刺激 88, 197, 198
具体的操作期 359, 361		後続試行 89
クリスチャンソンの説 318	言語的期待バイアス 407	高速逐次視覚提示法（RSVP） 89
黒い羊効果 409	言語的システム 128, 129	
警戒音声 349	言語的知能 352, 353	構築過程 240
計算論的モデル（モデリング） 16, 206	言語的符号化 434, 435	構築－統合モデル 237, 240
	言語能力 349	膠着語 219
形式的操作期 361	言語理解 217, 221, 224	肯定式 265
継時提示（法） 50, 86, 87	顕在記憶（課題） 15, 120, 122, 124-126	喉頭下降現象 346
芸 術 64		行動経済学 306
継時ラインナップ 152	顕在的過程 272	行動主義 4, 5, 357
形態素 220	検 索 3, 15, 146, 148, 149, 158	高等脊椎動物 334-336
形態素解析 220, 230		後頭葉 20, 244
携帯電話 441	現実性識別 158	幸福顔 40, 41

事項索引　507

構文解析　　228
構文解析システム　　234
構文解析モデル　　230, 232
効　用　　283, 286
合理性　　290
高齢者　　125, 139
語幹完成課題　　123
語関連課題　　123
語境界　　219
黒　人　　455, 456
心の理論　　337, 339, 372, 375
誤差逆伝播法　　214
固視微動　　26
個人依存型処理　　391, 392
個人化　　392
個人主義　　416, 417, 418, 431
個人情報ノード　　39
個人的属性　　392-394, 421, 450, 451
個人内課題　　443, 444
誤信念課題　　372
個性記述的研究　　416
個体発生　　332
語断片完成課題　　123
語長効果　　104
古典的カテゴリー観　　168, 187
古典的条件づけ　　122
誤導情報　　150
誤導情報効果　　149, 158
言　葉　　346, 362, 364
コネクショニスト・モデル　　206, 207, 209, 210, 212, 214, 216, 220, 223, 224, 236, 260
個別化　　391
コホート・モデル　　218
コミュニケーション　　217, 312, 337, 338, 349, 359, 364, 404, 413, 423
　——の2段階の流れ　　442
　——の発達　　377
コミュニケーション起源説　　347
コミュニケーション能力　　339, 341, 347
固有の効果　　399
語用論　　217

コラム構造　　20
ゴリラ　　332, 333, 341
ゴール　　201
コレラ問題　　270, 271
混　色　　25
コンスペック　　370
混同誤答　　104
コントラスト感度　　366, 367
コンピュータ・シミュレーション　　16, 206, 220
コンラーン　　370

◆ さ 行

ザイアンスの説　　310
再カテゴリー化　　392
再構造化　　248, 253
最小付加原理　　233
再　生（法）　　100, 106, 107, 114-116, 122, 125, 131, 160, 258, 319, 320, 326, 378
　——の反復　　161
再生率　　104
最適化　　290
再　認（法）　　113, 115, 116, 122, 125, 151, 176, 228, 237, 240, 297, 310, 319, 322, 379, 426
再認ヒューリスティック　　297, 298
再評価　　315
催　眠　　161, 325
サウンドバイト　　458
錯誤相関　　296, 297, 405
錯　視　　31, 32, 33, 44, 282
サーストンの方法　　51
錯　覚　　17
サッカード　　23, 224
サピア＝ウォーフ仮説　　178, 415, 434
差　別　　199, 404, 410, 411
残　効　　25
参照点　　286
三段論法　　261-263
地　　31
視運動性眼振測定　→OKN測定
シェッフェの方法　　51

シェマ　　359, 361
ジェームズ＝ランゲ説　　59, 309
ジェンダー・ステレオタイプ　　453
ジオン　　37, 38
視　覚　　17, 334, 344, 385
視覚機能　　337, 366, 371, 385
視覚系　　18, 38, 366, 368
視覚言語　　349
視覚性感情欠乏症　　47
視覚性自己誘導運動　　27
視覚探索（課題）　　40, 41, 67, 73, 79, 84
視覚的注意　　65-67, 73, 77, 79, 84, 86, 89, 90, 93, 322, 371
　——の右半球優位　　91
視覚的特徴　　323
視覚的文脈　　234, 235
視覚認知　　17, 44
視覚皮質　　20, 24, 36
視覚野　　20, 91, 92
視覚ルート　→語彙ルート
時間解像度　　366
時間周波数特性　　366
時間的傾斜　　14, 15
時間的順序　　437
色　覚　　337, 367
色　弱　　24
色　相　　24, 368
色相環　　24, 25
色　盲　　24, 25
視距離　　23
視・空間スケッチパッド　　103, 104, 107, 109
時空間特性　　366
刺激独立思考　　109, 112
次元説　　43
自　己　　411
自己意識　　340
思　考　　247, 279, 358, 359, 361, 386, 434
視交差　　20
思考様式　　413, 418, 424, 430
自己開始型処理　　139
自己概念　　144

自己カテゴリー化　412
自己関与　391
自己高揚的帰属　403
自己正当化　432, 433
自己中心性　359
自己調整　362
自己呈示　412
自己批判的バイアス　403, 422
自己表明　424
自己防衛的帰属　403
自己奉仕的バイアス　402, 403, 422
視細胞　18-20
資質的特質　394-396, 411
資質と行動の対応図式　399
資質の推論　402
視　床　14, 98, 309, 315, 316
事象関連電位　241, 242, 246
自称詞　420, 421
自信過剰　297
視神経　19, 20
システム1　272
システム2　272
視　線　59, 60, 74, 79, 224, 338, 339, 426
　――のカスケード現象　58, 59, 60
　――の検出機構　338
　――の向き　62
　　浮世絵の――　61
　　絵画の――　61
　　他者の――　373
事前確率　292
自然カテゴリー　173
持続的注意　67
自尊心　402, 403, 405, 422
舌出し模倣　368
実験認知心理学　10
実験美学　57
実行段階　202
失語症　242, 246
実質含意　264, 265
実質等値　264, 265
失　読　244
失文法　243
質問紙　312, 313

実用的推論スキーマ　270, 271
視点依存アプローチ　38
自伝的記憶　15, 141, 142, 143, 144-146, 163, 325
　――の階層モデル　145
視点非依存アプローチ　38
児童期　375, 381
児童虐待　159
自動処理　390, 391, 401
自発的特性推論　398, 401
視方向（判断）　23
シミュレーション　212, 227, 236, 254
社会化　415
社会契約説　271
社会心理学　388
社会性　337
社会的アイデンティティ（理論）　405, 409, 410
社会的カテゴリー　390-392, 403, 412
　――の知識構造　408
社会的交換　271
社会的行動　337
社会的参照　373
社会的推論　411
社会的知能　337, 339, 347, 348, 352, 353
社会的認知　331, 337, 341, 388, 394, 411
社会的判断　411
社会的役割　419
社会認識　440, 450, 451, 453, 457
社会脳仮説　337
視野狭窄（説）　146, 322, 323
写真バイアス　151, 158
写　像　257
首位効果　100
自由再生（法）　100, 122, 125, 129, 130
収束的思考　260
集団意思決定　300
集団間関係の構造の要因　410
集団主義　416, 417, 418, 431

集中的注意　40, 41, 67
周辺視　19
周辺視野　74, 370
周辺手がかり　79
周辺の情報　146, 320, 323
周辺の特性　389
周辺ルート　304
主観的確率　283
主観的期待効用モデル（主観的期待効用理論）　283, 306
主観的輪郭　31
主観評価法　50
熟達化　215, 258, 260, 363
熟達者　215, 258-260, 363
主題内容効果　268, 269-271, 276
主題役割の割り当て　230
手段－目標分析　254
出現頻度　222, 223, 234
主要部　233
腫瘍問題　256
受容野　91, 92
主流形成効果　451, 452
順位法　51
馴　化　365, 378, 380, 382
馴化－脱馴化法　365, 371, 374, 377, 380
循環反応　386
順向性干渉　102
上位概念　193, 194
上位水準　171, 172
上位礼拝堂　353
上　丘　20
状況的要因　421
状況モデル　238, 239, 240
条件照合（段階）　202, 203
条件推論　261, 265, 267, 268
条件つき確率　293
条件文　264
焦点的注意　67
情　動　74, 146, 160, 294, 308, 317, 322, 323, 327, 340
　――を誘発する刺激　317
情動性知能　312, 313
情動ストループ効果　90
情動的覚醒度　318
情動的ストレス　146, 318,

320
消費者行動　301, 304, 305
情報獲得理論　267
情報源混同　158
情報源識別　158
情報遮蔽性　215
情報処理（システム）　6, 66, 69, 71, 73, 199, 309, 388
情報統合理論　390
上方比較　411
初期カテゴリー化　392
初期状態　253, 254
初期選択説　71, 90, 93
書記素　222-224
初期値　296
書字不能　244
女　性　454, 455
処方的理論　283
処理過程　196
処理水準　98, 113, 116
処理プロセス　6
処理流暢性　59
自律神経系　317
視　力　366
事例モデル　176
心因性健忘　14, 15
真猿亜目　332, 339
進　化　334
　　脳の――　331, 337
進化心理学　9, 271, 280, 331, 347, 351, 353, 363
進化論　16
真偽判断課題　194, 197
親近性　158
新近性効果　100
神経科学　12
神経細胞　→ニューロン
神経心理学　14, 243
人工言語　349
人工知能　13, 192, 199, 201, 203, 206, 215, 216, 254
人種の偏見　404, 408
人種・民族的ステレオタイプ　454
新生児　364, 365, 367-369, 371
深層格　231, 232

深層構造　231
親族名称　420, 421
身体の変化　311, 314
心的回転　130
心的構え　250, 251, 253
心的辞書　217, 218, 221, 223, 225, 228, 233
心的走査　134
心的比較　130
心的表象　234, 240
信　念　372, 373
信念バイアス　263, 268
心　拍　317
新　聞　440, 443, 444, 458
心理人類学　415
心理療法　154, 158, 161, 162
図　30
水晶体　18, 29
衰　退　100
錐体（細胞）　18, 19, 23-25
随伴荷重理論　302
随伴強化　365
水平細胞　25
推　論　167, 198, 238-240, 246, 261-263, 267, 273-275, 363, 363, 386
　　――の確証度　275
　　資質の――　402
数概念　383
数の認知　435
数量認知　383
数量把握　413, 415, 435
スキーマ　3, 144, 156, 174, 175, 198, 199, 201, 258, 259, 351, 361
スキーマ帰納　257
スクリプト　198, 199, 200, 201
スケープゴーティング　449
図―地の分化　31
ステレオタイプ　199, 291, 293, 297, 387, 389, 403, 404, 406-408, 411, 412, 453, 457
　　――の形成　404
　　――の変容　407
　　――の抑制　408
ステレオタイプ維持　405

ステレオタイプ化　404, 453, 457
ステレオタイプ・コンテント・モデル　411
ステレオタイプ的知識　408
ストループ効果（ストループ干渉）　90, 110, 111, 112
ストレス　146, 160
ストレス・マネジメント　155
スプラッシュ法　87
スポットライト（説）　67, 76, 79, 83, 374
性格特性　419
静止網膜像　26
成　熟　357
成熟優位説　357
正書法　219
精神神経疾患　14
精神分析学　96, 159
生成文法（理論）　228, 231, 236, 246
生態学的妥当性　143, 222
精緻化見込みモデル　304
精緻化命題ネット　240
精緻化リハーサル　381
性淘汰　354
制度過程分析　448
制約依存モデル　233
制約規則　254
西　洋　417, 418, 421, 423, 424, 426, 428, 429, 437, 456
西洋中心主義　415
生理的反応　308
生理的変化　309, 311, 314
世間議題　443
石　器　342
絶対課題　425
絶対的配置　436
説得的コミュニケーション　304
セマンティック・ディファレンシャル法　→SD法
セルフ・ハンディキャッピング方略　403
選一法　50
線遠近法　29

前件　264
前件肯定　265
宣言的記憶　120, 122, 203
宣言的知識　191, 192, 203-205, 214, 216
選好（関係）　59, 282, 286, 369, 370
選好逆転現象　302, 303
前向健忘　14
先行刺激　88, 197, 198
先行試行　89
選好注視法　364, 365, 371
先行手がかり法　67, 68, 76, 77, 79, 80, 86, 371
選好反応　369, 370
潜在意味分析　227
潜在記憶（課題）　15, 121, 122-127, 140
潜在的過程　272
潜在的注意　77
潜在的定位システム　76, 77
戦術的欺き　339
全称肯定　262
線条体　62
全称否定　262
漸進説　347
前操作期　359
選択制限　231, 232
選択的視覚処理　42
選択的接触　441, 442
選択的注意　66-68, 69, 70, 72, 73, 83
選択法　50
前注意過程　40, 41, 73
前提　261, 262, 264, 274, 275
　──と結論の類似度　278
前頭前野（前頭前皮質）　49, 301, 317, 345
前頭葉（前頭野）　112, 242, 244, 336, 339, 345
前脳基部　14
線分の方位検出　366
戦略型フレーム　447, 448
想起　149, 152, 153, 162
早期選択説　69, 73
相互活性化モデル　218, 220,

221
相互協調的自己観　418, 421-424, 430
相互結合ネットワーク　210, 212, 214
相互構成過程　416, 403
相互作用（説）　358, 362
相互独立的自己観　418, 421-424, 430, 431
操作　359
　──の可逆性　360
双生児　357
創造的問題解決　260
相対課題　425
相対的大きさ　28
相対的配置　436
争点型フレーム　448
争点フレーム　446
相貌失認　39
属性　392
属性型議題設定　445
属性消去モデル　299, 300
側頭葉　14, 15, 47, 92, 99, 106, 160, 209, 242, 339, 348
ソース　256, 257
素性比較モデル　195, 196, 226
素朴概念　382
素朴理論　381
損失　286-288, 290
損失回避　288

◆　た　行

第1次視覚野（V1）　20, 22, 23, 91-93, 244
第1次培養効果　450
対応　399, 400
対応規則　222
対応推論　401
　──の2段階モデル　401
　──の3段階モデル　401, 402
対応推論理論　394, 398, 399
対応バイアス　402, 421, 422
大気遠近法　29
第5次視覚野（V5）　21, 22, 26, 27

胎児　371
体重　334, 335, 337
対象　229, 231
　──の永続性　359, 374
帯状回　48, 49, 244, 340
対称詞　420, 421
帯状皮質　317
対人関係　387, 394, 418
対人議題　443, 444
対人情報処理　390, 412
対人認知　411
対人不安傾向　432
体制化　198, 381
体性感覚　344
態度　304, 404, 422
第2次視覚野（V2）　21, 22, 92
第2次培養効果　450
第2水準の議題設定　445
大脳新皮質　348
大脳皮質　244, 315
大脳辺縁系　315
対比効果　404
代表性ヒューリスティック　291, 293
第4次視覚野（V4）　22, 25, 91, 92
多義語　226, 227
多義性　224, 230, 234, 236
　統語的な──　230, 233
妥協効果　299, 300
ターゲット　→目標刺激
多次元尺度構成法　51, 194
多重制約理論　260
多重知能理論　215
多選法　50
多層ネットワーク　210, 214, 221, 223
多属性意思決定　299, 300
脱馴化　365, 382, 383
脱中心化　360
ダニ族　179, 434
だまし絵　33
単一細胞活動記録　12
単一特徴探索　82
単一理由決定ヒューリスティック　298

事項索引　511

短期記憶　12, 14, 15, 97, 98, 100, 102, 103, 113, 117, 240, 258, 347, 381
単語音読　222, 223, 225
単語完成課題　123, 125, 198
単語生成課題　244
単語同定課題　123
単語特性の基準表　228
単語認知　215, 217, 218, 220, 221, 225
単語優位性効果　220
探索　253
探索非対称性　40, 41
単純再帰ネットワーク（SRN）　211, 236
単純接触効果　58, 59, 304, 310
男性　454
断続説　347
チェス　215
チェッカーボード問題　251, 253
遅延模倣　359
知覚　19, 23-28, 31, 34, 36, 322, 332, 355, 357
　――の体制化　56
知覚運動学習課題　107
知覚技能取得　126
知覚的プライミング　123, 124
知覚的流暢性誤帰属説　59
逐次走査　82
知識　120, 121, 127, 138, 144, 166, 172, 191, 192, 194, 199, 203, 205, 207, 215, 216, 240, 248, 260, 269, 363, 381
　構造化された――　260
知識獲得　355, 357, 380, 382
知識構造　193, 198, 201
　社会的カテゴリーの――　408
知識表象　167, 195, 198
チャンク　205
注　意　65, 66, 203, 307, 318, 322, 357, 371, 413
　――の機能障害　67
　――の狭窄化　324

――の神経基盤　67, 90
――の定位　77
――のパターン　431
――の捕捉　73
――の瞬き　89
他者の――　338, 340, 373
特徴に基づく――　84
物体に基づく――　85
目撃者の――　322
注意機能　67, 80
――の発達　371
中間状態　253, 254
注視（反応）　365, 370, 371
注視時間　365, 382, 385
注視点　74, 80, 93, 374
中心窩　19, 23
中心視　19
中心手がかり　79
中心的詳細情報　320
中心的情報　319, 320
中心的特性　389
中心ルート　304
中枢制御部　103, 104, 109, 112
中　庸　428
聴覚野　245, 348
長期記憶　12, 15, 97, 98, 100-102, 109, 113, 117, 119, 120, 122, 127, 167, 192, 201, 240, 257-259, 269, 381
調　節　198, 358, 361
鳥　類　332, 334
直接プライミング　198
直説法条件文　269
直接ルート　315
直立二足歩行　342
チンパンジー　331-334, 336, 338, 341, 342, 349, 372, 375
追視（行動）　369-371
追唱法　70
対連合学習　179
定　位　371
定位反応　59
定義的素性　195
定義的特徴　168
定言三段論法　261, 262, 263, 268

定言命題　262
低コンテキスト文化　423
ディストラクタ　→妨害刺激
停　留　224
手がかり再生（法）　122, 125
適応的合理性　297
テキスト表象　240
テキストベース　238, 240
デシジョン・ツリー　283
データ駆動型処理　8, 34
手続き化　204
手続き的記憶　14, 120, 121, 122, 198, 203
手続き的知識　191, 192, 201, 203-205, 216, 258
手続き不変性　302
テナガザル　341
テーマ　201
テーマ型フレーム　447
テレビ　440, 442-444, 448, 450-456, 458
転　移　260
転移適切処理　116
典型性　168, 169, 170, 171, 173, 194
典型的景観　38
典型例　291
転向モデル　407
転　導　67
展望的記憶　125, 135, 138, 140
　時間ベースの――　138, 139
　事象ベースの――　138, 139
電話課題　138
同　化　198, 358, 361
同化効果　404
投函課題　138
動機づけによる集中化　318
道　具　231, 331
道具使用　337, 341, 342, 345
統　語　229
　――の知識　229
統語論　217, 231
動作主　229, 231
洞　察　248, 253

512

洞察課題　251, 253
同時調音　219
同時提示法　50
登場人物　453-455, 457
同時ラインナップ　152
統制処理　390, 391, 401
統制の位置　395
頭頂葉　91, 344
島皮質　49
動物カテゴリー　170, 183, 186
頭部の向き　61, 62
東洋　417, 418, 421-426, 428, 429, 437, 456
ドキュメンタリー　456
特異性　395-397, 405
特殊帰納　274, 278
特殊肯定　262
特殊否定　262
特性検出器　36
特徴探索　84
特徴的素性　195
特徴統合理論　82
特徴に基づく注意　84
特徴分析モデル　35
土着心理学　416
トップダウン（処理）　3, 8, 16, 31, 36, 39, 44, 68, 220, 259, 390, 391, 403
トライアンギュレーション　433
トライアングル・モデル　224
トラウマ　15, 159, 160, 161
　非性的な――　160
ドラマ　448, 450, 452-457
努　力　395

◆ な 行

内　言　362
内集団　404, 405, 409-411
内集団均質化効果　405
内集団びいき　405
内的妥当性　143
内的表象　248, 253, 264
内的文脈　115, 324
内的要因　356, 357

内部帰属　395
内部表現　36
内部要因　395, 396, 402
内容語　224
内容分析　455
ナショナリズム　409, 410
名前の生成　39
2次体性感覚野　317
2次的操作　361
2次的評価　315
二重乖離　208, 209
二重過程理論　272, 279, 280
二重経路モデル　222, 223
二重処理モデル　390
二重貯蔵モデル　15, 97
二重符号化理論　127, 128, 130
日常記憶　141-143, 162
日常認知　135, 141, 163
日誌法　138, 143
2.5次元スケッチ　38
日本語　420
ニホンザル　332, 333, 341, 342, 345
乳　児　340, 356, 364-368, 371, 374, 376, 377, 379, 381, 382, 385
　――の記憶　377
　――の認知機能　366
　――の認知発達　363
乳頭体　14
乳幼児　371, 372, 377, 386
ニュース　456, 458
ニュース・フレーム　446, 447
ニューラル・ネットワーク・モデル　207
ニュールック心理学　388
ニューロン（神経細胞）　35, 36, 91, 92, 206, 207, 210, 212, 241, 339, 344, 345, 348
人称代名詞　420, 431
認　知　308-311, 314, 315, 317, 357, 358, 363, 437
　――のアーキテクチャ　191, 206

認知科学　16, 139, 192, 253, 351, 388
認知革命　5, 388
認知機能　356-358, 371, 386
認知考古学　331, 349, 350, 352
認知行動療法　152, 154, 155
認知資源　166, 291, 402
認知症　14
認知障害　192
認知進化　331, 332, 350-352, 354
　――の聖堂モデル　352
認知神経科学　12
認知心理学　3-5
認知的均衡　394
認知的経済性　166, 194
認知的評価　314, 327
認知的不協和　432
認知的流動性　353
認知的枠組み　62
認知バイアス　403, 405
認知発達　355, 357, 358, 363, 371, 386
認知面接法　152, 153
認知モデル　443
ネットワーク表象　240
ネットワーク・モデル　325
脳　217, 309, 317, 334, 336, 337, 341, 353
　――の大きさ　334
　――の進化　331, 337
脳（ブレイン・）イメージング　12, 244
脳化係数　334
脳化指数　334, 335, 336
脳活動　342
脳血管障害　242
脳　重　334, 335, 337
脳損傷　14, 42, 47, 50, 67, 98, 100, 108, 180, 183, 208, 209, 242, 243
濃　淡　29
　――の勾配　29
脳　波　241
脳部位　13
能　力　395

ノード　193, 194, 196, 197, 203, 325
喉まで出かかる現象　125

◆ は 行 ─────────

バイアス　150, 151, 277, 282, 290, 294, 297, 301, 401, 434
俳句　52-54
背景的詳細情報　320
背側経路　21, 81
ハイパープルーフ　276
ハイブリッド・モデル　214, 216
培養効果　450, 451-453
培養分析　448
培養理論　448
白　人　455, 456
博物的知能　352, 353
場　所　231
場所法　135
バーゼンス　23, 29
パーソナリティ　415
パターン認知　30, 36, 37, 167, 380
発散的思考　260
発　達　356, 357, 358, 362, 375
　──の最近接領域　362
　認知能力の──　355
発達心理学　356
発達段階説　358, 363
バッファ　205, 206
発話情報の分析　42
ハノイの塔　254
母親の顔　369
バラエティ　456
反　射　358, 359
反証情報　408
反証事例　407
半側空間無視　91, 93, 108
反対色説　25
判　断　281, 282, 284, 291, 293, 295, 297, 298, 300, 301
パンデモニアム・モデル　36
反復プライミング　198
反復練習効果　126
被　殻　62

美　学　46
比較認知科学　332, 386
比較文化研究　180, 413-418, 424, 430, 432, 433
比較文化心理学　181, 416, 417
光受容体細胞　18
非言語的システム　128, 129
非言語的プライミング　123
皮質性運動盲　27
皮質性色覚障害（皮質性色盲）　25
ピースミール統合　392
非対称的混同効果　184, 185
ピッチ　234
否定式　265
否定的ステレオタイプ　405
ヒ　ト　331, 332, 333, 334, 336, 338, 340, 342, 345, 347-351, 353, 362, 375
批判的思考　277, 278, 279
ヒ　ヒ　339
被覆度　278
皮膚電気抵抗　317
ビーム光線　67
ヒューリスティック（ス）　254, 272, 290, 291, 297, 301
評　価　54, 55
評価容易性仮説　303
表出行動　308
標準理論　231
表　象　192
表　情　339
表象システム　214
表情認知　40, 43
表情分析　42
表層格　231, 232
表層構造　231
表層的表象　240
表面特性　183
開かれた質問　152
非流暢性失語　243
頻　度　294
フィクション　448, 450, 452, 456
フィードバック結合　211
フィルター理論　69

封筒問題　268-271
フォイル　148, 151
不快感情　320, 324
不可能図形　32
輻輳的操作　6, 8, 11, 12, 16
腹側経路　21, 81
符号化　3, 15, 82, 98, 107, 113, 114, 116, 146, 149, 158, 160, 161, 321, 326, 344, 371
　構造の──　39, 42
符号化特殊性（原理）　114, 117, 324
復帰抑制　73, 80, 81
　位置への──　80, 81
　物体への──　81
物体中心座標系　38
物体に基づく注意　85
物体認知　36, 38, 39
物体の単一性の知覚　376
部分絵画命名課題　123
部分的制約図形　399, 400
部分報告法　6
普遍文法　231
プライミング（効果）　123, 124, 197, 226, 227, 236, 310, 433
　負の──　89, 90
プライミング記憶　122
プライム　123, 197, 226, 227
ブラウン効果　26
フラッシュバルブメモリ　136, 137
プラトン問題　230
プラン　201
ブランド　304, 305
フリッカー（法）　87, 366
ブレイン・（脳）イメージング技法　12, 244
プレグナンツ　56, 57, 58
フレーミング（効果）　290, 302, 445, 446-448, 457
フレーム　199
ブローカ失語　242, 243
ブローカ野　242-245, 348
プロスペクト理論　286, 288-290, 302, 306
プロソディ情報　234

プロダクション記憶　201
プロダクション・システム
　　201, 202, 203, 206, 240, 254
プロダクションへのコンパイル
　　204
プロトタイプ　　173, 174-176,
　　371, 408, 412
プロトタイプ・モデル　173,
　　176, 408
文　化　　414-416, 431, 432,
　　437, 438
　──の型　　415
文化差　　402, 413, 415, 418,
　　421, 423, 424, 430, 431, 435
文化指標プロジェクト　　448,
　　452, 453
文化心理学　　305, 394, 403,
　　413, 415, 416, 417, 430-433,
　　437
　──の方法論　　431, 433
分割的注意　　67, 68
文化的自己観　　413, 418, 419,
　　430
文化の発達の一般発生法則
　　362
文化‐歴史的アプローチ
　　417
分光感度　　368
分散表現　　195, 211, 214
文章完成法　　233
文章理解　　237, 240, 246
分析的思考　　418, 424, 426,
　　430
文　法　　228, 346, 349
文法役割　　234
文法理論　　230
文　脈　　114, 115, 226, 227,
　　240, 290, 322-324, 424
文脈一致効果　　115
文脈効果　　299, 300, 306
文脈の手がかり　　423
文理解　　217, 228
分離モデル　　408
分類課題　　278
平均顔　　55
ベイズの定理　　293
並列処理　　207, 215, 234

並列走査　　82
並列分散処理モデル　　206,
　　224
ヘップ則　　212
蛇の回転　　33
変　化　　429, 430
　──の見落とし　　73, 86, 87
変形規則　　231
偏　見　　199, 297, 404, 408,
　　410
扁桃体　　160, 161, 315, 316
方位感度　　367
妨害刺激（ディストラクタ）
　　40, 41, 74, 79, 82, 84, 92
包括的思考　　418, 424, 426,
　　430
忘　却　　100, 101, 102, 117,
　　159-161, 378
忘却曲線　　144
紡錘状回　　39
法則定立的研究　　416
暴力場面　　450, 452
棒‐枠組み検査　　425
飽和度　　24
簿記モデル　　407
保　持　　146, 160
補　色　　25
補色残効　　25, 27
ポーズ　　234
ポップアウト　　40, 82, 84
ボトムアップ（処理）　　3, 8,
　　34, 36, 39, 44, 84, 220, 390,
　　392
哺乳類（動物）　　334, 336, 355
ホモ・エレクトゥス　　346,
　　348
ホモ・サピエンス　　332, 342,
　　346, 347, 351, 353, 354
ホモ・ネアンデルターレンシス
　　332, 342, 346, 348, 353, 354
ホモ・ハビリス　　349
ホモ・フローレシエンシス
　　332

◆ ま　行

埋没図形検査　　431
前向き探索　　254

マキャベリ的知能仮説　　337
マーク・テスト　　341
マグニチュード推定法　　51
マーケティング　　301
マスコミ　　449
マスメディア　　439, 440, 442-
　　444, 448
　──の影響力　　442
末梢神経系　　309
マッチング・バイアス　　267,
　　268, 272
魔法の数字 7 ± 2 　258, 259,
　　379
魔法の便箋　　96
マルチストア・モデル　　97,
　　98
マンセルの色立体　　24
満足化原理　　290
水差し問題　　250
ミラーニューロン　　348
魅力効果　　299, 300
民族心理学　　415
無意識的転移　　148, 158
明示的注意　　76
明示的定位システム　　76
明所視　　18
命　題　　128, 133, 140, 192,
　　214, 239, 240, 262
命題説　　127, 133
命題的表象　　240
命題ネット（ワーク）　　238-
　　240
命題表象　　239
明　度　　24
メタ記憶　　138
メタ認知　　138, 362
メッセージ・システム分析
　　448
メディア　　304, 404
メディア環境　　440
メディア情報　　439, 440
　──の影響力　　442
メディア・フレーム　　445,
　　446
メディア・メッセージ　　448
メンタルモデル　　263, 264
盲　点　　20, 44

網膜　18, 23, 24
毛様態　18, 29
目撃証言　146, 150, 153, 162, 322, 323
目撃知覚　146
目標刺激（ターゲット）　40, 41, 74, 77-80, 82, 84, 86, 89, 90, 92, 197, 226, 227, 256, 257, 371, 374
目標状態　253, 254
文字言語　218-221
文字-数字課題　266, 268, 269
モジュール（性）　9, 10, 181, 205, 206, 215, 236, 245, 271, 349, 353
模倣　337, 348, 359, 368
問題解決　181, 201, 248, 253, 254, 257, 260, 279, 363
　類推による——　260
問題空間　253
問題スキーマ　257
問題表象　260
モンドリアン図形　22

◆や行

ヤーキーズ＝ドッドソンの法則　317
野菜カテゴリー　169, 170
ヤング＝ヘルムホルツの3色説　24, 25
有効視野　74, 75, 320, 322-324, 327
有効視野収縮説　320
優先順位モデル　443, 444
誘導運動　27
有用度　205, 206
指さし　338, 373
よいパターン　56

よい連続性の法則　376
養育環境　373
要塞物語　256
幼児　375, 385
　――の記憶　379
幼児期健忘　144
予期・期待　67, 68
抑圧　159
抑制機能　80
欲求　372
余裕容量　68
4項類推課題　278
4枚カード問題　→ウェイソン選択課題

◆ら行

ラインナップ　148, 151-153
ラザルスの説　314
ラジオ　440
乱数発生課題　112
ランダムドット・ステレオグラム　29
利益　287
力量性　54
リスキー・シフト　300
リスク　287, 288
リスク回避　287, 289
リスク志向　288
利得　286, 288, 289, 302, 303
リバウンド効果　408
リハーサル　98, 117, 136, 137, 145, 160
流暢性失語　243
領域一般性　10, 181, 183, 187, 363
領域固有性　9, 10, 16, 165, 181, 183, 187, 215, 363
領域固有性理論　209

利用可能性ヒューリスティック　294
両眼網膜視差（両眼視差）　29, 368
両眼立体視　29
両耳分離聴　67, 69, 70, 72, 73
良定義問題　248
量の保存　360
両立性原理　303
リンク　193, 194, 196, 197, 203, 260
リンク強度　196, 197
類似-被覆モデル　278
類人猿　341, 346, 349
類推　255, 256, 257, 260
　――による問題解決　260
累積プロスペクト理論　289
霊長類（霊長目）　332, 334, 336-338, 340-342, 347, 349, 353
レディネス　357
レミニセンス・バンプ　144
連言錯誤　293, 294
連想強度　195, 197
連想語　226, 227
連想的プライミング　123
連想頻度　194
連続体モデル　390, 392, 405
ロイヤリティ効果　305
ロウソク問題　249
ロゴジェン　128
論理的思考　276, 360

◆わ行

ワーキングメモリ　95, 98, 103, 117, 120, 127, 201, 236, 254, 264, 379
割引原理　398
割増原理　398

人名索引

◆ あ 行

アイエンガー (Iyengar, S.) 447
アイブス-アイベスフェルト (Eible-Eibesfeldt, I.) 55
赤木和重 375
東洋 433
アッシュ (Asch, S. E.) 389, 390
アトキンソン (Atkinson, R. C.) 97, 103, 112
アルター (Alter, A. L.) 430
アルトハウス (Althaus, S. L.) 441
アンダーウッド (Underwood, B. J.) 102
アンダーソン (Anderson, J. R.) 203, 206, 215, 216, 255
アンダーソン (Anderson, N. H.) 389, 390
安藤満代 184
イエイツ (Yates, F. A.) 134
石井敬子 423
イースターブルック (Easterbrook, J. A.) 318
伊勢田哲治 277
井上毅 142
入來篤史 342, 345
ヴァラー (Vallar, G.) 106
ヴィゴツキー (Vigotsky, L. S.) 362, 417
ウィーゼル (Wiesel, T. N.) 36
ウイッケルグレン (Wickelgren, W.) 99
ヴィトゲンシュタイン (Wittgenstein, L.) 168

ヴィニョー (Vigneau, M.) 244
ウィーバー (Weber, R.) 407
ウィリアムズ (Williams, L. M.) 160
ウィン (Wynn, K.) 384
ウェイソン (Wason, P. C.) 266-268, 270-272, 274, 276, 279
ヴェルトハイマー (Wertheimer, M.) 56
ウォーカー (Walker, E. L.) 55
ウォーフ (Whorf, B. L.) 178, 434
ウォル (Woll, S.) 142
ヴント (Wundt, W.) 415
エイベルソン (Abelson, R. P.) 198, 199
エイマス (Eimas, P. D.) 380
エヴァンズ (Evans, J. St. B. T.) 262, 263, 267, 272
エクマン (Ekman, P.) 43, 180
エグリー (Egly, R.) 86
エルマン (Elman, J. L.) 211, 216, 236
遠藤利彦 327
オイザーマン (Oyserman, D.) 418
オーヴィス (Orvis, B. R.) 396, 397
大石千歳 409
大上八潮 136
大上渉 322, 323
大坪寛子 446
オークスフォード (Oaksford, M.) 268
オシャーソン (Osherson, D. N.) 278
オスグッド (Osgood, C. E.) 51

オートニー (Ortony, A.) 198
オールソン (Ohlsson, S.) 253

◆ か 行

改田明子 187
カシオッポ (Cacioppo, J. T.) 304
賀集寛 52
カズンズ (Cousins, S. D.) 419
加藤貴昭 259
ガードナー (Gardner, H.) 215
ガーナー (Garner, W. R.) 11, 56, 57
カーネマン (Kahneman, D.) 286, 289, 290, 292, 296, 300, 446
鹿野理子 48
ガーブナー (Gerbner, G.) 448, 452, 453
カプラン (Kaplan, C. A.) 251, 252
カペラ (Cappella, J.) 447
カラマッツァ (Caramazza, A.) 209
ガリステル (Gallistel, C. R.) 385
ガーンジィ (Garnsey, S. M.) 233
ギガレンツァ (Gigerenzer, G.) 294, 297, 298
岸志津江 305
北山忍 417, 418, 422, 425, 430-433
ギフォード (Gifford, R. K.) 405
キム (Kim, H. S.) 424
キャノン (Cannon, W. B.) 309

キューネン (Kühnen, U.)
　430
キリアン (Quillian, M. R.)
　193-195
ギルバート (Gilbert, D. T.)
　401, 402
ギルモア (Gilmore, R. O.)
　371, 374, 379
キンダー (Kinder, D. R.)
　447
キンチュ (Kintsch, W.)
　237, 240
楠見孝　236
クータス (Kutus, M.)
　242
工藤理恵子　406
クラウダー (Crowder, R. G.)
　143
クラグマン (Krugman, H. E.)
　304
グラバー (Graber, M.)
　382
グラフ (Graf, P.)　125
クリスチャンソン
　(Christianson, S.-Å.)
　318
グリッグス (Griggs, R. A.)
　268
グールド (Gould, S. J.)
　347
クレイク (Craik, F. I. M.)
　98, 112, 113
クレメント (Clement, D. E.)
　56, 57
グロス (Gross, P. H.)　407
クロッカー (Crokcer, J.)
　407
クワン (Kwan, V. S. Y.)
　430
クーン (Kuhn, T. S.)　5,
　16
クンスト-ウィルソン
　(Kunst-Wilson, W. R.)
　58
ケイ (Kay, P.)　434
ゲゼル (Gesell, A.)　357
ケッチャム (Ketcham, K.)
　147
ケッペル (Keppel, G.)
　102
ゲービー (Gaby, A.)　437
ケーラー (Köhler, W.)　56
ケリー (Kelley, H. H.)
　394, 395, 397, 398, 401, 412
ゲーリー (Garry, M.)　157
ケルマン (Kellman, P. J.)
　376
ゲルマン (Gelman, R.)
　181, 182, 385
ケンプトン (Kempton, W.)
　434
コーエン (Cohen, G.)
　142, 163
コスミデス (Cosmides, L.)
　9, 181, 271, 280
ゴスワミ (Goswami, U.)
　357
コックス (Cox, J. R.)　268
ゴドン (Godden, D.)　115
ゴードン (Gordon, P.)
　435
コフカ (Koffka, K.)　56
コリンズ (Collins, A. M.)
　193, 194, 196
コール (Cole, M.)　417
ゴールドシュタイン
　(Goldstein, D. G.)
　297, 298
ゴールマン (Goleman, D.)
　312
コンウェー (Conway, M. A.)
　142, 145, 146
コンラッド (Conrad, R.)
　104

◆ さ 行
ザイアンス (Zajonc, R. B.)
　58, 309, 310, 315, 327
サイデンバーグ (Seidenberg,
　M. S.)　223, 224
サイモン (Simon, H. A.)
　201, 251-254, 258, 259, 290
佐々木めぐみ　110
佐藤浩一　142

サンダース (Sanders, L. M.)
　447
ジ (Ji, L.-J.)　430
シー (Hsee, C. K.)　303
ジヴ (Ziv, M.)　375
ジェミソン (Jamieson, K.
　H.)　447
ジェームズ (James, W.)
　309, 356
シェルトン (Shelton, J. R.)
　209
シーグラー (Siegler, R. S.)
　361
ジック (Gick, M. L.)　256
シフリン (Shiffrin, R. M.)
　97, 103, 112
下條信輔　59
シャクター (Schachter, S.)
　311, 314
シャピロ (Shapiro, L.)
　209
シャーマン (Sherman, D. K.)
　424
シャリス (Shallice, T.)
　106, 208, 209
シャンク (Schank, R. C.)
　198, 199, 201
シュヴェインヴェルト
　(Shvaneveldt, R. W.)
　197
シューゲンス (Schugens, M.
　M.)　125, 126
シュワルツ (Schwartz, N.)
　423
ショー (Shaw, D. L.)
　443, 445
ジョーンズ (Jones, E. E.)
　394, 398-401
ジョンソン (Johnson, M. H.)
　370, 371, 379
ジョンソン-レアード
　(Johnson-Laird, P. N.)
　263, 264, 268
シンガー (Singer, J.)
　311, 314
スウィニー (Swinney, D. A.)
　226, 227

スクワイア（Squire, L. R.）
192, 198
スコヴィル（Scoville, W. B.）
14
スコット（Scott, M. S.）
379
鈴木孝夫　420, 421
ストラウス（Strauss, S.）
375
ストループ（Stroop, J. R.）
110
スパーリング（Sperling, G.）
6, 11
スピルマン（Spillmann, L.）
33
スペルキ（Spelke, E. S.）
383
スペルベル（Sperber, D.）
353
スミス（Smith, E. E.）
194, 195
スルゴスキー（Slugoski, B. R.）　397
スレイター（Slater, A.）
380
スロヴィック（Slovic, P.）
302
ズワーン（Zwaan, R. A.）
239
セクラー（Sekuler, A. B.）
74
セルフリッジ（Selfridge, O. G.）　36
セント・ジョン（St. John, M. F.）　236
ソルソ（Solso, R.）　56, 62

◆ た 行

ダイアモンド（Diamond, A.）
378
タイラー（Tyler, C. W.）
61
平伸二　323
ダーウィン（Darwin, C. J.）
11
高野陽太郎　271, 280
竹村和久　305

タジフェル（Tajfel, H.）
404, 405, 409
ターナー（Turner, J. C.）
405
タネンハウス（Tanenhaus, M. K.）　234, 235
ダマシオ（Damasio, A. R.）
317
ダマシオ（Damasio, H.）
209
ダーリー（Darley, J. M.）
407
タルヴィング（Tulving, E.）
114
ダンカン（Duncan, J.）　85
チ（Chi, M. T. H.）　260
チェイス（Chase, W. G.）
258, 259
チェイター（Chater, N.）
268
チェリー（Cherry, E. C.）
69, 70, 72
チェン（Cheng, P. W.）
270
チャップマン（Chapman, J. P.）　297
チャップマン（Chapman, L. J.）　297
チュ（Chiu, L.-H.）　427
チョムスキー（Chomsky, N.）
229, 231, 347, 363
土田宣明　80
都築誉史　213, 227, 236, 237
ティースデイル（Teasedale, J. D.）　112
ティッパー（Tipper, S. P.）
88
デヴァイン（Devine, P. G.）
408
デーヴィス（Davis, K. E.）
394, 398
デーヴィス（Davis, L.）
161
デジモン（Desimone, R.）
92
テュークスベリー（Tewksbury, D.）　441

デュメ（Dumais, S. T.）
227
トヴァスキー（Tversky, A.）
286, 289, 290, 293, 296, 299,
300, 302, 446
トゥービー（Tooby, J.）　9
ドゥンカー（Duncker, K.）
256
トマセロ（Tomasello, M.）
340
トムソン（Thomson, D. M.）
114
トリアンディス（Triandis, H. C.）　414, 417
トリーズマン（Triesman, A.）　72, 73, 82, 113
トロープ（Trope, Y.）　401

◆ な 行

ナイサー（Neisser, U.）　4,
73, 143
西周　46
ニスベット（Nisbett, R. E.）
417, 418, 424, 426, 428
ニューエル（Newell, A.）
201, 206, 215, 253, 254
ニューバーグ（Neuberg, S. L.）　390
ニューマン（Neuman, W. R.）
446
ネルソン（Nelson, T. E.）
447
野畑友恵　321
ノーマン（Norman, D. A.）
214
ノレンザヤン（Norenzayan, A.）　427

◆ は 行

バー（Barr, R.）　378
ハイダー（Heider, F.）　394
ハイネ（Heine, S. J.）　423
ハイルマン（Heilman, K.）
91
ハイン（Hayne, H.）　378
バウアー（Bower, G. H.）
200, 325

ハウザー（Hauser, M. D.）347
バウムガルテン（Baumgarten, A. G.）46
バーク（Burke, A.）320
箱田裕司　110, 136, 184
バス（Bass, E.）161
パーセル（Purcell, D. G.）40
バッデリー（Baddeley, A.）98, 103, 107, 112, 115
バード（Bard, P.）309
バートレット（Bartlett, F. C.）198, 258
バナージ（Banaji, M. R.）143
パパグノ（Papagno, C.）106
パーマー（Palmer, J. C.）149
濱本有希　323
ハミルトン（Hamilton, D. L.）405
バーライン（Berlyne, D. E.）54
バーリン（Berlin, B.）434
バーワイズ（Barwise, J.）276
バーン（Byrne, R. W.）339
ハンセン（Hansen, C. H.）40
ハンセン（Hansen, R. D.）40
ハンフリーズ（Humphreys, G. W.）209
ピアジェ（Piaget, J.）198, 358, 361-363, 374, 383
ピケル（Pockel, K. L.）322
ピーターソン（Peterson, L. R.）101, 102
ピーターソン（Peterson, M. J.）101, 102
ビーダーマン（Biederman, I.）37, 38

ヒューベル（Hubel, D. H.）36
ヒルトン（Hilton, D. J.）397
ヒルヤード（Hillyard, S. A.）242
ピンカー（Pinker, S.）347
ファイゲンバウム（Feigenbaum, E. A.）191, 199
ファラー（Farah, M. J.）209
ファンツ（Fantz, R. N.）364
フィスク（Fiske, S. T.）390, 392, 393, 410
フィッシュホフ（Fischhoff, B.）297
フィッチ（Fitch, W. T.）347
フィルモア（Fillmore, C. J.）231
フィンケ（Finke, R. A.）260, 261
フェスティンガー（Festinger, L.）432
フェヒナー（Fechner, G. T.）57
フォーダー（Fodor, J. A.）215, 349, 363
フォード（Forde, E. M. E.）209
フォン・ノイマン（von Neumann, J.）283
福田忠彦　259
藤田哲也　348
ブッシュネル（Bushnell, I. W. R.）378
ブライリー（Briley, D. A.）428
プラウト（Plaut, D. C.）224
ブラウン（Brown, A. L.）379
ブラウン（Brown, E.）151
フランクス（Franks, J. J.）

173, 176
ブランスフォード（Bransford, J. D.）173, 176
プール（Poole, D. A.）161
ブルース（Bruce, V.）39
ブルックス（Brooks, L. R.）107, 108
ブルーワー（Brewer, M. B.）390-394, 399
フロイト（Freud, S.）96, 159
ブロードベント（Broadbent, D. E.）69-72
ペイヴィオ（Paivio, A.）130
ベイヤールジョン（Baillargeon, R.）382
ベカリアン（Bekerian, D. A.）145
ペーターセン（Petersen, S. E.）244
ペティ（Petty, R. E.）304
ヘリング（Hering, E.）25
ベル（Bell, V.）264
ベルトーズ（Berthoz, S.）48
ヘルムホルツ（Helmholtz, H. L. F.）24
ベン（Brehm, J. W.）432
ペン（Peng, K.）421, 428
ポズナー（Posner, M. I.）76, 77, 79, 371
ホリオーク（Holyoak, K. J.）256, 260, 270
ホール（Hall, E. T.）423
ボール（Ball, K. K.）75
ホルストマン（Horstmann, G.）41
ボロディツキー（Boroditsky, L.）437
ボーンスタイン（Bornstein, M. H.）380

◆ま行

マー（Marr, D.）36-38
マイズン（Mithen, S.）

349, 352, 353
マーカス（Markus, H. R.）417, 418
マクドナルド（MacDonald, M. C.）233
マクドノー（McDonough, L.）374
マクレランド（McClelland, J. L.）209, 216, 218, 223, 236
マコームズ（McCombs, M. E.）443, 445
増田貴彦　426
マースレン−ウィルソン（Marslen-Wilson, W. D.）218
松井豊　406
マックワース（Mackworth, N. H.）67
マッシー（Massey, C.）181
マーフィー（Murphy, S. T.）310
萬谷智之　49
三浦佳世　46
三浦利章　67, 74
皆川直凡　52, 53
宮本百合　423, 431
ミラー（Miller, J. G.）421
ミルナー（Milner, B. A. L.）14, 98
ムーア（Moore, M. K.）368
メイヤー（Meyer, D. E.）197
メイヤー（Mayer, J. D.）313
メルツォフ（Meltzoff, A. N.）368
モーガン（Morgan, T. H.）255

守一雄　213, 236
モリス（Morris, M.）421
モルゲンシュテルン（Morgenstern, O.）283
モレイ（Moray, N.）72

◆ や 行

ヤルブス（Yarbus, A. L.）62
ヤング（Young, A. W.）39
ヤング（Young, T.）24
吉田富二雄　409

◆ ら 行

ライル（Ryle, G.）192
ラザルス（Lazarus, R. S.）309, 314, 315, 327
ラックマン（Lachman, R）5
ラメルハート（Rumelhart, D. E.）198, 214, 218
ラング（Lang, P. J.）323
ランゲ（Lange, C.）309
ランダウアー（Landauer, T. K.）227
ランバート（Lamberts, K）209
リゾラッティ（Rizzolatti, G.）345, 348
リーダー（Reeder, G. D.）399
リップス（Rips, L. J.）194
リーバーマン（Lieberman, P.）346
リヒテンシュタイン（Lichtenstein, S.）294, 295, 302
リンチ（Lynch, J. S.）267
リンドマン（Lindman, H. R.）

302
リントン（Linton, M.）120
ルーカス（Lucas, M.）227
ルーチンス（Luchins, A. S.）250
ルドゥー（LeDoux, J. E.）315, 316, 327
ルービン（Rubin, D. C.）144
ルリア（Luria, A. R.）106, 417
レイコフ（Lakoff, G.）174
レヴィンソン（Levinson, S. C.）435
ロヴィー−コリアー（Rovee-Collier, C. K.）377
ロス（Ross, D. F.）148, 158
ロスバート（Rothbart, M.）407
ロックハート（Lockhart, R. S.）98, 112
ロッシュ（Rosch, E.）169, 171, 172, 179, 180, 187, 434
ロバーソン（Roberson, D.）434
ロフタス（Loftus, E. F.）147-150, 156, 159, 196, 318

◆ わ 行

ワイナー（Weiner, B.）395
ワトソン（Watson, J. B.）357
ワリントン（Warrinfton, E. K.）106, 208, 209

認知心理学
Cognitive Psychology: Brain, Modeling and Evidence
2010年7月5日 初版第1刷発行
2024年10月20日 初版第14刷発行

著者	箱田 裕司 都築 誉史 川畑 秀明 萩原 滋
発行者	江草 貞治
発行所	株式会社 有斐閣

郵便番号 101-0051 東京都千代田区神田神保町 2-17
https://www.yuhikaku.co.jp/
印刷・製本 大日本法令印刷株式会社

Ⓒ 2010, Yuji Hakoda, Takashi Tsuzuki, Hideaki Kawabata, Shigeru Hagiwara.
Printed in Japan

落丁・乱丁本はお取替えいたします。

★定価はカバーに表示してあります。

ISBN 978-4-641-05374-8

|JCOPY| 本書の無断複写(コピー)は、著作権法上での例外を除き、禁じられています。複写される場合は、そのつど事前に(一社)出版者著作権管理機構(電話03-5244-5088, FAX03-5244-5089, e-mail:info@jcopy.or.jp)の許諾を得てください。

本書のコピー, スキャン, デジタル化等の無断複製は著作権法上での例外を除き禁じられています。本書を代行業者等の第三者に依頼してスキャンやデジタル化することは, たとえ個人や家庭内での利用でも著作権法違反です。